Grundlagen des Data Engineering: Kerntechniken für die Datenanalyse mit Pandas, NumPy und Scikit-Learn

Erste Ausgabe

Copyright © 20244 Cuantum Technologies

Erste Ausgabe: Dezember 2024

Veröffentlicht von Cuantum Technologies LLC.

Dallas, TX.

ISBN 979-8-89965-092-5

"Artificial intelligence is the new electricity."

- Andrew Ng, Co-founder of Coursera and Adjunct Professor at Stanford University

Wer wir sind

Willkommen zu diesem Buch, erstellt von Cuantum Technologies. Wir sind ein Team leidenschaftlicher Entwickler, die sich der Entwicklung von Software verschrieben haben, die kreative Erfahrungen bietet und reale Probleme löst. Unser Fokus liegt darauf, hochwertige Webanwendungen zu entwickeln, die eine nahtlose Benutzererfahrung bieten und die Bedürfnisse unserer Kunden erfüllen.

In unserem Unternehmen glauben wir, dass Programmieren nicht nur das Schreiben von Code ist. Es geht darum, Probleme zu lösen und Lösungen zu schaffen, die das Leben der Menschen verbessern. Wir erkunden ständig neue Technologien und Techniken, um an der Spitze der Branche zu bleiben, und freuen uns darauf, unser Wissen und unsere Erfahrungen in diesem Buch mit dir zu teilen.

Unser Ansatz zur Softwareentwicklung konzentriert sich auf Zusammenarbeit und Kreativität. Wir arbeiten eng mit unseren Kunden zusammen, um ihre Bedürfnisse zu verstehen und Lösungen zu entwickeln, die ihren spezifischen Anforderungen entsprechen. Wir sind der Meinung, dass Software intuitiv, benutzerfreundlich und optisch ansprechend sein sollte, und wir bemühen uns, Anwendungen zu erstellen, die diesen Kriterien entsprechen.

Dieses Buch soll einen praktischen und praxisnahen Ansatz bieten, um JavaScript zu meistern. Egal, ob du ein Anfänger ohne Programmiererfahrung bist oder ein erfahrener Entwickler, der seine Fähigkeiten erweitern möchte, dieses Buch wurde entwickelt, um dir zu helfen, deine Fähigkeiten weiterzuentwickeln und eine solide Grundlage in der Webentwicklung mit JavaScript zu schaffen.

Unsere Philosophie:

Im Herzen von Cuantum glauben wir, dass die beste Art, Software zu entwickeln, durch Zusammenarbeit und Kreativität erreicht wird. Wir schätzen die Meinung unserer Kunden und arbeiten eng mit ihnen zusammen, um Lösungen zu entwickeln, die ihren Bedürfnissen entsprechen. Wir sind auch der Meinung, dass Software intuitiv, benutzerfreundlich und optisch ansprechend sein sollte, und wir streben danach, Anwendungen zu erstellen, die diesen Kriterien entsprechen.

Wir glauben auch, dass Programmieren eine Fähigkeit ist, die man mit der Zeit erlernen und entwickeln kann. Wir ermutigen unsere Entwickler, neue Technologien und Techniken zu erkunden, und stellen ihnen die Werkzeuge und Ressourcen zur Verfügung, die sie benötigen, um an der Spitze der Branche zu bleiben. Wir glauben auch, dass Programmieren Spaß machen und lohnend sein sollte, und wir bemühen uns, ein Arbeitsumfeld zu schaffen, das Kreativität und Innovation fördert.

Unsere Erfahrung:

In unserem Softwareunternehmen sind wir darauf spezialisiert, Webanwendungen zu entwickeln, die kreative Erfahrungen bieten und reale Probleme lösen. Unsere Entwickler haben Erfahrung mit einer Vielzahl von Programmiersprachen und Frameworks, darunter Python, KI, ChatGPT, Django, React, Three.js und Vue.js, um nur einige zu nennen. Wir erkunden ständig neue Technologien und Techniken, um an der Spitze der Branche zu bleiben, und wir sind stolz auf unsere Fähigkeit, Lösungen zu entwickeln, die die Bedürfnisse unserer Kunden erfüllen.

Wir haben auch umfassende Erfahrung in der Datenanalyse und -visualisierung, maschinellem Lernen und künstlicher Intelligenz. Wir glauben, dass diese Technologien das Potenzial haben, die Art und Weise, wie wir leben und arbeiten, zu verändern, und wir freuen uns, an der Spitze dieser Revolution zu stehen.

Zusammenfassend lässt sich sagen, dass sich unser Unternehmen der Entwicklung von Websoftware widmet, die kreative Erfahrungen fördert und reale Probleme löst. Wir priorisieren Zusammenarbeit und Kreativität und streben danach, Lösungen zu entwickeln, die intuitiv, benutzerfreundlich und visuell ansprechend sind. Wir sind leidenschaftlich für Programmierung und freuen uns darauf, unser Wissen und unsere Erfahrung in diesem Buch mit dir zu teilen. Ob du Anfänger oder erfahrener Entwickler bist, wir hoffen, dass du dieses Buch als wertvolle Ressource auf deinem Weg betrachtest, ein Experte in **JavaScript von Null zum Superhelden: Entfessle deine Superkräfte in der Webentwicklung** zu werden.

YOUR JOURNEY STARTS HERE...

CUANTUM

Dashboard

Profile

Billing

Full Access

Log out

Here are your free repository codes :D

ALGORITHMS AND DATA STRUCTURES

CHATGPT API BIBLE

INTRODUCTION TO **NATURAL LANGUAGE PROCESSING**

You might also find these books interesting

Here, you can access free chapters, obtain additional information, or purchase any of our published books.

Get Unlimited Access

ALGORITHMS AND DATA STRUCTURES

CHATGPT API BIBLE

DATA ANALYSIS FOUNDATIONS

FUNDAMENTALS OF WEB ANIMATION WITH GSAP

GENERATIVE DEEP LEARNING WITH PYTHON

HTML/> & [CSS]

INTRODUCTION TO **ALGORITHMS**

INTRODUCTION TO **NATURAL LANGUAGE PROCESSING**

MACHINE LEARNING WITH PYTHON

NATURAL LANGUAGE PROCESSING WITH PYTHON

PYTHON & SQL BIBLE

PYTHON BECOME A MASTER

PYTHON PROGRAMMING

Get access to all the benefits of being one of our valuable readers through our new **eLearning Platform:**

1. Free code repository of this book

2. Access to a **free example chapter** of any of our books.

3. Access to the **free repository code** of any of our books.

4. Premium customer support by writing to **books@cuantum.tech**

And much more...

HERE IS YOUR
FREE ACCESS

www.cuantum.tech/books/data-engineering-foundations/code/

INHALTSVERZEICHNIS

Einführung

Daten sind eine der wertvollsten Ressourcen in unserer digitalen Welt und treiben alles an, von Geschäftsentscheidungen bis hin zu technologischen Fortschritten. Allerdings sind Rohdaten oft unordentlich, unvollständig und unstrukturiert. Der wahre Wert von Daten liegt in ihrer Umwandlung in aussagekräftige Erkenntnisse, und diese Umwandlung erfordert mehr als nur leistungsstarke Algorithmen – sie erfordert ein Verständnis dafür, wie Daten effektiv vorbereitet, manipuliert und verfeinert werden können. Dieses Buch konzentriert sich auf das Meistern der **Kernkonzepte und Techniken** der Datenanalyse und Feature-Engineering, um die Grundlage für fortgeschrittene Machine-Learning-Anwendungen zu legen.

Ziel dieses Buches ist es, Sie durch die Grundlagen der Datenvorbereitung, -transformation und des Feature-Engineering zu führen und Ihnen praktische Fähigkeiten zu vermitteln, um Ihre Daten für Machine Learning bereitzumachen. Ob Sie mit kleinen Datensätzen arbeiten oder komplexe, hochdimensionale Daten handhaben – dieses Buch bietet Ihnen die Werkzeuge und Techniken, um die Feinheiten der Datenvorverarbeitung und -transformation zu meistern. Wir konzentrieren uns auf weit verbreitete Python-Bibliotheken wie **Pandas**, **NumPy** und **Scikit-Learn**, um eine robuste Grundlage für die Datenmanipulation und das Feature-Engineering zu schaffen.

Warum liegt der Fokus auf Datenvorbereitung und Feature-Engineering?

Im Machine Learning sagt man oft: **Daten sind der König**. Während die Modellwahl und das Feintuning der Algorithmen eine wichtige Rolle spielen, hat die Qualität der Eingangsdaten einen noch größeren Einfluss auf die Leistung des endgültigen Modells. Datenvorbereitung und Feature-Engineering sind oft die zeitaufwändigsten Schritte in jedem Data-Science-Projekt, aber sie sind auch die lohnendsten. Eine ordnungsgemäße Datenvorbereitung ermöglicht es Modellen, relevante Muster zu erfassen, genaue Vorhersagen zu treffen und effektiv auf neue Daten zu verallgemeinern.

Das Feature-Engineering, die Kunst, aus Rohdaten neue, informative Merkmale zu erstellen, ist besonders mächtig. Merkmale – transformiert, kombiniert oder aus bestehenden Daten erstellt – enthalten die Schlüssel zur Entfaltung des Vorhersagepotenzials innerhalb von Datensätzen. Wie Sie in diesem Buch sehen werden, können sorgfältig gestaltete Merkmale Beziehungen und Muster aufdecken, die bei der Verwendung von Rohdaten allein verborgen bleiben. Diese verfeinerten Merkmale sind entscheidend für den Aufbau von Modellen, die sich durch Genauigkeit, Robustheit und Interpretierbarkeit auszeichnen.

Die Werkzeuge, die Sie nutzen werden: Pandas, NumPy und Scikit-Learn

Python hat sich als bevorzugte Sprache für Data Science etabliert, und dieses Buch nutzt drei essentielle Bibliotheken, die das Rückgrat der Datenvorbereitung in Python bilden: **Pandas**, **NumPy** und **Scikit-Learn**.

- **Pandas**: Eine leistungsstarke Bibliothek zur Datenmanipulation und -analyse. Pandas bietet einen intuitiven Rahmen für den Umgang mit Daten in Zeilen und Spalten und ist besonders nützlich für Aufgaben wie das Bereinigen, Filtern, Aggregieren und Zusammenführen von Datensätzen. Mit Pandas können Sie Ihre Datenvorbereitungsprozesse rationalisieren und komplexe Daten leichter analysieren.

- **NumPy**: Bekannt für seine Geschwindigkeit und Effizienz, bietet NumPy eine Vielzahl von Werkzeugen zum Arbeiten mit Arrays und für mathematische Operationen auf großen Datensätzen. Seine Leistungsstärke macht es ideal für datenintensive Aufgaben wie Skalierung, Normalisierung und mathematische Transformationen.

- **Scikit-Learn**: Als eine der beliebtesten Machine-Learning-Bibliotheken bietet Scikit-Learn nicht nur Tools zur Modellentwicklung, sondern auch zur Datentransformation. Die Vorverarbeitungsmodule ermöglichen Aufgaben wie das Kodieren kategorischer Variablen, das Skalieren numerischer Daten und die Implementierung von Datenpipelines. Scikit-Learn wird eine zentrale Rolle bei der Automatisierung der Datenvorverarbeitung spielen und für Konsistenz und Reproduzierbarkeit in Ihrer Analyse sorgen.

Zusammen bieten diese Bibliotheken ein umfassendes Werkzeugset für die Verwaltung des gesamten Prozesses der Datenvorbereitung und des Feature-Engineering, von der Datenbereinigung und -transformation bis hin zur Merkmalsauswahl und -kodierung.

Was Sie lernen werden

Dieses Buch ist in drei Teile gegliedert, die sich jeweils auf wesentliche Schritte der Datenvorbereitung und des Feature-Engineering konzentrieren:

1. **Grundlagen für fortgeschrittene Analysen legen:**Der erste Teil des Buches führt in die grundlegenden Konzepte der mittleren Datenanalyse ein und schafft einen Rahmen für die Arbeit mit Daten in Python. Hier lernen Sie, wie Sie Datenanalyse systematisch angehen, um sicherzustellen, dass Ihre Daten ordnungsgemäß strukturiert und bereinigt sind, bevor Sie komplexere Transformationen vornehmen. Wir behandeln die Kernfunktionen von Pandas und NumPy und zeigen Ihnen, wie Sie Daten effizient und effektiv bearbeiten können. Dieser Abschnitt legt die Grundlage für die fortgeschritteneren Techniken in späteren Kapiteln.

2. **Feature-Engineering für leistungsstarke Modelle:**Im zweiten Teil widmen wir uns dem Kern des Feature-Engineering. Sie lernen fortgeschrittene Techniken zum Umgang mit fehlenden Daten, zur Skalierung und Transformation von Merkmalen, zur Kodierung kategorischer Variablen und zur Erstellung neuer Merkmale kennen. Feature-Engineering erfordert Kreativität und ein tiefes Verständnis des jeweiligen Problems. Dieser Abschnitt führt Sie durch die Denkprozesse und Techniken, die erforderlich sind, um das Vorhersagepotenzial Ihres Datensatzes zu verbessern. Wir behandeln praktische Methoden zur Generierung polynomialer Merkmale, zur Kombination von Variablen zur Erstellung von Interaktionstermen und zum Umgang mit kategorischen Variablen durch Kodierungsstrategien.

3. **Datenbereinigung und -vorverarbeitung:**Der letzte Teil von Band 1 konzentriert sich auf die wichtigen Aufgaben der Datenbereinigung und -vorverarbeitung. Sie lernen fortgeschrittene Techniken zur Behandlung von Ausreißern, zur Korrektur von Anomalien und zur Vorbereitung von Zeitreihendaten kennen. Außerdem führen wir Techniken zur Dimensionsreduktion ein, wie die Hauptkomponentenanalyse (PCA), die für den Umgang mit hochdimensionalen Daten unerlässlich ist.

Jedes Kapitel enthält praktische Beispiele, Fallstudien und Übungen, die Ihr Verständnis stärken und Ihnen helfen, das Gelernte anzuwenden.

Praktische Anwendungen und realer Kontext

Während dieses Buch reich an Theorie ist, erkennen wir auch die Bedeutung des Kontexts. Jedes Kapitel enthält Beispiele und Fallstudien, die veranschaulichen, wie Feature-Engineering und Datenvorbereitung in verschiedenen Bereichen angewendet werden, von Finanzen über Gesundheitswesen bis hin zum Einzelhandel.

Die Bedeutung der Reproduzierbarkeit

In der Datenwissenschaft ist Reproduzierbarkeit der Schlüssel zum Aufbau zuverlässiger und vertrauenswürdiger Modelle. In Band 1 betonen wir die Bedeutung reproduzierbarer Workflows, insbesondere durch die Verwendung von Pipelines in Scikit-Learn.

Fazit

Dieses Buch dient als umfassender Leitfaden, um die grundlegenden Fähigkeiten für die Datenvorbereitung und das Feature-Engineering zu meistern. Diese grundlegenden Techniken bilden das Rückgrat jedes erfolgreichen Machine-Learning-Projekts, und am Ende dieses Buches werden Sie in der Lage sein, komplexe Datenherausforderungen mit Zuversicht anzugehen.

Egal, ob Sie ein angehender Data Scientist oder ein erfahrener Praktiker sind, der seine Fähigkeiten verbessern möchte, dieses Buch bietet praktische Einblicke, Werkzeuge und Techniken, um Ihren Datenanalyse-Workflow auf ein höheres Niveau zu bringen. Mit einem fundierten Verständnis für Datenvorverarbeitung und Feature-Engineering sind Sie bestens vorbereitet, um mit Band 2 dieser Reihe fortzufahren, in dem wir fortgeschrittene Anwendungen, praxisnahe Fallstudien und Automatisierung mit AutoML erkunden werden.

Lassen Sie uns diese Reise antreten, um das volle Potenzial von Daten freizuschalten und die Grundlage für fortgeschrittenen Machine-Learning-Erfolg zu legen.

Teil 1: Grundlagen für fortgeschrittene Analysen schaffen

Kapitel 1: Einführung: Über die Grundlagen hinausgehen

Willkommen in der nächsten Phase Ihrer Reise zur Datenanalyse! In diesem aufregenden neuen Abschnitt laden wir Sie ein, tiefer in die komplexe Welt der Datenanalyse und des Feature-Engineering einzutauchen. Aufbauend auf den soliden Grundlagen, die Sie in Ihren Anfängerstudien gelegt haben, wird dieses Buch Sie durch eine Landschaft fortgeschrittener Konzepte und Techniken führen. Unser erstes Kapitel legt den Grundstein für die bevorstehende Erkundung auf mittlerem Niveau und führt Sie in anspruchsvolle Datenworkflows, modernste Analysetools und reale Anwendungen ein, die Ihre Fähigkeiten auf ein neues Niveau heben werden.

Wenn wir über die Grundlagen hinausgehen, ist es entscheidend zu erkennen, dass die Datenanalyse auf mittlerem Niveau mehr ist als nur eine Erweiterung Ihres technischen Werkzeugkastens. Es geht vielmehr darum, ein tiefgehendes Verständnis dafür zu entwickeln, wie Sie die richtigen Werkzeuge und Strategien nutzen können, um effizient aussagekräftige Erkenntnisse aus komplexen Datensätzen zu gewinnen. Auf dieser Reise lernen Sie, Ihren analytischen Workflow zu optimieren, wirkungsvolle Merkmale zu entwickeln, die Ihre Modelle erheblich verbessern können, und vor allem, diese fortgeschrittenen Techniken anzuwenden, um robuste, prädiktive Modelle zu erstellen, die reale Datenprobleme mit Vertrauen und Präzision bewältigen können.

Diese Zwischenstufe markiert einen bedeutenden Sprung in Ihren analytischen Fähigkeiten. Sie bewegen sich von grundlegenden Datenmanipulationen hin zu fortgeschrittener Mustererkennung, von einfachen Visualisierungen zu komplexen, multidimensionalen Datenrepräsentationen und von rudimentären statistischen Tests zu fortgeschrittenen Machine-Learning-Algorithmen. Während Sie voranschreiten, werden Sie lernen, verborgene Trends aufzudecken, genauere Vorhersagen zu treffen und umsetzbare Erkenntnisse zu gewinnen, die fundierte Entscheidungen in verschiedenen Bereichen wie Wirtschaft, Finanzen, Gesundheitswesen und darüber hinaus unterstützen können.

1.1 Überblick über die Datenanalyse auf mittlerem Niveau

Die Datenanalyse auf mittlerem Niveau stellt eine entscheidende Übergangsphase in der analytischen Reise dar und schlägt eine Brücke zwischen grundlegenden Operationen und fortgeschritteneren Analysetechniken. Diese Phase markiert einen erheblichen Fortschritt gegenüber der Analyse auf Anfängerniveau, die sich hauptsächlich auf grundlegende Aufgaben der Datenmanipulation wie das Laden von Datensätzen, das Durchführen einfacher Transformationen und das Erstellen rudimentärer Visualisierungen konzentriert.

Im Gegensatz dazu bietet die Analyse auf mittlerem Niveau einen differenzierteren und umfassenderen Ansatz zur Datenexploration und -interpretation. Sie umfasst eine Vielzahl fortgeschrittener Methoden, die es Analysten ermöglichen:

1. Daten tiefgründiger zu untersuchen

Fortgeschrittene Techniken ermöglichen eine gründlichere Untersuchung von Datensätzen und die Aufdeckung verborgener Muster, Beziehungen und Erkenntnisse, die durch grundlegende Analysen möglicherweise nicht sichtbar werden. Dieser tiefere Einblick beinhaltet fortgeschrittene statistische Methoden, Machine-Learning-Algorithmen und anspruchsvolle Datenvisualisierungstechniken.

Beispielsweise könnten Analysten Clustering-Algorithmen verwenden, um natürliche Gruppierungen in den Daten zu identifizieren, Techniken zur Dimensionsreduktion wie die Hauptkomponentenanalyse (PCA) einsetzen, um zugrunde liegende Strukturen aufzudecken, oder Assoziationsregel-Mining anwenden, um interessante Beziehungen zwischen Variablen zu entdecken. Diese Methoden ermöglichen es Analysten, aus komplexen Datensätzen differenziertere Informationen zu extrahieren, die zu umfassenderen und umsetzbaren Erkenntnissen führen.

Darüber hinaus beinhaltet die Analyse auf mittlerem Niveau häufig den Einsatz von Feature-Engineering-Techniken, um aus bestehenden Daten neue, informativere Variablen zu erstellen, was die Fähigkeit zur Aufdeckung verborgener Muster und Beziehungen weiter verbessert.

2. Leistung optimieren

Mit zunehmender Größe und Komplexität von Datensätzen legt die Analyse auf mittlerem Niveau den Schwerpunkt auf effiziente Datenverarbeitungs- und Bearbeitungstechniken, um die Rechenleistung zu verbessern und die Verarbeitungszeit zu verkürzen. Dies umfasst mehrere zentrale Strategien:

- **Vektorisierung**: Nutzung der vektorisierten Operationen von NumPy und Pandas, um Berechnungen auf ganzen Arrays oder Spalten gleichzeitig durchzuführen, anstatt langsamere schleifenbasierte Ansätze zu verwenden.

- **Speichermanagement**: Einsatz von Techniken wie der Verwendung geeigneter Datentypen, speicherabbildender Dateien oder der Verarbeitung außerhalb des

Hauptspeichers, um Datensätze zu bewältigen, die den verfügbaren RAM überschreiten.

- **Parallele Verarbeitung**: Nutzung von Mehrkernprozessoren oder verteilten Computing-Frameworks, um Berechnungen bei großen Datensätzen zu beschleunigen.

- **Effiziente Algorithmen**: Implementierung fortschrittlicherer Algorithmen, die besser mit zunehmender Datengröße skalieren, wie z. B. die Verwendung approximativer Methoden für bestimmte statistische Berechnungen.

Durch den Fokus auf diese Techniken zur Optimierung der Leistung können Analysten effektiver mit größeren Datensätzen arbeiten, komplexe Analysen schneller durchführen und ihre Modelle schneller iterieren. Dies steigert nicht nur die Produktivität, sondern ermöglicht auch die Untersuchung komplexerer Hypothesen sowie die Arbeit mit Echtzeit- oder nahezu Echtzeit-Datenströmen.

3. Komplexe Datensätze bewältigen

Analysten auf mittlerem Niveau sind in der Lage, mit größeren und komplexeren Datensätzen zu arbeiten, die mehrere Variablen, unterschiedliche Datentypen und komplexe Beziehungen zwischen Datenpunkten umfassen können. Diese Fähigkeit beinhaltet mehrere wichtige Aspekte:

- **Datenintegration**: Analysten können Daten aus verschiedenen Quellen wie Datenbanken, APIs und Flat Files kombinieren, um umfassende Datensätze für die Analyse zu erstellen.

- **Umgang mit unstrukturierten Daten**: Sie können unstrukturierte Daten wie Text, Bilder oder Audio verarbeiten und analysieren, oft mithilfe von Techniken der natürlichen Sprachverarbeitung oder der Computer Vision.

- **Zeitreihenanalyse**: Analysten können mit zeitabhängigen Daten arbeiten und Techniken wie saisonale Dekomposition, Trendanalyse und Prognose anwenden.

- **Multivariate Analyse**: Sie können Beziehungen zwischen mehreren Variablen gleichzeitig untersuchen, indem sie Techniken wie Korrelationsanalyse, Faktorenanalyse oder Hauptkomponentenanalyse verwenden.

Durch das Beherrschen dieser Fähigkeiten können Analysten aussagekräftigere Erkenntnisse aus komplexen Datensätzen gewinnen, was zu genaueren Vorhersagen und datenbasierten Entscheidungen führt.

4. Fortgeschrittene statistische Methoden implementieren

In dieser Phase werden fortschrittlichere statistische Techniken und Machine-Learning-Algorithmen eingeführt, die genauere Vorhersagen und tiefere Einblicke ermöglichen. Auf mittlerem Niveau befassen sich Analysten mit Methoden wie:

- **Regressionsanalyse**: Über die einfache lineare Regression hinausgehend, um multiple Regression, logistische Regression und polynomiale Regression zu untersuchen, um komplexere Beziehungen zu modellieren.

- **Zeitreihenanalyse**: Implementierung von Techniken wie ARIMA-Modellen (AutoRegressive Integrated Moving Average), exponentielle Glättung und saisonale Dekomposition, um Trends und Muster in zeitabhängigen Daten vorherzusagen.

- **Bayessche Statistik**: Anwendung der bayesschen Inferenz, um Wahrscheinlichkeiten zu aktualisieren, wenn neue Informationen verfügbar werden, insbesondere nützlich in Bereichen wie A/B-Tests und Risikoanalyse.

- **Machine-Learning-Algorithmen**: Untersuchung von Techniken des überwachten Lernens (z. B. Entscheidungsbäume, Random Forests, Support Vector Machines) und des unüberwachten Lernens (z. B. k-Means-Clustering, hierarchisches Clustering), um Muster aufzudecken und Vorhersagen zu treffen.

Diese fortschrittlichen Methoden ermöglichen es Analysten, differenziertere Informationen aus Daten zu extrahieren, nichtlineare Beziehungen zu bewältigen und robustere Vorhersagen zu treffen. Durch das Beherrschen dieser Techniken können Analysten komplexere Probleme lösen und tiefere, umsetzbare Erkenntnisse in verschiedenen Bereichen liefern.

5. Datenvisualisierung verbessern

Die Analyse auf mittlerem Niveau hebt die Datenvisualisierung auf ein neues Niveau und geht über einfache Diagramme und Grafiken hinaus, indem fortschrittliche Techniken verwendet werden, die mehrdimensionale Daten und komplexe Beziehungen effektiv darstellen. Diese Ebene der Analyse verwendet ausgefeilte Werkzeuge und Methoden, um informativere und ansprechendere visuelle Darstellungen von Daten zu erstellen.

Zu den fortgeschrittenen Visualisierungstechniken auf diesem Niveau gehören:

- **Interaktive Dashboards**: Erstellung dynamischer, benutzerfreundlicher Visualisierungen mit Tools wie Plotly oder Bokeh, die eine Echtzeit-Datenexploration ermöglichen.

- **Netzwerkdiagramme**: Visualisierung komplexer Verbindungen zwischen Datenpunkten, insbesondere nützlich für soziale Netzwerkanalysen oder die Abbildung von Beziehungen in großen Datensätzen.

- **Geodatenvisualisierungen**: Einbindung geografischer Daten zur Erstellung informativer Karten, die räumliche Muster und Trends aufzeigen.

- **3D-Visualisierungen**: Darstellung dreidimensionaler Datenstrukturen oder die Verwendung von 3D-Techniken, um traditionellen 2D-Diagrammen eine zusätzliche Informationsebene hinzuzufügen.

Diese fortschrittlichen Visualisierungsmethoden machen Daten nicht nur visuell ansprechender, sondern verbessern auch die Fähigkeit des Analysten, Muster, Ausreißer und Trends zu erkennen, die in einfacheren Darstellungen möglicherweise übersehen werden. Durch das Beherrschen dieser Techniken können Analysten komplexe Erkenntnisse sowohl technischen als auch nicht-technischen Zielgruppen effektiver kommunizieren und so bessere Entscheidungsprozesse in verschiedenen Bereichen fördern.

Durch das Beherrschen von Datenanalysetechniken auf mittlerem Niveau können Analysten ihre Fähigkeit erheblich verbessern, aussagekräftige Erkenntnisse zu gewinnen, genauere Vorhersagen zu treffen und wertvollere Empfehlungen auf der Grundlage ihrer Ergebnisse zu geben. Dieses erweiterte Fähigkeitsspektrum eröffnet neue Möglichkeiten, reale Datenprobleme in verschiedenen Bereichen wie Wirtschaft, Finanzen, Gesundheitswesen und darüber hinaus anzugehen.

1.1.1 Schlüsselkonzepte der Datenanalyse auf mittlerem Niveau

Auf mittlerem Niveau müssen Sie mit einer Vielzahl fortgeschrittener Techniken und Konzepte vertraut sein, die auf Ihrem grundlegenden Wissen aufbauen. Diese Fähigkeiten sind entscheidend, um komplexere Herausforderungen in der Datenanalyse zu meistern und tiefere Einblicke aus Ihren Datensätzen zu gewinnen:

Datenmanipulation mit Pandas

Ihre Fähigkeiten in Pandas sollten über grundlegende Operationen hinausgehen. Sie müssen fortgeschrittene Techniken beherrschen, wie zum Beispiel:

- **Komplexes Daten-Umschichten mit Pivot-Tabellen und Melt-Funktionen**: Diese Techniken ermöglichen es, Ihre Daten für Analysen oder Visualisierungen neu zu strukturieren. Pivot-Tabellen können Daten über mehrere Dimensionen aggregieren, während Melt-Funktionen Daten im breiten Format in ein langes Format umwandeln, das oft besser für bestimmte Analysen geeignet ist.

- **Anwenden benutzerdefinierter Funktionen auf Gruppen von Daten mit GroupBy-Objekten**: GroupBy-Operationen ermöglichen es, Ihre Daten basierend auf bestimmten Kriterien in Gruppen aufzuteilen, eine Funktion unabhängig auf jede Gruppe anzuwenden und die Ergebnisse zu kombinieren. Dies ist besonders nützlich, um komplexe Berechnungen auf Teilmengen Ihrer Daten durchzuführen.

- **Arbeiten mit Zeitreihendaten durch Resampling und Rollende-Fenster-Berechnungen**: Zeitreihenanalysen erfordern oft das Ändern der Frequenz Ihrer Daten (Resampling) oder das Durchführen von Berechnungen über ein gleitendes Zeitfenster. Diese Techniken sind entscheidend, um Trends, Saisonalität und andere zeitbasierte Muster in Ihren Daten zu identifizieren.

- **Zusammenführen und Verbinden von Datensätzen mit verschiedenen Methoden und Parametern**: Da Daten häufig aus mehreren Quellen stammen, ist es entscheidend zu wissen, wie man Datensätze effizient kombiniert. Dazu gehört das Verständnis verschiedener Join-Typen (inner, outer, left, right) und der Umgang mit Problemen wie doppelten Schlüsseln oder nicht übereinstimmenden Spaltennamen.

Zusätzlich sollten Sie mit fortgeschritteneren Pandas-Funktionen vertraut werden, wie:

- **MultiIndex und erweiterte Indexierung**: Diese ermöglichen es, effizienter mit höherdimensionalen Daten zu arbeiten.

- **Kategorische Datentypen**: Diese können den Speicherbedarf und die Leistung für Spalten mit einer begrenzten Anzahl möglicher Werte erheblich verbessern.

- **String-Methoden und Textdatenmanipulation**: Pandas bietet leistungsstarke Werkzeuge für die Arbeit mit Textdaten, einschließlich der Unterstützung von regulären Ausdrücken.

Numerische Berechnungen mit NumPy

Die Nutzung der Leistungsfähigkeit von NumPy ist entscheidend für eine effiziente Datenverarbeitung. NumPy bietet ein robustes Set von Werkzeugen zum Umgang mit großen, multidimensionalen Arrays und Matrizen sowie eine umfassende Sammlung mathematischer Funktionen, die auf diese Arrays angewendet werden können.

Ein tieferer Einblick in einige Schlüsselkompetenzen von NumPy:

- **Broadcasting nutzen, um Operationen auf Arrays unterschiedlicher Formen durchzuführen**: Broadcasting ist ein leistungsstarker Mechanismus, der es NumPy ermöglicht, Operationen auf Arrays unterschiedlicher Größe und Form durchzuführen. Es „broadcastet" das kleinere Array automatisch über das größere, sodass elementweise Operationen ohne unnötige Datenkopien durchgeführt werden können. Dies ist besonders nützlich, wenn Sie mit Datensätzen unterschiedlicher Dimensionen arbeiten oder Skalierungsoperationen auf ganze Arrays anwenden.

- **Fortgeschrittene Indexierungstechniken für komplexe Datenauswahl implementieren**: NumPy bietet ausgefeilte Indexierungsmethoden, die über einfaches Slicing hinausgehen. Die boolesche Indexierung ermöglicht es, Elemente basierend auf Bedingungen auszuwählen, während die Fancy-Indexierung die Verwendung von Integer-Arrays zur Auswahl spezifischer Elemente erlaubt. Diese Techniken sind entscheidend, um große Datensätze effizient zu filtern und zu manipulieren, insbesondere bei komplexen Auswahlkriterien.

- **Ufuncs (universelle Funktionen) für elementweise Operationen anwenden**: Ufuncs sind vektorisierte Wrapper für skalare Funktionen, die elementweise auf Arrays operieren. Sie sind hoch optimiert und können Berechnungen im Vergleich zu traditionellen Python-Schleifen erheblich beschleunigen. Ufuncs können auf Arrays jeder Form angewendet werden und unterstützen ebenfalls Broadcasting, was sie zu vielseitigen Werkzeugen für eine breite Palette mathematischer Operationen macht.

- **Das Lineare-Algebra-Modul von NumPy für Matrixoperationen nutzen**: Das linalg-Modul von NumPy bietet eine umfassende Sammlung linearer Algebraoperationen, einschließlich Matrix- und Vektorprodukte, Zerlegungen, Eigenwertprobleme und das Lösen linearer Gleichungen. Diese Funktionen sind essenziell für viele wissenschaftliche und technische Anwendungen sowie für die Implementierung fortgeschrittener Machine-Learning-Algorithmen, die stark auf linearen Algebra-Berechnungen basieren.

Zusätzlich macht NumPys Effizienz in Bezug auf Speicherverbrauch und Rechengeschwindigkeit es zu einem unverzichtbaren Werkzeug für Datenwissenschaftler und Analysten, die mit großen Datensätzen arbeiten. Seine Fähigkeit, vektorisierte Operationen auf ganzen Arrays gleichzeitig auszuführen, anstatt Element für Element, kann zu erheblichen Leistungsverbesserungen bei Datenverarbeitungsaufgaben führen.

Feature Engineering

Diese entscheidende Fähigkeit umfasst die Erstellung neuer Variablen, die die Leistung von Modellen erheblich verbessern können. Feature Engineering ist ein Grundpfeiler der Datenanalyse auf mittlerem Niveau und ermöglicht es Analysten, aus Rohdaten aussagekräftigere Informationen zu extrahieren und die Vorhersagekraft ihrer Modelle zu steigern. Hier sind einige Schlüsselaspekte des Feature Engineerings:

- **Kodierung kategorischer Variablen**: Dabei werden nicht-numerische Daten in ein Format umgewandelt, das Machine-Learning-Algorithmen verstehen können. Techniken wie One-Hot-Encoding erstellen binäre Spalten für jede Kategorie, während Target-Encoding Kategorien durch ihren entsprechenden Mittelwert der Zielvariablen ersetzt. Diese Methoden ermöglichen es Modellen, kategoriale Informationen effektiv zu nutzen.

- **Erstellen von Interaktionsmerkmalen**: Durch die Kombination bestehender Variablen können Analysten komplexe Beziehungen erfassen, die in einzelnen Merkmalen möglicherweise nicht sichtbar sind. Zum Beispiel könnte das Multiplizieren von „Preis" und „Menge" ein informativeres Merkmal wie „Gesamteinnahmen" schaffen. Solche Interaktionen können nichtlineare Muster aufdecken und die Modellleistung verbessern.

- **Anwendung domänenspezifischer Transformationen**: Die Nutzung von Expertenwissen zur Erstellung aussagekräftiger Merkmale ist ein Kennzeichen fortgeschrittener Analysen. Zum Beispiel können im Finanzbereich Kennzahlen wie das Verhältnis von Schulden zu Eigenkapital („Debt-to-Equity") oder Kurs-Gewinn-Verhältnisse („Price-to-Earnings") wertvolle Einblicke bieten, die allein aus Rohdaten nicht ersichtlich wären.

- **Automatisierte Merkmalserstellung implementieren**: Mit zunehmender Größe und Komplexität von Datensätzen wird manuelles Feature Engineering zeitaufwändig.

Automatisierte Techniken wie Deep Feature Synthesis oder genetische Algorithmen können systematisch neue Merkmale erkunden und erstellen. Diese Methoden können nicht offensichtliche Beziehungen aufdecken und erheblich Zeit im Prozess der Merkmalsgenerierung sparen.

Feature Engineering bedeutet nicht nur, neue Variablen zu erstellen; es geht darum, die zugrunde liegenden Muster in Ihren Daten zu verstehen und sie so darzustellen, dass Ihre Modelle sie leicht interpretieren können. Im Laufe Ihrer Datenanalyse-Reise werden Sie feststellen, dass effektives Feature Engineering oft den Unterschied zwischen einem guten und einem außergewöhnlichen Modell ausmacht.

Effiziente Datenverarbeitung

Mit zunehmender Größe und Komplexität von Datensätzen wird die Optimierung Ihres Workflows entscheidend, um Leistung und Effizienz aufrechtzuerhalten.

Hier sind einige wichtige Strategien für die Handhabung großskaliger Daten:

- **Speichereffiziente Datentypen und Strukturen verwenden**: Wählen Sie geeignete Datentypen (z. B. int8 statt int64 für kleine Ganzzahlen) und verwenden Sie spezialisierte Datenstrukturen wie Sparse-Matrizen für Datensätze mit vielen Nullwerten. Dies kann den Speicherbedarf erheblich reduzieren und Berechnungen beschleunigen.

- **Out-of-Core-Verarbeitung für Datensätze implementieren, die größer als der verfügbare RAM sind**: Beim Umgang mit Datensätzen, die den Systemspeicher überschreiten, können Techniken wie Chunking oder speicherabbildende Dateien verwendet werden, um Daten in kleineren, handhabbaren Stücken zu verarbeiten. Bibliotheken wie Dask oder Vaex können bei der verteilten Verarbeitung von Datensätzen helfen, die größer als der Speicher sind.

- **Parallelverarbeitungstechniken zur schnelleren Berechnung nutzen**: Verwenden Sie Mehrkernprozessoren oder verteilte Rechenframeworks, um die Datenverarbeitung zu beschleunigen. Dies kann die Verwendung von Bibliotheken wie Multiprocessing in Python oder verteilte Rechenframeworks wie Apache Spark für sehr große Datensätze umfassen.

- **I/O-Operationen für schnelleres Laden und Speichern von Daten optimieren**: Verwenden Sie effiziente Datenformate wie Parquet oder HDF5, die für analytische Verarbeitung optimiert sind. Asynchrone I/O-Operationen und Puffertechniken minimieren die Auswirkungen langsamer Festplattenoperationen auf Ihre Analyse-Pipeline.

- **Datenkompressionstechniken implementieren**: Verwenden Sie Kompressionsalgorithmen, um die Größe Ihrer Datensätze sowohl im Speicher als auch während der Verarbeitung zu reduzieren. Dies kann zu erheblichen Verbesserungen der I/O-Leistung und zu geringeren Speicherkosten führen.

- **Indexierung und Abfrageoptimierung nutzen**: Für analysenbasierte Datenbanken können ordnungsgemäße Indexierung und Abfrageoptimierung die Datenabruf- und Verarbeitungsgeschwindigkeit drastisch erhöhen. Dazu gehört das Verständnis und die Optimierung von SQL-Abfragen sowie die Verwendung geeigneter Indexierungsstrategien für den jeweiligen Anwendungsfall.

Durch das Beherrschen dieser Techniken zur effizienten Datenverarbeitung können Sie effektiver mit größeren Datensätzen arbeiten, komplexe Analysen in kürzerer Zeit durchführen und schneller an Ihren Modellen iterieren. Dies verbessert nicht nur die Produktivität, sondern ermöglicht auch die Untersuchung komplexerer Hypothesen sowie die Arbeit mit Echtzeit- oder nahezu Echtzeit-Datenströmen und eröffnet neue Möglichkeiten in Ihrer Datenanalyse-Reise.

Datenpipelines

Das Automatisieren Ihres Workflows ist entscheidend für Reproduzierbarkeit und Effizienz. Datenpipelines sind ein zentraler Bestandteil der Datenanalyse auf mittlerem Niveau und ermöglichen eine optimierte und konsistente Datenverarbeitung. Hier ist ein detaillierter Überblick über die wichtigsten Aspekte von Datenpipelines:

- **Entwurf modularer und wiederverwendbarer Datenverarbeitungsschritte**: Dabei wird Ihr Datenverarbeitungsworkflow in einzelne, eigenständige Module unterteilt. Jedes Modul sollte eine spezifische Aufgabe erfüllen, wie z. B. Datenbereinigung, Merkmalsextraktion oder Normalisierung. Durch die Wiederverwendbarkeit dieser Module können Sie sie leicht auf verschiedene Datensätze oder Projekte anwenden, Zeit sparen und Konsistenz in Ihren Analysen sicherstellen.

- **Implementierung von Datenvalidierungs- und Qualitätsprüfungen innerhalb der Pipeline**: Datenqualität ist für jede Analyse von zentraler Bedeutung. Die Integration von Validierungsprüfungen in verschiedenen Phasen Ihrer Pipeline hilft, Probleme frühzeitig zu erkennen und zu beheben. Dazu gehört das Überprüfen auf fehlende Werte, das Erkennen von Ausreißern, das Sicherstellen korrekter Datentypen und das Verifizieren, dass berechnete Merkmale in erwarteten Bereichen liegen. Automatisierte Qualitätsprüfungen tragen dazu bei, die Integrität Ihrer Daten während des gesamten Analyseprozesses zu wahren.

- **Integration von Merkmalsauswahl und Modelltraining in die Pipeline**: Mit zunehmender Komplexität Ihrer Analyse kann die Integration von Merkmalsauswahl und Modelltraining direkt in Ihre Pipeline den Workflow erheblich optimieren. Dies könnte die Verwendung von Techniken wie rekursiver Merkmalseliminierung oder Hauptkomponentenanalyse für die Merkmalsauswahl umfassen, gefolgt von automatisiertem Modelltraining und Hyperparameter-Tuning. Durch die Integration dieser Schritte stellen Sie sicher, dass die Prozesse der Merkmalsauswahl und des Modelltrainings konsistent und reproduzierbar sind.

- **Verwendung von Pipeline-Objekten für einfache Experimente und Kreuzvalidierung**: Viele Machine-Learning-Bibliotheken, wie z. B. scikit-learn, bieten Pipeline-Objekte, mit denen mehrere Verarbeitungsschritte miteinander verknüpft werden können. Diese Pipeline-Objekte sind besonders nützlich für Experimente, da sie es ermöglichen, verschiedene Vorverarbeitungsschritte oder Modelle einfach auszutauschen. Sie integrieren sich nahtlos in Kreuzvalidierungstechniken und ermöglichen eine robuste und effiziente Bewertung Ihres gesamten Workflows (von der Datenvorverarbeitung bis zur Modellvorhersage).

Gut gestaltete Datenpipelines fördern zudem die Zusammenarbeit zwischen Teammitgliedern, erleichtern die Bereitstellung von Modellen in Produktionsumgebungen und bieten eine klare Prüfspur darüber, wie Daten verarbeitet und analysiert wurden. Mit zunehmender Erfahrung in der Datenanalyse wird das Beherrschen der Kunst des Aufbaus effektiver Datenpipelines zu einer unschätzbaren Fähigkeit, die es Ihnen ermöglicht, komplexere Projekte effizienter und zuverlässiger zu bewältigen.

Durch die Beherrschung dieser Bereiche verbessern Sie Ihre Fähigkeit, mit komplexen Datensätzen zu arbeiten, erheblich. Sie sind in der Lage, größere Datenmengen zu verarbeiten, verborgene Muster aufzudecken und anspruchsvollere Modelle zu entwickeln. Dieses erweiterte Fähigkeitsspektrum ermöglicht es Ihnen, reale Datenprobleme in verschiedenen Bereichen wie Finanzen, Gesundheitswesen oder Marketing anzugehen. Darüber hinaus können Sie Ihre Erkenntnisse effektiver kommunizieren und komplexe Analysen in umsetzbare Einblicke für Stakeholder übersetzen.

1.1.2 Beispiel: Datenanalyse auf mittlerem Niveau mit Pandas und NumPy

Betrachten wir ein umfassendes Beispiel für die Datenmanipulation auf mittlerem Niveau mit Pandas und NumPy, zwei leistungsstarken Bibliotheken für die Datenanalyse in Python. Stellen Sie sich ein Szenario vor, in dem wir einen komplexen Datensatz über Einzelhandelsumsätze über mehrere Filialen und Produktkategorien analysieren.

Während sich Anfänger auf grundlegende Operationen wie das Filtern von Daten oder das Berechnen einfacher Summen konzentrieren, erfordert die Analyse auf mittlerem Niveau einen differenzierteren Ansatz.

Auf diesem Niveau geht es darum, tiefere Einblicke zu gewinnen und reale Datenprobleme zu bewältigen. Zum Beispiel könnten wir Folgendes benötigen:

1. **Zeitbasierte Analysen durchführen**: Berechnung gleitender Durchschnittswerte von Umsätzen über verschiedene Zeitfenster, um Trends und Saisonalität zu identifizieren. Dazu könnten die Datumsfunktionen und Rollfenster-Funktionen von Pandas verwendet werden.

2. **Fehlende oder inkonsistente Daten behandeln**: Reale Datensätze weisen oft Lücken oder Fehler auf. Wir könnten fortgeschrittene Imputationstechniken verwenden, wie Interpolation basierend auf verwandten Datenpunkten oder Machine-Learning-Modelle, um fehlende Werte zu schätzen.

3. **Datenaufbewahrung und -verarbeitung optimieren**: Mit zunehmender Größe der Datensätze wird Effizienz entscheidend. Dies könnte die Verwendung geeigneter Datentypen zur Reduzierung des Speicherbedarfs oder die Nutzung vektorisierter Operationen von NumPy zur Beschleunigung von Berechnungen umfassen.

4. **Komplexe Merkmale erstellen**: Kombination mehrerer Spalten zur Erstellung neuer, informativerer Merkmale, z. B. Berechnung der Gewinnspanne durch Kombination von Umsatz- und Kostendaten.

5. **Gruppierte Operationen durchführen**: Verwendung der GroupBy-Funktionalität von Pandas, um Verkaufsmuster über verschiedene Produktkategorien oder Filialstandorte hinweg zu analysieren.

6. **Statistische Tests anwenden**: Durchführung von Hypothesentests oder Berechnung von Konfidenzintervallen, um unsere Ergebnisse zu validieren und ihre statistische Signifikanz sicherzustellen.

Diese Techniken bieten nicht nur eine genauere und tiefere Analyse, sondern bereiten auch den Weg für fortgeschrittene Modellierung und Machine-Learning-Anwendungen. Durch das Beherrschen dieser mittleren Fähigkeiten können Analysten Rohdaten in umsetzbare Geschäftseinblicke verwandeln und fundierte Entscheidungen in der gesamten Organisation fördern.

Codebeispiel: Berechnung von Rollenden Durchschnitten und Umgang mit fehlenden Daten

Angenommen, wir haben folgenden Datensatz, der Verkaufsdaten enthält:

```python
import pandas as pd
import numpy as np
import matplotlib.pyplot as plt

# Sample data: Daily sales for a retail store
data = {
    'Date': pd.date_range(start='2023-01-01', periods=30, freq='D'),
    'Sales': [200, 220, np.nan, 250, 260, 240, np.nan, 300, 280, 290,
              310, 305, 315, np.nan, 330, 340, 335, 345, 350, 360,
              355, np.nan, 370, 375, 380, 385, 390, 395, 400, 410],
    'Category': ['A', 'B', 'A', 'C', 'B', 'A', 'C', 'B', 'A', 'C',
                 'A', 'B', 'C', 'A', 'B', 'C', 'A', 'B', 'C', 'A',
                 'B', 'C', 'A', 'B', 'C', 'A', 'B', 'C', 'A', 'B']
}

df = pd.DataFrame(data)
```

```python
# Display the first few rows of the dataframe
print("Original DataFrame:")
print(df.head())

# Basic statistics of the Sales column
print("\\nBasic Statistics of Sales:")
print(df['Sales'].describe())

# Handle missing values
df['Sales_Filled'] = df['Sales'].fillna(method='ffill')

# Calculate rolling average
df['Rolling_Avg_7d'] = df['Sales_Filled'].rolling(window=7).mean()

# Group by Category and calculate mean sales
category_avg = df.groupby('Category')['Sales_Filled'].mean()
print("\\nAverage Sales by Category:")
print(category_avg)

# Optimize data types
df['Sales'] = pd.to_numeric(df['Sales'], downcast='float')
df['Sales_Filled'] = pd.to_numeric(df['Sales_Filled'], downcast='float')
df['Rolling_Avg_7d'] = pd.to_numeric(df['Rolling_Avg_7d'], downcast='float')

print("\\nMemory usage after optimization:")
print(df.memory_usage(deep=True))

# Visualize the data
plt.figure(figsize=(12, 6))
plt.plot(df['Date'], df['Sales_Filled'], label='Sales (Filled)')
plt.plot(df['Date'], df['Rolling_Avg_7d'], label='7-day Rolling Average')
plt.title('Daily Sales and 7-day Rolling Average')
plt.xlabel('Date')
plt.ylabel('Sales')
plt.legend()
plt.xticks(rotation=45)
plt.tight_layout()
plt.show()
```

Dieses Codebeispiel demonstriert mehrere Techniken der Datenanalyse auf mittlerem Niveau mit Pandas und NumPy. Hier die Aufschlüsselung:

1. **Erstellung und erste Exploration der Daten**:
   - Wir erstellen einen umfangreicheren Datensatz mit 30 Tagen Verkaufsdaten, einschließlich einer Spalte „Category".
   - Die Funktion head() wird verwendet, um die ersten Zeilen des DataFrames anzuzeigen und einen schnellen Überblick über die Datenstruktur zu erhalten.

2. **Grundlegende Statistik**:

   o Die Funktion describe() liefert eine statistische Zusammenfassung der Spalte „Sales", einschließlich Anzahl, Mittelwert, Standardabweichung und Quartilen.

3. **Umgang mit fehlenden Werten**:

   o Die Methode fillna() mit „ffill" (Forward Fill) wird verwendet, um fehlende Werte in der Spalte „Sales" zu ersetzen und eine neue Spalte „Sales_Filled" zu erstellen.

4. **Zeitreihenanalyse**:

   o Ein 7-Tage-Gleitender Durchschnitt wird mit der Funktion rolling() berechnet, um kurzfristige Schwankungen auszugleichen und längerfristige Trends hervorzuheben.

5. **Gruppierung und Aggregation**:

   o Wir zeigen die Gruppierung nach „Category" und die Berechnung des durchschnittlichen Verkaufs pro Kategorie mithilfe der Funktion groupby().

6. **Optimierung der Datentypen**:

   o Die Funktion to_numeric() mit downcast='float' wird verwendet, um die numerischen Spalten zu optimieren und potenziell den Speicherbedarf zu reduzieren.

7. **Analyse der Speichernutzung**:

   o Wir geben die Speichernutzung des DataFrames nach der Optimierung aus, um die Auswirkungen der Änderung der Datentypen zu zeigen.

8. **Datenvisualisierung**:

   o Mit Matplotlib erstellen wir ein Liniendiagramm, das sowohl die gefüllten Verkaufsdaten als auch den 7-Tage-Gleitenden Durchschnitt im Zeitverlauf zeigt.

   o Diese Visualisierung hilft, Trends und Muster in den Verkaufsdaten zu erkennen.

Dieses umfassende Beispiel zeigt verschiedene Techniken der Datenmanipulation, Analyse und Visualisierung auf mittlerem Niveau und bietet eine solide Grundlage für weiterführende Analysetätigkeiten.

1.1.3 Umgang mit fehlenden Werten

Auf mittlerem Niveau wird der Umgang mit fehlenden Werten ein differenzierterer Prozess. Anstatt unvollständige Zeilen einfach zu löschen oder Lücken willkürlich zu füllen, verwenden

Analysten fortgeschrittenere Techniken. Ziel ist es, die Integrität des Datensatzes zu bewahren und informierte Schätzungen über fehlende Datenpunkte zu treffen.

Ein häufig angewandter Ansatz ist das **Forward Filling**. Diese Technik propagiert den zuletzt bekannten Wert, um nachfolgende fehlende Werte zu füllen. Sie ist besonders nützlich für Zeitreihendaten, bei denen Werte oft beständig bleiben. **Backward Filling** ist ähnlich, verwendet jedoch den nächsten bekannten Wert, um vorhergehende Lücken zu füllen.

Interpolation ist eine weitere Methode, die fehlende Werte basierend auf dem Muster der umliegenden Datenpunkte schätzt. Je nach Datenbeschaffenheit können lineare, polynomiale oder Spline-Interpolation verwendet werden. Dieser Ansatz ist besonders effektiv, wenn es in den Daten einen klaren Trend oder ein Muster gibt.

Mittel-, Median- oder Modus-Imputation ersetzt fehlende Werte durch den Durchschnitt, Median oder häufigsten Wert in der Spalte. Diese Techniken können global oder innerhalb spezifischer Gruppen der Daten angewendet werden und bieten eine einfache, aber oft effektive Möglichkeit, fehlende Werte zu behandeln.

Für komplexere Szenarien ist **Multiple Imputation** eine fortgeschrittene Technik, die mehrere plausible imputierte Datensätze erstellt und die Ergebnisse kombiniert, um eine robustere Schätzung der fehlenden Werte zu liefern. Diese Methode ist besonders nützlich, wenn Daten nicht zufällig fehlen.

Die Wahl der Imputationstechnik hängt von der Art der Daten, dem Muster der fehlenden Werte und den spezifischen Anforderungen der Analyse ab. Durch eine sorgfältige Auswahl und Anwendung dieser Techniken können Analysten Verzerrungen minimieren und die statistische Aussagekraft ihrer Datensätze bewahren, was zu zuverlässigeren Erkenntnissen und Modellen führt.

Beispiel

```python
import pandas as pd
import numpy as np
import matplotlib.pyplot as plt

# Create a sample dataset
dates = pd.date_range(start='2023-01-01', periods=30, freq='D')
sales = [100, 120, np.nan, 140, 160, 150, np.nan, 200, 180, 190,
         210, 205, 215, np.nan, 230, 240, 235, 245, 250, 260,
         255, np.nan, 270, 275, 280, 285, 290, 295, 300, 310]
categories = ['A', 'B', 'A', 'C', 'B', 'A', 'C', 'B', 'A', 'C',
              'A', 'B', 'C', 'A', 'B', 'C', 'A', 'B', 'C', 'A',
              'B', 'C', 'A', 'B', 'C', 'A', 'B', 'C', 'A', 'B']

df = pd.DataFrame({'Date': dates, 'Sales': sales, 'Category': categories})

# Display initial information
print("Original DataFrame:")
print(df.head())
```

```
print("\\nDataFrame Info:")
print(df.info())

# Handle missing values using forward fill
df['Sales_Filled'] = df['Sales'].fillna(method='ffill')

# Calculate various rolling averages
df['Rolling_Avg_3d'] = df['Sales_Filled'].rolling(window=3).mean()
df['Rolling_Avg_7d'] = df['Sales_Filled'].rolling(window=7).mean()

# Group by Category and calculate statistics
category_stats = df.groupby('Category')['Sales_Filled'].agg(['mean', 'median',
'std'])
print("\\nCategory Statistics:")
print(category_stats)

# Optimize data types
df['Sales'] = pd.to_numeric(df['Sales'], downcast='float')
df['Sales_Filled'] = pd.to_numeric(df['Sales_Filled'], downcast='float')
df['Rolling_Avg_3d'] = pd.to_numeric(df['Rolling_Avg_3d'], downcast='float')
df['Rolling_Avg_7d'] = pd.to_numeric(df['Rolling_Avg_7d'], downcast='float')

print("\\nMemory usage after optimization:")
print(df.memory_usage(deep=True))

# Visualize the data
plt.figure(figsize=(12, 6))
plt.plot(df['Date'], df['Sales'], label='Original Sales', alpha=0.7)
plt.plot(df['Date'], df['Sales_Filled'], label='Filled Sales')
plt.plot(df['Date'], df['Rolling_Avg_3d'], label='3-day Rolling Average')
plt.plot(df['Date'], df['Rolling_Avg_7d'], label='7-day Rolling Average')
plt.title('Daily Sales with Rolling Averages')
plt.xlabel('Date')
plt.ylabel('Sales')
plt.legend()
plt.xticks(rotation=45)
plt.tight_layout()
plt.show()

# Print final DataFrame
print("\\nFinal DataFrame:")
print(df)
```

Nun wollen wir den Code aufschlüsseln:

1. **Datenerstellung:**

Wir erstellen einen realisticheren Datensatz mit 30 Tagen Verkaufsdaten, einschließlich absichtlich eingefügter NaN-Werte und einer Spalte „Category". Dies simuliert ein Szenario aus der realen Welt, in dem fehlende Daten und kategoriale Variablen vorhanden sind.

2. **Erste Datenexploration:**

Wir geben die ersten Zeilen des DataFrames und dessen Informationen aus, um einen Überblick über die Datenstruktur und Datentypen zu erhalten.

3. **Umgang mit fehlenden Werten:**

Wir verwenden die Forward-Fill-Methode, um fehlende Werte in der Spalte „Sales" zu behandeln und eine neue Spalte „Sales_Filled" zu erstellen. Dabei werden NaN-Werte durch den zuletzt bekannten Wert ersetzt, was sich besonders für Zeitreihendaten eignet.

4. **Berechnung gleitender Durchschnitte:**

Wir berechnen sowohl 3-Tage- als auch 7-Tage-Gleitende Durchschnitte. Dies hilft dabei, kurzfristige Schwankungen auszugleichen und längerfristige Trends hervorzuheben.

5. **Gruppierung und Aggregation:**

Wir gruppieren die Daten nach „Category" und berechnen den Mittelwert, Median und die Standardabweichung der Verkäufe für jede Kategorie. Dies liefert Einblicke in die Verkaufsleistung über verschiedene Kategorien hinweg.

6. **Optimierung der Datentypen:**

Mit pd.to_numeric() und der Option downcast='float' optimieren wir die numerischen Spalten. Dies kann den Speicherbedarf erheblich reduzieren, insbesondere bei größeren Datensätzen.

7. **Visualisierung:**

Wir erstellen ein Liniendiagramm, das die ursprünglichen Verkaufsdaten, die gefüllten Verkaufsdaten sowie die 3-Tage- und 7-Tage-Gleitenden Durchschnitte zeigt. Diese visuelle Darstellung hilft, Trends und Muster in den Verkaufsdaten zu erkennen.

8. **Endergebnis:**

Wir geben den finalen DataFrame aus, um alle Transformationen und neu hinzugefügten Spalten zu zeigen.

Dieses Beispiel demonstriert mehrere Techniken der Datenanalyse auf mittlerem Niveau:

- Umgang mit fehlenden Daten mittels Forward Fill
- Berechnung mehrerer gleitender Durchschnitte
- Gruppierung und Aggregation von Daten
- Optimierung der Datentypen für bessere Leistung
- Erstellung informativer Visualisierungen

Diese Techniken bieten einen umfassenden Ansatz zur Analyse von Zeitreihen-Verkaufsdaten und ermöglichen tiefere Einblicke sowie robustere Analysen.

1.1.4 Berechnung gleitender Durchschnitte

Ein gleitender Durchschnitt, auch als „Moving Average" bekannt, ist eine grundlegende Technik in der Datenanalyse auf mittlerem Niveau, die vielfältige Zwecke erfüllt. Diese Methode berechnet den Durchschnitt einer Teilmenge von Datenpunkten über ein bestimmtes Zeitfenster, das dann durch den Datensatz „rollt" oder sich vorwärts bewegt. Dadurch werden kurzfristige Schwankungen und Rauschen effektiv geglättet, sodass Analysten längerfristige Trends identifizieren und hervorheben können, die sonst verborgen bleiben könnten.

Die Stärke von gleitenden Durchschnitten liegt in ihrer Fähigkeit, wichtige Trends zu bewahren und gleichzeitig die Auswirkungen von Ausreißern oder temporären Spitzen zu reduzieren. Dies macht sie in verschiedenen Bereichen besonders nützlich, etwa in der Finanzwelt zur Analyse von Aktienkursen, bei der Verkaufsprognose oder in der wissenschaftlichen Forschung zur Trendanalyse. Die Wahl der Fenstergröße (z. B. 3-Tage-, 7-Tage- oder 30-Tage-Fenster) kann die Glättung und die erkannten Trends erheblich beeinflussen. Daher ist eine sorgfältige Auswahl basierend auf den spezifischen Eigenschaften der Daten und den Analysezielen erforderlich.

Darüber hinaus können gleitende Durchschnitte mit anderen statistischen Maßen wie der Standardabweichung kombiniert werden, um fortschrittlichere Analysetools wie Bollinger Bänder in der Finanzanalyse zu erstellen. Im Verlauf dieses Kapitels werden wir untersuchen, wie gleitende Durchschnitte effektiv implementiert werden können und wie sie in komplexere Datenanalyse-Workflows integriert werden können.

Beispiel:

```python
import pandas as pd
import numpy as np
import matplotlib.pyplot as plt

# Create a sample dataset
dates = pd.date_range(start='2023-01-01', periods=30, freq='D')
sales = [100, 120, np.nan, 140, 160, 150, np.nan, 200, 180, 190,
         210, 205, 215, np.nan, 230, 240, 235, 245, 250, 260,
         255, np.nan, 270, 275, 280, 285, 290, 295, 300, 310]
df = pd.DataFrame({'Date': dates, 'Sales': sales})

# Handle missing values using forward fill
df['Sales_Filled'] = df['Sales'].fillna(method='ffill')

# Calculate various rolling averages
df['Rolling_Avg_3d'] = df['Sales_Filled'].rolling(window=3).mean()
df['Rolling_Avg_7d'] = df['Sales_Filled'].rolling(window=7).mean()
df['Rolling_Avg_14d'] = df['Sales_Filled'].rolling(window=14).mean()

# Calculate percentage change
df['Pct_Change'] = df['Sales_Filled'].pct_change()

# Calculate cumulative sum
df['Cumulative_Sum'] = df['Sales_Filled'].cumsum()
```

```
# Display the results
print(df)

# Visualize the data
plt.figure(figsize=(12, 6))
plt.plot(df['Date'], df['Sales_Filled'], label='Filled Sales')
plt.plot(df['Date'], df['Rolling_Avg_3d'], label='3-day Rolling Average')
plt.plot(df['Date'], df['Rolling_Avg_7d'], label='7-day Rolling Average')
plt.plot(df['Date'], df['Rolling_Avg_14d'], label='14-day Rolling Average')
plt.title('Daily Sales with Rolling Averages')
plt.xlabel('Date')
plt.ylabel('Sales')
plt.legend()
plt.xticks(rotation=45)
plt.tight_layout()
plt.show()
```

Lassen Sie uns dieses Beispiel aufschlüsseln:

1. **Datenerstellung**:

   o Wir erstellen einen DataFrame mit 30 Tagen Verkaufsdaten, einschließlich einiger NaN-Werte, um fehlende Daten zu simulieren.

2. **Umgang mit fehlenden Werten**:

   o Wir verwenden die Forward-Fill-Methode (fillna(method='ffill')), um fehlende Werte in der Spalte „Sales" zu behandeln und eine neue Spalte „Sales_Filled" zu erstellen.

   o Diese Methode ersetzt NaN-Werte durch den zuletzt bekannten Wert, was sich oft für Zeitreihendaten eignet.

3. **Berechnung gleitender Durchschnitte**:

   o Wir berechnen 3-Tage-, 7-Tage- und 14-Tage-Gleitende Durchschnitte mit der Funktion rolling().

   o Diese Durchschnitte helfen, kurzfristige Schwankungen auszugleichen und längerfristige Trends hervorzuheben.

   o Die unterschiedlichen Fenstergrößen (3, 7, 14) ermöglichen den Vergleich von Trends über verschiedene Zeitskalen hinweg.

4. **Prozentuale Veränderung**:

   o Wir berechnen die tägliche prozentuale Veränderung der Verkäufe mit der Funktion pct_change().

    o Dies hilft, tägliche Wachstumsraten und die Volatilität der Verkäufe zu identifizieren.

5. **Kumulative Summe**:

    o Wir berechnen die kumulative Summe der Verkäufe mit der Funktion cumsum().

    o Dies zeigt die Gesamtsumme der Verkäufe bis zu jedem Zeitpunkt, was nützlich ist, um die Gesamtleistung zu verfolgen.

6. **Visualisierung**:

    o Wir erstellen ein Liniendiagramm, das die gefüllten Verkaufsdaten und alle drei Gleitenden Durchschnitte zeigt.

    o Diese visuelle Darstellung hilft, Trends und Muster in den Verkaufsdaten über verschiedene Zeitskalen hinweg zu erkennen.

Dieses Beispiel demonstriert mehrere Techniken der Datenanalyse auf mittlerem Niveau:

- Umgang mit fehlenden Daten

- Berechnung mehrerer gleitender Durchschnitte mit unterschiedlichen Zeitfenstern

- Berechnung prozentualer Veränderungen und kumulativer Summen

- Erstellung informativer Visualisierungen

Diese Techniken bieten einen umfassenden Ansatz zur Analyse von Zeitreihen-Verkaufsdaten und ermöglichen tiefere Einblicke in Trends, Wachstumsraten und die Gesamtleistung über die Zeit hinweg.

1.1.5 Optimierung von Datentypen

Bei der Arbeit mit größeren Datensätzen wird die Leistungsoptimierung entscheidend. Pandas und NumPy bieten leistungsstarke Möglichkeiten, den Speicherverbrauch und die Verarbeitungsgeschwindigkeit durch Anpassung der Datentypen zu optimieren. Dies ist besonders wichtig bei der Verarbeitung von Big Data oder bei Analysen auf Maschinen mit begrenzten Ressourcen. Durch die Wahl geeigneter Datentypen können Sie den Speicherverbrauch erheblich reduzieren und Berechnungen beschleunigen.

Beispielsweise kann die Verwendung kleinerer Ganzzahltypen (wie int8 oder int16) anstelle des Standardtyps int64 den Speicherbedarf drastisch senken, wenn die Spalten nur einen begrenzten Wertebereich haben. Ähnlich können bei Gleitkommazahlen float32 anstelle von float64 die Speicheranforderungen halbieren, mit oft vernachlässigbarem Präzisionsverlust. Pandas bietet Werkzeuge wie die downcast-Option in pd.to_numeric() und astype()-Methoden, die automatisch den kleinstmöglichen Datentyp auswählen, der die Daten ohne Informationsverlust darstellen kann.

Zudem können kategorische Daten mit Pandas' Datentyp „Categorical" optimiert werden, der besonders speichereffizient für Spalten mit niedriger Kardinalität (d. h. wenigen eindeutigen Werten) ist. Für Textdaten können Kategorien oder sogar fortgeschrittene Techniken wie speicherabbildende Strings zu erheblichen Speichereinsparungen führen. Diese Optimierungen sparen nicht nur Speicherplatz, sondern können auch Vorgänge wie Gruppierungen, Sortierungen und Aggregationen beschleunigen.

Beispiel:

```python
import pandas as pd
import numpy as np
import matplotlib.pyplot as plt

# Create a sample dataset
dates = pd.date_range(start='2023-01-01', periods=30, freq='D')
sales = [100, 120, np.nan, 140, 160, 150, np.nan, 200, 180, 190,
        210, 205, 215, np.nan, 230, 240, 235, 245, 250, 260,
        255, np.nan, 270, 275, 280, 285, 290, 295, 300, 310]
categories = ['A', 'B', 'C'] * 10
df = pd.DataFrame({'Date': dates, 'Sales': sales, 'Category': categories})

# Display initial information
print("Initial DataFrame Info:")
print(df.info())
print("\\nInitial Memory Usage:")
print(df.memory_usage(deep=True))

# Handle missing values using forward fill
df['Sales_Filled'] = df['Sales'].fillna(method='ffill')

# Optimize data types
df['Sales'] = pd.to_numeric(df['Sales'], downcast='float')
df['Sales_Filled'] = pd.to_numeric(df['Sales_Filled'], downcast='float')
df['Category'] = df['Category'].astype('category')

# Calculate various metrics
df['Rolling_Avg_3d'] = df['Sales_Filled'].rolling(window=3).mean()
df['Rolling_Avg_7d'] = df['Sales_Filled'].rolling(window=7).mean()
df['Pct_Change'] = df['Sales_Filled'].pct_change()
df['Cumulative_Sum'] = df['Sales_Filled'].cumsum()

# Display optimized information
print("\\nOptimized DataFrame Info:")
print(df.info())
print("\\nOptimized Memory Usage:")
print(df.memory_usage(deep=True))

# Calculate category-wise statistics
category_stats  =   df.groupby('Category')['Sales_Filled'].agg(['mean',   'median',
'std'])
print("\\nCategory Statistics:")
```

```
print(category_stats)

# Visualize the data
plt.figure(figsize=(12, 6))
plt.plot(df['Date'], df['Sales'], label='Original Sales', alpha=0.7)
plt.plot(df['Date'], df['Sales_Filled'], label='Filled Sales')
plt.plot(df['Date'], df['Rolling_Avg_3d'], label='3-day Rolling Average')
plt.plot(df['Date'], df['Rolling_Avg_7d'], label='7-day Rolling Average')
plt.title('Daily Sales with Rolling Averages')
plt.xlabel('Date')
plt.ylabel('Sales')
plt.legend()
plt.xticks(rotation=45)
plt.tight_layout()
plt.show()

# Print final DataFrame
print("\\nFinal DataFrame:")
print(df.head())
```

Lassen Sie uns dieses Codebeispiel aufschlüsseln:

1. **Datenerstellung und erste Analyse**:

   o Wir erstellen einen DataFrame mit 30 Tagen Verkaufsdaten, einschließlich NaN-Werten und einer Spalte „Category".

   o Wir geben die anfänglichen Informationen und die Speichernutzung des DataFrames aus, um eine Basislinie zu schaffen.

2. **Umgang mit fehlenden Werten**:

   o Wir verwenden die Forward-Fill-Methode, um fehlende Werte in der Spalte „Sales" zu behandeln und eine neue Spalte „Sales_Filled" zu erstellen.

   o NaN-Werte werden durch den zuletzt bekannten Wert ersetzt, was sich besonders für Zeitreihendaten eignet.

3. **Optimierung der Datentypen**:

   o Wir verwenden pd.to_numeric() mit der Option downcast='float', um die numerischen Spalten „Sales" und „Sales_Filled" zu optimieren.

   o Die Spalte „Category" wird in den Datentyp „Categorical" umgewandelt, was speichereffizienter für Spalten mit niedriger Kardinalität ist.

   o Wir geben die optimierten Informationen und die Speichernutzung des DataFrames aus, um die Verbesserungen zu zeigen.

4. **Berechnung verschiedener Kennzahlen**:

- o Wir berechnen 3-Tage- und 7-Tage-Gleitende Durchschnitte mit der Funktion rolling().
- o Die prozentuale Veränderung wird mit der Funktion pct_change() berechnet, um das tägliche Wachstum darzustellen.
- o Die kumulative Summe wird mit der Funktion cumsum() berechnet, um den Gesamtumsatz im Zeitverlauf zu verfolgen.

5. **Kategorieweise Statistik**:
   - o Mit den Funktionen groupby() und agg() berechnen wir Mittelwert, Median und Standardabweichung der Verkäufe für jede Kategorie.
   - o Dies liefert Einblicke in die Verkaufsleistung der verschiedenen Kategorien.

6. **Visualisierung**:
   - o Wir erstellen ein Liniendiagramm, das die ursprünglichen Verkaufsdaten, die gefüllten Verkaufsdaten sowie die 3-Tage- und 7-Tage-Gleitenden Durchschnitte zeigt.
   - o Diese visuelle Darstellung hilft, Trends und Muster in den Verkaufsdaten zu erkennen.

7. **Endausgabe**:
   - o Wir geben die ersten Zeilen des finalen DataFrames aus, um alle durchgeführten Transformationen und die neu hinzugefügten Spalten zu zeigen.

1.1.6 Wichtige Erkenntnisse

Die Datenanalyse auf mittlerem Niveau geht über die bloße Anwendung neuer Methoden hinaus – sie erfordert einen Paradigmenwechsel in der Art und Weise, wie Sie Ihre Daten konzeptualisieren und angehen. Während Sie Fortschritte machen, werden Sie sich nicht nur mit dem „Was" Ihrer Berechnungen beschäftigen, sondern tiefer in das „Wie" und „Warum" eintauchen. Dies beinhaltet eine sorgfältige Prüfung Ihrer Berechnungsmethoden, ihrer Effizienz und ihrer Eignung für die jeweilige Aufgabe. Angesichts umfangreicher Datensätze und komplexer Workflows müssen Sie eine strategische Denkweise entwickeln, die ein umfassendes Datenmanagement von der ersten Handhabung und Speicherung bis hin zu ausgeklügelten Transformationen und Analysen umfasst.

Die Techniken, die wir bisher untersucht haben – wie der geschickte Umgang mit fehlenden Daten, die Implementierung von Gleitenden Durchschnitten und die Optimierung der Speichernutzung – kratzen nur an der Oberfläche der Datenanalyse auf mittlerem Niveau. Diese grundlegenden Fähigkeiten dienen als Sprungbrett für fortgeschrittenere Konzepte. Während Sie dieses Buch durcharbeiten, werden Sie einen analytischen Ansatz entwickeln, der die Tiefe der Einblicke, die Komplexität der Methode und die rechnerische Effizienz kunstvoll ausbalanciert. Diese ganzheitliche Perspektive wird von unschätzbarem Wert sein, wenn wir in den Bereich des Feature Engineering übergehen, wo die Fähigkeit, aussagekräftige Informationen aus Rohdaten zu extrahieren, entscheidend wird.

In den kommenden Abschnitten werden wir tief in die Workflow-Optimierung eintauchen. Sie werden entdecken, wie Sie fortschrittliche Datentransformationen nutzen und leistungsstarke Werkzeuge wie Pandas und NumPy nahtlos integrieren können. Dieser synergetische Ansatz wird nicht nur die Geschwindigkeit Ihrer Analysen verbessern, sondern auch Klarheit in Ihren Code und Ihre Ergebnisse bringen. Durch das Beherrschen dieser Techniken werden Sie in der Lage sein, komplexe Datenherausforderungen mit Zuversicht und Präzision zu bewältigen.

1.2 Wie dieses Buch auf Grundlagen aufbaut

Während Sie Ihre Reise auf mittlerem Niveau in der Datenanalyse beginnen, ist es entscheidend, über die Grundlagen nachzudenken, die Sie aufgebaut haben, und darüber, wie Ihre bestehenden Fähigkeiten als Sprungbrett für die fortgeschritteneren Konzepte dienen, die wir in diesem Buch erkunden werden. Ihr Weg vom Anfänger zum Analysten auf mittlerem Niveau ist geprägt von einem bedeutenden Perspektivenwechsel und einem neuen Ansatz für die Datenmanipulation und -interpretation.

In Ihren ersten Schritten in der Datenanalyse haben Sie grundlegende Fähigkeiten wie einfache Datenmanipulation, grundlegende Visualisierungstechniken und rudimentäre statistische Analysen erworben. Wahrscheinlich haben Sie sich mit leistungsstarken Bibliotheken wie **Pandas** zur Datenmanipulation, **NumPy** für numerische Berechnungen und möglicherweise **Matplotlib** zur Erstellung von Visualisierungen vertraut gemacht. Diese Werkzeuge bilden das Fundament der Datenanalyse und bleiben unverzichtbar, während Sie Ihre analytische Reise fortsetzen.

Mit dem Übergang auf das mittlere Niveau wird sich Ihr Fokus jedoch von der bloßen Anwendung dieser Werkzeuge hin zu ihrer meisterhaften Beherrschung entwickeln. Sie werden in die Feinheiten eintauchen, wie Sie Ihre Workflows optimieren, die Effizienz Ihrer Analysen steigern und diese Werkzeuge nutzen können, um komplexe, reale Probleme zu lösen. Dieses Buch soll die Lücke zwischen Ihrem Grundwissen und fortgeschrittenen Analysetechniken schließen, um Sie darauf vorzubereiten, komplexere Datenherausforderungen zu bewältigen und zu lösen. In den folgenden Abschnitten werden wir darlegen, wie diese Ressource auf Ihrem bestehenden Fähigkeiten aufbaut und Ihre Möglichkeiten erweitert, um die vielseitige Welt der Datenanalyse auf mittlerem Niveau zu navigieren.

1.2.1 Von grundlegender zu fortgeschrittener Datenmanipulation

Auf Anfängerniveau haben Sie wahrscheinlich gelernt, wie man Daten lädt, Zeilen filtert, Spalten auswählt und grundlegende GroupBy-Operationen mit Pandas durchführt. Diese grundlegenden Fähigkeiten bilden das Fundament der Datenmanipulation und ermöglichen es

Ihnen, wesentliche Aufgaben wie Datenbereinigung, grundlegende Analysen und einfache Transformationen durchzuführen. Wenn Sie jedoch auf das mittlere Niveau voranschreiten, werden Sie feststellen, dass diese Fähigkeiten, so wichtig sie auch sind, nur der Anfang Ihrer Reise in die Datenmanipulation sind.

Die Datenmanipulation auf mittlerem Niveau erfordert ein tieferes Verständnis der fortgeschritteneren Funktionen und Fähigkeiten von Pandas. Sie müssen Techniken beherrschen, um mit komplexen Datenstrukturen wie mehrstufig indizierten DataFrames und hierarchischen Daten umzugehen. Zusätzlich lernen Sie, anspruchsvolle Operationen wie das Pivotieren, Schmelzen und Umformen von Daten durchzuführen, um aus komplexen Datensätzen aussagekräftige Erkenntnisse zu gewinnen.

Darüber hinaus wird Effizienz bei der Arbeit mit größeren Datensätzen von entscheidender Bedeutung. Sie müssen Strategien entwickeln, um Ihren Code zu optimieren, damit er Millionen von Zeilen ohne erhebliche Leistungseinbußen verarbeiten kann. Dies könnte den Einsatz vektorisierter Operationen, die Nutzung der Leistungsfähigkeit von NumPy im Hintergrund oder Techniken wie das Chunking umfassen, um Daten in handhabbaren Abschnitten zu verarbeiten.

Zusätzlich erfordert die Datenmanipulation auf mittlerem Niveau oft anspruchsvollere Transformationen. Sie lernen, benutzerdefinierte Funktionen auf Ihre Daten anzuwenden, indem Sie Methoden wie apply() und applymap() verwenden, die flexiblere und leistungsstärkere Datenmanipulationen ermöglichen. Sie tauchen auch in fortgeschrittene Gruppierungs- und Aggregationstechniken ein, die es Ihnen ermöglichen, komplexe Berechnungen über mehrere Dimensionen Ihrer Daten hinweg durchzuführen.

Während Sie Fortschritte machen, müssen Sie auch Aspekte der Datenintegrität und -qualität berücksichtigen. Dies umfasst die Implementierung robusterer Fehlerbehandlungen, Datenvalidierungstechniken und Strategien zum Umgang mit Randfällen in Ihren Daten. Sie lernen, Code zu schreiben, der nicht nur Daten effektiv manipuliert, sondern dies auch auf eine Weise tut, die die Datenqualität und Zuverlässigkeit in Ihrer Analyse-Pipeline bewahrt.

Zum Beispiel betrachten wir folgendes Beispiel, in dem wir Daten filtern und gruppieren, um den durchschnittlichen Umsatz in einem Einzelhandelsdatensatz zu berechnen:

Codebeispiel: Datenmanipulation auf Anfängerniveau

```python
import pandas as pd

# Sample data
data = {'Store': ['A', 'B', 'A', 'B', 'A', 'B'],
        'Sales': [200, 220, 210, 250, 215, 240]}

df = pd.DataFrame(data)

# Group by Store and calculate the average sales
avg_sales = df.groupby('Store')['Sales'].mean()
print(avg_sales)
```

Lassen Sie uns das aufschlüsseln:

- Zuerst wird die Pandas-Bibliothek als „pd" importiert.

- Ein Beispieldatensatz wird als Dictionary erstellt, das zwei Schlüssel enthält: „Store" und „Sales". Jeder Schlüssel entspricht einer Liste von Werten.

- Das Dictionary wird mithilfe von pd.DataFrame(data) in einen Pandas-DataFrame umgewandelt.

- Der Code verwendet anschließend die Funktion groupby(), um die Daten nach der Spalte „Store" zu gruppieren.

- Die Funktion mean() wird auf die Spalte „Sales" für jede Gruppe angewendet, um den durchschnittlichen Umsatz für jedes Geschäft zu berechnen.

- Schließlich werden die Ergebnisse in der Variablen avg_sales gespeichert und ausgegeben.

Dieser Code berechnet den durchschnittlichen Umsatz für jedes Geschäft – eine grundlegende, aber wesentliche Operation. Aber was wäre, wenn Sie mit einem viel größeren Datensatz arbeiten würden, der möglicherweise Millionen von Zeilen umfasst, und die Leistung optimieren müssten? Oder wenn Sie zusätzliche Operationen durchführen wollten, wie etwa Aggregationen über mehrere Spalten oder das Filtern basierend auf komplexeren Kriterien?

1.2.2 Datenmanipulation auf mittlerem Niveau

Nehmen wir dasselbe Konzept und machen es robuster, effizienter und flexibler. Angenommen, Sie arbeiten jetzt mit einem Datensatz, der detailliertere Verkaufsinformationen enthält, und möchten mehrere Aggregationen durchführen – beispielsweise die Berechnung sowohl des durchschnittlichen als auch des gesamten Umsatzes, während Sie gleichzeitig nach bestimmten Geschäften filtern.

Hier ist, wie Sie dieses Problem auf mittlerem Niveau angehen könnten:

```python
# Sample data with more details
data = {'Store': ['A', 'B', 'A', 'B', 'A', 'B'],
        'Sales': [200, 220, 210, 250, 215, 240],
        'Category': ['Electronics', 'Clothing', 'Electronics', 'Clothing',
'Electronics', 'Clothing']}

df = pd.DataFrame(data)

# Group by Store and Category, calculating multiple aggregations
agg_sales = df.groupby(['Store', 'Category']).agg(
    avg_sales=('Sales', 'mean'),
    total_sales=('Sales', 'sum')
).reset_index()
```

```
print(agg_sales)
```

Lassen Sie uns das aufschlüsseln:

- Zuerst wird ein Beispieldatensatz mit detaillierteren Informationen erstellt, einschließlich der Spalten „Store", „Sales" und „Category".

- Die Daten werden in einen Pandas-DataFrame umgewandelt.

- Der Kern dieses Beispiels ist die Verwendung der Funktion groupby() mit mehreren Spalten („Store" und „Category") und der Methode agg(), um mehrere Aggregationen gleichzeitig durchzuführen.

- Es werden zwei Aggregationen durchgeführt:

  - **'avg_sales'**: Berechnet den Durchschnitt von „Sales" für jede Gruppe.

  - **'total_sales'**: Berechnet die Summe von „Sales" für jede Gruppe.

- Die Methode reset_index() wird verwendet, um den resultierenden Multi-Index-DataFrame in einen regulären DataFrame umzuwandeln, wobei „Store" und „Category" wieder als Spalten dargestellt werden.

- Schließlich werden die aggregierten Ergebnisse ausgegeben.

Dieser Code zeigt einen Ansatz auf mittlerem Niveau für Datenmanipulation und -analyse mit Pandas. Er ist effizienter und flexibler als das Ausführen separater Operationen für jede Aggregation, insbesondere bei der Verarbeitung größerer Datensätze. Das Beispiel illustriert, wie Datenanalysen auf mittlerem Niveau häufig die Kombination mehrerer Operationen in einen einzigen, optimierten Workflow beinhalten, um sowohl die Leistung als auch die Lesbarkeit zu verbessern.

1.2.3 Effiziente Workflows erstellen

Ein weiterer zentraler Bereich, in dem dieses Buch auf Ihren Grundlagen aufbaut, ist die Workflow-Optimierung. Während Sie vom Anfänger- zum mittleren Niveau fortschreiten, lernen Sie, Ihren Fokus von der bloßen Erledigung von Aufgaben hin zur Schaffung effizienter, skalierbarer Workflows zu verlagern. Dieser Übergang ist entscheidend, da mit der Zunahme der Datensätze und der Komplexität der Analysen die Bedeutung der Optimierung Ihrer Prozesse exponentiell wächst.

Betrachten Sie den Prozess der Vorverarbeitung eines großen Datensatzes. Auf Anfängerniveau könnten Sie diese Aufgabe durch manuelles Bereinigen und Transformieren der Daten in einem schrittweisen Ansatz angehen, wobei Sie einzelne Operationen verwenden. Während diese Methode bei kleineren Datensätzen effektiv sein kann, wird sie mit zunehmender Datenmenge schnell unhandlich und zeitaufwändig. Im Gegensatz dazu lernen Sie auf mittlerem Niveau, fortschrittlichere Techniken einzusetzen, um diese Prozesse zu automatisieren und zu optimieren.

Ein Schlüsselkonzept, das Sie erforschen werden, ist die Verwendung von **Pipelines**. Pipelines ermöglichen es, mehrere Datenverarbeitungsschritte in einem einzigen, kohärenten Workflow miteinander zu verknüpfen. Dies macht Ihren Code nicht nur organisierter und leichter wartbar, sondern verbessert auch die Effizienz erheblich. Durch die Definition einer Reihe von Operationen, die auf Ihre Daten in optimierter Weise angewendet werden können, können Sie große Datenmengen schneller und mit weniger manuellen Eingriffen verarbeiten.

Darüber hinaus werden Sie Techniken für die **Parallelverarbeitung** untersuchen, mit denen Sie Berechnungsaufgaben auf mehrere Kerne oder sogar mehrere Maschinen verteilen können. Dies kann die Verarbeitungszeit für groß angelegte Datenoperationen erheblich reduzieren. Sie lernen auch speichereffiziente Techniken für den Umgang mit Datensätzen kennen, die zu groß sind, um in den RAM Ihres Computers zu passen, wie z. B. **Out-of-Core-Verarbeitung** und **Daten-Streaming**.

Ein weiterer Aspekt der Workflow-Optimierung ist die Erstellung wiederverwendbarer Code-Module. Anstatt für jedes neue Projekt benutzerdefinierten Code zu schreiben, lernen Sie, flexible, modulare Funktionen und Klassen zu entwickeln, die leicht an verschiedene Datensätze und Analyseanforderungen angepasst werden können. Dies spart nicht nur Zeit, sondern reduziert auch die Wahrscheinlichkeit von Fehlern und Inkonsistenzen in Ihrer Arbeit.

Durch das Beherrschen dieser fortgeschrittenen Techniken zur Workflow-Optimierung sind Sie in der Lage, zunehmend komplexe Aufgaben der Datenanalyse mit größerer Effizienz und Zuversicht zu bewältigen. Dieser Ansatzwechsel ist ein entscheidender Unterschied zwischen Anfängern und Analysten auf mittlerem Niveau, da er Ihnen ermöglicht, größere Datensätze zu verarbeiten, anspruchsvollere Analysen durchzuführen und schneller und zuverlässiger Erkenntnisse zu liefern.

Codebeispiel: Erstellen einer Datenvorverarbeitungs-Pipeline

Angenommen, wir arbeiten mit einem Datensatz, der fehlende Werte enthält und Merkmale, die für die Modellierung skaliert werden müssen. Auf Anfängerniveau könnten Sie dies durch einzelne Codezeilen lösen, um fehlende Werte zu imputieren und die Merkmale manuell zu skalieren.

Hier ist, wie Sie dies in einem strukturierteren Workflow auf mittlerem Niveau mit einer **Scikit-learn-Pipeline** lösen könnten:

```python
import pandas as pd
import numpy as np
from sklearn.pipeline import Pipeline
from sklearn.impute import SimpleImputer
from sklearn.preprocessing import StandardScaler, OneHotEncoder
from sklearn.compose import ColumnTransformer
```

```python
# Sample data with missing values and categorical features
data = {
    'Feature1': [1, 2, np.nan, 4, 5],
    'Feature2': [10, np.nan, 12, 14, 15],
    'Category': ['A', 'B', 'A', 'C', 'B']
}

df = pd.DataFrame(data)

# Define preprocessing for numeric columns
numeric_features = ['Feature1', 'Feature2']
numeric_transformer = Pipeline(steps=[
    ('imputer', SimpleImputer(strategy='mean')),
    ('scaler', StandardScaler())
])

# Define preprocessing for categorical columns
categorical_features = ['Category']
categorical_transformer = Pipeline(steps=[
    ('imputer', SimpleImputer(strategy='constant', fill_value='missing')),
    ('onehot', OneHotEncoder(handle_unknown='ignore'))
])

# Combine preprocessing steps
preprocessor = ColumnTransformer(
    transformers=[
        ('num', numeric_transformer, numeric_features),
        ('cat', categorical_transformer, categorical_features)
    ])

# Create and fit the pipeline
pipeline = Pipeline(steps=[('preprocessor', preprocessor)])
transformed_data = pipeline.fit_transform(df)

# Convert to DataFrame for better visualization
feature_names = (numeric_features +
                 pipeline.named_steps['preprocessor']
                 .named_transformers_['cat']
                 .named_steps['onehot']
                 .get_feature_names(categorical_features).tolist())
transformed_df = pd.DataFrame(transformed_data, columns=feature_names)

print("Original Data:")
print(df)
print("\\nTransformed Data:")
print(transformed_df)
```

Umfassende Aufschlüsselung:

1. **Importieren von Bibliotheken**:

o Wir importieren Pandas für die Datenmanipulation, NumPy für numerische Operationen und verschiedene Module aus Scikit-learn für die Vorverarbeitung und die Erstellung von Pipelines.

2. **Erstellen von Beispieldaten**:

    o Wir erstellen einen Beispieldatensatz mit zwei numerischen Merkmalen („Feature1" und „Feature2"), die fehlende Werte enthalten, und einem kategorialen Merkmal („Category").

3. **Definieren der Vorverarbeitung für numerische Spalten**:

    o Wir erstellen eine Pipeline für numerische Merkmale, die Folgendes umfasst:a) **SimpleImputer**: Füllt fehlende Werte mit dem Mittelwert der Spalte.b) **StandardScaler**: Standardisiert die Merkmale, indem der Mittelwert entfernt und auf die Einheitsvarianz skaliert wird.

4. **Definieren der Vorverarbeitung für kategoriale Spalten**:

    o Wir erstellen eine Pipeline für kategoriale Merkmale, die Folgendes umfasst:a) **SimpleImputer**: Füllt fehlende Werte mit einem konstanten Wert („missing").b) **OneHotEncoder**: Konvertiert kategoriale Variablen in One-Hot-kodierte Spalten.

5. **Kombinieren der Vorverarbeitungsschritte**:

    o Wir verwenden **ColumnTransformer**, um unterschiedliche Vorverarbeitungsschritte auf verschiedene Spaltentypen anzuwenden:

    ▪ Der Transformer „num" wird auf numerische Merkmale angewendet.

    ▪ Der Transformer „cat" wird auf kategoriale Merkmale angewendet.

6. **Erstellen und Anpassen der Pipeline**:

    o Wir erstellen eine Hauptpipeline, die den Preprocessor enthält.

    o Wir passen die Pipeline an unsere Daten an und transformieren sie in einem Schritt mit fit_transform().

7. **Konvertieren der Ergebnisse in einen DataFrame**:

    o Wir extrahieren die Merkmalnamen für die transformierten Daten, einschließlich der One-Hot-kodierten kategorialen Merkmale.

    o Wir erstellen einen neuen DataFrame mit den transformierten Daten und entsprechenden Spaltennamen für eine bessere Visualisierung.

8. **Ausgabe der Ergebnisse**:

o Wir geben sowohl die ursprünglichen als auch die transformierten Daten aus, um die Auswirkungen unserer Vorverarbeitungspipeline zu zeigen.

Dieses Beispiel demonstriert einen umfassenden Ansatz zur Datenvorverarbeitung, der sowohl numerische als auch kategoriale Daten behandelt. Es zeigt, wie man mit der **Scikit-learn Pipeline** und dem **ColumnTransformer** einen robusten, wiederverwendbaren Vorverarbeitungsworkflow erstellt, der fehlende Werte behandelt, numerische Merkmale skaliert und kategoriale Variablen kodiert – alles in einem einzigen, kohärenten Prozess.

1.2.4 Leistungsoptimierung mit NumPy

Wenn Sie über die Grundlagen hinausgehen, müssen Sie sich mit der Verwendung von **NumPy** vertraut machen, um die Leistung zu optimieren, insbesondere bei numerischen Berechnungen. Anfänger verlassen sich oft stark auf Pandas für jede Aufgabe, aber NumPy kann groß angelegte numerische Operationen wesentlich schneller durchführen, dank seiner optimierten Datenstrukturen.

Die Effizienz von NumPy beruht auf der Verwendung zusammenhängender Speicherblöcke und der Fähigkeit, vektorisierte Operationen auszuführen. Anstatt durch einzelne Elemente zu schleifen, kann NumPy Operationen auf ganze Arrays gleichzeitig anwenden, was Berechnungen erheblich beschleunigt. Wenn Sie beispielsweise mit großen Datensätzen arbeiten, können Sie mit NumPy-Array-Operationen um Größenordnungen schneller sein als mit äquivalenten Operationen in reinem Python oder sogar in Pandas.

Darüber hinaus bietet NumPy eine breite Palette mathematischer Funktionen, die für Leistung optimiert sind. Dazu gehören lineare Algebra-Operationen, Fourier-Transformationen und Zufallszahlengenerierung. Durch die Nutzung dieser Funktionen können Sie komplexe mathematische Operationen effizient ausführen, was entscheidend ist, wenn Sie mit großen Datensätzen arbeiten oder anspruchsvolle Algorithmen implementieren.

Ein weiterer Vorteil von NumPy ist seine Speichereffizienz. NumPy-Arrays verwenden einen festen Datentyp für alle Elemente, was eine kompaktere Speicherung im Vergleich zu Python-Listen ermöglicht. Dies spart nicht nur Speicherplatz, sondern ermöglicht auch schnellere Berechnungen, da die CPU Daten effizienter verarbeiten kann, wenn sie in einem konsistenten Format gespeichert sind.

Während Ihrer Reise in der Datenanalyse werden Sie feststellen, dass die Beherrschung von NumPy für Aufgaben wie Feature Engineering, die Implementierung benutzerdefinierter Algorithmen und die Optimierung bestehender Codes für bessere Leistung unerlässlich ist. Durch die Kombination der Stärken von Pandas für die Datenmanipulation und NumPy für numerische Berechnungen können Sie effizientere und skalierbarere Workflows für die Datenanalyse erstellen.

Beispielsweise betrachten wir eine Anfängeroperation, bei der Sie die Summe über Spalten in einem Pandas DataFrame berechnen:

```
# Beginner-level approach using Pandas
df['Total'] = df['Feature1'] + df['Feature2']
print(df)
```

Hier ist eine Erklärung, was dieser Code tut:

- Es wird eine neue Spalte namens „Total" im DataFrame df erstellt.

- Die Spalte „Total" wird berechnet, indem die Werte aus den Spalten „Feature1" und „Feature2" addiert werden.

- Abschließend wird der gesamte DataFrame ausgegeben, der nun die neue Spalte „Total" enthält.

Dieser Ansatz ist unkompliziert und leicht verständlich, was ihn für Anfänger geeignet macht. Für größere Datensätze oder komplexere Operationen gibt es jedoch effizientere Methoden, die NumPy verwenden, wie in den folgenden Abschnitten des Textes erwähnt.

Codebeispiel: Numerische Berechnungen auf mittlerem Niveau mit NumPy

```
import numpy as np

# Convert DataFrame to NumPy array for faster operations
data_np = df.to_numpy()

# Perform element-wise sum across columns using NumPy
total = np.nansum(data_np, axis=1)  # Handling NaN values
print(total)
```

Dieser Code demonstriert einen Ansatz für numerische Berechnungen auf mittlerem Niveau mit NumPy, der für größere Datensätze effizienter ist als der Anfängeransatz mit Pandas.

Aufschlüsselung des Codes:

- Zuerst wird die NumPy-Bibliothek importiert, die für hochperformante numerische Operationen unerlässlich ist.

- Der DataFrame df wird mithilfe von df.to_numpy() in ein NumPy-Array umgewandelt. Diese Konvertierung ermöglicht schnellere Operationen mit den Daten.

- Die Funktion np.nansum() wird verwendet, um die Summe über die Spalten (axis=1) des NumPy-Arrays zu berechnen. Das „nan" in nansum zeigt an, dass diese Funktion NaN-Werte (Not a Number) verarbeiten kann, was bei Datensätzen mit fehlenden Werten nützlich ist.

- Das Ergebnis wird in der Variablen total gespeichert, die die Summe jeder Zeile enthält und effektiv eine neue „Total"-Spalte erstellt.

- Abschließend wird das Array total ausgegeben, das die Summen für jede Zeile zeigt.

Dieser Ansatz ist für große Datensätze effizienter als die Methode mit Pandas, da er die optimierten Array-Operationen von NumPy nutzt und fehlende Werte nahtlos verarbeitet.

1.3 Werkzeuge: Pandas, NumPy, Scikit-learn in Aktion

In der Welt der Datenanalyse und des Feature Engineering ist das Beherrschen eines umfassenden Werkzeugkastens entscheidend. Als Praktiker auf mittlerem Niveau haben Sie bereits eine Vertrautheit mit dem kraftvollen Trio **Pandas**, **NumPy** und **Scikit-learn** entwickelt – den fundamentalen Säulen der meisten Python-zentrierten Datenwissenschafts-Workflows. Unser Ziel in diesem Abschnitt ist es, das synergetische Potenzial dieser Werkzeuge aufzuzeigen und zu demonstrieren, wie ihre kombinierte Anwendung effizient komplexe, reale analytische Herausforderungen bewältigen kann.

Jede dieser Bibliotheken hat einzigartige Stärken: Pandas ist hervorragend in der Datenmanipulation und -transformation, NumPy beherrscht hochperformante numerische Berechnungen, und Scikit-learn ist die Anlaufstelle für den Aufbau und die Bewertung von Machine-Learning-Modellen. Um Ihre Fähigkeiten als Datenwissenschaftler wirklich zu erweitern, ist es wichtig, nicht nur die individuellen Funktionen dieser Werkzeuge zu verstehen, sondern auch eine nuancierte Kenntnis darüber zu entwickeln, wie Sie sie nahtlos integrieren und im Zusammenspiel in Ihren Projekten nutzen können.

Um die dynamische Interaktion dieser Werkzeuge zu verdeutlichen, tauchen wir in eine Reihe umfassender, praxisnaher Beispiele ein. Diese praktischen Demonstrationen zeigen, wie Pandas, NumPy und Scikit-learn orchestriert werden können, um ein kohärentes, effizientes und leistungsstarkes Datenanalyse-Ökosystem zu bilden. Durch die Erkundung dieser komplexen Interaktionen erhalten Sie wertvolle Einblicke, wie Sie anspruchsvollere, optimierte und effektive Workflows für die Datenwissenschaft gestalten können.

1.3.1 Pandas: Das Kraftpaket für Datenmanipulation

Pandas ist ein Eckpfeiler im Werkzeugkasten eines Datenwissenschaftlers und bietet unvergleichliche Möglichkeiten zur Datenmanipulation und -analyse. Als Praktiker auf mittlerem Niveau haben Sie Pandas wahrscheinlich bereits intensiv genutzt, um Aufgaben wie das Laden von CSV-Dateien, das Bereinigen unstrukturierter Datensätze und das Durchführen grundlegender Transformationen zu bewältigen. Mit zunehmender Komplexität Ihrer Projekte werden jedoch der Umfang und die Vielschichtigkeit Ihrer Datenoperationen erheblich zunehmen.

Auf diesem Niveau werden Sie auf Herausforderungen stoßen, die ein tieferes Verständnis der fortgeschrittenen Funktionen von Pandas erfordern. Sie müssen möglicherweise mit Datensätzen umgehen, die zu groß sind, um in den Arbeitsspeicher zu passen, was den Einsatz von Techniken wie Chunking oder Out-of-Core-Verarbeitung notwendig macht. Komplexe

Abfragen mit mehreren Bedingungen und hierarchischer Indizierung werden häufiger, was Sie dazu zwingt, die Abfragefähigkeiten von Pandas und die Multi-Level-Indizierungsfunktionen zu meistern.

Die Leistungsoptimierung wird entscheidend, wenn es um groß angelegte Datenanalysen geht. Sie müssen sich mit Techniken wie Vektorisierung, dem effizienten Einsatz der apply-Methode und dem Verständnis vertraut machen, wann andere Bibliotheken wie NumPy für numerische Operationen genutzt werden sollten. Darüber hinaus könnten Sie Pandas-Erweiterungen wie Dask für verteiltes Rechnen oder Vaex für Out-of-Core-DataFrames erkunden, wenn Sie mit wirklich massiven Datensätzen arbeiten.

Um diese Konzepte zu veranschaulichen, betrachten wir ein praktisches Szenario, das einen großen Datensatz mit Verkaufsdaten umfasst. Unser Ziel ist vielfältig: Wir müssen die Daten bereinigen, um Konsistenz und Genauigkeit sicherzustellen, Filter anwenden, um uns auf relevante Teilmengen der Daten zu konzentrieren, und Aggregationen durchführen, um aussagekräftige Erkenntnisse zu gewinnen. Dieses Beispiel zeigt, wie Pandas effizient eingesetzt werden kann, um reale Datenherausforderungen zu bewältigen.

Codebeispiel: Fortgeschrittenes Filtern und Aggregieren mit Pandas

```python
import pandas as pd
import numpy as np
from sklearn.preprocessing import StandardScaler
from sklearn.impute import SimpleImputer

# Sample data: Sales transactions
data = {
    'TransactionID': [101, 102, 103, 104, 105, 106, 107, 108, 109, 110],
    'Store': ['A', 'B', 'A', 'C', 'B', 'A', 'C', 'B', 'A', 'C'],
    'SalesAmount': [250, 120, 340, 400, 200, np.nan, 180, 300, 220, 150],
    'Discount': [10, 15, 20, 25, 5, 12, np.nan, 18, 8, 22],
    'Date': pd.to_datetime(['2023-01-01', '2023-01-02', '2023-01-03', '2023-01-04',
'2023-01-05',
                            '2023-01-06', '2023-01-07', '2023-01-08', '2023-01-09',
'2023-01-10']),
    'Category': ['Electronics', 'Clothing', 'Electronics', 'Home', 'Clothing',
                 'Home', 'Electronics', 'Home', 'Clothing', 'Electronics']
}

df = pd.DataFrame(data)

# 1. Data Cleaning and Imputation
imputer = SimpleImputer(strategy='mean')
df[['SalesAmount',    'Discount']]    =    imputer.fit_transform(df[['SalesAmount',
'Discount']])

# 2. Feature Engineering
df['DayOfWeek'] = df['Date'].dt.dayofweek
df['NetSales'] = df['SalesAmount'] - df['Discount']
```

```python
df['DiscountPercentage'] = (df['Discount'] / df['SalesAmount']) * 100

# 3. Advanced Filtering
high_value_sales = df[(df['SalesAmount'] > 200) & (df['Store'].isin(['A', 'B']))]

# 4. Aggregation and Grouping
agg_sales = df.groupby(['Store', 'Category']).agg(
    TotalSales=('NetSales', 'sum'),
    AvgSales=('NetSales', 'mean'),
    MaxDiscount=('Discount', 'max'),
    SalesCount=('TransactionID', 'count')
).reset_index()

# 5. Time-based Analysis
daily_sales = df.resample('D', on='Date')['NetSales'].sum().reset_index()

# 6. Normalization
scaler = StandardScaler()
df['NormalizedSales'] = scaler.fit_transform(df[['SalesAmount']])

# 7. Pivot Table
category_store_pivot = pd.pivot_table(df, values='NetSales',
                                      index='Category',
                                      columns='Store',
                                      aggfunc='sum',
                                      fill_value=0)

# Print results
print("Original Data:")
print(df)
print("\\nHigh Value Sales:")
print(high_value_sales)
print("\\nAggregated Sales:")
print(agg_sales)
print("\\nDaily Sales:")
print(daily_sales)
print("\\nCategory-Store Pivot:")
print(category_store_pivot)
```

Umfassende Aufschlüsselung:

1. **Datenladen und Vorverarbeitung**:

   o   Wir erstellen einen umfangreicheren Beispieldatensatz mit zusätzlichen Zeilen und einer neuen Spalte „Category".

   o   Der SimpleImputer wird verwendet, um fehlende Werte in den Spalten „SalesAmount" und „Discount" zu behandeln.

2. **Feature Engineering**:

    o   Wir extrahieren den Wochentag aus der Spalte „Date".

    o   Wir berechnen „NetSales", indem der Rabatt vom Umsatzbetrag abgezogen wird.

    o   Wir berechnen „DiscountPercentage", um den relativen Rabatt für jede Transaktion zu verstehen.

3. **Fortgeschrittenes Filtern**:

    o   Wir filtern hochpreisige Verkäufe (über 200 $) aus den Geschäften A und B mithilfe von boolescher Indizierung und der Methode isin.

4. **Aggregation und Gruppierung**:

    o   Wir gruppieren die Daten sowohl nach „Store" als auch nach „Category", um eine detailliertere Sicht auf die Verkaufsleistung zu erhalten.

    o   Wir berechnen den Gesamtumsatz, den durchschnittlichen Umsatz, den maximalen Rabatt und die Verkaufsanzahl für jede Gruppe.

5. **Zeitbasierte Analyse**:

    o   Wir verwenden die Methode resample, um den täglichen Gesamtumsatz zu berechnen und so die Zeitreihenfähigkeit zu demonstrieren.

6. **Normalisierung**:

    o   Wir nutzen den StandardScaler, um „SalesAmount" zu normalisieren und zu zeigen, wie Daten für bestimmte Machine-Learning-Algorithmen vorbereitet werden können.

7. **Pivot-Tabelle**:

    o   Wir erstellen eine Pivot-Tabelle, um die gesamten Nettoumsätze für jede Kategorie in verschiedenen Geschäften zu zeigen und so eine kompakte Übersicht zu bieten.

1.3.2 NumPy: Hochleistungs-Numerische Berechnung

Wenn es um numerische Berechnungen geht, ist **NumPy** die herausragende Bibliothek für Effizienz und Geschwindigkeit. Während Pandas bei der Verarbeitung tabellarischer Daten brilliert, glänzt NumPy besonders bei Matrixoperationen und der Arbeit mit großen numerischen Arrays. Diese Fähigkeit ist entscheidend, wenn Merkmale komplexe mathematische Transformationen oder Optimierungen erfordern.

Die Stärke von NumPy liegt in seiner Fähigkeit, vektorisierte Operationen auszuführen, die simultane Berechnungen auf ganzen Arrays ermöglichen. Dieser Ansatz übertrifft die traditionelle elementweise Verarbeitung erheblich, insbesondere bei der Arbeit mit großen Datensätzen. NumPy kann mühelos Operationen wie elementweise Multiplikation,

Matrixmultiplikation und fortgeschrittene lineare Algebra-Berechnungen durchführen und ist damit ein unverzichtbares Werkzeug für wissenschaftliches Rechnen und Machine-Learning-Anwendungen.

Darüber hinaus tragen die effiziente Speichernutzung und die optimierten C-basierten Implementierungen von NumPy zu seiner überlegenen Leistung bei. Diese Effizienz wird besonders deutlich, wenn mit mehrdimensionalen Arrays gearbeitet wird, die in Bereichen wie Bildverarbeitung, Signalanalyse und Finanzmodellierung häufig erforderlich sind.

Betrachten wir ein praktisches Szenario, in dem wir eine umfassende Transformation von Verkaufsdaten durchführen müssen. Zum Beispiel ist die Berechnung des Logarithmus von Verkaufszahlen ein häufiger Vorverarbeitungsschritt für Modelle, die normalisierte Eingaben erfordern. Diese Transformation kann helfen, mit schiefen Datenverteilungen umzugehen, und wird häufig in der Finanzanalyse und in Machine-Learning-Modellen verwendet.

Codebeispiel: Anwenden mathematischer Transformationen mit NumPy

```python
import numpy as np

# Convert SalesAmount column to NumPy array
sales_np = df['SalesAmount'].to_numpy()

# Apply logarithmic transformation (useful for skewed data)
log_sales = np.log(sales_np)
print(log_sales)
```

Dieser Code demonstriert, wie NumPy für effiziente numerische Berechnungen und Datentransformationen genutzt werden kann. Hier eine Aufschlüsselung, was der Code macht:

- Zuerst wird die NumPy-Bibliothek importiert, die für hochperformante numerische Operationen unerlässlich ist.

- Der DataFrame df wird mithilfe von df.to_numpy() in ein NumPy-Array umgewandelt. Diese Konvertierung ermöglicht schnellere Operationen mit den Daten.

- Die Funktion np.log() wird verwendet, um eine logarithmische Transformation auf die Verkaufsdaten anzuwenden. Diese Transformation ist besonders nützlich, um mit schiefen Datenverteilungen umzugehen, die bei Verkaufszahlen häufig vorkommen.

- Abschließend werden die transformierten Daten (log_sales) ausgegeben, die das Ergebnis der logarithmischen Transformation zeigen.

Dieser Ansatz ist effizient, da die vektorisierten Operationen von NumPy gleichzeitige Berechnungen auf ganzen Arrays ermöglichen und die elementweise Verarbeitung, insbesondere bei großen Datensätzen, deutlich übertreffen.

Die logarithmische Transformation ist ein häufiger Vorverarbeitungsschritt in der Finanzanalyse und in Machine-Learning-Modellen, da sie dazu beitragen kann, schiefe Daten zu normalisieren und sie für bestimmte Arten von Analysen oder Modellierungen besser geeignet zu machen.

Lassen Sie uns ein umfassenderes Beispiel erkunden:

```python
import numpy as np
import pandas as pd
import matplotlib.pyplot as plt
from scipy import stats

# Sample sales data
data = {
    'SalesAmount': [100, 150, 200, 250, 300, 350, 400, 450, 500, 1000],
    'ProductCategory': ['A', 'B', 'A', 'C', 'B', 'A', 'C', 'B', 'A', 'C']
}
df = pd.DataFrame(data)

# Convert SalesAmount column to NumPy array
sales_np = df['SalesAmount'].to_numpy()

# Apply logarithmic transformation (useful for skewed data)
log_sales = np.log(sales_np)

# Calculate basic statistics
mean_sales = np.mean(sales_np)
median_sales = np.median(sales_np)
std_sales = np.std(sales_np)

# Calculate z-scores
z_scores = stats.zscore(sales_np)

# Identify outliers (z-score > 3 or < -3)
outliers = np.abs(z_scores) > 3

# Print results
print("Original Sales:", sales_np)
print("Log-transformed Sales:", log_sales)
print("Mean Sales:", mean_sales)
print("Median Sales:", median_sales)
print("Standard Deviation:", std_sales)
print("Z-scores:", z_scores)
print("Outliers:", df[outliers])

# Visualize the data
plt.figure(figsize=(12, 6))

plt.subplot(121)
plt.hist(sales_np, bins=10, edgecolor='black')
plt.title('Original Sales Distribution')
plt.xlabel('Sales Amount')
```

```
plt.ylabel('Frequency')

plt.subplot(122)
plt.hist(log_sales, bins=10, edgecolor='black')
plt.title('Log-transformed Sales Distribution')
plt.xlabel('Log(Sales Amount)')
plt.ylabel('Frequency')

plt.tight_layout()
plt.show()
```

Code-Aufschlüsselung:

1. **Datenvorbereitung:**

    o Wir beginnen mit dem Import der notwendigen Bibliotheken: NumPy für numerische Operationen, Pandas für Datenmanipulation, Matplotlib für Visualisierung und SciPy für statistische Funktionen.

    o Ein Beispieldatensatz wird mithilfe eines Dictionaries erstellt und in einen Pandas-DataFrame umgewandelt, um reale Verkaufsdaten zu simulieren.

2. **Datenkonvertierung:**

    o Die Spalte „SalesAmount" wird mithilfe von df['SalesAmount'].to_numpy() in ein NumPy-Array umgewandelt. Diese Konvertierung ermöglicht schnellere numerische Operationen.

3. **Logarithmische Transformation:**

    o Eine logarithmische Transformation wird auf die Verkaufsdaten mit np.log() angewendet. Dies ist nützlich, um schiefe Daten zu behandeln, wie sie häufig bei Verkaufszahlen vorkommen, bei denen es einige sehr hohe Werte geben kann.

4. **Statistische Analyse:**

    o Grundlegende Statistiken (Mittelwert, Median, Standardabweichung) werden mithilfe von NumPy-Funktionen berechnet.

    o Z-Scores werden mit der Funktion stats.zscore() von SciPy berechnet. Z-Scores zeigen an, wie viele Standardabweichungen ein Wert vom Mittelwert entfernt ist.

    o Ausreißer werden mit der Z-Score-Methode identifiziert, wobei Datenpunkte mit absoluten Z-Scores größer als 3 als Ausreißer betrachtet werden.

5. **Visualisierung:**

- o Zwei Histogramme werden mit Matplotlib erstellt:a. Das erste zeigt die Verteilung der ursprünglichen Verkaufsdaten.b. Das zweite zeigt die Verteilung der logarithmisch transformierten Verkaufsdaten.

- o Dieser visuelle Vergleich hilft zu veranschaulichen, wie die logarithmische Transformation schiefe Daten normalisieren kann.

6. **Ausgabe:**

- o Das Skript gibt verschiedene Ergebnisse aus, einschließlich der ursprünglichen und transformierten Daten, grundlegender Statistiken, Z-Scores und identifizierter Ausreißer.

- o Die Histogramme werden angezeigt, um eine visuelle Analyse der Datenverteilung vor und nach der Transformation zu ermöglichen.

Dieses Beispiel demonstriert einen umfassenden Ansatz zur Datenanalyse, der statistische Maße, die Erkennung von Ausreißern und Datenvisualisierung umfasst. Es zeigt, wie NumPy effektiv in Verbindung mit anderen Bibliotheken wie Pandas, SciPy und Matplotlib verwendet werden kann, um eine gründliche explorative Datenanalyse von Verkaufsdaten durchzuführen.

1.3.3 Warum NumPy für Transformationen verwenden?

Die Stärke von NumPy liegt in seiner Fähigkeit, vektorisierte Operationen auszuführen, die ein Eckpfeiler seiner Effizienz sind. Dieser Ansatz verändert die Art und Weise, wie Daten verarbeitet werden, indem er von traditionellen zeilenweisen Operationen zu einer ganzheitlicheren Methode übergeht. Die Vektorisierung ermöglicht es NumPy, Transformationen gleichzeitig auf ganze Arrays anzuwenden und dabei die parallelen Verarbeitungskapazitäten moderner Hardware zu nutzen.

Diese gleichzeitige Verarbeitung ist nicht nur eine kleine Optimierung, sondern stellt eine grundlegende Veränderung der Recheneffizienz dar. Bei großen Datensätzen können die Leistungssteigerungen um Größenordnungen schneller sein als iterative Ansätze. Dies ist besonders in Workflows der Datenwissenschaft und des Machine Learnings entscheidend, bei denen die Verarbeitungsgeschwindigkeit ein Engpass in der Modellentwicklung und -bereitstellung sein kann.

Darüber hinaus gehen die vektorisierten Operationen von NumPy über einfache Arithmetik hinaus. Sie umfassen eine breite Palette mathematischer Funktionen, von grundlegenden Operationen wie Addition und Multiplikation bis hin zu komplexeren Berechnungen wie trigonometrischen Funktionen, Logarithmen und Matrixoperationen. Diese Vielseitigkeit macht NumPy zu einem unverzichtbaren Werkzeug für Aufgaben, die von einfacher Datennormalisierung bis hin zu komplexen statistischen Analysen und der Feature-Engineering im Machine Learning reichen.

Durch die Nutzung vektorisierter Operationen von NumPy können Datenwissenschaftler und Analysten nicht nur ihre Berechnungen beschleunigen, sondern auch sauberen, wartungsfreundlicheren Code schreiben. Die Syntax für diese Operationen spiegelt oft die mathematische Notation wider, was den Code intuitiver und leichter lesbar macht. Diese Übereinstimmung zwischen Code und mathematischen Konzepten erleichtert das Verständnis und die Zusammenarbeit zwischen Teammitgliedern mit unterschiedlichen Hintergründen in Datenwissenschaft, Statistik und Softwareentwicklung.

Erweitern wir dieses Beispiel, um fortgeschrittenere Berechnungen wie die Berechnung des Z-Scores (Standardisierung) von Verkaufsdaten durchzuführen:

```python
# Calculate Z-score for SalesAmount
mean_sales = np.mean(sales_np)
std_sales = np.std(sales_np)

z_scores = (sales_np - mean_sales) / std_sales
print(z_scores)
```

Hier ist eine Aufschlüsselung, was der Code macht:

- Zuerst berechnet er den Mittelwert der Verkaufsdaten mit np.mean(sales_np). Dies liefert uns den durchschnittlichen Verkaufsbetrag.

- Als nächstes wird die Standardabweichung der Verkaufsdaten mit np.std(sales_np) berechnet. Die Standardabweichung misst, wie stark die Daten um den Mittelwert verteilt sind.

- Dann werden die Z-Scores mit der Formel (sales_np - mean_sales) / std_sales berechnet. Dank der Vektorisierungsfähigkeiten von NumPy wird diese Operation elementweise auf das gesamte Array angewendet.

- Schließlich gibt er die resultierenden Z-Scores aus.

Der Z-Score gibt an, wie viele Standardabweichungen ein Element vom Mittelwert entfernt ist. Es ist eine Methode zur Standardisierung von Daten, die nützlich ist, um Werte aus verschiedenen Datensätzen zu vergleichen oder Ausreißer zu identifizieren. In diesem Kontext könnte er helfen, ungewöhnlich hohe oder niedrige Verkaufsbeträge im Verhältnis zur Gesamtdatenverteilung zu identifizieren.

Lassen Sie uns ein umfassenderes Beispiel erkunden:

```python
import numpy as np
import pandas as pd
import matplotlib.pyplot as plt
from scipy import stats

# Sample sales data
data = {
    'SalesAmount': [100, 150, 200, 250, 300, 350, 400, 450, 500, 1000],
    'ProductCategory': ['A', 'B', 'A', 'C', 'B', 'A', 'C', 'B', 'A', 'C']
```

```
}
df = pd.DataFrame(data)

# Convert SalesAmount column to NumPy array
sales_np = df['SalesAmount'].to_numpy()

# Calculate Z-score for SalesAmount
mean_sales = np.mean(sales_np)
std_sales = np.std(sales_np)

z_scores = (sales_np - mean_sales) / std_sales

# Identify outliers (Z-score > 3 or < -3)
outliers = np.abs(z_scores) > 3

# Print results
print("Original Sales:", sales_np)
print("Mean Sales:", mean_sales)
print("Standard Deviation:", std_sales)
print("Z-scores:", z_scores)
print("Outliers:", df[outliers])

# Visualize the data
plt.figure(figsize=(12, 6))

plt.subplot(121)
plt.hist(sales_np, bins=10, edgecolor='black')
plt.title('Original Sales Distribution')
plt.xlabel('Sales Amount')
plt.ylabel('Frequency')

plt.subplot(122)
plt.scatter(range(len(sales_np)), z_scores)
plt.axhline(y=3, color='r', linestyle='--')
plt.axhline(y=-3, color='r', linestyle='--')
plt.title('Z-scores of Sales')
plt.xlabel('Data Point')
plt.ylabel('Z-score')

plt.tight_layout()
plt.show()
```

Code-Aufschlüsselung:

1. **Datenvorbereitung**:
    o Wir importieren die notwendigen Bibliotheken: NumPy für numerische Operationen, Pandas für Datenmanipulation, Matplotlib für Visualisierung und SciPy für zusätzliche statistische Funktionen.

- o Ein Beispieldatensatz wird mithilfe eines Dictionaries erstellt und in einen Pandas-DataFrame umgewandelt, der reale Verkaufsdaten mit 10 Transaktionen simuliert.

2. **Datenkonvertierung**:

- o Die Spalte „SalesAmount" wird mithilfe von df['SalesAmount'].to_numpy() in ein NumPy-Array umgewandelt. Diese Konvertierung ermöglicht schnellere numerische Operationen.

3. **Berechnung des Z-Scores**:

- o Wir berechnen den Mittelwert und die Standardabweichung der Verkaufsdaten mit den Funktionen np.mean() und np.std().

- o Der Z-Score wird für jeden Verkaufsbetrag mit der Formel (x - mean) / standard_deviation berechnet.

- o Z-Scores zeigen an, wie viele Standardabweichungen ein Element vom Mittelwert entfernt ist, was bei der Identifizierung von Ausreißern hilft.

4. **Ausreißererkennung**:

- o Ausreißer werden mit der Z-Score-Methode identifiziert. Datenpunkte mit absoluten Z-Scores größer als 3 werden als Ausreißer betrachtet.

- o Dies ist ein gängiger Schwellenwert in der Statistik, da er etwa 99,7 % der Daten in einer Normalverteilung erfasst.

5. **Ergebnisanzeige**:

- o Das Skript gibt die ursprünglichen Verkaufsdaten, den Mittelwert, die Standardabweichung, die berechneten Z-Scores und die identifizierten Ausreißer aus.

- o Diese Ausgabe ermöglicht eine schnelle Überprüfung der Daten und ihrer statistischen Eigenschaften.

6. **Datenvisualisierung**:

- o Zwei Diagramme werden mit Matplotlib erstellt:a. Ein Histogramm der ursprünglichen Verkaufsdaten, das die Verteilung der Verkaufsbeträge zeigt.b. Ein Streudiagramm der Z-Scores für jeden Datenpunkt, mit horizontalen Linien bei +3 und -3, um Ausreißer visuell zu identifizieren.

- o Diese Visualisierungen helfen, die Datenverteilung zu verstehen und potenzielle Ausreißer leicht zu erkennen.

7. **Erkenntnisse**:

- o Dieser umfassende Ansatz ermöglicht ein tieferes Verständnis der Verkaufsdaten, einschließlich ihrer zentralen Tendenz, Streuung und ungewöhnlicher Werte.

- o Die Z-Score-Methode bietet eine standardisierte Möglichkeit, Ausreißer zu erkennen, was besonders nützlich ist, wenn mit Datensätzen unterschiedlicher Skalen oder Einheiten gearbeitet wird.

- o Die visuelle Darstellung ergänzt die numerische Analyse und erleichtert es, Erkenntnisse an nicht-technische Stakeholder zu kommunizieren.

Dieses Beispiel zeigt einen gründlichen Ansatz zur Datenanalyse, der statistische Maße, Ausreißererkennung und Datenvisualisierung kombiniert. Es demonstriert, wie NumPy effektiv in Verbindung mit anderen Bibliotheken wie Pandas, SciPy und Matplotlib eingesetzt werden kann, um eine umfassende explorative Datenanalyse von Verkaufsdaten durchzuführen.

1.3.4 Scikit-learn: Die Anlaufstelle für Machine Learning

Sobald Ihre Daten bereinigt und vorbereitet sind, ist es Zeit, in die spannende Welt der Machine-Learning-Modellentwicklung einzutauchen. **Scikit-learn** ist in diesem Bereich eine herausragende Bibliothek und bietet ein umfangreiches Toolkit für verschiedene Machine-Learning-Aufgaben. Ihre Beliebtheit beruht auf der umfassenden Abdeckung von Algorithmen für Klassifikation, Regression, Clustering und Dimensionsreduktion sowie auf einer robusten Sammlung von Tools für Modellselektion, Evaluation und Vorverarbeitung.

Was Scikit-learn wirklich auszeichnet, ist ihre benutzerfreundliche Oberfläche und das konsistente API-Design. Diese Einheitlichkeit über verschiedene Algorithmen hinweg ermöglicht es Datenwissenschaftlern und Machine-Learning-Praktikern, nahtlos zwischen Modellen zu wechseln, ohne völlig neue Syntaxen erlernen zu müssen. Diese Designphilosophie fördert schnelles Prototyping und Experimentieren, sodass Benutzer schnell durch verschiedene Modelle und Hyperparameter iterieren können, um die optimale Lösung für ihr spezifisches Problem zu finden.

Um die Leistungsfähigkeit und Flexibilität von Scikit-learn zu veranschaulichen, wenden wir es auf unser Verkaufsszenario an. Wir erstellen ein Vorhersagemodell, um zu prognostizieren, ob eine Transaktion einen bestimmten Schwellenwert überschreitet, indem wir Merkmale wie Verkaufsbetrag und Rabatt nutzen. Dieses praktische Beispiel zeigt, wie Scikit-learn den Prozess der Transformation von Rohdaten in umsetzbare Erkenntnisse vereinfacht und wie es reale Geschäftsprobleme mühelos und effizient bewältigen kann.

Codebeispiel: Aufbau eines Klassifikationsmodells mit Scikit-learn

```python
from sklearn.model_selection import train_test_split
from sklearn.ensemble import RandomForestClassifier

# Create a target variable: 1 if SalesAmount > 250, else 0
df['HighSales'] = (df['SalesAmount'] > 250).astype(int)
```

```python
# Define features and target
X = df[['SalesAmount', 'Discount']]
y = df['HighSales']

# Split the data into training and testing sets
X_train, X_test, y_train, y_test = train_test_split(X, y, test_size=0.3,
random_state=42)

# Build a Random Forest Classifier
clf = RandomForestClassifier(random_state=42)
clf.fit(X_train, y_train)

# Predict on the test set
y_pred = clf.predict(X_test)

# Display the predictions
print(y_pred)
```

Hier ist eine Aufschlüsselung, was der Code macht:

1. **Importieren der erforderlichen Module**:

   o   train_test_split zum Aufteilen der Daten in Trainings- und Testdatensätze

   o   RandomForestClassifier zum Erstellen eines Random-Forest-Modells

2. **Erstellen einer Zielvariablen**:

   o   Eine neue Spalte HighSales wird erstellt, wobei 1 für SalesAmount > 250 und 0 für alle anderen Fälle steht.

3. **Definieren von Merkmalen und Zielvariablen**:

   o   X enthält SalesAmount und Discount als Merkmale.

   o   y ist die Zielvariable HighSales.

4. **Aufteilen der Daten**:

   o   Die Daten werden in Trainingsdaten (70 %) und Testdaten (30 %) aufgeteilt.

5. **Erstellen und Trainieren des Modells**:

   o   Ein RandomForestClassifier wird instanziiert und auf den Trainingsdaten trainiert.

6. **Vorhersagen treffen**:

   o   Das trainierte Modell wird verwendet, um Vorhersagen für die Testdaten zu treffen.

7. **Ergebnisse anzeigen**:

   o Die Vorhersagen werden ausgegeben.

Dieses Beispiel zeigt, wie Scikit-learn den Prozess des Erstellens und Verwendens eines Machine-Learning-Modells für Klassifikationsaufgaben vereinfacht.

1.3.5 Warum Scikit-learn?

Scikit-learn bietet eine saubere und intuitive API, die das Experimentieren mit verschiedenen Modellen und Bewertungstechniken erleichtert. Egal, ob Sie wie in diesem Beispiel einen Klassifikator erstellen oder eine Regression durchführen, Scikit-learn vereinfacht den Prozess der Datenaufteilung, des Modelltrainings und der Vorhersagen. Diese Vereinfachung ist entscheidend für Datenwissenschaftler und Machine-Learning-Praktiker, da sie es ermöglicht, sich auf die Kernaspekte ihrer Analyse zu konzentrieren, anstatt sich in Implementierungsdetails zu verlieren.

Ein wesentlicher Vorteil von Scikit-learn ist die Konsistenz zwischen verschiedenen Algorithmen. Sobald Sie gelernt haben, wie man ein Modell verwendet, können Sie dieses Wissen problemlos auf andere Modelle innerhalb der Bibliothek anwenden. Beispielsweise erfordert der Wechsel von einem Random-Forest-Klassifikator zu einer Support-Vector-Machine oder einem Gradient-Boosting-Klassifikator nur minimale Änderungen im Code, hauptsächlich das Ersetzen der Modellklasse.

Darüber hinaus bietet Scikit-learn eine breite Palette von Tools zur Modellbewertung und -auswahl. Dazu gehören Cross-Validation-Techniken, Grid-Search für die Hyperparameteroptimierung und verschiedene Metriken zur Bewertung der Modellleistung. Dieses umfassende Toolkit ermöglicht es Datenwissenschaftlern, ihre Modelle gründlich zu validieren und sicherzustellen, dass sie die bestmögliche Lösung für ihr spezifisches Problem auswählen.

Ein weiterer bedeutender Vorteil von Scikit-learn ist die nahtlose Integration mit anderen Datenwissenschaftsbibliotheken wie Pandas und NumPy. Diese Interoperabilität ermöglicht reibungslose Übergänge zwischen Datenmanipulation, Vorverarbeitung und Modellerstellung innerhalb eines Datenwissenschaftsprojekts, wodurch ein kohärenter Workflow entsteht, der die Produktivität steigert und die Wahrscheinlichkeit von Fehlern verringert.

1.3.6 Alles zusammenfügen: Ein vollständiger Workflow

Nachdem wir untersucht haben, wie jedes Werkzeug unabhängig funktioniert, bringen wir nun alles in einem vollständigen Workflow zusammen. Stellen Sie sich vor, Sie sollen ein Modell erstellen, um hohe Verkaufszahlen vorherzusagen. Gleichzeitig müssen Sie fehlende Daten bearbeiten, Merkmale transformieren und die Leistung des Modells bewerten. Dieses Szenario spiegelt reale Herausforderungen in der Datenwissenschaft wider, bei denen Sie häufig mehrere Werkzeuge und Techniken kombinieren müssen, um Ihre Ziele zu erreichen.

In der Praxis könnten Sie mit Pandas beginnen, um Ihre Verkaufsdaten zu laden und zu bereinigen und Probleme wie fehlende Werte oder inkonsistente Formate zu lösen. Anschließend könnten Sie NumPy für fortgeschrittene numerische Operationen nutzen, wie das Berechnen gleitender Mittelwerte oder das Erstellen von Interaktionstermen zwischen Merkmalen. Schließlich würden Sie Scikit-learn verwenden, um Ihre Daten vorzuverarbeiten (z. B. Skalierung numerischer Merkmale), sie in Trainings- und Testdatensätze aufzuteilen, Ihr Vorhersagemodell zu erstellen und dessen Leistung zu bewerten.

Dieser integrierte Ansatz ermöglicht es Ihnen, die Stärken jeder Bibliothek zu nutzen: Pandas für die Datenmanipulation, NumPy für effiziente numerische Operationen und Scikit-learn für das umfassende Machine-Learning-Toolkit. Durch die Kombination dieser Werkzeuge können Sie eine robuste End-to-End-Lösung erstellen, die nicht nur hohe Verkaufszahlen vorhersagt, sondern auch Einblicke in die Faktoren bietet, die diese Vorhersagen beeinflussen.

Hier ist ein vollständiges Beispiel, das **Pandas**, **NumPy** und **Scikit-learn** in einem einzigen Workflow kombiniert:

Codebeispiel: Vollständiger Workflow

```python
import pandas as pd
import numpy as np
from sklearn.model_selection import train_test_split
from sklearn.ensemble import RandomForestClassifier
from sklearn.impute import SimpleImputer
from sklearn.preprocessing import StandardScaler

# Sample data: Sales transactions with missing values
data = {'TransactionID': [101, 102, 103, 104, 105],
        'SalesAmount': [250, np.nan, 340, 400, 200],
        'Discount': [10, 15, 20, np.nan, 5],
        'Store': ['A', 'B', 'A', 'C', 'B']}

df = pd.DataFrame(data)

# Step 1: Handle missing values using Pandas and Scikit-learn
imputer = SimpleImputer(strategy='mean')
df[['SalesAmount',    'Discount']]    =    imputer.fit_transform(df[['SalesAmount',
'Discount']])

# Step 2: Feature transformation with NumPy
df['LogSales'] = np.log(df['SalesAmount'])

# Step 3: Define the target variable
df['HighSales'] = (df['SalesAmount'] > 250).astype(int)

# Step 4: Split the data into training and testing sets
X = df[['SalesAmount', 'Discount', 'LogSales']]
y = df['HighSales']
X_train,  X_test,  y_train,  y_test  =  train_test_split(X,  y,  test_size=0.3,
random_state=42)
```

```
# Step 5: Build and evaluate the model using Scikit-learn
clf = RandomForestClassifier(random_state=42)
clf.fit(X_train, y_train)
y_pred = clf.predict(X_test)

print("Predictions:", y_pred)
```

Dieser Code demonstriert einen vollständigen Workflow, der Pandas, NumPy und Scikit-learn für eine Datenanalyse- und Machine-Learning-Aufgabe kombiniert. Hier ist eine Aufschlüsselung dessen, was der Code macht:

1. **Datenvorbereitung**:
   - Importiert die notwendigen Bibliotheken: Pandas, NumPy und Module aus Scikit-learn.
   - Erstellt einen Beispieldatensatz mit Verkaufsdaten, einschließlich einiger fehlender Werte.
   - Konvertiert die Daten in einen Pandas-DataFrame.

2. **Umgang mit fehlenden Werten**:
   - Verwendet Scikit-learns SimpleImputer, um fehlende Werte in den Spalten SalesAmount und Discount mit Durchschnittswerten zu füllen.

3. **Feature-Transformation**:
   - Wendet eine logarithmische Transformation auf SalesAmount mithilfe von NumPy an und erstellt eine neue Spalte LogSales.

4. **Erstellung der Zielvariablen**:
   - Erstellt eine binäre Zielvariable HighSales, die angibt, ob SalesAmount 250 übersteigt.

5. **Datenaufteilung**:
   - Teilt die Daten in Merkmale (X) und Zielvariablen (y) auf.
   - Verwendet Scikit-learns train_test_split, um Trainings- und Testdatensätze zu erstellen.

6. **Modellaufbau und Bewertung**:
   - Initialisiert einen RandomForestClassifier.
   - Trainiert das Modell mit den Trainingsdaten.
   - Trifft Vorhersagen basierend auf den Testdaten.

o   Gibt die Vorhersagen aus.

Dieser Code zeigt, wie diese Bibliotheken integriert werden können, um gängige Aufgaben in einem Datenwissenschafts-Workflow zu bewältigen, von der Datenbereinigung und Vorverarbeitung bis hin zu Modelltraining und Vorhersage.

1.3.7 Wichtige Erkenntnisse

In diesem Abschnitt haben wir die entscheidenden Rollen untersucht, die **Pandas**, **NumPy** und **Scikit-learn** in der komplexen Welt der Datenanalyse und des Machine Learnings spielen. Diese leistungsstarken Werkzeuge bilden das Rückgrat moderner Datenwissenschafts-Workflows und bringen jeweils einzigartige Stärken mit. Lassen Sie uns die wichtigsten Erkenntnisse aus unserer Erkundung vertiefen:

1. **Pandas** ist ein unverzichtbares Werkzeug für **Datenmanipulation** und -bereinigung. Seine robusten Fähigkeiten gehen weit über einfache Datenbearbeitung hinaus und bieten eine umfassende Palette von Funktionen zum Filtern, Aggregieren und Transformieren tabellarischer Daten. Mit zunehmender Komplexität Ihrer Daten-Workflows wird Pandas zu einem immer wichtigeren Bestandteil Ihres Werkzeugkastens. Von der anfänglichen Datenaufbereitung bis hin zur Erstellung komplexer Features bietet Pandas die Flexibilität und Leistung, die für eine Vielzahl von Datenvorbereitungsaufgaben erforderlich sind. Seine intuitive API und umfangreiche Dokumentation machen es für Anfänger zugänglich, während es fortgeschrittene Funktionalität für erfahrene Datenwissenschaftler bietet.

2. **NumPy** erweist sich als Eckpfeiler für effiziente numerische Operationen, insbesondere beim Umgang mit groß angelegten Datensätzen. Die wahre Stärke der Bibliothek liegt in ihren **vektorisierten Operationen**, die schnelle Berechnungen über gesamte Arrays hinweg ermöglichen, ohne explizites Schleifen zu benötigen. Dieser Ansatz beschleunigt nicht nur die Verarbeitungszeiten, sondern führt auch zu prägnanterem und lesbarerem Code. Mit zunehmender Komplexität und Skalierung Ihrer Projekte wird die Effizienz von NumPy immer wichtiger. Es übertrifft traditionelle Python-Schleifen und in bestimmten Szenarien sogar Pandas, was es zu einem unverzichtbaren Werkzeug zur Optimierung Ihrer Datenanalyse-Pipeline macht.

3. **Scikit-learn** ist das zentrale Toolkit für den Aufbau und die Bewertung von Machine-Learning-Modellen. Seine Bedeutung im Datenwissenschafts-Ökosystem kann nicht genug betont werden. Die Stärke von Scikit-learn liegt in seiner konsistenten und benutzerfreundlichen Oberfläche, die verschiedene Aspekte des Machine-Learning-Workflows nahtlos integriert. Von der Modellerstellung und -prüfung bis hin zur Validierung und Hyperparameter-Tuning bietet Scikit-learn einen einheitlichen Ansatz, der den gesamten Prozess optimiert. Diese Konsistenz ermöglicht es Datenwissenschaftlern, schnell zu iterieren und mit verschiedenen Modellen und Techniken zu experimentieren, ohne sich in Implementierungsdetails zu verlieren. Darüber hinaus machen die umfangreiche Dokumentation und die aktive Community-

Unterstützung Scikit-learn zu einer unschätzbaren Ressource für Anfänger und erfahrene Praktiker gleichermaßen.

Die wahre Stärke dieser Werkzeuge zeigt sich, wenn sie zusammen eingesetzt werden. Pandas brilliert in der **Datenvorbereitung**, indem es Rohdaten in ein für die Analyse geeignetes Format umwandelt. NumPy glänzt in der **Leistungsoptimierung**, indem es komplexe numerische Operationen mit bemerkenswerter Effizienz verarbeitet. Scikit-learn steht im Mittelpunkt bei der **Modellierung und Bewertung**, indem es ein robustes Framework für die Implementierung und Bewertung von Machine-Learning-Algorithmen bietet.

Indem Sie die Kunst beherrschen, diese Werkzeuge effektiv zu kombinieren, können Sie hochgradig effiziente, End-to-End-Datenwissenschafts-Workflows erstellen. Dieser integrierte Ansatz befähigt Sie, selbst die komplexesten Datenherausforderungen mit Zuversicht anzugehen und die Stärken jedes Werkzeugs zu nutzen, um anspruchsvolle analytische Lösungen zu entwickeln.

Mit der Weiterentwicklung Ihrer Fähigkeiten werden Sie feststellen, dass die Synergie zwischen Pandas, NumPy und Scikit-learn das Fundament Ihrer Datenwissenschaftskompetenz bildet. Sie ermöglicht es Ihnen, bedeutungsvolle Erkenntnisse zu gewinnen und datengetriebene Entscheidungen in einer Vielzahl von Bereichen zu treffen.

1.4 Praktische Übungen zu Kapitel 1: Einführung: Über die Grundlagen hinaus

Nachdem Sie Kapitel 1 abgeschlossen haben, ist es an der Zeit, das Gelernte anzuwenden. Diese Übungen sollen Ihnen helfen, die besprochenen Konzepte zu festigen und in die Praxis umzusetzen. Jede Übung enthält eine Problemstellung, und bei Bedarf wird ein Lösungsblock mit Code bereitgestellt. Versuchen Sie, die Übungen zuerst eigenständig zu lösen, bevor Sie die Lösungen überprüfen.

Übung 1: Datenfilterung und Aggregation mit Pandas

Sie erhalten einen Datensatz mit Kundeneinkäufen in verschiedenen Geschäften. Ihre Aufgabe ist es:

1. Den Datensatz zu filtern, sodass nur Transaktionen angezeigt werden, bei denen der Einkaufsbetrag $200 übersteigt.

2. Die Transaktionen nach Geschäft zu gruppieren und den Gesamt- sowie den durchschnittlichen Einkaufsbetrag pro Geschäft zu berechnen.

```
# Sample data
data = {'TransactionID': [101, 102, 103, 104, 105],
        'Store': ['A', 'B', 'A', 'C', 'B'],
        'PurchaseAmount': [250, 120, 340, 400, 200],
        'Discount': [10, 15, 20, 25, 5]}
```

```python
df = pd.DataFrame(data)

# Solution
# Step 1: Filter transactions where PurchaseAmount > 200
filtered_df = df[df['PurchaseAmount'] > 200]

# Step 2: Group by Store and calculate total and average purchase amounts
df['NetPurchase'] = df['PurchaseAmount'] - df['Discount']
agg_purchases = df.groupby('Store').agg(
    TotalPurchase=('NetPurchase', 'sum'),
    AvgPurchase=('NetPurchase', 'mean')
)

print(filtered_df)
print(agg_purchases)
```

Übung 2: Anwendung einer logarithmischen Transformation mit NumPy

Sie haben einen Datensatz mit Produktverkäufen mit den folgenden Werten: [100, 200, 50, 400, 300].

1. Verwenden Sie **NumPy**, um die logarithmische Transformation der Verkaufswerte zu berechnen.

2. Geben Sie die transformierten Werte aus.

```python
import numpy as np

# Sales data
sales = [100, 200, 50, 400, 300]

# Solution
# Step 1: Apply logarithmic transformation
log_sales = np.log(sales)

print(log_sales)
```

Übung 3: Standardisierung von Verkaufsdaten mit NumPy

Verwenden Sie die gleichen Verkaufsdaten aus Übung 2 und standardisieren Sie die Werte, indem Sie den Z-Score für jeden Verkaufsbetrag berechnen.

1. Berechnen Sie den Mittelwert und die Standardabweichung der Verkaufsdaten.

2. Verwenden Sie **NumPy**, um den Z-Score für jeden Verkaufswert zu berechnen.

```python
# Sales data
sales = [100, 200, 50, 400, 300]

# Solution
```

```
# Step 1: Calculate mean and standard deviation
mean_sales = np.mean(sales)
std_sales = np.std(sales)

# Step 2: Calculate Z-scores
z_scores = (sales - mean_sales) / std_sales

print(z_scores)
```

Übung 4: Aufbau eines Klassifikationsmodells mit Scikit-learn

Sie haben einen Datensatz mit Transaktionen, bei denen jede Transaktion einen Verkaufsbetrag und einen Rabatt enthält. Ihr Ziel ist es, ein einfaches Klassifikationsmodell zu erstellen, das vorhersagt, ob eine Transaktion einen hohen Verkaufswert (über 250 $) hat oder nicht.

1. Erstellen Sie eine Zielvariable (HighSales), bei der eine Transaktion als 1 klassifiziert wird, wenn der Verkaufsbetrag über 250 liegt, andernfalls als 0.

2. Verwenden Sie **Scikit-learn**, um ein Random-Forest-Modell zu erstellen, das HighSales basierend auf SalesAmount und Discount vorhersagt.

3. Teilen Sie den Datensatz in Trainings- und Testdatensätze auf.

4. Trainieren Sie das Modell und geben Sie die Vorhersagen für den Testdatensatz aus.

```
from sklearn.model_selection import train_test_split
from sklearn.ensemble import RandomForestClassifier
import pandas as pd
import numpy as np

# Sample data
data = {'TransactionID': [101, 102, 103, 104, 105],
        'SalesAmount': [250, np.nan, 340, 400, 200],
        'Discount': [10, 15, 20, np.nan, 5],
        'Store': ['A', 'B', 'A', 'C', 'B']}

df = pd.DataFrame(data)

# Solution
# Step 1: Handle missing values
df['SalesAmount'].fillna(df['SalesAmount'].mean(), inplace=True)
df['Discount'].fillna(df['Discount'].mean(), inplace=True)

# Step 2: Create target variable 'HighSales'
df['HighSales'] = (df['SalesAmount'] > 250).astype(int)

# Step 3: Define features and target
X = df[['SalesAmount', 'Discount']]
y = df['HighSales']

# Step 4: Split data into training and testing sets
```

```
X_train,  X_test,  y_train,  y_test  =  train_test_split(X,  y,  test_size=0.3,
random_state=42)

# Step 5: Train a Random Forest model
clf = RandomForestClassifier(random_state=42)
clf.fit(X_train, y_train)

# Step 6: Predict on test set
y_pred = clf.predict(X_test)

print("Predictions:", y_pred)
```

Übung 5: Kombination von Pandas, NumPy und Scikit-learn in einem Workflow

Sie arbeiten mit einem Datensatz von Kundentransaktionen. Ihre Aufgabe ist es:

1. Fehlende Werte in den Spalten SalesAmount und Discount zu behandeln.

2. Eine logarithmische Transformation auf die Spalte SalesAmount mit **NumPy** anzuwenden.

3. Ein Klassifikationsmodell mit **Scikit-learn** zu erstellen, um vorherzusagen, ob eine Transaktion einen hohen Wert (HighSales) hat.

4. Den Datensatz in Trainings- und Testdatensätze aufzuteilen.

5. Das Modell zu trainieren und Vorhersagen für den Testdatensatz zu treffen.

```
# Sample data
data = {'TransactionID': [101, 102, 103, 104, 105],
        'SalesAmount': [250, np.nan, 340, 400, 200],
        'Discount': [10, 15, 20, np.nan, 5],
        'Store': ['A', 'B', 'A', 'C', 'B']}

df = pd.DataFrame(data)

# Solution
# Step 1: Handle missing values using Pandas
df['SalesAmount'].fillna(df['SalesAmount'].mean(), inplace=True)
df['Discount'].fillna(df['Discount'].mean(), inplace=True)

# Step 2: Apply logarithmic transformation to SalesAmount
df['LogSales'] = np.log(df['SalesAmount'])

# Step 3: Create target variable 'HighSales'
df['HighSales'] = (df['SalesAmount'] > 250).astype(int)

# Step 4: Define features and target
X = df[['SalesAmount', 'Discount', 'LogSales']]
y = df['HighSales']
```

```
# Step 5: Split data into training and testing sets
X_train,  X_test,  y_train,  y_test  =  train_test_split(X,  y,  test_size=0.3,
random_state=42)

# Step 6: Train a Random Forest model
clf = RandomForestClassifier(random_state=42)
clf.fit(X_train, y_train)

# Step 7: Predict on test set
y_pred = clf.predict(X_test)

print("Predictions:", y_pred)
```

Diese praktischen Übungen decken die wesentlichen in Kapitel 1 behandelten Konzepte ab und geben Ihnen die Möglichkeit, das Filtern von Daten, das Transformieren von Features und das Erstellen von Machine-Learning-Modellen zu üben. Die bereitgestellten Lösungen unterstützen Ihr Verständnis und stellen sicher, dass Sie auf dem richtigen Weg sind. Üben Sie weiter und experimentieren Sie mit verschiedenen Datensätzen und Variationen dieser Aufgaben!

1.5 Was könnte schiefgehen?

Im Verlauf der fortgeschrittenen Phasen der Datenanalyse und des Feature Engineerings können häufige Fehler und Herausforderungen auftreten. Diese Fehler sind oft subtil und führen nicht immer zu offensichtlichen Problemen, was sie besonders schwierig zu erkennen macht. In diesem Abschnitt werden einige kritische Bereiche hervorgehoben, in denen Probleme auftreten können, und es wird erläutert, wie Sie sie vermeiden können.

1.5.1 Ineffiziente Datenmanipulation in Pandas

Pandas ist ein äußerst leistungsfähiges Werkzeug zur Datenmanipulation, kann jedoch bei großen Datensätzen langsam werden, wenn es nicht effizient genutzt wird. Vorgänge wie Filtern, Gruppieren und Zusammenführen können zu Engpässen führen, wenn sie nicht optimiert sind.

Was könnte schiefgehen?

- Vorgänge zeilenweise durchzuführen, anstatt die vektorisierten Operationen von Pandas zu nutzen, kann Ihren Workflow verlangsamen.

- Die Verwendung mehrerer Kopien eines DataFrames oder unnötig großer Datensätze im Speicher kann Leistungs- und Speicherprobleme verursachen.

Lösung:

Nutzen Sie, wann immer möglich, die integrierten vektorisierten Operationen von Pandas und vermeiden Sie **Schleifen** über DataFrame-Zeilen. Wenn Sie mit großen Datensätzen arbeiten, sollten Sie Tools wie **Dask** für skalierbare Pandas-Operationen oder **Speicherprofiling-Techniken** verwenden, um die Speicherverwendung zu überwachen.

1.5.2 Falscher Umgang mit fehlenden Daten

Der Umgang mit fehlenden Daten ist eine häufige Aufgabe, aber wenn er falsch ausgeführt wird, können die Ergebnisse Ihrer Analyse verfälscht werden. Eine unsachgemäße Imputation kann zu voreingenommenen oder irreführenden Ergebnissen führen.

Was könnte schiefgehen?

- Fehlende Werte willkürlich mit null oder Durchschnittswerten zu füllen, kann Verzerrungen einführen, insbesondere wenn die fehlenden Daten eine bestimmte Tendenz darstellen.

- Das Versäumnis, Muster in den fehlenden Daten zu erkennen (z. B. zufällig fehlend vs. nicht zufällig fehlend), kann Ihre Analyse verzerren.

Lösung:

Berücksichtigen Sie stets sorgfältig, warum Daten fehlen könnten, und verwenden Sie geeignete Imputationstechniken. Vorwärts- oder Rückwärtsfüllung ist beispielsweise für Zeitreihendaten möglicherweise geeigneter, während statistische Imputation (Mittelwert, Median) in anderen Szenarien gut funktioniert. Sie können auch fortgeschrittene Techniken wie die **K-Nearest-Neighbors (KNN)-Imputation** für genauere Ergebnisse ausprobieren.

1.5.3 Falsche Anwendung von Skalierungs- und Transformationstechniken

Feature-Skalierung ist für viele Machine-Learning-Algorithmen entscheidend. Die Verwendung der falschen Skalierungsmethode oder deren Anwendung zum falschen Zeitpunkt kann zu falschen Modellvorhersagen führen.

Was könnte schiefgehen?

- Das Skalieren der Testdaten mit Statistiken aus dem Testdatensatz anstelle des Trainingsdatensatzes kann zu **Datenleckagen** führen, bei denen das Modell während des Trainings Wissen aus dem Testdatensatz erhält.

- Die Anwendung ungeeigneter Transformationen (z. B. logarithmische Transformation auf negative Werte) kann Fehler im Modell einführen.

Lösung:

Stellen Sie sicher, dass die Skalierung **nur auf die Trainingsdaten** angewendet wird und dann verwendet wird, um den Testdatensatz zu transformieren. Wählen Sie die richtige Transformation basierend auf den Eigenschaften Ihrer Daten — wenn Ihre Daten negative Werte enthalten, ziehen Sie **Min-Max-Skalierung** anstelle von logarithmischen Transformationen in Betracht.

1.5.4 Falsche Verwendung von Scikit-learn-Pipelines

Die Verwendung von Pipelines in Scikit-learn kann dabei helfen, die Datenvorverarbeitung und Modellbildung zu automatisieren und zu optimieren. Wenn sie jedoch nicht korrekt implementiert werden, können Pipelines Fehler einführen oder wichtige Vorverarbeitungsschritte übersehen.

Was könnte schiefgehen?

- Essentielle Vorverarbeitungsschritte (z. B. Imputation, Skalierung) in der Pipeline zu vergessen, kann dazu führen, dass Modelle mit unvollständigen oder unverarbeiteten Daten trainiert werden.

- Das Anpassen der Pipeline auf den gesamten Datensatz vor der Aufteilung in Trainings- und Testdaten kann zu **Overfitting** oder **Datenleckagen** führen.

Lösung:

Stellen Sie sicher, dass alle notwendigen Vorverarbeitungsschritte in der Pipeline enthalten sind und dass die Pipeline **nur auf die Trainingsdaten** angepasst wird. Durch das Verketten von Schritten innerhalb einer Pipeline können versehentliche Auslassungen vermieden und Konsistenz im gesamten Workflow gewährleistet werden.

1.5.5 Fehlinterpretation von Modellausgaben in Scikit-learn

Beim Training von Machine-Learning-Modellen ist es leicht, die Ergebnisse falsch zu interpretieren, insbesondere wenn man mit den Evaluationsmetriken oder der Funktionsweise des Modells nicht vertraut ist.

Was könnte schiefgehen?

- Die Bewertung des Modells nur anhand der Genauigkeit kann irreführend sein, insbesondere bei unausgewogenen Datensätzen. Ein Modell mit hoher Genauigkeit kann trotzdem schlecht bei Minderheitsklassen abschneiden.

- Überanpassung des Modells durch zu aggressives Abstimmen von Hyperparametern oder die Verwendung komplexer Modelle ohne angemessene Validierung.

Lösung:

Verwenden Sie immer eine Kombination von Evaluationsmetriken wie **Precision, Recall, F1-Score** und **AUC-ROC**, um die Modellleistung zu bewerten, insbesondere bei Klassifizierungsaufgaben. Nutzen Sie **Cross-Validation**, um sicherzustellen, dass das Modell gut generalisiert und nicht auf die Trainingsdaten überangepasst ist.

1.5.6 Leistungsengpässe bei NumPy-Operationen

NumPy ist für schnelle numerische Berechnungen ausgelegt, aber eine ineffiziente Nutzung seiner Funktionen kann bei sehr großen Datensätzen zu Leistungsproblemen führen.

Was könnte schiefgehen?

- Die Verwendung von Python-Schleifen zur Transformation von NumPy-Arrays kann ineffizient und langsam sein.

- Wenn die vektorisierten Operationen von NumPy nicht genutzt werden, können der Speicherbedarf und die Verarbeitungszeit steigen.

Lösung:

Verwenden Sie nach Möglichkeit die integrierten Funktionen von NumPy, um Transformationen auf das gesamte Array in vektorisierter Weise anzuwenden. Anstatt beispielsweise jede einzelne Elementoperation in einer Schleife durchzuführen, verwenden Sie np.log(array), um die Transformation auf alle Elemente gleichzeitig anzuwenden.

1.5.7 Übermäßiges Feature-Engineering

Feature-Engineering kann die Modellleistung erheblich verbessern, aber übermäßiges Engineering oder die Erstellung zu vieler Features kann zu **Overfitting** oder unnötiger Modellkomplexität führen.

Was könnte schiefgehen?

- Zu viele Interaktionsterms oder polynomiale Features zu erstellen, kann dazu führen, dass das Modell auf die Trainingsdaten überanpasst wird und bei neuen Daten schlecht abschneidet.

- Das Hinzufügen irrelevanter Features kann die Modellkomplexität erhöhen, ohne die Vorhersagekraft zu verbessern, was zu längeren Trainingszeiten und geringerer Interpretierbarkeit führt.

Lösung:

Gehen Sie strategisch beim Feature-Engineering vor. Verwenden Sie Techniken wie **Feature-Importance** oder **Recursive Feature Elimination**, um die relevantesten Features zu identifizieren und unnötige Komplexität zu reduzieren.

Wenn Sie sich dieser häufigen Fallstricke bewusst sind und Best Practices anwenden, sind Sie gut gerüstet, um die Herausforderungen zu meistern, die bei Ihrer Datenanalyse aufkommen. Diese Probleme sind alle lösbar, wenn sie mit sorgfältigem Nachdenken und Überlegung angegangen werden. Indem Sie proaktiv sind, können Sie viele der Probleme vermeiden, die in Projekten auf mittlerem Niveau häufig auftreten.

Kapitel 1 Zusammenfassung: Über die Grundlagen hinausgehen

In diesem Kapitel haben wir die Grundlagen für Ihre Reise in die fortgeschrittene Datenanalyse und Feature-Engineering gelegt. Wir haben begonnen, den Übergang von grundlegender Datenmanipulation und -analyse zu fortgeschritteneren Techniken zu besprechen, die ein tieferes Verständnis und effizientere Workflows erfordern. Auf diesem Niveau geht es nicht nur darum, zu wissen, welche Funktionen verwendet werden sollen, sondern auch darum, Ihre Prozesse zu optimieren, größere Datensätze zu verwalten und klügere Entscheidungen mit Ihren Daten zu treffen.

Wir haben die wichtigsten Werkzeuge vorgestellt—**Pandas**, **NumPy** und **Scikit-learn**—die Ihre primären Ressourcen bei der Bewältigung komplexerer Analyse- und Modellierungsaufgaben sein werden. Pandas bleibt ein unverzichtbares Werkzeug für die Datenmanipulation, aber mit wachsender Größe und Komplexität der Datensätze wird es notwendig, den Umgang damit zu verbessern. Wir haben untersucht, wie Daten auf anspruchsvollere Weise gefiltert, aggregiert und transformiert werden können, z. B. durch Gruppierung nach mehreren Spalten und Berechnung verschiedener Statistiken gleichzeitig. Außerdem haben wir die Bedeutung effizienter Daten-Workflows betont, einschließlich der Verwendung von Pipelines zur Automatisierung wiederkehrender Aufgaben.

Anschließend haben wir **NumPy** als Rückgrat numerischer Berechnungen eingeführt. Sie haben gelernt, wie NumPys leistungsstarke Array-Struktur schnellere und speichereffizientere Operationen ermöglicht, insbesondere bei Transformationen wie logarithmischer Skalierung oder Datenstandardisierung. Durch die Nutzung von NumPys vektorisierten Operationen können Sie die Geschwindigkeit Ihrer Berechnungen im Vergleich zu Schleifen oder weniger optimierten Methoden erheblich steigern.

Wir haben auch die Grundlagen von **Scikit-learn** behandelt, der Standardbibliothek für maschinelles Lernen in Python. Scikit-learn ermöglicht die nahtlose Integration von Vorverarbeitungs- und Modellierungsaufgaben, sodass Sie mit minimalem Code Machine-Learning-Modelle erstellen können. Sie haben gelernt, wie Sie Ihre Daten in Trainings- und Testsätze aufteilen, ein Random-Forest-Modell erstellen und Vorhersagen bewerten können— alles innerhalb eines einfachen und konsistenten Workflows.

Während des Kapitels haben wir die Bedeutung einer effektiven Kombination dieser Tools hervorgehoben. Die wahre Stärke in der Datenanalyse liegt darin, Pandas, NumPy und Scikit-learn zusammen zu nutzen, um Ihren Workflow zu optimieren und die Leistung zu steigern. Durch die Optimierung der Datenmanipulation, die Durchführung effizienter numerischer Berechnungen und den Aufbau von Modellen mithilfe von Scikit-learn-Pipelines können Sie komplexere Datenherausforderungen mit Leichtigkeit bewältigen.

Zum Abschluss haben wir die Sektion **"Was könnte schiefgehen?"** eingeführt, um häufige Fallstricke und Fehler hervorzuheben, die beim Umgang mit fehlenden Daten, der Skalierung von Features oder beim Aufbau von Machine-Learning-Modellen auftreten können. Diese Einblicke bereiten Sie darauf vor, diese Herausforderungen zu vermeiden, während Sie sich durch das Buch arbeiten.

Mit diesen Fähigkeiten sind Sie nun bereit, sich tiefergehenden Themen zu widmen und anspruchsvollere Analysen in den kommenden Kapiteln anzugehen!

Kapitel 2: Optimierung von Daten-Workflows

Je tiefer Sie in die Welt der fortgeschrittenen Datenanalyse eintauchen, desto wichtiger wird es, die Kunst der Optimierung Ihrer Daten-Workflows zu beherrschen. In der heutigen datengetriebenen Welt ist Effizienz keine Luxusoption, sondern eine Notwendigkeit. Wenn Sie mit immer größeren Datensätzen umgehen, komplexe Transformationen durchführen und reale Herausforderungen bewältigen müssen, bei denen optimierte Prozesse gefragt sind, wird die Fähigkeit zur Optimierung unverzichtbar.

Dieses Kapitel widmet sich der Erforschung verschiedener Strategien und Techniken, um die Effizienz und Skalierbarkeit Ihrer Datenmanipulationsprozesse zu verbessern. Wir werden fortgeschrittene Methoden zur Transformation, Aggregation und Filterung von Daten mit Pandas untersuchen, einer leistungsstarken Bibliothek, die Sie dabei unterstützt, schneller und effektiver zu arbeiten. Zudem betrachten wir bewährte Praktiken zur Datenbereinigung und -strukturierung, die es ermöglichen, die für die Datenvorbereitung benötigte Zeit zu minimieren und gleichzeitig die Qualität und den Nutzen Ihrer Datensätze zu maximieren.

Mit diesen Fähigkeiten sind Sie bestens gerüstet, um mit zunehmend komplexeren Daten-Workflows umzugehen. Dieses Wissen bildet eine solide Grundlage und bereitet Sie auf die anspruchsvollen Herausforderungen vor, die in den Bereichen Feature-Engineering und maschinelles Lernen auf Sie warten. Im Verlauf dieses Kapitels werden Sie unschätzbare Einblicke gewinnen, die Ihre Fähigkeiten in der Datenanalyse auf ein neues Niveau heben.

Beginnen wir ohne Umschweife mit unserem ersten Thema: **Fortgeschrittene Datenmanipulation mit Pandas**. Diese leistungsstarke Bibliothek wird unser primäres Werkzeug sein, wenn wir die Feinheiten der effizienten Datenverarbeitung und -transformation erkunden.

2.1 Fortgeschrittene Datenmanipulation mit Pandas

Im Laufe Ihrer Reise in der Datenanalyse mit Pandas werden Sie auf Szenarien stoßen, die anspruchsvollere Techniken erfordern. Während die Grundlagen wie Datenladen, Filterung und einfache Aggregationen essenziell sind, reichen sie oft nicht aus, wenn es um groß angelegte, komplexe Datensätze geht. Hier kommt die fortgeschrittene Datenmanipulation ins Spiel, mit der Sie komplexe Datenprobleme effizienter und präziser lösen können.

Fortgeschrittene Datenmanipulation in Pandas umfasst eine Reihe leistungsstarker Techniken, die über einfache Operationen hinausgehen:

Komplexe Filterung und Untersetzung

Diese Technik ermöglicht die Anwendung mehrerer Bedingungen auf verschiedene Spalten, um spezifische Datensätze zu extrahieren. Sie geht über einfache Filter hinaus, indem logische Operatoren (AND, OR, NOT) kombiniert werden, um komplexe Abfragebedingungen zu erstellen. Beispielsweise könnten Sie Verkaufsdaten filtern, um nur Transaktionen eines bestimmten Geschäfts innerhalb eines bestimmten Datumsbereichs und über einem bestimmten Umsatzschwellenwert anzuzeigen.

Darüber hinaus nutzt die komplexe Filterung häufig reguläre Ausdrücke für fortschrittliche Mustererkennung in Texten. Dies ist besonders nützlich bei der Arbeit mit Textdaten, da Sie damit spezifische Muster oder Zeichenkombinationen durchsuchen können. Beispielsweise könnten Sie mit Regex Produktnamen filtern, die einer bestimmten Namenskonvention folgen, oder bestimmte Arten von Kundenfeedback identifizieren.

Bei der Arbeit mit Zeitdaten ist die Implementierung zeitbasierter Filter entscheidend. Dieser Aspekt der komplexen Filterung ermöglicht es Ihnen, Ihre Daten basierend auf verschiedenen zeitbezogenen Kriterien wie bestimmten Datumsbereichen, Wochentagen oder sogar benutzerdefinierten Zeitintervallen zu analysieren. In der Finanzanalyse könnten Sie beispielsweise Aktienkurse filtern, um nur Handelstage anzuzeigen, an denen das Volumen während der Handelszeiten einen bestimmten Schwellenwert überschritten hat.

Mehrstufige Gruppierung und Aggregation

Diese fortgeschrittene Technik ermöglicht hierarchische Gruppierungsoperationen, die eine differenzierte Analyse über mehrere Dimensionen Ihrer Daten gleichzeitig ermöglichen. Durch die Gruppierung von Daten auf mehreren Ebenen können Sie komplexe Muster und Beziehungen aufdecken, die sonst verborgen bleiben könnten.

In einem Einzelhandelsdatensatz könnten Sie beispielsweise Verkaufsdaten nach Geschäft, Produktkategorie und schließlich nach Datum gruppieren. Dieser mehrstufige Ansatz ermöglicht es Ihnen, die Leistung auf verschiedenen Granularitätsebenen zu analysieren, wie etwa die Identifizierung der erfolgreichsten Produktkategorien innerhalb jedes Geschäfts im Zeitverlauf. Sie können anschließend Aggregationsfunktionen wie Summe, Mittelwert oder Anzahl auf diese gruppierten Daten anwenden, um umfassende Einblicke in Ihre Geschäftsabläufe zu erhalten.

Darüber hinaus ist die mehrstufige Gruppierung besonders nützlich, wenn Sie mit Datensätzen arbeiten, die natürliche Hierarchien aufweisen, wie geografische Daten (Land, Bundesland, Stadt) oder Organisationsstrukturen (Abteilung, Team, Mitarbeiter). Diese Technik ermöglicht es Ihnen, durch diese Hierarchien zu navigieren, sei es durch Zusammenfassungen auf höheren Ebenen oder durch detaillierte Analysen auf niedrigeren Ebenen, und bietet so Flexibilität in Ihrer Analyse und Berichterstattung.

Pandas stellt leistungsstarke Funktionen wie groupby() mit mehreren Spalten und agg() bereit, um diese komplexen Operationen effizient auszuführen, selbst bei großen Datensätzen. Wenn Sie diese Techniken beherrschen, können Sie tiefere Einblicke gewinnen und anspruchsvollere Analysen erstellen, wodurch Ihre Fähigkeiten in der Datenmanipulation auf ein professionelles Niveau gehoben werden.

Pivottieren und Umstrukturieren von Daten

Diese Techniken ermöglichen es Ihnen, Ihre Daten dynamisch neu zu strukturieren, indem Sie sie von einem langen in ein breites Format (oder umgekehrt) umwandeln, um spezifische Arten von Analysen oder Visualisierungen zu erleichtern. Pivottieren ist besonders nützlich, wenn Sie Ihre Daten umorganisieren müssen, um Zusammenfassungstabellen zu erstellen oder sie für bestimmte statistische Analysen vorzubereiten. Beispielsweise könnten Sie einen Datensatz mit täglichen Verkaufszahlen für mehrere Produkte aus verschiedenen Geschäften haben. Durch das Pivottieren dieser Daten könnten Sie eine Tabelle erstellen, in der jede Zeile ein Geschäft, jede Spalte ein Produkt und jede Zelle den Gesamtumsatz für dieses Produkt in diesem Geschäft darstellt.

Die Funktion 'melt' hingegen wird verwendet, um Daten im Breitformat in das Langformat umzuwandeln. Dies kann vorteilhaft sein, wenn Sie Analysen durchführen möchten, die ein „aufgeräumtes" Format erfordern, bei dem jede Variable eine Spalte und jede Beobachtung eine Zeile bildet. Wenn Sie beispielsweise einen Datensatz haben, bei dem jede Spalte die Verkaufszahlen eines bestimmten Jahres darstellt, könnten Sie 'melt' verwenden, um einen Datensatz im Langformat mit Spalten für 'Jahr' und 'Verkäufe' zu erstellen, was die Durchführung von Zeitreihenanalysen oder die Erstellung bestimmter Visualisierungen erleichtert.

Diese Techniken zur Umstrukturierung sind essenziell für die Datenvorverarbeitung und können erheblichen Einfluss auf die Einfachheit und Effizienz Ihrer nachfolgenden Analysen haben. Sie ermöglichen es Ihnen, die Struktur Ihrer Daten an die spezifischen Anforderungen verschiedener analytischer Methoden oder Visualisierungstools anzupassen und so die Flexibilität und Leistungsfähigkeit Ihrer Datenmanipulationsfähigkeiten zu erhöhen.

Effiziente Verarbeitung von Zeitreihendaten

Diese fortgeschrittene Technik konzentriert sich auf spezialisierte Methoden zur Arbeit mit zeitlichen Daten, die in vielen Bereichen wie Finanzen, Wirtschaft und Umweltwissenschaften von entscheidender Bedeutung sind. Bei der Arbeit mit Zeitreihendaten stoßen Sie auf einzigartige Herausforderungen, die spezifische Ansätze erfordern:

1. **Resampling**: Hierbei wird die Frequenz Ihrer Zeitreihendaten geändert. Beispielsweise könnten Sie tägliche Daten in monatliche Zusammenfassungen umwandeln oder hochfrequente Handelsdaten in regelmäßige Intervalle aggregieren. Pandas bietet leistungsstarke Resampling-Funktionen, mit denen Sie diese Transformationen einfach

durchführen können, während Sie verschiedene Aggregationsmethoden (z. B. Summe, Mittelwert, Median) auf Ihre Daten anwenden können.

2. **Berechnungen mit rollendem Fenster**: Diese sind essenziell für die Analyse von Trends und Mustern im Zeitverlauf. Sie lernen, wie Sie gleitende Durchschnitte, rollende Standardabweichungen und andere statistische Maße über festgelegte Zeitfenster berechnen können. Diese Techniken sind besonders nützlich, um kurzfristige Schwankungen zu glätten und längerfristige Trends in Ihren Daten hervorzuheben.

3. **Umgang mit unterschiedlichen Zeitzonen und Frequenzen**: In unserer globalisierten Welt ist der Umgang mit Daten aus verschiedenen Zeitzonen zunehmend üblich. Sie erkunden Methoden, um zwischen Zeitzonen zu konvertieren, Daten aus verschiedenen Quellen zu synchronisieren und mit Zeitumstellungen umzugehen. Außerdem lernen Sie, wie Sie mit Daten unterschiedlicher Frequenzen arbeiten können, beispielsweise durch die Kombination von täglichen und monatlichen Daten in einer einzigen Analyse.

4. **Zeitbasierte Indizierung und Auswahl**: Pandas bietet leistungsstarke Funktionen zur Indizierung und Auswahl von Daten basierend auf Datums- und Zeitangaben. Sie lernen, wie Sie Ihre Daten effizient nach Datumsbereichen aufteilen, spezifische Zeiträume auswählen und komplexe zeitbasierte Abfragen durchführen können.

5. **Umgang mit fehlenden Daten in Zeitreihen**: Zeitreihen enthalten oft Lücken oder fehlende Werte. Sie erkunden Techniken, um fehlende Datenpunkte zu identifizieren, zu füllen oder zu interpolieren, wodurch die Kontinuität und Integrität Ihrer Zeitreihenanalyse sichergestellt wird.

Durch das Beherrschen dieser spezialisierten Methoden sind Sie in der Lage, komplexe Zeitreihendaten effizient zu verarbeiten und anspruchsvolle Analysen durchzuführen, die in Bereichen, in denen zeitliche Muster entscheidend sind, zu wertvollen Erkenntnissen führen.

Speicher- und Leistungsoptimierung

Mit wachsender Größe und Komplexität von Datensätzen wird eine effiziente Speichernutzung und Leistungsoptimierung unerlässlich. Dieser Abschnitt behandelt fortgeschrittene Techniken zur effektiven Verwaltung groß angelegter Datenanalysetasks. Sie lernen Methoden kennen, um den Speicherbedarf zu reduzieren, wie z. B. die Verwendung geeigneter Datentypen, das Aufteilen großer Datensätze in Teile und die Nutzung von Iteratoren zur Verarbeitung von Daten in kleineren Batches. Außerdem erfahren Sie, wie Sie Vektorisierungstechniken einsetzen, um Berechnungen zu beschleunigen, und wie Sie die integrierten Optimierungen von Pandas für eine verbesserte Leistung nutzen können.

Der Abschnitt umfasst auch Strategien für parallele Verarbeitung, mit denen Sie die Leistung von Mehrkernprozessoren nutzen können, um Datenmanipulationsaufgaben zu beschleunigen. Sie entdecken, wie Sie Bibliotheken wie Dask oder Vaex für speicherausgelagerte Berechnungen verwenden können, wenn Sie mit Datensätzen arbeiten, die den verfügbaren RAM übersteigen. Darüber hinaus erhalten Sie Einblicke in die Profilerstellung Ihres Codes, um Engpässe zu identifizieren und kritische Abschnitte für maximale Effizienz zu optimieren.

Durch das Beherrschen dieser fortgeschrittenen Optimierungstechniken sind Sie in der Lage, massive Datensätze und komplexe Analysen mit Leichtigkeit und Geschwindigkeit zu bewältigen. Dieses Wissen ist von unschätzbarem Wert für Datenwissenschaftler und Analysten, die an Big-Data-Projekten arbeiten oder in Umgebungen tätig sind, in denen die Rechenressourcen begrenzt sind. Während Sie diesen Abschnitt durcharbeiten, entwickeln Sie die Fähigkeiten, skalierbare und effiziente Datenpipelines zu erstellen, die große Informationsmengen in angemessenen Zeiträumen verarbeiten können.

Jedes dieser fortgeschrittenen Themen eröffnet neue Möglichkeiten für die Datenanalyse und -manipulation. Durch das Beherrschen dieser Techniken sind Sie in der Lage, komplexe Herausforderungen aus der realen Welt selbstbewusst und effizient zu bewältigen. In den folgenden Abschnitten werden wir praktische Beispiele untersuchen, die demonstrieren, wie diese fortgeschrittenen Konzepte in verschiedenen Szenarien angewendet werden können, von der Finanzanalyse bis hin zur Verarbeitung groß angelegter Daten.

2.1.1 Komplexe Filterung und Unterteilung

Beim Arbeiten mit Daten ist es häufig notwendig, DataFrames anhand mehrerer Bedingungen zu filtern. Dieser Prozess, bekannt als komplexe Filterung, ist eine entscheidende Fähigkeit für Datenanalysten und Wissenschaftler, die mit komplizierten Datensätzen arbeiten. In anspruchsvolleren Szenarien kann dies den Einsatz logischer Bedingungen über verschiedene Spalten hinweg, das Filtern nach mehreren Werten oder sogar fortgeschrittene Operationen wie die Unterteilung basierend auf Zeichenmustern oder Datumsangaben beinhalten.

Komplexe Filterung ermöglicht es, spezifische Datenuntergruppen zu extrahieren, die mehrere Kriterien gleichzeitig erfüllen. In einem Verkaufsdatensatz könnten Sie beispielsweise Transaktionen herausfiltern, die in einem bestimmten Geschäft, innerhalb eines bestimmten Datumsbereichs und über einem bestimmten Verkaufsbetrag stattgefunden haben. Dieses Maß an Granularität in der Datenauswahl ermöglicht fokussiertere und tiefere Analysen.

Darüber hinaus können fortgeschrittene Unterteilungstechniken reguläre Ausdrücke für ausgefeilte Zeichenmusterabgleiche, zeitbasierte Filter für zeitliche Daten und sogar benutzerdefinierte Funktionen für spezialisiertere Filteranforderungen umfassen. Diese Methoden bieten die Flexibilität, eine Vielzahl von Datenszenarien zu bewältigen, von der Finanzanalyse bis hin zur Untersuchung des Kundenverhaltens.

Das Beherrschen komplexer Filterung und Unterteilung ist aus mehreren Gründen essenziell:

Datenbereinigung und Qualitätssicherung

Komplexe Filterung geht über einfache Datenauswahl hinaus und ermöglicht es Analysten, detaillierte Datenqualitätsprüfungen durchzuführen und subtile Muster in großen Datensätzen zu identifizieren. Dieser Ansatz erlaubt die gleichzeitige Anwendung mehrerer Bedingungen über verschiedene Dimensionen hinweg, was hochspezifische Datenuntergruppen für Analysen ermöglicht.

Einer der Hauptvorteile der komplexen Filterung liegt in der Identifizierung versteckter Datenqualitätsprobleme. Durch die Anwendung anspruchsvoller Filterkombinationen können Analysten Ausreißer, Inkonsistenzen und Anomalien identifizieren, die durch herkömmliche Bereinigungsmethoden möglicherweise unentdeckt bleiben. In einem Finanzdatensatz könnten komplexe Filter beispielsweise verwendet werden, um Transaktionen zu markieren, die aufgrund mehrerer Kriterien wie Betrag, Häufigkeit und Zeitpunkt von den erwarteten Mustern abweichen.

Darüber hinaus spielt die komplexe Filterung eine entscheidende Rolle in Validierungsprozessen. Sie ermöglicht es, gezielte Validierungsregeln zu erstellen, die mehrere Datenattribute gleichzeitig berücksichtigen. Dies ist besonders wertvoll bei der Arbeit mit voneinander abhängigen Datenfeldern oder bei der Validierung von Daten anhand komplexer Geschäftsregeln. In einem Gesundheitsdatensatz könnten komplexe Filter beispielsweise verwendet werden, um die Konsistenz von Patientenakten über verschiedene medizinische Parameter und Behandlungsverläufe hinweg zu überprüfen.

Die Stärke der komplexen Filterung erstreckt sich auch auf die explorative Datenanalyse. Durch die Isolierung spezifischer Datensubsets auf der Grundlage komplexer Kriterien können Analysten tiefere Einblicke in Datenverteilungen, Zusammenhänge und Trends gewinnen, die bei einer Betrachtung des gesamten Datensatzes nicht offensichtlich sind. Dieser gezielte Ansatz zur Datenexploration kann zur Entdeckung wertvoller Erkenntnisse führen und fokussiertere Analyseansätze fördern.

Im Kontext von Big-Data-Umgebungen, in denen Datensätze massiv und vielfältig sein können, wird die komplexe Filterung zu einem unverzichtbaren Werkzeug für die Wahrung der Datenintegrität. Sie ermöglicht es Analysten, effizient durch riesige Datenmengen zu navigieren und sich auf die relevantesten und qualitativ hochwertigsten Datenpunkte zu konzentrieren. Dies verbessert nicht nur die Genauigkeit nachfolgender Analyseprozesse, sondern steigert auch die Effizienz von Datenmanagement-Workflows.

Beispiel

Betrachten wir ein Szenario, in dem wir einen Datensatz von Kundenbestellungen haben und potenziell fehlerhafte Einträge identifizieren und bereinigen möchten:

```
import pandas as pd
import numpy as np

# Sample data
data = {
```

```python
    'OrderID': [1001, 1002, 1003, 1004, 1005],
    'CustomerID': ['C001', 'C002', 'C003', 'C004', 'C005'],
    'OrderDate': ['2023-01-15', '2023-01-16', '2023-01-17', '2023-01-18', '2023-01-
19'],
    'TotalAmount': [100.50, 200.75, -50.00, 1000000.00, 150.25],
    'Status': ['Completed', 'Pending', 'Completed', 'Shipped', 'Invalid']
}

df = pd.DataFrame(data)

# Convert OrderDate to datetime
df['OrderDate'] = pd.to_datetime(df['OrderDate'])

# Identify and filter out orders with negative or unusually high amounts
valid_orders = df[(df['TotalAmount'] > 0) & (df['TotalAmount'] < 10000)]

# Identify orders with invalid status
invalid_status = df[~df['Status'].isin(['Completed', 'Pending', 'Shipped'])]

print("Valid Orders:")
print(valid_orders)
print("\\nOrders with Invalid Status:")
print(invalid_status)

# Clean the data by removing invalid entries and resetting the index
cleaned_df = df[(df['TotalAmount'] > 0) & (df['TotalAmount'] < 10000) &
               (df['Status'].isin(['Completed',                    'Pending',
'Shipped']))].reset_index(drop=True)

print("\\nCleaned Dataset:")
print(cleaned_df)
```

Code-Erklärung:

1. Wir beginnen mit dem Import der erforderlichen Bibliotheken und erstellen ein Beispiel-DataFrame mit Kundendaten.

2. Die Spalte 'OrderDate' wird in ein Datetime-Format umgewandelt, um eine korrekte Verarbeitung von Datumswerten zu gewährleisten.

3. Bestellungen mit negativen oder ungewöhnlich hohen Beträgen (bei einem angenommenen maximalen Wert von 10.000 $) werden identifiziert und gefiltert.

4. Bestellungen mit ungültigem Status werden durch Abgleich mit einer Liste gültiger Statuswerte ermittelt.

5. Der bereinigte Datensatz wird erstellt, indem sowohl die Filter für Beträge als auch für Status angewendet werden. Anschließend wird der Index zurückgesetzt.

Dieses Beispiel zeigt, wie komplexe Filter verwendet werden können, um problematische Dateneinträge zu identifizieren und zu bereinigen, wodurch die Datenqualität für nachfolgende Analysen sichergestellt wird. Es wird gezeigt, wie verschiedene Arten von Datenproblemen (numerische Bereiche und kategoriale Validierungen) in einem einzigen Bereinigungsprozess behandelt werden können.

Gezielte und detaillierte Analysen

Durch die präzise Extraktion von Datensubsets mithilfe komplexer Filter können Analysten hoch fokussierte Analysen bestimmter Segmente des Datensatzes durchführen. Dieser granulare Ansatz ermöglicht tiefere Einblicke in bestimmte Aspekte der Daten, wie z. B. das Kundenverhalten innerhalb einer bestimmten Demografie oder die Produktleistung unter spezifischen Marktbedingungen. Solche gezielten Analysen führen häufig zu umsetzbaren und relevanten Erkenntnissen für Entscheidungen.

Die Stärke komplexer Filter geht über die einfache Datenauswahl hinaus. Sie ermöglicht es Analysten, verborgene Muster und Beziehungen zu entdecken, die bei der Betrachtung des gesamten Datensatzes möglicherweise nicht offensichtlich sind. Beispielsweise können Analysten durch das Filtern von Kunden mit hohem Wert in einer bestimmten Altersgruppe, die in mehreren Produktkategorien Einkäufe getätigt haben, Cross-Selling-Möglichkeiten identifizieren oder maßgeschneiderte Marketingstrategien entwickeln.

Darüber hinaus erleichtert die komplexe Filterung die Erstellung benutzerdefinierter Kohorten für Längsschnittstudien. Dies ist besonders wertvoll in Bereichen wie der Analyse des Kundenlebenszeitwerts oder der Vorhersage von Abwanderung, bei denen das Verfolgen des Verhaltens spezifischer Gruppen im Zeitverlauf entscheidend ist. Durch die gleichzeitige Anwendung mehrerer Filter können Analysten Kohorten basierend auf verschiedenen Attributen wie Akquisitionsdatum, Kaufhäufigkeit und Kundenpräferenzen isolieren, was genauere und nuanciertere Vorhersagen ermöglicht.

Komplexe Filter spielen auch eine entscheidende Rolle bei der Anomalieerkennung und Betrugsanalyse. Durch die Einrichtung komplexer Filterkombinationen können Analysten verdächtige Transaktionen oder Verhaltensweisen identifizieren, die von etablierten Normen abweichen. Diese Fähigkeit ist besonders in den Bereichen Finanzdienstleistungen und E-Commerce wichtig, wo die schnelle Erkennung potenziellen Betrugs erhebliche Ressourcen einsparen und das Vertrauen der Kunden bewahren kann.

Darüber hinaus können die detaillierten Erkenntnisse, die durch komplexe Filter gewonnen werden, die Produktentwicklung und Innovation vorantreiben. Durch die Analyse der Vorlieben und Verhaltensweisen hoch spezifischer Kundensegmente können Unternehmen unbefriedigte Bedürfnisse oder Chancen für Produktverbesserungen identifizieren, die auf Nischenmärkte zugeschnitten sind. Dies kann möglicherweise zu Wettbewerbsvorteilen in stark besetzten Märkten führen.

Beispiel

Betrachten wir ein Szenario, in dem wir einen Datensatz mit Kundeneinkäufen haben und eine gezielte Analyse für ein bestimmtes Kundensegment durchführen möchten:

```python
import pandas as pd
import numpy as np

# Sample data
data = {
    'CustomerID': ['C001', 'C002', 'C003', 'C004', 'C005', 'C001', 'C002', 'C003'],
    'Age': [25, 35, 45, 30, 50, 25, 35, 45],
    'Gender': ['M', 'F', 'M', 'F', 'M', 'M', 'F', 'M'],
    'ProductCategory': ['Electronics', 'Clothing', 'Home', 'Beauty', 'Sports',
'Clothing', 'Electronics', 'Beauty'],
    'PurchaseAmount': [500, 150, 300, 200, 450, 200, 600, 100]
}

df = pd.DataFrame(data)

# Targeted analysis: Female customers aged 30-40 who made purchases in Electronics or
Clothing
target_segment = df[
    (df['Gender'] == 'F') &
    (df['Age'].between(30, 40)) &
    (df['ProductCategory'].isin(['Electronics', 'Clothing']))
]

# Calculate average purchase amount for the target segment
avg_purchase = target_segment['PurchaseAmount'].mean()

# Find the most popular product category in the target segment
popular_category = target_segment['ProductCategory'].mode().values[0]

print("Target Segment Analysis:")
print(f"Average Purchase Amount: ${avg_purchase:.2f}")
print(f"Most Popular Category: {popular_category}")

# Compare with overall average
overall_avg = df['PurchaseAmount'].mean()
print(f"\\nOverall Average Purchase Amount: ${overall_avg:.2f}")
print(f"Difference: ${avg_purchase - overall_avg:.2f}")
```

Code-Erklärung:

1. Wir beginnen mit dem Import der erforderlichen Bibliotheken und erstellen ein Beispiel-DataFrame mit Kundeneinkaufsdaten.

2. Das Zielsegment wird durch komplexe Filterung definiert: weibliche Kunden im Alter von 30–40 Jahren, die Elektronik- oder Bekleidungsprodukte gekauft haben.

3. Der durchschnittliche Einkaufsbetrag für dieses spezifische Segment wird mithilfe der Funktion mean() berechnet.

4. Die beliebteste Produktkategorie innerhalb des Segments wird mit der Funktion mode() ermittelt.

5. Anschließend vergleichen wir den durchschnittlichen Einkaufsbetrag des Zielsegments mit dem Gesamtdurchschnitt, um signifikante Unterschiede zu identifizieren.

Dieses Beispiel zeigt, wie gezielte Analysen durch komplexe Filterung spezifische Einblicke in ein bestimmtes Kundensegment ermöglichen, die für Marketingstrategien oder Produktempfehlungen wertvoll sein können.

Hypothesentests und statistische Validierung

Komplexe Filterung spielt eine entscheidende Rolle bei der Erstellung robuster Test- und Kontrollgruppen für statistische Analysen und Hypothesentests. Diese fortschrittliche Technik ermöglicht es Forschern, Datensubsets sorgfältig auszuwählen, die bestimmten Kriterien entsprechen, und so die Gültigkeit und Zuverlässigkeit ihrer statistischen Vergleiche sicherzustellen. Die Stärke der komplexen Filterung liegt in ihrer Fähigkeit, präzise definierte Gruppen zu schaffen, die für die Ableitung genauer und aussagekräftiger Schlussfolgerungen aus Daten unerlässlich sind.

Im Bereich des A/B-Testings ermöglicht die komplexe Filterung beispielsweise Marketern, Benutzersegmente basierend auf mehreren Attributen wie Demografie, Verhaltensmustern und Engagement-Level zu isolieren. Dieser granulare Ansatz stellt sicher, dass der Vergleich zwischen verschiedenen Versionen eines Produkts oder einer Marketingkampagne mit wirklich vergleichbaren Gruppen durchgeführt wird, was zu umsetzbareren Erkenntnissen führt.

In klinischen Studien ist die Anwendung komplexer Filterung noch kritischer. Forscher können diese Technik nutzen, um gut abgestimmte Behandlungs- und Kontrollgruppen zu erstellen, wobei zahlreiche Faktoren wie Alter, Krankengeschichte, genetische Marker und Lebensstil berücksichtigt werden. Dieses Maß an Präzision bei der Gruppenauswahl ist entscheidend, um Störvariablen zu minimieren und die Zuverlässigkeit der Studienergebnisse zu erhöhen.

Auch die Marktforschung profitiert erheblich von der komplexen Filterung. Analysten können hochspezifische Konsumentensegmente durch die Kombination mehrerer Kriterien wie Kaufverhalten, Markenloyalität und psychografische Merkmale erstellen. Dies ermöglicht es Unternehmen, gezielte Studien durchzuführen, die tiefgehende Einblicke in Nischenmarktsegmente liefern und die Produktentwicklung sowie Marketingstrategien informieren.

Darüber hinaus geht die Anwendung komplexer Filterung über diese Bereiche hinaus. In den Sozialwissenschaften, der Wirtschaft und bei Politikforschern wird diese Technik eingesetzt, um mehrere Variablen zu kontrollieren, wenn die Auswirkungen von Interventionen oder politischen Änderungen untersucht werden. Dies ermöglicht genauere Bewertungen von Ursache-Wirkungs-Beziehungen in komplexen sozialen und wirtschaftlichen Systemen.

Durch den Einsatz komplexer Filterung können Forscher und Analysten die Robustheit ihrer Studien erheblich verbessern, was zu zuverlässigeren und umsetzbareren Erkenntnissen in einer Vielzahl von Disziplinen führt. Diese Technik verbessert nicht nur die Qualität statistischer Analysen, sondern trägt auch zu fundierteren Entscheidungen in verschiedenen beruflichen und akademischen Kontexten bei.

Beispiel

Betrachten wir ein Beispiel, bei dem wir die Wirksamkeit zweier Marketingstrategien vergleichen möchten, indem wir ihre Auswirkungen auf das Kundenengagement (gemessen an der Klickrate) analysieren:

```python
import pandas as pd
import numpy as np
from scipy import stats

# Sample data
np.random.seed(42)
data = {
    'Strategy': ['A'] * 1000 + ['B'] * 1000,
    'ClickThrough': np.concatenate([
        np.random.normal(0.05, 0.02, 1000),  # Strategy A
        np.random.normal(0.06, 0.02, 1000)   # Strategy B
    ])
}

df = pd.DataFrame(data)

# Separate the data for each strategy
strategy_a = df[df['Strategy'] == 'A']['ClickThrough']
strategy_b = df[df['Strategy'] == 'B']['ClickThrough']

# Perform t-test
t_statistic, p_value = stats.ttest_ind(strategy_a, strategy_b)

print(f"T-statistic: {t_statistic}")
print(f"P-value: {p_value}")

# Interpret the results
alpha = 0.05
if p_value < alpha:
    print("Reject the null hypothesis. There is a significant difference between the
strategies.")
else:
    print("Fail to reject the null hypothesis. There is no significant difference
between the strategies.")
```

Code-Erklärung:

1. Wir importieren die erforderlichen Bibliotheken: pandas für die Datenmanipulation, numpy für die Generierung von Zufallszahlen und scipy.stats für statistische Tests.

2. Wir erstellen einen Beispieldatensatz mit 1000 Stichproben für jede Marketingstrategie (A und B), wobei Klickraten mit normalverteilten Werten simuliert werden.

3. Die Daten werden in ein pandas DataFrame geladen, um sie einfach manipulieren zu können.

4. Die Daten für jede Strategie werden mithilfe von booleschem Indexing getrennt.

5. Ein unabhängiger t-Test wird mit scipy.stats.ttest_ind() durchgeführt, um die Mittelwerte der beiden Gruppen zu vergleichen.

6. Der t-Statistik-Wert und der p-Wert werden berechnet und ausgegeben.

7. Wir interpretieren die Ergebnisse, indem wir den p-Wert mit einem Signifikanzniveau (Alpha) von 0,05 vergleichen. Wenn der p-Wert kleiner als Alpha ist, wird die Nullhypothese verworfen, was auf einen signifikanten Unterschied zwischen den Strategien hinweist.

Dieses Beispiel zeigt, wie komplexe Filterung (Trennung der Daten nach Strategie) in Verbindung mit statistischen Tests verwendet werden kann, um Hypothesen über verschiedene Gruppen in Ihren Daten zu validieren. Solche Analysen sind entscheidend für datengestützte Entscheidungen in verschiedenen Bereichen wie Marketing, Produktentwicklung und wissenschaftlicher Forschung.

Leistungsoptimierung und effiziente Verarbeitung

Die Arbeit mit kleineren, relevanten Datenuntergruppen, die durch komplexe Filterung erhalten werden, kann die Leistung von Datenverarbeitungs- und Analyseaufgaben erheblich verbessern. Diese Optimierungstechnik ist besonders nützlich bei der Verarbeitung großer Datensätze oder bei der Durchführung rechnerisch intensiver Analysen. Durch die Reduzierung des zu verarbeitenden Datenvolumens kann die komplexe Filterung zu schnelleren Abfrageausführungszeiten, geringerem Speicherverbrauch und effizienterer Nutzung der Rechenressourcen führen.

Die Auswirkungen der komplexen Filterung auf die Leistung sind vielseitig. Erstens reduziert sie die Menge der in den Speicher geladenen Daten, was besonders wichtig ist, wenn mit Datensätzen gearbeitet wird, die den verfügbaren RAM überschreiten. Diese Reduzierung des Speicherverbrauchs verhindert nicht nur Systemverlangsamungen, sondern ermöglicht auch die Analyse größerer Datensätze auf Maschinen mit begrenzten Ressourcen.

Zweitens kann die komplexe Filterung die Abfrageausführungszeiten drastisch verkürzen. Beim Arbeiten mit Datenbanken oder großen Datendateien kann das Filtern von Daten an der Quelle vor dem Laden in Ihre Analyseumgebung die Datenübertragungszeiten und den

Verarbeitungsaufwand erheblich reduzieren. Dies ist besonders in verteilten Computerumgebungen wichtig, in denen Netzwerklatenzen ein wesentlicher Engpass sein können.

Darüber hinaus ermöglicht die Fokussierung auf relevante Datenuntergruppen gezieltere und effizientere Analysen. Dies ist besonders wertvoll in der explorativen Datenanalyse, bei der Analysten häufig schnell durch verschiedene Hypothesen und Datensubsets iterieren müssen. Die Fähigkeit, Datensegmente schnell zu filtern und zu fokussieren, ermöglicht agilere und reaktionsschnellere Analyse-Workflows.

In Anwendungen des maschinellen Lernens spielt die komplexe Filterung eine entscheidende Rolle bei der Merkmalsauswahl und Dimensionsreduktion. Durch die Identifikation und Fokussierung auf die relevantesten Merkmale oder Datenpunkte können genauere Modelle, schnellere Trainingszeiten und eine verbesserte Generalisierungsleistung erzielt werden. Dies ist besonders wichtig bei hochdimensionalen Datensätzen, bei denen das Problem der Dimensionalität die Modellleistung erheblich beeinträchtigen kann.

Schließlich hat die effiziente Nutzung von Rechenressourcen durch komplexe Filterung weitreichende Auswirkungen auf die Skalierbarkeit und Kosteneffizienz in datenintensiven Branchen. Durch die Optimierung von Datenverarbeitungspipelines können Organisationen ihre Infrastrukturkosten senken, die Energieeffizienz verbessern und ihre Fähigkeit erhöhen, wachsende Datenvolumina ohne proportionale Zunahme an Rechenressourcen zu bewältigen.

Hier ein Beispiel zur Demonstration der Leistungsoptimierung durch komplexe Filterung:

```python
import pandas as pd
import numpy as np
import time

# Create a large dataset
n_rows = 1000000
df = pd.DataFrame({
    'id': range(n_rows),
    'category': np.random.choice(['A', 'B', 'C'], n_rows),
    'value': np.random.randn(n_rows)
})

# Function to perform a complex operation
def complex_operation(x):
    return np.sin(x) * np.cos(x) * np.tan(x)

# Measure time without filtering
start_time = time.time()
result_without_filter = df['value'].apply(complex_operation).sum()
time_without_filter = time.time() - start_time

# Apply complex filter
filtered_df = df[(df['category'] == 'A') & (df['value'] > 0)]
```

```
# Measure time with filtering
start_time = time.time()
result_with_filter = filtered_df['value'].apply(complex_operation).sum()
time_with_filter = time.time() - start_time

print(f"Time without filtering: {time_without_filter:.2f} seconds")
print(f"Time with filtering: {time_with_filter:.2f} seconds")
print(f"Speed improvement: {time_without_filter / time_with_filter:.2f}x")
```

Code-Erklärung:

1. Wir importieren die erforderlichen Bibliotheken: pandas für die Datenmanipulation, numpy für numerische Operationen und time für die Messung der Ausführungszeit.

2. Es wird ein großer Datensatz mit 1 Million Zeilen erstellt, der die Spalten 'id', 'category' und 'value' enthält.

3. Eine Funktion complex_operation wird definiert, um eine rechnerisch intensive Aufgabe zu simulieren.

4. Die Operation wird zunächst auf dem gesamten Datensatz ausgeführt, und die Ausführungszeit wird gemessen.

5. Anschließend wird ein komplexer Filter angewendet, um eine Untermenge der Daten zu erstellen (Kategorie 'A' und positive Werte).

6. Die gleiche Operation wird auf dem gefilterten Datensatz ausgeführt, und die Ausführungszeit wird erneut gemessen.

7. Abschließend vergleichen wir die Ausführungszeiten, um die Leistungsverbesserung zu demonstrieren.

Dieses Beispiel zeigt, wie komplexe Filterung die Verarbeitungszeit erheblich reduzieren kann, indem mit einer kleineren, relevanten Datenuntermenge gearbeitet wird. Der Leistungsgewinn kann erheblich sein, insbesondere bei großen Datensätzen und komplexen Operationen.

Während wir tiefer in dieses Thema eintauchen, werden wir praktische Beispiele und Techniken zur Implementierung komplexer Filter in Pandas untersuchen und demonstrieren, wie diese Methoden auf reale Datenherausforderungen angewendet werden können.

Beispiel: Filtern mit mehreren Bedingungen

Angenommen, Sie arbeiten mit einem Datensatz über Einzelhandelsumsätze und möchten Transaktionen filtern, die in Geschäft 'A' stattfanden und einen Umsatz von mehr als 200 $ aufweisen. Außerdem möchten Sie alle Transaktionen ausschließen, die einen Rabatt von mehr als 10 % erhalten haben.

```
import pandas as pd
import numpy as np
```

```python
# Create a more comprehensive sample dataset
np.random.seed(42)
data = {
    'TransactionID': range(1001, 1021),
    'Store': np.random.choice(['A', 'B', 'C'], 20),
    'SalesAmount': np.random.randint(50, 500, 20),
    'Discount': np.random.randint(0, 30, 20),
    'Category': np.random.choice(['Electronics', 'Clothing', 'Home', 'Food'], 20),
    'Date': pd.date_range(start='2023-01-01', periods=20)
}

df = pd.DataFrame(data)

# Display the original dataset
print("Original Dataset:")
print(df)
print("\\n")

# Filtering with multiple conditions
filtered_df = df[
    (df['Store'] == 'A') &
    (df['SalesAmount'] > 200) &
    (df['Discount'] <= 10) &
    (df['Category'].isin(['Electronics', 'Clothing']))
]

print("Filtered Dataset:")
print(filtered_df)
print("\\n")

# Additional analysis on the filtered data
print("Summary Statistics of Filtered Data:")
print(filtered_df.describe())
print("\\n")

print("Average Sales Amount by Category:")
print(filtered_df.groupby('Category')['SalesAmount'].mean())
print("\\n")

print("Total Sales Amount by Date:")
print(filtered_df.groupby('Date')['SalesAmount'].sum())
```

Code-Erklärung:

1. **Bibliotheken importieren:**

   o   Wir importieren pandas (pd) für die Datenmanipulation und -analyse.

   o   Wir importieren numpy (np), um zufällige Daten zu generieren.

2. **Erstellen eines Beispieldatensatzes:**

   o Mit np.random.seed(42) sorgen wir dafür, dass die zufälligen Daten reproduzierbar sind.

   o Wir erstellen ein Wörterbuch data mit mehreren Spalten und 20 Zeilen:

     ▪ **TransactionID**: Eindeutige Kennungen für jede Transaktion.

     ▪ **Store**: Zufällig ausgewählt aus den Werten 'A', 'B', 'C'.

     ▪ **SalesAmount**: Zufällige Ganzzahlen zwischen 50 und 500.

     ▪ **Discount**: Zufällige Ganzzahlen zwischen 0 und 30.

     ▪ **Category**: Zufällig ausgewählt aus den Kategorien 'Electronics', 'Clothing', 'Home', 'Food'.

     ▪ **Date**: Ein Datumsbereich beginnend am '2023-01-01' über 20 Tage.

   o Wir wandeln dieses Wörterbuch in ein pandas DataFrame um.

3. **Anzeigen des ursprünglichen Datensatzes:**

   o Wir drucken den gesamten ursprünglichen Datensatz, um die Ausgangsdaten zu zeigen.

4. **Filtern mit mehreren Bedingungen:**

   o Wir erstellen filtered_df, indem wir mehrere Bedingungen anwenden:

     ▪ Store muss 'A' sein.

     ▪ SalesAmount muss größer als 200 sein.

     ▪ Discount muss 10 % oder weniger betragen.

     ▪ Category muss entweder 'Electronics' oder 'Clothing' sein.

   o Dies zeigt, wie man mehrere Bedingungen mit logischen Operatoren (&) kombiniert.

5. **Anzeigen des gefilterten Datensatzes:**

   o Wir drucken den gefilterten Datensatz, um die Ergebnisse der Filterung zu zeigen.

6. **Zusätzliche Analysen:**

   o Wir führen grundlegende Analysen der gefilterten Daten durch: a. **Zusammenfassende Statistik**: Mit .describe() erhalten wir Werte wie Anzahl, Mittelwert, Standardabweichung, Minimum, Maximum usw. b. **Durchschnittlicher Verkaufswert nach Kategorie**: Mit groupby() und mean() berechnen wir den durchschnittlichen Verkaufswert pro Kategorie. c. **Gesamtverkaufswert nach Datum**: Mit groupby() und sum() berechnen wir den Gesamtverkaufswert pro Datum.

Dieses Beispiel zeigt nicht nur, wie man Daten mit mehreren Bedingungen filtert, sondern auch, wie man grundlegende explorative Datenanalysen auf den gefilterten Ergebnissen durchführt. Es unterstreicht die Leistungsfähigkeit von pandas bei der Bearbeitung komplexer Datenoperationen und der Generierung aufschlussreicher Zusammenfassungen.

2.1.2 Mehrstufiges Gruppieren und Aggregieren

In vielen realen Datensätzen müssen Sie Daten nach mehreren Spalten gruppieren und Aggregationen auf diesen Gruppen durchführen. Dies wird besonders wichtig, wenn Sie mit hierarchischen Daten arbeiten, wie z. B. Verkaufsdaten aus mehreren Geschäften und Produktkategorien. Mehrstufiges Gruppieren ermöglicht es Ihnen, Daten auf unterschiedlichen Granularitätsebenen zu analysieren, wodurch Einblicke sichtbar werden, die bei einer einheitlichen Analyse verborgen bleiben könnten.

Beispielsweise könnten Sie in einem Einzelhandelsdatensatz die Verkaufsdaten nach Standort des Geschäfts und Produktkategorie gruppieren. Dies würde es ermöglichen, Fragen zu beantworten wie „Was ist der Gesamtverkaufswert von Elektronikartikeln in jedem Geschäft?" oder „Welche Produktkategorie erzielt in jeder Region die besten Ergebnisse?" Solche Analysen sind entscheidend für fundierte Geschäftsentscheidungen wie Bestandsmanagement, Marketingstrategien oder Ressourcenzuweisung.

Darüber hinaus ist das mehrstufige Gruppieren nicht auf zwei Ebenen beschränkt. Sie können dieses Konzept erweitern, um zusätzliche Dimensionen wie Zeiträume (z. B. monatliche oder vierteljährliche Daten), Kundensegmente oder andere relevante kategoriale Variablen in Ihrem Datensatz einzubeziehen. Diese Flexibilität ermöglicht komplexe, mehrdimensionale Analysen, die komplizierte Muster und Beziehungen innerhalb Ihrer Daten aufdecken können.

Beim Arbeiten mit hierarchischen Daten ist es wichtig, die Reihenfolge Ihrer Gruppierungen zu berücksichtigen, da dies sowohl die Struktur Ihrer Ergebnisse als auch die daraus ableitbaren Erkenntnisse beeinflussen kann. Pandas bietet leistungsstarke Werkzeuge für den Umgang mit solchen mehrstufigen Gruppierungen, sodass Sie Daten einfach aggregieren, Statistiken berechnen und Ergebnisse für die weitere Analyse oder Visualisierung umgestalten können.

Code-Beispiel: Gruppieren nach mehreren Ebenen

Erweitern wir unseren Beispieldatensatz, um eine Produktkategorie einzuschließen, und zeigen, wie mehrstufiges Gruppieren und Aggregieren durchgeführt wird.

```
import pandas as pd
import numpy as np

# Create a more comprehensive sample dataset
np.random.seed(42)
```

```python
data = {
    'TransactionID': range(1001, 1021),
    'Store': np.random.choice(['A', 'B', 'C'], 20),
    'Category': np.random.choice(['Electronics', 'Clothing', 'Home', 'Food'], 20),
    'SalesAmount': np.random.randint(50, 500, 20),
    'Discount': np.random.randint(0, 30, 20),
    'Date': pd.date_range(start='2023-01-01', periods=20)
}

df = pd.DataFrame(data)

# Display the original dataset
print("Original Dataset:")
print(df.head())
print("\\n")

# Group by Store and Category, and calculate multiple aggregations
grouped_df = df.groupby(['Store', 'Category']).agg({
    'SalesAmount': ['sum', 'mean', 'count'],
    'Discount': ['mean', 'max']
}).reset_index()

# Flatten column names
grouped_df.columns = ['_'.join(col).strip() for col in grouped_df.columns.values]

print("Grouped Dataset:")
print(grouped_df)
print("\\n")

# Pivot table to show total sales by Store and Category
pivot_df       =        pd.pivot_table(df,       values='SalesAmount',       index='Store',
columns='Category', aggfunc='sum', fill_value=0)

print("Pivot Table - Total Sales by Store and Category:")
print(pivot_df)
print("\\n")

# Time-based analysis
df['Date'] = pd.to_datetime(df['Date'])
df.set_index('Date', inplace=True)

monthly_sales = df.resample('M')['SalesAmount'].sum()

print("Monthly Total Sales:")
print(monthly_sales)
print("\\n")

# Advanced filtering
high_value_transactions = df[(df['SalesAmount'] > df['SalesAmount'].mean()) &
(df['Discount'] < df['Discount'].mean())]

print("High Value Transactions (Above average sales, below average discount):")
```

```
print(high_value_transactions)
```

Erklärung der Codezerlegung:

1. **Importieren von Bibliotheken und Erstellen eines Datensatzes:**

   o pandas (pd) wird für die Datenmanipulation und numpy (np) für die Generierung von Zufallsdaten importiert.

   o Ein umfassenderer Datensatz mit 20 Transaktionen wird erstellt, einschließlich der Spalten TransactionID, Store, Category, SalesAmount, Discount und Date.

   o np.random.seed(42) stellt sicher, dass die Zufallsdaten reproduzierbar sind.

2. **Anzeigen des ursprünglichen Datensatzes:**

   o Mit print(df.head()) werden die ersten Zeilen des ursprünglichen Datensatzes angezeigt.

3. **Mehrstufiges Gruppieren und Aggregieren:**

   o Die Daten werden nach 'Store' und 'Category' gruppiert, mit df.groupby(['Store', 'Category']).

   o Mehrere Aggregationen werden durchgeführt: Summe, Mittelwert und Anzahl für SalesAmount; Mittelwert und Maximum für Discount.

   o reset_index() wird verwendet, um die gruppierten Daten zurück in ein reguläres DataFrame zu konvertieren.

   o Spaltennamen werden „abgeflacht", um sie lesbarer zu machen.

4. **Erstellen einer Pivot-Tabelle:**

   o pd.pivot_table() wird verwendet, um eine Kreuztabelle der Gesamteinnahmen nach Store und Category zu erstellen.

   o fill_value=0 stellt sicher, dass fehlende Kombinationen mit Nullen aufgefüllt werden.

5. **Zeitbasierte Analyse:**

   o Die Spalte 'Date' wird in datetime umgewandelt und als Index gesetzt.

   o df.resample('M') gruppiert die Daten nach Monaten, und die Gesamteinnahmen für jeden Monat werden berechnet.

6. **Fortgeschrittenes Filtern:**

o Ein Subset von "High-Value-Transactions" wird erstellt, indem Transaktionen mit überdurchschnittlichen Einnahmen und unterdurchschnittlichen Rabatten gefiltert werden.

o Dies zeigt, wie mehrere Bedingungen in einem Filter kombiniert werden können.

Diese Techniken veranschaulichen fortgeschrittene Pandas-Operationen:

- Mehrstufiges Gruppieren mit mehreren Aggregationen

- Erstellen von Pivot-Tabellen für Kreuztabellenanalysen

- Zeitreihen-Resampling für monatliche Analysen

- Fortgeschrittenes Filtern mit mehreren Bedingungen

Diese Techniken sind unerlässlich, um komplexe, reale Datensätze zu handhaben und sinnvolle Erkenntnisse aus verschiedenen Perspektiven zu gewinnen.

2.1.3 Pivoting und Umstrukturierung von Daten

Manchmal liegt Ihr Datensatz nicht im idealen Format für Analysen vor, und Sie müssen ihn umstrukturieren – entweder durch das Pivottieren von Spalten zu Zeilen oder umgekehrt. pandas bietet leistungsstarke Tools wie pivot(), pivot_table() und melt() für die Datenumstrukturierung. Diese Funktionen sind entscheidend, um Ihren Datensatz an verschiedene Analysebedürfnisse anzupassen.

Die Funktion pivot() ist besonders nützlich, wenn Sie eindeutige Werte aus einer Spalte in mehrere Spalten umwandeln möchten. Wenn Sie beispielsweise einen Datensatz mit den Spalten Datum, Produkt und Umsatz haben, können Sie mit pivot eine neue Tabelle erstellen, in der jedes Produkt eine Spalte wird, und die Umsätze als Werte dargestellt werden.

Im Gegensatz dazu ist pivot_table() vielseitiger und ermöglicht es Ihnen, festzulegen, wie Daten aggregiert werden sollen, wenn es mehrere Werte pro Gruppe gibt. Dies ist besonders nützlich bei Datensätzen mit doppelten Einträgen oder wenn Berechnungen wie Summe, Mittelwert oder Anzahl auf gruppierten Daten durchgeführt werden müssen.

Die Funktion melt() macht das Gegenteil von pivot – sie transformiert Spalten in Zeilen. Dies ist besonders nützlich, wenn Sie einen Datensatz mit mehreren Spalten haben, die denselben Datentyp repräsentieren, und diese in einer einzigen Spalte zusammenfassen möchten. Wenn Sie beispielsweise separate Spalten für Umsätze in verschiedenen Jahren haben, können Sie mit melt eine einzelne Spalte 'Year' und eine entsprechende Spalte 'Sales' erstellen.

Das Verständnis und die effektive Nutzung dieser Tools zur Umstrukturierung können Ihre Datenmanipulationsfähigkeiten erheblich verbessern, sodass Sie Ihre Daten für verschiedene Arten von Analysen, Visualisierungen oder maschinelle Lernmodelle vorbereiten können.

Code-Beispiel: Daten pivotieren

Angenommen, Sie haben Verkaufsdaten für verschiedene Geschäfte über mehrere Monate hinweg und möchten die Daten pivotieren, sodass Geschäfte als Spalten und Monate als Zeilen dargestellt werden, um die Gesamteinnahmen jedes Geschäfts in jedem Monat zu zeigen.

```python
import pandas as pd
import numpy as np
import matplotlib.pyplot as plt

# Sample data for sales across stores and months
np.random.seed(42)
stores = ['A', 'B', 'C']
months = ['Jan', 'Feb', 'Mar', 'Apr', 'May', 'Jun']
data = {
    'Store': np.random.choice(stores, size=100),
    'Month': np.random.choice(months, size=100),
    'SalesAmount': np.random.randint(100, 1000, size=100),
    'ItemsSold': np.random.randint(10, 100, size=100)
}

df = pd.DataFrame(data)

# Display the original dataset
print("Original Dataset:")
print(df.head())
print("\\n")

# Pivot the data to show total sales by month and store
pivot_sales = df.pivot_table(index='Month', columns='Store', values='SalesAmount',
aggfunc='sum')
print("Pivot Table - Total Sales by Month and Store:")
print(pivot_sales)
print("\\n")

# Pivot the data to show average items sold by month and store
pivot_items = df.pivot_table(index='Month', columns='Store', values='ItemsSold',
aggfunc='mean')
print("Pivot Table - Average Items Sold by Month and Store:")
print(pivot_items)
print("\\n")

# Calculate the total sales for each store
store_totals = df.groupby('Store')['SalesAmount'].sum().sort_values(ascending=False)
print("Total Sales by Store:")
print(store_totals)
print("\\n")

# Find the month with the highest sales for each store
best_months = df.groupby('Store').apply(lambda x: x.loc[x['SalesAmount'].idxmax()])
print("Best Performing Month for Each Store:")
print(best_months[['Store', 'Month', 'SalesAmount']])
print("\\n")
```

```
# Visualize the total sales by store
plt.figure(figsize=(10, 6))
store_totals.plot(kind='bar')
plt.title('Total Sales by Store')
plt.xlabel('Store')
plt.ylabel('Total Sales')
plt.tight_layout()
plt.show()

# Visualize the monthly sales trend for each store
pivot_sales.plot(kind='line', marker='o', figsize=(12, 6))
plt.title('Monthly Sales Trend by Store')
plt.xlabel('Month')
plt.ylabel('Total Sales')
plt.legend(title='Store')
plt.tight_layout()
plt.show()
```

Aufschlüsselung der Erklärung:

1. **Datenerstellung:**

   o Wir verwenden die Zufallsfunktionen von NumPy, um einen größeren Datensatz mit 100 Einträgen zu erstellen.

   o Der Datensatz umfasst Store (A, B, C), Monat (Jan bis Jun), Verkaufsbetrag und verkaufte Artikel.

2. **Anzeigen des ursprünglichen Datensatzes:**

   o Wir geben die ersten Zeilen des ursprünglichen Datensatzes mit df.head() aus.

3. **Pivot-Tabellen:**

   o Wir erstellen zwei Pivot-Tabellen: a. Gesamte Verkäufe nach Monat und Storeb. Durchschnittlich verkaufte Artikel nach Monat und Store

   o Dadurch können wir sowohl die Gesamteinnahmen als auch die durchschnittliche Transaktionsgröße zwischen den Stores und Monaten vergleichen.

4. **Analyse der Store-Leistung:**

   o Wir berechnen die Gesamteinnahmen für jeden Store mit groupby und sum.

   o Dies gibt uns ein Gesamtbild darüber, welcher Store am besten abschneidet.

5. **Bester Monat:**

   o Für jeden Store ermitteln wir den Monat mit den höchsten Verkäufen.

- Dies hilft dabei, spezifische Monate zu identifizieren, die für bestimmte Stores besonders gut sind.

6. **Visualisierungen:**

- Balkendiagramm: Wir visualisieren die Gesamteinnahmen pro Store mit einem Balkendiagramm.

- Liniendiagramm: Wir erstellen ein Liniendiagramm, um den monatlichen Verkaufstrend für jeden Store darzustellen.

- Diese Visualisierungen erleichtern es, Trends zu erkennen und Leistungen visuell zu vergleichen.

7. **Zusätzliche Erkenntnisse:**

- Durch die Einbeziehung von Verkaufsbetrag und verkauften Artikeln können wir nicht nur den Gesamtumsatz, sondern auch das Transaktionsvolumen analysieren.

- Die Pivot-Tabellen ermöglichen einen einfachen Vergleich in beiden Dimensionen (Store und Monat) gleichzeitig.

Dieses Beispiel zeigt einen umfassenderen Ansatz zur Analyse von Verkaufsdaten, einschließlich:

- Mehrerer Datenpunkte (Verkaufsbetrag und verkaufte Artikel)

- Verschiedener Aggregationsmethoden (Summe für Gesamteinnahmen, Mittelwert für durchschnittlich verkaufte Artikel)

- Unterschiedlicher Analysen (Gesamtleistung, monatliche Trends, beste Zeiträume)

- Visueller Darstellung der Daten

Diese Techniken bieten eine ganzheitliche Sicht auf die Verkaufsleistung über verschiedene Stores und Zeiträume hinweg, was fundierte Entscheidungsfindung und Strategieentwicklung ermöglicht.

2.1.4 Zeitreihendaten effizient verarbeiten

Zeitreihendaten bringen zusätzliche Komplexität mit sich, insbesondere bei der Arbeit mit Finanzdaten, Aktienkursen oder Verkaufsdaten über Zeiträume. Pandas bietet eine robuste Sammlung spezialisierter Methoden für den Umgang mit Datums- und Zeitangaben, die es Analysten ermöglichen, anspruchsvolle temporale Analysen durchzuführen. Diese Methoden gehen über einfaches Parsing von Datumsangaben hinaus und umfassen leistungsstarke Tools zur Neuskalierung von Daten in unterschiedlichen Zeitfrequenzen, zur Handhabung von Zeitzonen und zur Durchführung von Berechnungen in rollierenden Zeitfenstern.

Beispielsweise müssen bei der Arbeit mit Aktienmarktdaten möglicherweise minutengenaue Daten auf stündliche oder tägliche Intervalle umgesampelt, die unterschiedlichen Handelszeiten globaler Börsen berücksichtigt oder gleitende Durchschnitte über spezifische Zeitfenster berechnet werden. Die Zeitreihenfunktionalität von Pandas macht diese Aufgaben einfach und effizient.

Darüber hinaus integriert sich Pandas nahtlos mit anderen Bibliotheken im Python-Ökosystem, wie z. B. statsmodels für Zeitreihenmodellierung und -prognosen oder matplotlib zur Visualisierung temporaler Trends. Dieser Ökosystemansatz ermöglicht eine umfassende Analyse von Zeitreihen, von der Datenvorbereitung und -bereinigung bis hin zur fortgeschrittenen statistischen Modellierung und Visualisierung – alles innerhalb eines kohärenten analytischen Rahmens.

Codebeispiel: Resampling von Zeitreihendaten

Angenommen, Sie arbeiten mit täglichen Verkaufsdaten und möchten die monatlichen Gesamteinnahmen berechnen. Dies ist eine häufige Aufgabe bei der Arbeit mit Zeitreihendaten.

```python
import pandas as pd
import numpy as np
import matplotlib.pyplot as plt

# Generate sample daily sales data
np.random.seed(42)
date_range = pd.date_range(start='2023-01-01', end='2023-12-31', freq='D')
sales_data = {
    'Date': date_range,
    'SalesAmount': np.random.randint(100, 1000, size=len(date_range)),
    'ProductCategory':    np.random.choice(['Electronics',    'Clothing',    'Food'],
size=len(date_range))
}

df = pd.DataFrame(sales_data)

# Set the Date column as the index
df.set_index('Date', inplace=True)

# Display the first few rows of the original dataset
print("Original Dataset:")
print(df.head())
print("\\n")

# Resample data to monthly frequency and calculate total sales per month
monthly_sales = df['SalesAmount'].resample('M').sum()
print("Monthly Sales:")
print(monthly_sales)
print("\\n")

# Calculate moving average
df['MovingAverage'] = df['SalesAmount'].rolling(window=7).mean()
```

```python
# Resample data to weekly frequency and calculate average sales per week
weekly_sales = df['SalesAmount'].resample('W').mean()
print("Weekly Average Sales:")
print(weekly_sales)
print("\\n")

# Group by product category and resample to monthly frequency
category_monthly_sales =
df.groupby('ProductCategory')['SalesAmount'].resample('M').sum().unstack(level=0)
print("Monthly Sales by Product Category:")
print(category_monthly_sales)
print("\\n")

# Visualize the data
plt.figure(figsize=(12, 6))
monthly_sales.plot(label='Monthly Sales')
weekly_sales.plot(label='Weekly Average Sales')
plt.title('Sales Trends')
plt.xlabel('Date')
plt.ylabel('Sales Amount')
plt.legend()
plt.tight_layout()
plt.show()

# Visualize sales by product category
category_monthly_sales.plot(kind='bar', stacked=True, figsize=(12, 6))
plt.title('Monthly Sales by Product Category')
plt.xlabel('Date')
plt.ylabel('Sales Amount')
plt.legend(title='Product Category')
plt.tight_layout()
plt.show()
```

Aufschlüsselung der Erklärung:

1. **Datengenerierung:**

   o Wir verwenden die date_rangeFunktion von Pandas, um ein vollständiges Jahr mit täglichen Daten vom 1. Januar 2023 bis zum 31. Dezember 2023 zu erstellen.

   o Zufällige Verkaufsbeträge zwischen 100 und 1000 werden für jeden Tag generiert.

   o Eine Spalte ProductCategory wird hinzugefügt, die für jeden Verkauf zufällige Kategorien (Elektronik, Kleidung, Lebensmittel) enthält.

2. **Datenvorbereitung:**

   o Der DataFrame wird mit den generierten Daten erstellt.

o Die Spalte Date wird als Index des DataFrames gesetzt, um zeitbasierte Operationen zu erleichtern.

3. **Zeitreihenanalyse:**

   o **Monatliche Verkäufe:** Die Daten werden auf monatliche Frequenz umgesampelt, wobei die Verkäufe für jeden Monat summiert werden.

   o **Gleitender Durchschnitt:** Ein gleitender Durchschnitt über 7 Tage wird berechnet, um tägliche Schwankungen zu glätten.

   o **Wöchentliche Verkäufe:** Die Daten werden auf wöchentliche Frequenz umgesampelt, wobei der durchschnittliche Verkauf pro Woche berechnet wird.

4. **Kategorische Analyse:**

   o Monatliche Verkäufe werden für jede Produktkategorie mit groupbyund resampleOperationen berechnet.

   o Das Ergebnis ist ein DataFrame mit Monaten als Zeilen und Produktkategorien als Spalten.

5. **Visualisierung:**

   o Ein Liniendiagramm wird erstellt, um die monatlichen Verkäufe und die wöchentlichen durchschnittlichen Verkaufstrends im Zeitverlauf darzustellen.

   o Ein gestapeltes Balkendiagramm wird verwendet, um die monatlichen Verkäufe nach Produktkategorie zu visualisieren.

Dieses Beispiel zeigt mehrere wichtige Konzepte der Zeitreihenanalyse mit Pandas:

- Resampling von Daten in unterschiedlichen Frequenzen (monatlich, wöchentlich)

- Berechnung gleitender Durchschnitte

- Gruppierung von Daten nach Kategorien und Durchführung zeitbasierter Operationen

- Visualisierung von Zeitreihendaten mit Matplotlib

Diese Techniken bieten einen umfassenden Überblick über Verkaufstrends im Zeitverlauf und ermöglichen die Analyse der Gesamtleistung, saisonaler Muster und Produktkategorienvergleiche.

2.1.5 Optimierung von Speichernutzung und Performance

Mit wachsendem Umfang der Datensätze werden effiziente Speicherverwaltung und Performance-Optimierung entscheidende Aspekte der Datenanalyse. Pandas bietet verschiedene Techniken, um diese Herausforderungen zu meistern. Eine wichtige Strategie ist das Downcasting numerischer Datentypen. Dabei werden Daten in den kleinstmöglichen Typ konvertiert, der die Werte ohne Informationsverlust darstellen kann. Dies kann den Speicherverbrauch erheblich reduzieren, insbesondere bei großen Datensätzen mit vielen numerischen Spalten.

Eine weitere Methode ist die Verwendung speichereffizienterer Datenstrukturen. Beispielsweise können Categoricals für Spalten mit wiederholten Zeichenkettenwerten verwendet werden, was den Speicherverbrauch im Vergleich zur separaten Speicherung jedes Strings drastisch verringern kann. Ebenso können Sparse-Datenstrukturen für Datensätze mit vielen Null- oder Fehlwerten eingesetzt werden, wobei nur die Nicht-Null-Elemente und ihre Positionen gespeichert werden.

Zusätzlich bietet Pandas Optionen für die chunkbasierte Verarbeitung, wodurch Sie mit großen Datensätzen arbeiten können, die nicht vollständig in den Speicher passen. Durch die Verarbeitung der Daten in kleineren Blöcken können Datensätze bearbeitet werden, die deutlich größer sind als der verfügbare RAM. Außerdem kann die Nutzung der integrierten Optimierungsfunktionen von Pandas, wie vektorisierte Operationen und die Methoden eval() und query() für effiziente Berechnungen auf großen Datensätzen, die Performance erheblich steigern.

Für extrem große Datensätze, die die Kapazitäten von Pandas überschreiten, lohnt es sich, alternative Bibliotheken wie Dask oder Vaex in Betracht zu ziehen. Diese Bibliotheken bieten ähnliche APIs wie Pandas, sind jedoch darauf ausgelegt, Out-of-Core-Berechnungen und verteilte Verarbeitung durchzuführen. So können Analysen von Datensätzen durchgeführt werden, die um Größenordnungen größer sind als das, was Pandas effizient handhaben kann.

Codebeispiel: Optimierung der Speichernutzung

So können Sie die Speichernutzung durch Downcasting numerischer Spalten optimieren:

```python
import pandas as pd
import numpy as np
import matplotlib.pyplot as plt

# Generate a larger sample dataset
np.random.seed(42)
n_rows = 1000000

data = {
    'TransactionID': range(1, n_rows + 1),
    'SalesAmount': np.random.uniform(100, 1000, n_rows),
    'Quantity': np.random.randint(1, 100, n_rows),
    'CustomerID': np.random.randint(1000, 10000, n_rows),
    'ProductCategory': np.random.choice(['Electronics', 'Clothing', 'Food', 'Books',
'Home'], n_rows)
}

df = pd.DataFrame(data)
```

```python
# Print initial memory usage
print("Initial DataFrame Info:")
df.info(memory_usage='deep')
print("\\n")

# Optimize memory usage
def optimize_dataframe(df):
    for col in df.columns:
        if df[col].dtype == 'float64':
            df[col] = pd.to_numeric(df[col], downcast='float')
        elif df[col].dtype == 'int64':
            df[col] = pd.to_numeric(df[col], downcast='integer')
        elif df[col].dtype == 'object':
            if df[col].nunique() / len(df[col]) < 0.5:  # If less than 50% unique
values
                df[col] = df[col].astype('category')
    return df

df_optimized = optimize_dataframe(df)

# Print optimized memory usage
print("Optimized DataFrame Info:")
df_optimized.info(memory_usage='deep')
print("\\n")

# Calculate memory savings
original_memory = df.memory_usage(deep=True).sum()
optimized_memory = df_optimized.memory_usage(deep=True).sum()
memory_saved = original_memory - optimized_memory
print(f"Memory saved: {memory_saved / 1e6:.2f} MB")
print(f"Percentage reduction: {(memory_saved / original_memory) * 100:.2f}%")

# Demonstrate performance improvement
import time

def calculate_total_sales(dataframe):
    return dataframe.groupby('ProductCategory')['SalesAmount'].sum()

# Time the operation on the original dataframe
start_time = time.time()
original_result = calculate_total_sales(df)
original_time = time.time() - start_time

# Time the operation on the optimized dataframe
start_time = time.time()
optimized_result = calculate_total_sales(df_optimized)
optimized_time = time.time() - start_time

print(f"\\nTime taken (Original): {original_time:.4f} seconds")
print(f"Time taken (Optimized): {optimized_time:.4f} seconds")
print(f"Speed improvement: {(original_time - optimized_time) / original_time *
100:.2f}%")
```

```
# Visualize the results
plt.figure(figsize=(10, 6))
original_result.plot(kind='bar', alpha=0.8, label='Original')
optimized_result.plot(kind='bar', alpha=0.8, label='Optimized')
plt.title('Total Sales by Product Category')
plt.xlabel('Product Category')
plt.ylabel('Total Sales')
plt.legend()
plt.tight_layout()
plt.show()
```

Erklärung der Analyse:

1. **Datengenerierung**:

   o Wir erstellen ein großes Dataset mit 1 Million Zeilen und mehreren Spalten verschiedener Datentypen (int, float, object), um die Optimierungstechniken effektiver zu demonstrieren.

   o Das Dataset enthält TransactionID, SalesAmount, Quantity, CustomerID und ProductCategory.

2. **Ursprünglicher Speicherverbrauch**:

   o Wir verwenden df.info(memory_usage='deep'), um den ursprünglichen Speicherverbrauch des DataFrames anzuzeigen, einschließlich des Speichers, der von jeder Spalte verwendet wird.

3. **Speicheroptimierung**:

   o Wir definieren eine Funktion optimize_dataframe, die verschiedene Optimierungstechniken basierend auf dem Datentyp jeder Spalte anwendet:

   ▪ Für float64Spalten verwenden wir pd.to_numeric mit downcast='float', um den kleinstmöglichen Fließkommatyp zu nutzen.

   ▪ Für int64Spalten verwenden wir pd.to_numeric mit downcast='integer', um den kleinstmöglichen Ganzzahltyp zu verwenden.

   ▪ Für objectSpalten (Strings) konvertieren wir die Spalten in category, wenn weniger als 50 % der Werte einzigartig sind. Dies kann den Speicherverbrauch bei Spalten mit wiederholten Werten erheblich reduzieren.

4. **Speicherverbrauchsvergleich**:

- o Wir vergleichen den Speicherverbrauch vor und nach der Optimierung.
- o Wir berechnen die insgesamt eingesparte Speichermenge und die prozentuale Reduzierung des Speicherverbrauchs.

5. **Leistungsvergleich**:

- o Wir definieren eine Beispieloperation (Berechnung der gesamten Verkäufe nach Produktkategorie) und messen die Ausführungszeit sowohl für den ursprünglichen als auch den optimierten DataFrame.
- o Wir vergleichen die Ausführungszeiten, um die Leistungsverbesserung zu demonstrieren.

6. **Visualisierung**:

- o Wir erstellen ein Balkendiagramm, um die gesamten Verkäufe nach Produktkategorie für die ursprünglichen und optimierten DataFrames zu visualisieren.
- o Dies dient zur Überprüfung, dass die Optimierung die Genauigkeit der Berechnungen nicht beeinträchtigt hat.

Dieses Beispiel veranschaulicht mehrere Schlüsselkonzepte zur Optimierung von Pandas-Operationen:

- Effiziente Speichernutzung durch Downcasting und kategoriale Datentypen
- Messung und Vergleich des Speicherverbrauchs vor und nach der Optimierung
- Bewertung von Leistungsverbesserungen bei Datenoperationen
- Überprüfung der Genauigkeit der Ergebnisse nach der Optimierung

Durch die Anwendung dieser Techniken können wir den Speicherverbrauch erheblich reduzieren und die Leistung verbessern, insbesondere bei der Arbeit mit großen Datensätzen. Dies ermöglicht effizientere Datenanalysen und -verarbeitungen und erlaubt die Handhabung größerer Datensätze auch bei begrenzten Hardware-Ressourcen.

2.2 Leistungssteigerung mit NumPy-Arrays

Wenn Sie tiefer in die Welt der Datenanalyse eintauchen und zunehmend komplexere numerische Operationen angehen, werden Sie schnell feststellen, dass Effizienz keine Luxusoption ist, sondern eine Notwendigkeit. Hier kommt NumPy ins Spiel, kurz für Numerical Python, ein Grundpfeiler der wissenschaftlichen Datenverarbeitung mit Python. Diese leistungsstarke Bibliothek bietet eine robuste Alternative zu herkömmlichen Python-Listen, insbesondere bei der Verarbeitung großer Datenmengen.

Im Kern führt **NumPy** das Konzept von **n-dimensionalen Arrays** (oft als ndarrays bezeichnet) ein. Diese Arrays bilden die Grundlage für eine umfassende Sammlung mathematischer Funktionen, die alle sorgfältig für maximale Leistung optimiert sind. Die wahre Stärke von NumPy liegt in seiner Fähigkeit, **vektorisierte Operationen** durchzuführen – eine Technik, die Funktionen auf ganze Arrays gleichzeitig anwendet und so zeitaufwendige Iterationen über einzelne Elemente überflüssig macht.

In den folgenden Abschnitten werden wir eine detaillierte Untersuchung von NumPy-Arrays unternehmen. Wir werden die komplexen Mechanismen hinter diesen leistungsstarken Datenstrukturen aufdecken, zeigen, wie sie die Leistung Ihrer Berechnungen erheblich steigern können, und Ihnen eine Sammlung von Best Practices zur Verfügung stellen, um sie nahtlos in Ihre Datenworkflows zu integrieren. Mit dem Beherrschen von NumPy sind Sie bestens gerüstet, um größere Datensätze und komplexere Berechnungen mit beispielloser Geschwindigkeit und Effizienz zu bewältigen.

2.2.1 Die Stärke von NumPy-Arrays verstehen

NumPy-Arrays revolutionieren die wissenschaftliche Datenverarbeitung und Datenanalyse. Ihre überlegene Leistung gegenüber Python-Listen beruht auf zwei zentralen Faktoren: **Speichereffizienz** und **optimierte numerische Operationen**. Im Gegensatz zu Python-Listen, die Verweise auf Objekte speichern, die im Speicher verteilt sind, verwenden NumPy-Arrays zusammenhängende Speicherblöcke. Diese zusammenhängende Speicherung ermöglicht einen schnelleren Zugriff auf Daten und eine effizientere Datenmanipulation, da der Computer die Daten schneller abrufen und verarbeiten kann.

Darüber hinaus nutzt NumPy Optimierungen auf niedriger Ebene, die speziell für numerische Berechnungen entwickelt wurden. Dazu gehören vektorisierte Operationen, mit denen elementweise Berechnungen auf gesamte Arrays gleichzeitig angewendet werden können, anstatt jeden Wert einzeln zu iterieren. Diese Vektorisierung beschleunigt Berechnungen erheblich, insbesondere bei großen Datensätzen.

Die Kombination aus zusammenhängender Speicherverwaltung und optimierten numerischen Operationen macht NumPy besonders geeignet für die Verarbeitung großskaliger Datensätze und die Durchführung komplexer mathematischer Berechnungen. Ob Sie mit Millionen von Datenpunkten arbeiten oder ausgefeilte Algorithmen anwenden, NumPys Effizienz zeigt sich durch kürzere Ausführungszeiten und geringeren Speicherbedarf.

Um die praktischen Vorteile der Verwendung von NumPy-Arrays gegenüber Python-Listen zu verdeutlichen, sehen wir uns ein Vergleichsbeispiel an:

Code-Beispiel: Python-Listen vs. NumPy-Arrays

```
import numpy as np
import time
import matplotlib.pyplot as plt

def compare_performance(size):
```

```python
    # Create a list and a NumPy array with 'size' elements
    py_list = list(range(1, size + 1))
    np_array = np.arange(1, size + 1)

    # Python list operation: multiply each element by 2
    start = time.time()
    py_result = [x * 2 for x in py_list]
    py_time = time.time() - start

    # NumPy array operation: multiply each element by 2
    start = time.time()
    np_result = np_array * 2
    np_time = time.time() - start

    return py_time, np_time

# Compare performance for different sizes
sizes = [10**i for i in range(2, 8)]  # 100 to 10,000,000
py_times = []
np_times = []

for size in sizes:
    py_time, np_time = compare_performance(size)
    py_times.append(py_time)
    np_times.append(np_time)
    print(f"Size: {size}")
    print(f"Python list took: {py_time:.6f} seconds")
    print(f"NumPy array took: {np_time:.6f} seconds")
    print(f"Speed-up factor: {py_time / np_time:.2f}x\\n")

# Plotting the results
plt.figure(figsize=(10, 6))
plt.plot(sizes, py_times, 'b-', label='Python List')
plt.plot(sizes, np_times, 'r-', label='NumPy Array')
plt.xscale('log')
plt.yscale('log')
plt.xlabel('Array Size')
plt.ylabel('Time (seconds)')
plt.title('Performance Comparison: Python List vs NumPy Array')
plt.legend()
plt.grid(True)
plt.show()

# Memory usage comparison
import sys

size = 1000000
py_list = list(range(size))
np_array = np.arange(size)

py_memory = sys.getsizeof(py_list) + sum(sys.getsizeof(i) for i in py_list)
np_memory = np_array.nbytes
```

```
print(f"Memory usage for {size} elements:")
print(f"Python list: {py_memory / 1e6:.2f} MB")
print(f"NumPy array: {np_memory / 1e6:.2f} MB")
print(f"Memory reduction factor: {py_memory / np_memory:.2f}x")
```

Erklärung des Codeaufbaus:

1. **Leistungsvergleichsfunktion**: Wir definieren eine Funktion compare_performance(size), die sowohl eine Python-Liste als auch ein NumPy-Array einer bestimmten Größe erstellt und dann die Zeit misst, die benötigt wird, um jedes Element mit 2 zu multiplizieren, und zwar mit beiden Methoden.

2. **Skalierungstest**: Wir testen die Leistung bei verschiedenen Array-Größen, von 100 bis 10 Millionen Elementen, um zu zeigen, wie sich der Leistungsunterschied mit der Datengröße skaliert.

3. **Zeitmessung**: Wir verwenden die Funktion time.time() von Python, um die Ausführungszeit für Operationen mit der Python-Liste und dem NumPy-Array zu messen.

4. **Ergebnisse drucken**: Für jede Größe geben wir die benötigte Zeit beider Methoden aus und berechnen einen Geschwindigkeitsfaktor, um den Leistungsgewinn zu quantifizieren.

5. **Visualisierung**: Wir verwenden Matplotlib, um ein Log-Log-Diagramm der Ausführungszeit im Vergleich zur Array-Größe für beide Methoden zu erstellen und so den Leistungsunterschied visuell darzustellen.

6. **Speicherverbrauchsvergleich**: Wir vergleichen den Speicherverbrauch einer Python-Liste mit einem NumPy-Array für 1 Million Elemente. Bei der Python-Liste berücksichtigen wir sowohl das Listenobjekt selbst als auch die einzelnen Integer-Objekte, die es enthält.

7. **Wichtige Beobachtungen**:

   o NumPy-Operationen sind erheblich schneller, insbesondere bei größeren Arrays.

   o Die Leistungslücke wird größer, je größer die Array-Größe ist.

   o NumPy-Arrays verbrauchen deutlich weniger Speicher im Vergleich zu Python-Listen.

   o Die Speichereffizienz von NumPy wird bei größeren Datensätzen noch ausgeprägter.

Dieses Beispiel bietet einen umfassenden Vergleich und zeigt die überlegene Leistung und Speichereffizienz von NumPy bei verschiedenen Array-Größen. Es visualisiert die Ergebnisse, wodurch der Unterschied in der Leistung besser nachvollziehbar wird.

2.2.2 Vektorisierte Operationen: Geschwindigkeit und Einfachheit

Einer der Hauptvorteile von NumPy ist die Möglichkeit, **vektorisierte Operationen** auszuführen. Diese leistungsstarke Funktion ermöglicht es, Funktionen gleichzeitig auf ganze Arrays anzuwenden, anstatt jedes Element einzeln zu iterieren. Im Gegensatz zu traditionellen Schleifen erlauben vektorisierte Operationen die Durchführung komplexer Berechnungen auf großen Datensätzen mit nur einer einzigen Codezeile. Dieser Ansatz bietet mehrere Vorteile:

- **Verbesserte Leistung**: Vektorisierte Operationen nutzen optimierte Implementierungen auf niedriger Ebene, wodurch die Ausführungszeiten um Größenordnungen schneller sind als herkömmliche elementweise Iterationen. Dieser Geschwindigkeitsvorteil ist besonders spürbar bei großen Datensätzen oder komplexen mathematischen Berechnungen.

- **Bessere Lesbarkeit des Codes**: Durch das Weglassen expliziter Schleifen verwandeln vektorisierte Operationen komplexe Algorithmen in prägnante, leicht verständliche Codeabschnitte. Diese Klarheit ist bei der Bewältigung komplexer mathematischer Operationen oder bei der Zusammenarbeit mit Teammitgliedern, die mit dem Code nicht vertraut sind, von unschätzbarem Wert.

- **Effiziente Speichernutzung**: Vektorisierte Operationen in NumPy sind darauf ausgelegt, die Speichernutzung zu maximieren. Durch die Nutzung von CPU-Optimierungen und Cache-Kohärenz minimieren sie unnötige Speicherallokationen und -freigaben, was zu geringerem Speicheraufwand und verbesserter Gesamtleistung führt, insbesondere bei speicherintensiven Aufgaben.

- **Parallelisierungsfähigkeiten**: Viele vektorisierte Operationen in NumPy sind von Natur aus parallelisierbar und nutzen automatisch Mehrkernprozessoren. Diese eingebaute Parallelität ermöglicht es, den Code mühelos über mehrere CPU-Kerne zu skalieren, was auf moderner Hardware zu erheblichen Leistungssteigerungen führt, ohne dass expliziter Multithreading-Code erforderlich ist.

- **Vereinfachtes Debugging und Wartung**: Die schlanke Struktur vektorisierter Operationen führt zu weniger Codezeilen und einer einfacheren Programmstruktur. Dies erleichtert nicht nur die Fehlerbehebung, sondern verbessert auch die langfristige Wartbarkeit des Codes. Mit zunehmender Komplexität Ihrer Projekte wird dies immer wichtiger, um die Zuverlässigkeit des Codes und die einfache Aktualisierung zu gewährleisten.

Durch das Beherrschen vektorisierter Operationen in NumPy können Sie effizienteren, skalierbaren und wartbaren Code für Ihre Datenanalyse- und wissenschaftlichen Rechenaufgaben schreiben. Dieser Ansatz ist besonders vorteilhaft, wenn Sie mit großen

Datensätzen arbeiten oder komplexe mathematische Transformationen über mehrere Dimensionen hinweg durchführen.

Codebeispiel: Anwendung mathematischer Funktionen auf ein NumPy-Array

Angenommen, wir haben ein Array mit Verkaufsbeträgen und möchten einige mathematische Transformationen darauf anwenden, um die Daten für die Analyse vorzubereiten. Wir berechnen den Logarithmus, die Quadratwurzel und die Exponentialfunktion der Verkaufsbeträge mit vektorisierten NumPy-Funktionen.

```python
import numpy as np
import matplotlib.pyplot as plt

# Sales amounts in dollars
sales = np.array([100, 200, 300, 400, 500])

# Apply transformations using vectorized operations
log_sales = np.log(sales)
sqrt_sales = np.sqrt(sales)
exp_sales = np.exp(sales)

# Print results
print("Original sales:", sales)
print("Logarithm of sales:", log_sales)
print("Square root of sales:", sqrt_sales)
print("Exponential of sales:", exp_sales)

# Calculate some statistics
mean_sales = np.mean(sales)
median_sales = np.median(sales)
std_sales = np.std(sales)

print(f"\\nMean sales: {mean_sales:.2f}")
print(f"Median sales: {median_sales:.2f}")
print(f"Standard deviation of sales: {std_sales:.2f}")

# Perform element-wise operations
discounted_sales = sales * 0.9  # 10% discount
increased_sales = sales + 50  # $50 increase

print("\\nDiscounted sales (10% off):", discounted_sales)
print("Increased sales ($50 added):", increased_sales)

# Visualize the transformations
plt.figure(figsize=(12, 8))
plt.plot(sales, label='Original')
plt.plot(log_sales, label='Log')
plt.plot(sqrt_sales, label='Square Root')
plt.plot(exp_sales, label='Exponential')
plt.xlabel('Index')
plt.ylabel('Value')
```

```
plt.title('Comparison of Sales Transformations')
plt.legend()
plt.grid(True)
plt.show()
```

Erklärung des Codeaufbaus:

1. **Import-Anweisungen**:

   o Wir importieren NumPy als np für numerische Berechnungen.

   o Wir importieren matplotlib.pyplot für die Datenvisualisierung.

2. **Datenerstellung**:

   o Wir erstellen ein NumPy-Array sales mit Beispieldaten zu Verkaufsbeträgen.

3. **Vektorisierte Operationen**:

   o Wir wenden Logarithmus (np.log), Quadratwurzel (np.sqrt) und Exponentialfunktion (np.exp) jeweils auf das gesamte salesArray an.

   o Diese Operationen zeigen, wie effizient NumPy elementweise Berechnungen ohne explizite Schleifen durchführen kann.

4. **Ergebnisse drucken**:

   o Wir drucken die ursprünglichen Verkaufsdaten und die Ergebnisse jeder Transformation, um zu zeigen, wie sich die Daten verändert haben.

5. **Statistische Analyse**:

   o Wir berechnen den Mittelwert, den Median und die Standardabweichung der Verkaufsdaten mit den integrierten Funktionen von NumPy.

   o Dies zeigt die statistischen Fähigkeiten von NumPy und wie einfach sie auf Arrays angewendet werden können.

6. **Elementweise Operationen**:

   o Wir führen eine elementweise Multiplikation (für einen Rabatt von 10 %) und Addition (für eine Erhöhung um 50 $) auf die Verkaufsdaten aus.

   o Dies demonstriert, wie leicht sich geschäftslogische Operationen auf ganze Arrays anwenden lassen.

7. **Datenvisualisierung**:

   o Wir verwenden Matplotlib, um ein Liniendiagramm zu erstellen, das die ursprünglichen Verkaufsdaten mit ihren verschiedenen Transformationen vergleicht.

o   Diese visuelle Darstellung hilft, die Auswirkungen jeder Transformation auf die Daten zu verstehen.

Dieses Beispiel zeigt nicht nur grundlegende vektorisierte Operationen, sondern umfasst auch statistische Analysen, elementweise Operationen zur Geschäftslogik und Datenvisualisierung. Es verdeutlicht die Vielseitigkeit und Leistungsfähigkeit von NumPy bei der effizienten Verarbeitung verschiedener Aspekte der Datenanalyse und -manipulation.

2.2.3 Broadcasting: Flexible Array-Operationen

NumPy führt ein leistungsstarkes Konzept namens **Broadcasting** ein, das es ermöglicht, Arrays unterschiedlicher Formen in arithmetischen Operationen zu kombinieren. Diese Fähigkeit ist besonders nützlich, wenn Sie eine Transformation auf ein Array anwenden möchten, ohne es manuell umzustrukturieren oder zu skalieren. Broadcasting richtet Arrays unterschiedlicher Dimensionen automatisch aus und ermöglicht elementweise Operationen zwischen Arrays, die sonst nicht kompatibel wären.

Das Konzept des Broadcastings folgt einer Reihe von Regeln, die bestimmen, wie Arrays unterschiedlicher Formen miteinander interagieren können. Diese Regeln erlauben es NumPy, Operationen auf Arrays unterschiedlicher Größen durchzuführen, ohne explizit über die Elemente zu iterieren. Dies vereinfacht nicht nur den Code, sondern verbessert auch die Leistung erheblich, insbesondere bei großen Datensätzen.

Ein Beispiel: Wenn Sie ein Array mit Verkaufsdaten haben und jeden Wert um einen konstanten Faktor (z. B. durch Hinzufügen eines Rabatts oder einer Steuer) anpassen möchten, können Sie dies direkt tun, ohne die Form des Arrays ändern zu müssen. Dies ist besonders nützlich in folgenden Szenarien:

- Anwendung eines globalen Rabatts auf ein mehrdimensionales Array mit Produktpreisen

- Hinzufügen eines konstanten Werts zu jedem Element eines Arrays (z. B. Hinzufügen eines Basisgehalts zu provisionsbasierten Einnahmen)

- Multiplikation jeder Zeile oder Spalte eines 2D-Arrays mit einem 1D-Array (z. B. Skalierung jeder Funktion in einem Datensatz)

Broadcasting ermöglicht es, solche Operationen effizient und mit minimalem Code durchzuführen, was es zu einem leistungsstarken Werkzeug für die Datenmanipulation und -analyse in NumPy macht.

Codebeispiel: Broadcasting in NumPy

Angenommen, wir haben ein Array mit Verkaufsbeträgen und möchten eine konstante Steuerquote zu jedem Verkauf hinzufügen.

```
import numpy as np
import matplotlib.pyplot as plt
```

```python
# Sales amounts in dollars
sales = np.array([100, 200, 300, 400, 500])

# Apply a tax of 10% to each sale using broadcasting
taxed_sales = sales * 1.10

# Apply a flat fee of $25 to each sale
flat_fee_sales = sales + 25

# Calculate the difference between taxed and flat fee sales
difference = taxed_sales - flat_fee_sales

# Print results
print("Original sales:", sales)
print("Sales after 10% tax:", taxed_sales)
print("Sales with $25 flat fee:", flat_fee_sales)
print("Difference between taxed and flat fee:", difference)

# Calculate some statistics
total_sales = np.sum(sales)
average_sale = np.mean(sales)
max_sale = np.max(sales)
min_sale = np.min(sales)

print(f"\\nTotal sales: ${total_sales}")
print(f"Average sale: ${average_sale:.2f}")
print(f"Highest sale: ${max_sale}")
print(f"Lowest sale: ${min_sale}")

# Visualize the results
plt.figure(figsize=(10, 6))
x = np.arange(len(sales))
width = 0.25

plt.bar(x - width, sales, width, label='Original')
plt.bar(x, taxed_sales, width, label='10% Tax')
plt.bar(x + width, flat_fee_sales, width, label='$25 Flat Fee')

plt.xlabel('Sale Index')
plt.ylabel('Amount ($)')
plt.title('Comparison of Original Sales, Taxed Sales, and Flat Fee Sales')
plt.legend()
plt.xticks(x)
plt.grid(axis='y', linestyle='--', alpha=0.7)

plt.tight_layout()
plt.show()
```

Erklärung des Codeaufbaus:

1. **Import von Bibliotheken**:

   o   Wir importieren NumPy für numerische Berechnungen und Matplotlib für die Datenvisualisierung.

2. **Erstellen des Sales-Arrays**:

   o   Wir erstellen ein NumPy-Array sales mit Beispieldaten zu Verkaufsbeträgen.

3. **Anwenden der Steuer (Broadcasting)**:

   o   Wir nutzen Broadcasting, um jeden Verkauf mit 1,10 zu multiplizieren, was effektiv eine Steuer von 10 % anwendet.

   o   Dies zeigt, wie einfach elementweise Operationen auf Arrays durchgeführt werden können.

4. **Anwenden einer Pauschalgebühr**:

   o   Wir addieren eine Pauschalgebühr von 25 $ zu jedem Verkauf mithilfe von Broadcasting.

   o   Dies zeigt, wie auch Addition über ein Array hinweg gestreamt werden kann.

5. **Berechnung von Differenzen**:

   o   Wir subtrahieren die Pauschalgebühren-Verkäufe von den besteuerten Verkäufen, um die Differenz zu sehen.

   o   Dies demonstriert elementweise Subtraktion zwischen Arrays.

6. **Ergebnisse drucken**:

   o   Wir drucken die ursprünglichen Verkäufe, besteuerten Verkäufe, Pauschalgebühren-Verkäufe und die Differenzen.

   o   Dies hilft, die Auswirkungen unterschiedlicher Preisstrategien zu vergleichen.

7. **Statistische Analyse**:

   o   Wir verwenden NumPy-Funktionen wie np.sum(), np.mean(), np.max() und np.min(), um verschiedene Statistiken zu berechnen.

   o   Dies zeigt die integrierten statistischen Funktionen von NumPy.

8. **Datenvisualisierung**:

   o   Wir verwenden Matplotlib, um ein Balkendiagramm zu erstellen, das ursprüngliche Verkäufe, besteuerte Verkäufe und Verkäufe mit Pauschalgebühren vergleicht.

   o   Diese visuelle Darstellung hilft, die Auswirkungen unterschiedlicher Preisstrategien zu verstehen.

9. **Anpassen des Plots**:

   o   Wir fügen Labels, einen Titel, eine Legende und Gitterlinien hinzu, um den Plot informativer und ansprechender zu gestalten.

   o   Dies zeigt, wie man mit Matplotlib eine professionelle Visualisierung erstellt.

Dieses Beispiel zeigt nicht nur das grundlegende Konzept des Broadcastings, sondern umfasst auch zusätzliche NumPy-Operationen, statistische Analysen und Datenvisualisierung. Es bietet einen umfassenderen Einblick, wie NumPy in Kombination mit anderen Bibliotheken für Datenanalyse und -präsentation verwendet werden kann.

2.2.4 Speichereffizienz: NumPys Low-Level-Optimierung

Ein zentraler Vorteil von NumPy gegenüber herkömmlichen Python-Listen ist die Verwendung von **zusammenhängendem Speicher**. Beim Erstellen eines NumPy-Arrays werden Speicherblöcke nebeneinander zugewiesen, was einen schnelleren Datenzugriff und eine effizientere Manipulation ermöglicht. Im Gegensatz dazu speichern Python-Listen Zeiger auf einzelne Objekte, was zu einem erhöhten Overhead und einer langsameren Leistung führt.

Die Effizienz von NumPy geht über die Speicherzuweisung hinaus. Die zugrunde liegende Implementierung in C ermöglicht eine schnelle Ausführung von Operationen, insbesondere bei großen Datensätzen. Diese Low-Level-Optimierung bedeutet, dass NumPy komplexe mathematische Operationen auf gesamten Arrays viel schneller ausführen kann als äquivalente Operationen mit Python-Schleifen.

Eine weitere wichtige Optimierungstechnik in NumPy ist die **Festlegung des Datentyps** (dtype). Durch die Spezifizierung des Datentyps beim Erstellen von Arrays können Sie die Speichernutzung Ihrer Datenstrukturen gezielt anpassen. Zum Beispiel kann die Verwendung von float32 anstelle des Standardwerts float64 die Speicheranforderungen großer Arrays erheblich reduzieren, was besonders bei der Arbeit mit Big Data oder auf Systemen mit begrenzten Speicherressourcen von Vorteil ist.

Darüber hinaus erleichtert NumPys effiziente Speichernutzung vektorisierte Operationen, die es ermöglichen, elementweise Operationen auf gesamten Arrays ohne explizite Schleifen durchzuführen. Dies vereinfacht nicht nur den Code, sondern steigert auch die Leistung erheblich, insbesondere bei groß angelegten Berechnungen, die in der wissenschaftlichen Datenverarbeitung, Datenanalyse und im maschinellen Lernen häufig vorkommen.

Die Kombination aus zusammenhängender Speicherzuweisung, optimierten C-Implementierungen, flexibler Datentypenspezifikation und vektorisierten Operationen macht NumPy zu einem unverzichtbaren Werkzeug für hochleistungsfähige numerische Berechnungen in Python. Diese Funktionen tragen zusammen zu NumPys Fähigkeit bei, groß angelegte Datenverarbeitungsaufgaben mit bemerkenswerter Geschwindigkeit und Effizienz zu bewältigen.

Codebeispiel: Optimierung der Speichernutzung mit Datentypen

Sehen wir uns an, wie wir die Speichernutzung optimieren können, indem wir den Datentyp eines NumPy-Arrays festlegen.

```python
import numpy as np
import matplotlib.pyplot as plt

# Create a large array with default data type (float64)
large_array = np.arange(1, 1000001, dtype='float64')
print(f"Default dtype (float64) memory usage: {large_array.nbytes} bytes")

# Create the same array with a smaller data type (float32)
optimized_array = np.arange(1, 1000001, dtype='float32')
print(f"Optimized dtype (float32) memory usage: {optimized_array.nbytes} bytes")

# Create the same array with an even smaller data type (int32)
int_array = np.arange(1, 1000001, dtype='int32')
print(f"Integer dtype (int32) memory usage: {int_array.nbytes} bytes")

# Compare computation time
import time

def compute_sum(arr):
    return np.sum(arr**2)

start_time = time.time()
result_large = compute_sum(large_array)
time_large = time.time() - start_time

start_time = time.time()
result_optimized = compute_sum(optimized_array)
time_optimized = time.time() - start_time

start_time = time.time()
result_int = compute_sum(int_array)
time_int = time.time() - start_time

print(f"\\nComputation time (float64): {time_large:.6f} seconds")
print(f"Computation time (float32): {time_optimized:.6f} seconds")
print(f"Computation time (int32): {time_int:.6f} seconds")

# Visualize memory usage
dtypes = ['float64', 'float32', 'int32']
memory_usage = [large_array.nbytes, optimized_array.nbytes, int_array.nbytes]

plt.figure(figsize=(10, 6))
plt.bar(dtypes, memory_usage)
plt.title('Memory Usage by Data Type')
plt.xlabel('Data Type')
plt.ylabel('Memory Usage (bytes)')
plt.show()
```

```
# Visualize computation time
computation_times = [time_large, time_optimized, time_int]

plt.figure(figsize=(10, 6))
plt.bar(dtypes, computation_times)
plt.title('Computation Time by Data Type')
plt.xlabel('Data Type')
plt.ylabel('Time (seconds)')
plt.show()
```

Erklärung des Codeaufbaus:

1. **Import von Bibliotheken**:

   - Wir importieren NumPy für numerische Berechnungen und Matplotlib für die Datenvisualisierung.

2. **Erstellen von Arrays mit verschiedenen Datentypen**:

   - Wir erstellen drei Arrays mit je 1 Million Elementen und unterschiedlichen Datentypen: float64 (Standard), float32 und int32.

   - Dies zeigt, wie sich verschiedene Datentypen auf die Speichernutzung auswirken.

3. **Speichernutzung anzeigen**:

   - Wir verwenden das Attribut nbytes, um die Speichernutzung jedes Arrays anzuzeigen.

   - Dies verdeutlicht die erheblichen Speicherersparnisse bei der Verwendung kleinerer Datentypen.

4. **Definition einer Berechnungsfunktion**:

   - Wir definieren eine Funktion compute_sum, die jedes Element quadriert und die Ergebnisse summiert.

   - Diese Funktion wird verwendet, um die Berechnungszeiten für verschiedene Datentypen zu vergleichen.

5. **Messung der Berechnungszeit**:

   - Wir verwenden das Modul time, um zu messen, wie lange die Berechnung für jedes Array dauert.

   - Dies zeigt die Auswirkungen der verschiedenen Datentypen auf die Leistung.

6. **Berechnungszeiten ausgeben**:

o Wir geben die Berechnungszeiten für jeden Datentyp aus, um die Leistung zu vergleichen.

7. **Visualisierung der Speichernutzung**:

   o Wir erstellen mit Matplotlib ein Balkendiagramm, um die Speichernutzung der verschiedenen Datentypen visuell zu vergleichen.

   o Dies bietet eine klare visuelle Darstellung, wie Datentypen den Speicherverbrauch beeinflussen.

8. **Visualisierung der Berechnungszeit**:

   o Wir erstellen ein weiteres Balkendiagramm, um die Berechnungszeiten für verschiedene Datentypen zu vergleichen.

   o Dies zeigt visuell die Leistungsunterschiede zwischen den Datentypen.

Wichtige Erkenntnisse:

- **Speichernutzung**: Das Beispiel zeigt, wie die Verwendung kleinerer Datentypen (float32 oder int32 anstelle von float64) die Speichernutzung erheblich reduzieren kann, was bei großen Datensätzen entscheidend ist.

- **Berechnungszeit**: Der Vergleich der Berechnungszeiten zeigt, dass die Verwendung kleinerer Datentypen auch zu schnelleren Berechnungen führen kann, wobei die Unterschiede je nach Operation und Hardware variieren können.

- **Abwägungen**: Während kleinere Datentypen Speicher sparen und die Leistung verbessern können, muss der mögliche Präzisionsverlust, insbesondere bei Gleitkommazahlen, berücksichtigt werden.

- **Visualisierung**: Die Verwendung von Matplotlib zur Erstellung von Balkendiagrammen bietet eine intuitive Möglichkeit, die Speichernutzung und Berechnungszeiten verschiedener Datentypen zu vergleichen.

Dieses Beispiel zeigt nicht nur die speichereffizienten Aspekte von NumPy, sondern umfasst auch Leistungsvergleiche und Datenvisualisierung. Es bietet einen umfassenderen Einblick in die Auswirkungen von Datentypen auf die Effizienz von NumPy-Operationen.

2.2.5 Mehrdimensionale Arrays: Umgang mit komplexen Datenstrukturen

Die Fähigkeit von NumPy, **mehrdimensionale Arrays** zu handhaben, ist ein zentraler Bestandteil seiner Leistungsfähigkeit in der Datenwissenschaft und im maschinellen Lernen. Diese Arrays, bekannt als ndarrays, bieten eine vielseitige Grundlage für die effiziente Darstellung komplexer Datenstrukturen.

Ein Beispiel aus der Bildverarbeitung: Ein 3D-Array kann ein RGB-Bild darstellen, wobei jede Dimension der Höhe, Breite und den Farbkanälen entspricht. In der Zeitreihenanalyse könnte ein 2D-Array mehrere Variablen im Zeitverlauf darstellen, wobei die Zeilen Zeitpunkte und die Spalten verschiedene Merkmale repräsentieren.

Die Flexibilität von ndarrays geht über die einfache Datenrepräsentation hinaus. NumPy bietet eine Vielzahl von Funktionen und Methoden zur Manipulation dieser Strukturen, einschließlich Reshaping, Slicing und Broadcasting. Dadurch wird ein intuitiver Umgang mit komplexen Datensätzen ermöglicht, wie z. B. das Extrahieren bestimmter Zeitschnitte aus einem 3D-Klimadatensatz oder das Anwenden von Transformationen über mehrere Dimensionen hinweg.

Darüber hinaus nutzt NumPy bei der Implementierung dieser mehrdimensionalen Operationen Low-Level-Optimierungen, was zu deutlich schnelleren Berechnungen im Vergleich zu reinen Python-Implementierungen führt. Diese Effizienz ist besonders wichtig bei der Arbeit mit groß angelegten Datensätzen, wie sie in der Genomik vorkommen, wo Forschende mit Matrizen arbeiten, die die Genexpression über Tausende von Proben und Bedingungen darstellen.

Codebeispiel: Erstellen und Manipulieren eines 2D-NumPy-Arrays

Erstellen wir ein 2D-NumPy-Array, das Verkaufsdaten über mehrere Geschäfte und Monate hinweg darstellt.

```python
import numpy as np
import matplotlib.pyplot as plt

# Sales data: rows represent stores, columns represent months
sales_data = np.array([[250, 300, 400, 280, 390],
                       [200, 220, 300, 240, 280],
                       [300, 340, 450, 380, 420],
                       [180, 250, 350, 310, 330]])

# Sum total sales across all months for each store
total_sales_per_store = sales_data.sum(axis=1)
print("Total sales per store:", total_sales_per_store)

# Calculate the average sales for each month across all stores
average_sales_per_month = sales_data.mean(axis=0)
print("Average sales per month:", average_sales_per_month)

# Find the store with the highest total sales
best_performing_store = np.argmax(total_sales_per_store)
print("Best performing store:", best_performing_store)

# Find the month with the highest average sales
best_performing_month = np.argmax(average_sales_per_month)
print("Best performing month:", best_performing_month)

# Calculate the percentage change in sales from the first to the last month
percentage_change = ((sales_data[:, -1] - sales_data[:, 0]) / sales_data[:, 0]) * 100
print("Percentage change in sales:", percentage_change)

# Visualize the sales data
```

```python
plt.figure(figsize=(12, 6))
for i in range(sales_data.shape[0]):
    plt.plot(sales_data[i], label=f'Store {i+1}')

plt.title('Monthly Sales by Store')
plt.xlabel('Month')
plt.ylabel('Sales')
plt.legend()
plt.grid(True)
plt.show()

# Perform element-wise operations
tax_rate = 0.08
taxed_sales = sales_data * (1 + tax_rate)
print("Sales after applying 8% tax:\\n", taxed_sales)

# Use boolean indexing to find high-performing months
high_performing_months = sales_data > 300
print("Months with sales over 300:\\n", high_performing_months)

# Calculate the correlation between stores
correlation_matrix = np.corrcoef(sales_data)
print("Correlation matrix between stores:\\n", correlation_matrix)
```

Erklärung des Codeaufbaus:

1. **Import von Bibliotheken**:

   o   Wir importieren NumPy für numerische Berechnungen und Matplotlib für die Datenvisualisierung.

2. **Erstellen der Verkaufsdaten**:

   o   Wir erstellen ein 2D-NumPy-Array, das Verkaufsdaten für 4 Geschäfte über 5 Monate darstellt.

   o   Jede Zeile repräsentiert ein Geschäft, jede Spalte einen Monat.

3. **Berechnung der Gesamteinnahmen pro Geschäft**:

   o   Wir verwenden die Funktion sum() mit axis=1, um die Spalten (Monate) für jede Zeile (Geschäft) zu summieren.

   o   Dies liefert die Gesamteinnahmen jedes Geschäfts über alle Monate hinweg.

4. **Berechnung des durchschnittlichen Umsatzes pro Monat**:

   o   Wir verwenden die Funktion mean() mit axis=0, um die Zeilen (Geschäfte) für jede Spalte (Monat) zu mitteln.

- o Dies ergibt die durchschnittlichen Umsätze für jeden Monat über alle Geschäfte hinweg.

5. **Ermittlung des besten Geschäfts**:

   - o Wir verwenden np.argmax() auf den Gesamteinnahmen pro Geschäft, um den Index des Geschäfts mit den höchsten Gesamteinnahmen zu finden.

6. **Ermittlung des besten Monats**:

   - o Ebenso verwenden wir np.argmax() auf den durchschnittlichen Umsätzen pro Monat, um den Index des Monats mit den höchsten durchschnittlichen Umsätzen zu bestimmen.

7. **Berechnung der prozentualen Veränderung**:

   - o Wir berechnen die prozentuale Veränderung der Umsätze vom ersten bis zum letzten Monat für jedes Geschäft.

   - o Dabei nutzen wir Array-Indexierung und elementweise Operationen.

8. **Datenvisualisierung**:

   - o Wir erstellen mit Matplotlib ein Liniendiagramm der Umsätze im Zeitverlauf für jedes Geschäft.

   - o Dies bietet eine visuelle Darstellung der Umsatztrends.

9. **Anwendung elementweiser Operationen**:

   - o Wir demonstrieren die elementweise Multiplikation, indem wir eine Steuerquote auf alle Umsatzzahlen anwenden.

10. **Verwendung von boolescher Indexierung**:

- Wir erstellen eine boolesche Maske für Umsätze über 300, um zu zeigen, wie Daten basierend auf Bedingungen gefiltert werden können.

1. **Berechnung von Korrelationen**:

- Wir verwenden np.corrcoef(), um die Korrelationsmatrix zwischen den Umsatzmustern der Geschäfte zu berechnen.

2.2.6 Fazit: Effizienzsteigerung mit NumPy

Durch die Integration von NumPy in Ihre Datenworkflows können Sie die Geschwindigkeit und Effizienz Ihrer Operationen erheblich steigern. NumPys leistungsstarkes Arsenal an Werkzeugen, einschließlich vektorisierter Operationen, Broadcasting-Funktionen und Speicheroptimierungen, macht es zu einem unverzichtbaren Instrument für die Verwaltung großer Datensätze und die Durchführung komplexer numerischer Berechnungen. Diese Funktionen ermöglichen eine Datenverarbeitung in Geschwindigkeiten, die herkömmliche

Python-Methoden bei weitem übertreffen, oft werden Ausführungszeiten von Stunden auf wenige Minuten oder Sekunden reduziert.

Wenn Sie mit langsamen Operationen bei umfangreichen Datensätzen oder umständlichen Schleifen zu kämpfen haben, überlegen Sie, wie NumPy Ihre Herangehensweise revolutionieren könnte. Seine Fähigkeit, Ihre Arbeit zu vereinfachen und zu beschleunigen, erstreckt sich über eine Vielzahl von Anwendungen.

Ob Sie komplexe mathematische Transformationen bewältigen, die Speichernutzung für optimale Leistung feinabstimmen oder die Komplexität mehrdimensionaler Datenstrukturen navigieren, NumPy bietet eine umfassende und hoch effiziente Lösung. Durch die Nutzung der Möglichkeiten von NumPy können Sie Ihren Code optimieren, die Produktivität steigern und neue Potenziale in der Datenanalyse und wissenschaftlichen Datenverarbeitung freisetzen.

2.3 Kombination von Tools für eine effiziente Analyse

In der Welt der Datenanalyse geht wahre Meisterschaft über die Beherrschung eines einzelnen Werkzeugs hinaus. Das Markenzeichen eines erfahrenen Analysten liegt in der Fähigkeit, mehrere Tools nahtlos zu integrieren und Workflows zu schaffen, die nicht nur skalierbar, sondern auch auf maximale Leistung optimiert sind. Im Verlauf dieses Kurses haben Sie wertvolle Fähigkeiten in der Datenmanipulation mit **Pandas**, der Durchführung hochperformanter numerischer Berechnungen mit **NumPy** und der Erstellung komplexer Machine-Learning-Modelle mit **Scikit-learn** erworben. Jetzt ist es an der Zeit, Ihr Wissen zu erweitern, indem Sie diese leistungsstarken Tools zu einem zusammenhängenden, einheitlichen Workflow kombinieren, der selbst die komplexesten Herausforderungen der Datenanalyse bewältigen kann.

In diesem umfassenden Abschnitt werden wir tief in die Kunst eintauchen, Pandas, NumPy und Scikit-learn zu kombinieren, um eine optimierte und hocheffiziente Pipeline für die Datenanalyse in der Praxis zu erstellen. Sie erhalten wertvolle Einblicke, wie diese Tools sich gegenseitig ergänzen können, um Ihre analytischen Fähigkeiten in verschiedenen Bereichen zu verbessern:

- **Datenbereinigung und -vorverarbeitung**: Nutzen Sie die robusten Funktionen von Pandas, um unstrukturierte Datensätze zu bereinigen, fehlende Werte zu behandeln und Rohdaten in ein für die Analyse geeignetes Format zu transformieren.

- **Leistungsoptimierung**: Nutzen Sie die blitzschnellen Array-Operationen und vektorisierten Funktionen von NumPy, um Ihre Rechenleistung zu steigern, insbesondere bei großen numerischen Datensätzen.

- **Erweiterte Modellierung und Bewertung**: Verwenden Sie die umfangreiche Bibliothek von Machine-Learning-Algorithmen in Scikit-learn sowie deren leistungsstarke Bewertungswerkzeuge, um anspruchsvolle Vorhersagemodelle zu erstellen, zu trainieren und zu bewerten.

- **Feature Engineering**: Kombinieren Sie die Stärken von Pandas und NumPy, um innovative Features zu entwickeln, die die Vorhersagekraft Ihres Modells erheblich steigern können.

- **Pipeline-Konstruktion**: Lernen Sie, End-to-End-Datenwissenschafts-Pipelines zu erstellen, die Datenvorverarbeitung, Feature Engineering und Modelltraining nahtlos in einen einzigen, reproduzierbaren Workflow integrieren.

Am Ende dieses Abschnitts werden Sie ein umfassendes Verständnis dafür entwickelt haben, wie Sie diese leistungsstarken Tools perfekt aufeinander abstimmen. Dieses neu erworbene Wissen wird Sie befähigen, komplexe Datenherausforderungen mit Zuversicht, Effizienz und Präzision anzugehen und sich als kompetenter Datenanalyst zu profilieren, der robuste, skalierbare Lösungen in jeder datengetriebenen Umgebung liefert.

2.3.1 Schritt 1: Datenvorverarbeitung mit Pandas und NumPy

Der erste Schritt in jeder Datenanalyse-Pipeline ist die Vorverarbeitung – eine entscheidende Phase, die die Grundlage für alle nachfolgenden Analysen legt. Dieser Schritt umfasst mehrere Schlüsselprozesse:

Datenbereinigung

Dieser kritische Schritt beinhaltet das sorgfältige Erkennen und Beheben von Fehlern, Inkonsistenzen und Ungenauigkeiten in den Rohdaten. Dazu gehören Aufgaben wie:

- **Umgang mit doppelten Einträgen**: Identifizieren und Entfernen oder Zusammenführen redundanter Datensätze, um die Datenintegrität zu gewährleisten.

- **Korrektur von Formatierungsproblemen**: Standardisierung von Datenformaten über verschiedene Felder hinweg (z. B. Datumsformate, Währungsnotationen), um Konsistenz zu wahren.

- **Standardisierung von Datenformaten**: Einheitliche Darstellung von Daten sicherstellen, z. B. durch Konvertieren aller Texte in Klein- oder Großbuchstaben, wo es angebracht ist.

- **Umgang mit Ausreißern**: Erkennen und Behandeln extremer Werte, die die Analyseergebnisse verfälschen könnten.

- **Lösen von inkonsistenten Namenskonventionen**: Harmonisierung von Variationen in der Benennung von Entitäten oder Kategorien innerhalb des Datensatzes.

Eine effektive Datenbereinigung verbessert nicht nur die Qualität der nachfolgenden Analysen, sondern erhöht auch die Zuverlässigkeit der aus den Daten abgeleiteten Erkenntnisse. Es ist ein grundlegender Schritt, der die Grundlage für alle weiteren Datenmanipulations- und Modellierungsbemühungen bildet.

Umgang mit fehlenden Werten

Fehlende Daten können die Analyseergebnisse erheblich beeinträchtigen und möglicherweise zu verzerrten oder ungenauen Schlussfolgerungen führen. Die Bewältigung dieses Problems ist entscheidend, um die Datenintegrität zu wahren und die Zuverlässigkeit nachfolgender Analysen sicherzustellen. Es gibt mehrere Strategien zum Umgang mit fehlenden Werten, von denen jede ihre eigenen Vorteile und Überlegungen mit sich bringt:

1. **Imputation**: Fehlende Werte werden durch geschätzte Werte ersetzt. Gängige Methoden sind:

    o **Mittelwert-/Median-Imputation**: Ersetzen fehlender Werte durch den Durchschnitt oder Median der vorhandenen Daten.

    o **Regressionsimputation**: Verwendung anderer Variablen zur Vorhersage und Auffüllung fehlender Werte.

    o **K-Nearest Neighbors (KNN)-Imputation**: Schätzung fehlender Werte basierend auf ähnlichen Datenpunkten.

2. **Löschung**: Entfernen von Datensätzen mit fehlenden Werten. Dies kann auf folgende Weise erfolgen:

    o **Listwise Deletion**: Entfernen ganzer Datensätze, die fehlende Werte enthalten.

    o **Pairwise Deletion**: Entfernen von Datensätzen nur für Analysen, die die fehlenden Variablen betreffen.

3. **Fortgeschrittene Techniken**:

    o **Multiple Imputation**: Erstellung mehrerer plausibler imputierter Datensätze und Kombination der Ergebnisse.

    o **Maximum-Likelihood-Schätzung**: Verwendung statistischer Modelle zur Parameterschätzung bei fehlenden Daten.

    o **Methoden des maschinellen Lernens**: Einsatz von Algorithmen wie Random Forests oder neuronalen Netzen zur Vorhersage fehlender Werte.

Die Wahl der Methode hängt von Faktoren wie der Menge und dem Muster der fehlenden Daten, der Art der Variablen und den spezifischen Anforderungen der Analyse ab. Es ist wichtig, die Auswirkungen jeder Methode zu verstehen und die gewählte Methode zur Transparenz und Reproduzierbarkeit zu dokumentieren.

Datenumwandlung

Rohdaten müssen häufig in ein Format umgewandelt werden, das besser für die Analyse geeignet ist. Dieser entscheidende Schritt umfasst mehrere Prozesse:

- **Normalisierung**: Anpassung von Werten, die auf unterschiedlichen Skalen gemessen wurden, auf eine gemeinsame Skala, typischerweise zwischen 0 und 1. Dies stellt sicher, dass alle Merkmale gleichermaßen zur Analyse beitragen und verhindert, dass Merkmale mit größeren Werten die Ergebnisse dominieren.

- **Skalierung**: Ähnlich wie die Normalisierung passt die Skalierung den Wertebereich von Merkmalen an. Gängige Methoden sind die Standardisierung (Transformation der Daten auf einen Mittelwert von 0 und eine Standardabweichung von 1) und das Min-Max-Scaling.

- **Kodierung kategorialer Variablen**: Umwandlung nicht numerischer Daten in ein für mathematische Operationen geeignetes Format. Dies kann Techniken wie One-Hot-Encoding (jeder Kategorie wird eine binäre Spalte zugewiesen) oder Label-Encoding (Zuweisung numerischer Werte zu Kategorien) umfassen.

- **Umgang mit schiefen Daten**: Anwendung mathematischer Transformationen (z. B. logarithmische oder Quadratwurzel-Transformation), um die Schiefe der Datenverteilung zu reduzieren, was die Leistung vieler Algorithmen des maschinellen Lernens verbessern kann.

Diese Transformationen bereiten die Daten nicht nur für die Analyse vor, sondern können auch die Leistung und Genauigkeit von Machine-Learning-Modellen erheblich verbessern. Die Wahl der Transformation hängt von den spezifischen Anforderungen der Analyse und der Beschaffenheit der Daten ab.

Pandas, eine leistungsstarke Python-Bibliothek, ist hervorragend für die Verarbeitung dieser Vorverarbeitungsschritte bei tabellarischen Daten geeignet. Die DataFrame-Struktur von Pandas bietet intuitive Methoden zur Datenmanipulation, wodurch es einfach wird, Daten effizient zu bereinigen, umzuwandeln und umzuformen.

Gleichzeitig ergänzt **NumPy** Pandas, indem es optimierte Leistung für numerische Operationen bietet. Bei großen Datensätzen oder komplexen mathematischen Transformationen können die Array-Operationen von NumPy die Berechnungen erheblich beschleunigen.

Die Synergie zwischen Pandas und NumPy ermöglicht einen robusten Vorverarbeitungs-Workflow. Während Pandas die strukturierte Datenmanipulation übernimmt, kümmert sich NumPy um die aufwendigen numerischen Berechnungen. Diese Kombination befähigt Analysten, selbst große, komplexe Datensätze effizient und präzise für das Modellieren vorzubereiten.

Codebeispiel: Workflow zur Datenvorverarbeitung

Betrachten wir einen Datensatz mit Kundentransaktionen, der fehlende Werte enthält und bei dem einige Merkmale transformiert werden müssen. Unser Ziel ist es, die Daten zu bereinigen, fehlende Werte zu ergänzen und die Daten für das Modellieren vorzubereiten.

```python
import pandas as pd
import numpy as np
from sklearn.preprocessing import StandardScaler
from sklearn.impute import SimpleImputer

# Sample data: Customer transactions
data = {
    'CustomerID': [1, 2, 3, 4, 5, 6, 7, 8],
    'PurchaseAmount': [250, np.nan, 300, 400, np.nan, 150, 500, 350],
    'Discount': [10, 15, 20, np.nan, 5, 12, np.nan, 18],
    'Store': ['A', 'B', 'A', 'C', 'B', 'C', 'A', 'B'],
    'CustomerAge': [35, 42, np.nan, 28, 50, np.nan, 45, 33],
    'LoyaltyScore': [75, 90, 60, 85, np.nan, 70, 95, 80]
}

df = pd.DataFrame(data)

# Step 1: Handle missing values
imputer = SimpleImputer(strategy='mean')
numeric_columns = ['PurchaseAmount', 'Discount', 'CustomerAge', 'LoyaltyScore']
df[numeric_columns] = imputer.fit_transform(df[numeric_columns])

# Step 2: Apply transformations
df['LogPurchase'] = np.log(df['PurchaseAmount'])
df['DiscountRatio'] = df['Discount'] / df['PurchaseAmount']

# Step 3: Encode categorical variables
df['StoreEncoded'] = df['Store'].astype('category').cat.codes

# Step 4: Create interaction features
df['AgeLoyaltyInteraction'] = df['CustomerAge'] * df['LoyaltyScore']

# Step 5: Bin continuous variables
df['AgeBin'] = pd.cut(df['CustomerAge'], bins=[0, 30, 50, 100], labels=['Young',
'Middle', 'Senior'])

# Step 6: Scale numeric features
scaler = StandardScaler()
df[numeric_columns] = scaler.fit_transform(df[numeric_columns])

# Step 7: Create dummy variables for categorical columns
df = pd.get_dummies(df, columns=['Store', 'AgeBin'], prefix=['Store', 'Age'])

print(df)
print("\\nDataset Info:")
print(df.info())
print("\\nSummary Statistics:")
```

```
print(df.describe())
```

Erklärung des Codeaufbaus:

1. **Datenimport und initiale Einrichtung**:
   - Wir importieren die erforderlichen Bibliotheken: Pandas für die Datenmanipulation, NumPy für numerische Berechnungen und sklearn für Tools zur Datenvorverarbeitung.
   - Ein erweiterter Beispieldatensatz wird erstellt, der zusätzliche Merkmale wie CustomerAge und LoyaltyScore sowie mehr Zeilen für eine bessere Veranschaulichung enthält.

2. **Umgang mit fehlenden Werten (Schritt 1)**:
   - Anstelle der Methode fillna() verwenden wir SimpleImputer aus sklearn.
   - Dieser Ansatz ist skalierbarer und lässt sich leicht in eine Machine-Learning-Pipeline integrieren.
   - Wir wenden die Mittelwertimputation gleichzeitig auf alle numerischen Spalten an.

3. **Datenumwandlungen (Schritt 2)**:
   - Die logarithmische Transformation von PurchaseAmount bleibt erhalten.
   - Ein neues Merkmal, DiscountRatio, wird hinzugefügt, um das Verhältnis von Rabatt zu Kaufbetrag zu erfassen.

4. **Kategorische Kodierung (Schritt 3)**:
   - Die ursprüngliche Methode zur Kodierung der Variable Store wird beibehalten.

5. **Feature-Interaktion (Schritt 4)**:
   - Ein neues Interaktionsmerkmal wird eingeführt, das CustomerAge und LoyaltyScore kombiniert.
   - Dies kann potenziell komplexe Beziehungen zwischen Alter und Loyalität erfassen, die das Kaufverhalten beeinflussen.

6. **Binning von kontinuierlichen Variablen (Schritt 5)**:
   - Wir demonstrieren das Binning, indem wir CustomerAge in drei Gruppen kategorisieren.
   - Dies kann hilfreich sein, um nichtlineare Beziehungen zu erfassen und den Einfluss von Ausreißern zu reduzieren.

7. **Feature-Skalierung (Schritt 6)**:

   o Wir verwenden StandardScaler, um alle numerischen Merkmale zu normalisieren.

   o Dies ist entscheidend für viele Machine-Learning-Algorithmen, die empfindlich auf die Skalierung der Eingabemerkmale reagieren.

8. **One-Hot-Encoding (Schritt 7)**:

   o Wir verwenden die Funktion get_dummies() von Pandas, um binäre Spalten für kategoriale Variablen zu erstellen.

   o Dies schließt sowohl die Variable Store als auch die neu erstellte Variable AgeBin ein.

9. **Ausgabe und Analyse**:

   o Wir drucken den transformierten DataFrame, um alle Änderungen zu überprüfen.

   o Zusätzlich verwenden wir df.info(), um die Struktur des resultierenden DataFrames zu zeigen, einschließlich Datentypen und nicht-null-Werten.

   o Schließlich geben wir zusammenfassende Statistiken mit df.describe() aus, um einen schnellen Überblick über die Verteilungen unserer numerischen Merkmale zu erhalten.

Dieses Beispiel zeigt einen umfassenden Ansatz zur Datenvorverarbeitung, der verschiedene Techniken integriert, die häufig in realen Datenwissenschaftsprojekten verwendet werden. Es veranschaulicht, wie fehlende Daten behandelt, neue Merkmale erstellt, kategoriale Variablen kodiert, numerische Merkmale skaliert und grundlegende explorative Datenanalysen durchgeführt werden können.

2.3.2 Schritt 2: Feature Engineering mit NumPy und Pandas

Feature Engineering ist ein entscheidender Bestandteil bei der Entwicklung von Vorhersagemodellen. Es dient als Brücke zwischen Rohdaten und anspruchsvollen Algorithmen. Dieser Prozess umfasst die kreative und strategische Erstellung neuer Merkmale, die aus vorhandenen Daten abgeleitet werden, mit dem Ziel, die Vorhersagekraft eines Modells zu verbessern. Durch die Transformation und Kombination von Variablen können verborgene Muster und Beziehungen in den Daten aufgedeckt werden, die auf den ersten Blick nicht erkennbar sind.

Im Kontext von Datenanalyse-Workflows treten zwei leistungsstarke Werkzeuge in den Vordergrund: Pandas und NumPy. Pandas glänzt beim Umgang mit strukturierten Daten und bietet intuitive Methoden zur Datenmanipulation, -aggregation und -transformation. Die DataFrame-Struktur von Pandas ist flexibel und effizient für die Arbeit mit tabellarischen Daten und eignet sich ideal für Aufgaben wie das Zusammenführen von Datensätzen, das Behandeln fehlender Werte und das Anwenden komplexer Transformationen über mehrere Spalten hinweg.

NumPy ergänzt Pandas, indem es die rechnerische Grundlage für hochperformante numerische Operationen bietet. Seine optimierten Array-Operationen und mathematischen Funktionen ermöglichen Analysten, komplexe Berechnungen auf großen Datensätzen mit bemerkenswerter Geschwindigkeit durchzuführen. Dies wird besonders wichtig bei Feature-Engineering-Aufgaben, die mathematische Transformationen, statistische Berechnungen oder die Erstellung von Interaktionsterminen zwischen mehreren Variablen umfassen.

Die Synergie zwischen Pandas und NumPy im Feature Engineering ermöglicht es Datenwissenschaftlern, effizient wertvolle Erkenntnisse aus ihren Daten zu gewinnen. Beispielsweise kann Pandas verwendet werden, um zeitbasierte Merkmale aus Datumsfeldern zu erstellen, während NumPy schnell gleitende Durchschnitte berechnen oder elementweise Operationen über mehrere Arrays hinweg ausführen kann. Diese Kombination von Tools befähigt Analysten, schnell verschiedene Ideen für neue Merkmale zu entwickeln, mit unterschiedlichen Transformationen zu experimentieren und letztendlich einen reichen Satz an Merkmalen zu konstruieren, der die Leistung von Modellen erheblich verbessern kann.

Codebeispiel: Erstellen neuer Merkmale

Erweitern wir unseren Datensatz, indem wir neue Merkmale basierend auf den vorhandenen Daten erstellen.

```python
import pandas as pd
import numpy as np
from sklearn.preprocessing import StandardScaler

# Sample data: Customer transactions
data = {
    'CustomerID': [1, 2, 3, 4, 5, 6, 7, 8],
    'PurchaseAmount': [250, 400, 300, 400, 150, 150, 500, 350],
    'Discount': [10, 15, 20, 30, 5, 12, 25, 18],
    'Store': ['A', 'B', 'A', 'C', 'B', 'C', 'A', 'B'],
    'CustomerAge': [35, 42, 28, 28, 50, 39, 45, 33],
    'LoyaltyScore': [75, 90, 60, 85, 65, 70, 95, 80]
}

df = pd.DataFrame(data)

# Create a new feature: Net purchase after applying discount
df['NetPurchase'] = df['PurchaseAmount'] - df['Discount']

# Create interaction terms using NumPy: Multiply PurchaseAmount and Discount
df['Interaction_Purchase_Discount'] = df['PurchaseAmount'] * df['Discount']

# Create a binary feature indicating high-value purchases
df['HighValue'] = (df['PurchaseAmount'] > 300).astype(int)
```

```python
# Create a feature for discount percentage
df['DiscountPercentage'] = (df['Discount'] / df['PurchaseAmount']) * 100

# Create age groups
df['AgeGroup'] = pd.cut(df['CustomerAge'], bins=[0, 30, 50, 100], labels=['Young',
'Middle', 'Senior'])

# Create a feature for loyalty tier
df['LoyaltyTier']    =    pd.cut(df['LoyaltyScore'],    bins=[0,    60,    80,    100],
labels=['Bronze', 'Silver', 'Gold'])

# Create a feature for average purchase per loyalty point
df['PurchasePerLoyaltyPoint'] = df['PurchaseAmount'] / df['LoyaltyScore']

# Normalize numeric features
scaler = StandardScaler()
numeric_features = ['PurchaseAmount', 'Discount', 'NetPurchase', 'LoyaltyScore']
df[numeric_features] = scaler.fit_transform(df[numeric_features])

# One-hot encode categorical variables
df = pd.get_dummies(df, columns=['Store', 'AgeGroup', 'LoyaltyTier'])

print(df)
print("\\nDataset Info:")
print(df.info())
print("\\nSummary Statistics:")
print(df.describe())
```

Erklärung des Codeaufbaus:

1. **Datenimport und Einrichtung**:

   o Wir importieren die erforderlichen Bibliotheken: Pandas für die Datenmanipulation, NumPy für numerische Berechnungen und StandardScaler aus sklearn für die Skalierung von Features.

   o Ein Beispieldatensatz wird erstellt, der Informationen zu Kundentransaktionen enthält, darunter CustomerID, PurchaseAmount, Discount, Store, CustomerAge und LoyaltyScore.

2. **Grundlegendes Feature Engineering**:

   o **NetPurchase**: Berechnet durch Subtraktion des Discounts vom Kaufbetrag (PurchaseAmount).

   o **Interaction_Purchase_Discount**: Ein Interaktionsterm, der durch Multiplikation von PurchaseAmount und Discount erstellt wird.

- o **HighValue**: Ein binäres Feature, das angibt, ob der Kaufbetrag 300 $ übersteigt.

3. **Erweitertes Feature Engineering**:

   - o **DiscountPercentage**: Berechnet den Rabatt als Prozentsatz des Kaufbetrags.

   - o **AgeGroup**: Kategorisiert Kunden in die Gruppen 'Young', 'Middle' und 'Senior' basierend auf ihrem Alter.

   - o **LoyaltyTier**: Weist Loyalitätsstufen ('Bronze', 'Silver', 'Gold') basierend auf dem LoyaltyScore zu.

   - o **PurchasePerLoyaltyPoint**: Berechnet den Kaufbetrag pro Loyalitätspunkt, was die Effizienz des Loyalitätsprogramms anzeigen könnte.

4. **Feature-Skalierung**:

   - o StandardScaler wird verwendet, um numerische Features (PurchaseAmount, Discount, NetPurchase, LoyaltyScore) zu normalisieren.

   - o Dieser Schritt stellt sicher, dass alle Features auf einer ähnlichen Skala liegen, was für viele Machine-Learning-Algorithmen wichtig ist.

5. **Kategorische Kodierung**:

   - o One-Hot-Encoding wird auf kategoriale Variablen (Store, AgeGroup, LoyaltyTier) mit pd.get_dummies() angewendet.

   - o Dies erstellt binäre Spalten für jede Kategorie, was für die meisten Machine-Learning-Modelle erforderlich ist.

6. **Datenexploration**:

   - o Der finale DataFrame wird gedruckt, um alle neuen Features und Transformationen anzuzeigen.

   - o df.info() wird verwendet, um die Struktur des resultierenden DataFrames anzuzeigen, einschließlich Datentypen und nicht-null-Werten.

   - o df.describe() liefert zusammenfassende Statistiken für alle numerischen Features und gibt Einblicke in deren Verteilungen.

Dieses umfassende Beispiel zeigt verschiedene Techniken des Feature Engineerings, von grundlegenden Berechnungen bis hin zu fortgeschrittenen Transformationen. Es veranschaulicht, wie sinnvolle Features erstellt werden, die verschiedene Aspekte der Daten erfassen, wie Kundensegmente, Kaufverhalten und Loyalitätsmetriken. Die Kombination dieser Features liefert einen reichhaltigen Datensatz für nachfolgende Analyse- oder Modellierungsaufgaben.

2.3.3 Schritt 3: Aufbau eines Machine-Learning-Modells mit Scikit-learn

Sobald Ihre Daten bereinigt und mit aussagekräftigen Features angereichert sind, ist der nächste Schritt der Aufbau eines Vorhersagemodells. **Scikit-learn**, eine leistungsstarke Machine-Learning-Bibliothek in Python, bietet ein umfassendes Toolkit für diesen Zweck. Sie stellt eine breite Palette von Algorithmen für verschiedene Arten von Vorhersageaufgaben bereit, darunter Klassifikation, Regression, Clustering und Dimensionsreduktion.

Eine der Stärken von Scikit-learn liegt in ihrer konsistenten API über verschiedene Algorithmen hinweg, wodurch es einfach wird, mit unterschiedlichen Modellen zu experimentieren. Beispielsweise können Sie nahtlos zwischen einem Random Forest Classifier und einer Support Vector Machine wechseln, ohne die grundlegende Code-Struktur erheblich ändern zu müssen.

Über die Algorithmen hinaus bietet Scikit-learn wesentliche Werkzeuge für den gesamten Machine-Learning-Workflow. Die Funktion train_test_split ermöglicht eine einfache Aufteilung des Datensatzes und stellt sicher, dass separate Datensätze für das Training und die Bewertung des Modells vorhanden sind. Diese Trennung ist entscheidend, um zu beurteilen, wie gut Ihr Modell auf bisher ungesehene Daten verallgemeinert.

Die Bibliothek stellt zudem eine Vielzahl an Evaluierungsmetriken und -werkzeugen bereit. Ob Sie an einem Klassifikationsproblem arbeiten und Genauigkeitswerte benötigen oder bei einer Regressionsaufgabe den mittleren quadratischen Fehler berechnen möchten – Scikit-learn bietet umfassende Unterstützung. Diese Metriken helfen Ihnen, die Leistung Ihres Modells zu bewerten und fundierte Entscheidungen über mögliche Verbesserungen zu treffen.

Darüber hinaus glänzt Scikit-learn im Bereich der Hyperparameter-Optimierung. Mit Tools wie GridSearchCV und RandomizedSearchCV können Sie systematisch verschiedene Kombinationen von Modellparametern erkunden, um die Leistung zu optimieren. Diese Fähigkeit ist besonders wertvoll bei der Arbeit mit komplexen Algorithmen mit mehreren einstellbaren Parametern, da sie hilft, die beste Konfiguration für Ihren spezifischen Datensatz und Ihr Problem zu finden.

Codebeispiel: Aufbau eines Random-Forest-Modells

Verwenden wir unseren vorverarbeiteten Datensatz, um ein Klassifikationsmodell zu erstellen, das vorhersagt, ob ein Kauf eine **hochwertige Transaktion** (über 300 $) ist.

```python
import pandas as pd
import numpy as np
from sklearn.model_selection import train_test_split, GridSearchCV
from sklearn.ensemble import RandomForestClassifier
from sklearn.metrics import accuracy_score, classification_report, confusion_matrix
from sklearn.preprocessing import StandardScaler
from sklearn.impute import SimpleImputer
from sklearn.pipeline import Pipeline

# Load the data (assuming df is already created)
# df = pd.read_csv('your_data.csv')
```

```python
# Define features and target
X = df[['PurchaseAmount', 'Discount', 'NetPurchase', 'LoyaltyScore', 'CustomerAge']]
y = df['HighValue']

# Split the data into training and testing sets
X_train, X_test, y_train, y_test = train_test_split(X, y, test_size=0.3,
random_state=42)

# Create a pipeline
pipeline = Pipeline([
    ('imputer', SimpleImputer(strategy='median')),
    ('scaler', StandardScaler()),
    ('classifier', RandomForestClassifier(random_state=42))
])

# Define hyperparameters to tune
param_grid = {
    'classifier__n_estimators': [100, 200, 300],
    'classifier__max_depth': [None, 5, 10],
    'classifier__min_samples_split': [2, 5, 10]
}

# Perform grid search
grid_search = GridSearchCV(pipeline, param_grid, cv=5, scoring='accuracy', n_jobs=-1)
grid_search.fit(X_train, y_train)

# Get the best model
best_model = grid_search.best_estimator_

# Make predictions on the test set
y_pred = best_model.predict(X_test)

# Evaluate the model
accuracy = accuracy_score(y_test, y_pred)
conf_matrix = confusion_matrix(y_test, y_pred)
class_report = classification_report(y_test, y_pred)

# Print results
print(f"Best Parameters: {grid_search.best_params_}")
print(f"Model Accuracy: {accuracy:.2f}")
print("\\nConfusion Matrix:")
print(conf_matrix)
print("\\nClassification Report:")
print(class_report)

# Feature importance
feature_importance = best_model.named_steps['classifier'].feature_importances_
feature_names = X.columns
for name, importance in zip(feature_names, feature_importance):
    print(f"{name}: {importance:.4f}")
```

Erklärung des Codeaufbaus:

1. **Import und Datenvorbereitung**:

   o Wir importieren die erforderlichen Bibliotheken, darunter pandas, numpy und verschiedene Module aus scikit-learn.

   o Wir nehmen an, dass der Datensatz (df) bereits geladen ist.

   o Die Features (X) und die Zielvariable (y) werden definiert. Das Featureset wurde erweitert, um LoyaltyScore und CustomerAge einzuschließen.

2. **Datenaufteilung**:

   o Der Datensatz wird mit train_test_split in Trainings- (70 %) und Testdaten (30 %) aufgeteilt.

3. **Erstellung einer Pipeline**:

   o Eine scikit-learn-Pipeline wird erstellt, um die Schritte der Vorverarbeitung und Modellierung zu vereinfachen.

   o Sie umfasst SimpleImputer für das Handling fehlender Werte, StandardScaler für die Skalierung von Features und RandomForestClassifier als Modell.

4. **Hyperparameter-Optimierung**:

   o Ein Parametergrid für den RandomForestClassifier wird definiert, einschließlich der Anzahl der Bäume (n_estimators), der maximalen Tiefe (max_depth) und der minimalen Anzahl an Stichproben pro Split (min_samples_split).

   o GridSearchCV wird verwendet, um eine umfassende Suche über die angegebenen Parameterwerte mit 5-facher Kreuzvalidierung durchzuführen.

5. **Modelltraining und Vorhersage**:

   o Das beste Modell aus der Grid-Search wird verwendet, um Vorhersagen auf dem Testdatensatz zu machen.

6. **Modellbewertung**:

   o Verschiedene Bewertungsmetriken werden berechnet und ausgegeben:

      ▪ Genauigkeitswert (accuracy score)

      ▪ Konfusionsmatrix

      ▪ Detaillierter Klassifikationsbericht (Präzision, Recall, F1-Score)

7. **Feature-Bedeutung**:

o Die Bedeutung jedes Features für die Entscheidungsfindung des Modells wird extrahiert und ausgegeben.

Dieses Beispiel zeigt einen umfassenden Ansatz zum Aufbau und zur Bewertung eines Machine-Learning-Modells. Es umfasst bewährte Praktiken wie die Verwendung einer Pipeline für die Vorverarbeitung und Modellierung, die Durchführung einer Hyperparameter-Optimierung und die Bereitstellung einer detaillierten Bewertung der Modellleistung. Die Analyse der Feature-Bedeutung bietet außerdem Einblicke, welche Faktoren für die Vorhersage hochwertiger Transaktionen am einflussreichsten sind.

2.3.4 Schritt 4: Optimierung des Workflows mit Scikit-learn-Pipelines

Mit zunehmender Komplexität Ihrer Analyse-Workflows wird es entscheidend, wiederholbare Aufgaben zu optimieren und zu automatisieren. Die **Pipelines** von Scikit-learn bieten hierfür eine leistungsstarke Lösung. Durch die Möglichkeit, mehrere Schritte wie Datenvorverarbeitung, Feature-Engineering und Modellaufbau in einem einzigen, zusammenhängenden Prozess zu verketten, verbessern Pipelines die Effizienz und Reproduzierbarkeit Ihrer Workflows erheblich.

Der Vorteil von Pipelines liegt in ihrer Fähigkeit, einen kompletten Machine-Learning-Workflow zu kapseln. Diese Kapselung vereinfacht nicht nur Ihren Code, sondern stellt auch sicher, dass alle Datenumwandlungen während der Trainings- und Vorhersagephasen einheitlich angewendet werden. Beispielsweise können Sie Schritte wie die Imputation fehlender Werte, die Skalierung von Features und das Modelltraining in ein einziges Objekt integrieren. Dieser Ansatz reduziert das Risiko von Datenlecks und macht Ihren Code wartungsfreundlicher.

Darüber hinaus integrieren sich Pipelines nahtlos in die Cross-Validation- und Hyperparameter-Optimierungstools von Scikit-learn. Diese Integration ermöglicht es, nicht nur die Modellparameter, sondern auch die Vorverarbeitungsschritte zu optimieren, was zu robusteren und genaueren Modellen führt. Durch die Nutzung von Pipelines können Sie sich mehr auf die strategischen Aspekte Ihrer Analyse konzentrieren, wie z. B. die Feature-Auswahl und Modellinterpretation, anstatt sich in den technischen Details der Datenverarbeitung zu verlieren.

Codebeispiel: Erstellung einer Pipeline

Erstellen wir eine Pipeline, die Datenvorverarbeitung, Feature-Engineering und Modelltraining in einem nahtlosen Workflow umfasst.

```
import pandas as pd
import numpy as np
from sklearn.model_selection import train_test_split, GridSearchCV
from sklearn.ensemble import RandomForestClassifier
from sklearn.preprocessing import StandardScaler, OneHotEncoder
from sklearn.impute import SimpleImputer
from sklearn.compose import ColumnTransformer
from sklearn.pipeline import Pipeline
```

```python
from sklearn.metrics import accuracy_score, classification_report, confusion_matrix

# Assuming df is already loaded
# Create sample data for demonstration
np.random.seed(42)
df = pd.DataFrame({
    'PurchaseAmount': np.random.uniform(50, 500, 1000),
    'Discount': np.random.uniform(0, 50, 1000),
    'LoyaltyScore': np.random.randint(0, 100, 1000),
    'CustomerAge': np.random.randint(18, 80, 1000),
    'Store': np.random.choice(['A', 'B', 'C'], 1000)
})
df['HighValue'] = (df['PurchaseAmount'] > 300).astype(int)

# Define features and target
X = df.drop('HighValue', axis=1)
y = df['HighValue']

# Split the data
X_train, X_test, y_train, y_test = train_test_split(X, y, test_size=0.3,
random_state=42)

# Define preprocessing for numeric columns (scale them)
numeric_features = ['PurchaseAmount', 'Discount', 'LoyaltyScore', 'CustomerAge']
numeric_transformer = Pipeline(steps=[
    ('imputer', SimpleImputer(strategy='median')),
    ('scaler', StandardScaler())
])

# Define preprocessing for categorical columns (encode them)
categorical_features = ['Store']
categorical_transformer = Pipeline(steps=[
    ('imputer', SimpleImputer(strategy='constant', fill_value='missing')),
    ('onehot', OneHotEncoder(handle_unknown='ignore'))
])

# Combine preprocessing steps
preprocessor = ColumnTransformer(
    transformers=[
        ('num', numeric_transformer, numeric_features),
        ('cat', categorical_transformer, categorical_features)
    ])

# Create a preprocessing and training pipeline
pipeline = Pipeline(steps=[
    ('preprocessor', preprocessor),
    ('classifier', RandomForestClassifier(random_state=42))
])

# Define hyperparameter space
param_grid = {
    'classifier__n_estimators': [100, 200, 300],
```

```
    'classifier__max_depth': [None, 5, 10],
    'classifier__min_samples_split': [2, 5, 10]
}

# Set up GridSearchCV
grid_search = GridSearchCV(pipeline, param_grid, cv=5, scoring='accuracy', n_jobs=-1)

# Fit the grid search
grid_search.fit(X_train, y_train)

# Get the best model
best_model = grid_search.best_estimator_

# Make predictions on the test set
y_pred = best_model.predict(X_test)

# Evaluate the model
accuracy = accuracy_score(y_test, y_pred)
conf_matrix = confusion_matrix(y_test, y_pred)
class_report = classification_report(y_test, y_pred)

# Print results
print(f"Best Parameters: {grid_search.best_params_}")
print(f"Model Accuracy: {accuracy:.2f}")
print("\\nConfusion Matrix:")
print(conf_matrix)
print("\\nClassification Report:")
print(class_report)

# Feature importance
feature_importance = best_model.named_steps['classifier'].feature_importances_
feature_names = numeric_features + list(best_model.named_steps['preprocessor']
                                        .named_transformers_['cat']
                                        .named_steps['onehot']
                                        .get_feature_names(categorical_features))
for name, importance in zip(feature_names, feature_importance):
    print(f"{name}: {importance:.4f}")
```

Erklärung des Codeaufbaus:

- **Datenvorbereitung**:
    - Wir erstellen einen Beispieldatensatz mit Features wie PurchaseAmount, Discount, LoyaltyScore, CustomerAge und Store.
    - Eine binäre Zielvariable HighValue wird erstellt, basierend darauf, ob der Kaufbetrag (PurchaseAmount) 300 $ übersteigt.

- **Datenaufteilung**:

- o Der Datensatz wird mit train_test_split in Trainingsdaten (70 %) und Testdaten (30 %) aufgeteilt.

- **Vorverarbeitungs-Pipeline**:

  - o Separate Pipelines werden für numerische und kategoriale Features erstellt.

  - o Numerische Features werden mit Medianwerten imputiert und anschließend skaliert.

  - o Kategoriale Features werden mit einem konstanten Wert missing imputiert und anschließend one-hot-encodiert.

  - o Diese Pipelines werden mit ColumnTransformer kombiniert.

- **Modell-Pipeline**:

  - o Die Vorverarbeitungsschritte werden mit dem RandomForestClassifier in einer einzigen Pipeline kombiniert.

- **Hyperparameter-Optimierung**:

  - o Ein Parametergrid wird für den RandomForestClassifier definiert.

  - o Mit GridSearchCV wird eine umfassende Suche über die angegebenen Parameter durchgeführt.

- **Modelltraining und -bewertung**:

  - o Das beste Modell aus GridSearchCV wird verwendet, um Vorhersagen auf dem Testdatensatz zu machen.

  - o Verschiedene Bewertungsmetriken werden berechnet: Genauigkeit, Konfusionsmatrix und ein detaillierter Klassifikationsbericht.

- **Feature-Bedeutung**:

  - o Die Bedeutung jedes Features im Entscheidungsprozess des Modells wird extrahiert und ausgegeben.

  - o Featurenamen werden sorgfältig rekonstruiert, um die one-hot-encodierten kategorialen Features einzuschließen.

Dieses umfassende Beispiel zeigt, wie man eine End-to-End-Machine-Learning-Pipeline mit scikit-learn erstellt. Es umfasst Datenvorverarbeitung, Modelltraining, Hyperparameter-Optimierung und Bewertung – alles in einem einzigen, reproduzierbaren Workflow integriert. Die Verwendung von ColumnTransformer und Pipeline stellt sicher, dass alle Vorverarbeitungsschritte sowohl für Trainings- als auch Testdaten einheitlich angewendet werden, wodurch das Risiko von Datenlecks reduziert und der Code wartbarer wird.

2.3.5 Fazit: Kombination von Tools für eine effiziente Analyse

In diesem Abschnitt haben wir das synergistische Potenzial der Kombination von **Pandas**, **NumPy** und **Scikit-learn** untersucht, um die Effizienz und Leistung Ihrer Datenanalyse-Workflows erheblich zu steigern. Diese leistungsstarken Tools arbeiten zusammen, um jeden Aspekt Ihres Analyseprozesses zu optimieren – von den ersten Schritten der Datenbereinigung und -transformation bis hin zu den fortgeschrittenen Aufgaben des Feature Engineerings und der prädiktiven Modellierung. Durch die Nutzung ihrer kollektiven Fähigkeiten können Sie einen nahtlosen, End-to-End-Workflow erstellen, der selbst die komplexesten Datenherausforderungen mit Präzision und Leichtigkeit bewältigt.

Pandas dient als Ihr bevorzugtes Tool für die Datenmanipulation und bietet intuitive Methoden zum Umgang mit komplexen Datensätzen. **NumPy** ergänzt dies durch optimierte numerische Operationen, die Berechnungen erheblich beschleunigen können, insbesondere bei der Arbeit mit großen Datensätzen.

Scikit-learn komplettiert dieses Trio, indem es eine umfassende Suite von Machine-Learning-Algorithmen und -Werkzeugen bereitstellt, mit denen sich anspruchsvolle Vorhersagemodelle relativ einfach erstellen lassen. Die wahre Stärke dieser Kombination liegt in ihrer Fähigkeit, komplexe Datenherausforderungen effizient zu bewältigen, sodass Sie sich mehr auf das Gewinnen von Erkenntnissen konzentrieren können und weniger auf die technischen Details der Datenverarbeitung.

Ein besonders wertvoller Aspekt der Integration dieser Tools ist die Möglichkeit, Scikit-learns **Pipelines** zu nutzen. Diese Funktion wirkt wie ein Bindeglied, das Ihren gesamten Workflow zusammenhält und sicherstellt, dass jeder Schritt – von der Datenvorverarbeitung bis zum Modelltraining – auf konsistente und reproduzierbare Weise ausgeführt wird.

Durch die Kapselung Ihres gesamten Workflows in einer Pipeline steigern Sie nicht nur die Effizienz Ihrer Analyse, sondern verbessern auch deren Skalierbarkeit und Reproduzierbarkeit erheblich. Dieser Ansatz ist besonders vorteilhaft bei groß angelegten Projekten oder in kollaborativen Umgebungen, in denen Konsistenz und Replizierbarkeit von entscheidender Bedeutung sind.

2.4 Praktische Übungen zu Kapitel 2: Optimierung von Daten-Workflows

Nachdem Sie Kapitel 2 abgeschlossen haben, ist es an der Zeit, das Gelernte mit diesen Übungen anzuwenden. Die folgenden Übungen sind darauf ausgelegt, Ihnen zu helfen, fortgeschrittene Datenmanipulationstechniken mit Pandas anzuwenden, die Leistung mit NumPy zu verbessern und Tools für eine effiziente Analyse zu kombinieren. Jede Übung enthält einen Codeblock mit der Lösung, um Ihre Arbeit zu überprüfen.

Übung 1: Fortgeschrittene Datenmanipulation mit Pandas

Sie erhalten einen Datensatz mit Online-Bestellungen aus einem E-Commerce-Shop. Ihre Aufgabe ist es:

1. Filtern Sie den Datensatz, um nur Bestellungen mit einem Bestellbetrag von mehr als 200 $ einzuschließen.

2. Gruppieren Sie den Datensatz nach **Kategorie** und **CustomerID**, um die Gesamt- und Durchschnittsbestellbeträge für jede Gruppe zu berechnen.

3. Pivotieren Sie den Datensatz so, dass jede **Kategorie** eine Spalte darstellt und die Zeilen jeweils einen **CustomerID** repräsentieren.

```python
import pandas as pd

# Sample data: Online orders
data = {'OrderID': [1, 2, 3, 4, 5],
        'CustomerID': [101, 102, 103, 101, 104],
        'Category': ['Electronics', 'Clothing', 'Electronics', 'Furniture',
'Furniture'],
        'OrderAmount': [250, 120, 300, 400, 500]}

df = pd.DataFrame(data)

# Solution
# Step 1: Filter orders where OrderAmount > 200
filtered_df = df[df['OrderAmount'] > 200]

# Step 2: Group by Category and CustomerID, and calculate total and average order
amounts
grouped_df = filtered_df.groupby(['Category', 'CustomerID']).agg(
    TotalAmount=('OrderAmount', 'sum'),
    AvgAmount=('OrderAmount', 'mean')
).reset_index()

# Step 3: Pivot the dataset so that Category is a column
pivot_df         =         grouped_df.pivot(index='CustomerID',         columns='Category',
values='TotalAmount').fillna(0)

print(pivot_df)
```

Übung 2: Leistungssteigerung mit NumPy

Gegeben ist ein Array mit Produktpreisen. Ihre Aufgabe ist es:

1. Eine **logarithmische Transformation** anzuwenden, um die Preise zu normalisieren.

2. Mit Broadcasting einen **20%-Rabatt** auf jeden Preis anzuwenden.

---

3. Den **durchschnittlichen rabattierten Preis** mithilfe der vektorisierten Funktionen von NumPy zu berechnen.

```python
import numpy as np

# Sample data: Product prices
prices = np.array([100, 150, 200, 250, 300])

# Solution
# Step 1: Apply a logarithmic transformation
log_prices = np.log(prices)

# Step 2: Apply a 20% discount using broadcasting
discounted_prices = prices * 0.80

# Step 3: Calculate the average discounted price
average_discounted_price = np.mean(discounted_prices)

print("Logarithmic Prices:", log_prices)
print("Discounted Prices:", discounted_prices)
print("Average Discounted Price:", average_discounted_price)
```

Übung 3: Kombination von Pandas und NumPy für Feature Engineering

Sie haben einen Datensatz mit Kundentransaktionen, einschließlich des Kaufbetrags und des erhaltenen Rabatts. Ihre Aufgabe ist es:

1. Fehlende Werte in den Spalten **PurchaseAmount** und **Discount** mit dem Mittelwert der jeweiligen Spalte zu füllen.

2. Ein neues Feature **NetPurchase** zu erstellen, das den Kaufbetrag nach Abzug des Rabatts darstellt.

3. **NumPy** zu verwenden, um ein Interaktionsmerkmal zu erstellen, indem die Spalten **PurchaseAmount** und **Discount** multipliziert werden.

```python
import pandas as pd
import numpy as np

# Sample data: Customer transactions
data = {'CustomerID': [1, 2, 3, 4, 5],
        'PurchaseAmount': [250, np.nan, 300, 400, np.nan],
        'Discount': [10, 15, 20, np.nan, 5]}

df = pd.DataFrame(data)

# Solution
# Step 1: Fill missing values
df['PurchaseAmount'].fillna(df['PurchaseAmount'].mean(), inplace=True)
df['Discount'].fillna(df['Discount'].mean(), inplace=True)
```

```
# Step 2: Create NetPurchase feature
df['NetPurchase'] = df['PurchaseAmount'] - df['Discount']

# Step 3: Create an interaction feature using NumPy
df['Interaction_Purchase_Discount'] = df['PurchaseAmount'] * df['Discount']

print(df)
```

Übung 4: Aufbau eines Klassifikationsmodells mit Scikit-learn

Sie haben einen Datensatz mit Kundentransaktionen. Ihre Aufgabe ist es:

1. Eine Zielvariable zu erstellen, die Käufe über 300 $ als **hochwertig** kennzeichnet.

2. Mit **Scikit-learn** die Daten in Trainings- und Testdaten aufteilen.

3. Ein **Random-Forest**Klassifikationsmodell erstellen, um **hochwertige** Käufe vorherzusagen.

4. Das Modell bewerten, indem die **Genauigkeit** auf dem Testdatensatz berechnet wird.

```
from sklearn.model_selection import train_test_split
from sklearn.ensemble import RandomForestClassifier
from sklearn.metrics import accuracy_score
import pandas as pd
import numpy as np

# Sample data: Customer transactions
data = {'CustomerID': [1, 2, 3, 4, 5],
        'PurchaseAmount': [250, 350, 300, 400, 150],
        'Discount': [10, 15, 20, 5, 5]}

df = pd.DataFrame(data)

# Solution
# Step 1: Create target variable (high value if PurchaseAmount > 300)
df['HighValue'] = (df['PurchaseAmount'] > 300).astype(int)

# Step 2: Define features and target
X = df[['PurchaseAmount', 'Discount']]
y = df['HighValue']

# Step 3: Split data into training and testing sets
X_train, X_test, y_train, y_test = train_test_split(X, y, test_size=0.3,
random_state=42)

# Step 4: Build and train a Random Forest model
clf = RandomForestClassifier(random_state=42)
clf.fit(X_train, y_train)

# Step 5: Predict and evaluate accuracy on the test set
```

```
y_pred = clf.predict(X_test)
accuracy = accuracy_score(y_test, y_pred)

print(f"Model Accuracy: {accuracy:.2f}")
```

Übung 5: Verwendung von Scikit-learn-Pipelines für optimierte Workflows

Ihre Aufgabe besteht darin, einen optimierten Workflow für Kundentransaktionsdaten zu erstellen. Ihre Aufgabe ist es:

1. Eine **Scikit-learn-Pipeline** zu erstellen, die fehlende Werte imputiert, die Features skaliert und ein Random-Forest-Modell trainiert.

2. Die Pipeline mit dem Datensatz zu trainieren und die Leistung des Modells zu bewerten.

```python
from sklearn.pipeline import Pipeline
from sklearn.impute import SimpleImputer
from sklearn.preprocessing import StandardScaler
from sklearn.ensemble import RandomForestClassifier
from sklearn.model_selection import train_test_split
from sklearn.metrics import accuracy_score
import pandas as pd
import numpy as np

# Sample data: Customer transactions
data = {'CustomerID': [1, 2, 3, 4, 5],
        'PurchaseAmount': [250, np.nan, 300, 400, np.nan],
        'Discount': [10, 15, 20, np.nan, 5]}

df = pd.DataFrame(data)

# Solution
# Step 1: Define features and target
df['HighValue'] = (df['PurchaseAmount'] > 300).astype(int)
X = df[['PurchaseAmount', 'Discount']]
y = df['HighValue']

# Split data into training and testing sets
X_train, X_test, y_train, y_test = train_test_split(X, y, test_size=0.3,
random_state=42)

# Step 2: Create the pipeline
pipeline = Pipeline(steps=[
    ('imputer', SimpleImputer(strategy='mean')),  # Impute missing values
    ('scaler', StandardScaler()),  # Scale features
    ('classifier', RandomForestClassifier(random_state=42))  # Train Random Forest
model
])

# Step 3: Train the pipeline
```

```
pipeline.fit(X_train, y_train)

# Step 4: Make predictions and evaluate the model
y_pred = pipeline.predict(X_test)
accuracy = accuracy_score(y_test, y_pred)

print(f"Pipeline Model Accuracy: {accuracy:.2f}")
```

Diese praktischen Übungen ermöglichen es Ihnen, die in Kapitel 2 behandelten Konzepte anzuwenden und praktische Erfahrungen mit fortgeschrittener Datenmanipulation, Leistungssteigerung mit NumPy und der Erstellung effizienter Workflows mit Scikit-learn zu sammeln. Üben Sie weiter, um Ihr Verständnis zu vertiefen!

2.5 Was könnte schiefgehen?

Bei der Optimierung von Daten-Workflows mit Pandas, NumPy und Scikit-learn können verschiedene häufige Fallstricke und Herausforderungen auftreten. In diesem Abschnitt werden potenzielle Probleme hervorgehoben und Tipps gegeben, wie Sie diese vermeiden können, um sicherzustellen, dass Ihre Workflows effizient, genau und skalierbar bleiben.

2.5.1 Unsachgemäßer Umgang mit fehlenden Daten

Das Auffüllen oder Imputieren fehlender Werte ist ein entscheidender Teil der Datenvorverarbeitung, aber eine unsachgemäße Handhabung kann Ihre Ergebnisse verzerren oder Bias in Ihre Modelle einführen.

Was könnte schiefgehen?

- Die Verwendung einer ungeeigneten Imputationsstrategie (z. B. das Auffüllen mit dem Mittelwert, wenn die Daten nicht normal verteilt sind) kann zu einer ungenauen Datenrepräsentation führen.

- Das Imputieren fehlender Werte unter Verwendung von Statistiken aus Trainings- und Testdaten kann zu **Datenlecks** führen, was die Modellleistung unrealistisch optimistisch erscheinen lässt.

Lösung:

Verwenden Sie stets geeignete Imputationsstrategien basierend auf der Verteilung Ihrer Daten. Wenn Sie mit schiefen Daten arbeiten, ziehen Sie die Verwendung des Medians oder fortschrittlicherer Imputationstechniken wie K-Nearest Neighbors (KNN) in Betracht. Stellen Sie sicher, dass die Imputation nur auf die Trainingsdaten während der Kreuzvalidierung angewendet wird, um Lecks zu vermeiden.

2.5.2 Überlastung durch große Pandas-DataFrames

Obwohl Pandas für die Verarbeitung mittelgroßer Datensätze sehr effizient ist, kann die Arbeit mit sehr großen DataFrames (z. B. Millionen von Zeilen) zu Leistungsproblemen und Speicherengpässen führen.

Was könnte schiefgehen?

- Mehrere Operationen an großen Datensätzen ohne Berücksichtigung der Speichernutzung können zu langsamer Leistung und sogar zu Speicherüberläufen führen.

- Die Verwendung von Standarddatentypen (z. B. float64 oder int64) für numerische Daten kann mehr Speicher verbrauchen als nötig.

Lösung:

Optimieren Sie die Speichernutzung Ihres DataFrames, indem Sie numerische Datentypen bei Bedarf auf float32 oder int32 herabstufen. Verwenden Sie **Chunking** für große Datensätze, indem Sie sie in kleinere Teile laden und verarbeiten. Ziehen Sie die Verwendung von **Dask** oder **Vaex** in Betracht, Bibliotheken, die größere Datensätze effizient verarbeiten können, als es der Speicher erlaubt.

2.5.3 Ineffiziente vektorisierte Operationen mit NumPy

Die vektorisierten Operationen von NumPy sind auf Leistung ausgelegt, aber eine falsche Verwendung kann dennoch zu Ineffizienzen führen.

Was könnte schiefgehen?

- Das Zurückgreifen auf Python-Schleifen für elementweise Operationen anstelle der Nutzung der vektorisierten Funktionen von NumPy kann zu erheblichen Leistungseinbußen führen.

- Das Vergessen, das **Broadcasting** richtig zu handhaben, kann zu Operationen auf Arrays mit nicht übereinstimmenden Formen führen, was unerwartete Fehler zur Folge hat.

Lösung:

Verwenden Sie nach Möglichkeit immer die eingebauten vektorisierten Funktionen von NumPy. Achten Sie darauf, die Broadcasting-Regeln von NumPy zu kennen, um Formfehler zu vermeiden, und stellen Sie sicher, dass alle an Operationen beteiligten Arrays kompatible Dimensionen haben.

2.5.4 Feature Engineering führt zu Overfitting

Feature Engineering ist entscheidend, um die Modellleistung zu verbessern, kann jedoch zu Overfitting führen, wenn zu viele Features ohne geeignete Validierung erstellt werden.

Was könnte schiefgehen?

- Das Erstellen zu vieler Interaktionsterm- oder Polynomfeatures kann dazu führen, dass das Modell auf Trainingsdaten gut, aber auf ungesehenen Daten schlecht abschneidet.

- Das Versäumnis, die Wichtigkeit oder Relevanz neuer Features zu bewerten, kann die Modellkomplexität erhöhen, ohne einen prädiktiven Nutzen hinzuzufügen.

Lösung:

Verwenden Sie Feature-Selection-Techniken wie **Recursive Feature Elimination (RFE)** oder die **Feature-Wichtigkeit** baumbasierter Modelle, um festzustellen, welche Features am meisten zur Modellleistung beitragen. Validieren Sie Ihr Modell stets mit Kreuzvalidierungstechniken, um sicherzustellen, dass neue Features die Generalisierung verbessern.

2.5.5 Datenlecks in Scikit-learn-Pipelines

Pipelines sind leistungsstarke Werkzeuge zur Optimierung von Workflows, aber unsachgemäße Verwendung kann zu **Datenlecks** führen, bei denen Informationen aus dem Testdatensatz unbeabsichtigt den Trainingsprozess beeinflussen.

Was könnte schiefgehen?

- Vorverarbeitungsschritte wie Skalierung, Imputation oder Feature-Transformationen, die auf den gesamten Datensatz angewendet werden, bevor dieser in Trainings- und Testdaten aufgeteilt wird, können zu Datenlecks führen.

- Transformationen, die nicht ausschließlich auf die Trainingsdaten während der Kreuzvalidierung angepasst werden, können zu einer übermäßig optimistischen Modellbewertung führen.

Lösung:

Stellen Sie sicher, dass Vorverarbeitungsschritte wie Imputation, Skalierung und Kodierung innerhalb einer Scikit-learn-Pipeline durchgeführt werden. Die Pipeline gewährleistet, dass Transformationen nur auf die Trainingsdaten angewendet und dann konsistent auf die Testdaten übertragen werden, wodurch Lecks vermieden werden.

2.5.6 Übermäßige Abhängigkeit von Standardparametern in Scikit-learn-Modellen

Viele Scikit-learn-Modelle erzielen mit Standardparametern gute Ergebnisse, aber die ausschließliche Verwendung dieser Parameter kann die Fähigkeit des Modells einschränken, sich gut auf neue Daten zu generalisieren.

Was könnte schiefgehen?

- Die Verwendung von Standard-Hyperparametern ohne deren Optimierung kann zu einer suboptimalen Modellleistung führen.

- Overfitting oder Underfitting kann auftreten, wenn Hyperparameter nicht an die spezifischen Eigenschaften Ihrer Daten angepasst werden.

Lösung:

Führen Sie **Hyperparameter-Optimierungen** mit Techniken wie **Grid Search** oder **Randomized Search** durch. Die Funktionen GridSearchCV und RandomizedSearchCV von Scikit-learn ermöglichen es, systematisch verschiedene Hyperparameter-Kombinationen zu testen und die optimalen Einstellungen für Ihr Modell zu finden.

2.5.7 Unnötige Komplexität in Pipelines

Pipelines sind nützlich, um komplexe Workflows zu organisieren, aber das Hinzufügen zu vieler Schritte kann manchmal unnötige Komplexität einführen.

Was könnte schiefgehen?

- Pipelines mit zu vielen Transformationen oder Modellen können schwer zu debuggen und zu warten sein.

- Übermäßige Schritte in der Pipeline, die keinen Mehrwert bieten, können die Leistung verlangsamen und das Risiko von Fehlern erhöhen.

Lösung:

Halten Sie Ihre Pipelines sauber und auf wesentliche Schritte fokussiert. Fügen Sie nur Transformationen hinzu, die die Modellleistung oder die Effizienz der Vorverarbeitung direkt verbessern. Testen Sie jeden Schritt isoliert, um sicherzustellen, dass er notwendig ist und dem Workflow einen Mehrwert bietet.

Durch das Verständnis dieser potenziellen Probleme und die Implementierung bewährter Praktiken können Sie sicherstellen, dass Ihre Daten-Workflows sowohl robust als auch effizient sind. Wenn Sie diese Fallstricke vermeiden, erstellen Sie Pipelines, die skalierbar, genau und bereit sind, reale Datenherausforderungen zu bewältigen.

Kapitel 2 Zusammenfassung: Optimierung von Daten-Workflows

In diesem Kapitel haben wir die zentralen Konzepte und Techniken untersucht, die erforderlich sind, um Ihre Daten-Workflows zu optimieren und dabei Effizienz, Skalierbarkeit und Leistung sicherzustellen, insbesondere bei der Arbeit mit komplexeren Datensätzen. Das Kapitel war in drei Hauptabschnitte unterteilt, die sich jeweils darauf konzentrierten, wie leistungsstarke Tools wie **Pandas**, **NumPy** und **Scikit-learn** genutzt und kombiniert werden können, um Datenanalyseaufgaben zu vereinfachen.

Wir begannen mit einer vertieften Betrachtung der **fortgeschrittenen Datenmanipulation mit Pandas**. Aufbauend auf grundlegenden Operationen haben Sie gelernt, wie man Daten mit mehreren Bedingungen filtert, Multi-Level-Gruppierungen und Aggregationen durchführt und Daten mit Pivot-Techniken umformt. Diese Methoden sind entscheidend, um mit komplexen, hierarchischen Datensätzen umzugehen und Daten in ein Format zu bringen, das leichter zu analysieren oder zu visualisieren ist. Außerdem haben wir die Arbeit mit Zeitreihendaten behandelt und Techniken wie Resampling und Rollfenster-Berechnungen vorgestellt, um zeitbezogene Daten effizienter zu verarbeiten. Darüber hinaus haben wir Strategien zur Speicheroptimierung besprochen, um sicherzustellen, dass Ihre Pandas-Workflows auch bei großen Datensätzen schnell und effizient bleiben.

Als Nächstes konzentrierten wir uns auf die **Leistungssteigerung mit NumPy**. Sie haben gesehen, wie NumPys vektorisierte Operationen traditionelle Python-Schleifen bei der Arbeit mit großen numerischen Arrays deutlich übertreffen. NumPy ermöglicht mathematische Operationen auf gesamten Datensätzen gleichzeitig, was zu schnelleren und skalierbareren Berechnungen führt. Sie haben auch das Konzept des **Broadcastings** kennengelernt, eine Funktion, die es erlaubt, Operationen zwischen Arrays unterschiedlicher Formen nahtlos anzuwenden. Dieser Abschnitt hob die Bedeutung der Verwendung von **optimierten Datentypen** und des zusammenhängenden Speichers hervor, um den Speicherverbrauch zu reduzieren und gleichzeitig eine hohe Leistung aufrechtzuerhalten, insbesondere bei der Verarbeitung von umfangreichen Datensätzen.

Abschließend behandelten wir das **Kombinieren von Tools für eine effiziente Analyse**. Hier integrierten wir Pandas, NumPy und Scikit-learn in einen einzigen Workflow, um zu zeigen, wie diese Tools sich gegenseitig ergänzen. Sie haben gelernt, wie man Daten mit Pandas und NumPy vorverarbeitet, Features erstellt und Machine-Learning-Modelle mit Scikit-learn aufbaut. Außerdem haben wir die **Scikit-learn Pipelines** eingeführt, die den Prozess der Datenvorverarbeitung, Transformation und Modellierung in einen einzigen, optimierten Workflow automatisieren. Dies ermöglicht einen saubereren, wartungsfreundlicheren Code und reduziert die Wahrscheinlichkeit von Fehlern wie Datenlecks.

Im gesamten Kapitel wurden mehrere praktische Beispiele vorgestellt, wie diese Konzepte in realen Szenarien angewendet werden können. Durch die Kombination der Stärken dieser leistungsstarken Bibliotheken können Sie Ihre Daten-Workflows für bessere Leistung, Genauigkeit und Skalierbarkeit optimieren. Diese Fähigkeiten werden entscheidend sein, wenn Sie in den kommenden Kapiteln komplexere Aufgaben im Feature Engineering und Machine Learning angehen.

Im nächsten Abschnitt werden wir uns mit fortgeschrittenen Techniken des Feature Engineerings befassen, die auf den hier entwickelten Grundlagen aufbauen, um Features zu erstellen, die die Modellleistung verbessern und aussagekräftige Erkenntnisse aus Ihren Daten liefern.

Quiz Teil 1: Den Weg für fortgeschrittene Analysen bereiten

Dieses Quiz hilft Ihnen, die Schlüsselkonzepte aus **Kapitel 1: Einführung: Über die Grundlagen hinausgehen** und **Kapitel 2: Optimierung von Daten-Workflows** zu festigen. Beantworten Sie die folgenden Fragen, um Ihr Verständnis des Materials zu überprüfen.

Frage 1: Fortgeschrittene Datenmanipulation mit Pandas

Was ist der Hauptvorteil der Verwendung von Pandas zur Datenmanipulation gegenüber nativen Python-Listen und -Dictionaries?

- a) Pandas bietet integrierte Visualisierungsfunktionen.
- b) Pandas kann größere Datensätze mit tabellarischen Daten effizienter verarbeiten.
- c) Pandas skaliert Machine-Learning-Modelle automatisch.
- d) Pandas integriert sich besser in Python-Schleifen für die Datenmanipulation.

Frage 2: Effizientes Filtern mit Pandas

Wie würden Sie ein Pandas DataFrame filtern, um nur Zeilen einzuschließen, bei denen der SalesAmount größer als 200 ist und die Spalte Store den Wert 'A' hat?

a)

```
df[(df['SalesAmount'] > 200) & (df['Store'] == 'A')]
```

b)

```
df.filter(SalesAmount > 200 & Store == 'A')
```

c)

```
df.query('SalesAmount > 200' & 'Store == "A"')
```

d)

```
df.where('SalesAmount' > 200 and df['Store'] == 'A')
```

Frage 3: Leistung mit NumPy

Welche der folgenden Operationen wird **nicht** von NumPys vektorisierter Methode optimiert?

- a) Elementweise Addition über Arrays hinweg.
- b) Matrixmultiplikation.
- c) Iteration über einzelne Elemente mit einer Python-Schleife.
- d) Anwendung mathematischer Transformationen (z. B. np.log).

Frage 4: Broadcasting in NumPy

Worauf bezieht sich der Begriff **Broadcasting** in NumPy?

- a) Die Fähigkeit von NumPy, Operationen automatisch parallel über mehrere Prozessoren auszuführen.
- b) Der Prozess, bei dem NumPy Operationen auf Arrays unterschiedlicher Formen anwendet.
- c) Die Optimierungstechnik, die NumPy zur Speicherung von Arrays im Speicher verwendet.
- d) Eine Methode zum Umgang mit fehlenden Werten in NumPy-Arrays.

Frage 5: Gruppieren und Aggregieren mit Pandas

Wie würden Sie anhand des folgenden DataFrames den Gesamt- und Durchschnitts-Kaufbetrag (PurchaseAmount) nach Category gruppieren?

```
import pandas as pd

df = pd.DataFrame({
    'CustomerID': [1, 2, 3, 4],
    'Category': ['Electronics', 'Clothing', 'Electronics', 'Furniture'],
    'PurchaseAmount': [200, 100, 300, 400]
})
a)
df.groupby('Category').agg({'PurchaseAmount': ['sum', 'mean']})
b)
df.filter('Category').groupby('PurchaseAmount').sum().mean()
c)
df.pivot('Category').sum().mean('PurchaseAmount')
d)
df.sum().groupby('PurchaseAmount').mean('Category')
```

Frage 6: Scikit-learn-Pipelines

Was ist ein Hauptvorteil der Verwendung einer **Scikit-learn-Pipeline**?

- a) Sie ermöglicht es, die Daten nach jedem Schritt automatisch zu visualisieren.

- b) Sie erlaubt das Verketten mehrerer Vorverarbeitungsschritte und des Modelltrainings in einem einzigen Workflow.

- c) Sie reduziert den Speicherverbrauch großer Datensätze durch Komprimierung.

- d) Sie stimmt Hyperparameter für Machine-Learning-Modelle automatisch ab.

Frage 7: Datenlecks in Machine-Learning-Pipelines

Was ist ein **Datenleck**, und warum ist es ein Problem beim Aufbau von Machine-Learning-Modellen?

- a) Es bezieht sich auf die unnötige Duplizierung von Daten während des Modelltrainings, was zu einem hohen Speicherverbrauch führt.

- b) Es tritt auf, wenn das Modell Testdaten während des Trainings sehen oder daraus lernen kann, was zu übermäßig optimistischen Ergebnissen führt.

- c) Es passiert, wenn Features im Datensatz fehlen, was die Genauigkeit des Modells verringert.

- d) Es bezieht sich auf Datenkorruption, die auftritt, wenn Datensätze nicht ordnungsgemäß in den Speicher geladen werden.

Frage 8: Speicheroptimierung in Pandas

Was ist der Vorteil des **Herabstufens** numerischer Datentypen in Pandas?

- a) Es erhöht die Präzision von Berechnungen.

- b) Es reduziert den Speicherverbrauch großer Datensätze.

- c) Es ermöglicht Pandas, String-Datentypen effizienter zu speichern.

- d) Es konvertiert numerische Spalten automatisch in kategoriale Spalten.

Frage 9: Erstellung von Interaktionsfeatures

Wie würden Sie im Feature Engineering ein Interaktionsmerkmal zwischen PurchaseAmount und Discount mit Pandas und NumPy erstellen?

a)

```
df['Interaction'] = df['PurchaseAmount'] + df['Discount']
```

b)

```
df['Interaction'] = df['PurchaseAmount'] * df['Discount']
```

c)

```
df['Interaction'] = df['PurchaseAmount'] / df['Discount']
```

d)

```
df['Interaction'] = np.add(df['PurchaseAmount'], df['Discount'])
```

Frage 10: Resampling von Zeitreihendaten

Wie würden Sie in Pandas tägliche Zeitreihendaten auf monatliche Daten umrechnen und die Gesamtsummen für jeden Monat berechnen?

a)

```
df.resample('M').sum()
```

b)

```
df.resample('D').sum('M')
```

c)

```
df.resample('W').groupby('M').sum()
```

d)

```
df.groupby('M').resample('D').sum()
```

Diese Fragen behandeln die Schlüsselthemen aus **Teil 1: Den Weg für fortgeschrittene Analysen bereiten**. Indem Sie sie beantworten, können Sie Ihr Verständnis für fortgeschrittene Datenmanipulation mit Pandas, Leistungsoptimierung mit NumPy und die Erstellung effizienter Workflows mit Scikit-learn bewerten. Üben Sie weiter und zögern Sie nicht, die Kapitel bei Bedarf noch einmal durchzugehen!

Antworten

Frage 1: Fortgeschrittene Datenmanipulation mit Pandas

Antwort:

b) Pandas kann größere Datensätze mit tabellarischen Daten effizienter verarbeiten.

Frage 2: Effizientes Filtern mit Pandas

Antwort:

a) df[(df['SalesAmount'] > 200) & (df['Store'] == 'A')]

Frage 3: Leistung mit NumPy

Antwort:

c) Iteration über einzelne Elemente mit einer Python-Schleife.

Frage 4: Broadcasting in NumPy

Antwort:

b) Der Prozess, bei dem NumPy Operationen auf Arrays unterschiedlicher Formen anwendet.

Frage 5: Gruppieren und Aggregieren mit Pandas

Antwort:

a) df.groupby('Category').agg({'PurchaseAmount': ['sum', 'mean']})

Frage 6: Scikit-learn-Pipelines

Antwort:

b) Sie erlaubt das Verketten mehrerer Vorverarbeitungsschritte und des Modelltrainings in einem einzigen Workflow.

Frage 7: Datenlecks in Machine-Learning-Pipelines

Antwort:

b) Es tritt auf, wenn das Modell Testdaten während des Trainings sehen oder daraus lernen kann, was zu übermäßig optimistischen Ergebnissen führt.

Frage 8: Speicheroptimierung in Pandas

Antwort:

b) Es reduziert den Speicherverbrauch großer Datensätze.

Frage 9: Erstellung von Interaktionsfeatures

Antwort:

b) df['Interaction'] = df['PurchaseAmount'] * df['Discount']

Frage 10: Resampling von Zeitreihendaten

Antwort:

a) df.resample('M').sum()

Teil 2: Feature Engineering für leistungsstarke Modelle

Projekt 1: Vorhersage von Hauspreisen mit Feature Engineering

Willkommen beim ersten Projekt dieses Abschnitts, in dem wir uns darauf konzentrieren, Feature-Engineering-Techniken anzuwenden, um ein Vorhersagemodell für Hauspreise zu erstellen. In diesem Projekt arbeiten Sie mit einem Datensatz, der verschiedene Merkmale von Häusern enthält – wie Standort, Größe, Anzahl der Zimmer und andere Eigenschaften – und nutzen diese Merkmale, um den Verkaufspreis jedes Hauses vorherzusagen.

Obwohl der Aufbau von Machine-Learning-Modellen entscheidend ist, macht Feature Engineering oft den Unterschied zwischen einem guten und einem großartigen Modell aus. Es geht darum, neue, aussagekräftige Features aus Rohdaten zu erstellen und bestehende Features zu transformieren, um wichtige Muster zu erfassen. In diesem Projekt werden Sie verschiedene Feature-Engineering-Techniken erkunden, die Ihnen helfen, verborgene Einblicke aus den Daten zu gewinnen und die Genauigkeit Ihres Modells zu verbessern.

Beginnen wir mit der Untersuchung des Datensatzes und der Identifizierung wichtiger Merkmale, gefolgt von einer detaillierten Analyse der verschiedenen Feature-Engineering-Techniken, die die Vorhersagekraft Ihres Modells steigern.

Datensatzübersicht: Hauspreise

Der Datensatz, mit dem wir arbeiten, enthält verschiedene Spalten, die die Eigenschaften von Häusern darstellen, wie zum Beispiel:

- **Wohnfläche in Quadratmetern**
- **Anzahl der Schlafzimmer**
- **Anzahl der Badezimmer**
- **Grundstücksgröße**
- **Baujahr**
- **Standort (Postleitzahl)**

Unser Ziel ist es, die Zielvariable **SalePrice** basierend auf diesen Merkmalen vorherzusagen. Bevor wir jedoch ein Modell erstellen können, müssen wir sicherstellen, dass die Daten durch Bereinigung, Transformation und Feature-Erstellung in bestmöglicher Form vorliegen.

1. Merkmalsexploration und Bereinigung

Der erste Schritt bei jeder Datenanalyseaufgabe besteht darin, den Datensatz gründlich zu verstehen und für die Modellierung vorzubereiten. Diese entscheidende Phase umfasst mehrere zentrale Komponenten:

1. **Datenexploration**: Untersuchung der Struktur, des Inhalts und der Eigenschaften des Datensatzes. Dazu gehört die Betrachtung der Anzahl und Typen von Features, des Wertebereichs sowie von Mustern oder Anomalien in den Daten.

2. **Ermittlung fehlender Werte**: Bewertung des Umfangs und der Art der fehlenden Daten. Dieser Schritt ist entscheidend, da fehlende Werte die Modellleistung erheblich beeinträchtigen und zu verzerrten Ergebnissen führen können, wenn sie nicht ordnungsgemäß behandelt werden.

3. **Umgang mit Ausreißern**: Erkennung und Behandlung extremer Werte, die die Analyse verzerren könnten. Ausreißer können echte Anomalien in den Daten oder Fehler darstellen, die korrigiert werden müssen.

4. **Datenqualitätsbewertung**: Bewertung der allgemeinen Qualität und Zuverlässigkeit der Daten, einschließlich der Überprüfung auf Inkonsistenzen, Duplikate oder Formatierungsprobleme.

5. **Erste Merkmalsanalyse**: Identifikation potenziell wichtiger Merkmale und ihrer Beziehungen zur Zielvariablen (in diesem Fall Hauspreise).

Durch die sorgfältige Durchführung dieser Schritte schaffen wir eine solide Grundlage für die nachfolgenden Phasen des Feature Engineerings und der Modellentwicklung und stellen sicher, dass unsere Analyse auf sauberen, zuverlässigen und gut verstandenen Daten basiert.

Schritt 1: Laden und Erkunden der Daten

Lassen Sie uns mit dem Laden des Datensatzes beginnen und die ersten Zeilen betrachten, um ein Gefühl für die Daten zu bekommen.

Codebeispiel: Laden des Datensatzes

```
import pandas as pd

# Load the house price dataset
df = pd.read_csv('house_prices.csv')

# View the first few rows of the dataset
```

```
print(df.head())
```

Nach dem Laden des Datensatzes sehen Sie verschiedene Spalten, die unterschiedliche Merkmale der Häuser darstellen, einschließlich der Zielvariablen **SalePrice**. Dieser Schritt ist entscheidend, um sich mit der Struktur der Daten vertraut zu machen, da er hilft, eventuelle Probleme zu identifizieren, die behoben werden müssen.

Schritt 2: Umgang mit fehlenden Werten

Datensätze aus der realen Welt enthalten häufig fehlende Werte, die die Ergebnisse Ihres Modells erheblich verzerren können, wenn sie nicht richtig behandelt werden. Im Kontext der Vorhersage von Hauspreisen können fehlende Werte in kritischen Spalten wie **LotSize** oder **YearBuilt** einen erheblichen Einfluss auf die Genauigkeit Ihrer Vorhersagen haben.

Zum Beispiel könnte ein fehlender Wert in **LotSize** dazu führen, dass der Wert einer Immobilie unter- oder überschätzt wird, da die Grundstücksgröße oft ein entscheidender Faktor bei der Bestimmung des Hauspreises ist. Ebenso könnte ein fehlender Wert in **YearBuilt** wichtige Informationen über das Alter eines Hauses verbergen, das typischerweise mit dessen Zustand und Marktwert korreliert.

Darüber hinaus kann die Art und Weise, wie Sie mit diesen fehlenden Werten umgehen, Bias in Ihr Modell einführen. Zum Beispiel könnte das einfache Entfernen aller Zeilen mit fehlenden Werten dazu führen, dass wertvolle Daten verloren gehen und Ihr Datensatz möglicherweise auf bestimmte Immobilientypen verzerrt wird.

Das Imputieren fehlender Werte mit Durchschnitts- oder Medianwerten repräsentiert hingegen möglicherweise nicht die wahre Verteilung der Daten. Daher ist es entscheidend, die Natur jedes Merkmals sorgfältig zu berücksichtigen und geeignete Strategien für den Umgang mit fehlenden Werten zu wählen, z. B. durch die Verwendung fortschrittlicherer Imputationstechniken oder das Erstellen von Indikatorvariablen, um zu kennzeichnen, wo Daten fehlen.

Codebeispiel: Umgang mit fehlenden Werten

```
# Check for missing values in the dataset
missing_values = df.isnull().sum()
print(missing_values[missing_values > 0])

# Example: Fill missing LotSize values with the median
df['LotSize'].fillna(df['LotSize'].median(), inplace=True)

# Example: Drop rows with missing values in critical columns like SalePrice
df.dropna(subset=['SalePrice'], inplace=True)
```

In diesem Beispiel:

- Zunächst überprüfen wir, ob im Datensatz fehlende Werte vorhanden sind, und entscheiden, wie wir mit ihnen umgehen.

- Für numerische Spalten wie **LotSize** ist das Auffüllen fehlender Werte mit dem Median eine gute Strategie, da der Median weniger empfindlich gegenüber Ausreißern ist als der Mittelwert.

- Für kritische Spalten wie **SalePrice** (unsere Zielvariable) ist es oft am besten, Zeilen mit fehlenden Werten zu entfernen, da das Imputieren von Werten für die Zielvariable Bias einführen könnte.

Schritt 3: Umgang mit Ausreißern

Ausreißer sind Datenpunkte, die deutlich von anderen Beobachtungen abweichen und die Leistung Ihres Modells erheblich beeinträchtigen können, wenn sie nicht richtig behandelt werden. Im Kontext der Vorhersage von Hauspreisen können Ausreißer aus verschiedenen Quellen stammen und sich auf unterschiedliche Weise manifestieren:

- **Extreme Werte**: Ein außergewöhnlich hoher **SalePrice** oder eine ungewöhnlich große **LotSize** könnte die Gesamtdistribution verzerren und zu voreingenommenen Vorhersagen führen.

- **Datenfehler**: Manchmal entstehen Ausreißer durch einfache Fehler bei der Dateneingabe, wie z. B. eine zusätzliche Null in einem Preis oder einer Flächenangabe.

- **Einzigartige Eigenschaften**: Luxusimmobilien oder Objekte mit besonderen Merkmalen können legitimerweise Werte haben, die im Vergleich zum allgemeinen Immobilienmarkt als Ausreißer erscheinen.

- **Zeitliche Faktoren**: Häuser, die während wirtschaftlicher Boom- oder Krisenzeiten verkauft wurden, können Preise haben, die im weiteren Zeitrahmen als Ausreißer erscheinen.

Das Erkennen und Behandeln von Ausreißern erfordert eine sorgfältige Abwägung. Während das Entfernen von Ausreißern die Modellleistung verbessern kann, ist es wichtig, die Natur dieser Ausreißer zu verstehen, bevor eine Entscheidung getroffen wird. In einigen Fällen können Ausreißer wertvolle Informationen über Markttrends oder einzigartige Immobilienmerkmale enthalten, die für Ihr Modell von Nutzen sein könnten.

Codebeispiel: Erkennung und Umgang mit Ausreißern

```python
import numpy as np

# Identify outliers using the interquartile range (IQR) method
Q1 = df['SalePrice'].quantile(0.25)
Q3 = df['SalePrice'].quantile(0.75)
IQR = Q3 - Q1
```

```python
# Define a threshold to identify outliers
outliers = df[(df['SalePrice'] < (Q1 - 1.5 * IQR)) | (df['SalePrice'] > (Q3 + 1.5 *
IQR))]

print(f"Number of outliers in SalePrice: {len(outliers)}")
# Remove the outliers
df = df[~((df['SalePrice'] < (Q1 - 1.5 * IQR)) | (df['SalePrice'] > (Q3 + 1.5 * IQR)))]
```

Hier verwenden wir die **Interquartilsabstand-Methode (IQR-Methode)**, um Ausreißer in der Spalte SalePrice zu erkennen. Der IQR ist der Bereich zwischen dem ersten Quartil (Q1) und dem dritten Quartil (Q3) der Daten. Datenpunkte, die außerhalb von 1,5-mal dem IQR von Q1 oder Q3 liegen, gelten als Ausreißer. Anschließend entfernen wir diese Ausreißer, um zu verhindern, dass sie die Vorhersagen des Modells verzerren.

Schritt 4: Merkmalskorrelation

Bevor wir uns mit dem Feature Engineering befassen, ist es entscheidend, die komplexen Beziehungen zwischen den Features und der Zielvariablen **SalePrice** zu verstehen. Die Korrelationsanalyse ist dabei ein mächtiges Werkzeug, mit dem wir versteckte Muster und Zusammenhänge in den Daten aufdecken können. Durch die Untersuchung dieser Korrelationen können wir herausfinden, welche Merkmale den größten Einfluss auf die Hauspreise haben, und wertvolle Einblicke gewinnen, die unsere Bemühungen im Feature Engineering leiten.

Diese Analyse geht über einfache lineare Beziehungen hinaus. Sie hilft uns, komplexe Wechselwirkungen zwischen Variablen zu erkennen und aufzuzeigen, wie verschiedene Merkmale zusammenarbeiten könnten, um den Wert von Immobilien zu beeinflussen. Beispielsweise könnten wir feststellen, dass die Kombination aus Standort und Hausgröße einen stärkeren Einfluss auf den Preis hat als jedes Merkmal allein. Solche Erkenntnisse sind von unschätzbarem Wert, wenn es darum geht, zu entscheiden, welche Merkmale transformiert oder kombiniert werden sollen.

Darüber hinaus kann die Korrelationsanalyse redundante oder weniger wichtige Merkmale hervorheben, wodurch wir unseren Datensatz optimieren und unsere Bemühungen auf die einflussreichsten Variablen konzentrieren können. Dies verbessert nicht nur die Effizienz unseres Modells, sondern hilft auch, Überanpassung zu vermeiden, indem Rauschen in den Daten reduziert wird. Indem wir diese Korrelationen nutzen, können wir fundierte Entscheidungen über Merkmalsauswahl, -transformation und -erstellung treffen und letztendlich die Vorhersagekraft unseres Modells zur Hauspreisbestimmung verbessern.

Codebeispiel: Korrelationsanalyse

```python
import seaborn as sns
import matplotlib.pyplot as plt

# Calculate the correlation matrix
```

```
correlation_matrix = df.corr()

# Visualize the correlation matrix using a heatmap
plt.figure(figsize=(10, 8))
sns.heatmap(correlation_matrix, annot=True, cmap='coolwarm')
plt.show()

# Focus on the correlation of each feature with SalePrice
print(correlation_matrix['SalePrice'].sort_values(ascending=False))
```

In diesem Beispiel:

- Es werden die notwendigen Bibliotheken importiert: **seaborn** für die Visualisierung und **matplotlib** für das Plotten.

- Die Korrelationsmatrix wird mit df.corr() berechnet, wodurch paarweise Korrelationen zwischen allen numerischen Spalten im DataFrame berechnet werden.

- Eine Heatmap der Korrelationsmatrix wird mit der heatmapFunktion von Seaborn erstellt. Diese bietet eine visuelle Darstellung, wie stark verschiedene Merkmale miteinander korrelieren.

- Die Heatmap wird mit Anmerkungen (annot=True) angepasst, um die Korrelationswerte anzuzeigen, und verwendet ein Farbschema (cmap='coolwarm'), um die Stärke der Korrelation darzustellen.

- Schließlich werden die Korrelationen jeder Spalte mit der Spalte 'SalePrice' in absteigender Reihenfolge ausgegeben. Dies hilft, die Merkmale zu identifizieren, die die stärksten positiven oder negativen Korrelationen mit den Hauspreisen aufweisen.

Diese Analyse ist entscheidend, um die Beziehungen zwischen den Merkmalen zu verstehen, und kann die Bemühungen im Feature Engineering für das Hauspreis-Vorhersagemodell leiten.

Wichtige Erkenntnisse

- **Datenbereinigung und -vorbereitung** bilden die Grundlage jedes erfolgreichen Machine-Learning-Projekts. Sorgfältiges Behandeln fehlender Werte, Ansprechen von Ausreißern und Sicherstellen der Datenqualität verbessern nicht nur die Zuverlässigkeit des Datensatzes, sondern legen auch eine solide Basis für präzise Modellierungen. Dieser entscheidende Schritt kann die Leistung und Generalisierbarkeit Ihrer Vorhersagemodelle erheblich beeinflussen.

- **Korrelationsanalyse** ist ein mächtiges Werkzeug, um tiefere Einblicke in die komplexen Beziehungen zwischen Merkmalen und der Zielvariablen zu gewinnen. Durch die Untersuchung dieser Korrelationen können Sie versteckte Muster und Zusammenhänge in den Daten aufdecken und Entscheidungen darüber treffen, welche Merkmale transformiert, kombiniert oder erstellt werden sollen. Diese Analyse hilft, die einflussreichsten Variablen zu priorisieren und potenzielle Multikollinearitätsprobleme zu identifizieren.

- Diese erste Phase der Datenexploration und -vorbereitung schafft die Grundlage für fortschrittlichere Techniken des Feature Engineerings. Sie bietet den notwendigen Kontext und das Verständnis, um effektiv fortschrittliche Methoden umzusetzen, wie z. B. die Erstellung von Interaktionsmerkmalen zur Erfassung komplexer Beziehungen, das Kodieren kategorialer Variablen, um sie für Machine-Learning-Algorithmen geeignet zu machen, und die Anwendung mathematischer Transformationen auf numerische Merkmale, um ihre Verteilungen und Beziehungen zur Zielvariablen besser darzustellen.

2. Feature Engineering für die Vorhersage von Hauspreisen

Nachdem wir den Datensatz bereinigt und eine erste Exploration durchgeführt haben, ist es an der Zeit, in den entscheidenden Prozess des **Feature Engineerings** einzutauchen. Dieser Schritt stellt die Kunst und Wissenschaft der Datenanalyse dar, da wir Rohdaten in Merkmale umwandeln, die die zugrunde liegenden Muster und Beziehungen innerhalb unseres Problems der Hauspreisvorhersage genauer widerspiegeln.

Feature Engineering bedeutet nicht nur, Daten zu manipulieren; es geht darum, verborgene Erkenntnisse aufzudecken und einen reichhaltigeren, informativeren Datensatz für unser Modell zu schaffen. Durch sorgfältige Erstellung neuer Merkmale und Verfeinerung bestehender können wir die Fähigkeit unseres Modells, komplexe Beziehungen und Nuancen auf dem Immobilienmarkt zu erfassen, erheblich verbessern.

Im Bereich der Hauspreisvorhersage kann Feature Engineering eine Vielzahl von Techniken umfassen. Zum Beispiel könnten wir zusammengesetzte Merkmale erstellen, die mehrere Attribute kombinieren, wie einen "Luxusindex", der Faktoren wie hochwertige Ausstattung, architektonische Einzigartigkeit und Premiumgeräte berücksichtigt. Wir könnten auch Merkmale entwickeln, die Markttrends erfassen, indem wir historische Preisdaten und lokale Wirtschaftsfaktoren einbeziehen, damit unser Modell die dynamische Natur der Immobilienbewertung besser versteht.

In diesem Abschnitt werden wir mehrere Schlüsseltechniken des Feature Engineerings untersuchen, die besonders relevant für unsere Aufgabe der Hauspreisvorhersage sind:

- **Erstellen neuer Merkmale**: Wir werden aussagekräftige Informationen aus vorhandenen Datenpunkten ableiten, wie z. B. das Berechnen des Alters eines Hauses anhand seines Baujahres oder die Bestimmung des Preises pro Quadratmeter.

- **Kodierung kategorialer Variablen**: Wir werden nicht-numerische Daten wie Nachbarschaftsnamen oder Immobilientypen in ein Format umwandeln, das von unseren Machine-Learning-Algorithmen effektiv verarbeitet werden kann.

- **Transformation numerischer Merkmale**: Wir werden mathematische Operationen auf unsere numerischen Daten anwenden, um ihre Beziehungen zu den Hauspreisen besser zu erfassen, z. B. logarithmische Skalierung für stark verzerrte Merkmale wie Grundstücksgröße oder Verkaufspreis.

Durch das Beherrschen dieser Techniken werden wir in der Lage sein, einen Merkmalsdatensatz zu erstellen, der nicht nur die offensichtlichen Eigenschaften einer Immobilie darstellt, sondern auch subtile Marktdynamiken, Nachbarschaftstrends und andere Faktoren erfasst, die die Hauspreise beeinflussen. Dieser verbesserte Merkmalsdatensatz wird die Grundlage für den Aufbau eines hochgenauen und robusten Vorhersagemodells bilden.

2.1 Erstellung neuer Merkmale

Die Erstellung neuer Merkmale ist ein entscheidender Aspekt des Feature Engineerings, bei dem aussagekräftige Informationen aus vorhandenen Datenpunkten abgeleitet werden. Im Kontext des Immobilienmarktes ist dieser Prozess besonders wertvoll, da er uns ermöglicht, komplexe Faktoren zu erfassen, die die Hauspreise beeinflussen – über offensichtliche Merkmale wie Wohnfläche und Anzahl der Schlafzimmer hinaus. Durch die Synthese neuer Merkmale können wir unseren Vorhersagemodellen differenziertere und informativere Eingaben bereitstellen, sodass sie die Feinheiten der Immobilienbewertung besser verstehen.

Zum Beispiel könnten wir Merkmale erstellen, die die Qualität der Lage einer Immobilie widerspiegeln, indem wir Daten über nahegelegene Annehmlichkeiten, Kriminalitätsraten und Bewertungen von Schulbezirken kombinieren. Ein weiteres Beispiel könnte ein "Luxusindex" sein, der hochwertige Ausstattung, architektonische Einzigartigkeit und Premium-Geräte berücksichtigt. Wir könnten auch Merkmale entwickeln, die Markttrends erfassen, indem wir historische Preisdaten und lokale Wirtschaftsfaktoren einbeziehen. Diese erstellten Merkmale ermöglichen es uns, Fachwissen und subtile Marktdynamiken zu integrieren, die in den Rohdaten möglicherweise nicht sofort erkennbar sind.

Darüber hinaus kann die Merkmalserstellung helfen, nichtlineare Beziehungen zwischen Variablen zu adressieren. Beispielsweise könnte der Einfluss des Alters einer Immobilie auf ihren Preis nicht linear sein – sehr alte Häuser könnten aufgrund ihres historischen Werts kostspielig sein, während mäßig alte Häuser weniger begehrt sein könnten. Durch die Erstellung von Merkmalen, die diese nuancierten Beziehungen erfassen, ermöglichen wir unseren Modellen, genauere und anspruchsvollere Preismuster zu erlernen.

Beispiel: Alter des Hauses

Ein nützliches Merkmal, das erstellt werden kann, ist das **Alter des Hauses**, das aus der Spalte **YearBuilt** abgeleitet werden kann. In der Regel haben neuere Häuser aufgrund besserer Materialien und moderner Designs höhere Preise.

Codebeispiel: Erstellung des Merkmals Alter des Hauses

```
import pandas as pd
```

```
# Assuming the dataset has a YearBuilt column and the current year is 2024
df['HouseAge'] = 2024 - df['YearBuilt']

# View the first few rows to see the new feature
print(df[['YearBuilt', 'HouseAge']].head())
```

Dieser Code erstellt ein neues Merkmal namens 'HouseAge', indem die Differenz zwischen dem aktuellen Jahr (angenommen 2024) und dem Baujahr des Hauses berechnet wird. Hier eine Aufschlüsselung, was der Code tut:

- Zuerst wird die **pandas**Bibliothek importiert, die häufig für Datenmanipulationen in Python verwendet wird.

- Es wird angenommen, dass der Datensatz (repräsentiert durch 'df') bereits eine Spalte namens 'YearBuilt' enthält, die das Baujahr jedes Hauses angibt.

- Der Code erstellt eine neue Spalte 'HouseAge', indem der Wert aus der Spalte 'YearBuilt' von 2024 (dem angenommenen aktuellen Jahr) subtrahiert wird. Diese Berechnung ergibt das Alter jedes Hauses in Jahren.

- Schließlich werden die ersten Zeilen des DataFrames ausgegeben, die sowohl die Spalte 'YearBuilt' als auch die neu erstellte Spalte 'HouseAge' anzeigen. Dadurch kann überprüft werden, ob das neue Merkmal korrekt erstellt wurde.

Dieser Schritt im Feature Engineering ist wertvoll, da das Alter eines Hauses ein wesentlicher Faktor bei der Bestimmung seines Preises sein kann. Neuere Häuser erzielen oft höhere Preise aufgrund moderner Designs und Materialien, während sehr alte Häuser aufgrund ihres historischen Werts wertvoll sein könnten.

Durch die Berechnung des Alters des Hauses fügen wir ein Merkmal hinzu, das dem Modell hilft zu verstehen, wie sich der Zeitverlauf auf die Hauspreise auswirkt.

Beispiel: Grundstücksgröße pro Schlafzimmer

Ein weiteres Merkmal, das wir erstellen können, ist die **Grundstücksgröße pro Schlafzimmer**, die die Fläche des Grundstücks pro Schlafzimmer darstellt. Dieses Merkmal kann Aufschluss darüber geben, wie die Raumverteilung in einer Immobilie deren Wert beeinflusst.

Codebeispiel: Erstellung des Merkmals Grundstücksgröße pro Schlafzimmer

```
# Assuming the dataset has LotSize and Bedrooms columns
df['LotSizePerBedroom'] = df['LotSize'] / df['Bedrooms']

# View the first few rows to see the new feature
print(df[['LotSize', 'Bedrooms', 'LotSizePerBedroom']].head())
```

In diesem Beispiel berechnen wir die Grundstücksgröße pro Schlafzimmer, was dem Modell detailliertere Informationen über die Raumaufteilung eines Hauses liefert.

Dieser Code erstellt ein neues Merkmal namens 'LotSizePerBedroom', indem die 'LotSize' durch die Anzahl der 'Bedrooms' für jedes Haus im Datensatz geteilt wird. Hier eine Aufschlüsselung, was der Code tut:

- Es wird angenommen, dass der Datensatz (repräsentiert durch 'df') bereits Spalten namens 'LotSize' und 'Bedrooms' enthält.

- Es wird eine neue Spalte 'LotSizePerBedroom' erstellt, indem der Wert aus der Spalte 'LotSize' durch den Wert aus der Spalte 'Bedrooms' für jede Zeile im DataFrame geteilt wird.

- Schließlich werden die ersten Zeilen des DataFrames ausgegeben, die die Spalten 'LotSize', 'Bedrooms' und die neu erstellte Spalte 'LotSizePerBedroom' anzeigen. Dadurch kann überprüft werden, ob das neue Merkmal korrekt erstellt wurde.

Dieser Schritt im Feature Engineering ist wertvoll, da er Einblicke in die Raumaufteilung einer Immobilie gibt und wie diese den Wert beeinflusst. Die Grundstücksgröße pro Schlafzimmer kann ein wichtiger Faktor bei der Bestimmung des Hauspreises sein, da sie die Landfläche pro Schlafzimmer repräsentiert. Dieses neue Merkmal liefert dem Modell detailliertere Informationen über die Raumaufteilung eines Hauses und kann dazu beitragen, die Vorhersagegenauigkeit der Hauspreise zu verbessern.

2.2 Kodierung kategorialer Variablen

Im Bereich des Machine Learnings zur Vorhersage von Hauspreisen stoßen wir oft auf kategoriale Variablen – Merkmale, die eine endliche Anzahl möglicher Werte haben. Beispiele hierfür sind **Standort (Postleitzahl)**, **Gebäudetyp** oder **Architekturstil**. Diese Variablen stellen eine besondere Herausforderung dar, da die meisten Machine-Learning-Algorithmen für numerische Daten ausgelegt sind. Daher müssen wir diese kategorialen Merkmale in ein numerisches Format umwandeln, das unsere Modelle effektiv verarbeiten können.

Dieser Transformationsprozess wird als Kodierung bezeichnet und ist ein entscheidender Schritt bei der Datenvorbereitung. Es gibt verschiedene Kodierungsmethoden, von denen jede ihre eigenen Stärken und idealen Anwendungsfälle hat. Zwei der am häufigsten verwendeten Techniken sind **One-Hot-Encoding** und **Label-Encoding**.

One-Hot-Encoding ist eine Methode, die sich besonders für kategoriale Variablen eignet, die keine inhärente Reihenfolge oder Hierarchie aufweisen. Diese Technik erstellt neue binäre Spalten für jede eindeutige Kategorie innerhalb eines Merkmals. Wenn wir beispielsweise mit dem Merkmal **Neighborhood** arbeiten, würde das One-Hot-Encoding für jede Nachbarschaft in unserem Datensatz separate Spalten erstellen. Ein Haus, das sich in einer bestimmten Nachbarschaft befindet, hätte in der entsprechenden Spalte eine '1' und in allen anderen Nachbarschaftsspalten eine '0'.

Dieser Ansatz ist besonders wertvoll bei der Arbeit mit Merkmalen wie **Postleitzahl** oder **Architekturstil**, bei denen es keine inhärente Rangfolge zwischen den Kategorien gibt. Das One-Hot-Encoding ermöglicht es unserem Modell, jede Kategorie unabhängig zu behandeln, was entscheidend sein kann, um die differenzierten Auswirkungen verschiedener Nachbarschaften oder Stile auf die Hauspreise zu erfassen.

Es ist jedoch wichtig zu beachten, dass das One-Hot-Encoding die Dimensionalität unseres Datensatzes erheblich erhöhen kann, insbesondere wenn es viele eindeutige Kategorien gibt. Dies kann potenziell zum „Fluch der Dimensionalität" führen und erfordert möglicherweise zusätzliche Techniken zur Merkmalsauswahl, um die erhöhte Anzahl von Merkmalen effektiv zu bewältigen.

Codebeispiel: One-Hot-Encoding

```python
# One-hot encode the 'Neighborhood' column
df_encoded = pd.get_dummies(df, columns=['Neighborhood'])

# View the first few rows of the encoded dataframe
print(df_encoded.head())
```

In diesem Beispiel:

Die Funktion get_dummies() erstellt neue binäre Spalten für jede Nachbarschaft im Datensatz. Das Modell kann diese Informationen nun nutzen, um zwischen Häusern in verschiedenen Nachbarschaften zu unterscheiden.

Dieser Code zeigt, wie One-Hot-Encoding auf eine kategoriale Variable angewendet wird, insbesondere auf die Spalte 'Neighborhood' in einem Datensatz. Hier ist eine Erklärung, was der Code tut:

1. df_encoded = pd.get_dummies(df, columns=['Neighborhood'])

Diese Zeile verwendet die get_dummies()-Funktion von pandas, um binäre Spalten für jeden eindeutigen Wert in der Spalte 'Neighborhood' zu erstellen. Jede neue Spalte repräsentiert eine spezifische Nachbarschaft und enthält 1, wenn sich ein Haus in dieser Nachbarschaft befindet, und 0, wenn nicht.

2. print(df_encoded.head())

Diese Zeile gibt die ersten Zeilen des neu kodierten DataFrames aus, damit Sie das Ergebnis des One-Hot-Encodings sehen können.

One-Hot-Encoding ist besonders nützlich für kategoriale Variablen wie 'Neighborhood', bei denen keine inhärente Reihenfolge oder Rangfolge zwischen den Kategorien besteht. Es ermöglicht dem Modell, jede Nachbarschaft als unabhängiges Merkmal zu behandeln, was entscheidend sein kann, um die differenzierten Auswirkungen verschiedener Nachbarschaften auf die Hauspreise zu erfassen.

Es ist jedoch wichtig zu beachten, dass diese Methode die Anzahl der Spalten im Datensatz erheblich erhöhen kann, insbesondere wenn die kategoriale Variable viele eindeutige Werte hat. Dies könnte potenziell zum „Fluch der Dimensionalität" führen und zusätzliche Techniken zur Merkmalsauswahl erforderlich machen, um die erhöhte Anzahl von Merkmalen effektiv zu bewältigen.

Label-Encoding

Eine weitere Option ist das **Label-Encoding**, das jede Kategorie in eine eindeutige Ganzzahl umwandelt. Diese Methode ist besonders nützlich, wenn die Kategorien eine inhärente Reihenfolge oder Hierarchie haben. Zum Beispiel, wenn es um ein Merkmal wie **Zustand** (z. B. schlecht, durchschnittlich, gut, ausgezeichnet) geht, kann das Label-Encoding die ordinale Natur der Daten erfassen.

Label-Encoding weist jeder Kategorie eine eindeutige Ganzzahl zu und bewahrt die relative Reihenfolge. Zum Beispiel könnte 'schlecht' als 1, 'durchschnittlich' als 2, 'gut' als 3 und 'ausgezeichnet' als 4 kodiert werden. Diese numerische Darstellung ermöglicht es dem Modell, die Progression oder Rangfolge innerhalb des Merkmals zu verstehen.

Es ist jedoch wichtig zu beachten, dass Label-Encoding mit Vorsicht verwendet werden sollte. Während es gut für ordinale Daten funktioniert, kann seine Anwendung auf nominale Kategorien (ohne natürliche Reihenfolge) unbeabsichtigte Beziehungen in den Daten einführen. Zum Beispiel könnte das Kodieren von 'rot', 'blau' und 'grün' als 1, 2 und 3 das Modell dazu führen, fälschlicherweise anzunehmen, dass 'grün' ähnlicher zu 'blau' ist als zu 'rot'.

Wenn Sie Label-Encoding verwenden, ist es wichtig, das Kodierungsschema zu dokumentieren und dessen Auswirkungen auf die Modellinterpretation zu berücksichtigen. In einigen Fällen kann eine Kombination aus Label-Encoding für ordinale Merkmale und One-Hot-Encoding für nominale Merkmale die besten Ergebnisse liefern.

Codebeispiel: Label-Encoding

```
from sklearn.preprocessing import LabelEncoder

# Label encode the 'Condition' column
label_encoder = LabelEncoder()
df['ConditionEncoded'] = label_encoder.fit_transform(df['Condition'])

# View the first few rows to see the encoded column
print(df[['Condition', 'ConditionEncoded']].head())
```

In diesem Beispiel:

Wir verwenden LabelEncoder, um die Spalte **Condition** in numerische Werte umzuwandeln. Dieser Ansatz ist geeignet, da Hauszustände in Bezug auf Qualität geordnet werden können, von schlecht bis ausgezeichnet.

Code-Erklärung:

- from sklearn.preprocessing import LabelEncoder

Diese Zeile importiert die LabelEncoder-Klasse aus scikit-learn, die verwendet wird, um kategoriale Labels in numerische Form umzuwandeln.

- label_encoder = LabelEncoder()

Dies erstellt eine Instanz der LabelEncoder-Klasse.

- df['ConditionEncoded'] = label_encoder.fit_transform(df['Condition'])

Diese Zeile wendet das Label-Encoding auf die Spalte 'Condition' an. Die Methode fit_transform() lernt das Kodierungsschema aus den Daten und wendet es anschließend an, wobei eine neue Spalte 'ConditionEncoded' mit den numerischen Labels erstellt wird.

- print(df[['Condition', 'ConditionEncoded']].head())

Diese Zeile gibt die ersten Zeilen der ursprünglichen Spalte 'Condition' und der neuen Spalte 'ConditionEncoded' aus, damit das Ergebnis der Kodierung sichtbar wird.

Dieser Ansatz ist besonders nützlich für ordinale kategoriale Variablen wie Hauszustände, bei denen eine natürliche Ordnung besteht (z. B. schlecht, durchschnittlich, gut, ausgezeichnet). Die Kodierung bewahrt diese Ordnung in der numerischen Darstellung.

2.3 Transformation numerischer Merkmale

Die Transformation numerischer Merkmale ist ein entscheidender Schritt bei der Vorbereitung von Daten für Machine-Learning-Modelle, insbesondere bei der Arbeit mit schiefen Verteilungen. Dieser Prozess kann die Fähigkeit eines Modells erheblich verbessern, Muster und Beziehungen innerhalb der Daten zu erkennen. Zwei weit verbreitete Transformationstechniken sind die logarithmische Skalierung und die Normalisierung.

Logarithmische Transformation

Die logarithmische Transformation ist besonders effektiv für Merkmale, die einen großen Wertebereich aufweisen oder stark verzerrt sind. Im Kontext der Hauspreisvorhersage zeigen Merkmale wie **SalePrice** und **LotSize** häufig diese Eigenschaften. Durch die Anwendung einer logarithmischen Funktion auf diese Variablen können wir die Skala großer Werte komprimieren und gleichzeitig die Skala kleiner Werte erweitern. Dies hat mehrere Vorteile:

- **Reduzierung der Schiefe:** Die Verteilung nähert sich einer Normalverteilung an, was eine Voraussetzung vieler statistischer Techniken ist.

- **Minderung des Einflusses von Ausreißern:** Extreme Werte werden näher an den Rest der Daten gebracht, wodurch ihr unverhältnismäßiger Einfluss auf das Modell reduziert wird.

- **Verbesserte Linearität:** In einigen Fällen kann dies helfen, Beziehungen zwischen Variablen zu linearisieren, wodurch sie für lineare Modelle leichter erfassbar werden.

Beispielsweise hätte ein Haus, das für $1.000.000 verkauft wird, nach einer logarithmischen Transformation einen Wert von ungefähr 13,82, während ein Haus für $100.000 einen Wert von etwa 11,51 hätte. Dadurch wird der absolute Unterschied verringert, während die relative Beziehung erhalten bleibt.

Es ist jedoch wichtig zu beachten, dass logarithmische Transformationen mit Bedacht angewendet werden sollten. Sie sind am effektivsten, wenn die Daten positiv schief sind und alle Werte positiv sind. Darüber hinaus erfordert die Interpretation der Ergebnisse eines Modells, das log-transformierte Merkmale verwendet, besondere Aufmerksamkeit, da die Effekte nicht mehr auf der ursprünglichen Skala liegen.

Codebeispiel: Logarithmische Transformation

```python
import numpy as np

# Apply a logarithmic transformation to SalePrice and LotSize
df['LogSalePrice'] = np.log(df['SalePrice'])
df['LogLotSize'] = np.log(df['LotSize'])

# View the first few rows to see the transformed features
print(df[['SalePrice', 'LogSalePrice', 'LotSize', 'LogLotSize']].head())
```

In diesem Beispiel:

Wir wenden np.log() auf die Spalten **SalePrice** und **LotSize** an, um sie in ein normalverteilteres Format zu transformieren. Dies kann dem Modell helfen, besser zu arbeiten, indem es die Schiefe reduziert.

Dieser Code zeigt, wie eine logarithmische Transformation auf numerische Merkmale in einem Datensatz angewendet wird, insbesondere auf die Spalten 'SalePrice' und 'LotSize'. Hier ist eine Erläuterung des Codes:

- Zuerst wird die Bibliothek numpy als 'np' importiert, die mathematische Funktionen wie die Logarithmusfunktion bereitstellt.

- Anschließend erstellt der Code zwei neue Spalten im DataFrame:

  o 'LogSalePrice': Diese Spalte wird erstellt, indem der natürliche Logarithmus (np.log()) auf die Spalte 'SalePrice' angewendet wird.

  o 'LogLotSize': Ebenso wird diese Spalte erstellt, indem der natürliche Logarithmus auf die Spalte 'LotSize' angewendet wird.

- Schließlich werden die ersten Zeilen des DataFrames ausgegeben, die sowohl die Originalwerte als auch die logarithmisch transformierten Versionen von 'SalePrice' und 'LotSize' zeigen.

Der Zweck dieser Transformation besteht darin, die Schiefe in der Datenverteilung zu reduzieren und die Leistung von Machine-Learning-Modellen potenziell zu verbessern. Die logarithmische Transformation kann besonders nützlich für Merkmale wie Verkaufspreise und Grundstücksgrößen sein, die oft große Wertebereiche aufweisen und positiv schief sind.

Normalisierung

Die Normalisierung ist eine wichtige Technik im Feature Engineering, die die Werte numerischer Merkmale auf einen Standardbereich, typischerweise zwischen 0 und 1, skaliert. Dieser Prozess ist besonders wichtig, wenn es um Merkmale geht, die erheblich unterschiedliche Skalen oder Maßeinheiten haben. In unserem Hauspreisvorhersagemodell existieren beispielsweise Merkmale wie **LotSize** (in Tausend Quadratfuß) und **Bedrooms** (normalerweise eine kleine Ganzzahl) auf sehr unterschiedlichen Skalen.

Die Bedeutung der Normalisierung wird deutlich, wenn wir betrachten, wie Machine-Learning-Algorithmen Daten verarbeiten. Viele Algorithmen, wie solche, die auf Gradientenabstiegsverfahren basieren, reagieren empfindlich auf die Skala der Eingabemerkmale. Wenn Merkmale auf unterschiedlichen Skalen vorliegen, können diejenigen mit größeren Werten den Lernprozess dominieren, was zu voreingenommenen oder suboptimalen Modellergebnissen führen kann. Durch die Normalisierung aller Merkmale auf eine gemeinsame Skala stellen wir sicher, dass jedes Merkmal proportional zum Lernprozess des Modells beiträgt.

Darüber hinaus kann die Normalisierung die Konvergenzgeschwindigkeit von Optimierungsalgorithmen verbessern, die beim Training von Machine-Learning-Modellen verwendet werden. Sie trägt dazu bei, einen gleichmäßigeren Merkmalsraum zu schaffen, was zu einem schnelleren und stabileren Modelltraining führen kann. Dies ist besonders vorteilhaft bei Algorithmen wie neuronalen Netzen oder Support Vector Machines.

Im Kontext unseres Hauspreisvorhersagemodells ermöglicht die Normalisierung von Merkmalen wie **LotSize** und **Bedrooms**, dass das Modell sie gleichberechtigt behandelt, trotz ihrer inhärenten Skalierungsunterschiede. Dies kann zu genaueren Vorhersagen und einem besseren Verständnis des tatsächlichen Einflusses jedes Merkmals auf die Hauspreise führen.

Codebeispiel: Normalisierung numerischer Merkmale

```
from sklearn.preprocessing import MinMaxScaler

# Define the numerical columns to normalize
numerical_columns = ['LotSize', 'HouseAge', 'SalePrice']

# Initialize the MinMaxScaler
scaler = MinMaxScaler()
```

```
# Apply normalization
df[numerical_columns] = scaler.fit_transform(df[numerical_columns])

# View the first few rows of the normalized dataframe
print(df[numerical_columns].head())
```

In diesem Beispiel:

Wir verwenden MinMaxScaler aus Scikit-learn, um die ausgewählten numerischen Spalten zu normalisieren. Dies stellt sicher, dass alle numerischen Merkmale auf derselben Skala liegen, was die Leistung von Machine-Learning-Algorithmen verbessern kann.

Dieser Code zeigt, wie numerische Merkmale in einem Datensatz mithilfe des MinMaxScalers aus Scikit-learn normalisiert werden können. Hier ist eine Aufschlüsselung der Schritte:

1. Importieren des MinMaxScalers aus sklearn.preprocessing

2. Definieren einer Liste numerischer Spalten, die normalisiert werden sollen: 'LotSize', 'HouseAge' und 'SalePrice'

3. Initialisieren des MinMaxScalers

4. Anwenden der Normalisierung auf die ausgewählten Spalten mit fit_transform(), wodurch die Werte auf einen Bereich zwischen 0 und 1 skaliert werden

5. Ausgeben der ersten Zeilen des normalisierten DataFrames, um die Ergebnisse anzuzeigen

Das Ziel dieser Normalisierung ist es, alle numerischen Merkmale auf dieselbe Skala zu bringen, was die Leistung von Machine-Learning-Algorithmen verbessern kann, insbesondere bei Algorithmen, die empfindlich auf die Skalierung der Eingabemerkmale reagieren. Dies ist besonders nützlich, wenn Merkmale mit erheblich unterschiedlichen Skalen oder Maßeinheiten, wie z. B. Grundstücksgröße und Alter des Hauses, vorliegen.

Interaktionsmerkmale

Interaktionsmerkmale entstehen durch die Kombination von zwei oder mehr bestehenden Merkmalen, um komplexe Zusammenhänge zwischen ihnen zu erfassen, die möglicherweise einen signifikanten Einfluss auf die Zielvariable haben. Im Kontext der Vorhersage von Hauspreisen können diese Interaktionen subtile Muster aufdecken, die einzelne Merkmale möglicherweise übersehen. Zum Beispiel kann die Interaktion zwischen **Bedrooms** und **Bathrooms** ein wichtiger Prädiktor für Hauspreise sein, da sie die Gesamtfunktionalität des Wohnraums berücksichtigt.

Diese Interaktion geht über die getrennte Betrachtung der Anzahl der Schlafzimmer oder Badezimmer hinaus. Ein Haus mit 3 Schlafzimmern und 2 Badezimmern könnte anders bewertet werden als ein Haus mit 2 Schlafzimmern und 3 Badezimmern, selbst wenn die

Gesamtanzahl der Räume gleich ist. Das Interaktionsmerkmal kann diesen feinen Unterschied erfassen und dem Modell potenziell genauere Informationen für die Preisvorhersage liefern.

Darüber hinaus können Interaktionen zwischen anderen Merkmalen ebenfalls wertvoll sein. Beispielsweise könnte die Interaktion zwischen **LotSize** und **Neighborhood** zeigen, dass größere Grundstücksgrößen in bestimmten Vierteln wertvoller sind als in anderen. Ebenso könnte eine Interaktion zwischen **HouseAge** und **Condition** dem Modell helfen zu verstehen, wie sich das Alter eines Hauses je nach Gesamtzustand auf seinen Preis auswirkt.

Codebeispiel: Erstellen eines Interaktionsmerkmals

```
# Create an interaction feature between Bedrooms and Bathrooms
df['BedroomBathroomInteraction'] = df['Bedrooms'] * df['Bathrooms']

# View the first few rows to see the new feature
print(df[['Bedrooms', 'Bathrooms', 'BedroomBathroomInteraction']].head())
```

In diesem Beispiel:

Wir erstellen ein Interaktionsmerkmal, das die Anzahl der Schlafzimmer mit der Anzahl der Badezimmer multipliziert. Dieses Merkmal erfasst die Idee, dass die Kombination dieser beiden Variablen den Hauspreis stärker beeinflussen kann als jede einzelne für sich genommen.

Das macht jede Zeile:

1. df['BedroomBathroomInteraction'] = df['Bedrooms'] * df['Bathrooms']Diese Zeile erstellt eine neue Spalte namens 'BedroomBathroomInteraction' im DataFrame (df). Sie wird berechnet, indem die Werte in der Spalte 'Bedrooms' mit den entsprechenden Werten in der Spalte 'Bathrooms' multipliziert werden.

2. print(df[['Bedrooms', 'Bathrooms', 'BedroomBathroomInteraction']].head())Diese Zeile gibt die ersten Zeilen des DataFrames aus und zeigt nur die Spalten 'Bedrooms', 'Bathrooms' und die neu erstellte Spalte 'BedroomBathroomInteraction'. So können Sie das Ergebnis der Erstellung des Interaktionsmerkmals sehen.

Der Zweck dieses Interaktionsmerkmals besteht darin, die kombinierte Wirkung von Schlafzimmern und Badezimmern auf Hauspreise zu erfassen. Dies kann informativer sein, als diese Merkmale getrennt zu betrachten, da es die Gesamtfunktionalität des Wohnraums des Hauses widerspiegelt.

Die Kraft des Feature Engineerings

Feature Engineering ist einer der entscheidenden Aspekte beim Aufbau leistungsstarker Machine-Learning-Modelle. Durch das Erstellen neuer Merkmale, die Transformation bestehender Merkmale und das effektive Kodieren kategorischer Variablen können Sie die Leistung Ihrer Modelle erheblich verbessern. Die hier besprochenen Merkmale, wie **House Age**, **LotSize per Bedroom**, **Logarithmische Transformationen** und **Interaktionsmerkmale**, sind nur einige Beispiele dafür, wie Sie Rohdaten in sinnvolle Eingaben für Ihr Modell verwandeln können.

3. Aufbau und Bewertung des Vorhersagemodells

Nachdem wir unsere Merkmale entwickelt und transformiert haben, sind wir bereit für die spannende Phase des Aufbaus eines Vorhersagemodells für Hauspreise. Dieser entscheidende Schritt nutzt die Kraft von Machine-Learning-Algorithmen, um Muster in unseren Daten zu erkennen und präzise Preisvorhersagen zu treffen. Wir gehen dabei einen umfassenden Prozess durch, der den Modellaufbau, das Training und die Bewertung umfasst.

Unser Werkzeug der Wahl für diese Aufgabe ist Scikit-learn, eine leistungsstarke und weit verbreitete Machine-Learning-Bibliothek in Python. Scikit-learn bietet eine Vielzahl von Algorithmen und Tools, die unseren Modellierungsprozess vereinfachen. Hier ist ein Überblick über die wichtigsten Schritte:

- **Datenaufteilung:** Wir beginnen mit der Unterteilung unseres Datensatzes in Trainings- und Testdaten. Diese Trennung ist entscheidend, um zu beurteilen, wie gut unser Modell auf unbekannte Daten generalisiert, was reale Szenarien nachahmt, in denen wir das Modell zur Vorhersage von Preisen neuer Häuser verwenden.

- **Modelltraining:** Wir haben den Random-Forest-Algorithmus für unsere Regressionsaufgabe ausgewählt. Random Forest ist eine Ensemble-Lernmethode, die mehrere Entscheidungsbäume kombiniert. Sie bietet robuste Leistung und kann komplexe Zusammenhänge in den Daten bewältigen. Wir werden dieses Modell mit unseren entwickelten Merkmalen trainieren, damit es die komplexen Muster lernt, die Hauspreise beeinflussen.

- **Leistungsbewertung:** Nachdem unser Modell trainiert wurde, stellen wir es auf die Probe. Wir verwenden gängige Regressionsmetriken, um zu quantifizieren, wie gut unsere Vorhersagen mit den tatsächlichen Hauspreisen übereinstimmen. Dieser Schritt ist entscheidend, um die Stärken des Modells und mögliche Verbesserungsbereiche zu verstehen.

- **Hyperparameter-Tuning:** Um eine noch bessere Leistung zu erzielen, erkunden wir verschiedene Konfigurationen unseres Random-Forest-Modells. Dieser Prozess, bekannt als Hyperparameter-Tuning, hilft uns, die optimalen Einstellungen für unseren spezifischen Datensatz zu finden.

Mit diesem strukturierten Ansatz bauen wir nicht nur ein Vorhersagemodell, sondern gewinnen auch Einblicke in die Faktoren, die Hauspreise am stärksten beeinflussen. Dieses Wissen kann für Immobilienfachleute, Hausbesitzer und potenzielle Käufer gleichermaßen wertvoll sein.

3.1 Aufteilen der Daten

Bevor wir mit dem Training unseres Modells beginnen, ist es entscheidend, unsere Daten ordnungsgemäß vorzubereiten. Diese Vorbereitung umfasst das Aufteilen unseres Datensatzes in zwei getrennte Teile, die jeweils eine spezifische Rolle im Modellentwicklungsprozess spielen:

1. **Trainingsdaten:** Dieser größere Teil der Daten bildet die Grundlage für das Lernen unseres Modells. Es ist der Datensatz, auf dem unser Modell trainiert wird, um Muster und Zusammenhänge zwischen Merkmalen und Hauspreisen zu erkennen.

2. **Testdaten:** Dieser kleinere, separate Teil der Daten simuliert neue, unbekannte Häuser. Wir verwenden diesen Datensatz, um zu bewerten, wie gut unser trainiertes Modell auf Daten performt, die es während der Trainingsphase nicht gesehen hat. Dadurch erhalten wir eine realistische Einschätzung seiner Vorhersagefähigkeiten.

Um diese wichtige Datenaufteilung zu erreichen, verwenden wir die leistungsstarke Funktion **train_test_split** aus der Scikit-learn-Bibliothek. Diese Funktion bietet eine einfache und effiziente Möglichkeit, unseren Datensatz zufällig zu teilen, sodass sowohl die Trainings- als auch die Testdaten repräsentativ für die Gesamtverteilung der Daten sind.

Codebeispiel: Aufteilen der Daten

```python
from sklearn.model_selection import train_test_split

# Define the features (X) and the target variable (y)
X = df[['HouseAge', 'LotSizePerBedroom', 'LogLotSize', 'Bedrooms', 'Bathrooms',
'ConditionEncoded', 'BedroomBathroomInteraction']]
y = df['SalePrice']

# Split the data into training and testing sets (80% train, 20% test)
X_train, X_test, y_train, y_test = train_test_split(X, y, test_size=0.2,
random_state=42)

# View the shape of the training and test sets
print(f"Training set shape: {X_train.shape}, Test set shape: {X_test.shape}")
```

In diesem Beispiel:

- Wir definieren die zuvor erstellten Merkmale als X und die Zielvariable (SalePrice) als y.

- Wir teilen den Datensatz in Trainingsdaten (80 %) und Testdaten (20 %), um sicherzustellen, dass unser Modell auf unbekannte Daten generalisieren kann.

Hier ist eine Aufschlüsselung dessen, was der Code macht:

- Die Funktion train_test_split wird aus dem Modul model_selection von Scikit-learn importiert.

- Die Merkmale (X) und die Zielvariable (y) werden definiert. Zu den Merkmalen gehören erstellte Variablen wie 'HouseAge', 'LotSizePerBedroom', 'LogLotSize' und andere.

- Die train_test_splitFunktion wird verwendet, um die Daten in Trainings- und Testdatensätze aufzuteilen. Der Testdatensatz umfasst 20 % der Gesamtdaten (test_size=0.2), während die Trainingsdaten die verbleibenden 80 % ausmachen.

- Der Parameter random_state=42 sorgt für die Reproduzierbarkeit der Aufteilung.

- Abschließend werden die Dimensionen der Trainings- und Testdatensätze ausgegeben, um die Aufteilung zu bestätigen.

Diese Datenaufteilung ist entscheidend, um die Leistung des Modells auf unbekannten Daten zu bewerten und zu prüfen, wie gut es generalisiert.

3.2 Training des Random-Forest-Modells

Sobald die Daten aufgeteilt sind, können wir das Modell mit dem Algorithmus **Random Forest** trainieren. Random Forest ist ein beliebter Machine-Learning-Algorithmus für Klassifikations- und Regressionsaufgaben. Er arbeitet, indem er ein Ensemble von Entscheidungsbäumen erstellt. Diese leistungsstarke Technik kombiniert mehrere Entscheidungsbäume, um robustere und genauere Vorhersagen zu erzielen.

Der Random-Forest-Algorithmus bietet mehrere Vorteile für unsere Aufgabe der Hauspreisschätzung:

- **Umgang mit nicht-linearen Beziehungen:** Er kann komplexe Interaktionen zwischen Merkmalen erfassen, was besonders im Immobilienbereich wichtig ist, wo Faktoren wie Lage, Größe und Ausstattung auf komplexe Weise interagieren können.

- **Merkmalswichtigkeit:** Random Forest liefert eine Maßzahl für die Bedeutung der Merkmale, was uns hilft zu verstehen, welche Faktoren die Hauspreise am stärksten beeinflussen.

- **Resistenz gegen Overfitting:** Durch die Aggregation der Vorhersagen mehrerer Bäume ist Random Forest weniger anfällig für Overfitting im Vergleich zu einem einzelnen Entscheidungsbaum.

- **Umgang mit fehlenden Werten:** Er kann mit fehlenden Werten in den Daten umgehen, was in realen Datensätzen häufig vorkommt.

In unserer Implementierung verwenden wir den RandomForestRegressor von Scikit-learn, der es uns ermöglicht, dieses anspruchsvolle Modell einfach zu trainieren und Vorhersagen zu treffen.

Codebeispiel: Training des Random-Forest-Modells

```
from sklearn.ensemble import RandomForestRegressor
```

```python
# Initialize the Random Forest Regressor
rf_model = RandomForestRegressor(random_state=42)

# Train the model on the training data
rf_model.fit(X_train, y_train)

# Make predictions on the test data
y_pred = rf_model.predict(X_test)

print("Model training complete.")
```

In diesem Beispiel:

- Wir initialisieren einen **RandomForestRegressor** und trainieren das Modell mit den Trainingsdaten.

- Nach dem Training verwenden wir das trainierte Modell, um Vorhersagen für die Testdaten zu machen.

Hier ist eine Aufschlüsselung des Codebeispiels:

- **Import des notwendigen Moduls:**

```python
from sklearn.ensemble import RandomForestRegressor
```

Diese Zeile importiert die RandomForestRegressor-Klasse aus dem ensemble-Modul von Scikit-learn.

- **Initialisierung des Modells:**

```python
rf_model = RandomForestRegressor(random_state=42)
```

Hier erstellen wir eine Instanz des RandomForestRegressors. Der Parameter random_state wird gesetzt, um reproduzierbare Ergebnisse sicherzustellen.

- **Training des Modells:**

```python
rf_model.fit(X_train, y_train)
```

Diese Zeile trainiert das Modell mit den Trainingsdaten. X_train enthält die Merkmalswerte, und y_train enthält die entsprechenden Zielwerte (Hauspreise).

- **Erstellen von Vorhersagen:**

```python
y_pred = rf_model.predict(X_test)
```

Nach dem Training verwenden wir das Modell, um Vorhersagen für die Testdaten (X_test) zu machen. Diese Vorhersagen werden in y_pred gespeichert.

- **Bestätigungsnachricht:**

```
print("Model training complete.")
```

Diese Zeile gibt eine Nachricht aus, die bestätigt, dass der Modelltraining-Prozess abgeschlossen ist.

Dieser Codeausschnitt zeigt den grundlegenden Workflow des Trainings eines Random-Forest-Modells zur Vorhersage von Hauspreisen: Import der notwendigen Klasse, Initialisierung des Modells, Training mit den Daten und Nutzung des Modells zur Erstellung von Vorhersagen.

3.3 Bewertung der Modellleistung

Um die Leistung unseres Modells zur Vorhersage von Hauspreisen zu bewerten, verwenden wir zwei wichtige Metriken, die häufig bei Regressionsaufgaben eingesetzt werden: den **Mean Absolute Error (MAE)** und den **R-squared (R^2)**-Wert. Diese Metriken liefern wertvolle Einblicke in verschiedene Aspekte der Vorhersagefähigkeiten unseres Modells:

- **Mean Absolute Error (MAE):**

Diese Metrik berechnet den durchschnittlichen absoluten Unterschied zwischen den vorhergesagten Hauspreisen und den tatsächlichen Preisen. Sie bietet eine einfache Maßzahl für die Vorhersagegenauigkeit in denselben Einheiten wie die Zielvariable (z. B. Dollar). Ein niedrigerer MAE weist auf eine bessere Modellleistung hin, da er kleinere Vorhersagefehler im Durchschnitt anzeigt.

- **R-squared (R^2):**

Auch bekannt als Bestimmtheitsmaß, misst R^2 den Anteil der Varianz in der Zielvariable (Hauspreise), der durch die Merkmale des Modells erklärt werden kann. Der Wert liegt zwischen 0 und 1, wobei 1 eine perfekte Vorhersage anzeigt. Ein R^2 von 0,7 würde beispielsweise bedeuten, dass 70 % der Variabilität der Hauspreise durch die Merkmale des Modells erklärt werden können.

Diese Metriken ergänzen sich gegenseitig und bieten eine umfassende Sicht auf die Modellleistung. Während MAE eine leicht interpretierbare Maßzahl für den Vorhersagefehler liefert, hilft R^2 dabei, zu verstehen, wie gut unser Modell die zugrunde liegenden Muster in den Daten erfasst. Durch die Analyse beider Metriken können wir ein differenziertes Verständnis der Stärken und potenziellen Verbesserungsbereiche unseres Modells bei der Vorhersage von Hauspreisen gewinnen.

Codebeispiel: Bewertung des Modells

```
from sklearn.metrics import mean_absolute_error, r2_score
```

```
# Calculate Mean Absolute Error
mae = mean_absolute_error(y_test, y_pred)

# Calculate R-squared
r2 = r2_score(y_test, y_pred)

print(f"Mean Absolute Error (MAE): {mae:.2f}")
print(f"R-squared (R²): {r2:.2f}")
```

In diesem Beispiel:

- **Mean Absolute Error (MAE):** Gibt eine einfache Messung, wie weit die Vorhersagen im Durchschnitt von den tatsächlichen Werten abweichen. Ein niedrigerer MAE deutet auf eine bessere Leistung hin.

- **R-squared (R²):** Misst, wie gut das Modell die Varianz der Zielvariablen erklärt. Ein R^2-Wert näher an 1 zeigt eine gute Anpassung.

Hier ist eine Aufschlüsselung des Codes:

- Zuerst werden die notwendigen Funktionen aus dem metrics-Modul von Scikit-learn importiert.

- Der Mean Absolute Error (MAE) wird mit der Funktion mean_absolute_error berechnet. MAE misst den durchschnittlichen absoluten Unterschied zwischen vorhergesagten und tatsächlichen Hauspreisen.

- Anschließend wird der R-squared-Wert mit der Funktion r2_score berechnet. R^2 zeigt, wie gut das Modell die Varianz der Hauspreise erklärt.

- Schließlich werden beide Metriken formatiert auf zwei Dezimalstellen ausgegeben.

Diese Metriken bewerten die Modellleistung:

- Ein niedrigerer MAE zeigt eine bessere Leistung, da die Vorhersagen im Durchschnitt näher an den tatsächlichen Preisen liegen.

- Ein R^2-Wert näher an 1 deutet auf eine bessere Anpassung hin, da das Modell mehr der Variabilität der Hauspreise erklärt.

Durch die Verwendung beider Metriken erhalten Sie eine umfassende Einschätzung der Vorhersagefähigkeiten des Modells für Hauspreise.

3.4 Hyperparameter-Tuning für bessere Leistung

Random-Forest-Modelle bieten eine Vielzahl von Hyperparametern, die feinabgestimmt werden können, um die Leistung zu verbessern. Diese Hyperparameter ermöglichen die Kontrolle verschiedener Aspekte des Modellverhaltens und der Modellstruktur. Einige wichtige Hyperparameter sind:

- **n_estimators:** Bestimmt die Anzahl der Bäume im Wald. Eine Erhöhung der Anzahl der Bäume kann oft zu einer besseren Leistung führen, erhöht jedoch auch die Rechenkosten.

- **max_depth:** Legt die maximale Tiefe jedes Baumes fest. Tiefere Bäume können komplexere Muster erfassen, aber auch zu Overfitting führen, wenn sie nicht kontrolliert werden.

- **min_samples_split:** Gibt die minimale Anzahl von Samples an, die erforderlich sind, um einen internen Knoten zu teilen. Dies hilft, das Wachstum des Baumes zu kontrollieren und Overfitting zu verhindern.

- **min_samples_leaf:** Legt die minimale Anzahl von Samples fest, die in einem Blattknoten erforderlich sind. Ähnlich wie min_samples_split trägt dies dazu bei, die Komplexität des Modells zu steuern.

Um die optimale Kombination dieser Hyperparameter zu finden, können wir **GridSearchCV** aus Scikit-learn verwenden. Dieses leistungsstarke Tool führt eine umfassende Suche über ein angegebenes Parametergrid durch und verwendet Cross-Validation, um die Leistung jeder Kombination zu bewerten. Durch die systematische Erkundung des Hyperparameterraums hilft GridSearchCV, die Konfiguration zu identifizieren, die die beste Modellleistung liefert, gemessen an einer gewählten Metrik wie Mean Absolute Error oder R-squared-Wert.

Der Prozess des Hyperparameter-Tunings ist entscheidend, da er es ermöglicht, das Random-Forest-Modell an unseren spezifischen Datensatz und unsere Problemstellung anzupassen. Durch die Feinabstimmung dieser Parameter können wir potenziell erhebliche Verbesserungen in der Vorhersagegenauigkeit und Generalisierungsfähigkeit unseres Modells bei der Vorhersage von Hauspreisen erzielen.

Codebeispiel: Hyperparameter-Tuning mit GridSearchCV

```python
from sklearn.model_selection import GridSearchCV

# Define the hyperparameters to tune
param_grid = {
    'n_estimators': [100, 200, 300],
    'max_depth': [10, 20, 30, None]
}

# Initialize the GridSearchCV with RandomForestRegressor
grid_search = GridSearchCV(estimator=rf_model, param_grid=param_grid, cv=5, scoring='neg_mean_absolute_error')

# Fit the grid search to the training data
grid_search.fit(X_train, y_train)
```

```
# Best hyperparameters
print(f"Best hyperparameters: {grid_search.best_params_}")

# Train the model with the best hyperparameters
best_rf_model = grid_search.best_estimator_

# Make predictions on the test data
best_y_pred = best_rf_model.predict(X_test)

# Evaluate the tuned model
best_mae = mean_absolute_error(y_test, best_y_pred)
best_r2 = r2_score(y_test, best_y_pred)

print(f"Tuned Model MAE: {best_mae:.2f}")
print(f"Tuned Model R²: {best_r2:.2f}")
```

In diesem Beispiel:

- **GridSearchCV** hilft uns, durch Cross-Validation die beste Kombination von Hyperparametern (z. B. Anzahl der Bäume und Baumtiefe) zu finden.

- Anschließend trainieren wir das Modell erneut mit den optimalen Hyperparametern und bewerten seine Leistung erneut.

Hier ist eine Aufschlüsselung des Codes:

1. **Import von GridSearchCV:** Die Funktion wird aus dem Modul model_selection von Scikit-learn importiert.

2. **Definition eines Parametergrids:**Das Grid enthält verschiedene Werte für 'n_estimators' (Anzahl der Bäume) und 'max_depth' (maximale Tiefe der Bäume).

3. **Initialisierung von GridSearchCV:**Es wird mit dem Random-Forest-Modell (rf_model), dem Parametergrid, einer 5-fachen Cross-Validation und Mean Absolute Error als Bewertungsmetrik initialisiert.

4. **Anpassung der Grid-Suche an die Trainingsdaten:**Die Grid-Suche wird mit den Trainingsdaten (X_train, y_train) durchgeführt.

5. **Ausgabe der besten Hyperparameter:**Die von der Grid-Suche gefundenen optimalen Hyperparameter werden ausgegeben.

6. **Erstellen eines neuen Modells:**Ein neues Modell (best_rf_model) wird mit den besten Hyperparametern erstellt.

7. **Vorhersagen mit dem optimierten Modell:**Die optimierten Vorhersagen werden mit den Testdaten erstellt.

8. **Bewertung der Modellleistung:**Die Leistung des optimierten Modells wird mithilfe der Metriken Mean Absolute Error (MAE) und R-squared (R²) bewertet.

Dieser Prozess hilft, die optimalen Hyperparameter für das Random-Forest-Modell zu finden und dessen Leistung bei der Vorhersage von Hauspreisen zu verbessern.

Modellaufbau und Bewertung

In diesem Abschnitt haben wir den komplexen Prozess des Aufbaus und der Bewertung eines Vorhersagemodells für Hauspreise eingehend untersucht. Unsere Reise begann mit dem entscheidenden Schritt der Datenaufteilung, bei dem wir unseren Datensatz in Trainings- und Testsätze unterteilt haben. Diese strategische Trennung ermöglichte es uns, unser Modell auf einem Teil der Daten zu erstellen, während der andere Teil für eine unvoreingenommene Bewertung reserviert wurde.

Anschließend haben wir die Leistungsfähigkeit des **Random-Forest-Algorithmus** genutzt, einer anspruchsvollen Ensemble-Lernmethode, die für ihre Robustheit und Vielseitigkeit bei der Handhabung komplexer Datensätze bekannt ist. Diese Modellwahl war besonders passend für unsere Aufgabe der Hauspreisschätzung, da sie nichtlineare Zusammenhänge erfasst und sowohl numerische als auch kategoriale Merkmale verarbeiten kann.

Um die Wirksamkeit unseres Modells zu bewerten, haben wir zwei zentrale Leistungskennzahlen verwendet: den **Mean Absolute Error (MAE)** und den **R-squared (R²)**-Wert. Der MAE lieferte eine greifbare Messung der Vorhersagegenauigkeit, indem er die durchschnittliche Abweichung unserer Vorhersagen von den tatsächlichen Hauspreisen quantifizierte. Ergänzend dazu bot der R^2-Wert Einblicke, wie gut unser Modell die Varianz der Hauspreise erklärt, und vermittelte uns eine ganzheitliche Sicht auf seine Vorhersagekraft.

Da wir erkannten, dass das anfängliche Modell möglicherweise nicht optimal war, haben wir uns in den Bereich des **Hyperparameter-Tunings** begeben. Dieser entscheidende Schritt nutzte die Leistungsfähigkeit von **GridSearchCV**, einer systematischen Methode zur Untersuchung verschiedener Kombinationen von Modellparametern. Durch die methodische Erkundung eines vordefinierten Parameterraums konnten wir die Konfiguration identifizieren, die die beste Leistung erzielte, und unser Random-Forest-Modell optimal an die Besonderheiten unseres spezifischen Datensatzes anpassen.

Es ist wichtig zu betonen, dass der Erfolg unseres Modells nicht allein auf der Wahl des Algorithmus oder des Tuning-Prozesses beruhte. Die zuvor angewandten Techniken des Feature Engineerings spielten eine entscheidende Rolle bei der Verbesserung der Modellleistung. Durch die Erstellung neuer, informativer Merkmale und die angemessene Kodierung kategorialer Variablen haben wir unserem Modell eine reichhaltigere und differenziertere Darstellung der Daten geliefert. Dieser Prozess des Merkmalsdesigns und der Transformation war entscheidend, um subtile Muster und Zusammenhänge im Datensatz zu erfassen.

Dank unseres tiefen Verständnisses für das Zusammenspiel zwischen verschiedenen Merkmalen und der Zielvariablen (Hauspreise) konnten wir ein Modell entwickeln, das nicht nur offensichtliche Trends erfasste, sondern auch feinere Einflüsse auf Immobilienwerte erkannte.

Dieser umfassende Ansatz für Feature Engineering und Modellentwicklung führte zu einem Vorhersageinstrument, das in der Lage ist, genauere und zuverlässigere Schätzungen von Hauspreisen zu liefern.

Zusammenfassend hat dieser Abschnitt die Synergie zwischen durchdachter Datenaufbereitung, anspruchsvollen Modellierungstechniken sowie sorgfältigen Bewertungs- und Tuning-Prozessen verdeutlicht. Das Ergebnis ist ein robustes, gut kalibriertes Modell, das wertvolle Einblicke in die komplexe Dynamik der Immobilienpreise bietet.

4. Abschluss des Projekts zur Vorhersage von Hauspreisen

Nachdem wir die wichtigsten Schritte zum Aufbau und zur Bewertung eines Vorhersagemodells abgeschlossen haben, ist es an der Zeit, das Projekt mit einer Zusammenfassung und abschließenden Überlegungen abzurunden. Dies umfasst eine Reflexion über unsere Erfolge, potenzielle Verbesserungsmöglichkeiten und die wichtigsten Erkenntnisse aus dem gesamten Prozess. Feature Engineering, Modellaufbau und -bewertung sind iterative Aufgaben, bei denen stets Raum für Verfeinerungen bleibt, um die Modellleistung weiter zu verbessern.

4.1 Zusammenfassung des Projekts

In diesem Projekt haben wir einen Datensatz mit Hauspreisen verwendet und Merkmale entwickelt, die zur Vorhersage der Zielvariablen **SalePrice** beitragen. Hier ist eine Zusammenfassung der durchgeführten Schritte:

1. **Datenexploration und -bereinigung**:

    o Wir haben den Datensatz geladen und fehlende Werte durch geeignete Statistiken gefüllt oder, falls erforderlich, Zeilen entfernt.

    o Ausreißer wurden mit der **Interquartilsabstand-Methode (IQR)** identifiziert und entfernt, um sicherzustellen, dass sie die Modellvorhersagen nicht verzerren.

    o Eine Korrelationsanalyse wurde durchgeführt, um die Beziehungen zwischen den Merkmalen und der Zielvariablen zu verstehen, was uns Aufschluss darüber gab, welche Merkmale für unser Modell am wertvollsten sind.

2. **Feature Engineering**:

    o Wir haben neue Merkmale wie **HouseAge**, **LotSize per Bedroom** und **BedroomBathroomInteraction** erstellt, um aussagekräftige Beziehungen in den Daten zu erfassen, die die Hauspreise beeinflussen könnten.

    o Transformationen wie die **logarithmische Skalierung** wurden angewendet, um schiefe Merkmale zu behandeln und die Generalisierungsfähigkeit des Modells zu verbessern.

- o Kategoriale Variablen wurden durch **One-Hot-Encoding** und **Label-Encoding** kodiert, um nicht-numerische Merkmale in ein Format umzuwandeln, das unser Modell verwenden kann.

3. **Modellaufbau und -bewertung**:

- o Mithilfe eines **Random-Forest-Regressors** haben wir ein Vorhersagemodell trainiert und seine Leistung mit den Metriken **Mean Absolute Error (MAE)** und **R-squared (R²)** bewertet.

- o Wir haben die Hyperparameter des Modells mit **GridSearchCV** abgestimmt, was die Leistung weiter verbesserte, indem die optimale Anzahl von Bäumen und die Baumtiefe gefunden wurde.

4. **Modellevaluierung**:

- o Unser anfängliches Modell lieferte gute Vorhersagen, und durch das Hyperparameter-Tuning konnten wir den **Mean Absolute Error (MAE)** reduzieren und ein genaueres Modell erreichen.

4.2 Bereiche für weitere Verbesserungen

Obwohl unser Modell gut abschnitt, gibt es mehrere zusätzliche Schritte, die wir unternehmen könnten, um die Leistung weiter zu steigern:

- **Merkmalauswahl:**Wir haben mehrere Merkmale entwickelt, aber nicht alle tragen gleichermaßen zur Modellleistung bei. Durch Techniken wie **Feature Importance** aus Random Forest oder **Recursive Feature Elimination (RFE)** könnten wir die einflussreichsten Merkmale identifizieren und beibehalten, während wir diejenigen entfernen, die nur Rauschen hinzufügen.

- **Erweitertes Feature Engineering:**Es gibt fortgeschrittene Methoden, die wir anwenden könnten, wie **polynomiale Merkmale** oder die Erstellung von **Interaktionstermen** zwischen mehreren Variablen. Dies könnte dem Modell helfen, nichtlineare Beziehungen zwischen Merkmalen und der Zielvariablen zu erfassen.

- **Regularisierung und Ensemble-Modelle:**Neben Random Forest könnten wir mit anderen Algorithmen experimentieren, wie **Gradient Boosting Machines (GBM)**, **XGBoost** oder **LightGBM**, die möglicherweise bessere Ergebnisse liefern. Regularisierungstechniken wie **Lasso** oder **Ridge Regression** könnten ebenfalls helfen, Overfitting zu verhindern und die Generalisierungsfähigkeit des Modells zu verbessern.

- **Cross-Validation:**Obwohl wir eine Train-Test-Aufteilung zur Bewertung des Modells verwendet haben, würde Cross-Validation eine robustere Einschätzung der Modellleistung liefern. Mit k-facher Cross-Validation können wir sicherstellen, dass das Modell gut auf verschiedene Teilmengen der Daten generalisiert.

4.3 Wichtige Erkenntnisse

- **Feature Engineering ist entscheidend**: Der Prozess der Erstellung und Transformation von Merkmalen aus Rohdaten ist ausschlaggebend für den Erfolg jedes Machine-Learning-Modells. Die in diesem Projekt entwickelten Merkmale, wie **HouseAge** und **LotSize per Bedroom**, haben die Vorhersagekraft des Modells erheblich verbessert.

- **Modellbewertung und -optimierung sind wichtig**: Der Aufbau eines Machine-Learning-Modells ist kein einmaliger Schritt. Es erfordert eine kontinuierliche Bewertung und Optimierung, um die bestmögliche Leistung zu erzielen. Das Hyperparameter-Tuning hat es uns ermöglicht, das Random-Forest-Modell für bessere Ergebnisse fein abzustimmen.

- **Das Verständnis der Daten ist entscheidend**: Während des gesamten Projekts haben wir viel Zeit mit der Exploration und Bereinigung der Daten verbracht. Der Umgang mit fehlenden Werten, die Erkennung von Ausreißern und die Durchführung von Korrelationsanalysen haben uns tiefere Einblicke in den Datensatz verschafft und unsere Feature-Engineering-Bemühungen geleitet.

4.4 Nächste Schritte

Falls dieses Projekt weitergeführt wird, könnten folgende Schritte in Betracht gezogen werden:

- Untersuchung zusätzlicher **Datensätze**, um die Trainingsdaten des Modells zu erweitern.

- Implementierung von **Cross-Validation**, um zuverlässigere Leistungsmetriken zu erhalten.

- Experimentieren mit **anderen Machine-Learning-Algorithmen**, wie **XGBoost** oder **Gradient Boosting**.

- Anwendung von **Regularisierungstechniken**, um Overfitting zu verhindern und sicherzustellen, dass das Modell auch auf neuen Daten gut funktioniert.

Fazit

Dieses Projekt zeigt eindrucksvoll das enorme Potenzial, das Feature Engineering im Bereich der prädiktiven Modellierung bietet. Der Weg von der ersten Datenbereinigung und -exploration bis hin zum komplexen Prozess der Merkmalsentwicklung und Modellkonstruktion ist nicht nur eine Abfolge von Schritten, sondern ein ganzheitlicher Ansatz, der unser Verständnis der Daten verbessert und gleichzeitig die Modellleistung steigert. Jede Phase dieses Prozesses – vom Umgang mit fehlenden Werten und Ausreißern bis hin zur Erstellung neuer Merkmale und Feinabstimmung der Modellparameter – trägt erheblich zur Entwicklung eines robusten und genauen Vorhersagewerkzeugs bei.

Durch die konsequente Einhaltung eines strukturierten und methodischen Ansatzes haben wir erfolgreich ein Modell erstellt, das in der Lage ist, präzise Vorhersagen über Hauspreise auf Basis einer reichhaltigen Menge an entwickelten Merkmalen zu liefern. Dieses Ergebnis unterstreicht die entscheidende Rolle, die durchdachtes Feature Engineering bei der Überbrückung der Lücke zwischen Rohdaten und aussagekräftigen Erkenntnissen spielt. Der Prozess der Transformation und Kombination bestehender Variablen zur Schaffung neuer, informativer Merkmale hat sich als entscheidend erwiesen, um die feinen Beziehungen innerhalb des Datensatzes zu erfassen, wodurch unser Modell Muster erkennen konnte, die andernfalls verborgen geblieben wären.

Mit Blick auf zukünftige Projekte werden die in diesem Projekt gewonnenen Techniken und Erkenntnisse zweifellos von unschätzbarem Wert sein. Die hier demonstrierten Prinzipien des Feature Engineerings können problemlos auf eine Vielzahl von Datensätzen und Herausforderungen angewendet werden, von Finanzprognosen bis hin zu Analysen im Gesundheitswesen. Mit dem Wissen, dass gut entwickelte Merkmale das Fundament außergewöhnlicher Modelle bilden, können Datenwissenschaftler und Analysten auch die komplexesten Datensätze mit Zuversicht angehen. Die Fähigkeit, relevante Merkmale zu entwickeln, verbessert nicht nur die Modellleistung, sondern vertieft auch unser Verständnis der zugrunde liegenden Phänomene, die wir vorhersagen oder erklären möchten.

Im Wesentlichen ist dieses Projekt ein Beweis für die transformative Kraft des Feature Engineerings im Datenwissenschafts-Workflow. Es zeigt, wie eine Kombination aus Fachwissen, kreativen Ideen und analytischer Strenge das volle Potenzial unserer Daten erschließen kann, wodurch genauere Vorhersagen und tiefere Einblicke ermöglicht werden. Während wir weiterhin die Grenzen des Möglichen in der prädiktiven Modellierung ausloten, werden die Lektionen aus diesem Projekt zur Vorhersage von Hauspreisen zweifellos eine wertvolle Grundlage für die Bewältigung zunehmend komplexer Herausforderungen in der sich ständig weiterentwickelnden Welt der Datenwissenschaft und des Machine Learnings bilden.

Kapitel 3: Die Rolle des Feature Engineerings im Machine Learning

Feature Engineering wird oft als die „geheime Zutat" angesehen, die Machine-Learning-Modelle von gut zu außergewöhnlich macht. Dieser entscheidende Prozess umfasst die Kunst und Wissenschaft, rohe, unstrukturierte Daten in eine Menge aussagekräftiger Merkmale zu transformieren, die die Lernfähigkeit von Machine-Learning-Algorithmen erheblich verbessern können.

Durch die sorgfältige Gestaltung dieser Merkmale ermöglichen Datenwissenschaftler ihren Modellen, verborgene Muster, Beziehungen und Erkenntnisse aufzudecken, die in den Rohdaten möglicherweise verborgen bleiben würden. Während hochmoderne Algorithmen zweifellos wichtig sind, ist ihre Effektivität grundlegend durch die Qualität und Relevanz der Daten begrenzt, die ihnen zugeführt werden.

Genau aus diesem Grund wird **Feature Engineering** weithin als einer der wichtigsten und wirkungsvollsten Schritte in der gesamten Machine-Learning-Pipeline angesehen. Oft macht es den Unterschied zwischen einem Modell, das nur angemessen funktioniert, und einem Modell, das wirklich herausragende Ergebnisse liefert.

In diesem Kapitel werden wir die vielschichtige Bedeutung des Feature Engineerings eingehend untersuchen und dessen tiefgreifende Auswirkungen auf die Modellleistung in verschiedenen Anwendungsbereichen und Domänen beleuchten. Wir werden analysieren, wie durchdacht entwickelte Merkmale die Genauigkeit, Interpretierbarkeit und Generalisierungsfähigkeit eines Modells erheblich verbessern können.

Darüber hinaus stellen wir Ihnen eine Vielzahl von Techniken und Strategien vor, die Datenwissenschaftler einsetzen, um Rohdaten in leistungsstarke, prädiktive Merkmale zu verwandeln. Diese Methoden reichen von einfachen mathematischen Transformationen bis hin zu komplexen, domänenspezifischen Erkenntnissen – alle mit dem Ziel, das volle Potenzial Ihrer Daten zu entfalten.

Zu Beginn dieser Reise werden wir zunächst genau untersuchen, warum Feature Engineering eine so entscheidende Komponente in der Welt des Machine Learnings ist und wie die Beherrschung dieser Fähigkeit Sie als Datenwissenschaftler auszeichnen kann.

3.1 Warum Feature Engineering wichtig ist

Im Kern geht es beim Feature Engineering darum, Rohdaten in ein Format zu transformieren, das Machine-Learning-Algorithmen effektiv verarbeiten und daraus lernen können. Dieser entscheidende Schritt schlägt eine Brücke zwischen den komplexen, unübersichtlichen Daten der realen Welt und den strukturierten Eingaben, die Algorithmen benötigen. Obwohl Algorithmen wie Entscheidungsbäume, Random Forests und neuronale Netze unglaublich leistungsfähig sind, hängt ihre Leistung stark von der Qualität und Relevanz der Eingabedaten ab.

Feature Engineering umfasst eine Vielzahl von Techniken, von einfachen Transformationen bis hin zu komplexen, domänenspezifischen Erkenntnissen. Zum Beispiel könnte es das Skalieren numerischer Merkmale, das Kodieren kategorialer Variablen oder das Erstellen völlig neuer Merkmale umfassen, die wichtige Zusammenhänge in den Daten erfassen. Ziel ist es, die relevantesten Informationen und Muster hervorzuheben, damit der Algorithmus sie leichter identifizieren und daraus lernen kann.

Die Bedeutung des Feature Engineerings kann nicht genug betont werden. Selbst die fortschrittlichsten Algorithmen werden Schwierigkeiten haben, gut zu funktionieren, wenn die Merkmale nicht die relevanten Aspekte der Daten ausreichend erfassen. Denn Machine-Learning-Modelle sind im Kern Mustererkennungssysteme. Sie können nur Muster in den Daten erkennen, die ihnen vorliegen. Wenn wichtige Muster in den Merkmalen nicht sichtbar sind oder nicht vertreten werden, wird das Modell sie nicht lernen, unabhängig von seiner Komplexität.

Darüber hinaus kann gutes Feature Engineering oft einfachere Modelle kompensieren. In vielen Fällen kann ein einfaches Modell mit gut entwickelten Merkmalen ein komplexes Modell übertreffen, das mit rohen, unstrukturierten Daten arbeitet. Dies unterstreicht die entscheidende Rolle, die Feature Engineering für den Gesamterfolg eines Machine-Learning-Projekts spielt.

3.1.1 Die Auswirkungen von Merkmalen auf die Modellleistung

Stellen Sie sich vor, Sie sollen Hauspreise vorhersagen. Ohne wesentliche Informationen wie Wohnfläche, Anzahl der Schlafzimmer oder Lage würde selbst das ausgeklügeltste Modell scheitern. Hier kommt das Feature Engineering ins Spiel: Es ist der Prozess, Rohdaten in ein Format zu transformieren, das die relevantesten Informationen für Ihr Modell hervorhebt.

Feature Engineering ermöglicht die Erstellung neuer Merkmale, die wichtige Zusammenhänge in den Daten erfassen. Beispielsweise könnte ein Merkmal „Preis pro Quadratmeter" entstehen, indem der Hauspreis durch die Wohnfläche geteilt wird. Dieses neue Merkmal könnte wertvolle Einblicke liefern, die in den Rohdaten allein nicht erkennbar sind.

Die Auswirkungen von Feature Engineering auf die Modellleistung können dramatisch sein. Gut entwickelte Merkmale können die Genauigkeit und Vorhersagekraft eines Modells erheblich steigern. Sie können dem Modell helfen, subtile Muster und Zusammenhänge zu erkennen, die sonst unbemerkt bleiben würden. Umgekehrt können schlecht entwickelte Merkmale eine Vielzahl von Problemen verursachen:

- **Underfitting:** Wenn Merkmale die Komplexität der zugrunde liegenden Beziehungen nicht ausreichend erfassen, bleibt das Modell zu einfach und kann wichtige Muster in den Daten nicht erkennen.

- **Overfitting:** Wenn Merkmale zu spezifisch für die Trainingsdaten sind, kann das Modell zwar auf diesen Daten gut abschneiden, jedoch auf neuen, unbekannten Daten versagen.

- **Irreführende Vorhersagen:** Merkmale, die Rauschen oder irrelevante Informationen einführen, können das Modell in die Irre führen, was zu Vorhersagen führt, die die wahren Beziehungen in den Daten nicht genau widerspiegeln.

Feature Engineering bedeutet, Ihre Daten so zu transformieren, dass sie informativer und leichter für das Modell zu lernen sind. Es ist ein entscheidender Schritt in der Machine-Learning-Pipeline, der oft den Unterschied zwischen einem Modell, das nur funktioniert, und einem, das wirklich herausragend ist, ausmacht.

Warum ist Feature Engineering so wichtig?

1. Die Datenqualität beeinflusst direkt die Modellqualität

Machine-Learning-Modelle sind grundlegend von der Qualität und Relevanz der Daten abhängig, auf denen sie trainiert werden. Dieses Prinzip unterstreicht die entscheidende Bedeutung von Feature Engineering in der Machine-Learning-Pipeline. Selbst die fortschrittlichsten Algorithmen können keine sinnvollen Ergebnisse liefern, wenn die Eingabedaten keine informativen Muster enthalten oder irrelevantes Rauschen aufweisen. Feature Engineering adressiert diese Herausforderung, indem es Rohdaten in eine Menge aussagekräftiger Merkmale transformiert, die die zugrunde liegenden Beziehungen und Muster im Datensatz effektiv erfassen.

Dieser Prozess umfasst eine Vielzahl von Techniken, von einfachen mathematischen Transformationen bis hin zu komplexen domänenspezifischen Erkenntnissen. Beispiele hierfür sind:

- Skalierung numerischer Merkmale, um sie vergleichbar zu machen

- Kodierung kategorialer Variablen, um sie für Machine-Learning-Algorithmen geeignet zu machen

- Erstellung von Interaktionstermen, um Beziehungen zwischen mehreren Merkmalen zu erfassen

- Anwendung von Domänenwissen, um neue, informativere Merkmale aus bestehenden abzuleiten

Durch die sorgfältige Gestaltung dieser Merkmale können Datenwissenschaftler die Lernfähigkeit ihrer Modelle erheblich verbessern. Gut entwickelte Merkmale können verborgene Muster aufdecken, wichtige Beziehungen hervorheben und letztendlich zu genaueren und robusteren Vorhersagen führen. Dieser Prozess verbessert nicht nur die Modellleistung, sondern führt oft auch zu Modellen, die besser interpretierbar und generalisierbar für neue, unbekannte Daten sind.

2. Verbesserung der Modellinterpretierbarkeit

Gut entwickelte Merkmale verbessern nicht nur die Modellgenauigkeit, sondern machen das Modell auch interpretierbarer. Diese verbesserte Interpretierbarkeit ist aus mehreren Gründen entscheidend:

1. **Transparenz:** Wenn Merkmale aussagekräftig und gut strukturiert sind, wird es einfacher zu verstehen, wie das Modell zu seinen Vorhersagen gelangt. Diese Transparenz ist entscheidend, um Vertrauen in den Entscheidungsprozess des Modells aufzubauen.

2. **Erklärbarkeit:** Gut entwickelte Merkmale ermöglichen klarere Erklärungen dafür, warum bestimmte Ergebnisse erzielt werden. Dies ist besonders wichtig in Branchen wie dem Gesundheitswesen und der Finanzwirtschaft, wo das Verständnis der Entscheidungsgrundlage erhebliche Konsequenzen haben kann.

3. **Regulatorische Anforderungen:** In vielen regulierten Branchen steigt die Nachfrage nach „erklärbarer KI". Gut entwickelte Merkmale tragen dazu bei, diese Anforderungen zu erfüllen, indem sie die Prüfung und Validierung von Modellentscheidungen erleichtern.

4. **Debugging und Verbesserung:** Wenn Merkmale interpretierbar sind, lassen sich potenzielle Verzerrungen oder Fehler im Modell leichter erkennen. Dies erleichtert effektiveres Debugging und kontinuierliche Verbesserungen des Modells.

5. **Kommunikation mit Stakeholdern:** Interpretierbare Merkmale erleichtern die Kommunikation von Modelleinsichten mit nicht-technischen Stakeholdern und schlagen eine Brücke zwischen Datenwissenschaftlern und Entscheidungsträgern.

6. **Ethische Überlegungen:** In sensiblen Anwendungen wie Strafjustiz oder Kreditentscheidungen tragen interpretierbare Merkmale dazu bei, sicherzustellen, dass die Entscheidungen des Modells fair und unvoreingenommen sind.

Durch die Fokussierung auf die Erstellung sinnvoller, gut strukturierter Merkmale können Datenwissenschaftler Modelle entwickeln, die nicht nur gut abschneiden, sondern auch wertvolle Einblicke in die zugrunde liegenden Muster und Beziehungen in den Daten liefern. Dieser Ansatz führt zu robusteren, vertrauenswürdigeren und anwendungsorientierten Machine-Learning-Lösungen.

3. Verbesserung der Generalisierungsfähigkeit

Feature Engineering spielt eine entscheidende Rolle bei der Verbesserung der Fähigkeit eines Modells, auf unbekannte Daten zu generalisieren. Durch die Transformation von Rohdaten in Merkmale, die reale Beziehungen genau abbilden, schaffen wir eine robustere Grundlage für das Lernen. Dieser Prozess beinhaltet das Identifizieren und Hervorheben der zugrunde liegenden Struktur der Daten, die über oberflächliche Muster oder Rauschen hinausgeht.

Zum Beispiel: In unserem Beispiel zur Vorhersage von Hauspreisen erfasst das Erstellen eines Merkmals „Preis pro Quadratmeter" eine grundlegende Beziehung, die bei verschiedenen Immobilientypen besteht. Dieses entwickelte Merkmal bleibt wahrscheinlich relevant, selbst wenn das Modell auf neue, bisher unbekannte Häuser trifft.

Darüber hinaus beinhaltet Feature Engineering oft Domänenwissen, das es uns ermöglicht, wertvolle Erkenntnisse einzubringen, die in den Rohdaten möglicherweise nicht sofort erkennbar sind. Zum Beispiel: Wenn wir wissen, dass das Alter eines Hauses seinen Wert erheblich beeinflusst, können wir ein Merkmal „HouseAge" erstellen. Diese Art von Merkmal bleibt wahrscheinlich in verschiedenen Datensätzen und geografischen Gebieten relevant, was die Fähigkeit des Modells verbessert, auf neuen Daten genaue Vorhersagen zu treffen.

Indem wir uns auf diese sinnvollen, generalisierbaren Merkmale konzentrieren, reduzieren wir das Risiko von Overfitting auf Rauschen oder Besonderheiten, die spezifisch für die Trainingsdaten sind. Modelle, die auf gut entwickelten Merkmalen trainiert wurden, sind besser in der Lage, die wahren zugrunde liegenden Beziehungen in den Daten zu erfassen. Dadurch wird die Leistung bei neuen, unbekannten Beispielen in verschiedenen Szenarien und Anwendungen verbessert.

Beispiel: Vorhersage von Hauspreisen mit und ohne Feature Engineering

Betrachten wir ein konkretes Beispiel, wie sich Feature Engineering auf die Modellleistung auswirkt. Wir verwenden einen Datensatz mit Hauspreisen und vergleichen die Leistung von zwei Modellen:

- **Modell 1:** Trainiert ohne Feature Engineering.
- **Modell 2:** Trainiert mit Feature Engineering.

Codebeispiel: Modell ohne Feature Engineering

```python
import pandas as pd
import numpy as np
from sklearn.model_selection import train_test_split
from sklearn.ensemble import RandomForestRegressor
from sklearn.metrics import mean_absolute_error, mean_squared_error, r2_score
from sklearn.preprocessing import StandardScaler
import matplotlib.pyplot as plt

# Load the dataset
df = pd.read_csv('house_prices.csv')
```

```python
# Display basic information about the dataset
print(df.info())
print("\\nSample data:")
print(df.head())

# Define the features and target variable without any transformations
X = df[['SquareFootage', 'Bedrooms', 'Bathrooms', 'LotSize', 'YearBuilt']]
y = df['SalePrice']

# Split the data into training and testing sets
X_train, X_test, y_train, y_test = train_test_split(X, y, test_size=0.2,
random_state=42)

# Scale the features
scaler = StandardScaler()
X_train_scaled = scaler.fit_transform(X_train)
X_test_scaled = scaler.transform(X_test)

# Train a Random Forest model
rf_model = RandomForestRegressor(n_estimators=100, random_state=42)
rf_model.fit(X_train_scaled, y_train)

# Make predictions
y_pred = rf_model.predict(X_test_scaled)

# Evaluate the model
mae = mean_absolute_error(y_test, y_pred)
mse = mean_squared_error(y_test, y_pred)
rmse = np.sqrt(mse)
r2 = r2_score(y_test, y_pred)

print(f"\\nModel Performance:")
print(f"Mean Absolute Error: ${mae:.2f}")
print(f"Root Mean Squared Error: ${rmse:.2f}")
print(f"R-squared Score: {r2:.4f}")

# Feature importance
feature_importance = pd.DataFrame({
    'feature': X.columns,
    'importance': rf_model.feature_importances_
}).sort_values('importance', ascending=False)

print("\\nFeature Importance:")
print(feature_importance)

# Visualize predictions vs actual
plt.figure(figsize=(10, 6))
plt.scatter(y_test, y_pred, alpha=0.5)
plt.plot([y_test.min(), y_test.max()], [y_test.min(), y_test.max()], 'r--', lw=2)
plt.xlabel("Actual Price")
plt.ylabel("Predicted Price")
plt.title("Actual vs Predicted House Prices")
```

```
plt.tight_layout()
plt.show()
```

Dieses Codebeispiel bietet einen umfassenden Ansatz zum Aufbau und zur Bewertung eines Machine-Learning-Modells zur Vorhersage von Hauspreisen.

Aufschlüsselung der wichtigsten Komponenten und Ergänzungen:

1. **Datenladen und -exploration**:
   - Der Datensatz wird mit Pandas geladen, und grundlegende Informationen darüber werden mit df.info() und df.head() angezeigt. Dies hilft uns, die Struktur und den Inhalt unserer Daten zu verstehen.

2. **Merkmalauswahl**:
   - Wir haben 'YearBuilt' zu unserem Merkmalsset hinzugefügt, da dies ein wichtiger Faktor bei der Bestimmung von Hauspreisen sein könnte.

3. **Datenaufteilung**:
   - Die Daten werden mit train_test_split() in Trainings- und Testdatensätze aufgeteilt, wobei 80 % für das Training und 20 % für das Testen verwendet werden.

4. **Merkmalsskalierung**:
   - StandardScaler() wird eingeführt, um unsere Merkmale zu normalisieren. Dies ist wichtig, da Random-Forest-Modelle empfindlich auf die Skalierung der Eingabemerkmale reagieren können.

5. **Modelltraining**:
   - Ein RandomForestRegressor mit 100 Bäumen (n_estimators=100) wird erstellt und auf die skalierten Trainingsdaten angepasst.

6. **Vorhersage und Bewertung**:
   - Das Modell erstellt Vorhersagen basierend auf den skalierten Testdaten.
   - Mehrere Bewertungsmetriken werden berechnet:
     - **Mean Absolute Error (MAE)**: Durchschnittlicher absoluter Unterschied zwischen vorhergesagten und tatsächlichen Preisen.
     - **Root Mean Squared Error (RMSE)**: Quadratwurzel des durchschnittlichen quadratischen Fehlers, der größere Fehler stärker bestraft.
     - **R-squared (R^2) Score**: Anteil der Varianz in der abhängigen Variablen, der durch die unabhängigen Variablen erklärbar ist.

7. **Merkmalswichtigkeit**:

   o Die Bedeutung jedes Merkmals im Random-Forest-Modell wird extrahiert und angezeigt. Dies hilft uns zu verstehen, welche Merkmale bei der Vorhersage von Hauspreisen am einflussreichsten sind.

8. **Visualisierung**:

   o Ein Streudiagramm wird erstellt, um die Beziehung zwischen tatsächlichen und vorhergesagten Hauspreisen zu visualisieren. Die rote gestrichelte Linie repräsentiert perfekte Vorhersagen.

Dieser umfassende Ansatz baut nicht nur ein Modell, sondern bietet auch Einblicke in dessen Leistung und die Bedeutung der verschiedenen Merkmale. Dies ermöglicht ein besseres Verständnis der Stärken und Schwächen des Modells bei der Vorhersage von Hauspreisen.

Jetzt wenden wir Feature Engineering an und beobachten, wie sich dies auf die Modellleistung auswirkt.

Codebeispiel: Modell mit Feature Engineering

```python
import pandas as pd
import numpy as np
from sklearn.model_selection import train_test_split
from sklearn.ensemble import RandomForestRegressor
from sklearn.metrics import mean_absolute_error, mean_squared_error, r2_score
from sklearn.preprocessing import StandardScaler, LabelEncoder
import matplotlib.pyplot as plt
import seaborn as sns

# Load the dataset
df = pd.read_csv('house_prices.csv')

# Display basic information about the dataset
print(df.info())
print("\\nSample data:")
print(df.head())

# Create new features based on existing ones
df['HouseAge'] = 2024 - df['YearBuilt']  # Calculate house age
df['LotSizePerBedroom'] = df['LotSize'] / df['Bedrooms']  # Lot size per bedroom
df['TotalRooms'] = df['Bedrooms'] + df['Bathrooms']  # Total number of rooms

# Log transform to reduce skewness
df['LogSalePrice'] = np.log(df['SalePrice'])
df['LogSquareFootage'] = np.log(df['SquareFootage'])

# Label encoding for categorical data
label_encoder = LabelEncoder()
df['NeighborhoodEncoded'] = label_encoder.fit_transform(df['Neighborhood'])
```

```python
# Define the features and target variable with feature engineering
X = df[['HouseAge', 'LotSizePerBedroom', 'LogSquareFootage', 'Bedrooms', 'Bathrooms',
'TotalRooms', 'NeighborhoodEncoded']]
y = df['LogSalePrice']

# Split the data into training and testing sets
X_train, X_test, y_train, y_test = train_test_split(X, y, test_size=0.2,
random_state=42)

# Scale the features
scaler = StandardScaler()
X_train_scaled = scaler.fit_transform(X_train)
X_test_scaled = scaler.transform(X_test)

# Train the Random Forest model
rf_model = RandomForestRegressor(n_estimators=100, random_state=42)
rf_model.fit(X_train_scaled, y_train)

# Make predictions
y_pred = rf_model.predict(X_test_scaled)

# Evaluate the model
mae = mean_absolute_error(y_test, y_pred)
mse = mean_squared_error(y_test, y_pred)
rmse = np.sqrt(mse)
r2 = r2_score(y_test, y_pred)

print(f"\\nModel Performance:")
print(f"Mean Absolute Error: ${np.exp(mae):.2f}")
print(f"Root Mean Squared Error: ${np.exp(rmse):.2f}")
print(f"R-squared Score: {r2:.4f}")

# Feature importance
feature_importance = pd.DataFrame({
    'feature': X.columns,
    'importance': rf_model.feature_importances_
}).sort_values('importance', ascending=False)

print("\\nFeature Importance:")
print(feature_importance)

# Visualize predictions vs actual
plt.figure(figsize=(10, 6))
plt.scatter(np.exp(y_test), np.exp(y_pred), alpha=0.5)
plt.plot([np.exp(y_test).min(), np.exp(y_test).max()], [np.exp(y_test).min(),
np.exp(y_test).max()], 'r--', lw=2)
plt.xlabel("Actual Price")
plt.ylabel("Predicted Price")
plt.title("Actual vs Predicted House Prices")
plt.tight_layout()
plt.show()
```

```python
# Visualize feature importance
plt.figure(figsize=(10, 6))
sns.barplot(x='importance', y='feature', data=feature_importance)
plt.title('Feature Importance')
plt.tight_layout()
plt.show()

# Correlation heatmap
plt.figure(figsize=(12, 10))
sns.heatmap(X.corr(), annot=True, cmap='coolwarm', linewidths=0.5)
plt.title('Feature Correlation Heatmap')
plt.tight_layout()
plt.show()
```

Dieses Codebeispiel demonstriert einen umfassenden Ansatz zur Feature-Engineering und Modellauswertung für die Vorhersage von Hauspreisen.

Aufschlüsselung der Hauptkomponenten und Ergänzungen:

1. **Datenladen und Exploration**

Wir beginnen mit dem Laden des Datensatzes mittels pandas und der Anzeige grundlegender Informationen darüber. Dieser Schritt hilft uns, die Struktur und den Inhalt unserer Daten zu verstehen, was entscheidend für effektives Feature-Engineering ist.

2. **Feature-Engineering**

Mehrere neue Features werden erstellt, um komplexere Beziehungen in den Daten zu erfassen:

- *HouseAge*: Berechnet, indem das Baujahr vom aktuellen Jahr (2024) subtrahiert wird.

- *LotSizePerBedroom*: Stellt die Grundstücksgröße relativ zur Anzahl der Schlafzimmer dar.

- *TotalRooms*: Summe aus Schlafzimmern und Badezimmern, um die Gesamtgröße des Wohnraums zu erfassen.

- Logarithmische Transformationen: Werden auf *SalePrice* und *SquareFootage* angewendet, um die Schiefe dieser typischerweise rechtsschiefen Variablen zu reduzieren.

3. **Umgang mit kategorialen Daten**

Das Feature *Neighborhood* wird mit LabelEncoder kodiert, um kategoriale Daten in ein numerisches Format umzuwandeln, das vom Modell genutzt werden kann.

4. **Feature-Auswahl und Zielvariable**

Eine Mischung aus ursprünglichen und erstellten Features wird für die Modellausgabe ausgewählt. Die Zielvariable ist der logarithmisch transformierte Verkaufspreis.

5. **Datenaufteilung und Skalierung**

Die Daten werden in Trainings- und Testmengen aufgeteilt und anschließend mit StandardScaler skaliert, um sicherzustellen, dass alle Features auf einer ähnlichen Skala liegen.

6. **Modelltraining und Vorhersage**

Ein Random Forest Regressor wird mit den skalierten Daten trainiert und zur Vorhersage auf dem Testdatensatz verwendet.

7. **Modellauswertung**

Mehrere Metriken werden berechnet, um die Modellleistung zu bewerten:

- o Mean Absolute Error (MAE)

- o Root Mean Squared Error (RMSE)

- o R-squared (R2) ScoreDabei wird die Umkehrung der logarithmischen Transformation (np.exp()) angewendet, um diese Metriken in tatsächlichen Preisen darzustellen.

8. **Feature-Bedeutungsanalyse**

Die Bedeutung jedes Features im Random-Forest-Modell wird extrahiert und angezeigt, um Einblicke zu geben, welche Features die Hauspreise am stärksten beeinflussen.

9. **Visualisierungen**

Drei Visualisierungen werden hinzugefügt, um das Verständnis zu verbessern:

- o Tatsächliche vs. vorhergesagte Preise: Ein Streudiagramm, das zeigt, wie gut die Vorhersagen des Modells mit den tatsächlichen Preisen übereinstimmen.

- o Feature-Bedeutung: Ein Balkendiagramm, das die Bedeutung jedes Features darstellt.

- o Korrelations-Heatmap: Eine Heatmap, die die Korrelationen zwischen verschiedenen Features zeigt.

Dieser umfassende Ansatz baut nicht nur ein Modell mit erstellten Features, sondern liefert auch tiefgehende Einblicke in dessen Leistung und die Beziehungen innerhalb der Daten. Durch die Kombination von Feature-Engineering mit gründlicher Auswertung und Visualisierung können wir die Faktoren, die Hauspreise beeinflussen, und die Effektivität unseres Vorhersagemodells besser verstehen.

Durch die Anwendung dieser Feature-Engineering-Techniken ist das Modell besser in der Lage, die Beziehungen zwischen den Eingabefeatures und der Zielvariablen zu erfassen. Oft führt ein

Modell mit Feature-Engineering zu deutlich niedrigeren Fehlern und insgesamt besseren Leistungen.

3.1.2 Wichtige Erkenntnisse

- **Feature-Engineering ist essenziell für die Modellleistung**: Der Prozess, Rohdaten in aussagekräftige Features zu transformieren, ist entscheidend dafür, dass Machine-Learning-Algorithmen optimale Ergebnisse erzielen können. Ohne diesen Schritt können selbst die fortschrittlichsten Algorithmen Schwierigkeiten haben, wertvolle Erkenntnisse und Muster aus den Daten zu extrahieren, was zu einer suboptimalen Leistung und eingeschränkten Vorhersagefähigkeiten führen kann.

- **Verbesserte Features steigern die Modellgenauigkeit und Generalisierungsfähigkeit**: Die Qualität und Relevanz der entwickelten Features haben einen direkten und signifikanten Einfluss auf die Leistung eines Modells. Gut gestaltete Features ermöglichen es dem Modell, komplexe Beziehungen innerhalb der Daten effektiver zu erfassen, was sowohl zu einer höheren Genauigkeit auf dem Trainingsdatensatz als auch – noch wichtiger – auf unbekannten Daten führt. Diese verbesserte Generalisierungsfähigkeit ist ein Schlüsselkriterium für ein robustes und zuverlässiges Machine-Learning-Modell.

- **Daten-Transformationen decken versteckte Erkenntnisse und Muster auf**: Verschiedene Transformationstechniken wie logarithmische Skalierung, Kodierung kategorialer Variablen und die Erstellung von Interaktionsfeatures spielen eine entscheidende Rolle dabei, Modellen zu helfen, komplexe Beziehungen in den Daten aufzudecken. Diese Transformationen können Muster sichtbar machen, die in den Rohdaten verborgen bleiben könnten, und dem Modell ein tieferes Verständnis der zugrunde liegenden Struktur und Dynamik des Problems vermitteln. Durch die gezielte Anwendung dieser Techniken können Data Scientists die Fähigkeit des Modells, sinnvolle Erkenntnisse zu extrahieren und präzisere Vorhersagen zu treffen, erheblich verbessern.

3.2 Beispiele für wirkungsvolles Feature-Engineering

Feature-Engineering ist ein zentraler Prozess im Machine Learning, bei dem Rohdaten in aussagekräftigere und informativere Features umgewandelt werden. Diese Transformation kann die Fähigkeit eines Modells, aus den Daten zu lernen und genaue Vorhersagen zu treffen, erheblich verbessern. Durch die Erstellung qualitativ hochwertiger Features, die das zugrunde liegende Problem besser repräsentieren, kann Feature-Engineering die Modellleistung erheblich steigern und oft den Unterschied zwischen einem mittelmäßigen und einem außergewöhnlich leistungsstarken Modell ausmachen.

In diesem umfassenden Abschnitt werden wir mehrere wirkungsvolle Feature-Engineering-Techniken untersuchen, die nachweislich einen erheblichen Einfluss auf die Modellleistung haben. Wir werden die Hintergründe jeder Technik beleuchten, ihre Bedeutung im Kontext von Machine Learning diskutieren und detaillierte Anleitungen zur effektiven Umsetzung dieser Methoden bereitstellen. Unsere Untersuchung umfasst folgende Schlüsselpunkte:

- **Erstellen von Interaktionsfeatures**: Wir werden untersuchen, wie die Kombination bestehender Features komplexe Beziehungen und Interaktionen erfassen kann, die einzelne Features möglicherweise übersehen, was zu differenzierteren und genaueren Vorhersagen führt.

- **Umgang mit zeitbasierten Features**: Zeit ist oft ein entscheidender Faktor in vielen Vorhersagemodellen. Wir werden verschiedene Methoden zur Extraktion und Darstellung zeitlicher Informationen erkunden, damit unsere Modelle Trends, Saisonalität und andere zeitabhängige Muster erfassen können.

- **Binning numerischer Variablen**: Wir werden die Technik der Transformation kontinuierlicher Variablen in diskrete Kategorien besprechen, die dazu beitragen kann, nichtlineare Beziehungen offenzulegen und die Interpretierbarkeit des Modells zu verbessern.

- **Target-Encoding für kategoriale Variablen**: Für Datensätze mit kategorialen Merkmalen hoher Kardinalität werden wir untersuchen, wie Target-Encoding eine leistungsstarke Alternative zur traditionellen One-Hot-Encoding-Methode darstellen kann, die möglicherweise die Modellleistung steigert und gleichzeitig die Dimensionalität reduziert.

3.2.1 Erstellung von Interaktionsfeatures

Interaktionsfeatures entstehen durch die Kombination von zwei oder mehr vorhandenen Features, um die Beziehungen zwischen ihnen zu erfassen. Diese Technik ist besonders wirkungsvoll, wenn es Hinweise oder Fachwissen gibt, dass die Wechselwirkung zwischen den Features mehr Vorhersagekraft besitzt als die einzelnen Features allein. In einem Modell zur Vorhersage von Hauspreisen könnte beispielsweise die Interaktion zwischen Wohnfläche und Nachbarschaft aussagekräftiger sein als jedes dieser Features für sich genommen.

Der Prozess der Erstellung von Interaktionsfeatures umfasst mathematische Operationen wie Multiplikation, Division oder komplexere Funktionen, die die Werte mehrerer Features kombinieren. Diese neuen Features können Machine-Learning-Modelle dabei unterstützen, nichtlineare Beziehungen und komplexe Muster in den Daten zu erfassen, die sonst übersehen würden. In einer Analyse einer Marketingkampagne könnte beispielsweise die Interaktion zwischen dem Alter und dem Einkommen eines Kunden wichtige Erkenntnisse über das Kaufverhalten liefern, die weder das Alter noch das Einkommen allein erklären könnten.

Interaktionsfeatures sind besonders nützlich in Szenarien, in denen die Wirkung einer Variablen von der Ausprägung einer anderen abhängt. Sie können versteckte Muster aufdecken, die Modellgenauigkeit verbessern und tiefere Einblicke in die zugrunde liegenden Beziehungen in den Daten bieten. Es ist jedoch wichtig, Fachwissen und sorgfältige Analyse einzusetzen, um unnötige Komplexität oder Overfitting im Modell zu vermeiden.

Beispiel: Interaktionsfeature für Schlafzimmer und Badezimmer

In einem Modell zur Vorhersage von Hauspreisen kann die Beziehung zwischen der Anzahl der Schlafzimmer und Badezimmer einen erheblichen Einfluss auf den Gesamtwert einer Immobilie haben. Anstatt diese Features als unabhängige Variablen zu behandeln, können wir ein **Interaktionsfeature** erstellen, das sie multipliziert, um ihre kombinierte Wirkung auf die Hauspreise zu erfassen. Dieser Ansatz erkennt an, dass der Mehrwert eines zusätzlichen Badezimmers beispielsweise davon abhängen kann, wie viele Schlafzimmer ein Haus hat.

In einem Haus mit einem Schlafzimmer könnte der Unterschied zwischen einem und zwei Badezimmern relativ gering sein. In einem Haus mit vier Schlafzimmern hingegen könnte das Vorhandensein mehrerer Badezimmer den Immobilienwert erheblich steigern. Durch die Multiplikation der Anzahl von Schlafzimmern und Badezimmern entsteht ein neues Feature, das diese nuancierte Beziehung besser repräsentiert.

Darüber hinaus kann dieses Interaktionsfeature andere subtile Aspekte des Hausdesigns und der Funktionalität erfassen. Ein hohes Verhältnis von Schlafzimmern zu Badezimmern könnte auf eine Luxusimmobilie mit en-suite Badezimmern hinweisen, während ein niedriges Verhältnis auf ein bescheideneres Haus mit Gemeinschaftsbädern schließen lässt. Solche Unterschiede sind entscheidend für eine genaue Vorhersage von Hauspreisen in verschiedenen Marktsegmenten.

Code-Beispiel: Erstellung eines Interaktionsfeatures

```python
import pandas as pd
import numpy as np
import matplotlib.pyplot as plt
import seaborn as sns

# Load the dataset (assuming we have a CSV file with house data)
df = pd.read_csv('house_data.csv')

# Create an interaction feature between Bedrooms and Bathrooms
df['BedroomBathroomInteraction'] = df['Bedrooms'] * df['Bathrooms']

# Create a more complex interaction feature
df['BedroomBathroomSquareFootageInteraction'] = df['Bedrooms'] * df['Bathrooms'] *
np.log1p(df['SquareFootage'])

# View the first few rows to see the new features
print(df[['Bedrooms', 'Bathrooms', 'SquareFootage', 'BedroomBathroomInteraction',
'BedroomBathroomSquareFootageInteraction']].head())

# Visualize the relationship between the new interaction feature and the target
variable (e.g., SalePrice)
plt.figure(figsize=(10, 6))
```

```python
plt.scatter(df['BedroomBathroomInteraction'], df['SalePrice'], alpha=0.5)
plt.xlabel('Bedroom-Bathroom Interaction')
plt.ylabel('Sale Price')
plt.title('Bedroom-Bathroom Interaction vs Sale Price')
plt.show()

# Calculate correlation between features
correlation_matrix    =    df[['Bedrooms',    'Bathrooms',    'SquareFootage',
'BedroomBathroomInteraction',              'BedroomBathroomSquareFootageInteraction',
'SalePrice']].corr()

# Visualize correlation matrix
plt.figure(figsize=(10, 8))
sns.heatmap(correlation_matrix,    annot=True,    cmap='coolwarm',    vmin=-1,    vmax=1,
center=0)
plt.title('Correlation Matrix of Features')
plt.show()
```

Dieses Codebeispiel demonstriert einen umfassenden Ansatz zur Erstellung und Analyse von Interaktionsfeatures im Kontext eines Modells zur Vorhersage von Hauspreisen.

Aufschlüsselung der Hauptkomponenten

1. **Datenladen und Erstellung grundlegender Features:**

    o   Zunächst importieren wir die erforderlichen Bibliotheken und laden den Datensatz.

    o   Wir erstellen das grundlegende Interaktionsfeature *BedroomBathroomInteraction*, indem wir die Anzahl der Schlafzimmer und Badezimmer multiplizieren.

2. **Komplexes Interaktionsfeature:**

    o   Wir führen ein fortgeschrittenes Interaktionsfeature ein: *BedroomBathroomSquareFootageInteraction*.

    o   Dieses Feature kombiniert Schlafzimmer, Badezimmer und den Logarithmus der Wohnfläche.

    o   Durch die Verwendung von np.log1p() (log(1+x)) können potenzielle Nullwerte berücksichtigt und der Einfluss extremer Werte in der Wohnfläche reduziert werden.

3. **Datenexploration:**

    o   Wir drucken die ersten Zeilen des DataFrames, um die neuen Features zusammen mit den ursprünglichen zu überprüfen.

- o Dieser Schritt hilft, die Korrektheit der erstellten Interaktionsfeatures zu verifizieren und ihre Skalierung im Vergleich zu den ursprünglichen Features zu verstehen.

4. **Visualisierung des Interaktionsfeatures:**

   - o Wir erstellen ein Streudiagramm, um die Beziehung zwischen dem Feature *BedroomBathroomInteraction* und der Zielvariable *SalePrice* zu visualisieren.

   - o Diese Darstellung kann nichtlineare Beziehungen oder Cluster aufzeigen, die das Interaktionsfeature möglicherweise enthüllt.

5. **Korrelationsanalyse:**

   - o Wir berechnen die Korrelationsmatrix für die ursprünglichen Features, die Interaktionsfeatures und die Zielvariable.

   - o Das resultierende Heatmap-Diagramm visualisiert die Korrelationen und hilft zu verstehen, wie die neuen Interaktionsfeatures mit anderen Variablen und der Zielvariablen zusammenhängen.

   - o Dieser Schritt ist entscheidend, um zu bewerten, ob die neuen Features zusätzliche Informationen liefern oder stark mit bestehenden Features korrelieren.

Durch die Erweiterung des Codes auf diese Weise erstellen wir nicht nur Interaktionsfeatures, sondern bieten auch Werkzeuge, um deren Effektivität zu analysieren. Dieser umfassende Ansatz ermöglicht es Data Scientists, fundierte Entscheidungen darüber zu treffen, ob diese Features in das endgültige Modell aufgenommen werden sollten, basierend auf ihren Beziehungen zu anderen Variablen und zur Zielvariablen.

3.2.2 Umgang mit zeitbasierten Features

Zeitbasierte Features wie Daten und Zeitstempel sind in realen Datensätzen allgegenwärtig und spielen in vielen Machine-Learning-Anwendungen eine zentrale Rolle. Diese Features erfordern jedoch oft fortgeschrittene Transformationen, um ihr volles Potenzial für die Modellierung auszuschöpfen. Rohdaten zu Datum und Uhrzeit sind informativ, erfassen jedoch nicht direkt die zugrunde liegenden Muster und zyklischen Eigenschaften zeitabhängiger Phänomene.

Das Extrahieren sinnvoller Informationen aus zeitbasierten Daten umfasst eine Reihe von Techniken, von der einfachen Komponentenextraktion bis hin zu komplexeren periodischen Kodierungen. Zum Beispiel kann die Aufteilung eines Datums in seine Bestandteile (Jahr, Monat, Tag, Stunde) saisonale Muster oder wochentagsabhängige Effekte aufdecken. Fortschrittlichere Methoden umfassen die Erstellung zyklischer Features mit Sinus- und Kosinustransformationen, die die Kreisförmigkeit der Zeit effektiv erfassen können (z. B. dass der 31. Dezember in Bezug auf Jahreszyklen nahe am 1. Januar liegt).

Darüber hinaus können abgeleitete Features, die Zeitdifferenzen darstellen, wie die Anzahl der Tage seit einem bestimmten Ereignis oder die verstrichene Zeit zwischen zwei Daten, wertvolle Einblicke in zeitabhängige Prozesse liefern. Diese Features ermöglichen es Modellen, Trends, Saisonalität und andere zeitliche Muster zu erfassen, die oft entscheidend für genaue Vorhersagen in der Zeitreihenanalyse, Bedarfsprognosen und vielen anderen Bereichen sind, in denen das Timing eine wichtige Rolle spielt.

Beispiel: Extrahieren von Datumsbestandteilen

Bei der Arbeit mit Zeitreihendaten ist es entscheidend, sinnvolle Features aus Datums- und Zeitinformationen zu extrahieren. Ein Datensatz mit einer **Date**-Spalte bietet zahlreiche Möglichkeiten für Feature-Engineering. Anstatt das Rohdatum direkt als Eingabe zu verwenden, können wir mehrere informative Bestandteile ableiten:

- **Jahr**: Erfasst langfristige Trends und zyklische Muster, die auf jährlicher Basis auftreten.

- **Monat**: Zeigt saisonale Muster wie Spitzen im Einzelhandel während der Ferienzeit oder wetterbedingte Schwankungen im Energieverbrauch.

- **Wochentag**: Hilft, wöchentliche Muster zu identifizieren, wie z. B. höhere Restaurantbesuche am Wochenende oder gesteigerte Börsenaktivität an Werktagen.

- **Stunde**: Deckt tägliche Muster auf, wie z. B. Verkehr in der Hauptverkehrszeit oder Spitzenzeiten beim Stromverbrauch.

Diese extrahierten Features ermöglichen es Machine-Learning-Modellen, komplexe zeitliche Muster zu erkennen, einschließlich:

- **Saisonalität**: Wiederkehrende Muster, die an bestimmte Zeiten im Jahr gebunden sind.

- **Trends**: Langfristige Anstiege oder Rückgänge in der Zielvariablen.

- **Zyklische Muster**: Wiederholende Muster, die nicht an einen Kalender gebunden sind (z. B. Geschäftskreisläufe).

Durch die Umwandlung von Rohdaten in diese granulareren Features geben wir dem Modell eine reichhaltigere Darstellung zeitbasierter Muster, was potenziell zu genaueren Vorhersagen und Einblicken führt.

Code-Beispiel: Extraktion von Jahr, Monat und Wochentag

```python
import pandas as pd
import numpy as np
import matplotlib.pyplot as plt
import seaborn as sns

# Load sample data (replace with your actual data loading method)
df = pd.read_csv('sample_data.csv')
```

```
# Ensure the Date column is in datetime format
df['Date'] = pd.to_datetime(df['Date'])

# Extract various time-based features
df['Year'] = df['Date'].dt.year
df['Month'] = df['Date'].dt.month
df['DayOfWeek'] = df['Date'].dt.dayofweek
df['Quarter'] = df['Date'].dt.quarter
df['DayOfYear'] = df['Date'].dt.dayofyear
df['WeekOfYear'] = df['Date'].dt.isocalendar().week
df['IsWeekend'] = df['Date'].dt.dayofweek.isin([5, 6]).astype(int)

# Create cyclical features for Month and DayOfWeek
df['MonthSin'] = np.sin(2 * np.pi * df['Month']/12)
df['MonthCos'] = np.cos(2 * np.pi * df['Month']/12)
df['DayOfWeekSin'] = np.sin(2 * np.pi * df['DayOfWeek']/7)
df['DayOfWeekCos'] = np.cos(2 * np.pi * df['DayOfWeek']/7)

# Calculate time-based differences (assuming we have a 'EventDate' column)
df['DaysSinceEvent'] = (df['Date'] - df['EventDate']).dt.days

# View the first few rows to see the new time-based features
print(df[['Date', 'Year', 'Month', 'DayOfWeek', 'Quarter', 'DayOfYear', 'WeekOfYear',
'IsWeekend',        'MonthSin',        'MonthCos',        'DayOfWeekSin',        'DayOfWeekCos',
'DaysSinceEvent']].head())

# Visualize the distribution of a numeric target variable across months
plt.figure(figsize=(12, 6))
sns.boxplot(x='Month', y='TargetVariable', data=df)
plt.title('Distribution of Target Variable Across Months')
plt.show()

# Analyze correlation between time-based features and the target variable
correlation_matrix = df[['Year', 'Month', 'DayOfWeek', 'Quarter', 'DayOfYear',
'WeekOfYear', 'IsWeekend', 'MonthSin', 'MonthCos', 'DayOfWeekSin', 'DayOfWeekCos',
'DaysSinceEvent', 'TargetVariable']].corr()

plt.figure(figsize=(12, 10))
sns.heatmap(correlation_matrix, annot=True, cmap='coolwarm', vmin=-1, vmax=1,
center=0)
plt.title('Correlation Matrix of Time-Based Features and Target Variable')
plt.show()
```

Dieses Codebeispiel demonstriert einen umfassenden Ansatz zum Umgang mit zeitbasierten Features im Kontext von Machine Learning.

Aufschlüsselung der Hauptkomponenten

- **Datenladen und anfängliche Datumsumwandlung:**

- o Wir beginnen mit dem Import der erforderlichen Bibliotheken und dem Laden eines Beispieldatensatzes.

- o Die *Date*Spalte wird in das Datetime-Format konvertiert, um die einfache Extraktion verschiedener Zeitkomponenten zu ermöglichen.

- **Grundlegende Zeit-Feature-Extraktion:**

  - o Wir extrahieren gängige Zeitkomponenten wie Jahr, Monat, Wochentag, Quartal, Tag des Jahres und Woche des Jahres.

  - o Ein *IsWeekend*Feature wird erstellt, um zwischen Werktagen und Wochenenden zu unterscheiden.

- **Erstellung zyklischer Features:**

  - o Um die zyklische Natur von Monaten und Wochentagen zu erfassen, erstellen wir Sinus- und Kosinustransformationen.

  - o Dieser Ansatz stellt sicher, dass z. B. Dezember (12) und Januar (1) im Jahreszyklus als nahe beieinander liegend erkannt werden.

- **Zeitbasierte Differenzen:**

  - o Wir berechnen die Anzahl der Tage zwischen jedem Datum und einem Referenzdatum (*EventDate*).

  - o Dies kann nützlich sein, um zeitabhängige Effekte oder Saisonalität in Bezug auf bestimmte Ereignisse zu erfassen.

- **Datenvisualisierung:**

  - o Ein Boxplot wird erstellt, um zu visualisieren, wie sich eine Zielvariable über verschiedene Monate verteilt.

  - o Dies kann helfen, saisonale Muster oder Trends in den Daten zu identifizieren.

- **Korrelationsanalyse:**

  - o Wir erstellen eine Korrelationsmatrix, um die Beziehungen zwischen zeitbasierten Features und der Zielvariable zu analysieren.

  - o Diese Heatmap-Visualisierung kann helfen zu erkennen, welche Zeit-Features am stärksten mit der Zielvariable assoziiert sind.

Durch die Implementierung dieser verschiedenen zeitbasierten Feature-Engineering-Techniken stellen wir Machine-Learning-Modellen eine reichhaltige Menge an zeitlichen Informationen zur Verfügung. Dies kann die Fähigkeit des Modells erheblich verbessern, zeitabhängige Muster, Saisonalität und Trends in den Daten zu erfassen, was potenziell zu genaueren Vorhersagen und Erkenntnissen führt.

Umgang mit Zeitdifferenzen

Eine weitere leistungsstarke Technik im zeitbasierten Feature-Engineering ist die Berechnung von Zeitdifferenzen. Diese Methode umfasst die Berechnung der Dauer zwischen zwei Zeitpunkten, z. B. der Anzahl der Tage zwischen einem Angebotsdatum und einem Verkaufsdatum im Immobilienmarkt oder der Zeit, die seit der letzten Interaktion eines Nutzers in einer Marketingkampagne vergangen ist. Diese abgeleiteten Features können entscheidende zeitliche Dynamiken in Ihren Daten erfassen.

Beispielsweise kann in der Immobilienanalyse das Feature *Days on Market* (berechnet als Differenz zwischen Angebots- und Verkaufsdatum) ein starker Prädiktor für die Attraktivität einer Immobilie oder die Marktbedingungen sein. In der Analyse von Ereignisprotokollen kann die Zeit zwischen aufeinanderfolgenden Ereignissen Nutzungsmuster oder Leistungsprobleme im System aufzeigen. Für Marketingkampagnen kann die Aktualität der letzten Interaktion eines Kunden die Wahrscheinlichkeit beeinflussen, dass er auf neue Angebote reagiert.

Darüber hinaus können diese Zeitdifferenz-Features weiter transformiert werden, um nichtlineare Effekte zu erfassen. Beispielsweise könnte eine logarithmische Transformation auf *Days on Market* angewendet werden, um zu reflektieren, dass der Unterschied zwischen 5 und 10 Tagen möglicherweise signifikanter ist als der Unterschied zwischen 95 und 100 Tagen. Ebenso könnten im Marketing kategoriale Features basierend auf Zeitdifferenzen erstellt werden, wie z. B. *Aktuell*, *Moderat* und *Abgelaufen* für Kundensegmente.

Durch die Integration dieser Zeitdifferenz-Features erhalten Ihre Machine-Learning-Modelle einen reichhaltigeren zeitlichen Kontext, der es ihnen ermöglicht, komplexe Muster zu erkennen und genauere Vorhersagen in zeitkritischen Domänen zu treffen.

Code-Beispiel: Berechnung von Days on Market

```python
import pandas as pd
import matplotlib.pyplot as plt
import seaborn as sns

# Load sample data (replace with your actual data loading method)
df = pd.read_csv('real_estate_data.csv')

# Ensure the date columns are in datetime format
df['ListingDate'] = pd.to_datetime(df['ListingDate'])
df['SaleDate'] = pd.to_datetime(df['SaleDate'])

# Create a DaysOnMarket feature by subtracting the listing date from the sale date
df['DaysOnMarket'] = (df['SaleDate'] - df['ListingDate']).dt.days

# Create a logarithmic transformation of DaysOnMarket
df['LogDaysOnMarket'] = np.log1p(df['DaysOnMarket'])

# Create categorical bins for DaysOnMarket
bins = [0, 30, 90, 180, np.inf]
```

```python
labels = ['Quick', 'Normal', 'Slow', 'Very Slow']
df['MarketSpeedCategory'] = pd.cut(df['DaysOnMarket'], bins=bins, labels=labels)

# View the new features
print(df[['ListingDate',      'SaleDate',      'DaysOnMarket',      'LogDaysOnMarket',
'MarketSpeedCategory']].head())

# Visualize the distribution of DaysOnMarket
plt.figure(figsize=(12, 6))
sns.histplot(data=df, x='DaysOnMarket', kde=True)
plt.title('Distribution of Days on Market')
plt.xlabel('Days on Market')
plt.show()

# Analyze the relationship between DaysOnMarket and SalePrice
plt.figure(figsize=(12, 6))
sns.scatterplot(data=df, x='DaysOnMarket', y='SalePrice')
plt.title('Relationship between Days on Market and Sale Price')
plt.xlabel('Days on Market')
plt.ylabel('Sale Price')
plt.show()

# Compare average sale prices across MarketSpeedCategories
avg_prices                                                                    =
df.groupby('MarketSpeedCategory')['SalePrice'].mean().sort_values(ascending=False)
plt.figure(figsize=(10, 6))
sns.barplot(x=avg_prices.index, y=avg_prices.values)
plt.title('Average Sale Price by Market Speed Category')
plt.xlabel('Market Speed Category')
plt.ylabel('Average Sale Price')
plt.show()
```

Dieses Codebeispiel zeigt eine Methode zum Umgang mit dem Feature *Days on Market* in einem Immobilien-Datensatz. Lassen Sie uns die wichtigsten Komponenten betrachten:

1. **Datenvorbereitung:**

   o Wir laden den Datensatz und stellen sicher, dass die Spalten *ListingDate* und *SaleDate* im Datetime-Format vorliegen.

   o Dadurch wird die einfache Berechnung von Zeitdifferenzen ermöglicht.

2. **Feature-Erstellung:**

   o Wir erstellen das Feature *DaysOnMarket*, indem wir das Angebotsdatum vom Verkaufsdatum subtrahieren.

   o Eine logarithmische Transformation (*LogDaysOnMarket*) wird angewendet, um potenzielle Schiefe in der Verteilung zu bewältigen.

    o Ein kategorisches Feature *MarketSpeedCategory* wird erstellt, indem *DaysOnMarket* in sinnvolle Kategorien unterteilt wird.

3. **Datenvisualisierung:**

    o Wir visualisieren die Verteilung von *DaysOnMarket* mit einem Histogramm und einer KDE-Overlay.

    o Ein Streudiagramm wird erstellt, um die Beziehung zwischen *DaysOnMarket* und *SalePrice* zu visualisieren.

    o Wir vergleichen die durchschnittlichen Verkaufspreise in verschiedenen *MarketSpeedCategory*Bins mit einem Balkendiagramm.

Dieser umfassende Ansatz erstellt nicht nur neue Features, sondern bietet auch Werkzeuge zur Analyse ihrer Effektivität und ihrer Beziehung zur Zielvariable (*SalePrice*). Die Visualisierungen helfen, die Verteilung des neuen Features und dessen Einfluss auf die Hauspreise zu verstehen, was weitere Modellierungsentscheidungen unterstützen kann.

3.2.3 Binning numerischer Variablen

Binning ist eine leistungsstarke Technik des Feature-Engineering, die kontinuierliche numerische Features in diskrete Kategorien oder Bins umwandelt. Diese Methode ist besonders wertvoll, wenn Variablen nichtlineare Beziehungen zur Zielvariablen aufweisen oder wenn bestimmte Wertebereiche ähnliche Auswirkungen auf das Ergebnis haben.

Beim Binning wird der Wertebereich einer kontinuierlichen Variablen in Intervalle unterteilt, und jeder Datenpunkt wird dem entsprechenden Intervall zugewiesen. Diese Transformation kann dazu beitragen, komplexe Beziehungen zu erfassen, die in den rohen kontinuierlichen Daten möglicherweise nicht erkennbar sind. Zum Beispiel könnte bei der Modellierung von Immobilienpreisen der Einfluss der Wohnfläche auf die Preise nicht strikt linear sein – es könnten signifikante Preissprünge zwischen bestimmten Größenbereichen auftreten.

Vorteile des Binnings:

- **Erfassung nichtlinearer Beziehungen:** Binning ermöglicht die Erfassung komplexer, nichtlinearer Beziehungen zwischen Variablen, ohne komplizierte mathematische Transformationen zu erfordern. Diese Technik kann Muster aufdecken, die in kontinuierlichen Daten verborgen bleiben könnten, und ein differenzierteres Verständnis der zugrunde liegenden Beziehungen liefern.

- **Minderung des Einflusses von Ausreißern:** Durch die Gruppierung extremer Werte in diskrete Bins reduziert diese Methode effektiv den Einfluss von Ausreißern auf das Modell. Diese Gruppierungsmechanik sorgt dafür, dass anomale Datenpunkte die Analyse nicht unverhältnismäßig stark beeinflussen, was zu stabileren und zuverlässigeren Modellleistungen führt.

- **Verbesserung der Modellinterpretierbarkeit:** Die Verwendung von binned Features führt häufig zu Modellen, die leichter zu interpretieren und zu erklären sind. Die diskrete Natur binned Daten ermöglicht eine klarere Darstellung, wie Änderungen in den Feature-Kategorien die Zielvariable beeinflussen, was die Kommunikation von Erkenntnissen an nichttechnische Stakeholder erleichtert.

- **Bewältigung von Datensparsamkeit:** In Szenarien mit sparsamen oder ungleichmäßig verteilten Daten kann Binning besonders vorteilhaft sein. Durch die Konsolidierung ähnlicher Werte in Gruppen können Probleme im Zusammenhang mit Datenknappheit überwunden werden, was potenziell zu robusteren Vorhersagen führt.

Es ist jedoch wichtig, das Binning sorgfältig zu planen. Die Wahl der Bin-Grenzen kann die Modellleistung erheblich beeinflussen und sollte auf Fachwissen, Datenverteilung oder statistischen Methoden basieren, anstatt auf willkürlichen Einteilungen.

Beispiel: Binning von Hausgrößen in Kategorien

Wir betrachten das Konzept des Binnings von Hausgrößen in Kategorien. In diesem Ansatz teilen wir die kontinuierliche Variable der Hausgröße in diskrete Gruppen: **klein**, **mittel** und **groß**. Diese Kategorisierung erfüllt mehrere Zwecke in unserer Analyse:

- **Datenvereinfachung:** Durch die Gruppierung von Häusern in Größenkategorien reduzieren wir die Datenkomplexität und behalten dennoch aussagekräftige Informationen bei.

- **Erfassung nichtlinearer Beziehungen:** Hauspreise steigen möglicherweise nicht linear mit der Größe. Beispielsweise könnte der Preisunterschied zwischen kleinen und mittleren Häusern größer sein als zwischen mittleren und großen Häusern.

- **Verbesserte Interpretierbarkeit:** Kategorische Größenklassen erleichtern es, Erkenntnisse an Stakeholder zu kommunizieren, die diskrete Kategorien intuitiver finden könnten als kontinuierliche Messungen.

- **Minderung von Ausreißer-Effekten:** Extrem große Häuser werden mit anderen großen Häusern gruppiert, wodurch ihr individueller Einfluss auf das Modell reduziert wird.

Diese Binning-Technik ermöglicht es uns, nuancierte Trends bei Hauspreisen basierend auf Größenkategorien zu erfassen und potenziell Erkenntnisse zu gewinnen, die durch die Behandlung der Hausgröße als kontinuierliche Variable verdeckt geblieben wären. Sie ist besonders nützlich, wenn es auf dem Markt verschiedene Segmente für unterschiedliche Hausgrößen gibt, die jeweils eigene Preisdynamiken aufweisen.

Code-Beispiel: Binning von Hausgrößen in Kategorien

```
import pandas as pd
```

```python
import numpy as np
import matplotlib.pyplot as plt
import seaborn as sns

# Load sample data (replace with your actual data loading method)
df = pd.read_csv('house_data.csv')

# Define bins for house sizes
bins = [0, 1000, 1500, 2000, 2500, 3000, np.inf]
labels = ['Very Small', 'Small', 'Medium', 'Large', 'Very Large', 'Mansion']

# Create a new feature for binned house sizes
df['HouseSizeCategory'] = pd.cut(df['SquareFootage'], bins=bins, labels=labels)

# View the first few rows to see the binned feature
print(df[['SquareFootage', 'HouseSizeCategory']].head())

# Calculate average price per square foot for each category
df['PricePerSqFt'] = df['SalePrice'] / df['SquareFootage']
avg_price_per_sqft = df.groupby('HouseSizeCategory')['PricePerSqFt'].mean().sort_values(ascending=False)

# Visualize the distribution of house sizes
plt.figure(figsize=(12, 6))
sns.histplot(data=df, x='SquareFootage', bins=20, kde=True)
plt.title('Distribution of House Sizes')
plt.xlabel('Square Footage')
plt.show()

# Visualize average price per square foot by house size category
plt.figure(figsize=(10, 6))
sns.barplot(x=avg_price_per_sqft.index, y=avg_price_per_sqft.values)
plt.title('Average Price per Square Foot by House Size Category')
plt.xlabel('House Size Category')
plt.ylabel('Average Price per Square Foot')
plt.xticks(rotation=45)
plt.show()

# Analyze the relationship between house size and sale price
plt.figure(figsize=(12, 6))
sns.scatterplot(data=df, x='SquareFootage', y='SalePrice', hue='HouseSizeCategory')
plt.title('Relationship between House Size and Sale Price')
plt.xlabel('Square Footage')
plt.ylabel('Sale Price')
plt.show()
```

Dieses Codebeispiel zeigt eine Methode zur Binning von Hausgrößen und zur Analyse der Ergebnisse. Lassen Sie uns den Prozess Schritt für Schritt betrachten:

- **Datenvorbereitung:**

- o Wir beginnen mit dem Import der erforderlichen Bibliotheken und dem Laden unseres Datensatzes.

- o Es wird angenommen, dass die Spalte *SquareFootage* kontinuierliche numerische Daten enthält, die die Hausgrößen repräsentieren.

- **Binning-Prozess:**

  - o Wir definieren granularere Bins für Hausgrößen und erstellen sechs Kategorien anstelle von drei.

  - o Die Funktion pd.cut() wird verwendet, um ein neues kategoriales Feature *HouseSizeCategory* basierend auf diesen Bins zu erstellen.

- **Erste Datenexploration:**

  - o Wir drucken die ersten Zeilen des DataFrames, um den Binning-Prozess zu überprüfen.

- **Analyse des Preises pro Quadratmeter:**

  - o Wir berechnen den Preis pro Quadratmeter für jedes Haus.

  - o Anschließend ermitteln wir den durchschnittlichen Preis pro Quadratmeter für jede Hausgrößenkategorie.

- **Datenvisualisierung:**

  - o **Verteilung der Hausgrößen:** Ein Histogramm mit KDE zeigt die Verteilung der Hausgrößen im Datensatz.

  - o **Durchschnittlicher Preis pro Quadratmeter:** Ein Balkendiagramm visualisiert, wie sich der durchschnittliche Preis pro Quadratmeter über die Hausgrößenkategorien hinweg unterscheidet.

  - o **Beziehung zwischen Größe und Preis:** Ein Streudiagramm illustriert die Beziehung zwischen Hausgröße und Verkaufspreis, wobei die Punkte nach Größenkategorien eingefärbt sind.

Dieser Ansatz ermöglicht nicht nur das Binning der Daten, sondern liefert auch wertvolle Einblicke in die Beziehung zwischen Hausgrößen und Preisen. Die Visualisierungen helfen, die Verteilung der Hausgrößen, Preistrends in verschiedenen Kategorien und die allgemeine Beziehung zwischen Größe und Preis zu verstehen. Diese Informationen können entscheidend für die Feature-Auswahl und die Modellinterpretation in einem Immobilienpreis-Modell sein.

3.2.4 Target-Encoding für kategoriale Variablen

Target-Encoding ist eine fortgeschrittene Technik zur Behandlung kategorialer Variablen, insbesondere solcher mit hoher Kardinalität. Im Gegensatz zum One-Hot-Encoding, das durch die Erstellung zahlreicher binärer Spalten zur „Fluch der Dimensionalität" führen kann, ersetzt das Target-Encoding jede Kategorie durch einen einzelnen numerischen Wert, der aus der Zielvariablen abgeleitet wird. Diese Methode ist besonders effektiv bei Variablen wie Postleitzahlen, Produkt-IDs oder anderen kategorialen Merkmalen mit vielen eindeutigen Werten.

Der Prozess beinhaltet die Berechnung des Durchschnitts (oder einer anderen relevanten Statistik) der Zielvariablen für jede Kategorie und die Verwendung dieses Werts als neues Feature. Beispielsweise könnte man in einem Modell zur Vorhersage von Hauspreisen jede Nachbarschaftskategorie durch den durchschnittlichen Hauspreis in dieser Nachbarschaft ersetzen. Diese Methode reduziert nicht nur die Dimensionalität des Datensatzes, sondern integriert auch wertvolle Informationen über die Beziehung zwischen der kategorialen Variablen und der Zielvariablen.

Vorteile des Target-Encodings:

1. **Reduktion der Dimensionalität:** Target-Encoding reduziert erheblich die Anzahl der Features, was besonders vorteilhaft ist, wenn mit kategorialen Variablen hoher Kardinalität gearbeitet wird. Diese Reduktion macht den Datensatz handhabbarer und kann die Modellleistung verbessern, indem sie die Fluch der Dimensionalität mindert und die Berechnungskomplexität reduziert. Zum Beispiel kann in einem Datensatz mit tausenden eindeutigen Produkt-IDs das Target-Encoding diese Informationen in ein einziges, informatives Feature kondensieren.

2. **Behandlung seltener Kategorien:** Diese Technik bietet eine elegante Lösung für den Umgang mit Kategorien, die im Datensatz selten vorkommen. Seltene Kategorien können bei anderen Kodierungsmethoden wie One-Hot-Encoding problematisch sein, da sie zu spärlichen Matrizen oder Overfitting führen können. Target-Encoding weist diesen seltenen Kategorien sinnvolle Werte zu, basierend auf ihrer Beziehung zur Zielvariablen, sodass das Modell nützliche Informationen auch aus seltenen Vorkommen extrahieren kann.

3. **Erfassung komplexer Beziehungen:** Durch die Einbindung der Zielvariablen in den Kodierungsprozess kann diese Methode nichtlineare Beziehungen zwischen dem kategorialen Feature und der Zielvariablen erfassen. Dies ist besonders wertvoll in Szenarien, in denen der Einfluss einer Kategorie auf die Zielvariable nicht offensichtlich ist. Beispielsweise könnte in einem Modell zur Vorhersage von Kundenabwanderung die Beziehung zwischen dem Wohnort eines Kunden und seiner Wahrscheinlichkeit, abzuwandern, komplex und nichtlinear sein. Target-Encoding kann diese Nuancen effektiv erfassen.

4. **Verbesserte Interpretierbarkeit des Modells:** Die kodierten Werte haben eine klare Interpretation in Bezug auf die Zielvariable, was die Erklärbarkeit des Modells verbessert. Dies ist entscheidend in Bereichen, in denen das Verständnis des Entscheidungsprozesses des Modells ebenso wichtig ist wie seine Vorhersagegenauigkeit. Beispielsweise kann in einem Kreditbewertungsmodell die

Erklärung, wie verschiedene Berufsgruppen die Kreditbewertung beeinflussen, wertvolle Einblicke liefern und regulatorische Anforderungen erfüllen.

5. **Robuster Umgang mit neuen Kategorien:** Beim Auftreten neuer Kategorien während der Modellbereitstellung, die im Trainingsdatensatz nicht vorhanden waren, bietet das Target-Encoding einen sinnvollen Ansatz. Durch die Verwendung des globalen Mittels der Zielvariablen oder eines Bayes'schen Durchschnitts ermöglicht es einen robusten Umgang mit unbekannten Kategorien, ohne Fehler oder erhebliche Leistungseinbußen zu verursachen.

Es ist jedoch wichtig, das Target-Encoding sorgfältig umzusetzen, um Datenlecks zu vermeiden. Cross-Validation- oder Out-of-Fold-Encoding-Techniken sollten verwendet werden, um sicherzustellen, dass die Kodierung ausschließlich auf Informationen aus dem Trainingsdatensatz basiert. So wird Overfitting vermieden und die Integrität des Modellauswertungsprozesses gewährleistet.

Beispiel: Target-Encoding für Nachbarschaften

Wenden wir das Target-Encoding auf das Feature **Neighborhood** in einem Hauspreis-Datensatz an. Diese leistungsstarke Technik wandelt kategoriale Daten in numerische Werte um, basierend auf der Zielvariablen, in diesem Fall den Hauspreisen. Anstatt zahlreiche binäre Spalten für jede Nachbarschaft durch One-Hot-Encoding zu erstellen, ersetzen wir jede Nachbarschaft durch einen einzelnen Wert: den durchschnittlichen Hauspreis für diese Nachbarschaft. Dieser Ansatz bietet mehrere Vorteile:

- **Reduktion der Dimensionalität:** Indem jede Nachbarschaft in einen einzelnen numerischen Wert umgewandelt wird, reduzieren wir die Anzahl der Features im Datensatz erheblich, was besonders vorteilhaft ist, wenn viele eindeutige Nachbarschaften vorhanden sind.

- **Informationsbewahrung:** Der kodierte Wert spiegelt direkt die Beziehung zwischen der Nachbarschaft und den Hauspreisen wider und bewahrt so wichtige Informationen für unser Modell.

- **Behandlung seltener Kategorien:** Auch Nachbarschaften mit wenigen Stichproben erhalten sinnvolle Repräsentationen, basierend auf ihren Durchschnittspreisen. Dies löst das Problem spärlicher Daten, das häufig beim One-Hot-Encoding auftritt.

- **Verbesserte Modellleistung:** Indem dem Modell vorab berechnete Statistiken über den Einfluss jeder Nachbarschaft auf die Preise zur Verfügung gestellt werden, können die Vorhersagefähigkeiten des Modells potenziell verbessert werden.

Diese Methode des Target-Encodings erfasst effektiv, wie unterschiedliche Nachbarschaften die Hauspreise beeinflussen, und ermöglicht es unserem Modell, diese Informationen zu nutzen, ohne die Komplexität traditioneller kategorialer Kodierungsmethoden.

Code-Beispiel: Target-Encoding für Nachbarschaften

```python
import pandas as pd
import numpy as np
import matplotlib.pyplot as plt
import seaborn as sns
from sklearn.model_selection import train_test_split
from sklearn.metrics import mean_squared_error
from sklearn.linear_model import LinearRegression

# Load the dataset (assuming you have a CSV file named 'house_data.csv')
df = pd.read_csv('house_data.csv')

# Display basic information about the dataset
print(df[['Neighborhood', 'SalePrice']].describe())

# Calculate the average SalePrice for each neighborhood
neighborhood_avg_price = df.groupby('Neighborhood')['SalePrice'].mean()

# Create a new column with target-encoded values
df['NeighborhoodEncoded'] = df['Neighborhood'].map(neighborhood_avg_price)

# View the first few rows to see the target-encoded feature
print(df[['Neighborhood', 'NeighborhoodEncoded', 'SalePrice']].head(10))

# Visualize the relationship between encoded neighborhood values and sale prices
plt.figure(figsize=(12, 6))
plt.scatter(df['NeighborhoodEncoded'], df['SalePrice'], alpha=0.5)
plt.title('Relationship between Encoded Neighborhood Values and Sale Prices')
plt.xlabel('Encoded Neighborhood Value')
plt.ylabel('Sale Price')
plt.show()

# Split the data into training and testing sets
X = df[['NeighborhoodEncoded']]
y = df['SalePrice']
X_train, X_test, y_train, y_test = train_test_split(X, y, test_size=0.2,
random_state=42)

# Train a simple linear regression model
model = LinearRegression()
model.fit(X_train, y_train)

# Make predictions on the test set
y_pred = model.predict(X_test)

# Calculate and print the mean squared error
mse = mean_squared_error(y_test, y_pred)
print(f"Mean Squared Error: {mse}")

# Print the coefficient to see the impact of the encoded neighborhood feature
print(f"Coefficient for NeighborhoodEncoded: {model.coef_[0]}")
```

```python
# Function to handle new, unseen neighborhoods
def encode_new_neighborhood(neighborhood, neighborhood_avg_price, global_avg_price):
    return neighborhood_avg_price.get(neighborhood, global_avg_price)

# Example of handling a new neighborhood
global_avg_price = df['SalePrice'].mean()
new_neighborhood = "New Development"
encoded_value = encode_new_neighborhood(new_neighborhood, neighborhood_avg_price,
global_avg_price)
print(f"Encoded value for '{new_neighborhood}': {encoded_value}")
```

Dieses Codebeispiel zeigt einen umfassenden Ansatz für das Target-Encoding von Nachbarschaften in einem Modell zur Vorhersage von Hauspreisen. Lassen Sie uns die Schritte im Detail betrachten:

1. **Datenladen und Exploration:**

   o Wir beginnen mit dem Import der erforderlichen Bibliotheken und dem Laden des Datensatzes.

   o Statistische Grundinformationen über die Spalten *Neighborhood* und *SalePrice* werden angezeigt, um die Verteilung der Daten zu verstehen.

2. **Target-Encoding-Prozess:**

   o Wir berechnen den durchschnittlichen Verkaufspreis für jede Nachbarschaft mithilfe von groupby und der meanOperation.

   o Eine neue Spalte *NeighborhoodEncoded* wird erstellt, indem diese Durchschnittspreise auf die ursprüngliche Spalte *Neighborhood* zurückgemappt werden.

   o Die ersten Zeilen des Ergebnisses werden angezeigt, um die Kodierung zu überprüfen.

3. **Datenvisualisierung:**

   o Ein Streudiagramm wird erstellt, um die Beziehung zwischen den kodierten Nachbarschaftswerten und den Verkaufspreisen zu visualisieren.

   o Dies hilft, zu verstehen, wie gut die Kodierung die Preisunterschiede zwischen den Nachbarschaften einfängt.

4. **Modelltraining und Auswertung:**

   o Die Daten werden in Trainings- und Testdatensätze aufgeteilt.

   o Ein einfaches lineares Regressionsmodell wird mit dem kodierten Nachbarschaftsfeature trainiert.

- o Vorhersagen werden auf dem Testdatensatz gemacht, und der mittlere quadratische Fehler wird berechnet, um die Modellleistung zu bewerten.

- o Der Koeffizient des kodierten Features wird ausgegeben, um dessen Einfluss auf die Vorhersagen zu verstehen.

5. **Umgang mit neuen Nachbarschaften:**

- o Eine Funktion wird definiert, um neue, unbekannte Nachbarschaften während der Modellbereitstellung zu behandeln.

- o Der globale Durchschnittspreis wird als Ersatz für Nachbarschaften verwendet, die im Trainingsdatensatz nicht vorhanden waren.

- o Ein Beispiel zeigt, wie eine neue Nachbarschaft kodiert wird.

Dieses umfassende Beispiel zeigt nicht nur die grundlegende Implementierung des Target-Encodings, sondern umfasst auch Datenexploration, Visualisierung, Modelltraining und Strategien für den Umgang mit neuen Kategorien. Es bietet ein robustes Framework für die Anwendung von Target-Encoding in realen Szenarien und demonstriert seine Effektivität bei der Erfassung von Nachbarschaftseffekten auf Hauspreise, während gängige Herausforderungen im Feature-Engineering adressiert werden.

3.2.5 Die Macht des Feature-Engineerings

Feature-Engineering ist ein anspruchsvoller und transformierender Prozess, bei dem Rohdaten sorgfältig in Features umgewandelt werden, die nicht nur bedeutungsvoller, sondern auch informativer für Machine-Learning-Modelle sind. Diese kunstvolle Technik erfordert ein tiefes Verständnis sowohl der vorliegenden Daten als auch der zugrunde liegenden Muster, die das zu modellierende Phänomen antreiben. Durch den Einsatz einer Vielzahl von Techniken können Data Scientists verborgene Erkenntnisse freilegen und die Vorhersagekraft ihrer Modelle erheblich verbessern.

Das Arsenal an Feature-Engineering-Techniken ist breit gefächert und vielfältig, jede mit einer einzigartigen Methode zur Repräsentation und Destillation von Informationen. Die Erstellung von Interaktionstermen ermöglicht es Modellen, komplexe Beziehungen zwischen Variablen zu erfassen, die sonst übersehen würden. Die Extraktion zeitbasierter Features kann zeitliche Muster und zyklische Trends aufdecken, die in vielen realen Anwendungen entscheidend sind. Das Binning numerischer Variablen hilft Modellen, nichtlineare Beziehungen und Schwellenwerteffekte zu identifizieren. Fortschrittliche Techniken wie Target-Encoding bieten leistungsstarke Ansätze zur Behandlung kategorialer Variablen, insbesondere solcher mit hoher Kardinalität, indem sie Informationen aus der Zielvariablen selbst integrieren.

Diese Methoden führen, wenn sie mit Bedacht angewendet werden, zu bemerkenswerten Verbesserungen der Modellleistung. Was wie kleine Transformationen erscheinen mag, kann oft zu erheblichen Steigerungen der Genauigkeit, Interpretierbarkeit und Generalisierungsfähigkeit eines Modells führen. Das ultimative Ziel des Feature-Engineerings besteht darin, die Daten in einem Format darzustellen, das enger mit den zugrunde liegenden Mustern und Beziehungen innerhalb des Datensatzes übereinstimmt. Auf diese Weise erleichtern wir es Machine-Learning-Algorithmen, diese Muster zu erkennen und zu nutzen, was zu Modellen führt, die nicht nur genauer, sondern auch robuster und leichter interpretierbar sind.

3.3 Praktische Übungen für Kapitel 3

Nachdem Sie Kapitel 3 abgeschlossen haben, ist es Zeit, die erlernten Techniken des Feature-Engineerings zu üben. Die folgenden Übungen sind darauf ausgelegt, Ihnen bei der Anwendung dieser Techniken zu helfen. Zu jeder Übung wird eine Lösung bereitgestellt. Die Übungen decken wichtige Konzepte wie die Erstellung von Interaktionsfeatures, den Umgang mit zeitbasierten Daten, das Binning numerischer Features und das Target-Encoding ab.

Übung 1: Erstellen eines Interaktionsfeatures

Sie arbeiten mit einem Datensatz zu Autoverkäufen. Der Datensatz enthält Spalten für **EngineSize** (in Litern) und **HorsePower**. Ihre Aufgabe ist es:

Erstellen Sie ein neues Feature namens **PowerToEngineRatio**, das das Verhältnis von HorsePower zur EngineSize darstellt.

Lösung:

```
import pandas as pd

# Sample data: Car sales
data = {'CarID': [1, 2, 3, 4, 5],
        'EngineSize': [2.0, 3.0, 4.0, 2.5, 3.5],
        'HorsePower': [150, 200, 250, 180, 220]}

df = pd.DataFrame(data)

# Create an interaction feature: PowerToEngineRatio
df['PowerToEngineRatio'] = df['HorsePower'] / df['EngineSize']

# View the result
print(df[['EngineSize', 'HorsePower', 'PowerToEngineRatio']])
```

Übung 2: Umgang mit zeitbasierten Features

Sie haben einen Datensatz mit Verkaufstransaktionsdaten. Der Datensatz enthält eine Spalte **TransactionDate**. Ihre Aufgabe ist es:

1. Konvertieren Sie die Spalte **TransactionDate** in ein Datetime-Format.

2. Extrahieren Sie das Jahr, den Monat und den Wochentag aus der Spalte **TransactionDate**.

Lösung:

```python
# Sample data: Sales transactions
data = {'TransactionID': [101, 102, 103, 104, 105],
        'TransactionDate': ['2022-05-15', '2023-03-10', '2023-07-22', '2022-12-01',
'2023-01-14']}

df = pd.DataFrame(data)

# Convert the TransactionDate column to datetime format
df['TransactionDate'] = pd.to_datetime(df['TransactionDate'])

# Extract year, month, and day of the week
df['Year'] = df['TransactionDate'].dt.year
df['Month'] = df['TransactionDate'].dt.month
df['DayOfWeek'] = df['TransactionDate'].dt.dayofweek

# View the result
print(df[['TransactionDate', 'Year', 'Month', 'DayOfWeek']])
```

Übung 3: Binning numerischer Features

Sie arbeiten mit einem Datensatz über Kundeneinkäufe, der eine Spalte **PurchaseAmount** enthält. Ihre Aufgabe ist es:

Teilen Sie die **PurchaseAmount**-Werte in drei Kategorien ein: **Low**, **Medium** und **High**. Verwenden Sie die folgenden Wertebereiche:

- Low: Weniger als 100 $

- Medium: 100 $ - 500 $

- High: Mehr als 500 $

Lösung:

```python
# Sample data: Customer purchases
data = {'CustomerID': [1, 2, 3, 4, 5],
        'PurchaseAmount': [50, 150, 700, 300, 600]}

df = pd.DataFrame(data)

# Define the bins and labels
bins = [0, 100, 500, float('inf')]
labels = ['Low', 'Medium', 'High']

# Bin the PurchaseAmount into categories
df['PurchaseCategory'] = pd.cut(df['PurchaseAmount'], bins=bins, labels=labels)
```

```
# View the result
print(df[['PurchaseAmount', 'PurchaseCategory']])
```

Übung 4: Target-Encoding für kategoriale Variablen

Sie arbeiten mit einem Datensatz über Hauspreise. Der Datensatz enthält eine Spalte **Neighborhood** und eine Spalte **SalePrice**. Ihre Aufgabe ist es:

Führen Sie Target-Encoding auf der Spalte **Neighborhood** durch, indem Sie jede Nachbarschaft durch den durchschnittlichen **SalePrice** für diese Nachbarschaft ersetzen.

Lösung:

```
# Sample data: House prices
data = {'HouseID': [1, 2, 3, 4, 5],
        'Neighborhood': ['A', 'B', 'A', 'C', 'B'],
        'SalePrice': [300000, 450000, 350000, 500000, 470000]}

df = pd.DataFrame(data)

# Calculate the average SalePrice for each neighborhood
neighborhood_avg_price = df.groupby('Neighborhood')['SalePrice'].mean()

# Perform target encoding by mapping the average prices back to the Neighborhood column
df['NeighborhoodEncoded'] = df['Neighborhood'].map(neighborhood_avg_price)

# View the result
print(df[['Neighborhood', 'SalePrice', 'NeighborhoodEncoded']])
```

Übung 5: Berechnung von Zeitdifferenzen

Sie haben einen Datensatz mit Immobilienangeboten, der die Spalten **ListingDate** und **SaleDate** enthält. Ihre Aufgabe ist es:

Berechnen Sie die Anzahl der Tage, die eine Immobilie auf dem Markt war (d. h. die Differenz zwischen **SaleDate** und **ListingDate**).

Lösung:

```
# Sample data: Property listings
data = {'PropertyID': [1, 2, 3, 4, 5],
        'ListingDate':  ['2023-01-01',  '2023-02-15',  '2023-03-01',  '2023-04-01',
'2023-05-01'],
        'SaleDate': ['2023-03-15', '2023-04-01', '2023-03-20', '2023-05-15', '2023-
06-01']}

df = pd.DataFrame(data)

# Convert ListingDate and SaleDate to datetime format
```

```python
df['ListingDate'] = pd.to_datetime(df['ListingDate'])
df['SaleDate'] = pd.to_datetime(df['SaleDate'])

# Calculate the number of days on market
df['DaysOnMarket'] = (df['SaleDate'] - df['ListingDate']).dt.days

# View the result
print(df[['ListingDate', 'SaleDate', 'DaysOnMarket']])
```

Diese praktischen Übungen helfen, die in **Kapitel 3** behandelten Techniken des Feature-Engineerings zu festigen. Durch das Erstellen von Interaktionsfeatures, den Umgang mit zeitbasierten Features, das Binning numerischer Variablen und die Anwendung von Target-Encoding haben Sie praktische Erfahrung im Transformieren von Rohdaten in aussagekräftige Features gesammelt, die die Modellleistung verbessern. Üben Sie diese Techniken weiter, und Sie werden Ihre Machine-Learning-Workflows kontinuierlich optimieren!

3.4 Was könnte schiefgehen?

Obwohl Feature-Engineering die Leistung Ihres Machine-Learning-Modells erheblich verbessern kann, gibt es einige potenzielle Fallstricke, die Sie beachten müssen. In diesem Abschnitt werden häufige Probleme hervorgehoben, die beim Feature-Engineering auftreten können, sowie Möglichkeiten, sie zu vermeiden.

3.4.1 Overfitting durch zu viele Features

Die Erstellung vieler Features, insbesondere von Interaktionsfeatures und Transformationen, kann zu Overfitting führen. Overfitting tritt auf, wenn ein Modell auf den Trainingsdaten außergewöhnlich gut abschneidet, sich jedoch nicht gut auf unbekannte Daten verallgemeinern lässt.

Was könnte schiefgehen?

- Zu viele Interaktions- oder polynomiale Features oder zu spezifische Features können ein Modell zu komplex machen, sodass es Rauschen statt die wahren Muster in den Daten erfasst.

- Das Modell könnte auf dem Trainingssatz eine hohe Genauigkeit erreichen, aber auf dem Testsatz aufgrund von Overfitting schlecht abschneiden.

Lösung:

- Verwenden Sie Techniken wie **Cross-Validation**, um die Modellleistung anhand mehrerer Datensplits zu bewerten.

- Regularisieren Sie Ihr Modell (z. B. mit **Lasso** oder **Ridge Regression**), um übermäßige Feature-Komplexität zu bestrafen.

- Wenden Sie Methoden der **Feature-Auswahl** an, wie z. B. **Recursive Feature Elimination (RFE)**, um unnötige Features zu identifizieren und zu entfernen.

3.4.2 Multikollinearität

Multikollinearität tritt auf, wenn zwei oder mehr Features hoch korreliert sind. Dies kann Ihr Modell verwirren und zu instabilen Vorhersagen führen, da das Modell Schwierigkeiten hat, zu bestimmen, welches Feature wichtiger ist.

Was könnte schiefgehen?

- Wenn mehrere Features korreliert sind, kann das Modell bestimmten Variablen eine unangemessene Bedeutung beimessen und die Ergebnisse verfälschen.

- Multikollinearität kann die Varianz der Modellkoeffizienten aufblähen, wodurch das Modell empfindlich auf kleine Änderungen in den Daten reagiert.

Lösung:

- Verwenden Sie **Korrelationsanalysen** oder den **Variance Inflation Factor (VIF)**, um Multikollinearität in Ihrem Datensatz zu erkennen.

- Entfernen oder kombinieren Sie hoch korrelierte Features, um Redundanzen zu reduzieren.

- Ziehen Sie **Principal Component Analysis (PCA)** in Betracht, um korrelierte Features in unkorrelierte Komponenten zu transformieren.

3.4.3 Datenlecks

Datenlecks treten auf, wenn Informationen aus dem Testsatz unbeabsichtigt in den Trainingsprozess einfließen, was zu übermäßig optimistischen Leistungsschätzungen führt.

Was könnte schiefgehen?

- Wenn das Feature-Engineering vor der Aufteilung in Trainings- und Testsätze auf dem gesamten Datensatz durchgeführt wird, kann das Modell Informationen lernen, die es nicht haben sollte, was zu verzerrten Bewertungen führt.

- Die Verwendung von Target-Encoding ohne geeignete Cross-Validation kann zu Datenlecks führen, da die Zielvariable die Features während des Trainings direkt beeinflusst.

Lösung:

- Teilen Sie Ihre Daten immer in Trainings- und Testsätze auf, **bevor** Sie das Feature-Engineering anwenden, um Lecks zu vermeiden.

- Stellen Sie bei Techniken wie **Target-Encoding** sicher, dass die Kodierung innerhalb von Cross-Validation-Folds durchgeführt wird, um zu verhindern, dass Zielinformationen in den Trainingsprozess einfließen.

3.4.4 Fehlinterpretation zeitbasierter Features

Beim Arbeiten mit zeitbasierten Features ist es leicht, Fehler zu machen, indem die zeitliche Natur der Daten ignoriert wird. Zum Beispiel kann die Verwendung zukünftiger Informationen (wie zukünftige Verkäufe) in einem Feature zu unrealistischer Modellleistung führen.

Was könnte schiefgehen?

- Wenn Ihr Feature-Engineering versehentlich Informationen aus der Zukunft verwendet (z. B. Verkaufsdaten aus zukünftigen Monaten zur Vorhersage des aktuellen Monats), erscheint das Modell während des Trainings hochpräzise, scheitert jedoch an realen Daten.

- Das Extrahieren zeitbasierter Features ohne Berücksichtigung von Saisonalität oder zeitlichen Mustern kann zu unvollständigen oder irreführenden Features führen.

Lösung:

- Seien Sie vorsichtig beim Umgang mit zeitbasierten Daten. Stellen Sie sicher, dass Ihre Features nur Informationen verwenden, die bis zum Zeitpunkt der Vorhersage verfügbar sind.

- Verwenden Sie **zeitreihenbasierte Cross-Validation-Techniken**, wie z. B. **Rolling Window Validation**, um sicherzustellen, dass Ihr Modell korrekt auf zeitbasierten Daten bewertet wird.

3.4.5 Unsachgemäße Skalierung von Features

Einige Machine-Learning-Algorithmen, insbesondere solche, die auf Distanzmetriken basieren (wie KNN oder SVM), sind empfindlich gegenüber der Skalierung der Eingabefeatures. Wenn Features unterschiedliche Skalierungen aufweisen, kann dies die Modellleistung negativ beeinflussen.

Was könnte schiefgehen?

- Features mit größeren Wertebereichen (z. B. **Wohnfläche** in der Immobilienbewertung) können Features mit kleineren Wertebereichen (z. B. **Anzahl der Badezimmer**) dominieren, was zu verzerrten Modellvorhersagen führt.

- Das Modell könnte während des Trainings Schwierigkeiten haben, zu konvergieren, wenn bestimmte Features aufgrund von Skalierungsunterschieden dominieren.

Lösung:

- Normalisieren oder standardisieren Sie Ihre Features, insbesondere bei der Verwendung von Algorithmen wie **KNN**, **SVM** oder **neuronalen Netzen**. Verwenden Sie Scikit-learns **MinMaxScaler** oder **StandardScaler**, um sicherzustellen, dass die Features auf derselben Skala liegen.

- Für baumbasierte Modelle wie **Random Forest** oder **XGBoost** ist Skalierung in der Regel nicht erforderlich, da diese weniger empfindlich auf die Skalierung reagieren.

3.4.6 Missachtung von Fachwissen

Obwohl automatisierte Techniken des Feature-Engineerings leistungsstark sein können, ist es entscheidend, die Bedeutung von Fachwissen nicht zu übersehen. Sich ausschließlich auf Algorithmen zur Generierung von Features zu verlassen, ohne domänenspezifisches Wissen einzubringen, kann zu suboptimaler Leistung führen.

Was könnte schiefgehen?

- Das Fehlen domänenspezifischer Einblicke kann dazu führen, dass wichtige Features übersehen werden, die Algorithmen möglicherweise nicht automatisch identifizieren.

- Automatisch generierte Features erfassen möglicherweise keine aussagekräftigen Muster, die für Ihren Datensatz spezifisch sind, was zu einem Modell führt, das in realen Anwendungen schlecht abschneidet.

Lösung:

- Nutzen Sie domänenspezifisches Wissen, um Ihren Feature-Engineering-Prozess zu leiten. Konsultieren Sie Fachexperten, um potenzielle Features zu identifizieren, die nicht allein durch Daten offensichtlich sind.

- Kombinieren Sie automatisierte Feature-Auswahltechniken mit Fachwissen, um sicherzustellen, dass die relevantesten Features einbezogen werden.

Kapitel 3 Zusammenfassung

Feature-Engineering ist einer der wichtigsten Schritte in der Machine-Learning-Pipeline und oft der entscheidende Faktor zwischen einem durchschnittlichen Modell und einem Modell mit herausragender Vorhersagekraft. In diesem Kapitel haben wir untersucht, wie Feature-Engineering Rohdaten in sinnvolle, qualitativ hochwertige Features umwandelt, die das zugrunde liegende Problem für Machine-Learning-Algorithmen besser repräsentieren. Gut gestaltete Features ermöglichen es Algorithmen, effektiver zu lernen, was zu besseren Leistungen und einer besseren Generalisierung auf unbekannte Daten führt.

Wir haben zunächst besprochen, **warum Feature-Engineering wichtig ist**. Machine-Learning-Modelle sind stark von der Qualität der Eingabefeatures abhängig. Selbst die fortschrittlichsten Algorithmen können nicht gut funktionieren, wenn die Daten schlecht dargestellt sind. Feature-

Engineering verbessert die Datenqualität, steigert die Interpretierbarkeit des Modells und hilft den Modellen, sich besser auf unbekannte Daten zu generalisieren. Beispielsweise ermöglicht ein aussagekräftiges Feature wie **Hausalter** in einem Hauspreisvorhersagemodell, dass das Modell besser versteht, wie das Alter eines Hauses seinen Wert beeinflusst.

Anschließend haben wir **Beispiele für wirkungsvolles Feature-Engineering** untersucht, die die Modellleistung erheblich verbessern können. Wir haben mehrere praktische Strategien behandelt, darunter:

- **Erstellung von Interaktionsfeatures**, wie die Interaktion zwischen der Anzahl der Schlafzimmer und Badezimmer in einem Haus, die komplexere Beziehungen zwischen Features erfassen kann.

- **Umgang mit zeitbasierten Features**, wobei Komponenten wie Jahr, Monat und Wochentag aus einem Datum extrahiert werden, um Saisonalität oder zeitliche Trends aufzudecken.

- **Binning numerischer Features** in Kategorien, z. B. die Umwandlung von Hausgrößen in Kategorien wie klein, mittel und groß, um die Interpretation der Größenunterschiede im Modell zu vereinfachen.

- **Target-Encoding für kategoriale Variablen**, das kategoriale Variablen durch den Durchschnitt der Zielvariablen für jede Kategorie ersetzt, wodurch die Dimensionalität reduziert und wertvolle Informationen bewahrt werden.

Im Verlauf des Kapitels haben wir auch die Risiken hervorgehoben, die mit dem Feature-Engineering verbunden sind. Im Abschnitt **„Was könnte schiefgehen?"** haben wir potenzielle Fallstricke wie Overfitting durch die Erstellung zu vieler Features, Multikollinearität durch hoch korrelierte Features und Datenlecks durch unsachgemäße Behandlung von Target-Encoding behandelt. Diese Probleme können die Modellleistung verzerren und zu schlechter Generalisierung führen. Wir haben praktische Lösungen wie Cross-Validation, Feature-Auswahl und Skalierung angeboten, um diese Risiken zu mindern.

Die wichtigste Erkenntnis aus diesem Kapitel ist, dass Feature-Engineering nicht nur das Hinzufügen neuer Features bedeutet, sondern die Transformation der Daten auf eine Weise, die Machine-Learning-Algorithmen effektiv lernen lässt. Durch die Kombination von Fachwissen mit diesen Techniken können Sie Modelle erstellen, die sowohl genau als auch interpretierbar sind. Feature-Engineering stellt außerdem sicher, dass Ihre Modelle gut auf neue Daten generalisieren, was sie letztendlich zuverlässiger und robuster in realen Anwendungen macht.

Im nächsten Kapitel werden wir uns eingehender mit fortgeschrittenen Techniken des Feature-Engineerings befassen, die Ihre Modelle weiter verbessern können, und untersuchen, wie komplexere Datensätze gehandhabt werden.

Kapitel 4: Techniken zum Umgang mit fehlenden Daten

Der Umgang mit fehlenden Daten ist eine zentrale Herausforderung in der Machine-Learning- und Datenanalyse, die sorgfältige Aufmerksamkeit erfordert. Datensätze aus der realen Welt enthalten häufig fehlende Werte, die aus verschiedenen Quellen wie unvollständigen Aufzeichnungen, Eingabefehlern oder Inkonsistenzen in Datenerfassungsprozessen resultieren. Fehlerhafte Handhabung fehlender Daten kann analytische Ergebnisse verzerren, die Effektivität von Machine-Learning-Modellen beeinträchtigen und potenziell zu falschen Schlussfolgerungen führen. Daher ist es entscheidend, fehlende Daten mit geeigneten Techniken zu behandeln, um die Zuverlässigkeit und Genauigkeit Ihrer datengestützten Erkenntnisse zu gewährleisten.

Dieses Kapitel bietet eine umfassende Untersuchung von Strategien zum Umgang mit fehlenden Daten, angefangen bei grundlegenden Imputationstechniken bis hin zu fortgeschrittenen Ansätzen, die darauf ausgelegt sind, die Datenintegrität zu bewahren und die Modellleistung zu steigern. Wir beginnen mit einer detaillierten Untersuchung von **fortgeschrittenen Imputationstechniken**. Diese innovativen Methoden ermöglichen es, fehlende Werte intelligent zu füllen, indem sie komplexe Muster und Beziehungen innerhalb des Datensatzes nutzen. So bleibt die zugrunde liegende Struktur und die statistische Beschaffenheit der Daten erhalten.

Durch den Einsatz dieser fortgeschrittenen Techniken können Data Scientists die negativen Auswirkungen fehlender Daten mindern, die Robustheit ihrer Modelle erhöhen und aussagekräftigere Erkenntnisse aus ihren Datensätzen gewinnen. Im Laufe dieses Kapitels werden Sie ein fundiertes Verständnis dafür entwickeln, wie Sie die am besten geeigneten Methoden für Ihre spezifischen Datenherausforderungen auswählen und anwenden können, wodurch Sie letztendlich fundiertere Entscheidungen auf Basis vollständiger und genauer Informationen treffen können.

4.1 Fortgeschrittene Imputationstechniken

Die Imputation ist ein zentraler Prozess in der Datenanalyse, bei dem fehlende Werte mit geschätzten Daten aufgefüllt werden. Während einfache Imputationstechniken wie der Einsatz von Mittelwert, Median oder Modus schnell und einfach umzusetzen sind, erfassen sie oft nicht die nuancierten Beziehungen in komplexen Datensätzen. Fortgeschrittene Imputationstechniken hingegen bieten einen raffinierteren Ansatz, indem sie die komplexen Verbindungen zwischen verschiedenen Features in den Daten berücksichtigen.

Diese fortgeschrittenen Methoden nutzen statistische und Machine-Learning-Algorithmen, um fundiertere Vorhersagen über fehlende Werte zu treffen. Dadurch können sie die Genauigkeit und Zuverlässigkeit nachfolgender Analysen und Modelle erheblich verbessern. Fortgeschrittene Imputationstechniken sind besonders wertvoll bei der Arbeit mit Datensätzen, die komplexe Strukturen, nichtlineare Beziehungen oder viele korrelierte Variablen aufweisen.

In diesem Abschnitt werden wir drei leistungsstarke fortgeschrittene Imputationstechniken untersuchen:

1. **K-Nearest Neighbors (KNN)-Imputation:** Diese Methode nutzt die Ähnlichkeit zwischen Datenpunkten, um fehlende Werte zu schätzen. Sie ist besonders effektiv, wenn starke lokale Muster in den Daten vorhanden sind.

2. **Multivariate Imputation by Chained Equations (MICE):** MICE ist eine anspruchsvolle Technik, die mehrere Imputationen für jeden fehlenden Wert erstellt und dabei die Beziehungen zwischen allen Variablen im Datensatz berücksichtigt. Diese Methode ist besonders nützlich bei der Behandlung komplexer Muster fehlender Daten.

3. **Verwendung von Machine-Learning-Modellen zur Imputation:** Dieser Ansatz beinhaltet das Training prädiktiver Modelle auf den verfügbaren Daten, um fehlende Werte zu schätzen. Er kann komplexe, nichtlineare Beziehungen erfassen und ist hochgradig anpassbar an verschiedene Datensatztypen.

Jede dieser Methoden hat ihre Stärken und eignet sich für unterschiedliche Szenarien. Durch das Verständnis und die Anwendung dieser fortgeschrittenen Techniken können Data Scientists die Qualität ihrer imputierten Daten erheblich verbessern und robustere sowie zuverlässigere Analysen und Vorhersagen ermöglichen.

4.1.1 K-Nearest Neighbors (KNN)-Imputation

K-Nearest Neighbors (KNN) ist ein vielseitiger Algorithmus, der über seine traditionellen Anwendungen in Klassifikations- und Regressionsaufgaben hinausgeht. Im Kontext der Imputation fehlender Daten bietet KNN eine leistungsstarke Lösung, indem es die inhärente Struktur und die Beziehungen innerhalb des Datensatzes nutzt. Das Kernprinzip hinter der KNN-Imputation basiert auf der Annahme, dass Datenpunkte, die im Merkmalsraum nahe beieinander liegen, wahrscheinlich ähnliche Werte aufweisen.

So funktioniert die KNN-Imputation in der Praxis: Wenn ein fehlender Wert in einem bestimmten Feature für eine gegebene Beobachtung auftritt, identifiziert der Algorithmus die k ähnlichsten Beobachtungen (Nachbarn) basierend auf den anderen verfügbaren Features. Der fehlende Wert wird dann mit einer Zusammenfassungsstatistik (wie dem Mittelwert oder Median) der entsprechenden Feature-Werte dieser nächsten Nachbarn imputiert. Dieser Ansatz ist besonders effektiv, wenn die fehlenden Werte nicht zufällig verteilt sind, sondern mit der zugrunde liegenden Struktur oder den Mustern in den Daten zusammenhängen.

Die Effektivität der KNN-Imputation kann auf mehrere Faktoren zurückgeführt werden:

- **Lokaler Kontext:** Die KNN-Imputation erfasst lokale Muster und Beziehungen in den Daten. Durch den Fokus auf die nächsten Nachbarn kann sie subtile Trends identifizieren, die von globalen statistischen Methoden übersehen werden könnten. Dieser lokale Ansatz ist besonders wertvoll in Datensätzen mit regionalen Variationen oder cluster-spezifischen Merkmalen.

- **Nicht-parametrische Natur:** Im Gegensatz zu vielen statistischen Methoden hängt KNN nicht von Annahmen über die zugrunde liegende Datenverteilung ab. Diese Flexibilität macht es robust für eine Vielzahl von Datensätzen, von normalverteilten bis hin zu komplexeren, multimodalen Strukturen. Es ist besonders nützlich bei der Arbeit mit realen Daten, die oft von theoretischen Verteilungen abweichen.

- **Multivariate Betrachtung:** Die Fähigkeit von KNN, mehrere Features gleichzeitig zu berücksichtigen, ist ein großer Vorteil. Dieser multidimensionale Ansatz ermöglicht es, komplexe Beziehungen zwischen Variablen zu erfassen, was es für Datensätze mit starken Interdependenzen effektiv macht. In einem Gesundheitsdatensatz könnte KNN beispielsweise einen fehlenden Blutdruckwert imputieren, indem nicht nur das Alter, sondern auch Gewicht, Lebensstilfaktoren und andere relevante Gesundheitsmetriken berücksichtigt werden.

- **Anpassungsfähigkeit an Datenkomplexität:** Die KNN-Methode kann sich an verschiedene Grade der Datenkomplexität anpassen. In einfachen Datensätzen verhält sie sich möglicherweise ähnlich wie grundlegende Imputationstechniken. In komplexeren Szenarien jedoch kann sie subtile Muster aufdecken und nutzen, die einfachere Methoden übersehen würden. Diese Anpassungsfähigkeit macht KNN zu einer vielseitigen Wahl für verschiedene Datensatztypen und Imputationsherausforderungen.

Es ist jedoch wichtig zu beachten, dass die Leistung der KNN-Imputation von Faktoren wie der Wahl von k (Anzahl der Nachbarn), der verwendeten Distanzmetrik zur Bestimmung der Ähnlichkeit und dem Vorhandensein von Ausreißern im Datensatz beeinflusst werden kann. Daher sind sorgfältiges Tuning und Validierung essenziell, um optimale Ergebnisse zu gewährleisten.

Code-Beispiel: KNN-Imputation

Schauen wir uns an, wie die KNN-Imputation mit Scikit-learns **KNNImputer** implementiert wird.

```python
import numpy as np
import pandas as pd
from sklearn.impute import KNNImputer
from sklearn.model_selection import train_test_split
from sklearn.metrics import mean_squared_error
import matplotlib.pyplot as plt

# Sample data with missing values
data = {
    'Age': [25, np.nan, 22, 35, np.nan, 28, 40, 32, np.nan, 45],
    'Salary': [50000, 60000, 52000, np.nan, 58000, 55000, 70000, np.nan, 62000, 75000],
    'Experience': [2, 4, 1, np.nan, 3, 5, 8, 6, 4, np.nan]
}

df = pd.DataFrame(data)

# Display original dataframe
print("Original DataFrame:")
print(df)
print("\\n")

# Function to calculate percentage of missing values
def missing_percentage(df):
    return df.isnull().mean() * 100

print("Percentage of missing values:")
print(missing_percentage(df))
print("\\n")

# Split data into train and test sets
df_train, df_test = train_test_split(df, test_size=0.2, random_state=42)

# Create a copy of test set with artificially introduced missing values
df_test_missing = df_test.copy()
np.random.seed(42)
for column in df_test_missing.columns:
    mask = np.random.rand(len(df_test_missing)) < 0.2
    df_test_missing.loc[mask, column] = np.nan

# Initialize the KNN Imputer with k=2 (considering 2 nearest neighbors)
knn_imputer = KNNImputer(n_neighbors=2)

# Fit the imputer on the training data
knn_imputer.fit(df_train)

# Apply KNN imputation on the test data with missing values
df_imputed = pd.DataFrame(knn_imputer.transform(df_test_missing), columns=df.columns,
index=df_test.index)

# Calculate imputation error
```

```
mse = mean_squared_error(df_test, df_imputed)
print(f"Mean Squared Error of imputation: {mse:.2f}")

# Visualize the imputation results
fig, axes = plt.subplots(1, 3, figsize=(15, 5))
for i, column in enumerate(df.columns):
    axes[i].scatter(df_test[column], df_imputed[column], alpha=0.5)
    axes[i].plot([df_test[column].min(),                       df_test[column].max()],
[df_test[column].min(), df_test[column].max()], 'r--', lw=2)
    axes[i].set_xlabel(f'Original {column}')
    axes[i].set_ylabel(f'Imputed {column}')
    axes[i].set_title(f'{column} Imputation')
plt.tight_layout()
plt.show()

# View the imputed dataframe
print("\\nImputed DataFrame:")
print(df_imputed)
```

Dieses Codebeispiel bietet eine umfassende Demonstration der KNN-Imputation. Schauen wir uns die wichtigsten Ergänzungen und deren Zwecke genauer an:

1. **Datenvorbereitung:**

    o   Das Beispiel-Dataset wurde erweitert, um mehr Zeilen aufzunehmen, was eine bessere Repräsentation realer Daten ermöglicht.

    o   Die Funktion missing_percentage wurde eingeführt, um den Prozentsatz fehlender Werte in jeder Spalte zu berechnen und anzuzeigen.

2. **Train-Test-Split:**

    o   Die Daten werden mithilfe von train_test_split in Trainings- und Testdaten aufgeteilt. Dies ermöglicht die Bewertung der Imputationsleistung auf unbekannten Daten.

    o   Eine Kopie des Testsets (df_test_missing) wird erstellt, und fehlende Werte werden künstlich eingefügt, um reale Szenarien zu simulieren.

3. **KNN-Imputation:**

    o   Der KNN-Imputer wird mit den Trainingsdaten trainiert und anschließend verwendet, um fehlende Werte im Testset zu imputieren.

    o   Dieser Ansatz zeigt, wie der Imputer bei neuen, unbekannten Daten funktioniert.

4. **Auswertung:**

- o Der Mittlere Quadratische Fehler (MSE) zwischen dem ursprünglichen Testset und dem imputierten Testset wird berechnet. Dies bietet eine quantitative Messung der Imputationsgenauigkeit.

5. **Visualisierung:**

- o Für jedes Feature wird ein Scatter-Plot erstellt, der die ursprünglichen Werte mit den imputierten Werten vergleicht.

- o Die rote gestrichelte Linie stellt eine perfekte Imputation dar (bei der die imputierten Werte exakt den Originalwerten entsprechen).

- o Diese Plots helfen, die Leistung der KNN-Imputation für verschiedene Features und Wertebereiche zu visualisieren.

6. **Ausgabe:**

- o Der Code gibt das ursprüngliche DataFrame, den Prozentsatz fehlender Werte, den Imputationsfehler und das final imputierte DataFrame aus.

- o Diese umfassende Ausgabe ermöglicht ein tiefgehendes Verständnis des Imputationsprozesses und seiner Ergebnisse.

Dieses Beispiel zeigt nicht nur, wie KNN-Imputation eingesetzt wird, sondern beinhaltet auch Best Practices zur Bewertung und Visualisierung der Ergebnisse. Es bietet ein realistisches Szenario für den Umgang mit fehlenden Daten in einer Machine-Learning-Pipeline.

KNN-Imputation ist besonders wertvoll, wenn es signifikante Korrelationen oder Muster zwischen den Features in einem Dataset gibt. Diese Methode nutzt die inhärenten Beziehungen innerhalb der Daten, um fundierte Schätzungen für fehlende Werte zu treffen. Stellen Sie sich zum Beispiel ein Szenario vor, in dem das Alter einer Person in einem Dataset fehlt, aber deren Gehalt und Berufserfahrung bekannt sind. In diesem Fall kann KNN das fehlende Alter effektiv imputieren, indem es Personen mit ähnlichen Gehalts- und Erfahrungsmustern identifiziert.

Die Stärke der KNN-Imputation liegt in ihrer Fähigkeit, mehrdimensionale Beziehungen zu erfassen. Sie betrachtet nicht nur ein einzelnes Feature isoliert, sondern berücksichtigt das Zusammenspiel mehrerer Features gleichzeitig. Dies macht sie besonders nützlich für komplexe Datensätze, in denen Variablen voneinander abhängig sind. In einem Gesundheitsdatensatz könnte KNN beispielsweise einen fehlenden Blutdruckwert imputieren, indem es nicht nur das Alter, sondern auch das Gewicht, Lebensstilfaktoren und andere relevante Gesundheitsmetriken berücksichtigt.

Darüber hinaus glänzt die KNN-Imputation in Szenarien, in denen lokale Muster informativer sind als globale Trends. Im Gegensatz zu Methoden, die sich auf Gesamtmittelwerte oder Verteilungen stützen, fokussiert sich KNN auf die ähnlichsten Datenpunkte oder "Nachbarn". Dieser lokale Ansatz kann nuancierte Muster erfassen, die bei allgemeineren Imputationsmethoden verloren gehen könnten. In einem geografischen Datensatz könnte KNN beispielsweise fehlende Temperaturdaten für einen bestimmten Ort genau imputieren, indem es die Temperaturen benachbarter Gebiete mit ähnlicher Höhe und ähnlichem Klima berücksichtigt.

4.1.2 Multivariate Imputation by Chained Equations (MICE)

MICE, oder **Multivariate Imputation by Chained Equations**, ist eine fortschrittliche Imputationstechnik, die fehlende Daten durch das Erstellen eines umfassenden Modells des Datensatzes adressiert. Diese Methode behandelt jede Variable mit fehlenden Werten als abhängige Variable und verwendet die anderen Variablen als Prädiktoren.

Der MICE-Algorithmus arbeitet in einem iterativen Prozess:

1. Initiale Imputation:

Der MICE-Algorithmus beginnt mit dem Auffüllen fehlender Werte durch einfache Schätzungen wie den Mittelwert, Median oder Modus der jeweiligen Variable. Dieser Schritt bietet einen Ausgangspunkt für den iterativen Prozess. Zum Beispiel könnte der Algorithmus in einem Datensatz mit fehlenden Alterswerten diese Lücken zunächst mit dem Durchschnittsalter der Population füllen.

Dieser Ansatz ist zwar einfach, ermöglicht dem Algorithmus jedoch, mit einem vollständigen Datensatz zu arbeiten, um in den folgenden Schritten fortzufahren. Es ist wichtig zu beachten, dass diese anfänglichen Imputationen vorübergehend sind und im iterativen Prozess verfeinert werden. Die Wahl der Methode zur initialen Imputation kann je nach Art der Daten und der spezifischen Implementierung von MICE variieren. Einige Varianten könnten in diesem ersten Schritt auch fortschrittlichere Methoden verwenden, wie z. B. die häufigste Kategorie bei kategorialen Variablen oder ein einfaches Regressionsmodell.

Das Ziel dieser initialen Imputation ist es nicht, endgültige, genaue Schätzungen zu liefern, sondern vielmehr einen vollständigen Datensatz zu erstellen, der als Ausgangspunkt für den komplexeren, iterativen Imputationsprozess dient.

2. Iterative Verfeinerung:

Das Herzstück des MICE-Algorithmus liegt in seinem iterativen Ansatz zur Verfeinerung imputierter Werte. Für jede Variable mit fehlenden Daten erstellt MICE ein maßgeschneidertes Regressionsmodell. Dieses Modell nutzt alle anderen Variablen im Datensatz als Prädiktoren und kann so komplexe Beziehungen und Abhängigkeiten zwischen den Variablen erfassen.

Der Prozess funktioniert wie folgt:

- MICE wählt eine Variable mit fehlenden Werten als Zielvariable aus.

- Anschließend wird ein Regressionsmodell mit allen anderen Variablen als Prädiktoren erstellt.

- Dieses Modell wird verwendet, um die fehlenden Werte in der Zielvariable vorherzusagen.

- Die neu imputierten Werte ersetzen die vorherigen Schätzungen für diese Variable.

Dieser Prozess wird für jede Variable mit fehlenden Daten wiederholt und durchläuft den gesamten Datensatz. Mit fortschreitendem Algorithmus werden die imputierten Werte zunehmend verfeinert und konsistenter mit den beobachteten Daten und den Beziehungen zwischen den Variablen.

Die Stärke dieses Ansatzes liegt in seiner Fähigkeit, den vollständigen Informationsgehalt des Datensatzes zu nutzen. Durch die Verwendung aller verfügbaren Variablen als Prädiktoren kann MICE sowohl direkte als auch indirekte Beziehungen zwischen Variablen erfassen, was zu genaueren und kontextgerechteren Imputationen führt.

3. Wiederholte Zyklen und Konvergenz:

Dieser Prozess wird über mehrere Zyklen wiederholt, wobei jeder Zyklus potenziell die Genauigkeit der Imputationen verbessert. Der Algorithmus läuft, bis er eine vorgegebene Anzahl von Iterationen erreicht oder bis die imputierten Werte konvergieren, d. h. sich zwischen den Zyklen nicht mehr wesentlich ändern. Diese iterative Verfeinerung ermöglicht es MICE, komplexe Beziehungen zwischen Variablen zu erfassen und zunehmend präzisere Imputationen zu erzeugen.

Die Anzahl der Zyklen, die für die Konvergenz erforderlich sind, kann je nach Komplexität des Datensatzes und dem Umfang der fehlenden Daten variieren. In der Praxis führen Forscher den Algorithmus häufig für eine feste Anzahl von Zyklen (z. B. 10 oder 20) aus und überprüfen anschließend die Konvergenz. Wenn die imputierten Werte nicht stabilisiert sind, können zusätzliche Zyklen erforderlich sein.

Es ist wichtig zu beachten, dass die Konvergenz von MICE keine optimalen Imputationen garantiert, sondern vielmehr ein stabiles Set von Schätzungen liefert. Die Qualität dieser Imputationen kann durch verschiedene Diagnosetechniken bewertet werden, wie z. B. durch den Vergleich der Verteilungen von beobachteten und imputierten Werten oder die Prüfung der Plausibilität der imputierten Daten im Kontext des Fachwissens.

Die Stärke von MICE liegt in seiner Fähigkeit, komplexe Beziehungen zwischen Variablen zu erfassen. Durch die Berücksichtigung des gesamten Datensatzes kann es Korrelationen und Interaktionen berücksichtigen, die von einfacheren Methoden möglicherweise übersehen werden. Dies macht MICE besonders wertvoll für Datensätze mit komplexen Strukturen oder wenn der Mechanismus fehlender Daten nicht vollständig zufällig ist.

Darüber hinaus kann MICE verschiedene Variablentypen gleichzeitig handhaben, wie kontinuierliche, binäre und kategoriale Variablen, indem es geeignete Regressionsmodelle für jeden Typ verwendet. Diese Flexibilität ermöglicht einen differenzierteren Ansatz zur Imputation und bewahrt die statistischen Eigenschaften des ursprünglichen Datensatzes.

Obwohl rechnerisch aufwändiger als einfachere Methoden, liefert MICE oft genauere und zuverlässigere Imputationen, insbesondere in komplexen Datensätzen mit mehreren fehlenden

Variablen. Seine Fähigkeit, mehrere imputierte Datensätze zu generieren, ermöglicht zudem die Quantifizierung von Unsicherheiten in nachfolgenden Analysen.

Codebeispiel: MICE-Imputation mit IterativeImputer

Scikit-learn bietet die Klasse **IterativeImputer**, die den MICE-Algorithmus implementiert.

```python
import numpy as np
import pandas as pd
import matplotlib.pyplot as plt
from sklearn.experimental import enable_iterative_imputer
from sklearn.impute import IterativeImputer
from sklearn.model_selection import train_test_split
from sklearn.metrics import mean_squared_error

# Create a larger sample dataset with missing values
np.random.seed(42)
n_samples = 1000
age = np.random.randint(18, 65, n_samples)
salary = 30000 + 1000 * age + np.random.normal(0, 5000, n_samples)
experience = np.clip(age - 18, 0, None) + np.random.normal(0, 2, n_samples)

data = {
    'Age': age,
    'Salary': salary,
    'Experience': experience
}

df = pd.DataFrame(data)

# Introduce missing values
for col in df.columns:
    mask = np.random.rand(len(df)) < 0.2
    df.loc[mask, col] = np.nan

# Function to calculate percentage of missing values
def missing_percentage(df):
    return df.isnull().mean() * 100

print("Original DataFrame:")
print(df.head())
print("\\nPercentage of missing values:")
print(missing_percentage(df))

# Split data into train and test sets
df_train, df_test = train_test_split(df, test_size=0.2, random_state=42)

# Create a copy of test set with artificially introduced missing values
df_test_missing = df_test.copy()
np.random.seed(42)
for column in df_test_missing.columns:
    mask = np.random.rand(len(df_test_missing)) < 0.2
```

```python
    df_test_missing.loc[mask, column] = np.nan

# Initialize the MICE imputer (IterativeImputer)
mice_imputer = IterativeImputer(random_state=42, max_iter=10)

# Fit the imputer on the training data
mice_imputer.fit(df_train)

# Apply MICE imputation on the test data with missing values
df_imputed              =              pd.DataFrame(mice_imputer.transform(df_test_missing),
columns=df.columns, index=df_test.index)

# Calculate imputation error
mse = mean_squared_error(df_test, df_imputed)
print(f"\\nMean Squared Error of imputation: {mse:.2f}")

# Visualize the imputation results
fig, axes = plt.subplots(1, 3, figsize=(15, 5))
for i, column in enumerate(df.columns):
    axes[i].scatter(df_test[column], df_imputed[column], alpha=0.5)
    axes[i].plot([df_test[column].min(),                df_test[column].max()],
[df_test[column].min(), df_test[column].max()], 'r--', lw=2)
    axes[i].set_xlabel(f'Original {column}')
    axes[i].set_ylabel(f'Imputed {column}')
    axes[i].set_title(f'{column} Imputation')
plt.tight_layout()
plt.show()

# View the imputed dataframe
print("\\nImputed DataFrame:")
print(df_imputed.head())
```

Dieses Codebeispiel bietet eine ausführliche Demonstration der MICE-Imputation mit der Klasse **IterativeImputer** aus scikit-learn. Betrachten wir die wichtigsten Komponenten und ihre Funktionen:

- **Datengenerierung:**
    - Es wird ein größeres Dataset (1000 Stichproben) mit realistischen Beziehungen zwischen Alter, Gehalt und Erfahrung erstellt.
    - Fehlende Werte werden zufällig eingefügt, um reale Szenarien zu simulieren.

- **Datenvorbereitung:**
    - Die Funktion missing_percentage berechnet und zeigt den Prozentsatz der fehlenden Werte in jeder Spalte an.
    - Die Daten werden mit train_test_split in Trainings- und Testsets aufgeteilt.

- o Eine Kopie des Testsets mit zusätzlichen fehlenden Werten wird erstellt, um die Imputationsleistung zu bewerten.

- **MICE-Imputation:**

  - o Der IterativeImputer (MICE) wird mit einem festen Random-State für Reproduzierbarkeit und einer maximalen Anzahl von 10 Iterationen initialisiert.

  - o Der Imputer wird mit den Trainingsdaten trainiert und anschließend verwendet, um fehlende Werte im Testset zu imputieren.

- **Bewertung:**

  - o Der Mittlere Quadratische Fehler (MSE) zwischen dem ursprünglichen Testset und dem imputierten Testset wird berechnet, um die Genauigkeit der Imputation zu quantifizieren.

- **Visualisierung:**

  - o Scatterplots werden für jedes Feature erstellt, um die ursprünglichen Werte mit den imputierten Werten zu vergleichen.

  - o Die rote gestrichelte Linie repräsentiert eine perfekte Imputation (bei der die imputierten Werte exakt den ursprünglichen Werten entsprechen).

  - o Diese Plots helfen dabei, die Leistung der MICE-Imputation für verschiedene Features und Wertebereiche zu visualisieren.

- **Ausgabe:**

  - o Der Code gibt das ursprüngliche DataFrame, den Prozentsatz der fehlenden Werte, den Imputationsfehler und das finale imputierte DataFrame aus.

  - o Diese umfassende Ausgabe ermöglicht ein tiefgehendes Verständnis des Imputationsprozesses und seiner Ergebnisse.

Dieses Beispiel zeigt, wie MICE-Imputation verwendet wird, und enthält Best Practices zur Bewertung und Visualisierung der Ergebnisse. Es bietet ein realistisches Szenario für den Umgang mit fehlenden Daten in einer Machine-Learning-Pipeline und verdeutlicht die Leistungsfähigkeit und Flexibilität des MICE-Algorithmus im Umgang mit komplexen Datensätzen.

MICE ist besonders effektiv, wenn mehrere Features fehlende Werte aufweisen, da der gesamte Datensatz bei der Vorhersage berücksichtigt wird. Dieser ganzheitliche Ansatz ermöglicht es MICE, komplexe Beziehungen und Abhängigkeiten zwischen Variablen zu erfassen, was zu präziseren Imputationen führt. In einem Datensatz mit demografischen und finanziellen Informationen könnte MICE beispielsweise Korrelationen zwischen Alter, Bildungsniveau und

Einkommen nutzen, um realistischere Schätzungen für fehlende Werte in diesen Variablen zu liefern.

Darüber hinaus ermöglicht die iterative Natur von MICE, die Imputation über mehrere Zyklen zu verfeinern, wodurch subtile Muster erkannt werden können, die von einfacheren Imputationsmethoden möglicherweise übersehen werden. Dies macht MICE besonders wertvoll in Szenarien, in denen der Mechanismus der fehlenden Daten nicht vollständig zufällig ist oder der Datensatz komplexe Strukturen aufweist, die einfache Imputationstechniken nicht genau erfassen können.

4.1.3 Verwendung von Machine-Learning-Modellen zur Imputation

Eine weitere fortschrittliche Technik besteht darin, Machine-Learning-Modelle zu trainieren, um fehlende Werte vorherzusagen. Dieser Ansatz behandelt die Imputation fehlender Werte als ein überwachtes Lernproblem, bei dem der fehlende Wert in einer Variablen basierend auf den anderen Variablen vorhergesagt wird. Diese Methode nutzt die Leistungsfähigkeit von Machine-Learning-Algorithmen, um komplexe Beziehungen innerhalb der Daten zu erfassen, was potenziell zu präziseren Imputationen führt.

Im Gegensatz zu einfacheren Imputationsmethoden, die auf statistischen Maßen wie Mittelwert oder Median beruhen, kann die Machine-Learning-Imputation komplexe Muster und Abhängigkeiten zwischen Variablen erkennen. Zum Beispiel könnte ein Random-Forest-Modell lernen, dass Alter, Bildungsniveau und Berufsbezeichnung starke Prädiktoren für das Gehalt sind, was zu fundierteren Schätzungen für fehlende Gehaltsdaten führt.

Dieser Ansatz ist besonders nützlich bei Datensätzen mit nicht-linearen Beziehungen oder wenn der Mechanismus fehlender Daten nicht vollständig zufällig ist. Durch das Training auf den beobachteten Daten können diese Modelle auf unbekannte Instanzen verallgemeinern und Imputationen liefern, die mit der Gesamtstruktur und den Mustern im Datensatz konsistent sind.

Es ist jedoch wichtig zu beachten, dass Machine-Learning-Imputationsmethoden eine sorgfältige Berücksichtigung der Modellauswahl, des Feature-Engineerings und potenziellen Overfittings erfordern. Cross-Validierungstechniken und eine sorgfältige Bewertung der Imputationsqualität sind entscheidend, um die Zuverlässigkeit der imputierten Werte sicherzustellen.

Codebeispiel: Verwendung eines Random-Forest-Regressors zur Imputation

Wir können einen **RandomForestRegressor** nutzen, um fehlende Werte vorherzusagen, indem wir ein Modell auf den vollständigen Daten trainieren und es verwenden, um die fehlenden Werte zu prognostizieren. Dieser Ansatz ist besonders leistungsfähig für komplexe Datensätze mit nicht-linearen Beziehungen zwischen den Features. Der Random-Forest-Algorithmus, eine Methode des Ensemble-Lernens, erstellt mehrere Entscheidungsbäume und kombiniert deren Ausgaben, um Vorhersagen zu treffen. Dies macht ihn besonders geeignet, um komplexe

Muster in den Daten zu erfassen, die von einfacheren Imputationsmethoden möglicherweise übersehen werden.

Bei der Verwendung eines Random Forest für die Imputation umfasst der Prozess typischerweise:

- Aufteilen des Datensatzes in Teilmengen mit und ohne fehlende Werte für das Ziel-Feature

- Training des Random-Forest-Modells auf der vollständigen Teilmenge unter Verwendung anderer Features als Prädiktoren

- Anwenden des trainierten Modells zur Vorhersage fehlender Werte in der unvollständigen Teilmenge

- Integration der vorhergesagten Werte in den ursprünglichen Datensatz

Dieser Ansatz kann besonders effektiv sein, wenn Datensätze komplexe Wechselwirkungen zwischen Features aufweisen oder wenn der Mechanismus der fehlenden Daten nicht vollständig zufällig ist. Es ist jedoch wichtig zu beachten, dass bei diesem Ansatz potenzielles Overfitting und die Notwendigkeit einer Cross-Validierung sorgfältig berücksichtigt werden müssen, um robuste Imputationsergebnisse zu gewährleisten.

```python
import numpy as np
import pandas as pd
import matplotlib.pyplot as plt
from sklearn.ensemble import RandomForestRegressor
from sklearn.model_selection import train_test_split
from sklearn.metrics import mean_squared_error
from sklearn.impute import SimpleImputer

# Create a larger sample dataset with missing values
np.random.seed(42)
n_samples = 1000
age = np.random.randint(18, 65, n_samples)
salary = 30000 + 1000 * age + np.random.normal(0, 5000, n_samples)
experience = np.clip(age - 18, 0, None) + np.random.normal(0, 2, n_samples)

data = {
    'Age': age,
    'Salary': salary,
    'Experience': experience
}

df = pd.DataFrame(data)

# Introduce missing values
for col in df.columns:
    mask = np.random.rand(len(df)) < 0.2
    df.loc[mask, col] = np.nan
```

```python
print("Original DataFrame:")
print(df.head())
print("\\nPercentage of missing values:")
print(df.isnull().mean() * 100)

# Split data into train and test sets
df_train, df_test = train_test_split(df, test_size=0.2, random_state=42)

# Create a copy of test set with artificially introduced missing values
df_test_missing = df_test.copy()
np.random.seed(42)
for column in df_test_missing.columns:
    mask = np.random.rand(len(df_test_missing)) < 0.2
    df_test_missing.loc[mask, column] = np.nan

# Function to perform Random Forest imputation
def rf_impute(df, target_column):
    # Separate data into rows with missing and non-missing values for the target column
    train_df = df[df[target_column].notna()]
    test_df = df[df[target_column].isna()]

    # Prepare features and target
    X_train = train_df.drop(target_column, axis=1)
    y_train = train_df[target_column]
    X_test = test_df.drop(target_column, axis=1)

    # Simple imputation for other features (required for RandomForest)
    imp = SimpleImputer(strategy='mean')
    X_train_imputed            =            pd.DataFrame(imp.fit_transform(X_train),
columns=X_train.columns)
    X_test_imputed = pd.DataFrame(imp.transform(X_test), columns=X_test.columns)

    # Train Random Forest model
    rf_model = RandomForestRegressor(n_estimators=100, random_state=42)
    rf_model.fit(X_train_imputed, y_train)

    # Predict missing values
    predicted_values = rf_model.predict(X_test_imputed)

    # Fill missing values in the original dataframe
    df.loc[df[target_column].isna(), target_column] = predicted_values

    return df

# Perform Random Forest imputation for each column
for column in df_test_missing.columns:
    df_test_missing = rf_impute(df_test_missing, column)

# Calculate imputation error
mse = mean_squared_error(df_test, df_test_missing)
print(f"\\nMean Squared Error of imputation: {mse:.2f}")
```

```
# Visualize the imputation results
fig, axes = plt.subplots(1, 3, figsize=(15, 5))
for i, column in enumerate(df.columns):
    axes[i].scatter(df_test[column], df_test_missing[column], alpha=0.5)
    axes[i].plot([df_test[column].min(),                    df_test[column].max()],
[df_test[column].min(), df_test[column].max()], 'r--', lw=2)
    axes[i].set_xlabel(f'Original {column}')
    axes[i].set_ylabel(f'Imputed {column}')
    axes[i].set_title(f'{column} Imputation')
plt.tight_layout()
plt.show()

# View the imputed dataframe
print("\\nImputed DataFrame:")
print(df_test_missing.head())
```

Dieses Codebeispiel bietet eine umfassende Demonstration der Imputation mit Random Forest. Schauen wir uns die Hauptkomponenten und deren Funktionen genauer an:

- **Datengenerierung und -vorbereitung:**

  - Ein größeres Dataset (1000 Stichproben) mit realistischen Beziehungen zwischen Alter, Gehalt und Erfahrung wird erstellt.

  - Fehlende Werte werden zufällig eingefügt, um reale Szenarien zu simulieren.

  - Die Daten werden in Trainings- und Testsets aufgeteilt, und im Testset werden zusätzliche fehlende Werte eingefügt, um die Imputationsleistung zu bewerten.

- **Random-Forest-Imputationsfunktion:**

  - Die Funktion rf_impute wird definiert, um die Random-Forest-Imputation für eine gegebene Spalte durchzuführen.

  - Sie teilt die Daten in Teilmengen mit und ohne fehlende Werte für die Zielspalte auf.

  - SimpleImputer wird verwendet, um fehlende Werte in anderen Features zu behandeln, da RandomForest fehlende Daten direkt nicht verarbeiten kann.

  - Ein RandomForestRegressor wird auf der vollständigen Teilmenge trainiert und verwendet, um fehlende Werte vorherzusagen.

- **Imputationsprozess:**

  - Die Imputation wird für jede Spalte im Datensatz durchgeführt, um mehrere Spalten mit fehlenden Werten zu behandeln.

- o Dieser Ansatz ist robuster als die Imputation einer einzigen Spalte, da er potenzielle Wechselwirkungen zwischen Features berücksichtigt.

- **Bewertung:**

  - o Der Mittlere Quadratische Fehler (MSE) wird zwischen dem ursprünglichen Testset und dem imputierten Testset berechnet, um die Genauigkeit der Imputation zu quantifizieren.

  - o Scatterplots werden für jedes Feature erstellt, um die ursprünglichen Werte mit den imputierten Werten zu vergleichen.

  - o Diese Visualisierungen helfen, die Qualität der Imputation für verschiedene Features und Wertebereiche zu beurteilen.

- **Ausgabe:**

  - o Der Code gibt das ursprüngliche DataFrame, den Prozentsatz der fehlenden Werte, den Imputationsfehler und das finale imputierte DataFrame aus.

  - o Diese umfassende Ausgabe ermöglicht ein tiefgehendes Verständnis des Imputationsprozesses und seiner Ergebnisse.

Dieses Beispiel zeigt ein realistisches Szenario für den Umgang mit fehlenden Daten mithilfe der Random-Forest-Imputation. Es verdeutlicht die Fähigkeit dieser Methode, mehrere Features mit fehlenden Werten zu verarbeiten, und stellt Werkzeuge zur Bewertung der Imputationsqualität bereit. Die Verwendung von SimpleImputer zur Behandlung fehlender Werte in Prädiktorvariablen unterstreicht zudem einen praktischen Ansatz, um die Einschränkungen des Random-Forest-Algorithmus zu bewältigen.

Die Verwendung von Machine-Learning-Modellen zur Imputation kann besonders leistungsstark sein, wenn komplexe, nicht-lineare Beziehungen zwischen den Features bestehen. Dieser Ansatz ist besonders vorteilhaft in Szenarien, in denen traditionelle statistische Methoden an ihre Grenzen stoßen, beispielsweise bei Datensätzen mit komplexen Abhängigkeiten oder wenn der Mechanismus der fehlenden Daten nicht vollständig zufällig ist. In einem medizinischen Datensatz könnte ein Machine-Learning-Modell beispielsweise subtile Wechselwirkungen zwischen Alter, Lebensstilfaktoren und verschiedenen Gesundheitsindikatoren erfassen, um genauere Imputationen für fehlende Laborergebnisse zu liefern.

Dieser fortschrittliche Ansatz hat jedoch auch seine Nachteile. Er erfordert mehr Rechenressourcen, was bei großen Datensätzen oder begrenzter Hardware eine wesentliche Überlegung sein kann. Die Implementierung ist ebenfalls komplexer und umfasst oft Feature-Engineering, Modellauswahl und Hyperparameter-Optimierung. Diese Komplexität betrifft auch die Interpretation der Ergebnisse, da der Imputationsprozess im Vergleich zu einfacheren Methoden weniger transparent wird.

Zudem besteht das Risiko von Overfitting, insbesondere bei kleinen Datensätzen. Um dies zu minimieren, sind Techniken wie Cross-Validation und eine sorgfältige Modellauswertung entscheidend. Trotz dieser Herausforderungen kann die zusätzliche Anstrengung und die erforderlichen Ressourcen bei Datensätzen, bei denen die Erhaltung komplexer Beziehungen zwischen den Features entscheidend ist, zu einer deutlich verbesserten Datenqualität und somit zu zuverlässigeren analytischen Ergebnissen führen.

4.1.4 Wichtige Erkenntnisse

- **KNN-Imputation** füllt fehlende Werte basierend auf den nächstgelegenen Datenpunkten aus und ist besonders geeignet, wenn die Features hoch korreliert sind. Diese Methode ist effektiv in Datensätzen, bei denen ähnliche Beobachtungen ähnliche Werte aufweisen. In einem Wohnimmobilien-Datensatz könnten beispielsweise nahegelegene Objekte ähnliche Preise haben, was die KNN-Imputation zu einer geeigneten Wahl für fehlende Preisdaten macht.

- **MICE-Imputation** modelliert fehlende Werte iterativ als Funktion der anderen Features im Datensatz und bietet damit einen robusteren Ansatz für Datensätze mit mehreren fehlenden Features. MICE ist besonders nützlich für komplexe Datensätze, in denen viele Variablen fehlende Werte haben. Es kann komplexe Beziehungen zwischen Variablen erfassen und ist daher ein leistungsstarkes Werkzeug, um die Gesamtstruktur der Daten zu bewahren.

- **Maschinelles Lernen zur Imputation** verwendet prädiktive Modelle, um fehlende Werte zu imputieren. Dies bietet Flexibilität im Umgang mit komplexen Beziehungen, erfordert jedoch mehr Rechenaufwand. Dieser Ansatz ist besonders vorteilhaft bei großen Datensätzen oder wenn nicht-lineare Beziehungen zwischen Variablen bestehen. In einem medizinischen Datensatz könnte ein Machine-Learning-Modell beispielsweise subtile Wechselwirkungen zwischen Alter, Lebensstilfaktoren und verschiedenen Gesundheitsindikatoren erfassen, um genauere Imputationen für fehlende Labordaten zu liefern.

Diese fortgeschrittenen Imputationstechniken bieten mehr Genauigkeit und Flexibilität als grundlegende Methoden und ermöglichen es, fehlende Daten so zu behandeln, dass die Integrität des Datensatzes erhalten bleibt. Jede Methode hat ihre Stärken und ist für unterschiedliche Datentypen und Muster fehlender Werte geeignet. KNN eignet sich gut für lokal korrelierte Daten, MICE für mehrere fehlende Variablen, und maschinelle Lernverfahren können komplexe, nicht-lineare Beziehungen erfassen.

Durch die Wahl der geeigneten Methode für Ihren spezifischen Datensatz und Ihre Analyseziele können Sie die Qualität der imputierten Daten und damit die Zuverlässigkeit Ihrer Analyseergebnisse erheblich verbessern. Im nächsten Abschnitt werden wir untersuchen, wie fehlende kategoriale Daten mit fortgeschrittenen Techniken behandelt werden können, was einzigartige Herausforderungen darstellt und spezialisierte Ansätze erfordert.

4.2 Umgang mit fehlenden Daten in großen Datensätzen

Der Umgang mit fehlenden Daten in großen Datensätzen bringt eine Reihe einzigartiger Herausforderungen mit sich, die über diejenigen hinausgehen, die bei kleineren Datensätzen auftreten. Mit wachsendem Datenvolumen, sowohl hinsichtlich der Beobachtungen als auch der Variablen, wird die Auswirkung fehlender Werte immer ausgeprägter. Große Datensätze umfassen oft eine Vielzahl von Features, die unterschiedliche Grade an fehlenden Werten aufweisen können. Diese Komplexität kann traditionelle Imputationstechniken nicht nur rechnerisch aufwändig, sondern manchmal sogar unpraktikabel machen.

Die enorme Größe von Big Data bringt mehrere wichtige Überlegungen mit sich:

- **Rechenaufwand:** Mit wachsendem Datensatz steigt der benötigte Rechenaufwand für fortgeschrittene Imputationstechniken. Verfahren, die in kleinerem Maßstab gut funktionieren, können bei Millionen oder Milliarden von Datenpunkten unpraktikabel werden.

- **Komplexe Beziehungen:** Große Datensätze erfassen oft komplexe Abhängigkeiten zwischen Variablen. Diese Beziehungen erschweren die Anwendung einfacher Imputationslösungen, ohne das Risiko einzugehen, Verzerrungen einzuführen oder wichtige Muster zu verlieren.

- **Heterogenität:** Big Data kombiniert häufig Informationen aus verschiedenen Quellen, was zu heterogenen Datenstrukturen führt. Diese Vielfalt kann die Anwendung einheitlicher Imputationsstrategien auf den gesamten Datensatz erschweren.

- **Zeitkritik:** In vielen Big-Data-Szenarien, wie etwa bei Streaming-Daten oder Echtzeitanalysen, wird die Geschwindigkeit der Imputation entscheidend. Verfahren, die umfangreiche Rechenzeit erfordern, sind in solchen Kontexten möglicherweise nicht geeignet.

Um diesen Herausforderungen zu begegnen, werden wir Strategien untersuchen, die speziell für den effizienten Umgang mit fehlenden Daten in groß angelegten Datensätzen entwickelt wurden. Diese Ansätze sind darauf ausgelegt, sich nahtlos an Ihre Daten anzupassen und dabei die Genauigkeit zu gewährleisten, während die Rechenleistung optimiert wird. Unsere Diskussion konzentriert sich auf drei Hauptbereiche:

1. **Optimierung von Imputationstechniken für große Datenmengen:** Wir untersuchen, wie bestehende Imputationsmethoden angepasst und optimiert werden können, um große Datenmengen effizient zu verarbeiten. Dazu gehören Techniken wie die Aufteilung der Daten in Abschnitte (Chunking), die Verwendung von Näherungsmethoden oder die Nutzung moderner Hardwarekapazitäten.

2. **Umgang mit Spalten mit vielen fehlenden Werten:** Wir besprechen Strategien zum Umgang mit Features, die einen erheblichen Anteil fehlender Werte aufweisen. Dazu

gehören Methoden zur Entscheidung, ob solche Spalten beibehalten oder entfernt werden sollen, und Techniken zur Imputation stark sparsamer Daten.

3. **Nutzung verteilter Rechenleistung für fehlende Daten:** Wir zeigen, wie verteilte Rechenrahmen genutzt werden können, um Imputationsaufgaben über mehrere Maschinen oder Kerne zu parallelisieren. Dieser Ansatz kann die Verarbeitungszeit für groß angelegte Imputationsaufgaben erheblich verkürzen.

Durch die Beherrschung dieser Strategien können Datenwissenschaftler und Analysten die Herausforderungen fehlender Daten in Big-Data-Umgebungen effektiv bewältigen und robuste sowie zuverlässige Analysen durchführen, selbst bei massiven und komplexen Datensätzen.

4.2.1 Optimierung von Imputationstechniken für große Datensätze

Bei großen Datensätzen können fortschrittliche Imputationstechniken wie **KNN-Imputation** oder **MICE** rechnerisch schnell unpraktikabel werden. Die Rechenkomplexität dieser Methoden steigt erheblich mit der Datenmenge, da sie Abstände zwischen zahlreichen Datenpunkten berechnen oder mehrere Iterationen durchführen, um fehlende Werte vorherzusagen. Dieses Skalierungsproblem erfordert die Optimierung von Imputationstechniken für groß angelegte Datensätze.

Um diese Herausforderungen zu bewältigen, können verschiedene Strategien angewendet werden:

1. Chunking

Diese Technik unterteilt den Datensatz in kleinere, handhabbare Teile und wendet Imputationstechniken auf jeden Teil separat an. Durch die Verarbeitung der Daten in kleineren Portionen reduziert Chunking den Speicherbedarf und die Verarbeitungszeit erheblich. Dieser Ansatz ist besonders effektiv für große Datensätze, die den verfügbaren Speicher überschreiten, oder bei der Arbeit mit verteilten Rechensystemen.

Chunking ermöglicht die parallele Verarbeitung verschiedener Datensegmente, was die Recheneffizienz weiter steigert. Zudem bietet es Flexibilität im Umgang mit Datensätzen mit unterschiedlichen Eigenschaften in den Segmenten, da die Imputationstechniken an die spezifischen Muster oder Anforderungen jedes Teils angepasst werden können.

Ein Beispiel wäre eine große Kundendatenbank, die nach geografischen Regionen aufgeteilt wird. Dadurch können regionsspezifische Imputationsstrategien angewendet werden, die lokale Trends oder Muster in den fehlenden Daten berücksichtigen.

2. Näherungsmethoden

Die Verwendung von Approximationsalgorithmen, die etwas Genauigkeit gegen eine verbesserte Recheneffizienz eintauschen, kann helfen. Ein Beispiel ist die Verwendung von approximate nearest neighbor search anstelle von exaktem KNN für die Imputation. Dieser

Ansatz ist besonders nützlich bei hochdimensionalen Daten oder sehr großen Datensätzen, bei denen exakte Methoden rechnerisch unpraktikabel werden.

Eine beliebte Näherungsmethode ist **Locality-Sensitive Hashing (LSH)**, das die Suche nach den nächsten Nachbarn erheblich beschleunigen kann. LSH funktioniert, indem ähnliche Elemente mit hoher Wahrscheinlichkeit in denselben „Bucket" gehasht werden, was eine schnelle Auffindung von ungefähren nächsten Nachbarn ermöglicht. In der KNN-Imputation können dadurch ähnliche Datenpunkte schnell gefunden werden, selbst in riesigen Datensätzen.

Eine weitere Technik ist die Verwendung von **Random Projections**, die die Dimensionalität der Daten reduzieren und dabei Abstände zwischen Punkten ungefähr erhalten. Dies ist besonders effektiv bei hochdimensionalen Datensätzen, da es das „Fluch der Dimensionalität"-Problem anspricht, das häufig exakte KNN-Methoden beeinträchtigt.

Obwohl diese Näherungsmethoden im Vergleich zu exakten Techniken einige Fehler einführen können, bieten sie oft eine gute Balance zwischen Genauigkeit und Recheneffizienz. In vielen realen Szenarien sind die leichten Genauigkeitsverluste vernachlässigbar im Vergleich zu den erheblichen Gewinnen bei Verarbeitungsgeschwindigkeit und Skalierbarkeit, wodurch diese Methoden unverzichtbar für die Bearbeitung fehlender Daten in groß angelegten Datensätzen werden.

3. Merkmalsauswahl

Das Identifizieren und Fokussieren auf die relevantesten Merkmale für die Imputation ist bei großen Datensätzen von entscheidender Bedeutung. Dieser Ansatz analysiert die Beziehungen zwischen Variablen und wählt diejenigen aus, die für die Vorhersage fehlender Werte am informativsten sind. Durch die Reduzierung der Dimensionalität des Problems verbessert die Merkmalsauswahl nicht nur die Recheneffizienz, sondern auch die Qualität der Imputation.

Verschiedene Methoden können für die Merkmalsauswahl im Kontext der Imputation fehlender Daten eingesetzt werden:

- **Korrelationsanalyse:** Hoch korrelierte Merkmale identifizieren, um eine Teilmenge von Variablen auszuwählen, die die meisten Informationen enthalten.

- **Mutual Information:** Diese Technik misst die gegenseitige Abhängigkeit zwischen Variablen und hilft, Merkmale zu identifizieren, die für die Imputation am relevantesten sind.

- **Recursive Feature Elimination (RFE):** Diese iterative Methode entfernt schrittweise weniger wichtige Merkmale basierend auf ihrer Vorhersagekraft.

Durch die Konzentration auf die relevantesten Merkmale kann die Rechenlast von Imputationsalgorithmen erheblich reduziert werden, insbesondere bei rechnerisch intensiven Techniken wie KNN oder MICE. Dieser Ansatz ist besonders vorteilhaft bei hochdimensionalen Datensätzen, bei denen das Fluch-der-Dimensionalität-Problem die Leistung von Imputationstechniken erheblich beeinträchtigen kann.

Darüber hinaus kann die Merkmalsauswahl zu genaueren Imputationen führen, indem Rauschen und Overfitting reduziert werden. Sie ermöglicht es dem Imputationsmodell, sich auf die informativsten Beziehungen in den Daten zu konzentrieren, was potenziell zu zuverlässigeren Schätzungen fehlender Werte führt.

4. Parallelverarbeitung

Die Nutzung von Mehrkernprozessoren oder verteilten Rechenframeworks zur Parallelisierung von Imputationsaufgaben ist eine leistungsstarke Strategie für den Umgang mit fehlenden Daten in großen Datensätzen. Dieser Ansatz reduziert die Verarbeitungszeit erheblich, indem die Arbeitslast auf mehrere Kerne oder Maschinen verteilt wird. In einem Datensatz mit Millionen von Einträgen können beispielsweise Imputationsaufgaben in kleinere Teile aufgeteilt und gleichzeitig auf verschiedenen Kernen oder Knoten in einem Cluster verarbeitet werden.

Die Parallelverarbeitung kann mit verschiedenen Werkzeugen und Frameworks implementiert werden:

- **Multithreading:** Verwendung mehrerer Threads auf einer einzelnen Maschine, um verschiedene Teile des Datensatzes gleichzeitig zu verarbeiten.

- **Multiprocessing:** Nutzung mehrerer CPU-Kerne, um Imputationsaufgaben parallel auszuführen. Dies ist besonders effektiv für rechenintensive Methoden wie die KNN-Imputation.

- **Verteilte Rechenframeworks:** Plattformen wie Apache Spark oder Dask können Imputationsaufgaben auf einen Cluster von Maschinen verteilen und so extrem große Datensätze verarbeiten, die die Kapazität einer einzelnen Maschine überschreiten.

Die Vorteile der Parallelverarbeitung für die Imputation gehen über die Geschwindigkeit hinaus. Sie ermöglicht es auch, anspruchsvollere Imputationstechniken auf große Datensätze anzuwenden, die andernfalls aufgrund von Zeitbeschränkungen unpraktisch wären. Zum Beispiel werden komplexe Methoden wie **Multiple Imputation by Chained Equations (MICE)** für Big Data realisierbar, wenn sie auf einem Cluster parallelisiert werden.

Es ist jedoch wichtig zu beachten, dass nicht alle Imputationsmethoden leicht parallelisiert werden können. Einige Techniken erfordern den Zugriff auf den gesamten Datensatz oder basieren auf sequentieller Verarbeitung. In solchen Fällen können sorgfältige Algorithmus-Designs oder hybride Ansätze notwendig sein, um die Vorteile der Parallelverarbeitung zu nutzen und gleichzeitig die Integrität der Imputationsmethode zu gewährleisten.

Durch die Implementierung dieser Optimierungsstrategien können Datenwissenschaftler die Vorteile fortgeschrittener Imputationstechniken erhalten und gleichzeitig die rechnerischen Herausforderungen großer Datensätze bewältigen. Dieses Gleichgewicht stellt sicher, dass fehlende Daten effektiv behandelt werden, ohne die Gesamteffizienz der Datenverarbeitungspipeline zu beeinträchtigen.

Beispiel: Verwendung einfacher Imputation bei Teilspalten

Bei großen Datensätzen kann es praktischer sein, für bestimmte Spalten einfachere Imputationstechniken anzuwenden, insbesondere für Spalten mit wenigen fehlenden Werten. Dieser Ansatz kann die Berechnungszeit erheblich reduzieren und dennoch eine angemessene Genauigkeit bieten. Einfache Imputationsmethoden wie Mittelwert-, Median- oder Modus-Imputation sind rechnerisch effizient und können schnell auf große Datenmengen angewendet werden.

Diese Methoden funktionieren besonders gut für Spalten mit einem niedrigen Prozentsatz fehlender Werte, bei denen der Einfluss der Imputation auf die Gesamtverteilung der Daten minimal ist. Wenn beispielsweise eine Spalte nur 5 % fehlende Werte aufweist, wird durch die Verwendung des Mittelwerts oder Medians zur Auffüllung dieser Lücken die statistische Eigenschaft der Spalte wahrscheinlich erhalten, ohne signifikante Verzerrungen einzuführen.

Darüber hinaus sind einfache Imputationstechniken oft besser skalierbar und können problemlos in verteilten Rechenumgebungen parallelisiert werden. Diese Skalierbarkeit ist entscheidend, wenn es um Big Data geht, bei denen komplexere Imputationsmethoden rechnerisch unpraktikabel werden könnten. Durch die strategische Anwendung einfacher Imputation auf Spalten mit weniger fehlenden Werten können Datenwissenschaftler ein Gleichgewicht zwischen der Wahrung der Datenintegrität und der effizienten Verarbeitung groß angelegter Datensätze finden.

Codebeispiel: Verwendung einfacher Imputation für große Datensätze

```python
import pandas as pd
import numpy as np
from sklearn.impute import SimpleImputer
from sklearn.experimental import enable_iterative_imputer
from sklearn.impute import IterativeImputer
from sklearn.ensemble import RandomForestRegressor

# Generate a large dataset with some missing values
np.random.seed(42)
n_samples = 1000000
data = {
    'Age': np.random.randint(18, 80, n_samples),
    'Salary': np.random.randint(30000, 150000, n_samples),
    'Experience': np.random.randint(0, 40, n_samples),
    'Education': np.random.choice(['High School', 'Bachelor', 'Master', 'PhD'],
n_samples)
}

# Introduce missing values
for col in data:
    mask = np.random.random(n_samples) < 0.2  # 20% missing values
    data[col] = np.where(mask, None, data[col])

df_large = pd.DataFrame(data)

# 1. Simple Imputation
```

```
simple_imputer = SimpleImputer(strategy='mean')
numeric_cols = ['Age', 'Salary', 'Experience']
df_simple_imputed = df_large.copy()
df_simple_imputed[numeric_cols]                                          =
simple_imputer.fit_transform(df_large[numeric_cols])
df_simple_imputed['Education']                                           =
df_simple_imputed['Education'].fillna(df_simple_imputed['Education'].mode()[0])

# 2. Multiple Imputation by Chained Equations (MICE)
mice_imputer    =    IterativeImputer(estimator=RandomForestRegressor(),    max_iter=10,
random_state=42)
df_mice_imputed = df_large.copy()
df_mice_imputed[numeric_cols] = mice_imputer.fit_transform(df_large[numeric_cols])
df_mice_imputed['Education']                                             =
df_mice_imputed['Education'].fillna(df_mice_imputed['Education'].mode()[0])

# 3. Custom imputation based on business rules
def custom_impute(df):
    df = df.copy()
    df['Age'] = df['Age'].fillna(df.groupby('Education')['Age'].transform('median'))
    df['Salary']              =              df['Salary'].fillna(df.groupby(['Education',
'Experience'])['Salary'].transform('median'))
    df['Experience'] = df['Experience'].fillna(df['Age'] - 22)  # Assuming started
working at 22
    df['Education'] = df['Education'].fillna('High School')  # Default to High School
    return df

df_custom_imputed = custom_impute(df_large)

# Compare results
print("Original Data (first 5 rows):")
print(df_large.head())
print("\\nSimple Imputation (first 5 rows):")
print(df_simple_imputed.head())
print("\\nMICE Imputation (first 5 rows):")
print(df_mice_imputed.head())
print("\\nCustom Imputation (first 5 rows):")
print(df_custom_imputed.head())

# Calculate and print missing value percentages
def missing_percentage(df):
    return (df.isnull().sum() / len(df)) * 100

print("\\nMissing Value Percentages:")
print("Original:", missing_percentage(df_large))
print("Simple Imputation:", missing_percentage(df_simple_imputed))
print("MICE Imputation:", missing_percentage(df_mice_imputed))
print("Custom Imputation:", missing_percentage(df_custom_imputed))
```

Umfassende Erläuterung der einzelnen Schritte:

1. **Datengenerierung:**

   o   Ein großer Datensatz mit 1 Million Stichproben und 4 Merkmalen (Alter, Gehalt, Erfahrung und Bildung) wird erstellt.

   o   In allen Merkmalen werden zufällig 20 % fehlende Werte eingefügt, um reale Szenarien zu simulieren.

2. **Einfache Imputation:**

   o   Mit sklearns SimpleImputer wird die Mean-Strategie für numerische Spalten verwendet.

   o   Für die kategoriale Spalte „Bildung" wird der Modus (häufigster Wert) eingesetzt.

   o   Diese Methode ist schnell, berücksichtigt jedoch keine Beziehungen zwischen Merkmalen.

3. **Multiple Imputation by Chained Equations (MICE):**

   o   Der IterativeImputer aus sklearn wird verwendet, der den MICE-Algorithmus implementiert.

   o   Ein RandomForestRegressor dient als Schätzer, um nichtlineare Beziehungen besser zu berücksichtigen.

   o   Diese Methode ist anspruchsvoller und berücksichtigt Beziehungen zwischen Merkmalen, erfordert jedoch hohe Rechenleistung.

4. **Benutzerdefinierte Imputation:**

   o   Eine benutzerdefinierte Imputationsstrategie basierend auf Fachwissen und Geschäftsprinzipien wird implementiert.

   o   Alter wird durch den Median des Alters für jedes Bildungsniveau imputiert.

   o   Gehalt wird durch den Median des Gehalts für jede Kombination aus Bildung und Erfahrung imputiert.

   o   Erfahrung wird unter der Annahme imputiert, dass Personen ab dem Alter von 22 Jahren arbeiten.

   o   Bildung wird standardmäßig auf „High School" gesetzt, wenn Werte fehlen.

   o   Diese Methode bietet mehr Kontrolle und ermöglicht die Integration von domänenspezifischem Wissen.

5. **Vergleich:**

   o   Die ersten 5 Zeilen jedes Datensatzes werden gedruckt, um die Imputationsergebnisse visuell zu vergleichen.

o   Der Prozentsatz der fehlenden Werte in jedem Datensatz wird berechnet und ausgegeben, um sicherzustellen, dass alle fehlenden Werte imputiert wurden.

Dieses umfassende Beispiel zeigt drei verschiedene Imputationstechniken mit ihren jeweiligen Stärken und Schwächen. Es ermöglicht einen Methodenvergleich und demonstriert, wie sowohl numerische als auch kategoriale Daten in großen Datensätzen behandelt werden können. Die benutzerdefinierte Imputation verdeutlicht außerdem, wie Fachwissen in den Imputationsprozess einbezogen werden kann.

4.2.2 Umgang mit Spalten mit hoher Fehlerrate

Bei großen Datensätzen trifft man häufig auf Spalten mit einem hohen Anteil an fehlenden Werten. Spalten mit mehr als 50 % fehlenden Daten stellen eine erhebliche Herausforderung für die Datenanalyse und Machine-Learning-Aufgaben dar.

Diese Spalten sind aus mehreren Gründen problematisch:

1. **Begrenzte Informationen:** Spalten mit hoher Fehlerrate bieten nur minimale zuverlässige Datenpunkte, was Analysen oder Modellvorhersagen verzerren kann. Diese Informationsknappheit kann zu unzuverlässigen Einschätzungen der Merkmalrelevanz führen und Modelle daran hindern, wichtige Muster oder Beziehungen in den Daten zu erkennen.

2. **Geringere statistische Aussagekraft:** Der Mangel an Daten in diesen Spalten kann zu weniger genauen statistischen Schlussfolgerungen und schwächeren Vorhersagemodellen führen. Dies kann zu Typ-II-Fehlern führen, bei denen echte Effekte oder Beziehungen in den Daten übersehen werden. Außerdem können die Konfidenzintervalle breiter werden, was es erschwert, eindeutige Schlussfolgerungen aus der Analyse zu ziehen.

3. **Potenzielle Verzerrung:** Wenn die Fehlerrate nicht vollständig zufällig ist (MCAR), könnte die Imputation dieser Werte Verzerrungen in den Datensatz einführen. Besonders problematisch ist dies, wenn die Fehlerrate mit unbeobachteten Faktoren zusammenhängt (MNAR), da dies zu systematischen Fehlern in nachfolgenden Analysen führen kann. Beispielsweise könnten bei Einkommensdaten häufiger Werte bei Personen mit hohem Einkommen fehlen, was dazu führen könnte, dass das Gesamteinkommen unterschätzt wird.

4. **Rechenaufwand:** Der Versuch, diese Spalten zu imputieren oder zu analysieren, kann bei großen Datensätzen rechnerisch teuer sein und wenig Nutzen bringen. Dies gilt insbesondere für komplexe Imputationstechniken wie MICE oder KNN-Imputation, die die Verarbeitungszeit und Ressourcennutzung erheblich erhöhen können. Der rechnerische Aufwand überwiegt möglicherweise den marginalen Nutzen bei der Modellleistung, insbesondere wenn die imputierten Werte aufgrund der hohen Fehlerrate nicht sehr zuverlässig sind.

5. **Datenqualitätsprobleme:** Eine hohe Fehlerrate in einer Spalte kann auf zugrunde liegende Probleme bei den Datenerfassungsprozessen oder der Datenqualität hinweisen. Es könnte auf Probleme bei den Datenerfassungsmethoden, Sensorfehler oder Inkonsistenzen bei der Datenaufzeichnung hindeuten. Diese Ursachen zu beheben könnte nützlicher sein, als zu versuchen, die Daten durch Imputation zu retten.

Für solche Spalten stehen Datenwissenschaftler vor einer kritischen Entscheidung: Sie entweder vollständig zu entfernen oder anspruchsvolle Imputationstechniken anzuwenden. Diese Entscheidung sollte auf mehreren Faktoren basieren:

- Die Bedeutung der Variablen für die Analyse oder das Modell

- Der Mechanismus der Fehlerrate (MCAR, MAR oder MNAR)

- Die verfügbaren Rechenressourcen

- Die potenziellen Auswirkungen auf nachgelagerte Analysen

Falls die Spalte als entscheidend angesehen wird, könnten fortgeschrittene Imputationstechniken wie MICE oder auf maschinellem Lernen basierende Imputation in Betracht gezogen werden. Diese Methoden können jedoch bei großen Datensätzen rechenintensiv sein.

Alternativ kann es die klügere Wahl sein, die Spalte zu entfernen, wenn sie nicht kritisch ist oder wenn die Imputation mehr Verzerrungen als Informationen einführen könnte. Dieser Ansatz vereinfacht den Datensatz und kann die Effizienz und Zuverlässigkeit nachfolgender Analysen verbessern.

In einigen Fällen könnte ein hybrider Ansatz angemessen sein, bei dem Spalten mit extremer Fehlerrate entfernt werden, während solche mit moderater Fehlerrate mithilfe geeigneter Techniken imputiert werden.

Wann sollten Spalten entfernt werden?

Wenn eine Spalte mehr als 50 % fehlende Werte enthält, trägt sie möglicherweise nur wenig nützliche Informationen zum Modell bei. In solchen Fällen könnte das Entfernen der Spalte die effizienteste Lösung sein, insbesondere wenn die Fehlerrate zufällig ist. Dieser Ansatz, bekannt als „Spaltenlöschung" oder „Feature-Eliminierung", kann den Datensatz erheblich vereinfachen und die rechnerische Komplexität reduzieren.

Bevor jedoch entschieden wird, eine Spalte zu entfernen, ist es wichtig, deren potenzielle Bedeutung für die Analyse zu berücksichtigen. Einige Faktoren, die dabei bewertet werden sollten, sind:

- Die Art der fehlenden Daten: Sind die Daten **Missing Completely at Random (MCAR)**, **Missing at Random (MAR)** oder **Missing Not at Random (MNAR)**?

- Die Relevanz der Spalte für die Forschungsfrage oder das zugrunde liegende Geschäftsproblem

- Das Risiko, durch das Entfernen der Spalte eine Verzerrung einzuführen

- Die Möglichkeit, mithilfe von Domänenwissen die fehlenden Werte zu imputieren

In einigen Fällen könnte eine Spalte trotz hoher Fehlerrate wertvolle Informationen enthalten. Zum Beispiel könnte allein die Tatsache, dass Daten fehlen, informativ sein. In solchen Szenarien könnte anstelle des Entfernens der Spalte eine binäre Indikatorvariable erstellt werden, die das Vorhandensein oder Fehlen von Daten erfasst.

Letztendlich sollte die Entscheidung, ob eine Spalte mit hoher Fehlerrate entfernt oder beibehalten wird, von Fall zu Fall getroffen werden. Dabei sollten der spezifische Kontext der Analyse und die potenziellen Auswirkungen auf die nachgelagerte Modellierung oder Entscheidungsprozesse berücksichtigt werden.

Codebeispiel: Entfernen von Spalten mit hoher Fehlerrate

```python
import pandas as pd
import numpy as np

# Create a large sample dataset with missing values
np.random.seed(42)
n_samples = 1000000
data = {
    'Age': np.random.randint(18, 80, n_samples),
    'Salary': np.random.randint(30000, 150000, n_samples),
    'Experience': np.random.randint(0, 40, n_samples),
    'Education': np.random.choice(['High School', 'Bachelor', 'Master', 'PhD'],
n_samples),
    'Department': np.random.choice(['Sales', 'Marketing', 'IT', 'HR', 'Finance'],
n_samples)
}

# Introduce missing values
for col in data:
    mask = np.random.random(n_samples) < np.random.uniform(0.1, 0.7)   # 10% to 70%
missing values
    data[col] = np.where(mask, None, data[col])

df_large = pd.DataFrame(data)

# Define a threshold for dropping columns with missing values
threshold = 0.5

# Calculate the proportion of missing values in each column
missing_proportion = df_large.isnull().mean()

print("Missing value proportions:")
print(missing_proportion)
```

```
# Drop columns with more than 50% missing values
df_large_cleaned  =  df_large.drop(columns=missing_proportion[missing_proportion   >
threshold].index)

print("\\nColumns dropped:")
print(set(df_large.columns) - set(df_large_cleaned.columns))

# View the cleaned dataframe
print("\\nCleaned dataframe:")
print(df_large_cleaned.head())

# Calculate the number of rows with at least one missing value
rows_with_missing = df_large_cleaned.isnull().any(axis=1).sum()
print(f"\\nRows   with   at   least   one   missing   value:   {rows_with_missing}
({rows_with_missing/len(df_large_cleaned):.2%})")

# Optional: Impute remaining missing values
from sklearn.impute import SimpleImputer

# Separate numeric and categorical columns
numeric_cols = df_large_cleaned.select_dtypes(include=[np.number]).columns
categorical_cols = df_large_cleaned.select_dtypes(exclude=[np.number]).columns

# Impute numeric columns with median
num_imputer = SimpleImputer(strategy='median')
df_large_cleaned[numeric_cols]                                                      =
num_imputer.fit_transform(df_large_cleaned[numeric_cols])

# Impute categorical columns with most frequent value
cat_imputer = SimpleImputer(strategy='most_frequent')
df_large_cleaned[categorical_cols]                                                  =
cat_imputer.fit_transform(df_large_cleaned[categorical_cols])

print("\\nFinal dataframe after imputation:")
print(df_large_cleaned.head())
print("\\nMissing values after imputation:")
print(df_large_cleaned.isnull().sum())
```

Detaillierte Erklärung:

1. **Datengenerierung:**

    o Ein großer Datensatz mit 1 Million Stichproben und 5 Merkmalen (Alter, Gehalt, Erfahrung, Bildung und Abteilung) wird erstellt.

    o Fehlende Werte werden in unterschiedlichen Ausprägungen (10 % bis 70 %) zufällig in allen Merkmalen eingefügt, um reale Szenarien mit verschiedenen Fehlerraten zu simulieren.

2. **Analyse fehlender Werte:**

- o Der Anteil der fehlenden Werte in jeder Spalte wird mit df_large.isnull().mean() berechnet und ausgegeben.
- o Dieser Schritt hilft, das Ausmaß der Fehlerrate in jedem Merkmal zu verstehen.

3. **Entfernen von Spalten:**

- o Ein Schwellenwert von 0,5 (50 %) wird definiert, um Spalten zu entfernen.
- o Spalten mit mehr als 50 % fehlenden Werten werden mit df_large.drop() entfernt.
- o Die Namen der entfernten Spalten werden ausgegeben, um nachzuvollziehen, welche Informationen entfernt wurden.

4. **Übersicht über den bereinigten Datensatz:**

- o Die ersten Zeilen des bereinigten Datensatzes werden mit df_large_cleaned.head() ausgegeben.
- o Dies bietet einen schnellen Überblick über die Struktur der Daten nach dem Entfernen von Spalten mit hoher Fehlerrate.

5. **Analyse der fehlenden Werte auf Zeilenebene:**

- o Die Anzahl und der Prozentsatz der Zeilen, die weiterhin mindestens einen fehlenden Wert enthalten, werden berechnet und ausgegeben.
- o Diese Informationen zeigen, wie stark der Datensatz nach dem Entfernen von Spalten noch von fehlenden Werten betroffen ist.

6. **Optionale Imputation:**

- o Verbleibende fehlende Werte werden mithilfe einfacher Imputationstechniken behandelt.
- o Numerische Spalten werden mit dem Medianwert imputiert.
- o Kategoriale Spalten werden mit dem häufigsten Wert imputiert.
- o Dieser Schritt zeigt, wie der Datensatz für weitere Analysen oder Modellierungen vorbereitet wird, wenn vollständige Fälle erforderlich sind.

7. **Übersicht über den finalen Datensatz:**

- o Die ersten Zeilen des final imputierten Datensatzes werden ausgegeben.
- o Eine Zusammenfassung der fehlenden Werte nach der Imputation wird erstellt, um sicherzustellen, dass alle fehlenden Werte behandelt wurden.

Dieses Beispiel zeigt einen umfassenden Ansatz zum Umgang mit fehlenden Daten in großen Datensätzen. Es beschreibt Schritte zur Analyse der Fehlerrate, zur informierten Entscheidung über das Entfernen von Spalten und zur optionalen Imputation verbleibender fehlender Werte. Der Code ist auf Effizienz bei großen Datensätzen optimiert und bietet klare, informative Ausgaben in jeder Phase des Prozesses.

Imputation bei Spalten mit hoher Fehlerrate

Wenn eine Spalte mit hoher Fehlerrate für die Analyse entscheidend ist, könnten fortschrittlichere Methoden wie **MICE** (Multiple Imputation by Chained Equations) oder **Multiple Imputation** erforderlich sein. Diese Techniken liefern genauere Schätzungen, indem sie die Unsicherheit in den fehlenden Daten berücksichtigen. MICE erstellt beispielsweise mehrere plausible imputierte Datensätze und kombiniert die Ergebnisse, um robustere Schätzungen zu liefern.

Bei großen Datensätzen ist es jedoch wichtig, die Genauigkeit mit der rechnerischen Effizienz in Einklang zu bringen. Diese fortgeschrittenen Methoden können rechnerisch aufwändig sein und skalieren möglicherweise nicht gut mit sehr großen Datensätzen. In solchen Fällen könnten folgende Strategien in Betracht gezogen werden:

- Verwendung einfacher Imputationstechniken auf einem Datensatz-Subset, um den Einfluss auf die Analyse zu schätzen

- Implementierung von Parallelverarbeitungstechniken, um den Imputationsprozess zu beschleunigen

- Erforschung alternativer Ansätze wie Matrixfaktorisierungsmethoden, die fehlende Daten direkt behandeln können

Die Wahl der Methode sollte durch die spezifischen Eigenschaften des Datensatzes, den Mechanismus der Fehlerrate und die verfügbaren Rechenressourcen geleitet werden. Ebenso wichtig ist es, die Ergebnisse der Imputation zu validieren und deren Auswirkungen auf nachfolgende Analysen oder Modelle zu bewerten.

4.2.3 Nutzung verteilter Rechenressourcen für fehlende Daten

Bei extrem großen Datensätzen kann die Imputation eine erhebliche rechnerische Herausforderung darstellen, insbesondere bei der Verwendung anspruchsvoller Techniken wie K-Nearest Neighbors (KNN) oder Multiple Imputation by Chained Equations (MICE). Diese Methoden erfordern häufig iterative Prozesse oder komplexe Berechnungen über große Datenmengen hinweg, was zu erheblichen Verarbeitungszeiten und Ressourcenverbrauch führen kann. Um dieses Skalierungsproblem zu bewältigen, greifen Datenwissenschaftler und Ingenieure auf verteilte Rechenframeworks wie **Dask** und **Apache Spark** zurück.

Diese leistungsstarken Tools ermöglichen die Parallelisierung des Imputationsprozesses und verteilen die Rechenlast effektiv auf mehrere Knoten oder Maschinen. Durch die Nutzung verteilter Rechenressourcen können Sie:

- Große Datensätze in kleinere, handhabbare Teile (Partitionen) aufteilen

- Diese Partitionen gleichzeitig über einen Cluster von Computern verarbeiten

- Die Ergebnisse zusammenführen, um einen vollständigen imputierten Datensatz zu erstellen

Dieser Ansatz beschleunigt nicht nur den Imputationsprozess erheblich, sondern ermöglicht auch die Verarbeitung von Datensätzen, die sonst zu groß wären, um auf einer einzelnen Maschine verarbeitet zu werden. Darüber hinaus verfügen verteilte Frameworks häufig über eingebaute Fehlertoleranz- und Lastenausgleichsfunktionen, die Robustheit und Effizienz bei groß angelegten Datenverarbeitungsaufgaben gewährleisten.

Nutzung von Dask für skalierbare Imputation

Dask ist eine leistungsstarke Bibliothek für paralleles Rechnen, die die Funktionalität von gängigen Data-Science-Tools wie Pandas und Scikit-learn erweitert. Sie ermöglicht die effiziente Skalierung von Berechnungen über mehrere Kerne oder sogar verteilte Cluster hinweg und ist somit eine ausgezeichnete Wahl für die Verarbeitung großer Datensätze mit fehlenden Werten.

Einer der Hauptvorteile von Dask ist die Bereitstellung einer vertrauten API, die der von Pandas und NumPy ähnelt. Dies ermöglicht einen reibungslosen Übergang von Code für Einzelmaschinen zu verteiltem Rechnen. Dask kann bestehende Imputationsalgorithmen nutzen und gleichzeitig die Arbeitslast auf mehrere Knoten verteilen.

Codebeispiel: Skalierbare Imputation mit Dask

```python
import dask.dataframe as dd
import pandas as pd
import numpy as np
from sklearn.impute import SimpleImputer
from sklearn.experimental import enable_iterative_imputer
from sklearn.impute import IterativeImputer
from sklearn.ensemble import RandomForestRegressor

# Create a sample large dataset with missing values
def create_sample_data(n_samples=1000000):
    np.random.seed(42)
    data = {
        'Age': np.random.randint(18, 80, n_samples),
        'Salary': np.random.randint(30000, 150000, n_samples),
        'Experience': np.random.randint(0, 40, n_samples),
        'Education': np.random.choice(['High School', 'Bachelor', 'Master', 'PhD'],
n_samples),
        'Department': np.random.choice(['Sales', 'Marketing', 'IT', 'HR', 'Finance'],
n_samples)
    }
    df = pd.DataFrame(data)

    # Introduce missing values
    for col in df.columns:
        mask = np.random.random(n_samples) < 0.2  # 20% missing values
```

```python
        df.loc[mask, col] = np.nan

    return df

# Create the sample dataset
df_large = create_sample_data()

# Convert the large Pandas dataframe to a Dask dataframe
df_dask = dd.from_pandas(df_large, npartitions=10)

# 1. Simple Mean Imputation
simple_imputer = SimpleImputer(strategy='mean')

def apply_simple_imputer(df):
    # Separate numeric and categorical columns
    numeric_cols = df.select_dtypes(include=[np.number]).columns
    categorical_cols = df.select_dtypes(exclude=[np.number]).columns

    # Impute numeric columns
    df[numeric_cols] = simple_imputer.fit_transform(df[numeric_cols])

    # Impute categorical columns with mode
    for col in categorical_cols:
        df[col].fillna(df[col].mode().iloc[0], inplace=True)

    return df

df_dask_simple_imputed = df_dask.map_partitions(apply_simple_imputer)

# 2. Iterative Imputation (MICE)
def apply_iterative_imputer(df):
    numeric_cols = df.select_dtypes(include=[np.number]).columns
    categorical_cols = df.select_dtypes(exclude=[np.number]).columns

    # Impute numeric columns using IterativeImputer
    iterative_imputer       =       IterativeImputer(estimator=RandomForestRegressor(),
max_iter=10, random_state=0)
    df[numeric_cols] = iterative_imputer.fit_transform(df[numeric_cols])

    # Impute categorical columns with mode
    for col in categorical_cols:
        df[col].fillna(df[col].mode().iloc[0], inplace=True)

    return df

df_dask_iterative_imputed = df_dask.map_partitions(apply_iterative_imputer)

# Compute the results (triggering the computation across partitions)
df_simple_imputed = df_dask_simple_imputed.compute()
df_iterative_imputed = df_dask_iterative_imputed.compute()

# View the imputed dataframes
```

```
print("Simple Imputation Results:")
print(df_simple_imputed.head())
print("\\nIterative Imputation Results:")
print(df_iterative_imputed.head())

# Compare imputation results
print("\\nMissing values after Simple Imputation:")
print(df_simple_imputed.isnull().sum())
print("\\nMissing values after Iterative Imputation:")
print(df_iterative_imputed.isnull().sum())

# Optional: Analyze imputation impact
print("\\nOriginal Data Statistics:")
print(df_large.describe())
print("\\nSimple Imputation Statistics:")
print(df_simple_imputed.describe())
print("\\nIterative Imputation Statistics:")
print(df_iterative_imputed.describe())
```

Erklärung des Codes:

1. Datengenerierung:

- Es wird eine Funktion create_sample_data() erstellt, um einen großen Datensatz (1 Million Zeilen) mit gemischten Datentypen (numerisch und kategorial) zu generieren.

- Fehlende Werte werden zufällig eingefügt (20 % pro Spalte), um reale Szenarien zu simulieren.

2. Erstellung eines Dask DataFrame:

- Der große Pandas DataFrame wird mit dd.from_pandas() in einen Dask DataFrame umgewandelt.

- Es werden 10 Partitionen angegeben, sodass Dask die Daten parallel auf mehreren Kernen oder Maschinen verarbeiten kann.

3. Einfache Mittelwertimputation:

- Es wird eine Funktion apply_simple_imputer() definiert, die SimpleImputer für numerische Spalten und Modusimputation für kategoriale Spalten verwendet.

- Diese Funktion wird mit map_partitions() auf jede Partition des Dask DataFrame angewendet.

4. Iterative Imputation (MICE):

- Eine fortschrittlichere Imputationsmethode wird mit IterativeImputer (auch bekannt als MICE - Multiple Imputation by Chained Equations) implementiert.

- Die Funktion apply_iterative_imputer() verwendet RandomForestRegressor als Schätzer für numerische Spalten und Modusimputation für kategoriale Spalten.

- Diese Methode ist rechnerisch aufwändiger, liefert jedoch genauere Imputationen, da Beziehungen zwischen Merkmalen berücksichtigt werden.

5. Berechnung und Ergebnisse:

- Mit .compute() wird die eigentliche Berechnung auf den Dask DataFrames ausgelöst, wodurch die Imputation über alle Partitionen ausgeführt wird.

- Die Ergebnisse beider Imputationsmethoden werden in Pandas DataFrames gespeichert, um sie leicht vergleichen und analysieren zu können.

6. Analyse und Vergleich:

- Die ersten Zeilen beider imputierten Datensätze werden gedruckt, um die Ergebnisse visuell zu überprüfen.

- Es wird überprüft, ob nach der Imputation noch fehlende Werte vorhanden sind, um die Vollständigkeit sicherzustellen.

- Deskriptive Statistiken der ursprünglichen und imputierten Datensätze werden verglichen, um die Auswirkungen der verschiedenen Imputationsmethoden auf die Datenverteilung zu bewerten.

Dieses Beispiel zeigt einen umfassenden Ansatz zum Umgang mit fehlenden Daten in großen Datensätzen mithilfe von Dask. Es werden sowohl einfache als auch fortgeschrittene Imputationstechniken vorgestellt, Fehlerprüfungen durchgeführt und Analyseschritte eingeschlossen, um die Auswirkungen der Imputation auf die Daten zu bewerten. Dieser Ansatz ermöglicht eine effiziente Verarbeitung großer Datensätze und bietet Flexibilität bei der Auswahl und dem Vergleich verschiedener Imputationsstrategien.

Verwendung von Apache Spark für groß angelegte Imputation

Apache Spark ist ein weiteres leistungsstarkes Framework für die verteilte Datenverarbeitung, das große Datensätze handhaben kann. Sparks **MLlib** bietet Werkzeuge zur Imputation, die für den Einsatz in groß angelegten verteilten Systemen ausgelegt sind. Dieses Framework ist besonders nützlich für Organisationen, die mit riesigen Datenmengen arbeiten, die die Verarbeitungskapazitäten einer einzelnen Maschine übersteigen.

Das verteilte Rechenmodell von Spark ermöglicht eine effiziente Verarbeitung von Daten über einen Cluster von Computern und ist somit ideal für Big-Data-Anwendungen. Seine In-Memory-Verarbeitungsfunktionen beschleunigen iterative Algorithmen erheblich, die bei Machine-Learning-Aufgaben wie der Imputation häufig verwendet werden.

MLlib, die Machine-Learning-Bibliothek von Spark, bietet verschiedene Imputationsstrategien. Dazu gehören einfache Methoden wie Mittelwert-, Median- oder Modusimputation sowie fortschrittlichere Techniken wie k-Nearest-Neighbors-Imputation. Die Imputationsfunktionen der Bibliothek sind für verteilte Umgebungen optimiert und stellen sicher, dass der Imputationsprozess mit zunehmendem Datenvolumen gut skaliert.

Darüber hinaus ermöglicht Sparks Fähigkeit, sowohl Batch- als auch Streaming-Daten zu verarbeiten, eine vielseitige Anwendung in verschiedenen Imputationsszenarien. Egal ob historische Daten oder Echtzeitströme, Spark passt sich an Ihre Bedürfnisse an und bietet konsistente Imputationsstrategien für verschiedene Datenquellen und -formate.

Codebeispiel: Imputation mit PySpark

```python
from pyspark.sql import SparkSession
from pyspark.ml.feature import Imputer
from pyspark.sql.functions import col, when
from pyspark.ml.feature import StringIndexer, OneHotEncoder
from pyspark.ml import Pipeline

# Initialize a Spark session
spark = SparkSession.builder.appName("MissingDataImputation").getOrCreate()

# Create a Spark dataframe with missing values
data = [
    (25, None, 2, "Sales", "Bachelor"),
    (None, 60000, 4, "Marketing", None),
    (22, 52000, 1, "IT", "Master"),
    (35, None, None, "HR", "PhD"),
    (None, 58000, 3, "Finance", "Bachelor"),
    (28, 55000, 2, None, "Master")
]
columns = ['Age', 'Salary', 'Experience', 'Department', 'Education']
df_spark = spark.createDataFrame(data, columns)

# Display original dataframe
print("Original Dataframe:")
df_spark.show()

# Define the imputer for numeric missing values
numeric_cols = ['Age', 'Salary', 'Experience']
imputer = Imputer(
    inputCols=numeric_cols,
    outputCols=["{}_imputed".format(c) for c in numeric_cols]
)

# Handle categorical columns
categorical_cols = ['Department', 'Education']

# Function to impute categorical columns with mode
def categorical_imputer(df, col_name):
    mode                     =                  df.groupBy(col_name).count().orderBy('count',
ascending=False).first()[col_name]
    return when(col(col_name).isNull(), mode).otherwise(col(col_name))
```

```python
# Apply categorical imputation
for cat_col in categorical_cols:
    df_spark                    =            df_spark.withColumn(f"{cat_col}_imputed",
categorical_imputer(df_spark, cat_col))

# Create StringIndexer and OneHotEncoder for categorical columns
indexers = [StringIndexer(inputCol=f"{c}_imputed", outputCol=f"{c}_index") for c in
categorical_cols]
encoders = [OneHotEncoder(inputCol=f"{c}_index", outputCol=f"{c}_vec") for c in
categorical_cols]

# Create a pipeline
pipeline = Pipeline(stages=[imputer] + indexers + encoders)

# Fit and transform the dataframe
df_imputed = pipeline.fit(df_spark).transform(df_spark)

# Select relevant columns
columns_to_select = [f"{c}_imputed" for c in numeric_cols] + [f"{c}_vec" for c in
categorical_cols]
df_final = df_imputed.select(columns_to_select)

# Show the imputed dataframe
print("\\nImputed Dataframe:")
df_final.show()

# Display summary statistics
print("\\nSummary Statistics:")
df_final.describe().show()

# Clean up
spark.stop()
```

Erklärung des Codes:

1. Importieren von Bibliotheken:

- Wir importieren die notwendigen PySpark-Bibliotheken für Datenmanipulation, Imputation und Feature Engineering.

2. Erstellung einer Spark-Session:

- Eine SparkSession wird initialisiert, die als Einstiegspunkt für Spark-Funktionalitäten dient.

3. Datenerstellung:

- Ein Beispieldatensatz mit gemischten Datentypen (numerisch und kategorial) wird erstellt, wobei fehlende Werte eingefügt werden.

4. Anzeige der Originaldaten:

-   Das ursprüngliche DataFrame wird angezeigt, um die fehlenden Werte zu visualisieren.

5. Numerische Imputation:

-   Wir verwenden die Klasse Imputer, um fehlende Werte in numerischen Spalten zu behandeln.

-   Der Imputer wird so eingerichtet, dass neue Spalten mit dem Suffix "_imputed" erstellt werden.

6. Kategoriale Imputation:

-   Eine benutzerdefinierte Funktion categorical_imputer wird definiert, um fehlende kategoriale Werte mit dem Modus (häufigster Wert) zu imputieren.

-   Diese Funktion wird mithilfe von withColumn auf jede kategoriale Spalte angewendet.

7. Feature Engineering für kategoriale Daten:

-   Mit StringIndexer werden Zeichenfolgenspalten in numerische Indizes umgewandelt.

-   Anschließend wird OneHotEncoder verwendet, um Vektordarstellungen der kategorialen Variablen zu erstellen.

8. Erstellung einer Pipeline:

-   Eine Pipeline wird erstellt, die den numerischen Imputer, die StringIndexer und die OneHotEncoder kombiniert.

-   Dadurch wird sichergestellt, dass alle Vorverarbeitungsschritte konsistent auf Trainings- und Testdaten angewendet werden.

9. Anwendung der Pipeline:

-   Die Pipeline wird auf die Daten angepasst und transformiert, wodurch alle Vorverarbeitungsschritte ausgeführt werden.

10. Auswahl relevanter Spalten:

-   Die imputierten numerischen Spalten und die vektorisierten kategorialen Spalten werden für den finalen Datensatz ausgewählt.

11. Anzeige der Ergebnisse:

-   Das imputierte DataFrame wird angezeigt, um die Ergebnisse des Imputations- und Kodierungsprozesses zu visualisieren.

12. Zusammenfassende Statistiken:

- Zusammenfassende Statistiken des finalen DataFrames werden angezeigt, um die Auswirkungen der Imputation auf die Datenverteilung zu verstehen.

13. Aufräumen:

- Die Spark-Session wird gestoppt, um Ressourcen freizugeben.

Dieses Beispiel zeigt einen umfassenden Ansatz zum Umgang mit fehlenden Daten in Spark. Es deckt sowohl numerische als auch kategoriale Imputation ab und beinhaltet essenzielle Schritte des Feature Engineerings, die in realen Szenarien häufig vorkommen. Der Code demonstriert Sparks Stärke bei der Verwaltung komplexer Datenvorverarbeitungsaufgaben in verteilten Systemen und unterstreicht seine Eignung für groß angelegte Datenimputation und -vorbereitung.

4.2.4 Wichtige Erkenntnisse

- **Optimierung für Skalierung**: Bei großen Datensätzen bieten einfache Imputationstechniken wie Mittelwert- oder Medianfüllung oft eine ideale Balance zwischen Recheneffizienz und Genauigkeit. Diese Methoden sind schnell umzusetzen und können große Datenmengen ohne übermäßige Rechenkosten bewältigen. Es ist jedoch wichtig zu beachten, dass diese Methoden zwar effizient sind, aber möglicherweise keine komplexen Beziehungen innerhalb der Daten erfassen.

- **Hohe Fehlerrate**: Spalten mit einem hohen Anteil fehlender Werte (z. B. über 50 %) stellen eine erhebliche Herausforderung dar. Die Entscheidung, solche Spalten zu entfernen oder zu imputieren, sollte sorgfältig getroffen werden, wobei ihre Bedeutung für die Analyse berücksichtigt werden muss. Ist eine Spalte entscheidend für die Forschungsfrage, könnten fortgeschrittene Imputationstechniken wie Multiple Imputation oder auf maschinellem Lernen basierende Methoden erforderlich sein. Wenn die Spalte jedoch weniger wichtig ist, könnte das Entfernen die sinnvollste Wahl sein, um Verzerrungen oder Rauschen in der Analyse zu vermeiden.

- **Verteiltes Rechnen**: Tools wie **Dask** und **Apache Spark** ermöglichen eine skalierbare Imputation und eine effiziente Verarbeitung großer Datensätze. Diese Frameworks verteilen die Rechenlast auf mehrere Maschinen oder Kerne, was die Verarbeitungszeit erheblich reduziert. Dask kann beispielsweise bestehenden Python-Code nahtlos skalieren, um mit Daten zu arbeiten, die größer als der Arbeitsspeicher einer einzelnen Maschine sind, während Sparks MLlib robuste, verteilte Implementierungen verschiedener Imputationsalgorithmen bereitstellt.

Der Umgang mit fehlenden Daten in großen Datensätzen erfordert ein sorgfältiges Gleichgewicht zwischen Genauigkeit und Effizienz. Durch die gezielte Auswahl und Optimierung von Imputationstechniken sowie die Nutzung verteilter Rechenressourcen können fehlende Daten effektiv behandelt werden, ohne die Ressourcen des Systems zu überlasten. Dieser Ansatz gewährleistet nicht nur die Integrität der Analyse, sondern ermöglicht es auch, mit Datensätzen zu arbeiten, die auf einer einzelnen Maschine unhandlich wären.

Darüber hinaus ist es bei der Arbeit mit Big Data entscheidend, die gesamte Datenpipeline zu berücksichtigen. Die Imputation sollte nahtlos in den Datenverarbeitungsworkflow integriert werden, um sicherzustellen, dass sie konsistent auf Trainings- und Testdatensätze angewendet werden kann. Diese Integration hilft, die Validität von Modellen und Analysen über verschiedene Datensubsets und Zeiträume hinweg aufrechtzuerhalten.

Schließlich ist es wichtig, die Imputationsstrategie sorgfältig zu dokumentieren und zu validieren. Dazu gehört die Nachverfolgung, welche Werte imputiert wurden, welche Methoden verwendet wurden und welche Annahmen während des Prozesses getroffen wurden. Regelmäßige Bewertungen der Auswirkungen der Imputationsentscheidungen auf nachgelagerte Analysen helfen, die Robustheit und Zuverlässigkeit der Ergebnisse sicherzustellen, auch wenn mit großen Datensätzen gearbeitet wird, die erhebliche fehlende Daten enthalten.

4.3 Praktische Übungen zu Kapitel 4

Nachdem Sie Kapitel 4 abgeschlossen haben, ist es Zeit, das Gelernte durch praktische Übungen anzuwenden. Diese Übungen konzentrieren sich auf den Umgang mit fehlenden Daten in verschiedenen Kontexten, wobei sowohl einfache als auch fortgeschrittene Techniken verwendet werden. Die Übungen helfen Ihnen, die Konzepte von KNN-Imputation, MICE, den Umgang mit fehlenden Daten in großen Datensätzen und verteilte Imputationstechniken zu festigen.

Übung 1: KNN-Imputation

Sie erhalten einen Datensatz mit Informationen über Mitarbeiter, einschließlich ihres **Alters**, **Gehalts** und ihrer **Berufserfahrung**. Der Datensatz enthält einige fehlende Werte. Ihre Aufgabe ist es:

Verwenden Sie **KNN-Imputation**, um die fehlenden Werte im Datensatz zu füllen.

Lösung:

```python
import numpy as np
import pandas as pd
from sklearn.impute import KNNImputer

# Sample data with missing values
data = {'Age': [25, np.nan, 22, 35, np.nan],
        'Salary': [50000, 60000, 52000, np.nan, 58000],
        'Experience': [2, 4, 1, np.nan, 3]}

df = pd.DataFrame(data)

# Initialize the KNN Imputer with k=2
knn_imputer = KNNImputer(n_neighbors=2)
```

```
# Apply KNN imputation
df_imputed = pd.DataFrame(knn_imputer.fit_transform(df), columns=df.columns)

# View the imputed dataframe
print(df_imputed)
```

Übung 2: MICE-Imputation

Sie arbeiten mit einem Datensatz, der fehlende Werte in mehreren Spalten enthält. Der Datensatz umfasst **Alter**, **Gehalt** und **Berufserfahrung**. Ihre Aufgabe ist es:

Verwenden Sie **MICE (Multivariate Imputation by Chained Equations)**, um die fehlenden Werte zu imputieren.

Lösung:

```
from    sklearn.experimental    import    enable_iterative_imputer    #    To    enable
IterativeImputer
from sklearn.impute import IterativeImputer
import pandas as pd

# Sample data with missing values
data = {'Age': [25, np.nan, 22, 35, np.nan],
        'Salary': [50000, 60000, 52000, np.nan, 58000],
        'Experience': [2, 4, 1, np.nan, 3]}

df = pd.DataFrame(data)

# Initialize the MICE imputer
mice_imputer = IterativeImputer()

# Apply MICE imputation
df_mice_imputed = pd.DataFrame(mice_imputer.fit_transform(df), columns=df.columns)

# View the imputed dataframe
print(df_mice_imputed)
```

Übung 3: Entfernen von Spalten mit hoher Fehlerrate

Sie arbeiten mit einem großen Datensatz, der mehrere Spalten mit unterschiedlichen Anteilen fehlender Werte enthält. Ihre Aufgabe ist es:

Entfernen Sie alle Spalten, bei denen mehr als 50 % der Werte fehlen.

Lösung:

```
import pandas as pd
import numpy as np

# Sample large dataset with missing values
data = {'Age': [25, np.nan, 22, 35, np.nan],
```

```
            'Salary': [50000, np.nan, 52000, np.nan, 58000],
            'Experience': [2, 4, 1, np.nan, 3],
            'JobTitle': [np.nan, np.nan, 'Engineer', 'Analyst', 'Manager']}

df = pd.DataFrame(data)

# Calculate the proportion of missing values in each column
missing_proportion = df.isnull().mean()

# Drop columns with more than 50% missing values
df_cleaned = df.drop(columns=missing_proportion[missing_proportion > 0.5].index)

# View the cleaned dataframe
print(df_cleaned)
```

Übung 4: Einfache Imputation für große Datensätze

Sie haben einen großen Datensatz mit numerischen Merkmalen, darunter **Alter**, **Gehalt** und **Berufserfahrung**. Der Datensatz enthält einige fehlende Werte, aber Sie möchten einfache Imputation verwenden, um die fehlenden Werte effizient zu füllen. Ihre Aufgabe ist es:

Wenden Sie **SimpleImputer** an, um fehlende Werte mit dem Mittelwert jeder Spalte zu füllen.

Lösung:

```
import pandas as pd
from sklearn.impute import SimpleImputer

# Sample large dataset with missing values
data = {'Age': [25, None, 22, 35, None] * 200000,
        'Salary': [50000, 60000, None, 80000, 58000] * 200000,
        'Experience': [2, 4, 1, None, 3] * 200000}

df_large = pd.DataFrame(data)

# Use SimpleImputer to impute missing values for numeric columns
simple_imputer = SimpleImputer(strategy='mean')
df_large_imputed          =          pd.DataFrame(simple_imputer.fit_transform(df_large),
columns=df_large.columns)

# View the first few rows of the imputed dataframe
print(df_large_imputed.head())
```

Übung 5: Verteilte Imputation mit Dask

Sie arbeiten mit einem extrem großen Datensatz, der fehlende Werte in mehreren Spalten enthält. Um die fehlenden Daten effizient zu behandeln, entscheiden Sie sich, **Dask** zu verwenden, um die Berechnung zu verteilen. Ihre Aufgabe ist es:

Konvertieren Sie den Datensatz in ein Dask-DataFrame und verwenden Sie **SimpleImputer**, um die fehlenden Werte zu imputieren.

Lösung:

```python
import dask.dataframe as dd
from sklearn.impute import SimpleImputer
import pandas as pd

# Sample large dataset with missing values
data = {'Age': [25, None, 22, 35, None] * 200000,
        'Salary': [50000, 60000, None, 80000, 58000] * 200000,
        'Experience': [2, 4, 1, None, 3] * 200000}

df_large = pd.DataFrame(data)

# Convert the Pandas dataframe to a Dask dataframe
df_dask = dd.from_pandas(df_large, npartitions=10)

# Define a SimpleImputer
simple_imputer = SimpleImputer(strategy='mean')

# Apply the imputer on the Dask dataframe
df_dask_imputed           =            df_dask.map_partitions(lambda          df:
pd.DataFrame(simple_imputer.fit_transform(df), columns=df.columns))

# Compute the result
df_dask_imputed = df_dask_imputed.compute()

# View the first few rows of the imputed dataframe
print(df_dask_imputed.head())
```

Diese praktischen Übungen geben Ihnen praktische Erfahrungen mit verschiedenen Techniken zum Umgang mit fehlenden Daten, von grundlegenden Imputationsmethoden bis hin zu fortgeschrittener verteilter Verarbeitung. Durch das Üben dieser Techniken können Sie fehlende Daten in kleinen und großen Datensätzen effektiv behandeln und sicherstellen, dass Ihre Modelle genau und robust bleiben. Üben Sie weiter und erkunden Sie diese Methoden, während Sie mit verschiedenen Datensätzen arbeiten!

4.4 Was könnte schiefgehen?

Der Umgang mit fehlenden Daten ist ein kritischer Schritt in der Datenvorverarbeitung, aber es gibt mehrere potenzielle Fallstricke, die die Effektivität Ihrer Modelle beeinträchtigen können, wenn sie nicht sorgfältig behandelt werden. In diesem Abschnitt besprechen wir häufige Probleme, die während des Imputationsprozesses auftreten können, und bieten Strategien zur Risikominderung.

4.4.1 Einführung von Verzerrungen durch unsachgemäße Imputation

Beim Imputieren fehlender Werte besteht immer das Risiko, Verzerrungen einzuführen, insbesondere wenn unangemessene Imputationstechniken verwendet werden. Zum Beispiel kann das Füllen fehlender Werte mit dem Mittelwert oder Median die Datenverteilung verzerren, insbesondere wenn die fehlenden Werte nicht zufällig verteilt sind.

Was könnte schiefgehen?

- Die Imputation mit Mittelwert oder Median kann die Verteilung abflachen, wichtige Varianzen verschleiern und zu suboptimaler Modellleistung führen.

- Die Imputation kategorialer Variablen ohne Berücksichtigung ihrer Beziehung zu anderen Merkmalen kann den Datensatz verfälschen und zu verzerrten Vorhersagen führen.

Lösung:

- Verwenden Sie fortgeschrittenere Imputationstechniken wie **KNN** oder **MICE**, die Beziehungen zwischen Merkmalen berücksichtigen und genauere Imputationen liefern können.

- Analysieren Sie das Muster der Fehlerrate, bevor Sie eine Imputationsstrategie wählen, um sicherzustellen, dass die gewählte Methode zur Datenverteilung passt.

4.4.2 Overfitting durch Imputation im Testdatensatz

Ein häufiger Fehler ist die Anwendung von Imputation auf den Trainings- und Testdatensatz gleichzeitig. Wenn Sie den gesamten Datensatz vor der Aufteilung auf Imputation anwenden, kann Ihr Modell „lernen" aus Daten im Testdatensatz, was zu Overfitting führt.

Was könnte schiefgehen?

- Die Imputation fehlender Werte mit dem gesamten Datensatz kann Informationslecks einführen, bei denen das Modell während des Trainings aus Testdaten lernt. Dies führt zu einer überoptimistischen Bewertung der Modellleistung.

- Ihr Modell könnte auf dem Testdatensatz gut abschneiden, aber bei neuen, unbekannten Daten versagen.

Lösung:

- Teilen Sie den Datensatz immer **vor** der Imputation in Trainings- und Testdatensatz auf. Wenden Sie die Imputationsstrategie nur auf den Trainingsdatensatz an und verwenden Sie die erlernten Muster, um fehlende Werte im Testdatensatz zu imputieren.

4.4.3 Zu viele Daten entfernen

Wenn ein Datensatz einen großen Anteil fehlender Werte enthält, könnte es verlockend sein, alle Zeilen oder Spalten mit fehlenden Daten zu entfernen. Dies kann jedoch zum Verlust wertvoller Informationen führen, insbesondere wenn die fehlenden Werte nicht zufällig verteilt sind.

Was könnte schiefgehen?

- Das Entfernen von Zeilen oder Spalten mit fehlenden Daten kann zu verzerrten Modellen führen, wenn die Fehlerrate systematisch ist (z. B. häufiger in bestimmten Gruppen oder unter bestimmten Bedingungen).

- Wenn zu viele Zeilen oder Spalten entfernt werden, könnte der Datensatz zu klein werden, um ein zuverlässiges Modell zu erstellen.

Lösung:

- Analysieren Sie vor dem Entfernen von Daten sorgfältig das Muster der Fehlerrate. Wenn die fehlenden Werte zufällig (Missing Completely at Random, MCAR) sind, könnte das Entfernen einiger Daten akzeptabel sein.

- Für Spalten mit hoher Fehlerrate, die jedoch wesentliche Informationen enthalten, sollten fortgeschrittene Imputationstechniken (z. B. **MICE**) oder domänenspezifisches Wissen in Betracht gezogen werden, um die fehlenden Informationen wiederherzustellen.

4.4.4 Fehlinterpretation zeitbasierter Daten

Beim Arbeiten mit großen Datensätzen, die zeitbasierte Merkmale enthalten, kann eine falsche Imputation fehlender Werte zu zeitlichen Inkonsistenzen führen. Beispielsweise kann das Imputieren zukünftiger Werte basierend auf vergangenen Daten (oder umgekehrt) Fehler einführen, die die Modellvorhersagen verzerren.

Was könnte schiefgehen?

- Das Imputieren fehlender Werte in einer Zeitreihe ohne Berücksichtigung der zeitlichen Abfolge kann dazu führen, dass Modelle Informationen aus der Zukunft verwenden, um vergangene Ereignisse vorherzusagen, was zu ungenauen Ergebnissen führt.

- Die Verwendung von Mittelwert- oder Forward-Fill-Imputation bei zeitbasierten Merkmalen kann zu unrealistischen Mustern führen, die den natürlichen Zeitverlauf nicht widerspiegeln.

Lösung:

- Verwenden Sie für Zeitreihendaten Methoden wie **Zeitreiheninterpolation** oder **gleitende Durchschnitte**, um sicherzustellen, dass die zeitliche Abfolge während der Imputation erhalten bleibt.

- Für fehlende Werte in zukünftigen Daten sollten nur vergangene Datenpunkte zur Imputation verwendet werden, um Informationslecks zu vermeiden.

4.4.5 Rechnerische Komplexität bei großen Datensätzen

Beim Arbeiten mit sehr großen Datensätzen können einige fortgeschrittene Imputationstechniken (wie **KNN** oder **MICE**) rechnerisch teuer und langsam werden. Dies kann es erschweren, große Datensätze effektiv zu handhaben, insbesondere wenn mehrere Modelle iterativ getestet werden müssen.

Was könnte schiefgehen?

- **KNN-Imputation** skaliert schlecht mit großen Datensätzen, da für jedes Datenpaar Abstände berechnet werden müssen. Dies macht die Methode für Datensätze mit Millionen von Zeilen unpraktisch.

- **MICE-Imputation** kann langsam sein, wenn viele Merkmale fehlende Werte aufweisen, da jedes Merkmal iterativ modelliert werden muss.

Lösung:

- Verwenden Sie für große Datensätze effizientere Techniken wie **SimpleImputer** für die meisten Merkmale und reservieren Sie fortgeschrittene Techniken für eine Teilmenge wichtiger Variablen.

- Nutzen Sie verteilte Rechenframeworks wie **Dask** oder **Apache Spark**, um den Imputationsprozess zu parallelisieren und große Datensätze effizienter zu verarbeiten.

4.4.6 Muster fehlender Werte nicht berücksichtigen

Nicht alle fehlenden Daten sind zufällig. Wenn es ein Muster bei den fehlenden Werten gibt (z. B. fehlen Daten häufiger in bestimmten Gruppen oder unter spezifischen Bedingungen), kann das bloße Imputieren der Daten ohne Untersuchung der Ursachen zu einer schlechten Modellleistung oder verzerrten Ergebnissen führen.

Was könnte schiefgehen?

- Das Ignorieren von Mustern fehlender Daten kann dazu führen, dass Modelle die zugrunde liegende Struktur der Daten nicht erfassen. Zum Beispiel könnte das Imputieren des Durchschnittseinkommens die Modellvorhersagen verzerren, wenn Personen mit hohem Einkommen seltener ihr Einkommen angeben.

- Wenn die Fehlerrate mit der Zielvariablen zusammenhängt, kann das unsachgemäße Behandeln dieser Werte Verzerrungen in Ihr Modell einführen.

Lösung:

- Analysieren Sie vor der Anwendung von Imputation die Natur der Fehlerrate (**Missing at Random (MAR)**, **Missing Not at Random (MNAR)** oder **Missing Completely at Random (MCAR)**).

- Verwenden Sie bei MAR und MNAR **multiple Imputationen** oder nutzen Sie domänenspezifisches Wissen, um fundierte Entscheidungen zum Umgang mit fehlenden Daten zu treffen.

Der Umgang mit fehlenden Daten ist ein heikler Prozess, und viele Dinge können schiefgehen, wenn nicht die richtigen Strategien angewendet werden. Ob es sich um die Einführung von Verzerrungen durch unsachgemäße Imputation, Overfitting durch Informationslecks im Testdatensatz oder das Entfernen zu vieler Daten handelt – jeder Schritt erfordert sorgfältige Überlegung.

Durch das Verständnis dieser potenziellen Fallstricke und die Anwendung geeigneter Lösungen können Sie sicherstellen, dass Ihr Modell auf einer soliden Grundlage aufbaut und fehlende Daten so behandelt werden, dass die Integrität Ihrer Analyse erhalten bleibt.

Zusammenfassung von Kapitel 4

Im maschinellen Lernen und in der Datenanalyse ist der Umgang mit fehlenden Daten einer der kritischsten Schritte in der Vorverarbeitungspipeline. Reale Datensätze enthalten oft fehlende Werte aufgrund verschiedener Faktoren wie unvollständiger Dateneingabe, Fehler bei der Datenerfassung oder Systembeschränkungen. Wie Sie mit fehlenden Daten umgehen, kann einen erheblichen Einfluss auf die Genauigkeit, Generalisierbarkeit und Gesamtleistung Ihres Modells haben. In diesem Kapitel haben wir verschiedene Techniken zur Behandlung fehlender Daten untersucht, von einfachen Methoden bis hin zu fortgeschrittenen Imputationstechniken, mit einem Schwerpunkt darauf, diese Methoden für große Datensätze zu skalieren.

Wir haben mit einer Diskussion über **fortgeschrittene Imputationstechniken** begonnen, die einen raffinierteren Ansatz zum Auffüllen fehlender Werte bieten als grundlegende Methoden wie Mittelwert- oder Medianimputation. **K-Nearest Neighbors (KNN) Imputation** ist besonders effektiv für Datensätze, bei denen starke Beziehungen zwischen Merkmalen bestehen, da sie fehlende Werte basierend auf ähnlichen Zeilen imputiert. **MICE (Multivariate Imputation by Chained Equations)** ist eine leistungsstarke iterative Technik, die jedes fehlende Merkmal als Funktion der anderen Merkmale im Datensatz modelliert und so komplexe Interaktionen im Imputationsprozess erfasst. Wir haben auch untersucht, wie maschinelle Lernmodelle wie **Random Forests** verwendet werden können, um fehlende Werte vorherzusagen und zu imputieren, was Flexibilität für nichtlineare Beziehungen bietet.

Anschließend haben wir uns darauf konzentriert, wie man mit fehlenden Daten in **großen Datensätzen** umgeht, die zusätzliche Herausforderungen aufgrund der Größe und Komplexität der Daten mit sich bringen. Imputationstechniken wie KNN und MICE können rechnerisch teuer werden, wenn mit Millionen von Zeilen oder Hunderten von Merkmalen gearbeitet wird. Für diese Fälle haben wir effizientere Alternativen wie **einfache Imputation** untersucht, die besser skalierbar ist, aber ein Gleichgewicht zwischen Einfachheit und Genauigkeit bietet. Wir haben auch besprochen, wie mit Spalten mit hoher Fehlerrate umzugehen ist, die möglicherweise entfernt oder fortschrittlicher Strategien wie gezielte Imputationen erfordern. Zusätzlich haben wir verteilte Rechenframeworks wie **Dask** und **Apache Spark** vorgestellt, die eine Imputation im großen Maßstab ermöglichen und den Prozess parallelisieren, um große Datensätze effizienter zu bearbeiten.

Im Abschnitt **„Was könnte schiefgehen?"** haben wir häufige Fallstricke beim Umgang mit fehlenden Daten hervorgehoben, wie das Einführen von Verzerrungen durch unsachgemäße Imputation oder Overfitting durch die Durchführung von Imputation auf dem gesamten Datensatz vor der Aufteilung in Trainings- und Testdatensätze. Wir haben auch die Risiken rechnerischer Ineffizienz beim Einsatz komplexer Methoden für große Datensätze und die Bedeutung des Verständnisses der Muster fehlender Werte vor der Anwendung von Imputationstechniken besprochen.

Die wichtigste Erkenntnis aus diesem Kapitel ist, dass der Umgang mit fehlenden Daten einen durchdachten Ansatz erfordert, der die Notwendigkeit einer genauen Imputation mit den rechnerischen Einschränkungen großer Datensätze in Einklang bringt. Durch die sorgfältige Auswahl geeigneter Imputationstechniken und deren Anwendung können Sie sicherstellen, dass Ihre Modelle gut abschneiden und robust gegenüber den Unvollkommenheiten realer Daten sind. Im nächsten Kapitel werden wir fortgeschrittene Feature-Engineering-Techniken untersuchen, die Ihre Modelle weiter verbessern werden.

Kapitel 5: Transformation und Skalierung von Merkmalen

Die Transformation und Skalierung von Merkmalen sind entscheidende vorbereitende Schritte in der Machine-Learning-Pipeline und spielen eine zentrale Rolle bei der Optimierung der Modellleistung. Diese Prozesse sind unerlässlich, um sicherzustellen, dass die Eingangsdaten in einem idealen Format vorliegen, damit verschiedene Algorithmen effektiv arbeiten können. Die Bedeutung dieser Schritte kann nicht hoch genug eingeschätzt werden, da sie direkt beeinflussen, wie Machine-Learning-Modelle die präsentierten Informationen interpretieren und verarbeiten.

Für viele Machine-Learning-Algorithmen können der Maßstab und die Verteilung der Eingangsdaten die Leistung und Genauigkeit erheblich beeinflussen. Ohne ordnungsgemäße Transformation und Skalierung könnten bestimmte Merkmale allein aufgrund ihres größeren Zahlenbereichs unbeabsichtigt den Lernprozess des Modells dominieren, anstatt aufgrund ihrer tatsächlichen Bedeutung für das zu lösende Problem. Dies kann zu suboptimaler Modellleistung und möglicherweise irreführenden Ergebnissen führen.

Um diesen Herausforderungen zu begegnen, setzen Data Scientists verschiedene Transformationen wie Skalierung, Normalisierung und Standardisierung ein. Diese Techniken dienen dazu, die Merkmale auf eine vergleichbare Ebene zu bringen und sicherzustellen, dass jedes Attribut vom Modell angemessen berücksichtigt wird. Durch die Anwendung dieser Transformationen können Szenarien vermieden werden, in denen Merkmale mit größeren Zahlenwerten gleich wichtige Merkmale mit kleineren Skalen in den Schatten stellen. Dieses Kapitel beleuchtet die Bedeutung der Transformation und Skalierung von Merkmalen im Machine-Learning-Workflow eingehend. Es bietet umfassende Anleitungen zu Best Practices für die effektive Implementierung dieser Techniken, damit Sie die Leistung und Zuverlässigkeit Ihrer Modelle verbessern können.

5.1 Skalierung und Normalisierung: Best Practices

Skalierung und **Normalisierung** sind zwei grundlegende Techniken der Datenvorverarbeitung, die sicherstellen, dass Merkmale auf einer vergleichbaren Skala liegen und von Machine-Learning-Modellen korrekt interpretiert werden. Diese Methoden sind entscheidend, um die

Modellleistung zu optimieren und eine Verzerrung zugunsten von Merkmalen mit größeren Zahlenbereichen zu verhindern.

Die Skalierung passt den Bereich der Merkmalswerte an, typischerweise auf ein festes Intervall wie 0 bis 1. Dieser Prozess ist besonders vorteilhaft für Algorithmen, die empfindlich auf die Größe der Merkmale reagieren, wie k-Nearest Neighbors (KNN) und Support Vector Machines (SVM). Durch die Skalierung wird sichergestellt, dass alle Merkmale proportional zur Entscheidungsfindung des Modells beitragen.

Die Normalisierung hingegen transformiert die Daten so, dass sie einen Mittelwert von 0 und eine Standardabweichung von 1 aufweisen. Diese Technik ist besonders nützlich für Algorithmen, die eine Normalverteilung der Daten annehmen, wie lineare Regression und Hauptkomponentenanalyse (PCA). Die Normalisierung stabilisiert die Konvergenz von Gewichtungsparametern in neuronalen Netzen und kann die Genauigkeit von Modellen verbessern, die auf den statistischen Eigenschaften der Daten basieren.

Die Notwendigkeit dieser Techniken ergibt sich aus der Vielfalt realer Datensätze, bei denen Merkmale oft unterschiedliche Skalen und Verteilungen aufweisen. Ohne ordnungsgemäße Skalierung oder Normalisierung könnten Modelle die Bedeutung von Merkmalen allein auf Grundlage ihrer numerischen Größe und nicht ihrer tatsächlichen Relevanz für das Problem fehlinterpretieren.

Die effektive Implementierung dieser Techniken erfordert ein tiefes Verständnis des Datensatzes und des gewählten Machine-Learning-Algorithmus. In diesem Abschnitt werden die Feinheiten erläutert, wann und wie Skalierung und Normalisierung angewendet werden sollten. Es werden praktische Anleitungen zur Auswahl der geeignetsten Methode für unterschiedliche Szenarien gegeben und deren Implementierung mit beliebten Bibliotheken wie scikit-learn demonstriert.

5.1.1 Warum Skalierung und Normalisierung wichtig sind

Viele Machine-Learning-Algorithmen reagieren äußerst empfindlich auf die Skala der Eingangsmerkmale, insbesondere solche, die auf Distanzmetriken basieren. Dazu gehören beliebte Algorithmen wie **K-Nearest Neighbors (KNN)**, **Support Vector Machines (SVM)** und **neuronale Netze**. Die Empfindlichkeit gegenüber der Skala kann zu verzerrten Modellleistungen führen, wenn sie nicht ordnungsgemäß berücksichtigt wird.

Um dies zu veranschaulichen, betrachten wir einen Datensatz mit zwei Merkmalen: Einkommen und Alter. Wenn das Einkommen von 10.000 bis 100.000 reicht, während das Alter von 20 bis 80 variiert, könnte der Algorithmus dem Einkommen aufgrund seines größeren Zahlenbereichs unbeabsichtigt mehr Bedeutung beimessen. Dies könnte zu verzerrten Vorhersagen führen, die die tatsächliche Beziehung zwischen diesen Merkmalen und der Zielvariablen nicht korrekt widerspiegeln.

Die Auswirkungen der Merkmalskalierung gehen über distanzbasierte Algorithmen hinaus. Optimierungsalgorithmen wie **Gradient Descent**, die grundlegend für das Training neuronaler

Netze und linearer Regressionsmodelle sind, profitieren ebenfalls erheblich von ordnungsgemäß skalierten Merkmalen. Wenn Merkmale auf einer ähnlichen Skala liegen, konvergieren diese Algorithmen schneller und effizienter.

Ohne ordnungsgemäße Skalierung können Merkmale mit größeren Bereichen den Optimierungsprozess dominieren, was zu einer langsameren Konvergenz und potenziell suboptimalen Lösungen führt. Dies liegt daran, dass der Algorithmus möglicherweise mehr Zeit damit verbringt, die Gewichte für die Merkmale mit größerer Skala anzupassen, selbst wenn diese für die Vorhersageaufgabe nicht unbedingt wichtiger sind.

Das Problem der Merkmalskalierung wird in hochdimensionalen Datensätzen, in denen die Unterschiede in den Merkmalskalen ausgeprägter und vielfältiger sein können, noch kritischer. In solchen Fällen kann der kumulative Effekt unsachgemäß skalierter Merkmale die Modellleistung erheblich beeinträchtigen, was zu schlechter Generalisierung und einer erhöhten Anfälligkeit für Overfitting führt.

Es ist auch erwähnenswert, dass einige Algorithmen wie Entscheidungsbäume und Random Forests weniger empfindlich auf die Merkmalskalierung reagieren. Dennoch kann selbst für diese Algorithmen eine ordnungsgemäße Skalierung die Interpretierbarkeit und die Analyse der Merkmalswichtigkeit verbessern. Daher ist das Verständnis, wann und wie Skalierungstechniken angewendet werden sollten, eine entscheidende Fähigkeit für jeden Data Scientist oder Machine-Learning-Praktiker.

5.1.2 Skalierung vs. Normalisierung: Was ist der Unterschied?

Skalierung und **Normalisierung** sind zwei grundlegende Techniken in der Datenvorverarbeitung, um Merkmale für Machine-Learning-Modelle vorzubereiten. Obwohl sie oft synonym verwendet werden, verfolgen sie unterschiedliche Zwecke:

Skalierung

Die Skalierung ist eine grundlegende Technik der Datenvorverarbeitung, die den Bereich der Merkmalswerte anpasst, typischerweise auf ein spezifisches Intervall wie 0 bis 1. Dieser Prozess erfüllt mehrere wichtige Zwecke im Machine Learning:

1. **Proportionaler Beitrag der Merkmale**: Durch die Skalierung der Merkmale auf einen gemeinsamen Bereich wird sichergestellt, dass alle Merkmale proportional zum Modell beitragen. Dies ist entscheidend, da Merkmale mit größeren Zahlenbereichen sonst diejenigen mit kleineren Bereichen dominieren und zu verzerrten Modellleistungen führen könnten.

2. **Algorithmuskompatibilität**: Die Skalierung ist besonders vorteilhaft für Algorithmen, die empfindlich auf die Größenordnung der Merkmale reagieren. Beispielsweise hängen k-Nearest Neighbors (KNN) und Support Vector Machines (SVM) stark von Abstandsberechnungen zwischen Datenpunkten ab. Ohne Skalierung hätten

Merkmale mit größeren Bereichen einen unverhältnismäßig großen Einfluss auf diese Abstände.

3. **Konvergenzgeschwindigkeit**: Für gradientenbasierte Algorithmen wie diejenigen, die in neuronalen Netzen verwendet werden, kann die Skalierung die Konvergenzgeschwindigkeit während des Trainingsprozesses erheblich verbessern. Wenn Merkmale auf ähnlichen Skalen liegen, wird die Optimierungslandschaft gleichmäßiger, was zu schnellerer und stabilerer Konvergenz führt.

4. **Interpretierbarkeit**: Skalierte Merkmale können leichter interpretiert und verglichen werden, da sie alle im selben Bereich liegen. Dies kann besonders nützlich sein, wenn die Bedeutung von Merkmalen analysiert oder Daten visualisiert werden.

5. **Numerische Stabilität**: Einige Algorithmen können bei Merkmalen mit stark unterschiedlichen Skalen numerische Instabilität oder Überlaufprobleme aufweisen. Die Skalierung hilft, diese Probleme zu mindern, indem sie alle Merkmale auf einen gemeinsamen Bereich bringt.

Es ist wichtig zu beachten, dass die Skalierung für viele Algorithmen entscheidend ist, während einige, wie Entscheidungsbäume, von Natur aus invariant gegenüber der Merkmalskalierung sind. Dennoch kann die Skalierung selbst in diesen Fällen für die Interpretierbarkeit und Konsistenz zwischen verschiedenen Modellen in einem Ensemble vorteilhaft sein.

Normalisierung

Die Normalisierung, im Kontext der Merkmalsvorverarbeitung, ist eine leistungsstarke Technik, die die Daten so transformiert, dass sie einen Mittelwert von 0 und eine Standardabweichung von 1 aufweisen. Dieser Prozess, auch als Standardisierung oder z-Score-Normalisierung bekannt, ist besonders wertvoll für Algorithmen, die eine Normalverteilung der Daten voraussetzen.

Das Hauptziel der Normalisierung ist es, alle Merkmale auf eine gemeinsame Skala zu bringen, ohne Unterschiede in den Wertebereichen zu verzerren. Dies ist besonders entscheidend für Algorithmen wie lineare Regression, logistische Regression und Hauptkomponentenanalyse (PCA), die stark auf den statistischen Eigenschaften der Daten basieren.

Ein wesentlicher Vorteil der Normalisierung ist ihre Fähigkeit, die Konvergenz der Gewichtungsparameter in neuronalen Netzen zu stabilisieren. Indem sichergestellt wird, dass alle Merkmale auf einer ähnlichen Skala liegen, verhindert die Normalisierung, dass bestimmte Merkmale den Lernprozess allein aufgrund ihrer größeren Größe dominieren. Dies führt zu einem schnelleren und effizienteren Training von neuronalen Netzen.

Darüber hinaus kann die Normalisierung die Genauigkeit von Modellen erheblich verbessern, die von den statistischen Eigenschaften der Daten abhängen. Zum Beispiel stellen normalisierte Merkmale in Clustering-Algorithmen wie K-Means sicher, dass jedes Merkmal gleichermaßen zu den Abstandsberechnungen beiträgt, was zu sinnvolleren Clusterbildungen führt.

Die Normalisierung ist besonders nützlich, wenn mit Merkmalen gearbeitet wird, die unterschiedliche Maßeinheiten haben. Beispielsweise würde in einem Datensatz, der sowohl Alter (gemessen in Jahren) als auch Einkommen (gemessen in Dollar) enthält, die Normalisierung diese unterschiedlichen Skalen in Einklang bringen und es dem Modell ermöglichen, sie gleichberechtigt zu behandeln.

Es ist jedoch wichtig zu beachten, dass die Normalisierung zwar leistungsstark ist, aber nicht immer die beste Wahl für jede Situation darstellt. Beispielsweise könnten bei Datensätzen mit signifikanten Ausreißern andere Skalierungstechniken wie die robuste Skalierung besser geeignet sein. Wie bei allen Vorverarbeitungstechniken sollte die Entscheidung, ob Normalisierung verwendet wird, auf einem gründlichen Verständnis Ihrer Daten und den Anforderungen des gewählten Algorithmus basieren.

Beide Techniken spielen eine entscheidende Rolle bei der Optimierung der Modellleistung, aber ihre Anwendung hängt von den spezifischen Anforderungen des Algorithmus und der Natur des Datensatzes ab. Lassen Sie uns die Best Practices für die effektive Implementierung dieser Techniken weiter erkunden:

5.1.3 Min-Max-Skalierung (Normalisierung)

Die Min-Max-Skalierung, auch als **Normalisierung** bekannt, ist eine wichtige Vorverarbeitungstechnik, die die Werte von Merkmalen auf einen festen Bereich, typischerweise zwischen 0 und 1, umskaliert. Diese Methode ist besonders wertvoll, wenn mit Algorithmen gearbeitet wird, die empfindlich auf die Skala und Verteilung der Eingangsmerkmale reagieren, wie neuronale Netze, k-Nearest Neighbors (KNN) und Support Vector Machines (SVM).

Der Hauptvorteil der Min-Max-Skalierung liegt in ihrer Fähigkeit, eine einheitliche Skala für alle Merkmale zu schaffen, wodurch die Dominanz von Merkmalen mit größeren Zahlenbereichen effektiv eliminiert wird. Dies ist besonders wichtig in Datensätzen, in denen die Merkmale stark unterschiedliche Bereiche aufweisen, da sichergestellt wird, dass jedes Merkmal proportional zum Entscheidungsprozess des Modells beiträgt.

Betrachten Sie beispielsweise einen Datensatz, der sowohl Alter (im Bereich von 0 bis 100) als auch Einkommen (im Bereich von 0 bis Millionen) enthält. Ohne Skalierung würde das Merkmal Einkommen aufgrund seines größeren Zahlenbereichs wahrscheinlich das Merkmal Alter in den Schatten stellen. Die Min-Max-Skalierung löst dieses Problem, indem beide Merkmale in den Bereich 0-1 gebracht werden, sodass das Modell sie gleichberechtigt behandeln kann.

Darüber hinaus bewahrt die Min-Max-Skalierung Nullwerte und erhält die ursprüngliche Verteilung der Daten, was für spärliche Datensätze oder wenn die relativen Unterschiede zwischen Werten wichtig sind, von Vorteil sein kann. Diese Eigenschaft macht sie besonders nützlich in Empfehlungssystemen und bei Bildverarbeitungsaufgaben.

Es ist jedoch wichtig zu beachten, dass die Min-Max-Skalierung empfindlich auf Ausreißer reagiert. Extreme Werte im Datensatz können die skalierten Werte anderer Instanzen komprimieren und dadurch die Effektivität der Skalierung potenziell verringern. In solchen Fällen könnten alternative Methoden wie robuste Skalierung oder Winsorisierung besser geeignet sein.

Formel:

Die Formel für die Min-Max-Skalierung lautet:

$$X_{scaled} = \frac{X - X_{min}}{X_{max} - X_{min}}$$

Wo X das ursprüngliche Merkmal ist, X_{min} der minimale Wert des Merkmals und X_{max} der maximale Wert des Merkmals.

Codebeispiel: Min-Max-Skalierung

```python
import pandas as pd
import numpy as np
from sklearn.preprocessing import MinMaxScaler
import matplotlib.pyplot as plt

# Sample data
np.random.seed(42)
data = {
    'Age': np.random.randint(18, 80, 100),
    'Income': np.random.randint(20000, 150000, 100),
    'Years_Experience': np.random.randint(0, 40, 100)
}

# Create DataFrame
df = pd.DataFrame(data)

# Display first few rows and statistics of original data
print("Original Data:")
print(df.head())
print("\\nOriginal Data Statistics:")
print(df.describe())

# Initialize the Min-Max Scaler
scaler = MinMaxScaler()

# Apply the scaler to the dataframe
df_scaled = pd.DataFrame(scaler.fit_transform(df), columns=df.columns)

# Display first few rows and statistics of scaled data
print("\\nScaled Data:")
print(df_scaled.head())
print("\\nScaled Data Statistics:")
print(df_scaled.describe())

# Visualize the distribution before and after scaling
fig, (ax1, ax2) = plt.subplots(1, 2, figsize=(15, 5))
```

```python
# Before scaling
df.boxplot(ax=ax1)
ax1.set_title('Before Min-Max Scaling')
ax1.set_ylim([0, 160000])

# After scaling
df_scaled.boxplot(ax=ax2)
ax2.set_title('After Min-Max Scaling')
ax2.set_ylim([0, 1])

plt.tight_layout()
plt.show()
```

Dieses Codebeispiel zeigt eine umfassende Anwendung der Min-Max-Skalierung. Lassen Sie uns die wichtigsten Komponenten und deren Funktionen aufschlüsseln:

1. **Datengenerierung**: Wir verwenden numpy, um einen größeren und vielfältigeren Datensatz mit 100 Stichproben und drei Merkmalen zu erstellen: Alter, Einkommen und Berufserfahrung. Dies bietet ein realistischeres Szenario für die Skalierung.

2. **Analyse der Originaldaten**: Wir zeigen die ersten Zeilen der Originaldaten mit df.head() und zusammenfassende Statistiken mit df.describe(). Dies gibt uns einen klaren Überblick über die Daten vor der Skalierung.

3. **Skalierungsprozess**: Der MinMaxScaler wird auf das gesamte DataFrame angewendet, wodurch alle Merkmale gleichzeitig transformiert werden. Dies ist effizienter, als Merkmale einzeln zu skalieren.

4. **Analyse der skalierten Daten**: Ähnlich wie bei den Originaldaten zeigen wir die ersten Zeilen und zusammenfassende Statistiken der skalierten Daten. Dies ermöglicht einen direkten Vergleich der Daten vor und nach der Skalierung.

5. **Visualisierung**: Wir verwenden matplotlib, um Boxplots der Daten vor und nach der Skalierung zu erstellen. Diese visuelle Darstellung zeigt klar, wie die Min-Max-Skalierung die Verteilung der Daten beeinflusst:

   o **Vor der Skalierung**: Der Boxplot zeigt die ursprünglichen Skalen der Merkmale, die stark unterschiedlich sein können (z. B. Alter vs. Einkommen).

   o **Nach der Skalierung**: Alle Merkmale werden in den Bereich [0, 1] skaliert, wodurch ihre Verteilungen direkt vergleichbar werden.

Dieses umfassende Beispiel zeigt nicht nur, wie Min-Max-Skalierung angewendet wird, sondern auch, wie deren Auswirkungen auf die Daten analysiert und visualisiert werden können. Es vermittelt ein klareres Verständnis dafür, warum Skalierung wichtig ist und wie sie die Daten transformiert. Damit ist es ein hervorragendes Lernwerkzeug für die Datenvorverarbeitung im maschinellen Lernen.

5.1.4 Standardisierung (Z-Score-Normalisierung)

Die Standardisierung, auch bekannt als Z-Score-Normalisierung, ist eine weit verbreitete Skalierungstechnik im maschinellen Lernen, die besonders vorteilhaft für Modelle ist, die eine zugrunde liegende Normalverteilung der Daten annehmen. Diese Methode ist insbesondere für Algorithmen wie **lineare Regression**, **logistische Regression** und **Hauptkomponentenanalyse (PCA)** entscheidend, bei denen die statistischen Eigenschaften der Daten eine wichtige Rolle für die Modellleistung spielen.

Der Prozess der Standardisierung transformiert die Daten so, dass sie einen Mittelwert von 0 und eine Standardabweichung von 1 aufweisen und somit eine standardisierte Normalverteilung erzeugen. Diese Transformation ist besonders wertvoll, wenn mit Merkmalen gearbeitet wird, die unterschiedliche Maßeinheiten oder Skalen haben, da sie alle Merkmale in einen vergleichbaren Bereich bringt, ohne Unterschiede in den Wertebereichen zu verzerren.

Ein wesentlicher Vorteil der Standardisierung ist ihre Fähigkeit, Ausreißer effektiver zu handhaben als die Min-Max-Skalierung. Während extreme Werte immer noch den Mittelwert und die Standardabweichung beeinflussen können, ist ihr Einfluss in der Regel weniger gravierend als bei der Min-Max-Skalierung, bei der Ausreißer die skalierten Werte anderer Instanzen erheblich komprimieren können.

Darüber hinaus ist die Standardisierung für viele Machine-Learning-Algorithmen, die auf euklidischen Abständen zwischen Datenpunkten basieren, wie **K-Means-Clustering** und **Support Vector Machines (SVM)**, unerlässlich. Indem sichergestellt wird, dass alle Merkmale gleichermaßen zu den Abstandsberechnungen beitragen, hilft die Standardisierung, zu verhindern, dass Merkmale mit größeren Skalen den Entscheidungsprozess des Modells dominieren.

Es ist jedoch wichtig zu beachten, dass die Standardisierung nicht immer die beste Wahl für jeden Datensatz oder Algorithmus ist. Beispielsweise könnte bei neuronalen Netzen, die Sigmoid-Aktivierungsfunktionen verwenden, die Min-Max-Skalierung auf einen Bereich von [0,1] geeigneter sein. Daher sollte die Wahl zwischen Standardisierung und anderen Skalierungstechniken auf einem gründlichen Verständnis Ihrer Daten und der Anforderungen des gewählten Algorithmus basieren.

Formel:

Die Formel für die Standardisierung (Z-Score-Normalisierung) lautet:

$$X_{standardized} = \frac{X - \mu}{\sigma}$$

Wo X das ursprüngliche Merkmal ist, μ der Mittelwert des Merkmals und σ die Standardabweichung des Merkmals.

Codebeispiel: Standardisierung

```
import pandas as pd
```

```python
import numpy as np
from sklearn.preprocessing import StandardScaler
import matplotlib.pyplot as plt

# Sample data
np.random.seed(42)
data = {
    'Age': np.random.randint(18, 80, 100),
    'Income': np.random.randint(20000, 150000, 100),
    'Years_Experience': np.random.randint(0, 40, 100)
}

# Create DataFrame
df = pd.DataFrame(data)

# Display first few rows and statistics of original data
print("Original Data:")
print(df.head())
print("\\nOriginal Data Statistics:")
print(df.describe())

# Initialize the Standard Scaler
scaler = StandardScaler()

# Apply the scaler to the dataframe
df_standardized = pd.DataFrame(scaler.fit_transform(df), columns=df.columns)

# Display first few rows and statistics of standardized data
print("\\nStandardized Data:")
print(df_standardized.head())
print("\\nStandardized Data Statistics:")
print(df_standardized.describe())

# Visualize the distribution before and after standardization
fig, (ax1, ax2) = plt.subplots(1, 2, figsize=(15, 5))

# Before standardization
df.boxplot(ax=ax1)
ax1.set_title('Before Standardization')

# After standardization
df_standardized.boxplot(ax=ax2)
ax2.set_title('After Standardization')

plt.tight_layout()
plt.show()
```

Dieses Codebeispiel zeigt eine umfassende Anwendung der Standardisierung. Lassen Sie uns die wichtigsten Komponenten und deren Funktionen aufschlüsseln:

1. **Datengenerierung**: Wir verwenden numpy, um einen größeren und vielfältigeren Datensatz mit 100 Stichproben und drei Merkmalen zu erstellen: Alter, Einkommen und Berufserfahrung. Dies bietet ein realistischeres Szenario für die Standardisierung.

2. **Analyse der Originaldaten**: Wir zeigen die ersten Zeilen der Originaldaten mit df.head() und zusammenfassende Statistiken mit df.describe(). Dies gibt uns einen klaren Überblick über die Daten vor der Standardisierung.

3. **Standardisierungsprozess**: Der StandardScaler wird auf das gesamte DataFrame angewendet, wodurch alle Merkmale gleichzeitig transformiert werden. Dies ist effizienter, als Merkmale einzeln zu standardisieren.

4. **Analyse der standardisierten Daten**: Ähnlich wie bei den Originaldaten zeigen wir die ersten Zeilen und zusammenfassende Statistiken der standardisierten Daten. Dies ermöglicht einen direkten Vergleich der Daten vor und nach der Standardisierung.

5. **Visualisierung**: Wir verwenden matplotlib, um Boxplots der Daten vor und nach der Standardisierung zu erstellen. Diese visuelle Darstellung zeigt klar, wie die Standardisierung die Verteilung der Daten beeinflusst:

   o **Vor der Standardisierung**: Der Boxplot zeigt die ursprünglichen Skalen der Merkmale, die stark unterschiedlich sein können (z. B. Alter vs. Einkommen).

   o **Nach der Standardisierung**: Alle Merkmale sind um 0 zentriert und haben eine Standardabweichung von 1, was ihre Verteilungen direkt vergleichbar macht.

Dieses umfassende Beispiel zeigt nicht nur, wie die Standardisierung angewendet wird, sondern auch, wie deren Auswirkungen auf die Daten analysiert und visualisiert werden können. Es vermittelt ein klareres Verständnis dafür, warum die Standardisierung wichtig ist und wie sie Daten transformiert. Damit ist es ein hervorragendes Lernwerkzeug für die Datenvorverarbeitung im maschinellen Lernen.

5.1.5 Wann Min-Max-Skalierung und wann Standardisierung verwenden?

Die Wahl zwischen Min-Max-Skalierung und Standardisierung ist eine wichtige Entscheidung, die von verschiedenen Faktoren abhängt, darunter der spezifische Machine-Learning-Algorithmus und die Eigenschaften des Datensatzes. Werfen wir einen genaueren Blick darauf, wann welche Methode zu verwenden ist:

Min-Max-Skalierung ist besonders effektiv in folgenden Szenarien:

- **Begrenzung der Werte**: Wenn Sie Ihre Daten in einem bestimmten Bereich, typischerweise [0, 1], halten müssen. Dies ist nützlich für Algorithmen, die Eingabemerkmale in einem bestimmten Bereich erfordern, wie neuronale Netze mit Sigmoid-Aktivierungsfunktionen.

- **Größenordnungsabhängige Modelle**: Für Algorithmen, die stark von der Größenordnung der Merkmale abhängen, wie **K-Nearest Neighbors** und **Neuronale Netze**. In diesen Fällen verhindert die Skalierung, dass einige Merkmale andere aufgrund ihres größeren Zahlenbereichs dominieren.

- **Nicht-Gauss'sche Verteilungen**: Wenn Ihre Daten keiner Normalverteilung folgen oder wenn die Verteilung unbekannt ist. Im Gegensatz zur Standardisierung macht die Min-Max-Skalierung keine Annahmen über die Verteilung, was sie vielseitiger für verschiedene Datentypen macht.

- **Bild- und Audiobearbeitung**: Besonders nützlich bei der Verarbeitung von Bildpixelintensitäten oder Audiosignalamplituden. In diesen Bereichen ist die Skalierung auf einen festen Bereich (z. B. [0, 1] für normalisierte Pixelwerte) oft notwendig für konsistente Verarbeitung und Interpretation.

- **Erhaltung von Nullwerten**: Die Min-Max-Skalierung erhält Nullwerte in spärlichen Daten, was in Anwendungen wie Empfehlungssystemen oder Textanalysen, bei denen Null oft das Fehlen eines Merkmals darstellt, entscheidend sein kann.

- **Beibehaltung von Beziehungen**: Sie bewahrt die Beziehungen zwischen den ursprünglichen Datenwerten, was in Szenarien, in denen die relativen Unterschiede zwischen den Werten wichtiger sind als deren absolute Skala, von Bedeutung ist.

Es ist jedoch wichtig zu beachten, dass die Min-Max-Skalierung empfindlich auf Ausreißer reagiert. Extreme Werte in Ihrem Datensatz können die skalierten Werte anderer Instanzen komprimieren, was die Effektivität der Skalierung verringern könnte. In solchen Fällen könnten alternative Methoden wie robuste Skalierung besser geeignet sein.

Standardisierung wird oft bevorzugt, wenn:

- Ihr Algorithmus eine normalverteilte Datenannahme macht oder davon profitiert, was bei **linearen Modellen**, **Support Vector Machines (SVM)** und **Hauptkomponentenanalyse (PCA)** üblich ist. Die Standardisierung transformiert die Daten so, dass sie einen Mittelwert von 0 und eine Standardabweichung von 1 haben, was gut zu den Annahmen dieser Algorithmen passt.

- Ihre Merkmale stark unterschiedliche Skalen oder Einheiten haben. Die Standardisierung bringt alle Merkmale auf eine vergleichbare Skala, wodurch verhindert wird, dass Merkmale mit größeren Größenordnungen den Lernprozess des Modells dominieren.

- Sie Informationen über Ausreißer beibehalten möchten. Im Gegensatz zur Min-Max-Skalierung komprimiert die Standardisierung nicht den Bereich der Daten, sodass Ausreißer ihre relative „Ausreißerrolle" im transformierten Raum beibehalten.

- Sie mit Merkmalen arbeiten, bei denen die Skala wichtige Informationen vermittelt. Die Standardisierung bewahrt die Form der ursprünglichen Verteilung und erhält relative Unterschiede zwischen Datenpunkten.

- Ihr Modell abstandsbasierte Metriken verwendet. Viele Algorithmen wie K-Means-Clustering oder K-Nearest Neighbors basieren auf der Berechnung von Abständen zwischen Datenpunkten. Die Standardisierung stellt sicher, dass alle Merkmale gleichermaßen zu diesen Abstandsberechnungen beitragen.

- Sie mit gradientenbasierten Algorithmen arbeiten. Die Standardisierung kann diesen Algorithmen helfen, schneller zu konvergieren, indem sie eine sphärischere Verteilung der Daten schafft.

Es ist erwähnenswert, dass einige Algorithmen, wie Entscheidungsbäume und Random Forests, skaleninvariant sind und möglicherweise keine Merkmalskalierung erfordern. Skalierung kann jedoch auch für diese Algorithmen in bestimmten Szenarien vorteilhaft sein, beispielsweise wenn sie in Ensemble-Methoden mit anderen skalenempfindlichen Algorithmen verwendet werden.

In der Praxis ist es oft sinnvoll, beide Skalierungsmethoden zu testen und ihre Auswirkungen auf die Modellleistung zu vergleichen. Dieser empirische Ansatz kann Ihnen helfen, die geeignetste Skalierungstechnik für Ihren spezifischen Anwendungsfall zu bestimmen.

5.1.6 Robuster Scaler für Ausreißer

Während die Min-Max-Skalierung und die Standardisierung für viele Modelle nützlich sind, können sie empfindlich auf Ausreißer reagieren. Wenn Ihr Datensatz extreme Ausreißer enthält, kann der **Robuste Scaler** eine bessere Option sein. Er skaliert die Daten basierend auf der **Interquartilsabstand (IQR)**, wodurch er weniger empfindlich gegenüber Ausreißern ist.

Der Robuste Scaler funktioniert, indem er den Median subtrahiert und dann durch den IQR teilt. Dieser Ansatz ist besonders effektiv, da der Median und der IQR weniger von extremen Werten beeinflusst werden als der Mittelwert und die Standardabweichung, die in der Standardisierung verwendet werden. Dadurch kann der Robuste Scaler die relative Wichtigkeit von Merkmalen bewahren und gleichzeitig den Einfluss von Ausreißern minimieren.

Bei der Arbeit mit realen Datensätzen, die oft Rauschen und Anomalien enthalten, kann der Robuste Scaler äußerst wertvoll sein. Er ist besonders nützlich in Bereichen wie Finanzen, wo extreme Ereignisse die Datenverteilungen erheblich verzerren können, oder in der Sensordatenanalyse, wo Messfehler Ausreißer verursachen könnten. Durch die Verwendung des Robusten Scalers können Sie sicherstellen, dass die Leistung Ihres Modells nicht unangemessen von diesen extremen Werten beeinflusst wird, was zu zuverlässigeren und generalisierbaren Ergebnissen führt.

Es ist jedoch wichtig zu beachten, dass der Robuste Scaler zwar hervorragend für den Umgang mit Ausreißern geeignet ist, aber nicht in allen Szenarien die beste Wahl ist. Wenn die Ausreißer in Ihrem Datensatz beispielsweise bedeutsam sind und Sie ihren Einfluss bewahren möchten, oder wenn Ihre Daten einer Normalverteilung ohne signifikante Ausreißer folgen, könnten andere Skalierungsmethoden geeigneter sein. Wie bei allen Vorverarbeitungstechniken sollte die Wahl des Scalers auf einem gründlichen Verständnis Ihrer Daten und der Anforderungen des gewählten Machine-Learning-Algorithmus basieren.

Codebeispiel: Robuster Scaler

```python
import pandas as pd
import numpy as np
from sklearn.preprocessing import RobustScaler
import matplotlib.pyplot as plt

# Sample data with outliers
np.random.seed(42)
data = {
    'Age': np.concatenate([np.random.normal(40, 10, 50), [200]]),  # Outlier in age
    'Income': np.concatenate([np.random.normal(60000, 15000, 50), [500000]])  # Outlier in income
}

# Create DataFrame
df = pd.DataFrame(data)

# Display original data statistics
print("Original Data Statistics:")
print(df.describe())

# Initialize the Robust Scaler
scaler = RobustScaler()

# Apply the scaler to the dataframe
df_robust_scaled = pd.DataFrame(scaler.fit_transform(df), columns=df.columns)

# Display robust scaled data statistics
print("\\nRobust Scaled Data Statistics:")
print(df_robust_scaled.describe())

# Visualize the distribution before and after robust scaling
fig, (ax1, ax2) = plt.subplots(1, 2, figsize=(15, 5))

# Before robust scaling
df.boxplot(ax=ax1)
ax1.set_title('Before Robust Scaling')

# After robust scaling
df_robust_scaled.boxplot(ax=ax2)
ax2.set_title('After Robust Scaling')

plt.tight_layout()
plt.show()
```

```python
# Compare the effect of outliers on different scalers
from sklearn.preprocessing import StandardScaler, MinMaxScaler

# Apply different scalers
standard_scaler = StandardScaler()
minmax_scaler = MinMaxScaler()

df_standard = pd.DataFrame(standard_scaler.fit_transform(df), columns=df.columns)
df_minmax = pd.DataFrame(minmax_scaler.fit_transform(df), columns=df.columns)

# Plot comparisons
fig, axes = plt.subplots(2, 2, figsize=(15, 10))
fig.suptitle('Comparison of Scaling Methods with Outliers')

df.boxplot(ax=axes[0, 0])
axes[0, 0].set_title('Original Data')

df_standard.boxplot(ax=axes[0, 1])
axes[0, 1].set_title('Standard Scaling')

df_minmax.boxplot(ax=axes[1, 0])
axes[1, 0].set_title('Min-Max Scaling')

df_robust_scaled.boxplot(ax=axes[1, 1])
axes[1, 1].set_title('Robust Scaling')

plt.tight_layout()
plt.show()
```

Dieses Codebeispiel zeigt die Anwendung des Robust Scalers und vergleicht ihn mit anderen Skalierungsmethoden. Lassen Sie uns die wichtigsten Elemente und deren Rollen untersuchen:

1. **Datengenerierung**:

    o Wir verwenden numpy, um einen größeren Datensatz mit 50 Stichproben pro Merkmal (Alter und Einkommen) zu erstellen.

    o Absichtlich werden Ausreißer zu beiden Merkmalen hinzugefügt, um die Wirkung auf verschiedene Skalierungsmethoden zu demonstrieren.

2. **Analyse der Originaldaten**:

    o Wir zeigen die zusammenfassenden Statistiken der Originaldaten mit df.describe().

    o Dies gibt uns einen klaren Überblick über die Datenverteilung vor der Skalierung, einschließlich der vorhandenen Ausreißer.

3. **Robust-Skalierungsprozess**:

- o Der RobustScaler wird auf das gesamte DataFrame angewendet und transformiert alle Merkmale gleichzeitig.

- o Anschließend zeigen wir die zusammenfassenden Statistiken der robust skalierten Daten zum Vergleich.

4. **Visualisierung der Robust-Skalierung**:

- o Boxplots werden erstellt, um die Verteilung der Daten vor und nach der robusten Skalierung zu visualisieren.

- o Diese visuelle Darstellung zeigt deutlich, wie die robuste Skalierung die Datenverteilung insbesondere bei Ausreißern beeinflusst.

5. **Vergleich mit anderen Skalierern**:

- o Wir stellen StandardScaler und MinMaxScaler vor, um ihre Leistung mit der des RobustScalers im Umgang mit Ausreißern zu vergleichen.

- o Die Daten werden mit allen drei Methoden skaliert: Standardskalierung, Min-Max-Skalierung und robuste Skalierung.

6. **Vergleichende Visualisierung**:

- o Ein 2x2-Grid aus Boxplots wird erstellt, um die Originaldaten mit den Ergebnissen jeder Skalierungsmethode zu vergleichen.

- o Dies ermöglicht einen direkten visuellen Vergleich, wie jede Skalierungsmethode mit Ausreißern umgeht.

Dieses umfassende Beispiel zeigt nicht nur, wie robuste Skalierung angewendet wird, sondern vergleicht sie auch mit anderen gängigen Skalierungsmethoden. Es unterstreicht die Effektivität der robusten Skalierung beim Umgang mit Ausreißern und macht sie zu einem wertvollen Werkzeug für das Verständnis der Datenvorverarbeitung im maschinellen Lernen, insbesondere bei Datensätzen mit extremen Werten.

5.1.7 Wichtige Erkenntnisse

- **Skalierung und Normalisierung** sind wesentliche Schritte der Datenvorverarbeitung im maschinellen Lernen. Sie gewährleisten, dass alle Merkmale gleichermaßen zum Lernprozess des Modells beitragen. Dies ist besonders wichtig für Algorithmen, die empfindlich auf die Skalierung der Eingabemerkmale reagieren, wie gradientenbasierte Methoden oder abstandsbasierte Algorithmen wie K-Nearest Neighbors.

- **Min-Max-Skalierung** transformiert Merkmale in einen festen Bereich, typischerweise [0, 1]. Diese Methode ist besonders effektiv für:

- o Algorithmen, die Eingabemerkmale in einem bestimmten Bereich erfordern, wie neuronale Netze mit Sigmoid-Aktivierungsfunktionen.

- o Die Erhaltung von Nullwerten in spärlichen Daten, was in Empfehlungssystemen oder Textanalysen entscheidend ist.

- o Die Beibehaltung der ursprünglichen Verteilungsform der Daten, was wichtig sein kann, wenn relative Unterschiede zwischen Werten von Bedeutung sind.

- **Standardisierung** transformiert Merkmale so, dass sie einen Mittelwert von 0 und eine Standardabweichung von 1 haben. Diese Methode ist besonders nützlich für:

  - o Algorithmen, die normalverteilte Daten annehmen oder davon profitieren, wie lineare Regression, logistische Regression und Support Vector Machines (SVM).

  - o Merkmale mit deutlich unterschiedlichen Skalen oder Einheiten, da sie alle Merkmale auf eine vergleichbare Skala bringt.

  - o Die Erhaltung von Informationen über Ausreißer, da sie den Bereich der Daten nicht komprimiert.

- Für Datensätze mit **Ausreißern** ist der **Robuste Scaler** eine ausgezeichnete Wahl. Er skaliert Merkmale mithilfe von Statistiken, die robust gegenüber Ausreißern sind:

  - o Er verwendet den Median und den Interquartilsabstand (IQR) anstelle des Mittelwerts und der Standardabweichung.

  - o Dieser Ansatz ist besonders nützlich in Bereichen wie Finanzen oder Sensordatenanalyse, wo extreme Werte oder Messfehler häufig auftreten.

  - o Der Robuste Scaler stellt sicher, dass die Leistung Ihres Modells nicht unangemessen von diesen extremen Werten beeinflusst wird, was zu zuverlässigeren und generalisierbareren Ergebnissen führt.

Bei der Auswahl einer Skalierungsmethode sollten Sie die Eigenschaften Ihrer Daten, die Annahmen des gewählten Algorithmus und die spezifischen Anforderungen Ihrer maschinellen Lernaufgabe berücksichtigen. Das Experimentieren mit verschiedenen Skalierungstechniken kann oft zu einer verbesserten Modellleistung und robusteren Ergebnissen führen.

5.2 Logarithmische, Quadratwurzel- und andere nichtlineare Transformationen

Obwohl die Skalierung und Standardisierung von Merkmalen wesentliche Schritte in der Datenvorverarbeitung sind, können nichtlineare Transformationen oft noch stärkere Verbesserungen der Modellleistung bewirken. Diese Transformationen sind besonders effektiv, wenn es darum geht, komplexe Datenverteilungen oder komplizierte Beziehungen zwischen Variablen zu behandeln.

Nichtlineare Transformationen wie **logarithmische, Quadratwurzel-** und verschiedene potenzbasierte Methoden bieten zahlreiche Vorteile:

- Sie können die Varianz über unterschiedliche Datenbereiche hinweg stabilisieren und so verhindern, dass große Werte das Modell unverhältnismäßig beeinflussen.

- Sie sind nützlich, um Schiefe zu reduzieren, was besonders bei Datensätzen mit langgezogenen Verteilungen, wie Einkommensdaten oder Bevölkerungsstatistiken, wertvoll ist.

- Diese Transformationen verbessern oft die Interpretierbarkeit der Beziehungen zwischen Merkmalen, indem sie Muster aufdecken, die in den Rohdaten möglicherweise verborgen bleiben.

- Sie können bestimmte Arten von Beziehungen linearisieren, was es linearen Modellen erleichtert, komplexe Muster in den Daten zu erfassen.

Die Anwendung dieser Transformationen ist besonders in folgenden Szenarien von Bedeutung:

- Die Daten weisen eine hohe Schiefe auf, die die Ergebnisse vieler statistischer Analysen und maschineller Lernalgorithmen verzerren kann.

- Es besteht eine nichtlineare Beziehung zwischen den Merkmalen und der Zielvariablen, die von linearen Modellen ohne Transformation möglicherweise nicht ausreichend erfasst wird.

- Die Varianz der Daten ändert sich erheblich über ihren Bereich hinweg (Heteroskedastizität), was durch geeignete Transformationen gemindert werden kann.

In den folgenden Abschnitten werden wir uns intensiver mit spezifischen nichtlinearen Transformationen wie **logarithmischen, Quadratwurzel-** und anderen potenzbasierten Methoden befassen. Wir werden ihre mathematischen Grundlagen, ihre Auswirkungen auf unterschiedliche Datentypen und praktische Anleitungen zu ihrer effektiven Anwendung untersuchen. Durch das Erlernen dieser Techniken sind Sie besser gerüstet, um vielfältige Herausforderungen der Datenvorverarbeitung zu bewältigen und Ihre Modelle hinsichtlich Leistung und Interpretierbarkeit zu optimieren.

5.2.1 Warum nichtlineare Transformationen verwenden?

Nichtlineare Transformationen sind leistungsstarke Werkzeuge in der Datenvorverarbeitung, um verschiedene Herausforderungen in der Statistik und im maschinellen Lernen zu bewältigen. Diese Transformationen erfüllen mehrere Zwecke:

1. Reduktion der Schiefe in den Daten

Viele reale Datensätze, insbesondere solche mit finanziellen Kennzahlen (z. B. Einkommen, Immobilienpreise) oder demografischen Informationen (z. B. Bevölkerungsgröße), weisen stark schiefe Verteilungen auf. Diese Schiefe kann die Leistung von maschinellen Lernmodellen und statistischen Analysen erheblich beeinträchtigen. Durch die Anwendung nichtlinearer Transformationen können wir diese Verteilungen so umgestalten, dass sie einer Normalverteilung näherkommen. Dieser Normalisierungsprozess ist aus mehreren Gründen entscheidend:

- **Verbesserte Modellleistung**: Algorithmen wie **lineare Regression** oder **logistische Regression** setzen normalerweise normalverteilte Daten voraus. Durch die Reduktion der Schiefe können wir diese Voraussetzung erfüllen und die Genauigkeit und Zuverlässigkeit dieser Modelle verbessern.

- **Verbesserte Interpretierbarkeit von Merkmalen**: Schiefe Daten können es erschweren, die Beziehungen zwischen Variablen zu interpretieren. Eine Normalisierung der Verteilung kann diese Beziehungen klarer und leichter verständlich machen.

- **Umgang mit Ausreißern**: Stark schiefe Daten enthalten oft extreme Ausreißer, die die Modellergebnisse unverhältnismäßig beeinflussen können. Nichtlineare Transformationen können die Auswirkungen dieser Ausreißer mindern, ohne wertvolle Datenpunkte zu entfernen.

- **Verbesserte Visualisierung**: Normalisierte Daten sind oft leichter grafisch darstellbar und analysierbar, was während der explorativen Datenanalysephase zu besseren Einblicken führen kann.

Es ist wichtig zu beachten, dass die Reduktion der Schiefe zwar oft vorteilhaft ist, die Wahl der Transformation jedoch immer durch die spezifischen Merkmale des Datensatzes und die Anforderungen der gewählten Analysemethode geleitet werden sollte. In einigen Fällen kann es angemessener sein, die ursprüngliche Verteilung beizubehalten, insbesondere wenn die Schiefe selbst wichtige Informationen enthält, die für das Problem relevant sind.

2. Stabilisierung der Varianz

Nichtlineare Transformationen spielen eine entscheidende Rolle bei der Angleichung der Datenstreuung über verschiedene Bereiche hinweg, ein Prozess, der als Varianzstabilisierung bekannt ist. Diese Technik ist besonders wertvoll bei Datensätzen, die Heteroskedastizität aufweisen, eine Bedingung, bei der die Variabilität einer Variablen über den Wertebereich einer anderen Variablen ungleichmäßig ist.

Beispiele:

- In Finanzdaten steigt die Varianz von Aktienrenditen oft mit dem Kursniveau.

- In biologischen Tests können Messfehler mit der Größe der Antwort zunehmen.

Durch geeignete Transformationen können diese Probleme gemildert werden. Zu den gebräuchlichen Varianz-stabilisierenden Transformationen gehören:

- **Logarithmische Transformation**: Häufig verwendet bei rechtsschiefen Daten oder wenn die Standardabweichung proportional zum Mittelwert ist.

- **Quadratwurzel-Transformation**: Nützlich, wenn die Varianz proportional zum Mittelwert ist, wie oft bei Zähldaten.

- **Inverse Transformation**: Effektiv, wenn der Variationskoeffizient konstant ist.

Durch diese Transformationen wird ein gleichmäßigeres Spielfeld für alle Datenpunkte geschaffen, was sicherstellt, dass der Lernprozess des Modells nicht unangemessen von Bereichen mit hoher Variabilität beeinflusst wird. Dies führt zu robusteren und zuverlässigeren Vorhersagen, da das Modell die zugrunde liegenden Beziehungen in den Daten besser erfassen kann, ohne durch Artefakte ungleicher Varianz in die Irre geführt zu werden.

3. Umgang mit nichtlinearen Beziehungen

Viele Phänomene in der realen Welt zeigen nichtlineare Beziehungen zwischen Eingabevariablen und Zielvariablen. Diese komplexen Interaktionen stellen oft eine Herausforderung für traditionelle lineare Modelle dar, die von einer einfachen, proportionalen Beziehung zwischen Variablen ausgehen. Nichtlineare Transformationen sind ein leistungsstarkes Werkzeug, um dieses Problem zu lösen, indem sie die Daten so umgestalten, dass verborgene Muster und Beziehungen sichtbar werden.

Bei sorgfältiger Anwendung können diese Transformationen nichtlineare Beziehungen effektiv "linearisieren" und sie so für lineare Modelle zugänglicher machen. Zum Beispiel können Wachstumsverläufe, die exponentiell sind, durch logarithmische Transformationen in lineare Beziehungen umgewandelt werden. Ähnlich können polynomiale Beziehungen durch Potenztransformationen linearisiert werden.

Der Prozess der Linearisierung von Beziehungen durch nichtlineare Transformationen bietet mehrere zentrale Vorteile:

- **Verbesserte Modellinterpretierbarkeit**: Durch die Vereinfachung komplexer Beziehungen können diese Transformationen es Datenwissenschaftlern und Stakeholdern erleichtern, die zugrunde liegenden Muster in den Daten zu verstehen.

- **Erweiterte Merkmalsentwicklung**: Nichtlineare Transformationen können als eine Form der Merkmalsentwicklung betrachtet werden, bei der neue, informativere Variablen geschaffen werden, die das Wesentliche komplexer Beziehungen erfassen.

- **Erhöhte Anwendbarkeit linearer Modelle**: Durch die Linearisierung von Beziehungen kann die Verwendung einfacher, besser interpretierbarer linearer Modelle auf Szenarien ausgedehnt werden, die normalerweise komplexere nichtlineare Modelle erfordern würden.

- **Gesteigerte Vorhersagegenauigkeit**: Wenn Beziehungen korrekt linearisiert werden, können Modelle die zugrunde liegenden Muster in den Daten genauer erfassen, was zu einer verbesserten Vorhersageleistung bei verschiedenen maschinellen Lernaufgaben führt.

Es ist wichtig zu beachten, dass nichtlineare Transformationen zwar die Fähigkeit eines Modells, komplexe Muster zu erfassen, erheblich verbessern können, sie jedoch mit Bedacht angewendet werden sollten. Die Wahl der Transformation sollte durch Fachwissen, explorative Datenanalysen und ein Verständnis der zugrunde liegenden Beziehungen in den Daten geleitet werden. Darüber hinaus ist es entscheidend, die Wirksamkeit dieser Transformationen durch geeignete Bewertungsmetriken und Kreuzvalidierungstechniken zu validieren.

4. Verbesserung der Interpretierbarkeit von Merkmalen

Nichtlineare Transformationen können unsere Fähigkeit, Beziehungen zwischen Merkmalen zu interpretieren, erheblich verbessern. Diese Verbesserung der Interpretierbarkeit ist in vielen Bereichen von entscheidender Bedeutung, insbesondere in der Wirtschaft und den Sozialwissenschaften, wo das Verständnis der Natur und Dynamik dieser Beziehungen oft genauso wichtig ist wie die Erstellung genauer Vorhersagen. Hier ist, wie diese Transformationen zu einer besseren Interpretierbarkeit beitragen:

- **Aufdeckung verborgener Muster**: Durch die Anwendung geeigneter Transformationen können Muster sichtbar gemacht werden, die in den Originaldaten möglicherweise verborgen bleiben. Zum Beispiel kann eine Log-Transformation exponentielle Beziehungen als lineare darstellen, was ihre Identifizierung und Interpretation erleichtert.

- **Standardisierung von Skalen**: Transformationen können Merkmale auf vergleichbare Skalen bringen, was einen sinnvolleren Vergleich zwischen verschiedenen Variablen ermöglicht. Dies ist besonders nützlich, wenn Merkmale stark unterschiedliche Größenordnungen oder Maßeinheiten aufweisen.

- **Vereinfachung komplexer Beziehungen**: Einige Transformationen können komplexe, nichtlineare Beziehungen in einfachere, lineare umwandeln. Diese Vereinfachung kann es Forschern und Analysten erleichtern, die zugrunde liegende Dynamik der Daten zu verstehen und zu erklären.

- **Verbesserte Visualisierung**: Transformierte Daten führen oft zu informativeren Visualisierungen. Zum Beispiel können log-transformierte Daten die Visualisierung von Beziehungen über einen breiten Wertebereich erleichtern, was besonders nützlich für Variablen mit großen Bereichen oder extremen Ausreißern ist.

In der Wirtschaft werden beispielsweise Log-Transformationen häufig auf Variablen wie Einkommen oder BIP angewendet. Dies ermöglicht es Ökonomen, Koeffizienten in Prozentänderungen statt in absoluten Änderungen zu interpretieren, was oft bedeutungsvoller und leichter zu kommunizieren ist. Ähnlich können Transformationen in den

Sozialwissenschaften helfen, subtile Muster in Umfragedaten oder demografischen Informationen zu erkennen, was zu nuancierteren und genaueren Interpretationen sozialer Phänomene führt.

Durch die Verbesserung der Interpretierbarkeit von Merkmalen erhöhen nichtlineare Transformationen nicht nur die Genauigkeit unserer Modelle, sondern auch ihre Nützlichkeit in realen Anwendungen. Sie überbrücken die Lücke zwischen komplexen statistischen Analysen und praktischen, umsetzbaren Erkenntnissen und machen datengestützte Entscheidungsfindung in verschiedenen Bereichen zugänglicher und effektiver.

5. Verbesserung der Modellverallgemeinerung

Nichtlineare Transformationen spielen eine entscheidende Rolle bei der Verbesserung der Fähigkeit eines Modells, auf unbekannte Daten zu generalisieren. Dies ist besonders wichtig im maschinellen Lernen, da das ultimative Ziel darin besteht, Modelle zu entwickeln, die nicht nur bei Trainingsdaten, sondern auch bei neuen, zuvor unbekannten Instanzen gut abschneiden.

So tragen diese Transformationen zu einer verbesserten Generalisierung bei:

- **Abmilderung des Einflusses von Ausreißern**: Durch die Anwendung geeigneter Transformationen können wir den Einfluss extremer Werte oder Ausreißer reduzieren. Dies ist besonders vorteilhaft bei Algorithmen, die empfindlich auf Ausreißer reagieren, wie lineare Regression oder neuronale Netze. Eine Log-Transformation beispielsweise kann den Wertebereich großer Zahlen komprimieren, sodass Ausreißer den Lernprozess des Modells nicht unverhältnismäßig beeinflussen.

- **Normalisierung von Verteilungen**: Viele maschinelle Lernalgorithmen setzen voraus, dass die Eingabedaten einer Normalverteilung folgen. Nichtlineare Transformationen können helfen, verzerrte Verteilungen so zu gestalten, dass sie einer Normalverteilung ähnlicher sind. Dieser Normalisierungsprozess führt zu stabileren und zuverlässigeren Modellen, da Algorithmen besser die zugrunde liegenden Muster in den Daten erkennen können, ohne durch unregelmäßige Verteilungen in die Irre geführt zu werden.

- **Verbesserung der Skalierung von Merkmalen**: Transformationen können Merkmale auf eine gemeinsame Skala bringen, was besonders wichtig für Algorithmen ist, die empfindlich auf die Skalierung der Eingabedaten reagieren, wie Gradientenabstiegsverfahren oder distanzbasierte Algorithmen wie k-nearest neighbors. Durch die Sicherstellung, dass alle Merkmale gleichermaßen zum Entscheidungsprozess des Modells beitragen, vermeiden wir, dass bestimmte Merkmale allein aufgrund ihrer größeren Skala dominieren.

- **Aufdeckung verborgener Muster**: Nichtlineare Transformationen können Muster oder Beziehungen in den Daten aufdecken, die in ihrer ursprünglichen Form möglicherweise nicht erkennbar sind. Eine Potenztransformation könnte beispielsweise eine lineare Beziehung zwischen Variablen offenbaren, die zunächst nichtlinear erschien. Durch das Offenlegen dieser verborgenen Muster ermöglichen wir es Modellen, robustere und besser generalisierbare Repräsentationen der zugrunde liegenden Datenstruktur zu lernen.

- **Reduktion der Modellkomplexität**: In einigen Fällen können geeignete Transformationen die Beziehungen zwischen Merkmalen und der Zielvariablen vereinfachen. Diese Vereinfachung kann zu weniger komplexen Modellen führen, die weniger anfällig für Overfitting sind, wodurch ihre Fähigkeit verbessert wird, auf neue Daten zu generalisieren. Eine Log-Transformation könnte beispielsweise eine exponentielle Beziehung in eine lineare umwandeln, sodass ein einfacheres lineares Modell die Beziehung effektiv erfassen kann.

Durch die Nutzung dieser Aspekte nichtlinearer Transformationen können Datenwissenschaftler Modelle erstellen, die nicht nur bei den Trainingsdaten genauer sind, sondern auch robuster und zuverlässiger bei der Anwendung auf neue, unbekannte Datensätze. Diese verbesserte Generalisierungsfähigkeit ist entscheidend für die Entwicklung von maschinellen Lernlösungen, die in realen Szenarien eingesetzt werden können, in denen die Fähigkeit, vielfältige und potenziell unerwartete Daten zu verarbeiten, von größter Bedeutung ist.

Unter den verschiedenen verfügbaren nichtlinearen Transformationen ist die **logarithmische Transformation** eine der am häufigsten verwendeten und vielseitigsten. Sie ist besonders effektiv bei rechtsschiefen Daten und multiplikativen Beziehungen. Lassen Sie uns diese Transformation genauer betrachten.

5.2.2 Logarithmische Transformation

Die logarithmische Transformation ist eine leistungsstarke Technik, die häufig eingesetzt wird, um verzerrte Datenverteilungen zu korrigieren. Indem sie den Wertebereich großer Zahlen komprimiert und den Bereich kleiner Werte erweitert, reduziert sie effektiv die Schiefe und stabilisiert die Varianz in Datensätzen. Diese Transformation ist besonders nützlich in Bereichen wie Finanzen, Biologie und Sozialwissenschaften, in denen Daten oft rechtsschiefe Verteilungen aufweisen.

Die einzigartigen Eigenschaften der logarithmischen Funktion machen sie besonders effektiv für den Umgang mit exponentiellen Wachstumsverläufen und multiplikativen Beziehungen. In Wirtschaftsdaten beispielsweise können Log-Transformationen exponentielle Wachstumstrends in lineare Beziehungen umwandeln, wodurch sie leichter zu analysieren und zu modellieren sind.

Wann sollte die logarithmische Transformation verwendet werden?

- Wenn die Daten stark rechtsschief sind (positive Schiefe). Dies ist häufig der Fall bei Einkommensverteilungen, Bevölkerungsdaten oder bestimmten biologischen Messwerten.

- Wenn große Ausreißer den Wertebereich des Merkmals verzerren. Die Log-Transformation kann diese Ausreißer näher an die Hauptdaten bringen, ohne sie vollständig zu entfernen.

- Für Merkmale, bei denen die Beziehung zwischen Prädiktor und Zielvariable multiplikativ statt additiv ist. Dies ist häufig in Wirtschaftsmodellen der Fall oder wenn es um prozentuale Änderungen geht.

- Bei der Arbeit mit Daten, die mehrere Größenordnungen umfassen. Die Log-Transformation kann solche Daten handhabbarer und interpretierbarer machen.

- In Szenarien, in denen relative Unterschiede wichtiger sind als absolute Unterschiede. Zum Beispiel in der Aktienmarktanalyse, wo prozentuale Änderungen oft relevanter sind als absolute Preisänderungen.

Es ist wichtig zu beachten, dass die logarithmische Transformation zwar leistungsstark ist, aber auch Einschränkungen hat. Sie kann nicht auf Null- oder negative Werte angewendet werden, ohne Modifikationen vorzunehmen, und sie kann manchmal überkorrigieren, was zu linksgeneigten Verteilungen führen kann. Daher ist es entscheidend, die Natur Ihrer Daten und die spezifischen Anforderungen Ihrer Analyse sorgfältig zu berücksichtigen, bevor Sie diese Transformation anwenden.

Code-Beispiel: Logarithmische Transformation

```python
import numpy as np
import pandas as pd
import matplotlib.pyplot as plt
from scipy import stats

# Sample data with a right-skewed distribution
data = {'HousePrices': [50000, 120000, 250000, 500000, 1200000, 2500000]}

df = pd.DataFrame(data)

# Apply logarithmic transformation
df['LogHousePrices'] = np.log(df['HousePrices'])

# Apply square root transformation
df['SqrtHousePrices'] = np.sqrt(df['HousePrices'])

# Apply cube root transformation
df['CbrtHousePrices'] = np.cbrt(df['HousePrices'])

# Apply Box-Cox transformation
df['BoxCoxHousePrices'], _ = stats.boxcox(df['HousePrices'])

# Visualize the transformations
fig, axs = plt.subplots(3, 2, figsize=(15, 15))
fig.suptitle('House Prices: Original vs Transformed')
```

```
axs[0, 0].hist(df['HousePrices'], bins=20)
axs[0, 0].set_title('Original')
axs[0, 1].hist(df['LogHousePrices'], bins=20)
axs[0, 1].set_title('Log Transformed')
axs[1, 0].hist(df['SqrtHousePrices'], bins=20)
axs[1, 0].set_title('Square Root Transformed')
axs[1, 1].hist(df['CbrtHousePrices'], bins=20)
axs[1, 1].set_title('Cube Root Transformed')
axs[2, 0].hist(df['BoxCoxHousePrices'], bins=20)
axs[2, 0].set_title('Box-Cox Transformed')

plt.tight_layout()
plt.show()

# View the transformed data
print(df)

# Calculate skewness for each column
for column in df.columns:
    print(f"Skewness of {column}: {df[column].skew()}")
```

Code-Aufschlüsselung:

1. **Importieren von Bibliotheken:**

   o numpy (np): Für numerische Operationen

   o pandas (pd): Für Datenmanipulation und -analyse

   o matplotlib.pyplot (plt): Für Datenvisualisierung

   o scipy.stats: Für fortgeschrittene statistische Funktionen wie die Box-Cox-Transformation

2. **Erstellen von Beispieldaten:**

   o Ein Dictionary mit Hauspreisen wird erstellt, das eine rechtsschiefe Verteilung zeigt (einige sehr hohe Werte).

3. **Daten-Transformationen:**

   o **Logarithmisch**: df['LogHousePrices'] = np.log(df['HousePrices']) Komprimiert den Bereich großer Werte, nützlich bei stark schiefen Daten.

   o **Quadratwurzel**: df['SqrtHousePrices'] = np.sqrt(df['HousePrices']) Weniger aggressiv als Logarithmus, gut für moderat schiefe Daten.

   o **Kubikwurzel**: df['CbrtHousePrices'] = np.cbrt(df['HousePrices']) Kann mit negativen Werten umgehen, nützlich bei leichter Schiefe.

- o **Box-Cox**: stats.boxcox(df['HousePrices']) Findet automatisch die beste Potenztransformation zur Normalisierung der Daten.

4. **Visualisierung:**

- o Erstellt ein 3x2-Raster von Histogrammen mit matplotlib.

- o Jedes Histogramm zeigt die Verteilung der Hauspreise nach verschiedenen Transformationen.

- o Ermöglicht den einfachen Vergleich, wie jede Transformation die Datenverteilung beeinflusst.

5. **Datenanalyse:**

- o Gibt den transformierten DataFrame aus, um alle Versionen der Daten zu zeigen.

- o Berechnet und gibt die Schiefe jeder Spalte aus.

  - ▪ Eine Schiefe nahe 0 zeigt eine symmetrischere Verteilung an.

Dieses Beispiel bietet einen umfassenden Überblick über verschiedene nichtlineare Transformationen und deren Auswirkungen auf die Datenverteilung. Es ermöglicht visuelle und statistische Vergleiche, um die am besten geeignete Transformation für den jeweiligen Datensatz auszuwählen.

5.2.3 Quadratwurzeltransformation

Die **Quadratwurzeltransformation** ist eine weitere effektive Methode zur Reduzierung von Schiefe und zur Stabilisierung der Varianz. Obwohl sie weniger drastisch ist als die logarithmische Transformation, normalisiert sie Datenverteilungen dennoch effektiv. Diese Transformation ist besonders wertvoll bei moderat rechtsschiefen Daten und bietet einen ausgewogenen Ansatz zur Datennormalisierung.

Die Quadratwurzelfunktion hat mehrere vorteilhafte Eigenschaften, die sie in der Datenanalyse nützlich machen:

- Sie komprimiert das obere Ende der Verteilung stärker als das untere Ende, was dazu beiträgt, die rechtsschiefe Verteilung zu reduzieren.

- Sie bewahrt die ursprüngliche Skala der Daten besser als die logarithmische Transformation, was für die Interpretation vorteilhaft sein kann.

- Sie kann mit Nullwerten umgehen, im Gegensatz zur logarithmischen Transformation.

Wann die Quadratwurzeltransformation verwendet werden sollte:

- Wenn die Daten moderat schief sind, aber nicht so stark, dass eine logarithmische Transformation erforderlich wäre.

- Wenn eine glattere, weniger drastische Transformation im Vergleich zur logarithmischen Skalierung gewünscht wird.

- Für Zähldaten oder andere diskrete positive Daten, die einer Poisson-ähnlichen Verteilung folgen.

- Bei Varianz-stabilisierenden Transformationen für bestimmte Datentypen, wie Poisson-verteilte Daten.

Es ist wichtig zu beachten, dass die Quadratwurzeltransformation zwar weniger aggressiv ist als die logarithmische Transformation, sie jedoch bei extrem schiefen Daten möglicherweise nicht ausreicht. In solchen Fällen könnten logarithmische oder fortgeschrittenere Transformationen erforderlich sein. Visualisieren Sie Ihre Daten immer vor und nach der Transformation, um sicherzustellen, dass die gewählte Methode für Ihren spezifischen Datensatz geeignet ist.

Code-Beispiel: Quadratwurzeltransformation

```python
import numpy as np
import pandas as pd
import matplotlib.pyplot as plt
from scipy import stats

# Sample data with a right-skewed distribution
data = {'HousePrices': [50000, 120000, 250000, 500000, 1200000, 2500000]}

df = pd.DataFrame(data)

# Apply square root transformation
df['SqrtHousePrices'] = np.sqrt(df['HousePrices'])

# Visualize the original and transformed data
fig, (ax1, ax2) = plt.subplots(1, 2, figsize=(12, 5))

ax1.hist(df['HousePrices'], bins=20)
ax1.set_title('Original House Prices')
ax1.set_xlabel('Price')
ax1.set_ylabel('Frequency')

ax2.hist(df['SqrtHousePrices'], bins=20)
ax2.set_title('Square Root Transformed House Prices')
ax2.set_xlabel('Sqrt(Price)')
ax2.set_ylabel('Frequency')

plt.tight_layout()
plt.show()

# Calculate and print statistics
print("Original Data Statistics:")
print(df['HousePrices'].describe())
print(f"Skewness: {df['HousePrices'].skew()}")
```

```
print("\\nTransformed Data Statistics:")
print(df['SqrtHousePrices'].describe())
print(f"Skewness: {df['SqrtHousePrices'].skew()}")

# View the transformed data
print("\\nTransformed DataFrame:")
print(df)
```

Code-Aufschlüsselung:

- **Erforderliche Bibliotheken importieren:**

  o numpy (np): Für numerische Operationen

  o pandas (pd): Für Datenmanipulation und -analyse

  o matplotlib.pyplot (plt): Für Datenvisualisierung

  o scipy.stats: Für statistische Funktionen (zur Berechnung der Schiefe verwendet)

- **Erstellen von Beispieldaten:**

  o Ein Dictionary mit Hauspreisen wird erstellt, das eine rechtsschiefe Verteilung zeigt (einige sehr hohe Werte).

  o Das Dictionary wird in ein Pandas DataFrame konvertiert.

- **Anwendung der Quadratwurzeltransformation:**

  o Die sqrtFunktion von numpy wird verwendet, um die Spalte HousePrices zu transformieren.

  o Das Ergebnis wird in einer neuen Spalte SqrtHousePrices gespeichert.

- **Visualisierung der Daten:**

  o Eine Grafik mit zwei nebeneinander liegenden Unterplots wird erstellt.

  o Histogramme sowohl der Originaldaten als auch der transformierten Daten werden geplottet.

  o Titel, Beschriftungen und Layouts werden angepasst, um die Lesbarkeit zu verbessern.

- **Statistiken berechnen und ausgeben:**

  o Die describe()Methode von Pandas wird verwendet, um zusammenfassende Statistiken für die Original- und transformierten Daten zu erhalten.

  o Die Schiefe wird mit der skew()Methode für beide Datensätze berechnet.

- **Transformiertes DataFrame anzeigen:**
  - Das gesamte DataFrame wird ausgegeben, um sowohl die Original- als auch die transformierten Werte anzuzeigen.

Dieses Codebeispiel bietet eine gründliche Untersuchung der Quadratwurzeltransformation. Es beinhaltet die Datenvisualisierung, was das Verständnis erleichtert, wie die Transformation die Verteilung beeinflusst. Durch die Einbeziehung von zusammenfassenden Statistiken und Schiefe-Berechnungen ermöglicht es einen quantitativen Vergleich zwischen den Original- und transformierten Daten. Dieser umfassende Ansatz vermittelt ein klareres Bild davon, wie sich die Quadratwurzeltransformation auf die Datenverteilung auswirkt, und erleichtert die Bewertung ihrer Wirksamkeit bei der Reduzierung der Schiefe und der Normalisierung der Daten.

5.2.4 Kubikwurzeltransformation

Die **Kubikwurzeltransformation** ist eine vielseitige Technik, die auf Datensätze mit moderater Schiefe oder solchen, die sowohl positive als auch negative Werte enthalten, angewendet werden kann. Diese Transformation bietet mehrere Vorteile gegenüber logarithmischen und Quadratwurzeltransformationen, insbesondere durch ihre Fähigkeit, eine breitere Palette von Datentypen zu verarbeiten.

Ein wesentlicher Vorteil der Kubikwurzeltransformation ist ihre Symmetrie. Im Gegensatz zu logarithmischen Transformationen, die nur auf positive Werte angewendet werden können, bewahrt die Kubikwurzelfunktion das Vorzeichen der Originaldaten. Diese Eigenschaft macht sie besonders nützlich für Finanzdaten, wie Gewinn- und Verlustrechnungen, oder wissenschaftliche Messungen, die sowohl positive als auch negative Werte umfassen können.

Wann die Kubikwurzeltransformation verwendet werden sollte:

- Wenn die Daten sowohl positive als auch negative Werte enthalten, was sie für logarithmische oder Quadratwurzeltransformationen ungeeignet macht.

- Wenn eine weniger drastische Transformation zur Behebung leichter Schiefe erforderlich ist, da die Kubikwurzelfunktion im Vergleich zu logarithmischen Transformationen eine weniger dramatische Änderung bewirkt.

- In Datensätzen, in denen das Beibehalten der Richtung (positiv oder negativ) der Originalwerte für die Interpretation wichtig ist.

- Für Variablen mit einer natürlichen kubischen Beziehung, wie volumetrische Messungen in den Naturwissenschaften.

Die Kubikwurzeltransformation kann besonders effektiv sein, um Datensätze zu normalisieren, die eine moderate Schwanzlastigkeit oder Schiefe aufweisen. Sie komprimiert große Werte weniger aggressiv als eine logarithmische Transformation, was nützlich sein kann, wenn Sie mehr von der ursprünglichen Datenstruktur beibehalten möchten und dennoch die Symmetrie der Verteilung verbessern wollen.

Es ist jedoch wichtig zu beachten, dass die Kubikwurzel, wie alle Transformationen, mit Bedacht verwendet werden sollte. Visualisieren Sie Ihre Daten immer vor und nach der Transformation, um sicherzustellen, dass sie den gewünschten Effekt erzielt, ohne neue Verzerrungen oder Komplikationen in Ihrer Analyse einzuführen.

Code-Beispiel: Kubikwurzeltransformation

```python
import numpy as np
import pandas as pd
import matplotlib.pyplot as plt
from scipy import stats

# Sample data with a right-skewed distribution
data = {'HousePrices': [50000, 120000, 250000, 500000, 1200000, 2500000]}
df = pd.DataFrame(data)

# Apply cube root transformation
df['CubeRootHousePrices'] = np.cbrt(df['HousePrices'])

# Visualize the original and transformed data
fig, (ax1, ax2) = plt.subplots(1, 2, figsize=(12, 5))

ax1.hist(df['HousePrices'], bins=20)
ax1.set_title('Original House Prices')
ax1.set_xlabel('Price')
ax1.set_ylabel('Frequency')

ax2.hist(df['CubeRootHousePrices'], bins=20)
ax2.set_title('Cube Root Transformed House Prices')
ax2.set_xlabel('Cube Root(Price)')
ax2.set_ylabel('Frequency')

plt.tight_layout()
plt.show()

# Calculate and print statistics
print("Original Data Statistics:")
print(df['HousePrices'].describe())
print(f"Skewness: {df['HousePrices'].skew()}")

print("\\nTransformed Data Statistics:")
print(df['CubeRootHousePrices'].describe())
print(f"Skewness: {df['CubeRootHousePrices'].skew()}")

# View the transformed data
print("\\nTransformed DataFrame:")
print(df)
```

Code-Aufschlüsselung:

1. **Notwendige Bibliotheken importieren:**

   o numpy (np): Für numerische Berechnungen

   o pandas (pd): Für Datenmanipulation und -analyse

   o matplotlib.pyplot (plt): Für Datenvisualisierung

   o scipy.stats: Für statistische Funktionen (zur Berechnung der Schiefe verwendet)

2. **Erstellen von Beispieldaten:**

   o Ein Dictionary mit Hauspreisen wird erstellt, das eine rechtsschiefe Verteilung zeigt (einige sehr hohe Werte).

   o Das Dictionary wird in ein Pandas-DataFrame konvertiert.

3. **Anwendung der Kubikwurzeltransformation:**

   o Die cbrtFunktion von numpy wird verwendet, um die Spalte HousePrices zu transformieren.

   o Das Ergebnis wird in einer neuen Spalte CubeRootHousePrices gespeichert.

4. **Daten visualisieren:**

   o Eine Grafik mit zwei nebeneinander liegenden Unterplots wird erstellt.

   o Histogramme sowohl der Original- als auch der transformierten Daten werden geplottet.

   o Titel, Beschriftungen und Layouts werden angepasst, um die Lesbarkeit zu verbessern.

5. **Statistiken berechnen und ausgeben:**

   o Die describe()Methode von Pandas wird verwendet, um zusammenfassende Statistiken für die Original- und transformierten Daten zu erhalten.

   o Die Schiefe wird mit der skew()Methode für beide Datensätze berechnet.

6. **Transformiertes DataFrame anzeigen:**

   o Das gesamte DataFrame wird ausgegeben, um sowohl die Original- als auch die transformierten Werte anzuzeigen.

Dieses umfassende Beispiel zeigt die Anwendung der Kubikwurzeltransformation, ihren Einfluss auf die Datenverteilung und bietet visuelle sowie statistische Vergleiche zwischen den Original- und transformierten Daten. Die Histogrammvisualisierungen veranschaulichen, wie die

Transformation die Daten formt, während die statistischen Zusammenfassungen und Schiefe-Berechnungen quantitative Maße für ihre Wirkung liefern.

5.2.5 Potenztransformationen (Box-Cox und Yeo-Johnson)

Die **Box-Cox-Transformation** und die **Yeo-Johnson-Transformation** sind fortschrittliche Techniken, die dynamisch den Grad der auf Daten angewendeten Transformation anpassen. Diese Methoden verwenden potenzbasierte Transformationen, die fein abgestimmt werden können, um Schiefe zu reduzieren oder die Varianz in Datensätzen zu stabilisieren.

Die Box-Cox-Transformation, eingeführt von den Statistikern George Box und David Cox im Jahr 1964, ist besonders effektiv für positive Daten. Sie wendet eine Potenztransformation auf jeden Datenpunkt an, wobei der Potenzparameter (Lambda) optimiert wird, um die transformierten Daten so nah wie möglich an eine Normalverteilung anzupassen. Diese Methode wird in verschiedenen Bereichen, einschließlich Wirtschaft, Biologie und Ingenieurwesen, häufig verwendet, da sie Daten normalisieren und die Leistung statistischer Modelle verbessern kann.

Die Yeo-Johnson-Transformation, entwickelt von In-Kwon Yeo und Richard Johnson im Jahr 2000, erweitert die Anwendbarkeit der Box-Cox-Methode auf Datensätze, die sowohl positive als auch negative Werte enthalten. Dies macht sie besonders nützlich für Finanzdaten, bei denen Gewinne und Verluste häufig auftreten, oder in wissenschaftlichen Anwendungen, bei denen Messungen sowohl positive als auch negative Werte umfassen können. Die Yeo-Johnson-Transformation verwendet einen ähnlichen potenzbasierten Ansatz, beinhaltet jedoch zusätzliche Parameter, um das Vorzeichen der Datenpunkte zu berücksichtigen.

- **Box-Cox-Transformation** eignet sich nur für positive Daten und ist ideal für Variablen wie Einkommen, Preise oder physikalische Messungen, die inhärent positiv sind.

- **Yeo-Johnson-Transformation** kann sowohl positive als auch negative Werte verarbeiten und bietet somit eine größere Flexibilität für eine breitere Palette von Datensätzen, einschließlich solcher mit gemischten Vorzeichenvariablen oder Nullwerten.

Beide Transformationen sind besonders wertvoll im maschinellen Lernen und in der statistischen Modellierung, da sie die Leistung von Algorithmen, die normalverteilte Daten voraussetzen, erheblich verbessern können. Durch die automatische Suche nach dem optimalen Transformationsparameter reduzieren diese Methoden den Bedarf an manueller Trial-and-Error-Vorgehensweise bei der Datenvorverarbeitung, was potenziell Zeit spart und die Robustheit analytischer Ergebnisse verbessert.

Wann Box-Cox- und Yeo-Johnson-Transformationen verwendet werden sollten

- Bei hochgradig schiefen Daten, die für die statistische Analyse oder maschinelle Lernmodelle normalisiert werden müssen.

- In Fällen, in denen die Beziehung zwischen Variablen nicht linear ist und linearisiert werden muss.

- Wenn eine anpassbare Methode erforderlich ist, um automatisch die beste Transformation zu finden, die die Daten normaler macht und Zeit bei manuellen Experimenten spart.

- Für Datensätze mit Heteroskedastizität (nicht konstanter Varianz), da diese Transformationen helfen können, die Varianz zu stabilisieren.

- Wenn die Daten sowohl positive als auch negative Werte enthalten (insbesondere für Yeo-Johnson), was sie vielseitig für Finanz- oder wissenschaftliche Daten macht, die sich über Null bewegen.

- In der Regressionsanalyse, wenn Sie die Anpassung Ihres Modells verbessern und sicherstellen möchten, dass die Annahmen von Normalität und Homoskedastizität erfüllt sind.

Es ist wichtig zu beachten, dass diese Transformationen zwar leistungsstark sind, sie jedoch mit Bedacht verwendet werden sollten. Visualisieren Sie Ihre Daten immer vor und nach der Transformation, um sicherzustellen, dass die Änderungen für Ihre Analyseziele geeignet sind. Berücksichtigen Sie außerdem die Interpretierbarkeit Ihrer Ergebnisse nach der Transformation, da die transformierte Skala möglicherweise keine direkte reale Interpretation hat.

Code-Beispiel: Box-Cox-Transformation

```python
import numpy as np
import pandas as pd
import matplotlib.pyplot as plt
from sklearn.preprocessing import PowerTransformer
from scipy import stats

# Sample data (positive values only for Box-Cox)
data = {'Income': [30000, 50000, 100000, 200000, 500000, 1000000, 2000000]}
df = pd.DataFrame(data)

# Apply the Box-Cox transformation using PowerTransformer
boxcox_transformer = PowerTransformer(method='box-cox')
df['BoxCoxIncome'] = boxcox_transformer.fit_transform(df[['Income']])

# Visualize the original and transformed data
fig, (ax1, ax2) = plt.subplots(1, 2, figsize=(12, 5))

ax1.hist(df['Income'], bins=20)
ax1.set_title('Original Income Distribution')
ax1.set_xlabel('Income')
ax1.set_ylabel('Frequency')

ax2.hist(df['BoxCoxIncome'], bins=20)
ax2.set_title('Box-Cox Transformed Income Distribution')
ax2.set_xlabel('Transformed Income')
```

```
ax2.set_ylabel('Frequency')

plt.tight_layout()
plt.show()

# Calculate and print statistics
print("Original Data Statistics:")
print(df['Income'].describe())
print(f"Skewness: {df['Income'].skew()}")

print("\\nTransformed Data Statistics:")
print(df['BoxCoxIncome'].describe())
print(f"Skewness: {df['BoxCoxIncome'].skew()}")

# View the transformed data
print("\\nTransformed DataFrame:")
print(df)

# Print the optimal lambda value
print(f"\\nOptimal lambda value: {boxcox_transformer.lambdas_[0]}")
```

Code-Aufschlüsselung:

- **Notwendige Bibliotheken importieren:**

  - numpy (np): Für numerische Berechnungen

  - pandas (pd): Für Datenmanipulation und -analyse

  - matplotlib.pyplot (plt): Für Datenvisualisierung

  - PowerTransformer aus sklearn.preprocessing: Zum Anwenden der Box-Cox-Transformation

  - scipy.stats: Für statistische Funktionen (zur Berechnung der Schiefe verwendet)

- **Erstellen von Beispieldaten:**

  - Ein Dictionary mit Einkommenswerten wird erstellt, das eine rechtsschiefe Verteilung zeigt (einige sehr hohe Werte).

  - Das Dictionary wird in ein Pandas-DataFrame konvertiert.

- **Anwenden der Box-Cox-Transformation:**

  - Ein PowerTransformerObjekt mit method='box-cox' wird initialisiert.

  - fit_transform wird verwendet, um die Transformation auf die Spalte Income anzuwenden.

  - Das Ergebnis wird in einer neuen Spalte BoxCoxIncome gespeichert.

- **Visualisierung der Daten:**
  - Eine Grafik mit zwei nebeneinander liegenden Unterplots wird erstellt.
  - Histogramme sowohl der Original- als auch der transformierten Daten werden geplottet.
  - Titel, Beschriftungen und Layouts werden angepasst, um die Lesbarkeit zu verbessern.

- **Statistiken berechnen und ausgeben:**
  - Die describe()Methode von Pandas wird verwendet, um zusammenfassende Statistiken für die Original- und transformierten Daten zu erhalten.
  - Die Schiefe wird mit der skew()Methode für beide Datensätze berechnet.

- **Transformiertes DataFrame anzeigen:**
  - Das gesamte DataFrame wird ausgegeben, um sowohl die Original- als auch die transformierten Werte anzuzeigen.

- **Optimalen Lambda-Wert ausgeben:**
  - Über das Attribut lambdas_ des Transformers wird der optimale Lambda-Wert abgerufen, der in der Box-Cox-Transformation verwendet wurde.

Dieses Beispiel demonstriert die Anwendung der Box-Cox-Transformation, ihren Einfluss auf die Datenverteilung und bietet visuelle sowie statistische Vergleiche zwischen den Original- und transformierten Daten.

Die Histogrammvisualisierungen veranschaulichen, wie die Transformation die Daten formt, während die statistischen Zusammenfassungen und Schiefe-Berechnungen quantitative Maße für ihre Wirkung liefern. Der optimale Lambda-Wert wird ebenfalls bereitgestellt, um Einblicke in die spezifische Potenztransformation zu geben, die auf die Daten angewendet wurde.

Code-Beispiel: Yeo-Johnson-Transformation

```python
import numpy as np
import pandas as pd
import matplotlib.pyplot as plt
from sklearn.preprocessing import PowerTransformer
from scipy import stats

# Sample data (includes negative values)
data = {'Profit': [-5000, -2000, 0, 3000, 15000, 50000, 100000]}
df = pd.DataFrame(data)

# Apply the Yeo-Johnson transformation using PowerTransformer
yeojohnson_transformer = PowerTransformer(method='yeo-johnson')
df['YeoJohnsonProfit'] = yeojohnson_transformer.fit_transform(df[['Profit']])
```

```python
# Visualize the original and transformed data
fig, (ax1, ax2) = plt.subplots(1, 2, figsize=(12, 5))

ax1.hist(df['Profit'], bins=20)
ax1.set_title('Original Profit Distribution')
ax1.set_xlabel('Profit')
ax1.set_ylabel('Frequency')

ax2.hist(df['YeoJohnsonProfit'], bins=20)
ax2.set_title('Yeo-Johnson Transformed Profit Distribution')
ax2.set_xlabel('Transformed Profit')
ax2.set_ylabel('Frequency')

plt.tight_layout()
plt.show()

# Calculate and print statistics
print("Original Data Statistics:")
print(df['Profit'].describe())
print(f"Skewness: {df['Profit'].skew()}")

print("\\nTransformed Data Statistics:")
print(df['YeoJohnsonProfit'].describe())
print(f"Skewness: {df['YeoJohnsonProfit'].skew()}")

# View the transformed data
print("\\nTransformed DataFrame:")
print(df)

# Print the optimal lambda value
print(f"\\nOptimal lambda value: {yeojohnson_transformer.lambdas_[0]}")
```

Umfassende Aufschlüsselung:

1. **Notwendige Bibliotheken importieren:**

   o numpy (np): Für numerische Berechnungen

   o pandas (pd): Für Datenmanipulation und -analyse

   o matplotlib.pyplot (plt): Für Datenvisualisierung

   o PowerTransformer aus sklearn.preprocessing: Zum Anwenden der Yeo-Johnson-Transformation

   o scipy.stats: Für statistische Funktionen (zur Berechnung der Schiefe verwendet)

2. **Erstellen von Beispieldaten:**

- o Ein Dictionary mit Gewinnwerten wird erstellt, das negative Werte, Null und positive Werte umfasst.

- o Das Dictionary wird in ein Pandas-DataFrame konvertiert.

3. **Anwenden der Yeo-Johnson-Transformation:**

- o Ein PowerTransformerObjekt mit method='yeo-johnson' wird initialisiert.

- o fit_transform wird verwendet, um die Transformation auf die Spalte Profit anzuwenden.

- o Das Ergebnis wird in einer neuen Spalte YeoJohnsonProfit gespeichert.

4. **Visualisierung der Daten:**

- o Eine Grafik mit zwei nebeneinander liegenden Unterplots wird erstellt.

- o Histogramme sowohl der Original- als auch der transformierten Daten werden geplottet.

- o Titel, Beschriftungen und Layouts werden angepasst, um die Lesbarkeit zu verbessern.

5. **Statistiken berechnen und ausgeben:**

- o Die describe()Methode von Pandas wird verwendet, um zusammenfassende Statistiken für die Original- und transformierten Daten zu erhalten.

- o Die Schiefe wird mit der skew()Methode für beide Datensätze berechnet.

6. **Transformiertes DataFrame anzeigen:**

- o Das gesamte DataFrame wird ausgegeben, um sowohl die Original- als auch die transformierten Werte anzuzeigen.

7. **Optimalen Lambda-Wert ausgeben:**

- o Über das Attribut lambdas_ des Transformers wird der optimale Lambda-Wert abgerufen, der in der Yeo-Johnson-Transformation verwendet wurde.

Dieses Beispiel zeigt die Anwendung der Yeo-Johnson-Transformation, die besonders nützlich für Datensätze mit sowohl positiven als auch negativen Werten ist. Der Code visualisiert die Original- und transformierten Verteilungen, berechnet wichtige Statistiken und liefert den optimalen Lambda-Wert, der in der Transformation verwendet wurde. Dieser umfassende Ansatz ermöglicht ein klares Verständnis dafür, wie die Yeo-Johnson-Transformation die Datenverteilung und ihre statistischen Eigenschaften beeinflusst.

5.2.6 Wichtige Erkenntnisse

- **Logarithmische Transformation** eignet sich am besten für stark schiefe Daten und ist besonders nützlich, um den Einfluss großer Werte zu reduzieren. Diese Transformation komprimiert die Skala am oberen Ende und ist daher besonders effektiv für rechtsschiefe Verteilungen. Sie wird häufig in der Finanzdatenanalyse, z. B. bei Aktienkursen oder Marktkapitalisierungen, verwendet.

- **Quadratwurzel-Transformation** bietet eine sanftere Anpassung und eignet sich daher für moderat schiefe Daten. Sie ist weniger drastisch als die logarithmische Transformation und kann nützlich sein, wenn mit Zähldaten gearbeitet wird oder die ursprüngliche Skala teilweise erhalten bleiben soll. Sie wird z. B. in ökologischen Studien für Artenhäufigkeitsdaten häufig angewendet.

- **Kubikwurzel-Transformation** kann für Datensätze mit positiven und negativen Werten verwendet werden und bietet eine ausgewogenere Transformation. Sie ist besonders nützlich in Szenarien, in denen Datensymmetrie wichtig ist, wie z. B. bei bestimmten physikalischen oder chemischen Messungen. Die Kubikwurzelfunktion hat die einzigartige Eigenschaft, das Vorzeichen der ursprünglichen Daten beizubehalten.

- **Box-Cox-** und **Yeo-Johnson-Transformationen** sind flexible, leistungsbasierte Methoden, die sich automatisch an die Daten anpassen und somit ideal für komplexere Datensätze sind. Diese Transformationen verwenden einen Parameter (Lambda), um die optimale Potenztransformation zu finden. Box-Cox ist auf positive Daten beschränkt, während Yeo-Johnson sowohl positive als auch negative Werte verarbeiten kann, was sie vielseitiger für reale Datensätze macht.

Nicht-lineare Transformationen sind leistungsstarke Werkzeuge zur Verbesserung der Modellleistung, insbesondere bei der Verarbeitung von schiefen oder ungleichmäßig verteilten Daten. Die Wahl der richtigen Transformation hängt von der Natur der Daten und den spezifischen Anforderungen des Modells ab.

Wenn Sie beispielsweise mit Zeitreihendaten arbeiten, könnten Sie sich für eine logarithmische Transformation entscheiden, um die Varianz zu stabilisieren. Im Gegensatz dazu wäre für Daten mit einer Mischung aus positiven und negativen Werten, wie Temperaturänderungen, eine Kubikwurzel- oder Yeo-Johnson-Transformation besser geeignet. Es ist entscheidend, die Auswirkungen jeder Transformation auf die Dateninterpretation und die Modellergebnisse zu verstehen.

5.3 Praktische Übungen für Kapitel 5

Nun, da Sie Kapitel 5 abgeschlossen haben, ist es an der Zeit, das Gelernte in praktischen Übungen anzuwenden. Diese Übungen konzentrieren sich auf Skalierungen und nichtlineare Transformationen, darunter logarithmische, Quadratwurzel-, Kubikwurzel- und

Potenztransformationen. Jede Übung enthält Lösungen, die Ihnen helfen, Ihr Verständnis dieser Schlüsselkonzepte zu festigen.

Übung 1: Min-Max-Skalierung

Sie arbeiten mit einem Datensatz, der die folgenden Spalten enthält: **Alter** und **Einkommen**. Ihre Aufgabe ist es:

Wenden Sie **Min-Max-Skalierung** auf die Spalten **Alter** und **Einkommen** an, um die Werte auf einen Bereich zwischen 0 und 1 zu transformieren.

Lösung:

```python
import pandas as pd
from sklearn.preprocessing import MinMaxScaler

# Sample data
data = {'Age': [25, 40, 35, 50, 60],
        'Income': [40000, 50000, 60000, 80000, 100000]}

df = pd.DataFrame(data)

# Initialize the Min-Max Scaler
scaler = MinMaxScaler()

# Apply the scaler to the dataframe
df_scaled = pd.DataFrame(scaler.fit_transform(df), columns=df.columns)

# View the scaled dataframe
print(df_scaled)
```

Übung 2: Standardisierung (Z-Score-Normalisierung)

Sie arbeiten mit demselben Datensatz wie in **Übung 1**. Diesmal besteht Ihre Aufgabe darin:

Wenden Sie **Standardisierung** (Z-Score-Normalisierung) auf die Spalten **Alter** und **Einkommen** an.

Lösung:

```python
from sklearn.preprocessing import StandardScaler

# Sample data
data = {'Age': [25, 40, 35, 50, 60],
        'Income': [40000, 50000, 60000, 80000, 100000]}

df = pd.DataFrame(data)

# Initialize the Standard Scaler
scaler = StandardScaler()
```

```
# Apply the scaler to the dataframe
df_standardized = pd.DataFrame(scaler.fit_transform(df), columns=df.columns)

# View the standardized dataframe
print(df_standardized)
```

Übung 3: Logarithmische Transformation

Sie arbeiten mit einem Datensatz, der die Spalte **Hauspreise** enthält, deren Werte stark rechtsschief verteilt sind. Ihre Aufgabe ist es:

Wenden Sie eine **logarithmische Transformation** auf die Spalte **Hauspreise** an.

Lösung:

```
import numpy as np
import pandas as pd

# Sample data with a right-skewed distribution
data = {'HousePrices': [50000, 120000, 250000, 500000, 1200000, 2500000]}

df = pd.DataFrame(data)

# Apply a logarithmic transformation
df['LogHousePrices'] = np.log(df['HousePrices'])

# View the transformed data
print(df)
```

Übung 4: Quadratwurzel-Transformation

Sie arbeiten mit denselben **Hauspreisen**-Daten. Ihre Aufgabe ist es:

Wenden Sie eine **Quadratwurzel-Transformation** auf die Spalte **Hauspreise** an.

Lösung:

```
# Apply a square root transformation
df['SqrtHousePrices'] = np.sqrt(df['HousePrices'])

# View the transformed data
print(df)
```

Übung 5: Kubikwurzel-Transformation

Sie haben einen Datensatz mit der Spalte **Immobilienwerte**, die sowohl positive als auch negative Werte enthält. Ihre Aufgabe ist es:

Wenden Sie eine **Kubikwurzel-Transformation** auf die Spalte **Immobilienwerte** an.

Lösung:

```python
# Sample data with both positive and negative values
data = {'PropertyValues': [-8000, -5000, 0, 5000, 10000, 20000]}

df = pd.DataFrame(data)

# Apply a cube root transformation
df['CubeRootPropertyValues'] = np.cbrt(df['PropertyValues'])

# View the transformed data
print(df)
```

Übung 6: Box-Cox-Transformation

Sie arbeiten mit einem Datensatz, der **Einkommenswerte** enthält, die positiv, aber mäßig schief verteilt sind. Ihre Aufgabe ist es:

Wenden Sie die **Box-Cox-Transformation** auf die Spalte **Einkommen** an, indem Sie Scikit-learns **PowerTransformer** verwenden.

Lösung:

```python
from sklearn.preprocessing import PowerTransformer
import pandas as pd

# Sample data (positive values only for Box-Cox)
data = {'Income': [30000, 50000, 100000, 200000, 500000]}

df = pd.DataFrame(data)

# Apply the Box-Cox transformation
boxcox_transformer = PowerTransformer(method='box-cox')
df['BoxCoxIncome'] = boxcox_transformer.fit_transform(df[['Income']])

# View the transformed data
print(df)
```

Übung 7: Yeo-Johnson-Transformation

Sie arbeiten mit einem Datensatz, der die Spalte **Gewinn** enthält, die sowohl positive als auch negative Werte umfasst. Ihre Aufgabe ist es:

Wenden Sie die **Yeo-Johnson-Transformation** auf die Spalte **Gewinn** an, indem Sie Scikit-learns **PowerTransformer** verwenden.

Lösung:

```python
from sklearn.preprocessing import PowerTransformer
import pandas as pd
```

```
# Sample data with positive and negative values
data = {'Profit': [-5000, -2000, 0, 3000, 15000]}

df = pd.DataFrame(data)

# Apply the Yeo-Johnson transformation
yeojohnson_transformer = PowerTransformer(method='yeo-johnson')
df['YeoJohnsonProfit'] = yeojohnson_transformer.fit_transform(df[['Profit']])

# View the transformed data
print(df)
```

Diese praktischen Übungen bieten praktische Erfahrungen mit Skalierung, Normalisierung und nichtlinearen Transformationen, einschließlich logarithmischer, Quadratwurzel-, Kubikwurzel-, Box-Cox- und Yeo-Johnson-Transformationen. Durch das Üben dieser Techniken können Sie Daten für Machine-Learning-Modelle sicher vorverarbeiten und sicherstellen, dass Ihre Merkmale gut skaliert, ausgewogen und leistungsoptimiert sind. Üben Sie weiter und erkunden Sie diese Methoden, um eine Vielzahl von Datenverteilungen zu bewältigen!

5.4 Was könnte schiefgehen?

Das Transformieren und Skalieren von Merkmalen sind leistungsstarke Techniken, die Machine-Learning-Modelle dabei unterstützen, Daten effektiv zu verarbeiten. Sie müssen jedoch sorgfältig angewendet werden, um potenzielle Fallstricke zu vermeiden. In diesem Abschnitt werden häufige Probleme beim Transformations- und Skalierungsprozess sowie Möglichkeiten zur Vermeidung dieser Probleme erörtert.

5.4.1 Die falsche Transformation für die Daten anwenden

Ein häufiger Fehler bei der Datenumwandlung besteht darin, eine ungeeignete Transformation für den betreffenden Datentyp zu verwenden. Nicht alle Merkmale sollten auf die gleiche Weise skaliert oder transformiert werden, und die Anwendung der falschen Transformation kann die Beziehungen zwischen den Merkmalen und der Zielvariablen verzerren.

Was könnte schiefgehen?

- Die Verwendung einer **logarithmischen Transformation** bei Daten mit negativen oder null Werten führt zu Fehlern oder ungültigen Ergebnissen, da der Logarithmus einer negativen Zahl nicht definiert ist.

- Die Anwendung einer **Quadratwurzel-Transformation** bei Daten mit negativen Werten führt zu NaN-Werten (not a number).

- Die Verwendung der **Min-Max-Skalierung** bei Daten mit extremen Ausreißern kann den gesamten Wertebereich komprimieren und das Modell überempfindlich gegenüber den Ausreißern machen.

Lösung:

- Untersuchen Sie Ihre Daten immer, bevor Sie Transformationen anwenden. Wenn Ihre Daten Nullen oder negative Werte enthalten, verwenden Sie eine Transformation wie **Kubikwurzel** oder **Yeo-Johnson**, die sowohl positive als auch negative Werte verarbeiten kann.

- Für Merkmale mit extremen Ausreißern sollten Sie den **RobustScaler** verwenden oder Transformationen anwenden, die weniger empfindlich auf Ausreißer reagieren, wie logarithmische oder Kubikwurzel-Transformationen.

5.4.2 Testdaten falsch skalieren

Beim Arbeiten mit Machine-Learning-Modellen kann eine falsche Skalierung oder Transformation der Daten, insbesondere nach der Aufteilung der Daten in Trainings- und Testmengen, zu Overfitting oder falschen Modellauswertungen führen.

Was könnte schiefgehen?

- Wenn die Skalierung gleichzeitig auf die Trainings- und Testdaten angewendet wird (vor der Aufteilung), erhalten die Testdaten Informationen aus dem Training, was zu voreingenommenen Ergebnissen und einer überoptimistischen Modellleistung führt.

- Die getrennte Anwendung von Transformationen auf die Trainings- und Testdaten kann zu inkonsistenter Skalierung und Diskrepanzen zwischen den beiden Datensätzen führen.

Lösung:

- Wenden Sie Skalierungen und Transformationen immer **nach** der Aufteilung der Daten in Trainings- und Testmengen an.

- Passen Sie den Skalierer oder die Transformation an die **Trainingsdaten** an und wenden Sie dieselbe Transformation auf die **Testdaten** an. Dies stellt sicher, dass die Testdaten während der Modelltrainingsphase nicht betrachtet werden.

5.4.3 Daten übertransformieren

Obwohl die Transformation von Daten die Modellleistung verbessern kann, ist es möglich, Daten zu übertransformieren, insbesondere bei nichtlinearen Transformationen wie logarithmischen oder Box-Cox-Transformationen. Übertransformationen können zu einem Verlust der Interpretierbarkeit oder schlimmer noch zu Verzerrungen der natürlichen Beziehungen in den Daten führen.

Was könnte schiefgehen?

- Mehrfache Transformationen, um die Daten „zwangsweise" normal zu machen, können die Beziehungen zwischen den Merkmalen schwerer interpretierbar machen.

- Zu aggressive Transformationen (z. B. die Anwendung einer logarithmischen Transformation auf bereits normal verteilte Daten) können die Datenverteilung abflachen und weniger informativ machen.

Lösung:

- Verwenden Sie Transformationen nur, wenn es notwendig ist. Wenn Ihre Daten bereits normal verteilt sind, gibt es keinen Grund, weitere Transformationen anzuwenden.

- Visualisieren Sie Ihre Daten immer vor und nach der Transformation, um sicherzustellen, dass die Transformation geeignet ist und die Datenverteilung verbessert.

5.4.4 Logarithmische Transformationen falsch interpretieren

Logarithmische Transformationen komprimieren den Bereich großer Werte und können die Interpretation der transformierten Merkmale erschweren. Dies ist besonders wichtig bei der Interpretation von Modellausgaben in realen Kontexten.

Was könnte schiefgehen?

- Nach der Anwendung einer logarithmischen Transformation ändert sich die Skala des Merkmals. Die Interpretation der Modellausgabe ohne Berücksichtigung der inversen Transformation kann zu falschen Schlussfolgerungen über die Auswirkungen des Merkmals führen.

- Die logarithmisch transformierten Daten sind nicht mehr in den ursprünglichen Einheiten, was die Kommunikation und Interpretation erschweren kann, wenn die Ergebnisse ohne Umkehrung der Transformation präsentiert werden.

Lösung:

- Denken Sie bei der Verwendung logarithmischer Transformationen immer daran, die inverse Transformation (Exponentiation) anzuwenden, um die Ergebnisse auf die ursprüngliche Skala zurückzuführen. Dies ist besonders wichtig, wenn Ergebnisse einem nicht-technischen Publikum präsentiert werden.

- Seien Sie vorsichtig bei der Interpretation von Merkmalen, die mithilfe des Logarithmus transformiert wurden. Stellen Sie sicher, dass die Modellausgabe unter Berücksichtigung der Transformation erklärt wird.

5.4.5 Das Ignorieren der Natur nichtlinearer Beziehungen

Nicht alle Beziehungen zwischen Merkmalen und der Zielvariablen sind linear. Die ausschließliche Anwendung linearer Transformationen wie Skalierung oder Standardisierung kann wichtige nichtlineare Beziehungen übersehen.

Was könnte schiefgehen?

- Durch die Annahme einer linearen Beziehung und die Anwendung standardisierter Skalierungen oder Normalisierungen könnte das Modell komplexere, nichtlineare Muster in den Daten nicht erfassen.

- Wenn die tatsächliche Beziehung zwischen einem Merkmal und der Zielvariablen nichtlinear ist, könnte die ausschließliche Verwendung linearer Transformationen die Vorhersagekraft des Modells schwächen.

Lösung:

- Untersuchen Sie **nichtlineare Transformationen** wie logarithmische, Quadratwurzel-, Kubikwurzel- und polynomiale Transformationen, wenn Sie nichtlineare Beziehungen zwischen den Merkmalen und der Zielvariablen vermuten.

- Visualisieren Sie die Beziehungen zwischen Merkmalen und der Zielvariablen, um die zugrunde liegenden Muster besser zu verstehen.

5.4.6 Unsachgemäßer Umgang mit Ausreißern

Transformationen wie Min-Max-Skalierung und Standardisierung sind empfindlich gegenüber Ausreißern. Wenn Ihr Datensatz extreme Werte enthält, können diese Transformationen durch die Ausreißer verzerrt werden, was zu ungenauen Skalen oder unangemessener Skalierung führt.

Was könnte schiefgehen?

- Ausreißer können den Skalierungsprozess dominieren, wodurch die meisten Daten in einen engen Bereich komprimiert werden. Dies kann zu einer schlechten Modellleistung führen, insbesondere bei Modellen, die auf Distanzmetriken basieren (z. B. KNN).

- Skalierungsmethoden wie Min-Max-Skalierung können kleine Änderungen in den Daten größer erscheinen lassen, wenn extreme Ausreißer vorhanden sind.

Lösung:

- Erkennen und behandeln Sie Ausreißer vor der Anwendung von Transformationen, indem Sie Techniken wie **Capping** (Begrenzung extremer Werte auf einen Schwellenwert) oder den **RobustScaler** verwenden, der die Daten auf der Grundlage des Interquartilsabstands skaliert und somit weniger empfindlich auf Ausreißer reagiert.

- Verwenden Sie **logarithmische** oder **Quadratwurzel-Transformationen**, um die Auswirkungen von Ausreißern zu minimieren und gleichzeitig die Gesamtstruktur der Daten zu bewahren.

Das Transformieren und Skalieren von Merkmalen ist entscheidend für die Verbesserung der Modellleistung, birgt jedoch potenzielle Risiken. Die Anwendung ungeeigneter Transformationen, falsche Skalierung der Daten oder das Missverstehen transformierter Daten kann zu ungenauen oder irreführenden Ergebnissen führen. Durch das Verständnis dieser Risiken und die sorgfältige Anwendung von Transformationen können Sie sicherstellen, dass Ihre Modelle für den Erfolg optimiert sind und die Datenintegrität erhalten bleibt.

Kapitel 5 Zusammenfassung

In diesem Kapitel haben wir die entscheidende Rolle von Transformationen und Skalierungen von Merkmalen bei der Vorbereitung von Daten für Machine-Learning-Modelle untersucht. Ordentlich skalierte und transformierte Daten stellen sicher, dass Machine-Learning-Algorithmen Beziehungen zwischen Merkmalen genau interpretieren können, was zu einer besseren Modellleistung und Stabilität führt. Wenn Merkmale nicht angemessen skaliert oder transformiert werden, kann dies zu einem schlechten Modellverhalten führen, insbesondere bei Algorithmen, die auf Distanzmetriken wie K-Nearest Neighbors (KNN) oder Optimierungsalgorithmen wie Gradient Descent basieren.

Wir begannen mit der Diskussion der Bedeutung von **Skalierung** und **Normalisierung**. Skalierungstechniken wie **Min-Max-Skalierung** und **Standardisierung** stellen sicher, dass Merkmale innerhalb eines bestimmten Bereichs liegen oder einen Mittelwert von 0 und eine Standardabweichung von 1 aufweisen. Dies ist besonders wichtig für Algorithmen, die empfindlich auf die Größenordnung von Merkmalen reagieren. **Min-Max-Skalierung** ist ideal, wenn der Bereich von Merkmalen eingeschränkt werden muss, beispielsweise bei Distanz-basierten Modellen oder neuronalen Netzwerken. **Standardisierung** (Z-Skalen-Normalisierung) ist dagegen besser geeignet für Modelle, die eine Normalverteilung der Daten voraussetzen, wie logistische Regression und Hauptkomponentenanalyse (PCA).

Als nächstes führten wir **nichtlineare Transformationen** ein, wie **logarithmische**, **Quadratwurzel-**, **Kubikwurzel-** und leistungsbasierte Transformationen wie **Box-Cox** und **Yeo-Johnson**. Diese Transformationen helfen, Schiefe zu reduzieren, die Varianz zu stabilisieren und Beziehungen zwischen Merkmalen zu linearisieren, was die Leistung von Machine-Learning-Modellen verbessert. Beispielsweise ist die **logarithmische Transformation** besonders nützlich für rechtsschiefe Daten, während **Quadratwurzel-** und **Kubikwurzel-Transformationen** moderatere Anpassungen für weniger schiefe Daten bieten. Wir behandelten auch fortgeschrittene Transformationen wie **Box-Cox**, die Daten auf Normalität für positive Werte anpassen, und **Yeo-Johnson**, die sowohl positive als auch negative Werte verarbeiten können.

Im Abschnitt **"Was könnte schiefgehen?"** hoben wir mehrere potenzielle Fallstricke hervor, die bei der Merkmals-Transformation und -Skalierung auftreten können. Die fehlerhafte Anwendung von Transformationen, wie die Verwendung einer logarithmischen Transformation bei Daten mit negativen Werten, kann zu Fehlern oder Verzerrungen führen. Das

Übertransformieren von Daten kann es Modellen erschweren, Beziehungen zwischen Merkmalen zu interpretieren, während ein unsachgemäßer Umgang mit Testdaten während der Skalierung zu voreingenommenen Modellauswertungen führen kann. Der falsche Umgang mit Ausreißern während der Skalierung kann ebenfalls die Ergebnisse verzerren, insbesondere bei Algorithmen, die empfindlich auf die Größenordnung von Merkmalen reagieren.

Die zentrale Erkenntnis dieses Kapitels ist, dass das Skalieren und Transformieren von Merkmalen nicht nur dazu dient, die Daten an ein Modell „anzupassen", sondern sicherzustellen, dass das Modell die Daten effektiv interpretieren kann. Ob es darum geht, Merkmale für Regressionsmodelle zu standardisieren oder nichtlineare Transformationen anzuwenden, um Schiefe zu reduzieren – diese Techniken ermöglichen es Modellen, die zugrunde liegenden Muster in den Daten besser zu erfassen, was zu genaueren Vorhersagen führt. Als Datenwissenschaftler ist das Beherrschen dieser Techniken entscheidend für den Aufbau robuster und leistungsstarker Machine-Learning-Modelle.

Kapitel 6: Kodierung kategorialer Variablen

Beim Arbeiten mit Machine-Learning-Modellen ist eine der größten Herausforderungen der Umgang mit kategorialen Variablen. Im Gegensatz zu numerischen Merkmalen erfordern kategoriale Variablen spezifische Kodierungstechniken, um sie in ein Format umzuwandeln, das Machine-Learning-Algorithmen effektiv verarbeiten können. Eine korrekte Kodierung kategorialer Variablen stellt sicher, dass Modelle die Beziehungen zwischen Kategorien verstehen und diese effektiv für Vorhersagen nutzen können. In diesem Kapitel werden wir verschiedene Techniken zur Kodierung kategorialer Daten untersuchen und mit einer detaillierten Analyse des **One-Hot-Encoding** beginnen, einer der am häufigsten verwendeten Methoden. Spätere Abschnitte behandeln fortgeschrittenere Kodierungstechniken.

6.1 One-Hot-Encoding: Tipps und Tricks

One-Hot-Encoding ist eine grundlegende Technik, um kategoriale Variablen in ein für Machine-Learning-Algorithmen geeignetes Format zu transformieren. Diese Methode erstellt eine neue binäre Spalte für jede eindeutige Kategorie innerhalb einer Variablen, wobei 1 das Vorhandensein einer Kategorie und 0 deren Abwesenheit repräsentiert. Obwohl das One-Hot-Encoding einfach umzusetzen ist, gibt es mehrere Feinheiten, die sorgfältige Überlegungen erfordern.

Ein Hauptvorteil des One-Hot-Encoding ist die Fähigkeit, die nicht ordinale Natur kategorialer Variablen zu bewahren. Im Gegensatz zu numerischen Kodierungsmethoden, die möglicherweise eine Reihenfolge zwischen Kategorien einführen könnten, behandelt das One-Hot-Encoding jede Kategorie als unabhängig. Dies ist besonders nützlich für Variablen wie Farben, bei denen keine inhärente Rangfolge zwischen den Kategorien besteht.

Die Einfachheit des One-Hot-Encoding kann jedoch bei komplexen Datensätzen zu Herausforderungen führen. Beispielsweise können Datensätze mit einer großen Anzahl einzigartiger Kategorien in einer einzigen Variablen (hohe Kardinalität) zu einer Explosion der Merkmale führen. Dies erhöht nicht nur die Dimensionalität des Datensatzes, sondern kann auch zu spärlichen Matrizen führen, was sich negativ auf die Modellleistung und Interpretierbarkeit auswirken kann.

Darüber hinaus kann das One-Hot-Encoding problematisch sein, wenn während der Modellausführung neue Kategorien auftreten. Wenn das Modell auf eine Kategorie stößt, die während des Trainings nicht vorhanden war, fehlt die entsprechende binäre Spalte, was zu

Fehlern oder Fehlklassifikationen führen kann. Dies erfordert Strategien zum Umgang mit unbekannten Kategorien, beispielsweise durch die Erstellung einer allgemeinen "Sonstige"-Kategorie während der Kodierung.

In diesem Abschnitt werden wir diese Überlegungen genauer betrachten und bewährte Praktiken für die effektive Implementierung des One-Hot-Encoding untersuchen. Wir werden Strategien zur Minderung der Dimensionenflut, zum Umgang mit unbekannten Kategorien und zur Optimierung der rechnerischen Effizienz diskutieren. Durch das Verständnis dieser Feinheiten können Datenwissenschaftler das volle Potenzial des One-Hot-Encoding ausschöpfen und eine robuste und effektive Handhabung kategorialer Variablen in ihren Machine-Learning-Pipelines sicherstellen.

Was ist One-Hot-Encoding?

One-Hot-Encoding ist eine wichtige Technik in der Datenvorverarbeitung, die kategoriale Variablen in ein für Machine-Learning-Algorithmen geeignetes Format umwandelt. Diese Methode erstellt mehrere binäre Spalten aus einer einzigen kategorialen Eigenschaft, wobei jede neue Spalte eine eindeutige Kategorie repräsentiert.

Beispielsweise erzeugt das One-Hot-Encoding für eine kategoriale Eigenschaft **Farbe** mit den Werten **Rot**, **Blau** und **Grün** drei neue Spalten: **Farbe_Rot**, **Farbe_Blau** und **Farbe_Grün**. Im resultierenden Datensatz hat jede Zeile eine '1' in der Spalte, die ihrem ursprünglichen Farbwert entspricht, während die anderen Spalten auf '0' gesetzt sind.

Diese Kodierungsmethode ist besonders wertvoll, da sie die nicht ordinale Natur kategorialer Variablen bewahrt. Im Gegensatz zu numerischen Kodierungsmethoden, die möglicherweise eine Reihenfolge zwischen Kategorien einführen könnten, behandelt das One-Hot-Encoding jede Kategorie als unabhängig. Dies ist besonders nützlich für Variablen wie Farben, bei denen keine Rangfolge zwischen den Kategorien besteht.

Es ist jedoch wichtig zu beachten, dass das One-Hot-Encoding bei Variablen mit hoher Kardinalität (d. h. mit vielen einzigartigen Kategorien) Herausforderungen mit sich bringen kann. In solchen Fällen kann der Kodierungsprozess zu einer großen Anzahl neuer Spalten führen, was möglicherweise zur "Dimensionenflut" und einer Beeinträchtigung der Modellleistung führt.

Zusätzlich erfordert das One-Hot-Encoding eine sorgfältige Handhabung neuer, unbekannter Kategorien während der Modellausführung, da für diese keine entsprechenden Spalten im kodierten Datensatz vorhanden wären.

Beispiel: Basis-One-Hot-Encoding

```
import pandas as pd
import numpy as np
from sklearn.preprocessing import OneHotEncoder

# Sample data with multiple categorical features
```

```python
data = {
    'Color': ['Red', 'Blue', 'Green', 'Blue', 'Red', 'Yellow'],
    'Size': ['Small', 'Medium', 'Large', 'Medium', 'Small', 'Large'],
    'Brand': ['A', 'B', 'C', 'A', 'B', 'C']
}

df = pd.DataFrame(data)

print("Original DataFrame:")
print(df)
print("\\n")

# Method 1: Using pandas get_dummies
df_one_hot_pd    =    pd.get_dummies(df,    columns=['Color',    'Size',    'Brand'],
prefix=['Color', 'Size', 'Brand'])

print("One-Hot Encoded DataFrame using pandas:")
print(df_one_hot_pd)
print("\\n")

# Method 2: Using sklearn OneHotEncoder
encoder = OneHotEncoder(sparse=False, handle_unknown='ignore')
encoded_features = encoder.fit_transform(df)

# Create DataFrame with encoded feature names
feature_names = encoder.get_feature_names_out(['Color', 'Size', 'Brand'])
df_one_hot_sk = pd.DataFrame(encoded_features, columns=feature_names)

print("One-Hot Encoded DataFrame using sklearn:")
print(df_one_hot_sk)
print("\\n")

# Demonstrating handling of unknown categories
new_data    =    pd.DataFrame({'Color': ['Purple'], 'Size': ['Extra  Large'], 'Brand':
['D']})
encoded_new_data = encoder.transform(new_data)
df_new_encoded = pd.DataFrame(encoded_new_data, columns=feature_names)

print("Handling unknown categories:")
print(df_new_encoded)
```

Umfassende Erklärung:

1. **Importieren von Bibliotheken:**

   o Wir importieren pandas für die Datenmanipulation, numpy für numerische Operationen und OneHotEncoder aus sklearn, um eine alternative Kodierungsmethode zu verwenden.

2. **Erstellen von Beispieldaten:**

- o Wir erstellen einen komplexeren Datensatz mit mehreren kategorialen Merkmalen: Farbe, Größe und Marke.

3. **Methode 1: Verwendung von pandas get_dummies:**

- o Mit pd.get_dummies() führen wir One-Hot-Encoding für alle kategorialen Spalten durch.

- o Der prefixParameter wird verwendet, um den neuen Spaltennamen ein Präfix hinzuzufügen, was diese beschreibender macht.

4. **Methode 2: Verwendung von sklearn OneHotEncoder:**

- o Wir initialisieren den OneHotEncoder mit sparse=False, um ein dichtes Array zu erhalten, und handle_unknown='ignore', um unbekannte Kategorien während der Transformation zu behandeln.

- o Wir passen den Encoder an und transformieren die Daten.

- o Mit get_feature_names_out() erhalten wir die Namen der kodierten Merkmale und erstellen ein DataFrame mit diesen Namen.

5. **Umgang mit unbekannten Kategorien:**

- o Wir demonstrieren, wie der OneHotEncoder von sklearn unbekannte Kategorien behandelt, indem wir ein neues DataFrame mit nicht gesehenen Kategorien erstellen.

- o Der Encoder erstellt Spalten mit Nullen für diese unbekannten Kategorien und verhindert so Fehler während der Modellvorhersage.

Dieses erweiterte Beispiel zeigt:

- • Mehrere kategoriale Merkmale

- • Zwei Methoden des One-Hot-Encoding (pandas und sklearn)

- • Korrekte Benennung der kodierten Merkmale

- • Umgang mit unbekannten Kategorien

- • Eine schrittweise Ausgabe zur Visualisierung des Kodierungsprozesses

Dieser umfassende Ansatz bietet ein besseres Verständnis des One-Hot-Encoding und seiner Implementierung in verschiedenen Szenarien und macht es damit besser geeignet für reale Anwendungen.

6.1.1 Tipp 1: Vermeiden der Dummy-Variablen-Falle

Ein zentrales Problem beim Einsatz von One-Hot-Encoding ist die sogenannte **Dummy-Variablen-Falle**. Diese tritt auf, wenn alle binären Spalten, die aus einer kategorialen Variablen erstellt wurden, einbezogen werden, was zu perfekter Multikollinearität führt. Im Wesentlichen benötigen Sie bei n Kategorien nur n-1 binäre Spalten, da die n-te Spalte immer aus den anderen abgeleitet werden kann.

Beispielsweise benötigen Sie bei einer Variable Farbe mit den Kategorien Rot, Blau und Grün nur zwei binäre Spalten (z. B. Ist_Rot und Ist_Blau), um alle Informationen zu erfassen. Die dritte Kategorie (Grün) ist implizit repräsentiert, wenn sowohl Ist_Rot als auch Ist_Blau den Wert 0 haben.

Diese Redundanz kann zu mehreren Problemen in statistischen und maschinellen Lernmodellen führen:

- **Multikollinearität in linearen Modellen:** Dies kann das Modell instabil und schwer interpretierbar machen, da die Koeffizienten für die redundanten Variablen unzuverlässig werden.

- **Overfitting:** Die zusätzliche Spalte liefert keine neuen Informationen, erhöht aber die Modellkomplexität, was zu Overfitting führen kann.

- **Recheninieffizienz:** Die Aufnahme unnötiger Spalten erhöht die Dimensionalität des Datensatzes, was zu längeren Trainingszeiten und einem höheren Speicherbedarf führt.

Lösung: Eine Spalte weglassen

Um die Dummy-Variablen-Falle zu vermeiden, ist es eine bewährte Praxis, immer eine der binären Spalten beim One-Hot-Encoding wegzulassen. Diese Technik, bekannt als 'drop first' oder 'leave one out'-Kodierung, stellt sicher, dass das Modell keine redundanten Informationen erhält, während dennoch alle notwendigen kategorialen Daten erfasst werden.

Die meisten modernen Machine-Learning-Bibliotheken wie pandas und scikit-learn bieten integrierte Optionen, um automatisch die erste (oder eine andere) Spalte während des One-Hot-Encoding wegzulassen. Dieser Ansatz verhindert nicht nur Multikollinearitätsprobleme, sondern reduziert auch die Dimensionalität des Datensatzes geringfügig, was für die Modellleistung und Interpretierbarkeit vorteilhaft sein kann.

Code-Beispiel: Weglassen einer Spalte

```python
import pandas as pd
from sklearn.preprocessing import OneHotEncoder

# Sample data
data = {
    'Color': ['Red', 'Blue', 'Green', 'Blue', 'Red', 'Yellow'],
    'Size': ['Small', 'Medium', 'Large', 'Medium', 'Small', 'Large']
}

df = pd.DataFrame(data)
```

```
print("Original DataFrame:")
print(df)
print("\\n")

# Method 1: Using pandas get_dummies
df_one_hot_pd    =    pd.get_dummies(df,    columns=['Color'],    drop_first=True,
prefix='Color')

print("One-Hot Encoded DataFrame using pandas (drop_first=True):")
print(df_one_hot_pd)
print("\\n")

# Method 2: Using sklearn OneHotEncoder
encoder = OneHotEncoder(drop='first', sparse=False)
encoded_features = encoder.fit_transform(df[['Color']])

# Create DataFrame with encoded feature names
feature_names = encoder.get_feature_names_out(['Color'])
df_one_hot_sk = pd.DataFrame(encoded_features, columns=feature_names)

# Combine with original 'Size' column
df_one_hot_sk = pd.concat([df['Size'], df_one_hot_sk], axis=1)

print("One-Hot Encoded DataFrame using sklearn (drop='first'):")
print(df_one_hot_sk)
```

Umfassende Erklärung:

1. **Importieren von Bibliotheken:**

   o Wir importieren pandas für die Datenmanipulation und OneHotEncoder aus sklearn für eine alternative Kodierungsmethode.

2. **Erstellen von Beispieldaten:**

   o Wir erstellen einen Beispieldatensatz mit zwei kategorialen Merkmalen: Farbe und Größe.

3. **Methode 1: Verwendung von pandas get_dummies:**

   o Mit pd.get_dummies() führen wir One-Hot-Encoding für die Spalte Farbe durch.

   o Der Parameter drop_first=True wird verwendet, um die Dummy-Variablen-Falle zu vermeiden, indem die erste Kategorie entfernt wird.

   o Der Parameter prefix fügt den neuen Spaltennamen ein Präfix hinzu, was diese beschreibender macht.

4. **Methode 2: Verwendung von sklearn OneHotEncoder:**

- o Wir initialisieren den OneHotEncoder mit drop='first', um die erste Kategorie zu entfernen, und sparse=False, um ein dichtes Array zu erhalten.

- o Wir passen den Encoder an und transformieren die Spalte Farbe.

- o Mit get_feature_names_out() erhalten wir die Namen der kodierten Merkmale und erstellen ein DataFrame mit diesen Namen.

- o Wir verknüpfen die kodierten FarbeMerkmale mit der ursprünglichen Spalte Größe, um alle Informationen beizubehalten.

5. **Ergebnisse ausgeben:**

- o Wir drucken das ursprüngliche DataFrame sowie die kodierten DataFrames aus beiden Methoden, um die Ergebnisse zu vergleichen.

Dieses erweiterte Beispiel zeigt:

- Einen realistischeren Datensatz mit mehreren kategorialen Merkmalen

- Zwei Methoden des One-Hot-Encoding (pandas und sklearn)

- Das korrekte Entfernen der ersten Kategorie zur Vermeidung der Dummy-Variablen-Falle

- Den Umgang mit mehreren Spalten, einschließlich nicht kodierter Spalten

- Eine schrittweise Ausgabe zur Visualisierung des Kodierungsprozesses

Dieser umfassende Ansatz bietet ein robustes Verständnis von One-Hot-Encoding und dessen Implementierung in verschiedenen Szenarien, wodurch es besser für reale Anwendungen geeignet ist.

6.1.2 Tipp 2: Umgang mit kategorialen Variablen mit hoher Kardinalität

Beim Umgang mit kategorialen Variablen, die viele eindeutige Kategorien aufweisen (bekannt als **hohe Kardinalität**), kann One-Hot-Encoding eine große Anzahl von Spalten erzeugen, was das Training verlangsamt und das Modell unnötig komplex macht. Beispielsweise erzeugt eine Spalte Stadt mit Hunderten eindeutiger Städtenamen Hunderte binärer Spalten. Dies kann zu mehreren Problemen führen:

- **Erhöhte Dimensionalität:** Der Eingaberaum des Modells wird wesentlich größer, was möglicherweise zur "Fluch der Dimensionalität" führt.

- **Längere Trainingszeiten:** Mehr Merkmale bedeuten mehr Berechnungen, was den Modelltrainingsprozess verlangsamt.

- **Overfitting:** Mit zu vielen Merkmalen könnte das Modell Rauschen in den Daten statt tatsächliche Muster lernen.

- **Speicherprobleme:** Große, spärliche Matrizen können erheblichen Speicherplatz beanspruchen.

Um diese Herausforderungen zu bewältigen, können mehrere Strategien eingesetzt werden:

Lösung 1: Feature-Gruppierung

Bei hoher Kardinalität können Sie die Anzahl der Kategorien reduzieren, indem Sie sie in breitere Kategorien gruppieren. Wenn der Datensatz beispielsweise Städte enthält, könnten Sie diese nach Regionen oder Bevölkerungsgrößen gruppieren. Dieser Ansatz bietet mehrere Vorteile:

- **Reduziert die Dimensionalität**, während sinnvolle Informationen erhalten bleiben

- **Führt Domänenwissen** in den Feature-Engineering-Prozess ein

- **Macht das Modell robuster** gegenüber seltenen oder unbekannten Kategorien

Anstatt einzelne Städte zu verwenden, könnten Sie sie beispielsweise in Kategorien wie "Großstädte", "Mittelgroße Städte" und "Kleine Städte" einteilen.

Code-Beispiel: Feature-Gruppierung

```python
import pandas as pd
import numpy as np

# Sample data with high-cardinality categorical feature
data = {
    'City': ['New York', 'Los Angeles', 'Chicago', 'Houston', 'Phoenix',
'Philadelphia',
             'San Antonio', 'San Diego', 'Dallas', 'San Jose', 'Austin',
'Jacksonville'],
    'Population': [8336817, 3898747, 2746388, 2304580, 1608139, 1603797,
                  1434625, 1386932, 1304379, 1013240, 961855, 911507]
}

df = pd.DataFrame(data)

# Define a function to group cities based on population
def group_cities(population):
    if population > 5000000:
        return 'Mega City'
    elif population > 2000000:
        return 'Large City'
    elif population > 1000000:
        return 'Medium City'
    else:
        return 'Small City'

# Apply the grouping function
df['City_Group'] = df['Population'].apply(group_cities)

# Perform One-Hot Encoding on the grouped feature
```

```
df_encoded = pd.get_dummies(df, columns=['City_Group'], prefix='CityGroup')

print(df_encoded)
```

Umfassende Erklärung des Codebeispiels:

1. **Importieren von Bibliotheken:**

   o pandas wird für die Datenmanipulation importiert, numpy für numerische Operationen.

2. **Erstellen von Beispieldaten:**

   o Es wird ein Beispieldatensatz mit zwei Merkmalen erstellt: Stadt und Bevölkerung.

   o Dieser Datensatz simuliert ein Szenario mit hoher Kardinalität und 12 verschiedenen Städten.

3. **Definieren der Gruppierungsfunktion:**

   o Eine Funktion namens group_cities wird erstellt, die einen Bevölkerungswert als Eingabe verwendet.

   o Die Funktion kategorisiert Städte basierend auf definierten Bevölkerungsschwellen in vier Gruppen.

   o Dieser Schritt integriert Domänenwissen in den Feature-Engineering-Prozess.

4. **Anwenden der Gruppierungsfunktion:**

   o Mit df['Population'].apply(group_cities) wird die Gruppierungsfunktion auf jede Stadt angewendet.

   o Das Ergebnis wird in einer neuen Spalte City_Group gespeichert.

5. **One-Hot-Encoding der gruppierten Merkmale:**

   o Mit pd.get_dummies() wird One-Hot-Encoding auf die Spalte City_Group angewendet.

   o Der Parameter prefix='CityGroup' fügt den neuen Spaltennamen ein Präfix hinzu, um die Klarheit zu erhöhen.

6. **Ergebnisse ausgeben:**

   o Das endgültige codierte DataFrame wird gedruckt, um das Ergebnis der Feature-Gruppierung und Codierung zu sehen.

Dieser Ansatz reduziert die Anzahl der durch One-Hot-Encoding erstellten Spalten erheblich (von 12 auf 4), während dennoch sinnvolle Informationen über die Städte erfasst werden. Die

Gruppierung basiert auf der Bevölkerungsgröße, kann jedoch je nach spezifischem Anwendungsfall und Domänenwissen auch andere Kriterien verwenden.

Lösung 2: Frequenz-Codierung

Eine weitere Option für Variablen mit hoher Kardinalität ist die **Frequenz-Codierung**, bei der jede Kategorie durch ihre Häufigkeit (d. h. die Anzahl der Vorkommen im Datensatz) ersetzt wird. Diese Methode bietet mehrere Vorteile:

- **Erhält Informationen über die relative Bedeutung** jeder Kategorie.

- **Reduziert die Dimensionalität** auf eine einzige Spalte.

- **Kann die prädiktive Kraft seltener Kategorien** teilweise erfassen.

Allerdings ist zu beachten, dass die Frequenz-Codierung voraussetzt, dass die Häufigkeit einer Kategorie mit ihrer Bedeutung für die Vorhersage der Zielvariablen zusammenhängt, was nicht immer der Fall sein muss.

```python
import pandas as pd

# Sample data with high-cardinality categorical feature
data = {
    'City': ['New York', 'Los Angeles', 'Chicago', 'New York', 'Houston', 'Los Angeles',
            'Chicago', 'Phoenix', 'Philadelphia', 'San Antonio', 'San Diego', 'Dallas']
}

df = pd.DataFrame(data)

# Calculate frequency of each category
frequency = df['City'].value_counts(normalize=True)

# Perform frequency encoding
df['City_Frequency'] = df['City'].map(frequency)

# View the encoded dataframe
print(df)
```

Umfassende Erläuterung des Codebeispiels:

1. **Importieren von Bibliotheken:**

   o   pandas wird für die Datenmanipulation und Analyse importiert.

2. **Erstellen von Beispieldaten:**

   o   Ein Beispieldatensatz mit einer hochgradigen kategorialen Variable City wird erstellt.

- o Der Datensatz enthält 12 Einträge mit wiederholten Städten, um Frequenzunterschiede zu veranschaulichen.

3. **Berechnung der Frequenz:**

    - o df['City'].value_counts(normalize=True) wird verwendet, um die relative Häufigkeit jeder Stadt zu berechnen.

    - o Der Parameter normalize=True stellt sicher, dass proportionale Werte statt absoluten Häufigkeiten berechnet werden.

4. **Anwendung der Frequenz-Codierung:**

    - o Mit df['City'].map(frequency) wird jeder Stadtname durch die berechnete Häufigkeit ersetzt.

    - o Die Funktion map() wendet das Frequenz-Dictionary auf jeden Wert in der Spalte City an.

5. **Erstellen einer neuen Spalte:**

    - o Das Ergebnis wird in einer neuen Spalte City_Frequency gespeichert.

    - o Dies bewahrt die ursprüngliche Spalte City, während die codierte Version hinzugefügt wird.

6. **Ergebnisse ausgeben:**

    - o Das finale DataFrame wird gedruckt, um sowohl die ursprünglichen Stadtnamen als auch die frequenzcodierten Werte anzuzeigen.

Dieser Ansatz ersetzt jede Kategorie (Stadtname) durch ihre Häufigkeit im Datensatz. Häufig auftretende Städte erhalten höhere Werte, seltene Städte niedrigere Werte. Diese Methode reduziert die hochgradige kategoriale Variable City auf eine einzige numerische Spalte, die von vielen Machine-Learning-Algorithmen einfacher verarbeitet werden kann.

Wesentliche Vorteile dieser Methode umfassen:

- **Reduzierung der Dimensionalität:** Statt einer großen Anzahl von One-Hot-codierten Spalten wird nur eine Spalte erstellt.

- **Erhalt von Informationen:** Die Häufigkeitswerte bewahren Informationen über die relative Häufigkeit jeder Kategorie.

- **Umgang mit neuen Kategorien:** Für unbekannte Kategorien in Testdaten könnte ein Standardwert (z. B. 0 oder die mittlere Häufigkeit) zugewiesen werden.

Es ist jedoch wichtig zu beachten, dass diese Methode voraussetzt, dass die Häufigkeit einer Kategorie mit ihrer Relevanz für die Vorhersage der Zielvariablen zusammenhängt, was nicht immer der Fall sein muss. Validieren Sie stets die Effektivität der Frequenzcodierung für Ihr spezifisches Problem und Ihren Datensatz.

Lösung 3: Target-Encoding

Das Target-Encoding, auch bekannt als Mean-Encoding oder Likelihood-Encoding, ist eine fortschrittliche Technik, die jede Kategorie durch den Mittelwert der Zielvariablen für diese Kategorie ersetzt. Diese Methode kann besonders leistungsstark sein, wenn kategorische Variablen eine starke Beziehung zur Zielvariablen aufweisen. So funktioniert es:

1. Für jede Kategorie in einer Variable wird der Mittelwert der Zielvariablen für alle Instanzen dieser Kategorie berechnet.

2. Die Kategorie wird durch diesen berechneten Mittelwert ersetzt.

Beispielsweise könnte beim Vorhersagen von Hauspreisen und einer Variable Neighborhood jede Nachbarschaft durch den durchschnittlichen Hauspreis in dieser Nachbarschaft ersetzt werden.

Wesentliche Vorteile des Target-Encoding umfassen:

*   **Erfassung komplexer Beziehungen** zwischen Kategorien und der Zielvariablen.

*   **Effizientes Handling hochgradiger Variablen.**

*   **Potenzielle Leistungssteigerung**, insbesondere bei baumbasierten Modellen.

Es gibt jedoch auch erhebliche Risiken:

*   **Overfitting:** Es kann zu Datenlecks führen, wenn nicht sorgfältig implementiert.

*   **Empfindlichkeit gegenüber Ausreißern** in der Zielvariablen.

*   **Einführung von Bias**, wenn die codierten Werte nicht richtig regularisiert werden.

Um diese Risiken zu minimieren, können folgende Techniken angewendet werden:

*   **K-fache Kreuzvalidierung:** Die Daten werden mit Out-of-Fold-Vorhersagen codiert.

*   **Glättung:** Hinzufügen eines Regularisierungsterms, um den Kategorienmittelwert mit dem Gesamtdurchschnitt zu balancieren.

*   **Leave-One-Out-Encoding:** Der Zielmittelwert wird für jede Instanz berechnet, ohne diese Instanz selbst einzubeziehen.

Während Target-Encoding sehr effektiv sein kann, erfordert es eine sorgfältige Implementierung und Validierung, um sicherzustellen, dass es die Modellleistung verbessert, ohne Bias oder Overfitting einzuführen.

Codebeispiel: Target-Encoding

```
import pandas as pd
```

```python
import numpy as np
from sklearn.model_selection import KFold

# Sample data
data = {
    'Neighborhood': ['A', 'B', 'C', 'A', 'B', 'C', 'A', 'B', 'C', 'A'],
    'Price': [100, 150, 200, 120, 160, 220, 110, 140, 190, 130]
}
df = pd.DataFrame(data)

# Function to perform target encoding
def target_encode(df, target_col, encode_col, n_splits=5):
    # Create a new column for the encoded values
    df[f'{encode_col}_encoded'] = np.nan

    # Prepare KFold cross-validator
    kf = KFold(n_splits=n_splits, shuffle=True, random_state=42)

    # Perform out-of-fold target encoding
    for train_idx, val_idx in kf.split(df):
        # Calculate target mean for each category in the training fold
        target_means = df.iloc[train_idx].groupby(encode_col)[target_col].mean()

        # Encode the validation fold
        df.loc[val_idx,      f'{encode_col}_encoded']      =      df.loc[val_idx,
encode_col].map(target_means)

    # Handle any NaN values (for categories not seen in training)
    overall_mean = df[target_col].mean()
    df[f'{encode_col}_encoded'].fillna(overall_mean, inplace=True)

    return df

# Apply target encoding
encoded_df = target_encode(df, 'Price', 'Neighborhood')

print(encoded_df)
```

Erläuterung der Code-Struktur:

1. **Importieren von Bibliotheken:**

   o pandas wird für die Datenmanipulation importiert, numpy für numerische Operationen und KFold aus sklearn für Kreuzvalidierung.

2. **Erstellen von Beispieldaten:**

   o Ein Beispieldatensatz wird erstellt, in dem die kategoriale Variable Neighborhood und die Zielvariable Price enthalten sind.

3. **Definieren der Target-Encoding-Funktion:**

- o Eine Funktion namens target_encode wird definiert, die das DataFrame, den Namen der Zielspalte, die zu codierende Spalte und die Anzahl der Kreuzvalidierungs-Splits als Parameter übernimmt.

4. **Vorbereitung für die Codierung:**

   - o Eine neue Spalte wird im DataFrame erstellt, um die codierten Werte zu speichern.

   - o Ein KFold-Kreuzvalidierungsverfahren wird initialisiert, um das Out-of-Fold-Encoding durchzuführen und Datenlecks zu verhindern.

5. **Durchführen des Out-of-Fold-Target-Encodings:**

   - o Die Folds, die von KFold erzeugt wurden, werden iterativ durchlaufen.

   - o Für jeden Fold wird der Mittelwert der Zielvariablen für jede Kategorie anhand der Trainingsdaten berechnet.

   - o Diese Mittelwerte werden dann den entsprechenden Kategorien im Validierungs-Fold zugeordnet.

6. **Umgang mit unbekannten Kategorien:**

   - o Alle NaN-Werte (die auftreten können, wenn Kategorien in einem bestimmten Trainings-Fold nicht vorkommen) werden mit dem Gesamtdurchschnitt der Zielvariablen gefüllt.

7. **Anwendung der Codierung:**

   - o Die Funktion target_encode wird auf das Beispiel-DataFrame angewendet.

8. **Ergebnisse ausgeben:**

   - o Das finale codierte DataFrame wird ausgegeben, um sowohl die ursprünglichen Namen der Nachbarschaften als auch deren target-codierte Werte zu sehen.

Diese Implementierung verwendet K-Fold-Kreuzvalidierung, um das Out-of-Fold-Encoding durchzuführen, was das Risiko von Overfitting verringert. Die codierten Werte für jede Instanz werden nur anhand der Daten aus anderen Folds berechnet, wodurch sichergestellt wird, dass die Zielinformationen für diese Instanz nicht in ihrer eigenen Codierung verwendet werden.

Wesentliche Vorteile dieser Methode:

- Erfassung der Beziehung zwischen der kategorialen Variablen und der Zielvariablen.

- Effiziente Verarbeitung hochdimensionaler Variablen.

- Verringerung des Overfitting-Risikos durch Kreuzvalidierung.

Es ist jedoch wichtig, Target-Encoding vorsichtig einzusetzen, insbesondere bei kleinen Datensätzen oder wenn ein Risiko für Datenlecks besteht. Validieren Sie immer die Effektivität des Target-Encodings für Ihr spezifisches Problem und Ihren Datensatz.

Lösung 4: Dimensionalitätsreduktionstechniken

Nach dem One-Hot-Encoding können Dimensionalitätsreduktionstechniken wie Principal Component Analysis (PCA) oder t-Distributed Stochastic Neighbor Embedding (t-SNE) angewendet werden, um die Anzahl der Features zu reduzieren und dennoch die meisten Informationen zu erhalten. Diese Techniken sind besonders nützlich bei hochdimensionalen Daten, die durch das One-Hot-Encoding von kategorialen Variablen mit vielen Kategorien entstehen.

PCA ist eine lineare Dimensionalitätsreduktionstechnik, die die Hauptkomponenten der Daten identifiziert, also die Richtungen maximaler Varianz. Durch die Auswahl einer Teilmenge dieser Komponenten kann die Anzahl der Features erheblich reduziert werden, während der Großteil der Varianz erhalten bleibt. Dies hilft, die Fluch der Dimensionalität zu mindern und die Modellleistung zu verbessern.

t-SNE hingegen ist eine nicht-lineare Technik, die besonders effektiv für die Visualisierung hochdimensionaler Daten in zwei oder drei Dimensionen ist. Sie bewahrt die lokale Struktur der Daten, was nützlich ist, um Cluster oder Muster zu identifizieren, die in den ursprünglichen hochdimensionalen Daten möglicherweise nicht sichtbar sind.

Anwendung dieser Techniken nach dem One-Hot-Encoding:

- Stellen Sie sicher, dass Ihre Daten vor der Anwendung von PCA oder t-SNE angemessen skaliert sind, da diese Methoden empfindlich auf die Skalierung der Eingabefeatures reagieren.

- Für PCA können Sie das Verhältnis der kumulativen erklärten Varianz verwenden, um zu bestimmen, wie viele Komponenten beibehalten werden sollen. Eine gängige Herangehensweise ist es, genügend Komponenten zu behalten, um 95 % oder 99 % der Varianz zu erklären.

- Für t-SNE beachten Sie, dass es hauptsächlich für die Visualisierung und Exploration verwendet wird, nicht für die Generierung von Features für nachgelagerte Modellierungsaufgaben.

- Denken Sie daran, dass diese Techniken zwar leistungsstark sind, aber die resultierenden Features im Vergleich zu den ursprünglichen One-Hot-Encoded-Features möglicherweise weniger interpretierbar sind.

Durch die Kombination von One-Hot-Encoding mit Dimensionalitätsreduktion können Sie häufig ein Gleichgewicht zwischen der Erfassung kategorialer Informationen und der Beibehaltung eines überschaubaren Feature-Raums für Ihre Machine-Learning-Modelle erreichen.

Codebeispiel: Dimensionalitätsreduktion mit PCA nach One-Hot-Encoding

```python
import pandas as pd
import numpy as np
from sklearn.preprocessing import OneHotEncoder
from sklearn.decomposition import PCA
from sklearn.compose import ColumnTransformer

# Sample data
data = {
    'Color': ['Red', 'Blue', 'Green', 'Blue', 'Red', 'Green', 'Blue', 'Red'],
    'Size': ['Small', 'Medium', 'Large', 'Medium', 'Small', 'Large', 'Small',
'Medium'],
    'Price': [10, 15, 20, 14, 11, 22, 13, 16]
}
df = pd.DataFrame(data)

# Step 1: One-Hot Encoding
ct = ColumnTransformer([
    ('encoder', OneHotEncoder(drop='first', sparse_output=False), ['Color', 'Size'])
], remainder='passthrough')

X = ct.fit_transform(df)

# Step 2: Apply PCA
pca = PCA(n_components=0.95)  # Keep 95% of variance
X_pca = pca.fit_transform(X)

# Print results
print("Original shape:", X.shape)
print("Shape after PCA:", X_pca.shape)
print("Explained variance ratio:", pca.explained_variance_ratio_)
```

Erläuterung des Codeaufbaus:

1. **Importieren von Bibliotheken:**

   o pandas wird für die Datenmanipulation importiert, numpy für numerische Operationen und die notwendigen Klassen aus scikit-learn für Preprocessing und PCA.

2. **Erstellen von Beispieldaten:**

   o Ein Beispieldatensatz wird erstellt, der zwei kategoriale Features (Color und Size) und ein numerisches Feature (Price) enthält.

3. **One-Hot-Encoding:**

   o ColumnTransformer wird verwendet, um One-Hot-Encoding auf die kategorialen Features anzuwenden.

- OneHotEncoder ist so konfiguriert, dass die erste Kategorie (drop='first') ausgeschlossen wird, um die Dummy-Variable-Falle zu vermeiden, und sparse_output=False, um ein dichtes Array zurückzugeben.

- Die Spalte Price wird unverändert beibehalten, indem die Option passthrough verwendet wird.

4. **Anwenden von PCA:**

- PCA wird mit n_components=0.95 initialisiert, was bedeutet, dass genügend Komponenten beibehalten werden, um 95 % der Varianz der Daten zu erklären.

- Die Methode fit_transform wird verwendet, um PCA auf die One-Hot-codierten Daten anzuwenden.

5. **Ergebnisse ausgeben:**

- Die ursprüngliche Form der Daten nach dem One-Hot-Encoding und die neue Form nach der Anwendung von PCA werden ausgegeben.

- Das Verhältnis der erklärten Varianz für jede Hauptkomponente wird ebenfalls gedruckt.

Wichtige Punkte:

- Dieser Ansatz erweitert zunächst den Feature-Raum durch One-Hot-Encoding und reduziert ihn dann mithilfe von PCA, wodurch potenziell komplexere Beziehungen zwischen den Kategorien erfasst werden.

- Der Parameter n_components in PCA ist auf 0,95 eingestellt, was bedeutet, dass genügend Komponenten beibehalten werden, um 95 % der Varianz zu erklären. Dies ist ein gängiger Schwellenwert, kann jedoch je nach spezifischen Anforderungen angepasst werden.

- Die resultierenden Features (Hauptkomponenten) sind lineare Kombinationen der ursprünglichen One-Hot-codierten Features. Dadurch sind sie möglicherweise weniger interpretierbar, aber potenziell informativer für Machine-Learning-Modelle.

- Diese Methode ist besonders nützlich bei Datensätzen mit vielen kategorialen Variablen oder Kategorien, da sie die Dimensionalität erheblich reduzieren kann, während die meisten Informationen erhalten bleiben.

Denken Sie daran, Ihre numerischen Features vor der Anwendung von PCA zu skalieren, wenn sie unterschiedliche Skalen haben. In diesem Beispiel hatten wir nur ein numerisches Feature (Price), daher war keine Skalierung erforderlich. In realen Szenarien mit mehreren numerischen Features sollten Sie jedoch typischerweise einen Skalierungsschritt vor PCA einfügen.

Die Wahl zwischen diesen Lösungen hängt vom spezifischen Datensatz, der Art der kategorialen Variablen und dem verwendeten Machine-Learning-Algorithmus ab. Oft kann eine Kombination dieser Techniken die besten Ergebnisse liefern.

6.1.3 Tipp 3: Sparse-Matrizen für Effizienz

Bei der Arbeit mit großen Datensätzen oder kategorialen Variablen mit vielen einzigartigen Werten (hohe Kardinalität) kann One-Hot-Encoding zur Erstellung sehr sparsamer Matrizen führen. Das sind Matrizen, in denen die Mehrheit der Werte 0 ist, mit nur wenigen verstreuten 1en. Obwohl dies die Daten genau darstellt, kann es hinsichtlich Speicherplatz und Rechenzeit äußerst ineffizient sein.

Das Problem entsteht, weil traditionelle dichte Matrixdarstellungen alle Werte speichern, einschließlich der zahlreichen Nullen. Dies kann schnell große Mengen an Speicherplatz verbrauchen, insbesondere bei zunehmender Datensatzgröße oder Anzahl der Kategorien. Darüber hinaus können Berechnungen auf diesen großen, meist leeren Matrizen unnötig zeitaufwändig sein.

Lösung: Nutzung von Sparse-Matrizen

Um diese Herausforderungen zu bewältigen, können Sie One-Hot-Encoding optimieren, indem Sie **sparse Matrizen** verwenden. Sparse-Matrizen sind eine spezialisierte Datenstruktur, die darauf ausgelegt ist, Matrizen mit einem hohen Anteil an Nullwerten effizient zu handhaben. Sie erreichen dies, indem sie nur die nicht-null Elemente zusammen mit deren Positionen in der Matrix speichern.

Vorteile der Verwendung von Sparse-Matrizen:

- **Erhebliche Speicherersparnis:** Durch das Speichern nur der nicht-null Werte können Sparse-Matrizen den Speicherbedarf erheblich reduzieren, insbesondere bei großen, sparsamen Datensätzen.

- **Verbesserte Rechenleistung:** Viele lineare Algebra-Operationen können auf Sparse-Matrizen schneller durchgeführt werden, da sie sich nur mit den nicht-null Elementen befassen müssen.

- **Skalierbarkeit:** Sparse-Matrizen ermöglichen die Arbeit mit wesentlich größeren Datensätzen und höherdimensionalen Feature-Räumen, die mit dichten Darstellungen möglicherweise unpraktisch wären.

Durch die Implementierung von Sparse-Matrizen in Ihrem One-Hot-Encoding-Prozess können Sie die Vorteile dieser Kodierungstechnik beibehalten, während Sie deren potenzielle Nachteile bei der Arbeit mit großflächigen oder hoch-kardinalen Daten minimieren.

Codebeispiel: Sparse One-Hot-Encoding

```
import pandas as pd
import numpy as np
```

```python
from sklearn.preprocessing import OneHotEncoder
from scipy import sparse

# Sample data
data = {
    'Color': ['Red', 'Blue', 'Green', 'Blue', 'Red', 'Yellow', 'Green', 'Blue'],
    'Size': ['Small', 'Medium', 'Large', 'Medium', 'Small', 'Large', 'Medium',
'Small']
}
df = pd.DataFrame(data)

# Initialize OneHotEncoder with sparse matrix output
encoder = OneHotEncoder(sparse_output=True, drop='first')

# Apply One-Hot Encoding and transform the data into a sparse matrix
sparse_matrix = encoder.fit_transform(df)

# View the sparse matrix
print("Sparse Matrix:")
print(sparse_matrix)

# Get feature names
feature_names = encoder.get_feature_names_out(['Color', 'Size'])
print("\\nFeature Names:")
print(feature_names)

# Convert sparse matrix to dense array
dense_array = sparse_matrix.toarray()
print("\\nDense Array:")
print(dense_array)

# Create a DataFrame from the dense array
encoded_df = pd.DataFrame(dense_array, columns=feature_names)
print("\\nEncoded DataFrame:")
print(encoded_df)

# Demonstrate memory efficiency
print("\\nMemory Usage:")
print(f"Sparse Matrix: {sparse_matrix.data.nbytes + sparse_matrix.indptr.nbytes +
sparse_matrix.indices.nbytes} bytes")
print(f"Dense Array: {dense_array.nbytes} bytes")

# Perform operations on sparse matrix
print("\\nSum of each feature:")
print(np.asarray(sparse_matrix.sum(axis=0)).flatten())

# Inverse transform
original_data = encoder.inverse_transform(sparse_matrix)
print("\\nInverse Transformed Data:")
print(pd.DataFrame(original_data, columns=['Color', 'Size']))
```

Erklärung des Codeaufbaus:

1. **Importieren von Bibliotheken:**

   o pandas für die Datenmanipulation, numpy für numerische Operationen, OneHotEncoder aus sklearn für die Kodierung und sparse aus scipy für Operationen mit Sparse-Matrizen.

2. **Erstellen von Beispieldaten:**

   o Ein Beispieldatensatz mit zwei kategorialen Merkmalen (Color und Size) wird erstellt.

   o Dies demonstriert, wie mehrere kategoriale Spalten gleichzeitig verarbeitet werden können.

3. **Initialisierung von OneHotEncoder:**

   o sparse_output=True wird gesetzt, um eine Sparse-Matrix als Ausgabe zu erhalten.

   o drop='first' wird verwendet, um die Dummy-Variable-Falle zu vermeiden, indem die erste Kategorie für jedes Merkmal weggelassen wird.

4. **Anwenden von One-Hot-Encoding:**

   o Mit fit_transform werden der Encoder auf die Daten angepasst und die Transformation in einem Schritt durchgeführt.

   o Das Ergebnis ist eine Sparse-Matrix-Darstellung der kodierten Daten.

5. **Anzeigen der Sparse-Matrix:**

   o Die Sparse-Matrix wird gedruckt, um ihre Struktur zu sehen.

6. **Abrufen von Feature-Namen:**

   o Mit get_feature_names_out können die Namen der kodierten Merkmale angezeigt werden.

   o Dies ist nützlich, um zu verstehen, welche Spalte welche Kategorie darstellt.

7. **Umwandlung in ein dichtes Array:**

   o Die Sparse-Matrix wird mit toarray() in ein dichtes numpy-Array umgewandelt.

   o Dieser Schritt ist oft notwendig, um die Kompatibilität mit bestimmten Machine-Learning-Algorithmen zu gewährleisten.

8. **Erstellen eines DataFrames:**

   o Ein pandas-DataFrame wird aus dem dichten Array erstellt, wobei die Feature-Namen als Spaltenlabels verwendet werden.

o   Dies bietet eine besser lesbare Ansicht der kodierten Daten.

9. **Demonstration der Speicher-Effizienz:**

   o   Der Speicherverbrauch der Sparse-Matrix und des dichten Arrays wird verglichen.

   o   Dies illustriert die Einsparung von Speicherplatz durch die Verwendung von Sparse-Matrizen, was besonders bei großen Datensätzen wichtig ist.

10. **Durchführung von Operationen:**

    o   Es wird demonstriert, wie Operationen direkt auf der Sparse-Matrix durchgeführt werden können (z. B. die Summe jedes Features).

    o   Dies zeigt, dass die Sparse-Matrix verwendet werden kann, ohne in ein dichtes Format umgewandelt zu werden.

11. **Inverse Transformation:**

    o   Mit inverse_transform werden die kodierten Daten in das ursprüngliche kategoriale Format zurückkonvertiert.

    o   Dies ist nützlich, um Ergebnisse zu interpretieren oder den Kodierungsprozess zu validieren.

6.1.4 Wichtige Erkenntnisse und fortgeschrittene Überlegungen

- **One-Hot-Encoding** bleibt eine grundlegende Technik zur Verarbeitung kategorialer Variablen im Machine Learning. Seine Wirksamkeit liegt in der Fähigkeit, kategoriale Daten in ein Format umzuwandeln, das Algorithmen verarbeiten können. Seine Anwendung erfordert jedoch sorgfältige Überlegungen, um die Modellintegrität und die rechnerische Effizienz zu erhalten.

- Die **Dummy-Variable-Falle** ist eine kritische Falle, die es zu vermeiden gilt, insbesondere in linearen Modellen. Durch das Entfernen einer binären Spalte für jedes kodierte Merkmal vermeiden wir Multikollinearitätsprobleme, die die Stabilität der Modellkoeffizienten und deren Interpretation beeinträchtigen könnten.

- Hochkardinale Variablen stellen eine besondere Herausforderung beim One-Hot-Encoding dar. Die Vielzahl der Spalten kann zur Fluch der Dimensionalität führen, was das Modell durch spärliche, rauschanfällige Features überfordern könnte. **Frequenzkodierung** bietet eine elegante Alternative, indem Kategorien durch ihre Häufigkeit ersetzt werden. Dies reduziert nicht nur die Dimensionalität, sondern integriert auch wertvolle Informationen über die Prävalenz von Kategorien in die Feature-Darstellung.

- Eine weitere Strategie für hochkardinale Merkmale ist das Gruppieren von Kategorien. Dabei werden weniger häufige Kategorien in einer einzigen "Sonstige"-Kategorie zusammengefasst, wodurch die Anzahl der resultierenden Spalten reduziert wird, während die bedeutendsten kategorialen Informationen erhalten bleiben. Der Gruppierungsschwellenwert kann je nach spezifischem Datensatz und Modellanforderungen angepasst werden.

- Die Verwendung von **Sparse-Matrizen** stellt eine bedeutende Optimierung bei der Verarbeitung von One-Hot-codierten Daten dar, insbesondere bei großflächigen Datensätzen. Durch das Speichern nur der nicht-Null-Elemente reduzieren Sparse-Matrizen den Speicherverbrauch erheblich und beschleunigen Berechnungen. Diese Effizienzsteigerung ist besonders in Big-Data-Szenarien oder bei begrenzten Rechenressourcen entscheidend.

- Es ist zu beachten, dass die Wahl der Kodierungsmethode die Modellleistung erheblich beeinflussen kann. Das Experimentieren mit verschiedenen Kodierungstechniken und deren Kombinationen führt oft zu optimalen Ergebnissen. Beispielsweise könnten Sie innerhalb desselben Datensatzes One-Hot-Encoding für Variablen mit niedriger Kardinalität und Frequenzkodierung für solche mit hoher Kardinalität verwenden.

- Schließlich sollten Sie bei der Wahl der Kodierungsmethoden stets die Interpretierbarkeit Ihres Modells berücksichtigen. Während One-Hot-Encoding die Feature-Interpretierbarkeit beibehält, könnten komplexere Kodierungstechniken die direkte Beziehung zwischen ursprünglichen Kategorien und Modellausgaben verschleiern. Finden Sie ein Gleichgewicht zwischen Modellleistung und Interpretierbarkeit, das auf Ihre spezifischen Anwendungsfälle und die Anforderungen der Stakeholder abgestimmt ist.

6.2 Fortgeschrittene Kodierungsmethoden: Target-, Frequenz- und Ordinalkodierung

Obwohl One-Hot-Encoding eine grundlegende Technik zur Verarbeitung kategorialer Variablen ist, ist es nicht immer die optimale Wahl, insbesondere bei komplexen Datensätzen oder hochkardinalen Merkmalen. In solchen Szenarien können alternative Kodierungsmethoden die Effizienz und die Modellleistung verbessern. In diesem Abschnitt werden drei fortgeschrittene Kodierungstechniken vorgestellt: Target-, Frequenz- und Ordinalkodierung.

Target-Kodierung ersetzt Kategorien durch den Mittelwert der Zielvariablen für diese Kategorie. Diese Methode ist besonders effektiv, wenn eine starke Beziehung zwischen der kategorialen Variablen und der Zielvariablen besteht, und sie hilft, die Dimensionalitätsprobleme zu mildern, die mit One-Hot-Encoding bei hochkardinalen Merkmalen verbunden sind.

Frequenzkodierung ersetzt jede Kategorie durch ihre Häufigkeit im Datensatz. Diese Technik ist besonders nützlich, wenn die Häufigkeit einer Kategorie signifikante Informationen trägt. Sie ist speichereffizient und vermeidet das Spaltenexplosionsproblem des One-Hot-Encoding.

Ordinalkodierung wird angewendet, wenn Kategorien eine natürliche, geordnete Beziehung haben. Im Gegensatz zum One-Hot-Encoding, das alle Kategorien gleich behandelt, weist die Ordinalkodierung numerische Werte zu, die die Rangfolge oder Ordnung der Kategorien widerspiegeln. Diese Methode ist besonders wertvoll für Merkmale wie Bildungsstufen oder Produktbewertungen, bei denen die Reihenfolge relevant ist.

Jede dieser fortgeschrittenen Kodierungsmethoden hat ihre eigenen Stärken und eignet sich für unterschiedliche Arten von kategorialen Daten und Modellierungsszenarien. Durch das Verstehen und Anwenden dieser Techniken können Datenwissenschaftler ihr Werkzeugset zur Merkmalsverarbeitung erheblich erweitern und möglicherweise die Modellleistung in einer Vielzahl von Machine-Learning-Aufgaben verbessern.

6.2.1 Target-Kodierung

Target-Kodierung ist eine fortgeschrittene Kodierungstechnik, die jede Kategorie in einer kategorialen Variablen durch den Mittelwert der Zielvariablen für diese Kategorie ersetzt. Diese Methode ist besonders effektiv, wenn eine starke Korrelation zwischen der kategorialen Variablen und der Zielvariablen besteht. Sie bietet mehrere Vorteile gegenüber traditionellen Kodierungsmethoden wie One-Hot-Encoding:

1. **Reduktion der Dimensionalität**: Im Gegensatz zu One-Hot-Encoding, das für jede Kategorie eine neue binäre Spalte erstellt, bleibt bei der Target-Kodierung eine einzelne Spalte erhalten, was den Merkmalsraum erheblich reduziert. Dies ist besonders vorteilhaft für hochdimensionale Datensätze oder bei begrenzten Rechenressourcen.

2. **Erfassen komplexer Beziehungen**: Die Target-Kodierung kann nichtlineare Beziehungen zwischen Kategorien und der Zielvariablen erfassen, was die Modellleistung für bestimmte Algorithmen wie lineare Modelle oder neuronale Netze verbessern kann.

3. **Umgang mit seltenen Kategorien**: Sie bietet eine sinnvolle Möglichkeit, seltene Kategorien zu behandeln, da deren Kodierung durch den globalen Mittelwert der Zielvariablen beeinflusst wird, was das Risiko verringert, dass das Modell übermäßig an seltenen Ereignissen angepasst wird.

Wann sollte Target-Kodierung verwendet werden?

- **Hochkardinale Merkmale**: Die Target-Kodierung ist besonders nützlich bei kategorialen Variablen mit einer großen Anzahl einzigartiger Kategorien. In solchen Fällen würde One-Hot-Encoding zu einer Explosion der Features führen, was Speicherprobleme verursachen und die Modellkomplexität erhöhen könnte.

- **Starke Kategorie-Ziel-Beziehung**: Diese Methode ist ideal, wenn eine klare und bedeutungsvolle Beziehung zwischen der kategorialen Variablen und der Zielvariablen besteht. Sie nutzt diese Beziehung effektiv, um informative Merkmale zu erstellen.

- **Begrenzte Daten für bestimmte Kategorien**: In Situationen, in denen einige Kategorien nur wenige Datenpunkte aufweisen, kann die Target-Kodierung stabilere Schätzungen liefern, indem Informationen aus dem gesamten Datensatz einbezogen werden.

- **Zeitreihenprobleme**: Die Target-Kodierung kann besonders nützlich bei Zeitreihenprognosen sein, bei denen die historische Beziehung zwischen Kategorien und der Zielvariablen zukünftige Vorhersagen informieren kann.

Code-Beispiel: Target-Kodierung

Angenommen, wir arbeiten mit einem Datensatz, der eine **Neighborhood**-Spalte enthält, und die Zielvariable sind **Hauspreise**.

```python
import pandas as pd
import numpy as np
from sklearn.model_selection import train_test_split
from sklearn.metrics import mean_squared_error

# Sample data
data = {
    'Neighborhood': ['A', 'B', 'A', 'C', 'B', 'A', 'C', 'B', 'D', 'D'],
    'SalePrice': [300000, 450000, 350000, 500000, 470000, 320000, 480000, 460000,
400000, 420000]
}

df = pd.DataFrame(data)

# Split the data into train and test sets
train, test = train_test_split(df, test_size=0.2, random_state=42)

# Function to perform target encoding
def target_encode(train, test, column, target, alpha=5):
    # Calculate global mean
    global_mean = train[target].mean()

    # Calculate the mean of the target for each category
    category_means = train.groupby(column)[target].agg(['mean', 'count'])

    # Apply smoothing
    smoothed_means = (category_means['mean'] * category_means['count'] + global_mean
* alpha) / (category_means['count'] + alpha)

    # Apply encoding to train set
    train_encoded = train[column].map(smoothed_means)
```

```
    # Apply encoding to test set
    test_encoded = test[column].map(smoothed_means)

    # Handle unknown categories in test set
    test_encoded.fillna(global_mean, inplace=True)

    return train_encoded, test_encoded

# Apply Target Encoding
train['NeighborhoodEncoded'],    test['NeighborhoodEncoded']    =    target_encode(train,
test, 'Neighborhood', 'SalePrice')

# View the encoded dataframes
print("Train Data:")
print(train)
print("\\nTest Data:")
print(test)

# Demonstrate the impact on a simple model
from sklearn.linear_model import LinearRegression

# Model with original categorical data
model_orig = LinearRegression()
model_orig.fit(pd.get_dummies(train['Neighborhood']), train['SalePrice'])
pred_orig = model_orig.predict(pd.get_dummies(test['Neighborhood']))
mse_orig = mean_squared_error(test['SalePrice'], pred_orig)

# Model with target encoded data
model_encoded = LinearRegression()
model_encoded.fit(train[['NeighborhoodEncoded']], train['SalePrice'])
pred_encoded = model_encoded.predict(test[['NeighborhoodEncoded']])
mse_encoded = mean_squared_error(test['SalePrice'], pred_encoded)

print(f"\\nMSE with original data: {mse_orig}")
print(f"MSE with target encoded data: {mse_encoded}")
```

Erklärung des Codeaufbaus:

1. **Datenvorbereitung:**

   o Wir importieren die notwendigen Bibliotheken: pandas für Datenmanipulation, numpy für numerische Operationen und scikit-learn für Modellauswahl und Bewertung.

   o Ein Beispieldatensatz wird erstellt, wobei 'Neighborhood' als kategoriales Merkmal und 'SalePrice' als Zielvariable dient.

   o Die Daten werden mithilfe von train_test_split in Trainings- und Testmengen aufgeteilt, um ein reales Szenario zu simulieren und Datenlecks zu vermeiden.

2. **Funktion zur Target-Kodierung:**

   o Wir definieren eine benutzerdefinierte Funktion target_encode, die die Target-Kodierung mit Glättung durchführt.

   o Die Funktion berechnet den globalen Mittelwert der Zielvariablen sowie den Mittelwert für jede Kategorie.

   o Die Glättung wird mit der Formel angewendet:$(\text{category\_mean} \cdot \text{category\_count} + \text{global\_mean} \cdot \alpha) / (\text{category\_count} + \alpha)$.

   o Die Funktion behandelt unbekannte Kategorien im Testdatensatz, indem sie diese mit dem globalen Mittelwert auffüllt.

3. **Anwendung der Target-Kodierung:**

   o Die Funktion target_encode wird sowohl auf den Trainings- als auch auf den Testdatensatz angewendet.

   o Die kodierten Werte werden in einer neuen Spalte 'NeighborhoodEncoded' gespeichert.

4. **Visualisierung der Ergebnisse:**

   o Wir drucken die Trainings- und Test-Datenrahmen aus, um die Original- und kodierten Werte nebeneinander anzuzeigen.

5. **Modellvergleich:**

   o Um die Auswirkungen der Target-Kodierung zu demonstrieren, vergleichen wir zwei einfache lineare Regressionsmodelle:

   ▪ Das erste Modell verwendet One-Hot-Encoding (pd.get_dummies) für die ursprüngliche Spalte 'Neighborhood'.

   ▪ Das zweite Modell verwendet die target-kodierte Spalte 'NeighborhoodEncoded'.

   o Beide Modelle werden mit den Trainingsdaten trainiert und machen Vorhersagen auf den Testdaten.

   o Der mittlere quadratische Fehler (MSE) wird für beide Modelle berechnet, um ihre Leistung zu vergleichen.

Dieses Beispiel bietet einen umfassenden Einblick in die Target-Kodierung durch:

- Datenaufteilung zur Vermeidung von Datenlecks

- Eine wiederverwendbare Target-Kodierungsfunktion mit Glättung

- Umgang mit unbekannten Kategorien im Testdatensatz
- Einen praktischen Vergleich der Modellleistung mit und ohne Target-Kodierung

Dieser Ansatz bietet ein realistisches und nuanciertes Verständnis dafür, wie Target-Kodierung in der Praxis funktioniert und welche potenziellen Vorteile sie in einer Machine-Learning-Pipeline bietet.

Überlegungen zur Target-Kodierung

- **Datenlecks:** Ein wesentliches Risiko bei der Target-Kodierung sind Datenlecks, bei denen Informationen aus dem Testdatensatz in den Trainingssatz "durchsickern". Dies kann zu übermäßig optimistischen Schätzungen der Modellleistung und einer schlechten Generalisierung führen. Um dieses Risiko zu minimieren, ist es entscheidend, die Target-Kodierung innerhalb von Kreuzvalidierungsfalten durchzuführen. Dieser Ansatz stellt sicher, dass die Kodierung nur auf den Trainingsdaten innerhalb jeder Falte basiert, wodurch die Integrität des Validierungsprozesses erhalten bleibt.

- **Overfitting:** Da die Target-Kodierung die Zielvariable direkt einbezieht, besteht ein erhebliches Risiko der Überanpassung, insbesondere bei Kategorien mit wenigen Stichproben. Dies kann dazu führen, dass das Modell Rauschen anstelle von echten Mustern in den Daten lernt. Um dieses Problem zu lösen, können mehrere Techniken angewendet werden:

  - **Glättung:** Wenden Sie eine Regularisierung durch Hinzufügen eines Glättungsfaktors zur Kodierungsberechnung an. Dies hilft, ein Gleichgewicht zwischen dem globalen Mittelwert und dem kategoriespezifischen Mittelwert herzustellen und reduziert den Einfluss von Ausreißern oder seltenen Kategorien.

  - **Kreuzvalidierung:** Verwenden Sie k-fache Kreuzvalidierung bei der Durchführung der Target-Kodierung, um stabilere und generalisierbarere Kodierungen sicherzustellen.

  - **Rauschen hinzufügen:** Fügen Sie den kodierten Werten kleine Mengen zufälligen Rauschens hinzu, um zu verhindern, dass das Modell auf spezifische kodierte Werte überanpasst wird.

  - **Leave-One-Out-Kodierung:** Berechnen Sie für jede Stichprobe den Zielmittelwert unter Ausschluss dieser Stichprobe, um das Risiko der Überanpassung an einzelne Datenpunkte zu verringern.

Durch die sorgfältige Berücksichtigung dieser Herausforderungen können Datenwissenschaftler die Vorteile der Target-Kodierung nutzen und gleichzeitig deren potenzielle Nachteile minimieren, was zu robusteren und genaueren Modellen führt.

Code-Beispiel: Target-Kodierung mit Glättung

```python
import pandas as pd
import numpy as np
from sklearn.model_selection import train_test_split
from sklearn.metrics import mean_squared_error
from sklearn.linear_model import LinearRegression

# Sample data
data = {
    'Neighborhood': ['A', 'B', 'A', 'C', 'B', 'A', 'C', 'B', 'D', 'D'] * 10,
    'SalePrice': np.random.randint(200000, 600000, 100)
}

df = pd.DataFrame(data)

# Split the data into train and test sets
train, test = train_test_split(df, test_size=0.2, random_state=42)

# Function to perform target encoding with smoothing
def target_encode_smooth(train, test, column, target, alpha=5):
    # Calculate global mean
    global_mean = train[target].mean()

    # Calculate the mean of the target for each category
    category_means = train.groupby(column)[target].agg(['mean', 'count'])

    # Apply smoothing
    smoothed_means = (category_means['mean'] * category_means['count'] + global_mean
* alpha) / (category_means['count'] + alpha)

    # Apply encoding to train set
    train_encoded = train[column].map(smoothed_means)

    # Apply encoding to test set
    test_encoded = test[column].map(smoothed_means)

    # Handle unknown categories in test set
    test_encoded.fillna(global_mean, inplace=True)

    return train_encoded, test_encoded

# Apply Target Encoding with smoothing
train['NeighborhoodEncoded'],                test['NeighborhoodEncoded']              =
target_encode_smooth(train, test, 'Neighborhood', 'SalePrice', alpha=5)

# View the encoded dataframes
print("Train Data:")
print(train[['Neighborhood', 'NeighborhoodEncoded', 'SalePrice']].head())
print("\\nTest Data:")
print(test[['Neighborhood', 'NeighborhoodEncoded', 'SalePrice']].head())
```

```
# Demonstrate the impact on a simple model
# Model with original categorical data (One-Hot Encoding)
model_orig = LinearRegression()
model_orig.fit(pd.get_dummies(train['Neighborhood']), train['SalePrice'])
pred_orig = model_orig.predict(pd.get_dummies(test['Neighborhood']))
mse_orig = mean_squared_error(test['SalePrice'], pred_orig)

# Model with target encoded data
model_encoded = LinearRegression()
model_encoded.fit(train[['NeighborhoodEncoded']], train['SalePrice'])
pred_encoded = model_encoded.predict(test[['NeighborhoodEncoded']])
mse_encoded = mean_squared_error(test['SalePrice'], pred_encoded)

print(f"\\nMSE with One-Hot Encoding: {mse_orig:.2f}")
print(f"MSE with Target Encoding: {mse_encoded:.2f}")

# Visualize the distribution of encoded values
import matplotlib.pyplot as plt

plt.figure(figsize=(10, 6))
train.groupby('Neighborhood')['NeighborhoodEncoded'].mean().plot(kind='bar')
plt.title('Average Encoded Value by Neighborhood')
plt.xlabel('Neighborhood')
plt.ylabel('Encoded Value')
plt.show()
```

Erklärung des Codeaufbaus:

1. **Datenvorbereitung:**

   o   Wir importieren die notwendigen Bibliotheken: pandas für die Datenmanipulation, numpy für numerische Berechnungen und scikit-learn für Modellauswahl, Evaluierung und lineare Regression.

   o   Ein größerer Beispieldatensatz wird erstellt, in dem 'Neighborhood' als kategoriales Merkmal und 'SalePrice' als Zielvariable verwendet werden. Mit 100 Stichproben wird der Effekt der Kodierung besser demonstriert.

   o   Die Daten werden mithilfe von train_test_split in Trainings- und Testmengen aufgeteilt, um ein reales Szenario zu simulieren und Datenlecks zu vermeiden.

2. **Funktion zur Target-Kodierung:**

   o   Wir definieren eine benutzerdefinierte Funktion target_encode_smooth, die die Target-Kodierung mit Glättung durchführt.

   o   Die Funktion berechnet den globalen Mittelwert der Zielvariablen und den Mittelwert für jede Kategorie.

- o Die Glättung erfolgt mithilfe der Formel:$(\text{category\_mean} \cdot \text{category\_count} + \text{global\_mean} \cdot \alpha) / (\text{category\_count} + \alpha)$.
- o Die Funktion behandelt unbekannte Kategorien im Testdatensatz, indem sie diese mit dem globalen Mittelwert auffüllt.

3. **Anwendung der Target-Kodierung:**

- o Die Funktion target_encode_smooth wird sowohl auf die Trainings- als auch die Testmenge angewendet.
- o Die kodierten Werte werden in einer neuen Spalte 'NeighborhoodEncoded' gespeichert.

4. **Visualisierung der Ergebnisse:**

- o Wir drucken die Trainings- und Test-Datenrahmen aus, um die Original- und kodierten Werte nebeneinander anzuzeigen.

5. **Modellvergleich:**

- o Zur Demonstration der Auswirkungen der Target-Kodierung vergleichen wir zwei einfache lineare Regressionsmodelle:
  - ▪ Das erste Modell verwendet One-Hot-Encoding (pd.get_dummies) für die ursprüngliche Spalte 'Neighborhood'.
  - ▪ Das zweite Modell verwendet die target-kodierte Spalte 'NeighborhoodEncoded'.
- o Beide Modelle werden mit den Trainingsdaten trainiert und machen Vorhersagen auf den Testdaten.
- o Der mittlere quadratische Fehler (MSE) wird für beide Modelle berechnet, um ihre Leistung zu vergleichen.

6. **Visualisierung:**

- o Ein Balkendiagramm wird hinzugefügt, um den durchschnittlichen kodierten Wert für jede Nachbarschaft zu visualisieren. Dies bietet Einblicke, wie die Kodierung die Beziehung zwischen Nachbarschaften und Verkaufspreisen erfasst.

6.2.2 Frequency Encoding

Frequency Encoding ist eine leistungsstarke Technik, die jede Kategorie durch ihre Häufigkeit im Datensatz ersetzt. Diese Methode ist besonders effektiv, wenn die Häufigkeit einer Kategorie für das Modell signifikante Informationen liefert. Beispielsweise könnte in einem Modell zur

Vorhersage von Kundenabwanderung die Häufigkeit der Produktnutzung eines Kunden ein starker Indikator für dessen Loyalität sein.

Im Gegensatz zum One-Hot-Encoding ist Frequency Encoding äußerst speichereffizient. Es komprimiert die kategorialen Informationen in eine einzelne Spalte, unabhängig von der Anzahl der eindeutigen Kategorien. Diese Eigenschaft macht es besonders wertvoll bei der Arbeit mit Datensätzen, die eine große Anzahl kategorialer Variablen oder Kategorien mit hoher Kardinalität enthalten.

Wann sollte Frequency Encoding verwendet werden?

- **Kategoriale Merkmale mit hoher Kardinalität:** Wenn Sie mit Variablen arbeiten, die zahlreiche eindeutige Kategorien enthalten, wie Postleitzahlen oder Produkt-IDs, kann Frequency Encoding die Informationen effektiv erfassen, ohne die Dimensionsexplosion des One-Hot-Encoding zu verursachen.

- **Bedeutung der Kategoriefrequenz:** In Szenarien, in denen die Häufigkeit oder Seltenheit einer Kategorie für das Modell bedeutend ist, integriert Frequency Encoding diese Informationen direkt. Beispielsweise könnte in der Betrugserkennung die Häufigkeit eines Transaktionstyps ein entscheidendes Merkmal sein.

- **Speicherbeschränkungen:** Wenn Ihr Modell aufgrund der hohen Dimensionalität von One-Hot-Encoded-Features unter Speicherbeschränkungen leidet, kann Frequency Encoding eine ausgezeichnete Alternative sein, um den Merkmalsraum zu reduzieren und wichtige Informationen beizubehalten.

- **Vorverarbeitung für baumbasierte Modelle:** Baumgestützte Modelle wie Random Forests oder Gradient Boosting Machines können von Frequency Encoding profitieren, da es eine numerische Darstellung kategorialer Daten liefert, die leicht aufgeteilt werden kann.

Es ist jedoch wichtig zu beachten, dass Frequency Encoding davon ausgeht, dass eine monotone Beziehung zwischen der Häufigkeit einer Kategorie und der Zielvariablen besteht. Wenn diese Annahme für Ihre Daten nicht zutrifft, könnten andere Kodierungstechniken geeigneter sein. Darüber hinaus müssen Sie für neue oder unbekannte Kategorien im Testdatensatz eine Strategie implementieren, z. B. ihnen eine Standardhäufigkeit zuzuweisen oder den mittleren Häufigkeitswert aus dem Trainingssatz zu verwenden.

Code-Beispiel: Frequency Encoding

```
import pandas as pd
import numpy as np
import matplotlib.pyplot as plt
from sklearn.model_selection import train_test_split
from sklearn.linear_model import LogisticRegression
from sklearn.metrics import accuracy_score

# Sample data
```

```python
np.random.seed(42)
data = {
    'City': np.random.choice(['New York', 'Los Angeles', 'Chicago', 'Houston',
'Phoenix'], 1000),
    'Customer_Churn': np.random.choice([0, 1], 1000)
}

df = pd.DataFrame(data)

# Split the data into train and test sets
train, test = train_test_split(df, test_size=0.2, random_state=42)

# Perform frequency encoding on the training set
train['City_Frequency'] = train.groupby('City')['City'].transform('count')

# Normalize the frequency
train['City_Frequency_Normalized'] = train['City_Frequency'] / len(train)

# Apply the encoding to the test set
city_freq = train.groupby('City')['City_Frequency'].first()
test['City_Frequency'] = test['City'].map(city_freq).fillna(0)
test['City_Frequency_Normalized'] = test['City_Frequency'] / len(train)

# View the encoded dataframes
print("Train Data:")
print(train.head())
print("\\nTest Data:")
print(test.head())

# Visualize the frequency distribution
plt.figure(figsize=(10, 6))
train['City'].value_counts().plot(kind='bar')
plt.title('Frequency of Cities in Training Data')
plt.xlabel('City')
plt.ylabel('Frequency')
plt.show()

# Train a simple model
model = LogisticRegression()
model.fit(train[['City_Frequency_Normalized']], train['Customer_Churn'])

# Make predictions
train_pred = model.predict(train[['City_Frequency_Normalized']])
test_pred = model.predict(test[['City_Frequency_Normalized']])

# Evaluate the model
print(f"\\nTrain           Accuracy:              {accuracy_score(train['Customer_Churn'],
train_pred):.4f}")
print(f"Test Accuracy: {accuracy_score(test['Customer_Churn'], test_pred):.4f}")

# Compare with one-hot encoding
train_onehot = pd.get_dummies(train['City'], prefix='City')
```

```python
test_onehot = pd.get_dummies(test['City'], prefix='City')

# Ensure test set has all columns from train set
for col in train_onehot.columns:
    if col not in test_onehot.columns:
        test_onehot[col] = 0

test_onehot = test_onehot[train_onehot.columns]

# Train and evaluate one-hot encoded model
model_onehot = LogisticRegression()
model_onehot.fit(train_onehot, train['Customer_Churn'])

train_pred_onehot = model_onehot.predict(train_onehot)
test_pred_onehot = model_onehot.predict(test_onehot)

print(f"\\nOne-Hot         Encoding        -        Train        Accuracy:
{accuracy_score(train['Customer_Churn'], train_pred_onehot):.4f}")
print(f"One-Hot Encoding - Test Accuracy: {accuracy_score(test['Customer_Churn'],
test_pred_onehot):.4f}")
```

Erklärung des Codeaufbaus:

1. **Datenvorbereitung:**

   o Wir importieren die notwendigen Bibliotheken: pandas für die Datenmanipulation, numpy für die Generierung von Zufallszahlen, matplotlib für die Visualisierung und scikit-learn für das Training und die Bewertung von Modellen.

   o Ein größerer Beispieldatensatz wird erstellt, in dem 'City' als kategoriales Merkmal und 'Customer_Churn' als Zielvariable verwendet werden. Mit 1000 Stichproben werden die Effekte der Kodierung besser demonstriert.

   o Die Daten werden mithilfe von train_test_split in Trainings- und Testmengen aufgeteilt, um ein reales Szenario zu simulieren und Datenlecks zu vermeiden.

2. **Frequency Encoding:**

   o Wir führen Frequency Encoding für den Trainingsdatensatz mit groupby und transform von pandas durch.

   o Die rohe Häufigkeit wird normalisiert, indem sie durch die Gesamtanzahl der Stichproben im Trainingssatz geteilt wird.

   o Für den Testdatensatz übernehmen wir die Häufigkeiten aus dem Trainingssatz, um Konsistenz zu gewährleisten, und behandeln unbekannte Kategorien.

3. **Datenvisualisierung:**

- o Wir verwenden matplotlib, um ein Balkendiagramm zu erstellen, das die Häufigkeitsverteilung der Städte im Trainingsdatensatz zeigt.

4. **Modelltraining und -bewertung:**

- o Ein logistisches Regressionsmodell wird mit der frequency-kodierten Eigenschaft trainiert.

- o Vorhersagen werden für sowohl Trainings- als auch Testmengen getroffen, und Genauigkeitswerte werden berechnet.

5. **Vergleich mit One-Hot Encoding:**

- o Wir erstellen One-Hot-kodierte Versionen der Daten mithilfe der Funktion pd.get_dummies.

- o Wir stellen sicher, dass im Testdatensatz alle Spalten vorhanden sind, die im Trainingssatz vorkommen, und fügen fehlende Spalten mit Nullwerten hinzu, falls nötig.

- o Ein weiteres logistisches Regressionsmodell wird trainiert und mit den One-Hot-kodierten Daten bewertet.

Dieses Beispiel bietet eine umfassende Demonstration von Frequency Encoding, einschließlich:

- Aufteilung der Daten, um Datenlecks zu vermeiden

- Normalisierung der Häufigkeitswerte

- Behandlung unbekannter Kategorien im Testdatensatz

- Visualisierung der Kategorienhäufigkeiten

- Praktischer Vergleich mit One-Hot Encoding

Dieser Ansatz liefert ein praktisches und detailliertes Verständnis der Anwendung von Frequency Encoding in der realen Welt und zeigt, wie es im Vergleich zu anderen Kodierungstechniken in einem typischen Machine-Learning-Workflow abschneidet.

Vorteile von Frequency Encoding

- **Effizienz:** Frequency Encoding erstellt unabhängig von der Anzahl der Kategorien nur eine einzelne Spalte, was es rechnerisch und speichertechnisch effizient macht. Dies ist besonders vorteilhaft bei großen Datensätzen oder Variablen mit hoher Kardinalität, bei denen andere Kodierungsmethoden zu einem erheblichen Anstieg der Dimensionalität führen könnten.

- **Einfache Implementierung:** Diese Methode ist einfach anzuwenden und eignet sich gut für Variablen mit hoher Kardinalität. Ihre Einfachheit macht sie leicht in bestehende

Datenvorverarbeitungs-Pipelines integrierbar und weniger anfällig für Implementierungsfehler.

- **Erhaltung von Informationen:** Frequency Encoding bewahrt Informationen über die relative Bedeutung oder Häufigkeit jeder Kategorie. Dies kann in Szenarien, in denen die Häufigkeit einer Kategorie selbst ein bedeutendes Merkmal für das Modell ist, wertvoll sein.

- **Handhabung neuer Kategorien:** Wenn im Testdatensatz neue Kategorien auftreten, kann Frequency Encoding diese leicht behandeln, indem eine Standardhäufigkeit (z. B. 0 oder die mittlere Häufigkeit aus dem Trainingssatz) zugewiesen wird, wodurch es robust gegenüber unbekannten Daten wird.

- **Kompatibilität mit verschiedenen Modellen:** Die numerische Natur der frequency-kodierten Merkmale macht sie kompatibel mit einer Vielzahl von Machine-Learning-Algorithmen, einschließlich baumbasierter Modelle und linearer Modelle.

6.2.3 Ordinal Encoding

Ordinal Encoding ist eine fortgeschrittene Technik, die verwendet wird, wenn die Kategorien in einer Variablen eine inhärente, geordnete Beziehung aufweisen. Diese Methode steht im Gegensatz zum One-Hot Encoding, das alle Kategorien als nominal verschieden behandelt. Stattdessen weist Ordinal Encoding jeder Kategorie einen numerischen Wert zu, der ihrer Position oder Rang innerhalb der geordneten Menge entspricht.

Diese Kodierungsmethode ist besonders wertvoll für Merkmale mit einer klaren hierarchischen Struktur. Zum Beispiel:

- **Bildungsniveau:** Kategorien könnten als High School (1), Bachelor (2), Master (3) und PhD (4) kodiert werden, was die zunehmenden Bildungsabschlüsse widerspiegelt.

- **Kundenzufriedenheit:** Bewertungen könnten als Sehr Unzufrieden (1), Unzufrieden (2), Neutral (3), Zufrieden (4) und Sehr Zufrieden (5) kodiert werden, was das Spektrum der Kundenzufriedenheit erfasst.

- **Produktbewertungen:** Ein Fünf-Sterne-Bewertungssystem könnte direkt als 1, 2, 3, 4 und 5 kodiert werden, wodurch die inhärente Qualitätsskala erhalten bleibt.

Wann sollte Ordinal Encoding verwendet werden?

- Wenn die kategoriale Variable eine natürliche Ordnung aufweist (z. B. niedrig, mittel, hoch). Diese Ordnung sollte bedeutungsvoll und konsistent für alle Kategorien sein.

- Wenn das Modell den Rang oder die Reihenfolge der Kategorien berücksichtigen soll. Dies ist besonders wichtig für Algorithmen, die die numerischen Beziehungen zwischen kodierten Werten nutzen können.

- In Zeitreihenanalysen, bei denen die Abfolge der Kategorien im Zeitverlauf signifikant ist (z. B. Projektphasen: Planung, Entwicklung, Test, Bereitstellung).

- Für Merkmale, bei denen die Abstände zwischen den Kategorien relativ gleichmäßig sind oder als solche angenähert werden können.

Es ist wichtig zu beachten, dass Ordinal Encoding eine Annahme der Gleichabständigkeit zwischen den Kategorien einführt, die in der Realität nicht immer zutreffen muss. Beispielsweise könnte der Unterschied im Bildungsniveau zwischen einem High-School-Abschluss und einem Bachelor nicht äquivalent zum Unterschied zwischen einem Master und einem PhD sein. Daher ist bei der Anwendung dieser Kodierungsmethode eine sorgfältige Berücksichtigung der Domäne und der spezifischen Anforderungen der Machine-Learning-Aufgabe unerlässlich.

Code-Beispiel: Ordinal Encoding

```python
import pandas as pd
import matplotlib.pyplot as plt
from sklearn.preprocessing import OrdinalEncoder
from sklearn.model_selection import train_test_split
from sklearn.tree import DecisionTreeClassifier
from sklearn.metrics import accuracy_score

# Sample data
data = {
    'EducationLevel': ['High School', 'Bachelor', 'Master', 'PhD', 'Bachelor', 'High
School', 'Master', 'PhD', 'Bachelor', 'Master'],
    'Salary': [30000, 50000, 70000, 90000, 55000, 35000, 75000, 95000, 52000, 72000]
}

df = pd.DataFrame(data)

# Define the ordinal mapping
education_order = {'High School': 1, 'Bachelor': 2, 'Master': 3, 'PhD': 4}

# Apply Manual Ordinal Encoding
df['EducationLevelEncoded'] = df['EducationLevel'].map(education_order)

# Apply Scikit-learn's OrdinalEncoder
ordinal_encoder = OrdinalEncoder(categories=[['High School', 'Bachelor', 'Master',
'PhD']])
df['EducationLevelEncodedSK'] = ordinal_encoder.fit_transform(df[['EducationLevel']])

# View the encoded dataframe
print("Encoded DataFrame:")
print(df)

# Visualize the encoding
plt.figure(figsize=(10, 6))
plt.scatter(df['EducationLevelEncoded'], df['Salary'], alpha=0.6)
plt.xlabel('Education Level (Encoded)')
```

```
plt.ylabel('Salary')
plt.title('Salary vs Education Level (Ordinal Encoding)')
plt.show()

# Prepare data for modeling
X = df[['EducationLevelEncoded']]
y = (df['Salary'] > df['Salary'].median()).astype(int)  # Binary classification: 1 if
salary > median, else 0

# Split the data
X_train, X_test, y_train, y_test = train_test_split(X, y, test_size=0.2,
random_state=42)

# Train a simple decision tree
clf = DecisionTreeClassifier(random_state=42)
clf.fit(X_train, y_train)

# Make predictions
y_pred = clf.predict(X_test)

# Evaluate the model
accuracy = accuracy_score(y_test, y_pred)
print(f"\\nModel Accuracy: {accuracy:.2f}")

# Demonstrate handling of unseen categories
new_data = pd.DataFrame({'EducationLevel': ['Associate', 'Bachelor', 'PhD']})
new_data['EducationLevelEncoded']                                              =
new_data['EducationLevel'].map(education_order).fillna(0)
print("\\nHandling Unseen Categories:")
print(new_data)
```

Erklärung des Codeaufbaus:

- **Datenvorbereitung:**

  o Wir erstellen einen größeren Beispieldatensatz mit den Variablen „EducationLevel" und „Salary", um den Effekt der Kodierung auf eine damit zusammenhängende Variable zu demonstrieren.

  o Die Daten werden in einem pandasDataFrame gespeichert, um sie leicht manipulieren zu können.

- **Manuelle Ordinalkodierung:**

  o Wir definieren ein Dictionary education_order, das jedem Bildungsniveau einen numerischen Wert zuweist.

  o Die mapFunktion von pandas wird verwendet, um diese Kodierung auf die Spalte „EducationLevel" anzuwenden.

- **Ordinalkodierung mit Scikit-learn:**

  o Wir zeigen eine alternative Methode mit dem OrdinalEncoder von scikit-learn.

  o Diese Methode ist besonders nützlich, wenn mehrere kategoriale Spalten verarbeitet oder scikit-learnPipelines integriert werden.

- **Visualisierung:**

  o Ein Streudiagramm wird erstellt, um die Beziehung zwischen den kodierten Bildungsniveaus und den Gehältern darzustellen.

  o Dies hilft, zu verstehen, wie die Ordinalkodierung die Reihenfolge der Kategorien bewahrt.

- **Modelltraining:**

  o Wir erstellen ein binäres Klassifikationsproblem: Vorhersage, ob ein Gehalt über dem Median liegt, basierend auf dem Bildungsniveau.

  o Die Daten werden in Trainings- und Testsätze aufgeteilt, um die Leistung des Modells bei unbekannten Daten zu bewerten.

  o Ein Entscheidungsbaum-Klassifikator wird auf den kodierten Daten trainiert.

- **Modellevaluierung:**

  o Vorhersagen werden für den Testsatz getroffen, und die Genauigkeit des Modells wird berechnet.

  o Dies zeigt, wie Ordinalkodierung effektiv in eine Machine-Learning-Pipeline integriert werden kann.

- **Umgang mit unbekannten Kategorien:**

  o Wir erstellen einen neuen DataFrame mit einer unbekannten Kategorie („Associate"), um zu demonstrieren, wie solche Fälle behandelt werden können.

  o Die Methode fillna(0) wird verwendet, um unbekannten Kategorien einen Standardwert (0) zuzuweisen.

Dieses umfassende Beispiel zeigt die praktische Anwendung der Ordinalkodierung, ihre Visualisierung, ihre Verwendung in einem einfachen Machine-Learning-Modell und den Umgang mit unbekannten Kategorien. Es bietet einen vollständigen Überblick darüber, wie Ordinalkodierung in einen Datenwissenschafts-Workflow integriert werden kann.

Überlegungen zur Ordinalkodierung

- **Eindeutige Reihenfolge erforderlich:** Ordinalkodierung sollte nur verwendet werden, wenn die Kategorien eine klare Reihenfolge aufweisen. Die Anwendung auf ungeordnete Kategorien kann zu irreführenden Ergebnissen führen, da das Modell möglicherweise eine Beziehung zwischen Kategorien annimmt, die nicht existiert. Beispielsweise würde die Kodierung von „Rot", „Blau" und „Grün" als 1, 2 und 3 implizieren, dass „Grün" ähnlicher zu „Blau" als zu „Rot" ist, was nicht unbedingt zutrifft.

- **Eignung für baumbasierte Modelle:** Für Modelle wie Entscheidungsbäume und Gradient-Boosting-Maschinen kann die Reihenfolge in der Ordinalkodierung nützliche Informationen liefern. Diese Modelle können die numerischen Beziehungen zwischen kodierten Werten nutzen, um Aufteilungen und Entscheidungen zu treffen. Bei linearen Modellen hingegen kann die Ordinalkodierung unbeabsichtigte Beziehungen zwischen Kategorien einführen, da lineare Modelle die numerischen Unterschiede zwischen kodierten Werten als bedeutungsvoll interpretieren könnten.

- **Auswahl der Kodierungswerte:** Die Wahl der Kodierungswerte kann die Modellleistung beeinflussen. Während es üblich ist, aufeinanderfolgende Ganzzahlen (1, 2, 3, ...) zu verwenden, gibt es Fälle, in denen benutzerdefinierte Werte die Beziehung zwischen Kategorien besser repräsentieren. Beispielsweise könnte die Kodierung von Bildungsniveaus als 1, 2, 4, 8 anstelle von 1, 2, 3, 4 die zunehmende Komplexität oder den Zeitaufwand für höhere Bildungsabschlüsse besser erfassen.

- **Umgang mit neuen Kategorien:** Beim Umgang mit neuen oder unbekannten Kategorien im Testsatz sollte eine Strategie vorhanden sein. Dies könnte die Zuweisung eines Standardwerts, die Verwendung des Mittelwerts der vorhandenen kodierten Werte oder die Erstellung einer separaten Kategorie für „unbekannte" Werte umfassen.

Das Verständnis dieser Überlegungen ist entscheidend für die effektive Implementierung der Ordinalkodierung und die Interpretation der Ergebnisse von Modellen, die mit ordinal kodierten Daten trainiert wurden. Es ist oft sinnvoll, die Modellleistung mit verschiedenen Kodierungstechniken zu vergleichen, um den geeignetsten Ansatz für Ihren spezifischen Datensatz und Ihr Problem zu ermitteln.

6.2.4 Wichtige Erkenntnisse: Fortgeschrittene Kodierungstechniken

Nachdem wir verschiedene Kodierungsmethoden für kategoriale Variablen untersucht haben, ist es wichtig, ihre Stärken und geeigneten Anwendungsfälle zu verstehen. Lassen Sie uns diese Techniken und ihre Auswirkungen näher betrachten:

- **Target Encoding:** Diese Methode nutzt die Beziehung zwischen kategorialen Merkmalen und der Zielvariablen, um die Modellleistung potenziell zu verbessern. Dabei ist jedoch Vorsicht geboten:

  - Verwenden Sie Cross-Validation oder Out-of-Fold-Encoding, um Overfitting zu vermeiden.

  - Ziehen Sie Glättungstechniken in Betracht, um seltene Kategorien zu behandeln.

- o Achten Sie besonders auf das Risiko von Datenlecks, insbesondere bei Zeitreihenproblemen.

- **Frequency Encoding:** Eine effiziente Lösung für hochkardinale Variablen, die mehrere Vorteile bietet:

  - o Reduziert die Dimensionalität im Vergleich zur One-Hot-Encoding-Methode.

  - o Erfasst eine gewisse Bedeutung basierend auf der Häufigkeit von Kategorien.

  - o Funktioniert gut mit baumbasierten und linearen Modellen.

- **Ordinal Encoding:** Ideal für kategoriale Variablen mit einer inhärenten Ordnung:

  - o Bewahrt die relative Reihenfolge der Kategorien.

  - o Besonders effektiv für baumbasierte Modelle.

  - o Erfordert Fachwissen, um die geeignete Reihenfolge der Kategorien zu bestimmen.

Die Wahl der Kodierungsmethode kann die Modellleistung und Interpretierbarkeit erheblich beeinflussen. Berücksichtigen Sie folgende Faktoren bei der Auswahl einer Technik:

- Die Art der kategorialen Variable (geordnet oder ungeordnet)

- Die Kardinalität der Variable

- Den verwendeten Machine-Learning-Algorithmus

- Die Größe Ihres Datensatzes

- Den Bedarf an Interpretierbarkeit im Modell

Im nächsten Abschnitt beschäftigen wir uns mit **Hash-Encoding** und anderen fortgeschrittenen Techniken, die für extrem große Datensätze und komplexe kategoriale Variablen entwickelt wurden. Diese Methoden bieten Lösungen für Szenarien, in denen herkömmliche Kodierungsansätze an ihre Grenzen stoßen, wie z. B.:

- Umgang mit Millionen einzigartiger Kategorien

- Online-Learning-Szenarien mit Streaming-Daten

- Speicherbeschränkte Umgebungen

Durch das Beherrschen dieser Kodierungstechniken können Datenwissenschaftler kategoriale Daten effektiv für eine Vielzahl von Machine-Learning-Aufgaben vorbereiten und dadurch robustere und genauere Modelle entwickeln.

6.3 Praktische Übungen für Kapitel 6

In diesem praktischen Abschnitt werden wir das in Kapitel 6 Gelernte durch die Implementierung verschiedener Kodierungstechniken wie Target Encoding, Frequency Encoding und Ordinal Encoding vertiefen. Diese Übungen sollen Ihnen helfen, praktische Erfahrungen zu sammeln und die Konzepte in realen Szenarien anzuwenden.

Übung 1: Target Encoding

Sie arbeiten mit einem Datensatz, der eine Spalte **Neighborhood** und die Zielvariable **House Prices** enthält. Ihre Aufgabe ist es:

Wenden Sie **Target Encoding** auf die Spalte **Neighborhood** an, indem Sie den durchschnittlichen **House Prices** für jede Nachbarschaft berechnen.

Lösung:

```python
import pandas as pd

# Sample data
data = {'Neighborhood': ['A', 'B', 'A', 'C', 'B'],
        'SalePrice': [300000, 450000, 350000, 500000, 470000]}

df = pd.DataFrame(data)

# Calculate the mean SalePrice for each neighborhood
neighborhood_mean = df.groupby('Neighborhood')['SalePrice'].mean()

# Apply Target Encoding by mapping the mean SalePrice to the Neighborhood column
df['NeighborhoodEncoded'] = df['Neighborhood'].map(neighborhood_mean)

# View the encoded dataframe
print(df[['Neighborhood', 'SalePrice', 'NeighborhoodEncoded']])
```

Übung 2: Target-Encoding mit Glättung

Sie arbeiten mit demselben Datensatz wie in **Übung 1**, möchten jedoch **Target-Encoding mit Glättung** anwenden, um das Risiko von Overfitting zu verringern. Verwenden Sie die folgenden Parameter für die Glättung: alpha = 5.

Lösung:

```python
# Smoothing parameter
alpha = 5

# Global mean SalePrice
global_mean = df['SalePrice'].mean()

# Calculate smoothed mean SalePrice for each neighborhood
```

```
df['NeighborhoodEncoded'] = df['Neighborhood'].map(lambda x:
    (neighborhood_mean[x] * df['Neighborhood'].value_counts()[x] + global_mean *
alpha) /
    (df['Neighborhood'].value_counts()[x] + alpha))

# View the smoothed encoded dataframe
print(df[['Neighborhood', 'NeighborhoodEncoded']])
```

Übung 3: Frequenzkodierung

Sie arbeiten mit einem Datensatz, der die Spalte **Stadt** enthält. Ihre Aufgabe ist es:

Wenden Sie **Frequenzkodierung** auf die Spalte **Stadt** an, indem Sie jede Stadt durch ihre Häufigkeit im Datensatz ersetzen.

Lösung:

```
# Sample data
data = {'City': ['New York', 'Los Angeles', 'Chicago', 'New York', 'Houston', 'Los
Angeles']}

df = pd.DataFrame(data)

# Perform frequency encoding
df['City_Frequency'] = df.groupby('City')['City'].transform('count')

# View the encoded dataframe
print(df)
```

Übung 4: Ordinale Kodierung

Sie arbeiten mit einem Datensatz, der eine Spalte **Bildungsniveau** enthält, mit Kategorien wie **High School**, **Bachelor**, **Master** und **PhD**. Ihre Aufgabe ist es:

Wenden Sie **Ordinale Kodierung** auf die Spalte **Bildungsniveau** an, indem Sie die Bildungsniveaus entsprechend ihrer Bedeutung in Ganzzahlen umwandeln.

Lösung:

```
# Sample data
data = {'EducationLevel': ['High School', 'Bachelor', 'Master', 'PhD', 'Bachelor']}

df = pd.DataFrame(data)

# Define the ordinal mapping
education_order = {'High School': 1, 'Bachelor': 2, 'Master': 3, 'PhD': 4}

# Apply Ordinal Encoding
df['EducationLevelEncoded'] = df['EducationLevel'].map(education_order)

# View the encoded dataframe
```

```
print(df)
```

Übung 5: Umgang mit hoher Kardinalität durch Frequenzkodierung

Sie arbeiten mit einem Datensatz, der eine Spalte **Produktkategorie** enthält, die Hunderte von einzigartigen Produktkategorien umfasst. Ihre Aufgabe ist es:

Wenden Sie **Frequenzkodierung** auf die Spalte **Produktkategorie** an, um die hohe Kardinalität zu bewältigen und den Datensatz zu vereinfachen.

Lösung:

```
# Sample data with high cardinality
data = {'ProductCategory': ['Electronics', 'Furniture', 'Electronics', 'Clothing',
'Furniture', 'Clothing', 'Electronics']}

df = pd.DataFrame(data)

# Perform frequency encoding
df['ProductCategory_Frequency']                                              =
df.groupby('ProductCategory')['ProductCategory'].transform('count')

# View the encoded dataframe
print(df)
```

Diese praktischen Übungen bieten Ihnen praktische Erfahrungen mit verschiedenen Codierungstechniken, einschließlich Target Encoding, Frequency Encoding und Ordinal Encoding. Durch das Üben dieser Methoden sind Sie bestens gerüstet, kategorische Variablen in Machine-Learning-Modellen effizient zu verarbeiten, insbesondere bei hochkardinalen Merkmalen oder wenn es bedeutungsvolle Beziehungen zwischen den kategorischen Variablen und der Zielvariablen gibt. Üben und experimentieren Sie weiterhin mit unterschiedlichen Datensätzen, um Ihr Verständnis dieser Techniken zu vertiefen!

6.4 Was könnte schiefgehen?

Das Codieren von kategorialen Variablen ist ein entscheidender Teil der Datenvorverarbeitung für maschinelles Lernen, birgt jedoch mehrere potenzielle Fallstricke. In diesem Abschnitt werden einige häufige Probleme bei der Verwendung verschiedener Codierungsmethoden und deren Risikominderung untersucht.

6.4.1 Überanpassung mit Target Encoding

Target Encoding kann eine leistungsstarke Methode sein, birgt jedoch ein erhebliches Risiko der Überanpassung. Da Target Encoding die Zielvariable direkt in den Codierungsprozess einbezieht, besteht die Möglichkeit, dass das Modell Muster "lernt", die spezifisch für die Trainingsdaten sind, und diese nicht gut auf neue, unbekannte Daten überträgt.

Was könnte schiefgehen?

- Überanpassung tritt auf, wenn das Modell zu stark von den spezifischen Zielwerten im Trainingsdatensatz abhängt, was zu einer schlechten Leistung auf dem Testdatensatz führt.

- Ohne geeignete Vorkehrungen kann Target Encoding zu **Datenlecks** führen, bei denen Informationen aus dem Testdatensatz versehentlich den Trainingsprozess beeinflussen, was zu voreingenommenen Bewertungen führt.

Lösung:

- Wenden Sie Target Encoding immer im Rahmen einer **Cross-Validation** an, um sicherzustellen, dass das Modell keinen Zugriff auf die Zielwerte des Testdatensatzes während des Trainings hat.

- Verwenden Sie **Glättung**, um Überanpassung zu reduzieren, insbesondere bei Kategorien mit wenigen Vorkommen. Das Hinzufügen von zufälligem Rauschen zu den codierten Werten kann ebenfalls helfen, Überanpassung zu verhindern.

6.4.2 Missbrauch von Ordinal Encoding

Ordinal Encoding ist nützlich, wenn kategoriale Variablen eine natürliche Reihenfolge haben, kann jedoch problematisch sein, wenn es auf ungeordnete Kategorien angewendet wird. Wenn keine inhärente Rangordnung zwischen den Kategorien besteht, kann die Verwendung von Ordinal Encoding das Modell in die Irre führen und eine Beziehung zwischen den Kategorien vermuten lassen, die in Wirklichkeit nicht existiert.

Was könnte schiefgehen?

- Die falsche Anwendung von Ordinal Encoding auf ungeordnete Kategorien kann dazu führen, dass das Modell eine künstliche Beziehung zwischen den Kategorien annimmt, was zu falschen Schlussfolgerungen oder schlechter Modellleistung führt.

- Das Modell könnte ordinale Werte als numerische Abstände zwischen Kategorien behandeln, was die Ergebnisse verzerren kann, wenn keine echte ordinale Beziehung besteht.

Lösung:

- Verwenden Sie Ordinal Encoding nur, wenn die kategoriale Variable eine klare und sinnvolle Reihenfolge hat. Zum Beispiel können Bildungsniveaus (High School, Bachelor, Master, PhD) ordinal codiert werden, nicht jedoch Farben (Rot, Blau, Grün).

- Für ungeordnete Kategorien verwenden Sie andere Codierungstechniken wie **One-Hot Encoding** oder **Target Encoding**.

6.4.3 Probleme mit hoher Kardinalität bei One-Hot Encoding

Eine der Hauptherausforderungen bei **One-Hot Encoding** ist der Umgang mit Variablen mit einer großen Anzahl eindeutiger Kategorien (hohe Kardinalität). Wenn One-Hot Encoding auf hochkardinale kategoriale Variablen angewendet wird, kann dies zu einer Explosion neuer Spalten führen, die den Trainingsprozess verlangsamen und das Modell unnötig komplex machen.

Was könnte schiefgehen?

- **Speicher- und Recheninffizienz**: One-Hot Encoding kann eine große Anzahl von Spalten für hochkardinale Merkmale erstellen, was erheblichen Speicher- und Rechenaufwand verursacht.

- **Fluch der Dimensionalität**: Die erhöhte Dimensionalität kann es dem Modell erschweren, zu verallgemeinern, und zu Überanpassung führen.

Lösung:

- Verwenden Sie **Frequency Encoding** oder **Target Encoding** als Alternativen zu One-Hot Encoding für hochkardinale Variablen. Diese Methoden reduzieren die Dimensionalität und bewahren gleichzeitig nützliche Informationen.

- Wenn One-Hot Encoding erforderlich ist, sollten seltene Kategorien in eine einzelne "Andere"-Kategorie gruppiert werden, um die Anzahl der neuen Spalten zu reduzieren.

6.4.4 Vernachlässigung von Sparsamkeit bei One-Hot Encoding

Beim Arbeiten mit großen Datensätzen führt One-Hot Encoding häufig zu sehr spärlichen Matrizen, bei denen die meisten Werte 0 sind. Das ineffiziente Speichern und Verarbeiten solcher spärlichen Matrizen kann das Training verlangsamen und den Speicherverbrauch erhöhen.

Was könnte schiefgehen?

- Die Arbeit mit dichten Matrizen, wenn die Daten spärlich sind, kann zu übermäßigem Speicherverbrauch und langsamen Verarbeitungszeiten führen.

- Operationen mit spärlichen Daten können rechnerisch teuer sein, wenn sie nicht ordnungsgemäß optimiert sind.

Lösung:

- Verwenden Sie **spärliche Matrizen**, wenn Sie One-Hot Encoding auf große Datensätze mit vielen Kategorien anwenden. Bibliotheken wie **Scipy** oder die Option für spärliche Matrizen im Scikit-learn-**OneHotEncoder** können helfen, spärliche Daten effizient zu speichern und zu verarbeiten.

- Stellen Sie sicher, dass Ihre Machine-Learning-Pipeline für den Umgang mit spärlichen Daten optimiert ist, wenn One-Hot Encoding umfangreich verwendet wird.

6.4.5 Datenlecks bei Target Encoding

Ein schwerwiegender Fallstrick bei **Target Encoding** ist das Risiko von **Datenlecks**, bei denen Informationen aus dem Testdatensatz in den Trainingsprozess einfließen. Dies kann zu übermäßig optimistischen Ergebnissen und einer schlechten Generalisierung des Modells führen. Die codierten Werte einer Kategorie können Zielinformationen aus dem gesamten Datensatz enthalten, einschließlich des Testdatensatzes, was die Modellleistung verzerrt.

Was könnte schiefgehen?

- Datenlecks führen dazu, dass das Modell während des Trainings und der Validierung gut abschneidet, aber nicht in der Lage ist, auf neue Daten zu generalisieren, da es bereits Zielinformationen aus dem Testdatensatz gesehen hat.

Lösung:

- Wenden Sie Target Encoding immer innerhalb von **Cross-Validation-Folds** an. Dadurch wird sichergestellt, dass die Codierung für jeden Fold nur auf den Trainingsdaten dieses Folds basiert, wodurch verhindert wird, dass Informationen aus dem Testdatensatz in den Trainingsprozess einfließen.

- Seien Sie vorsichtig bei **kleinen Datensätzen**, in denen bestimmte Kategorien möglicherweise nur in ein oder zwei Folds erscheinen. Wenden Sie Regularisierung oder Glättung an, um das Risiko von Überanpassung zu reduzieren.

6.4.6 Fehlinterpretation von Frequency Encoding

Frequency Encoding ist eine effiziente Methode, um hochkardinale kategoriale Variablen zu behandeln. Es kann jedoch zu unbeabsichtigten Konsequenzen führen, wenn die Häufigkeit einer Kategorie nicht mit der Zielvariable zusammenhängt. Die Häufigkeit des Auftretens in den Daten muss nicht immer eine sinnvolle Beziehung zur Zielvariable haben, was zu potenziellen Fehlinterpretationen führen kann.

Was könnte schiefgehen?

- Wenn die Häufigkeit einer Kategorie keinen Bezug zur Zielvariable hat, kann Frequency Encoding zu irreführenden Ergebnissen führen, da das Modell Kategorien, die häufiger im Datensatz auftreten, eine unberechtigte Bedeutung beimessen könnte, obwohl sie keine Vorhersagekraft besitzen.

- In stark unausgewogenen Datensätzen können Kategorien mit höheren Häufigkeiten den Lernprozess des Modells dominieren und zu verzerrten Ergebnissen führen.

Lösung:

- Analysieren Sie vor der Anwendung von Frequency Encoding, ob die Häufigkeit einer Kategorie für das jeweilige Problem relevant ist. Falls nicht, sollten Sie andere Codierungstechniken wie **Target Encoding** oder **Ordinal Encoding** in Betracht ziehen.

- Wenn Frequency Encoding verwendet wird, testen Sie dessen Wirksamkeit durch Validierung, um sicherzustellen, dass die codierten Merkmale einen sinnvollen Beitrag zur Modellleistung leisten.

Das Codieren kategorialer Variablen ist ein wesentlicher Schritt bei der Vorbereitung von Daten für maschinelle Lernmodelle, birgt jedoch mehrere potenzielle Fallstricke. Überanpassung bei Target Encoding, falsche Anwendung von Ordinal Encoding oder ineffiziente Nutzung von One-Hot Encoding können alle zu einer schlechten Modellleistung führen.

Durch das Verständnis dieser Risiken und die Anwendung bewährter Praktiken—wie der Verwendung von Cross-Validation für Target Encoding, der Optimierung hochkardinaler Merkmale und dem effizienten Umgang mit spärlichen Matrizen—können Sie sicherstellen, dass Ihre kategorialen Variablen so codiert werden, dass sie die Modellleistung verbessern und häufige Fehler vermieden werden.

Kapitel 6 Zusammenfassung

In diesem Kapitel haben wir verschiedene Methoden zur Codierung kategorialer Variablen untersucht, ein entscheidender Schritt bei der Vorbereitung von Daten für maschinelle Lernmodelle. Im Gegensatz zu numerischen Merkmalen müssen kategoriale Variablen in ein numerisches Format umgewandelt werden, das von Algorithmen für maschinelles Lernen verstanden werden kann. Die Wahl der richtigen Codierungsmethode hängt von der Art der kategorialen Variablen, der Anzahl der eindeutigen Kategorien und dem verwendeten Modell ab. Wir begannen mit einer detaillierten Betrachtung von **One-Hot Encoding** und gingen dann zu fortgeschritteneren Methoden wie **Target Encoding, Frequency Encoding** und **Ordinal Encoding** über.

One-Hot Encoding ist die am weitesten verbreitete Methode zur Behandlung kategorialer Variablen. Es erstellt binäre Spalten für jede Kategorie, sodass Modelle kategoriale Daten als numerisch behandeln können. Wir haben jedoch einige Herausforderungen im Zusammenhang mit One-Hot Encoding erörtert, insbesondere die **Dummy-Variablen-Falle**, die zu Multikollinearität in linearen Modellen führen kann. Wir haben gezeigt, wie diese vermieden werden kann, indem eine der codierten Spalten weggelassen wird. Ein weiteres Problem bei One-Hot Encoding ist der Umgang mit hochkardinalen kategorialen Merkmalen, bei denen zu viele neue Spalten erzeugt werden. Um dies zu lösen, haben wir das Gruppieren von Kategorien, Frequency Encoding und spärliche Matrizen als Möglichkeiten zur Reduzierung der Dimensionalität und Verbesserung der Effizienz vorgestellt.

Wir haben dann **Target Encoding** eingeführt, das jede Kategorie durch den Mittelwert der Zielvariable für diese Kategorie ersetzt. Diese Methode kann leistungsstark sein, wenn eine starke Beziehung zwischen der kategorialen Variablen und der Zielvariablen besteht, birgt jedoch auch Risiken wie **Überanpassung** und **Datenlecks**. Um diese zu vermeiden, haben wir empfohlen, Target Encoding innerhalb von Cross-Validation-Folds durchzuführen und Glättungstechniken zu verwenden, um zu verhindern, dass das Modell sich zu stark auf kleine Kategorien verlässt.

Frequency Encoding ist eine einfachere Alternative, die jede Kategorie durch ihre Häufigkeit im Datensatz ersetzt. Diese Methode ist besonders nützlich für hochkardinale Variablen, da sie die Spaltenexplosion vermeidet, die bei One-Hot Encoding auftritt. Es ist jedoch Vorsicht geboten, um sicherzustellen, dass die Häufigkeit der Kategorien im Zusammenhang mit der Zielvariablen steht.

Schließlich wird **Ordinal Encoding** verwendet, wenn die Kategorien eine natürliche Reihenfolge haben, wie Bildungsniveaus oder Kundenbewertungsstufen. Diese Codierung bewahrt die Rangordnung der Kategorien und ist nützlich für Modelle, die geordnete Informationen nutzen können. Die Anwendung von Ordinal Encoding auf ungeordnete Kategorien kann jedoch zu irreführenden Modellinterpretationen führen.

Im Abschnitt **„Was könnte schiefgehen?"** haben wir die Risiken im Zusammenhang mit jeder Codierungsmethode hervorgehoben, z. B. Überanpassung bei Target Encoding, Ineffizienzen bei One-Hot Encoding und Fehlinterpretationen bei Frequency Encoding. Durch das Verständnis dieser Risiken und die sorgfältige Anwendung von Codierungsmethoden können Datenwissenschaftler sicherstellen, dass kategoriale Variablen so codiert werden, dass sie die Modellleistung maximieren und häufige Fallstricke vermeiden.

Zusammenfassend lässt sich sagen, dass die Auswahl der geeigneten Codierungsmethode entscheidend für die effektive Handhabung kategorialer Variablen ist. Jede Methode—sei es One-Hot, Target, Frequency oder Ordinal Encoding—hat ihre Stärken und Schwächen. Durch die durchdachte Anwendung dieser Techniken können Sie sicherstellen, dass Ihre Modelle besser mit kategorialen Daten umgehen können und letztendlich eine höhere Vorhersagegenauigkeit erzielen.

Kapitel 7: Merkmalsgenerierung und Interaktionsterms

Das Erstellen neuer Merkmale ist eine der mächtigsten Techniken zur Verbesserung von maschinellen Lernmodellen. Dieser Prozess, bekannt als **Feature Engineering**, umfasst das Ableiten neuer Variablen aus vorhandenen Daten, um komplexe Zusammenhänge, Muster und Einblicke zu erfassen, die im Rohdatensatz möglicherweise nicht sofort erkennbar sind. Auf diese Weise können Datenwissenschaftler die Genauigkeit, Robustheit und Interpretierbarkeit von Modellen erheblich verbessern.

Die Merkmalsgenerierung kann viele Formen annehmen, darunter:

- Mathematische Transformationen (z. B. logarithmisch, polynomiell)

- Aggregationen (z. B. Mittelwert, Median, Summe mehrerer Merkmale)

- Binning oder Diskretisierung kontinuierlicher Variablen

- Kodierung kategorialer Variablen

- Erstellen domänenspezifischer Merkmale basierend auf Expertenwissen

In diesem Kapitel vertiefen wir uns in den Prozess der **Merkmalsgenerierung** und untersuchen verschiedene Techniken, um bestehende Merkmale auf sinnvolle Weise zu kombinieren. Wir beginnen mit Methoden, um neue Merkmale aus vorhandenen Daten abzuleiten, wie z. B. Datums-/Zeitextraktion, Textanalyse und Verarbeitung geografischer Informationen. Anschließend gehen wir zu fortgeschrittenen Konzepten über, einschließlich **Interaktionsterms**, die die kombinierten Effekte mehrerer Merkmale erfassen.

Durch das Beherrschen dieser Techniken können Sie den Wert Ihrer Daten maximieren und möglicherweise verborgene Muster und Zusammenhänge aufdecken, die Ihren Modellen einen signifikanten Vorteil bei der Vorhersagegenauigkeit und Generalisierungsfähigkeit verschaffen.

7.1 Neue Merkmale aus vorhandenen Daten erstellen

Die Merkmalsgenerierung ist ein entscheidender Schritt im Datenwissenschafts-Workflow und umfasst die Erstellung neuer, aufschlussreicher Merkmale aus vorhandenen Daten. Dieser

Prozess erfordert nicht nur technische Fähigkeiten, sondern auch ein tiefes Verständnis der Domäne und des spezifischen Problems, das gelöst werden soll. Durch die Erstellung neuer Merkmale können Datenwissenschaftler verborgene Muster aufdecken, komplexe Beziehungen vereinfachen und Rauschen im Datensatz reduzieren, was letztendlich die Leistung und Interpretierbarkeit von maschinellen Lernmodellen verbessert.

Das Erstellen von Merkmalen erfordert oft kreatives Denken und Experimentieren. Es kann Techniken wie folgende umfassen:

- Anwenden mathematischer Funktionen auf bestehende Merkmale

- Extrahieren von Informationen aus komplexen Datentypen wie Datum, Text oder geografischen Koordinaten

- Kombinieren mehrerer Merkmale, um informativere Repräsentationen zu erstellen

- Kodieren kategorialer Variablen auf eine Weise, die ihre inhärenten Eigenschaften erfasst

- Nutzung von Domänenwissen zur Erstellung von Merkmalen, die reale Beziehungen widerspiegeln

In diesem Abschnitt werden wir verschiedene Methoden zur Merkmalsgenerierung untersuchen, beginnend mit grundlegenden mathematischen Transformationen und fortschreitend zu fortgeschrittenen Techniken. Wir werden erörtern, wie man aussagekräftige Informationen aus Datums- und Zeitdaten extrahiert, die entscheidend für das Erfassen von zeitlichen Mustern und Saisonalität sein können. Außerdem besprechen wir Strategien zur Kombination von Merkmalen, um leistungsstärkere Prädiktoren zu erstellen, einschließlich der Erstellung von Interaktionsterms, die das Zusammenspiel zwischen verschiedenen Variablen erfassen.

Durch das Beherrschen dieser Techniken sind Sie besser in der Lage, den maximalen Wert aus Ihren Daten zu extrahieren und möglicherweise Erkenntnisse zu gewinnen, die im Rohdatensatz nicht sofort offensichtlich waren. Dies kann zu genaueren Vorhersagen, besseren Entscheidungen und einem tieferen Verständnis der zugrunde liegenden Muster in Ihren Daten führen.

7.1.1 Mathematische Transformationen

Eine der grundlegenden Techniken zur Erstellung neuer Merkmale ist die Anwendung mathematischer Transformationen auf bestehende numerische Merkmale. Diese Transformationen können die Qualität und Nützlichkeit Ihrer Daten für maschinelle Lernmodelle erheblich verbessern. Zu den häufigsten Transformationen gehören:

Logarithmische Transformation

Diese leistungsstarke Technik ist besonders effektiv für den Umgang mit rechts-schiefen Verteilungen und das Komprimieren breiter Wertebereiche. Durch die Anwendung der Logarithmusfunktion auf Daten können wir:

- Exponentielle Beziehungen linearisieren, wodurch sie für Modelle leichter interpretierbar werden

- Den Einfluss von Ausreißern reduzieren, insbesondere in Datensätzen mit extremen Werten

- Daten normalisieren, die sich über mehrere Größenordnungen erstrecken

- Die Leistung von Modellen verbessern, die normalverteilte Daten voraussetzen

Logarithmische Transformationen werden häufig in verschiedenen Bereichen angewendet:

- **Finanzen**: Analyse von Aktienkursen, Renditen und anderen finanziellen Kennzahlen

- **Wirtschaft**: Umgang mit BIP, Bevölkerungswachstum oder Inflationsraten

- **Biologie**: Untersuchung von Bakterienwachstum oder Enzymkinetik

- **Physik**: Analyse von Phänomenen wie Schallintensität oder Erdbebenstärke

Wichtige Überlegungen:

- Die Basis des Logarithmus (natürlicher Logarithmus, Basis 10 usw.) und deren Einfluss auf die Interpretation

- Umgang mit Null- oder Negativwerten, die möglicherweise das Hinzufügen einer Konstante vor der Transformation erfordern

- Auswirkungen auf die Modellinterpretierbarkeit und die Notwendigkeit, Vorhersagen zurückzu-transformieren

Beispiel: Logarithmische Transformation zur Erstellung eines neuen Merkmals

Angenommen, wir haben einen Datensatz mit Hauspreisen und vermuten, dass die Verteilung der Preise schief ist. Um die Schiefe zu reduzieren und die Verteilung normaler zu machen, können wir ein neues Merkmal erstellen, indem wir eine logarithmische Transformation auf die ursprünglichen Preise anwenden.

```python
import numpy as np
import pandas as pd
import matplotlib.pyplot as plt
import seaborn as sns

# Sample data
data = {'HousePrice': [50000, 120000, 250000, 500000, 1200000, 2500000]}

df = pd.DataFrame(data)
```

```python
# Create a new feature by applying a logarithmic transformation
df['LogHousePrice'] = np.log(df['HousePrice'])

# View the original and transformed features
print("Original DataFrame:")
print(df)

# Calculate summary statistics
print("\\nSummary Statistics:")
print(df.describe())

# Visualize the distributions
fig, (ax1, ax2) = plt.subplots(1, 2, figsize=(12, 5))

sns.histplot(df['HousePrice'], kde=True, ax=ax1)
ax1.set_title('Distribution of Original House Prices')
ax1.set_xlabel('House Price')

sns.histplot(df['LogHousePrice'], kde=True, ax=ax2)
ax2.set_title('Distribution of Log-Transformed House Prices')
ax2.set_xlabel('Log(House Price)')

plt.tight_layout()
plt.show()

# Compare skewness
original_skew = df['HousePrice'].skew()
log_skew = df['LogHousePrice'].skew()

print(f"\\nSkewness of original prices: {original_skew:.2f}")
print(f"Skewness of log-transformed prices: {log_skew:.2f}")
```

Dieser Code demonstriert den Prozess der Anwendung einer logarithmischen Transformation auf Hauspreisdaten und analysiert deren Auswirkungen.

Detaillierte Erläuterung des Codes und seiner Zweckmäßigkeit:

1. **Notwendige Bibliotheken importieren:**

   o **numpy (np):** Für numerische Operationen

   o **pandas (pd):** Für Datenmanipulation und -analyse

   o **matplotlib.pyplot (plt):** Für statische, animierte und interaktive Visualisierungen

   o **seaborn (sns):** Für statistische Datenvisualisierung

2. **Beispieldaten erstellen:**

- o Ein Dictionary mit dem Schlüssel HousePrice und einer Liste von Hauspreisen als Werte

- o Umwandlung des Dictionary in ein pandas DataFrame

3. **Logarithmische Transformation anwenden:**

- o Erstellen einer neuen Spalte LogHousePrice, indem np.log() auf die Spalte HousePrice angewendet wird

- o Diese Transformation reduziert die Schiefe der Daten und komprimiert den Wertebereich

4. **Original-DataFrame anzeigen:**

- o Drucken des DataFrames, um sowohl die ursprünglichen als auch die transformierten Preise anzuzeigen

5. **Zusammenfassende Statistiken berechnen und anzeigen:**

- o Verwenden der Methode describe(), um statistische Maße wie Anzahl, Mittelwert, Standardabweichung, Minimum, Maximum und Quartile für beide Spalten zu erhalten

6. **Verteilungen visualisieren:**

- o Erstellung einer Figur mit zwei nebeneinander angeordneten Teilplots

- o Verwendung von sns.histplot() zur Erstellung von Histogrammen mit Kernel-Dichte-Schätzungen (KDE) für die ursprünglichen und logarithmisch transformierten Preise

- o Festlegen geeigneter Titel und Beschriftungen für die Plots

- o Anzeige der Plots mit plt.show()

7. **Schiefe vergleichen:**

- o Berechnung der Schiefe der ursprünglichen und logarithmisch transformierten Preisverteilungen mit der Methode skew()

- o Drucken der Schiefe-Werte

Dieses umfassende Beispiel zeigt nicht nur die Anwendung der logarithmischen Transformation, sondern liefert auch visuelle und statistische Beweise für deren Auswirkungen. Durch den Vergleich der ursprünglichen und transformierten Verteilungen wird deutlich, wie die logarithmische Transformation zur Normalisierung der Daten beiträgt, was sie potenziell besser für statistische Analysen und maschinelle Lernmodelle geeignet macht.

Quadratwurzel-Transformation

Diese Transformation ist weniger drastisch als die logarithmische Transformation, aber dennoch effektiv, um Rechts-Schiefe zu reduzieren. Sie eignet sich besonders für Zähldaten oder bei moderater Rechts-Schiefe. Die Quadratwurzelfunktion komprimiert das obere Ende der Verteilung, während das untere Ende erweitert wird, was sie ideal für Daten macht, die keine so drastische Änderung wie bei der logarithmischen Transformation erfordern.

Hauptvorteile der Quadratwurzel-Transformation:

- Reduzierung des Einflusses von Ausreißern, ohne sie vollständig zu nivellieren

- Verbesserung der Normalität positiv schiefer Verteilungen

- Stabilisierung der Varianz bei Zähldaten, insbesondere wenn die Varianz mit dem Mittelwert steigt

- Beibehaltung einer intuitiveren Beziehung zu den Originaldaten im Vergleich zur logarithmischen Transformation

Wichtige Überlegungen bei der Anwendung der Quadratwurzel-Transformation:

- Umgang mit Nullwerten, die möglicherweise das Hinzufügen einer kleinen Konstante vor der Transformation erfordern

- Auswirkungen auf negative Werte, die eine spezielle Behandlung oder alternative Transformationen erfordern können

- Auswirkungen auf die Interpretierbarkeit des Modells und die potenzielle Notwendigkeit einer Rücktransformation von Vorhersagen

Typische Anwendungsbereiche:

- **Ökologie:** Analyse von Artenhäufigkeitsdaten

- **Psychologie:** Analyse von Reaktionszeitdaten

- **Qualitätskontrolle:** Analyse von Fehlerzählungen in Herstellungsprozessen

Beispiel: Quadratwurzel-Transformation zur Erstellung eines neuen Merkmals

Angenommen, wir haben einen Datensatz mit der Anzahl von Fehlern, die in hergestellten Produkten gefunden wurden. Wir wenden eine Quadratwurzel-Transformation an, um die Rechts-Schiefe zu reduzieren und die Varianz zu stabilisieren.

```python
import numpy as np
import pandas as pd
import matplotlib.pyplot as plt
import seaborn as sns

# Sample data
data = {'DefectCount': [0, 1, 4, 9, 16, 25, 36, 49, 64, 81]}
```

```python
df = pd.DataFrame(data)

# Create a new feature by applying a square root transformation
df['SqrtDefectCount'] = np.sqrt(df['DefectCount'])

# View the original and transformed features
print("Original DataFrame:")
print(df)

# Calculate summary statistics
print("\\nSummary Statistics:")
print(df.describe())

# Visualize the distributions
fig, (ax1, ax2) = plt.subplots(1, 2, figsize=(12, 5))

sns.histplot(df['DefectCount'], kde=True, ax=ax1)
ax1.set_title('Distribution of Original Defect Counts')
ax1.set_xlabel('Defect Count')

sns.histplot(df['SqrtDefectCount'], kde=True, ax=ax2)
ax2.set_title('Distribution of Square Root Transformed Defect Counts')
ax2.set_xlabel('Square Root of Defect Count')

plt.tight_layout()
plt.show()

# Compare skewness
original_skew = df['DefectCount'].skew()
sqrt_skew = df['SqrtDefectCount'].skew()

print(f"\\nSkewness of original counts: {original_skew:.2f}")
print(f"Skewness of square root transformed counts: {sqrt_skew:.2f}")
```

Code-Zusammenfassung:

1. **Notwendige Bibliotheken importieren:**

   o **numpy (np):** Für numerische Operationen

   o **pandas (pd):** Für Datenmanipulation und -analyse

   o **matplotlib.pyplot (plt):** Für statische, animierte und interaktive Visualisierungen

   o **seaborn (sns):** Für statistische Datenvisualisierung

2. **Beispieldaten erstellen:**

   o Ein Dictionary mit dem Schlüssel DefectCount und einer Liste von Fehleranzahlen als Werte

- o   Umwandeln des Dictionaries in ein pandas DataFrame

3. **Quadratwurzel-Transformation anwenden:**

- o   Erstellen einer neuen Spalte SqrtDefectCount, indem np.sqrt() auf die Spalte DefectCount angewendet wird

- o   Diese Transformation hilft, die Schiefe der Daten zu reduzieren und die Varianz zu stabilisieren

4. **Original-DataFrame anzeigen:**

- o   Drucken des DataFrames, um sowohl die ursprünglichen als auch die transformierten Fehleranzahlen anzuzeigen

5. **Zusammenfassende Statistiken berechnen und anzeigen:**

- o   Verwenden der Methode describe(), um statistische Maße wie Anzahl, Mittelwert, Standardabweichung, Minimum, Maximum und Quartile für beide Spalten zu erhalten

6. **Verteilungen visualisieren:**

- o   Erstellung einer Figur mit zwei nebeneinander angeordneten Teilplots

- o   Verwendung von sns.histplot(), um Histogramme mit Kernel-Dichte-Schätzungen (KDE) für die ursprünglichen und quadratwurzel-transformierten Fehleranzahlen zu erstellen

- o   Festlegen geeigneter Titel und Beschriftungen für die Plots

- o   Anzeige der Plots mit plt.show()

7. **Schiefe vergleichen:**

- o   Berechnung der Schiefe der ursprünglichen und quadratwurzel-transformierten Fehleranzahl-Verteilungen mit der Methode skew()

- o   Drucken der Schiefe-Werte

Dieses Beispiel zeigt, wie eine Quadratwurzel-Transformation auf einen Datensatz angewendet wird, die Ergebnisse visualisiert und die Schiefe der ursprünglichen und transformierten Daten verglichen wird. Die Quadratwurzel-Transformation ist besonders effektiv bei Zähldaten, da sie die Varianz stabilisiert und die Rechts-Schiefe reduziert.

Exponentielle Transformation:

Diese leistungsstarke Technik kann verwendet werden, um Unterschiede zwischen Werten zu verstärken oder linksschiefe Verteilungen zu behandeln. Im Gegensatz zu logarithmischen Transformationen, die große Werte komprimieren, dehnt die exponentielle Transformation diese aus. Diese Methode ist besonders nützlich, wenn:

- Unterschiede zwischen größeren Werten in Ihrem Datensatz hervorgehoben werden sollen

- Ihre Daten eine linksschiefe (negativ schiefe) Verteilung aufweisen, die ausgeglichen werden muss

- Sie mit Variablen arbeiten, bei denen kleine Änderungen bei höheren Werten bedeutender sind als bei niedrigeren Werten

Häufige Anwendungen exponentieller Transformationen:

- **Finanzmodellierung:** Für Zinseszins oder Wachstumsraten

- **Populationsdynamik:** Beim Modellieren exponentieller Wachstumsmuster

- **Signalverarbeitung:** Zur Verstärkung bestimmter Frequenzkomponenten

Wichtige Überlegungen bei der Anwendung exponentieller Transformationen:

- Die Basis der Exponentialfunktion und deren Einfluss auf die Skala der Transformation

- Potenzielles Auftreten extremer Ausreißer, die möglicherweise zusätzlich behandelt werden müssen

- Auswirkungen auf die Interpretierbarkeit des Modells und die Notwendigkeit einer sorgfältigen Invers-Transformation der Vorhersagen

Beispiel: Exponentielle Transformation zur Erstellung eines neuen Merkmals

Angenommen, wir haben einen Datensatz mit Werten, die wir betonen oder verstärken möchten. Wir wenden eine exponentielle Transformation auf diese Daten an, um ein neues Merkmal zu erstellen, das Unterschiede zwischen größeren Werten hervorhebt.

```python
import numpy as np
import pandas as pd
import matplotlib.pyplot as plt
import seaborn as sns

# Sample data
data = {'Value': [1, 2, 3, 4, 5, 6, 7, 8, 9, 10]}

df = pd.DataFrame(data)

# Create a new feature by applying an exponential transformation
df['ExpValue'] = np.exp(df['Value'])

# View the original and transformed features
print("Original DataFrame:")
print(df)

# Calculate summary statistics
print("\\nSummary Statistics:")
```

```python
print(df.describe())

# Visualize the distributions
fig, (ax1, ax2) = plt.subplots(1, 2, figsize=(12, 5))

sns.scatterplot(x='Value', y='ExpValue', data=df, ax=ax1)
ax1.set_title('Original vs Exponential Values')
ax1.set_xlabel('Original Value')
ax1.set_ylabel('Exponential Value')

sns.lineplot(x='Value', y='Value', data=df, ax=ax2, label='Original')
sns.lineplot(x='Value', y='ExpValue', data=df, ax=ax2, label='Exponential')
ax2.set_title('Comparison of Original and Exponential Values')
ax2.set_xlabel('Value')
ax2.set_ylabel('Transformed Value')
ax2.legend()

plt.tight_layout()
plt.show()

# Compare ranges
original_range = df['Value'].max() - df['Value'].min()
exp_range = df['ExpValue'].max() - df['ExpValue'].min()

print(f"\\nRange of original values: {original_range:.2f}")
print(f"Range of exponential transformed values: {exp_range:.2f}")
```

Code-Zusammenfassung:

1. **Notwendige Bibliotheken importieren:**

    o **numpy (np):** Für numerische Operationen

    o **pandas (pd):** Für Datenmanipulation und -analyse

    o **matplotlib.pyplot (plt):** Für statische, animierte und interaktive Visualisierungen

    o **seaborn (sns):** Für statistische Datenvisualisierung

2. **Beispieldaten erstellen:**

    o Ein Dictionary mit einem Schlüssel Value und einer Liste von Werten von 1 bis 10

    o Umwandeln des Dictionaries in ein pandas DataFrame

3. **Exponentielle Transformation anwenden:**

    o Erstellen einer neuen Spalte ExpValue, indem np.exp() auf die Spalte Value angewendet wird

- o Diese Transformation verstärkt die ursprünglichen Werte exponentiell

4. **Original-DataFrame anzeigen:**

   - o Drucken des DataFrames, um sowohl ursprüngliche als auch transformierte Werte anzuzeigen

5. **Zusammenfassende Statistiken berechnen und anzeigen:**

   - o Verwenden der Methode describe(), um statistische Maße für beide Spalten zu erhalten

6. **Daten visualisieren:**

   - o Erstellung einer Figur mit zwei nebeneinander angeordneten Teilplots

   - o Verwendung von sns.scatterplot(), um die Beziehung zwischen ursprünglichen und exponentiellen Werten darzustellen

   - o Verwendung von sns.lineplot(), um das Wachstum von ursprünglichen und exponentiellen Werten zu vergleichen

   - o Festlegen geeigneter Titel und Beschriftungen für die Plots

   - o Anzeige der Plots mit plt.show()

7. **Bereiche vergleichen:**

   - o Berechnung des Bereichs (max - min) für sowohl ursprüngliche als auch exponentiell transformierte Werte

   - o Drucken der Bereiche, um zu zeigen, wie die exponentielle Transformation die Unterschiede verstärkt hat

Potenz-Transformationen

Dazu gehören Quadrat-, Kubik- oder höhere Potenzen. Diese Transformationen sind besonders effektiv, um größere Werte zu betonen oder nicht-lineare Beziehungen in Ihren Daten zu erfassen. Eine detailliertere Betrachtung der Potenz-Transformationen:

- **Quadrat-Transformation (x^2):** Nützlich, um Unterschiede zwischen größeren Werten zu betonen und gleichzeitig Unterschiede zwischen kleineren Werten zu komprimieren. Häufig in statistischen Analysen und maschinellen Lernmodellen verwendet, um quadratische Beziehungen zu erfassen.

- **Kubik-Transformation (x^3):** Verstärkt Unterschiede noch stärker als das Quadrieren. Besonders nützlich bei Variablen, bei denen kleine Änderungen bei höheren Werten viel signifikanter sind als bei niedrigeren Werten.

- **Höhere Potenzen (x^4, x^5 usw.):** Werden verwendet, um zunehmend komplexe nicht-lineare Beziehungen zu erfassen. Vorsicht ist geboten, da sehr hohe Potenzen zu numerischer Instabilität und Überanpassung führen können.

- **Bruchpotenzen ($\sqrt{x}$, $\sqrt[3]{x}$ usw.):** Weniger gebräuchlich, aber in bestimmten Szenarien wertvoll. Zum Beispiel kann eine Kubikwurzel-Transformation bei der Handhabung extremer Ausreißer hilfreich sein, während die ursprüngliche Skala teilweise erhalten bleibt.

Wichtige Überlegungen bei Potenz-Transformationen:

- Die Natur Ihrer Daten und das spezifische Problem, das Sie lösen möchten. Je nach Datensatz und Zielsetzung können unterschiedliche Potenz-Transformationen angemessener sein.

- Die Möglichkeit, Ausreißer zu erzeugen oder zu verstärken, insbesondere bei höheren Potenzen. Extreme Werte müssen möglicherweise sorgfältig behandelt werden.

- Die Auswirkungen auf die Interpretierbarkeit des Modells. Potenz-Transformationen können es erschweren, Modellkoeffizienten direkt zu interpretieren.

- Der Bedarf an Skalierung der Merkmale nach der Anwendung von Potenz-Transformationen, da diese die Skala Ihrer Daten erheblich verändern können.

Beispiel: Potenz-Transformation zur Erstellung neuer Merkmale

Im folgenden Beispiel zeigen wir, wie Potenz-Transformationen auf einen Datensatz angewendet werden, einschließlich Quadrat-, Kubik- und Quadratwurzel-Transformationen. Wir visualisieren die Ergebnisse und vergleichen die Verteilungen der ursprünglichen und transformierten Daten.

```python
import numpy as np
import pandas as pd
import matplotlib.pyplot as plt
import seaborn as sns

# Sample data
data = {'Value': np.random.uniform(1, 100, 1000)}
df = pd.DataFrame(data)

# Apply power transformations
df['Square'] = df['Value'] ** 2
df['Cube'] = df['Value'] ** 3
df['SquareRoot'] = np.sqrt(df['Value'])

# Visualize the distributions
fig, axs = plt.subplots(2, 2, figsize=(15, 15))
sns.histplot(df['Value'], kde=True, ax=axs[0, 0])
axs[0, 0].set_title('Original Distribution')
sns.histplot(df['Square'], kde=True, ax=axs[0, 1])
```

```
axs[0, 1].set_title('Square Transformation')
sns.histplot(df['Cube'], kde=True, ax=axs[1, 0])
axs[1, 0].set_title('Cube Transformation')
sns.histplot(df['SquareRoot'], kde=True, ax=axs[1, 1])
axs[1, 1].set_title('Square Root Transformation')

plt.tight_layout()
plt.show()

# Compare skewness
print("Skewness:")
print(f"Original: {df['Value'].skew():.2f}")
print(f"Square: {df['Square'].skew():.2f}")
print(f"Cube: {df['Cube'].skew():.2f}")
print(f"Square Root: {df['SquareRoot'].skew():.2f}")
```

Code-Aufschlüsselung:

1. Notwendige Bibliotheken importieren:

   o numpy (np): Für numerische Operationen und die Generierung von Zufallszahlen

   o pandas (pd): Für Datenmanipulation und -analyse

   o matplotlib.pyplot (plt): Zum Erstellen von Visualisierungen

   o seaborn (sns): Für statistische Datenvisualisierung

2. Beispieldaten erstellen:

   o 1000 Zufallswerte zwischen 1 und 100 mit np.random.uniform() generieren

   o Die Daten in einem pandas DataFrame speichern

3. Potenztransformationen anwenden:

   o Quadratische Transformation: df['Value'] ** 2

   o Kubische Transformation: df['Value'] ** 3

   o Quadratwurzeltransformation: np.sqrt(df['Value'])

4. Verteilungen visualisieren:

   o Ein 2x2-Grid für Subplots erstellen

   o Mit der histplot()-Funktion von seaborn Histogramme mit Kernel-Dichteschätzungen (KDE) für jede Verteilung erstellen

   o Entsprechende Titel für jeden Subplot festlegen

5. Schiefe vergleichen:

o   Die Schiefe jeder Verteilung mit der skew()-Methode berechnen und ausgeben

Dieses Beispiel zeigt, wie verschiedene Potenztransformationen die Verteilung der Daten beeinflussen. Quadratische und kubische Transformationen betonen tendenziell größere Werte und können die Rechtsschiefe verstärken, während die Quadratwurzeltransformation die Rechtsschiefe verringern und den Wertebereich komprimieren kann.

Box-Cox-Transformation

Eine vielseitige Familie von Potenztransformationen, die das Logarithmieren als Sonderfall einschließt. Diese Transformation ist besonders nützlich zur Stabilisierung der Varianz und zur Annäherung an eine normalverteilte Datenstruktur. Die Box-Cox-Transformation wird durch einen Parameter λ (Lambda) definiert, der die spezifische Art der Transformation bestimmt. Bei λ = 0 entspricht sie der natürlichen Logarithmus-Transformation.

Wichtige Eigenschaften der Box-Cox-Transformation:

- **Flexibilität**: Durch Anpassung des λ-Parameters kann sie eine Vielzahl von Datenverteilungen handhaben.

- **Varianzstabilisierung**: Sie hilft, Homoskedastizität zu erreichen, eine wichtige Annahme in vielen statistischen Modellen.

- **Normalisierung**: Sie kann schiefe Daten symmetrischer machen und einer Normalverteilung annähern.

- **Verbesserte Modellleistung**: Durch die Behebung von Nichtlinearität und Nichtnormalität kann sie die Leistung statistischer und maschineller Lernmodelle steigern.

Bei der Anwendung der Box-Cox-Transformation ist zu beachten, dass alle Werte positiv sein müssen. Für Datensätze mit Null- oder Negativwerten muss möglicherweise vor der Transformation eine Konstante addiert werden. Der optimale λ-Wert kann durch Maximum-Likelihood-Schätzung bestimmt werden, wodurch eine datengetriebene Auswahl der geeignetsten Transformation ermöglicht wird.

Beispiel: Box-Cox-Transformation

Lassen Sie uns demonstrieren, wie die Box-Cox-Transformation auf einen Datensatz angewendet und die Ergebnisse visualisiert werden können.

```
import numpy as np
import pandas as pd
import matplotlib.pyplot as plt
from scipy import stats

# Generate sample data with a right-skewed distribution
np.random.seed(42)
data = np.random.lognormal(mean=0, sigma=0.5, size=1000)
```

```python
# Create a DataFrame
df = pd.DataFrame({'original': data})

# Apply Box-Cox transformation
df['box_cox'], lambda_param = stats.boxcox(df['original'])

# Visualize the original and transformed distributions
fig, (ax1, ax2) = plt.subplots(1, 2, figsize=(12, 5))

ax1.hist(df['original'], bins=30, edgecolor='black')
ax1.set_title('Original Distribution')
ax1.set_xlabel('Value')
ax1.set_ylabel('Frequency')

ax2.hist(df['box_cox'], bins=30, edgecolor='black')
ax2.set_title(f'Box-Cox Transformed (λ = {lambda_param:.2f})')
ax2.set_xlabel('Value')
ax2.set_ylabel('Frequency')

plt.tight_layout()
plt.show()

# Print summary statistics
print("Original Data:")
print(df['original'].describe())
print("\\nBox-Cox Transformed Data:")
print(df['box_cox'].describe())

# Print skewness
print(f"\\nOriginal Skewness: {df['original'].skew():.2f}")
print(f"Box-Cox Transformed Skewness: {df['box_cox'].skew():.2f}")
```

Code-Aufschlüsselung:

1. Notwendige Bibliotheken importieren:

   o numpy (np): Für numerische Operationen und die Generierung von Zufallszahlen

   o pandas (pd): Für Datenmanipulation und -analyse

   o matplotlib.pyplot (plt): Zum Erstellen von Visualisierungen

   o scipy.stats: Für die Funktion der Box-Cox-Transformation

2. Beispieldaten generieren:

   o np.random.lognormal() verwenden, um eine rechtsschiefe Verteilung zu erzeugen o   Die Daten in einem pandas DataFrame speichern

3. Box-Cox-Transformation anwenden:

     o   stats.boxcox() verwenden, um die Daten zu transformieren

     o   Diese Funktion gibt die transformierten Daten und den optimalen Lambda-Wert zurück

4. Verteilungen visualisieren:

     o   Zwei Subplots nebeneinander erstellen

     o   Histogramme der Original- und der transformierten Daten plotten

     o   Entsprechende Titel und Achsenbeschriftungen festlegen

5. Zusammenfassende Statistiken und Schiefe ausgeben:

     o   Mit describe() die zusammenfassenden Statistiken für die Original- und die transformierten Daten abrufen

     o   Die Schiefe beider Verteilungen mit skew() berechnen und ausgeben

Dieses Beispiel zeigt, wie die Box-Cox-Transformation eine rechtsschiefe Verteilung normalisieren kann. Der optimale Lambda-Wert wird automatisch bestimmt, und die Transformation reduziert die Schiefe der Daten signifikant. Dies ist besonders nützlich bei der Vorbereitung von Daten für Machine Learning-Modelle, die normalverteilte Merkmale voraussetzen.

Diese Transformationen erfüllen mehrere Zwecke im Feature-Engineering-Prozess:

- **Normalisierung von Datenverteilungen:** Viele statistische Methoden und Machine Learning-Algorithmen setzen normalverteilte Daten voraus. Transformationen können helfen, diese Bedingung zu erfüllen.

- **Varianzstabilisierung:** Einige Modelle, wie lineare Regression, setzen konstante Varianz über den Bereich der Prädiktorvariablen voraus. Transformationen können diese Annahme unterstützen.

- **Vereinfachung nichtlinearer Beziehungen:** Durch die richtige Transformation können komplexe nichtlineare Beziehungen in einfachere lineare umgewandelt werden, die Modelle leichter lernen können.

- **Reduzierung des Einflusses von Ausreißern:** Transformationen wie der Logarithmus können die Skalierung einer Variablen komprimieren und den Einfluss extremer Werte verringern.

Beim Anwenden solcher Transformationen ist es entscheidend, die Natur der Daten und die Annahmen des gewählten Modells zu berücksichtigen. Validieren Sie immer die Auswirkungen der Transformationen durch explorative Datenanalyse und Modellleistungsmetriken. Denken Sie daran, dass Transformationen zwar leistungsstark sein können, sie jedoch auch die Interpretierbarkeit des Modells beeinflussen können. Verwenden Sie sie daher mit Bedacht und dokumentieren Sie Ihre Vorgehensweise gründlich.

7.1.2 Datums- und Zeit-Feature-Extraktion

Beim Arbeiten mit Datensätzen, die Datums- oder Zeitangaben enthalten, können Sie die prädiktive Leistung Ihres Modells erheblich verbessern, indem Sie aussagekräftige neue Features extrahieren. Dieser Prozess umfasst die Aufschlüsselung von Datetime-Spalten in ihre Bestandteile wie **Jahr**, **Monat**, **Wochentag** oder **Stunde**. Diese extrahierten Features können wichtige zeitliche Muster und Saisonalität in Ihren Daten erfassen.

Beispielsweise könnte in einem Einzelhandelsumsatz-Datensatz die Extraktion von Monat und Wochentag aus einem Verkaufsdatum monatliche Umsatzzyklen oder wöchentliche Einkaufsgewohnheiten aufzeigen. Ebenso könnten in wetterbezogenen Daten Monat und Tag helfen, saisonale Schwankungen zu erfassen. In finanziellen Zeitreihen könnten Jahr und Quartal entscheidend sein, um langfristige Trends und zyklische Muster zu identifizieren.

Darüber hinaus können Sie komplexere zeitbasierte Features erstellen, wie zum Beispiel:

- Handelt es sich um ein Wochenende oder einen Wochentag?
- Welches Quartal des Jahres?
- Ist es ein Feiertag?
- Anzahl der Tage seit einem bestimmten Ereignis

Diese abgeleiteten Features können wertvolle Einblicke in zeitabhängige Phänomene bieten, sodass Ihr Modell nuancierte Muster erfassen kann, die in den rohen Datetime-Daten möglicherweise nicht offensichtlich sind. Durch die Einbeziehung dieser zeitlichen Aspekte können Sie die Fähigkeit Ihres Modells erheblich verbessern, Ergebnisse vorherzusagen, die von saisonalen Trends, zyklischen Mustern oder anderen zeitbasierten Faktoren beeinflusst werden.

Beispiel: Extrahieren von Datumskomponenten zur Erstellung neuer Features

Angenommen, wir haben einen Datensatz, der eine Spalte für das Verkaufsdatum eines Hauses enthält. Wir können neue Features wie **YearSold**, **MonthSold** und **DayOfWeekSold** extrahieren, um zeitliche Trends zu erfassen, die die Hauspreise beeinflussen könnten.

```
# Sample data with a date column
data = {
    'SaleDate': ['2021-01-15', '2020-07-22', '2021-03-01', '2019-10-10', '2022-12-
31'],
    'Price': [250000, 300000, 275000, 225000, 350000]
}
```

```python
df = pd.DataFrame(data)

# Convert the SaleDate column to a datetime object
df['SaleDate'] = pd.to_datetime(df['SaleDate'])

# Extract new features from the SaleDate column
df['YearSold'] = df['SaleDate'].dt.year
df['MonthSold'] = df['SaleDate'].dt.month
df['DayOfWeekSold'] = df['SaleDate'].dt.dayofweek
df['QuarterSold'] = df['SaleDate'].dt.quarter
df['IsWeekend'] = df['SaleDate'].dt.dayofweek.isin([5, 6]).astype(int)
df['DaysSince2019'] = (df['SaleDate'] - pd.Timestamp('2019-01-01')).dt.days

# Create a season column
df['Season'] = pd.cut(df['MonthSold'],
                      bins=[0, 3, 6, 9, 12],
                      labels=['Winter', 'Spring', 'Summer', 'Fall'],
                      include_lowest=True)

# View the new features
print(df)

# Analyze the relationship between time features and price
import matplotlib.pyplot as plt
import seaborn as sns

plt.figure(figsize=(12, 6))
sns.scatterplot(data=df, x='DaysSince2019', y='Price', hue='Season')
plt.title('House Prices Over Time')
plt.show()

# Calculate average price by year and month
avg_price = df.groupby(['YearSold', 'MonthSold'])['Price'].mean().unstack()
plt.figure(figsize=(12, 6))
sns.heatmap(avg_price, annot=True, fmt='.0f', cmap='YlOrRd')
plt.title('Average House Price by Year and Month')
plt.show()
```

Dieses Code-Beispiel zeigt einen umfassenden Ansatz zur Extraktion und Analyse von datumsbasierten Features aus einem Datensatz. Hier ist eine Aufschlüsselung des Codes und seiner Funktionalität:

1. Datenerstellung und Vorverarbeitung:

   o Wir erstellen einen Beispieldatensatz mit den Spalten 'SaleDate' und 'Price'.

   o Die Spalte 'SaleDate' wird mit pd.to_datetime() in ein Datetime-Objekt umgewandelt.

2. Feature-Extraktion:

- o **Grundlegende Datumsbestandteile**: Jahr, Monat und Wochentag werden extrahiert.

- o **Quartal**: Das Quartal des Jahres wird mit dt.quarter ermittelt.

- o **IsWeekend**: Ein binäres Feature wird erstellt, um anzuzeigen, ob der Verkauf an einem Wochenende stattfand.

- o **DaysSince2019**: Dieses Feature berechnet die Anzahl der Tage seit dem 1. Januar 2019 und kann nützlich sein, um langfristige Trends zu erfassen.

- o **Season**: Ein kategorisches Feature wird mit pd.cut() erstellt, um Monate in Jahreszeiten zu gruppieren.

3. Datenvisualisierung:

- o Ein Scatterplot wird erstellt, um die Beziehung zwischen der Anzahl der Tage seit 2019 und dem Hauspreis zu visualisieren, wobei die Punkte nach Jahreszeit eingefärbt sind.

- o Eine Heatmap wird generiert, um den durchschnittlichen Hauspreis nach Jahr und Monat zu zeigen, was saisonale Muster in den Hauspreisen offenlegen kann.

Dieses umfassende Beispiel demonstriert verschiedene Techniken zur Extraktion aussagekräftiger Features aus Datumsangaben und deren Visualisierung, um Einblicke zu gewinnen. Solches Feature-Engineering kann die prädiktive Leistung von Machine Learning-Modellen, die mit Zeitreihendaten arbeiten, erheblich verbessern.

7.1.3 Kombination von Features

Das Kombinieren mehrerer vorhandener Features kann leistungsstarke neue Features schaffen, die komplexe Beziehungen zwischen Variablen erfassen. Dieser Prozess, bekannt als Feature-Interaktion oder Feature-Crossing, geht über einfache lineare Kombinationen hinaus und kann nichtlineare Muster in den Daten aufzeigen. Durch Multiplikation, Division oder das Bilden von Verhältnissen vorhandener Features können neue Erkenntnisse gewonnen werden, die einzelne Features möglicherweise nicht allein erfassen.

Zum Beispiel könnte in einem Datensatz mit Informationen über Häuser ein neues Feature erstellt werden, das den **Preis pro Quadratmeter** darstellt, indem der Hauspreis durch die Quadratmeterzahl geteilt wird. Dieses abgeleitete Feature normalisiert den Preis basierend auf der Größe des Hauses und kann Muster aufzeigen, die weder der Preis noch die Quadratmeterzahl allein offenbaren könnten. Weitere Beispiele umfassen:

- Kombination von 'Anzahl der Schlafzimmer' und 'Gesamtquadratmeterzahl', um ein Feature für die 'durchschnittliche Raumgröße' zu erstellen

- Multiplikation von 'Alter des Hauses' mit 'Anzahl der Renovierungen', um den Einfluss von Modernisierungen auf ältere Immobilien zu erfassen

- Erstellen eines Verhältnisses von 'Grundstücksgröße' zu 'Hausgröße', um das Verhältnis von Land zu Gebäude darzustellen

Diese kombinierten Features können die Fähigkeit eines Modells, nuancierte Beziehungen in den Daten zu erfassen, erheblich verbessern und so dessen Vorhersagekraft und Interpretierbarkeit steigern. Es ist jedoch wichtig, Feature-Kombinationen durchdacht anzugehen, da eine willkürliche Erstellung neuer Features zu Overfitting oder einer erhöhten Modellkomplexität ohne entsprechende Leistungsgewinne führen kann.

Beispiel: Erstellen eines neuen Features aus dem Verhältnis zweier Features

Angenommen, wir haben einen Datensatz mit Hauspreisen und Hausgrößen (in Quadratmetern). Wir können ein neues Feature, **PricePerSqFt**, erstellen, um die Hauspreise basierend auf ihrer Größe zu normalisieren.

```python
import pandas as pd
import matplotlib.pyplot as plt
import seaborn as sns

# Sample data
data = {
    'HousePrice': [500000, 700000, 600000, 550000, 800000],
    'HouseSize': [2000, 3000, 2500, 1800, 3500],
    'Bedrooms': [3, 4, 3, 2, 5],
    'YearBuilt': [1990, 2005, 2000, 1985, 2010]
}

df = pd.DataFrame(data)

# Create new features
df['PricePerSqFt'] = df['HousePrice'] / df['HouseSize']
df['AvgRoomSize'] = df['HouseSize'] / df['Bedrooms']
df['AgeOfHouse'] = 2023 - df['YearBuilt']
df['PricePerRoom'] = df['HousePrice'] / df['Bedrooms']

# View the new features
print(df)

# Visualize relationships
plt.figure(figsize=(12, 8))

# Scatter plot of Price vs Size, colored by Age
plt.subplot(2, 2, 1)
sns.scatterplot(data=df, x='HouseSize', y='HousePrice', hue='AgeOfHouse', palette='viridis')
plt.title('House Price vs Size (colored by Age)')
```

```python
# Bar plot of Average Price per Sq Ft by Bedrooms
plt.subplot(2, 2, 2)
sns.barplot(data=df, x='Bedrooms', y='PricePerSqFt')
plt.title('Avg Price per Sq Ft by Bedrooms')

# Heatmap of correlations
plt.subplot(2, 2, 3)
sns.heatmap(df.corr(), annot=True, cmap='coolwarm')
plt.title('Correlation Heatmap')

# Scatter plot of Price per Room vs Age of House
plt.subplot(2, 2, 4)
sns.scatterplot(data=df, x='AgeOfHouse', y='PricePerRoom')
plt.title('Price per Room vs Age of House')

plt.tight_layout()
plt.show()

# Statistical summary
print(df.describe())

# Correlation analysis
print(df.corr()['HousePrice'].sort_values(ascending=False))
```

Dieses Code-Beispiel zeigt einen umfassenden Ansatz für Feature-Engineering und explorative Datenanalyse. Lassen Sie uns die einzelnen Komponenten betrachten:

1. Datenvorbereitung:

   o Wir importieren die notwendigen Bibliotheken: pandas für Datenmanipulation, matplotlib und seaborn für Visualisierungen.

   o Der Beispieldatensatz wird erweitert, um mehr Häuser und zusätzliche Merkmale wie 'Bedrooms' und 'YearBuilt' aufzunehmen.

2. Feature-Engineering:

   o **PricePerSqFt**: Normalisiert den Hauspreis anhand der Größe.

   o **AvgRoomSize**: Berechnet die durchschnittliche Größe der Räume.

   o **AgeOfHouse**: Bestimmt das Alter des Hauses (angenommen, das aktuelle Jahr ist 2023).

   o **PricePerRoom**: Berechnet den Preis pro Schlafzimmer.

3. Datenvisualisierung:

   o Ein 2x2-Plot-Grid wird erstellt, um verschiedene Aspekte der Daten zu visualisieren: a) Streudiagramm von Hauspreis vs. Größe, eingefärbt nach Alter. b) Balkendiagramm, das den durchschnittlichen Preis pro Quadratmeter für unterschiedliche Schlafzimmeranzahlen zeigt. c) Heatmap der Korrelationen zwischen allen Features. d) Streudiagramm von Preis pro Zimmer vs. Alter des Hauses.

4. Statistische Analyse:

   o Mit describe() werden zusammenfassende Statistiken für alle numerischen Spalten bereitgestellt.

   o Eine Korrelationsanalyse zeigt, wie stark jedes Feature mit dem Hauspreis korreliert.

Dieses umfassende Beispiel erstellt nicht nur neue Features, sondern untersucht auch deren Beziehungen und potenzielle Auswirkungen auf die Hauspreise. Die Visualisierungen und statistischen Analysen liefern Erkenntnisse, die weiteres Feature-Engineering oder die Auswahl von Modellen leiten können.

7.1.4 Erstellung von Interaktionstermen

Interaktionsterme sind Features, die die kombinierte Wirkung von zwei oder mehr Variablen erfassen und eine leistungsstarke Möglichkeit bieten, komplexe Beziehungen in den Daten zu modellieren. Diese Terme gehen über einfache lineare Kombinationen hinaus und ermöglichen die Darstellung nichtlinearer Wechselwirkungen zwischen Features. Zum Beispiel könnte in der Immobilienmodellierung die Interaktion zwischen der Größe eines Hauses und seiner Lage stärker vorhersagekräftig für seinen Preis sein als eines dieser Merkmale allein. Dies liegt daran, dass der Wert zusätzlicher Quadratmeter je nach Nachbarschaft erheblich variieren kann.

Interaktionsterme sind besonders wertvoll, wenn eine nichtlineare Beziehung zwischen Features und der Zielvariable besteht. Sie können Muster aufdecken, die einzelne Features möglicherweise übersehen. Zum Beispiel könnte in einem Marketingkontext die Interaktion zwischen dem Alter eines Kunden und seinem Einkommen Einblicke in das Kaufverhalten liefern, die weder Alter noch Einkommen allein erfassen könnten. Ähnlich könnte in Umweltstudien die Interaktion zwischen Temperatur und Luftfeuchtigkeit entscheidend sein, um bestimmte Wetterphänomene vorherzusagen.

Die Erstellung von Interaktionstermen erfolgt durch Multiplikation von zwei oder mehr Features. Dieser Prozess ermöglicht es dem Modell, unterschiedliche Effekte einer Variablen basierend auf den Werten einer anderen zu lernen. Es ist jedoch wichtig zu beachten, dass Interaktionsterme mit Bedacht verwendet werden sollten. Zu viele Interaktionsterme können zu Overfitting führen und das Modell schwieriger interpretierbar machen. Daher ist es entscheidend, die Erstellung von Interaktionstermen auf Fachwissen oder explorative Datenanalyse zu stützen, um sicherzustellen, dass sie dem Modell einen sinnvollen Mehrwert bieten.

Beispiel: Erstellung von Interaktionstermen

Angenommen, wir möchten die Interaktion zwischen dem Preis eines Hauses und dem Jahr, in dem es verkauft wurde, untersuchen. Wir können einen Interaktionsterm erstellen, indem wir diese beiden Features miteinander multiplizieren.

```python
import pandas as pd
import matplotlib.pyplot as plt
import seaborn as sns

# Sample data
data = {
    'HousePrice': [500000, 700000, 600000, 550000, 800000],
    'YearSold': [2020, 2019, 2021, 2020, 2022],
    'SquareFootage': [2000, 2500, 2200, 1800, 3000],
    'Bedrooms': [3, 4, 3, 2, 5]
}

df = pd.DataFrame(data)

# Create interaction terms
df['Price_YearInteraction'] = df['HousePrice'] * df['YearSold']
df['Price_SqFtInteraction'] = df['HousePrice'] * df['SquareFootage']
df['PricePerSqFt'] = df['HousePrice'] / df['SquareFootage']
df['PricePerBedroom'] = df['HousePrice'] / df['Bedrooms']

# View the dataframe with new features
print(df)

# Visualize relationships
plt.figure(figsize=(12, 10))

# Scatter plot of Price vs Year, sized by SquareFootage
plt.subplot(2, 2, 1)
sns.scatterplot(data=df,    x='YearSold',    y='HousePrice',    size='SquareFootage',
hue='Bedrooms')
plt.title('House Price vs Year Sold')

# Heatmap of correlations
plt.subplot(2, 2, 2)
sns.heatmap(df.corr(), annot=True, cmap='coolwarm')
plt.title('Correlation Heatmap')

# Scatter plot of Price_YearInteraction vs PricePerSqFt
plt.subplot(2, 2, 3)
sns.scatterplot(data=df, x='Price_YearInteraction', y='PricePerSqFt')
plt.title('Price-Year Interaction vs Price Per Sq Ft')

# Bar plot of average Price Per Bedroom by Year
plt.subplot(2, 2, 4)
sns.barplot(data=df, x='YearSold', y='PricePerBedroom')
plt.title('Avg Price Per Bedroom by Year')
```

```
plt.tight_layout()
plt.show()

# Statistical summary
print(df.describe())

# Correlation analysis
print(df.corr()['HousePrice'].sort_values(ascending=False))
```

Dieses Code-Beispiel demonstriert einen umfassenden Ansatz zur Erstellung und Analyse von Interaktionstermen im Immobilienkontext.

Aufschlüsselung:

- **Datenvorbereitung**:
  - Notwendige Bibliotheken importieren: pandas für Datenmanipulation, matplotlib und seaborn für Visualisierungen.
  - Der Beispieldatensatz wird erweitert, um zusätzliche Häuser und neue Merkmale wie 'SquareFootage' und 'Bedrooms' aufzunehmen.

- **Feature-Engineering**:
  - **Price_YearInteraction**: Erfasst die Interaktion zwischen Hauspreis und dem Jahr des Verkaufs.
  - **Price_SqFtInteraction**: Stellt die Interaktion zwischen Preis und Quadratmeterzahl dar.
  - **PricePerSqFt**: Ein Verhältnis-Feature zur Normalisierung des Preises anhand der Größe.
  - **PricePerBedroom**: Ein weiteres Verhältnis-Feature, das den Preis pro Schlafzimmer zeigt.

- **Datenvisualisierung**:
  - Ein 2x2-Plot-Grid wird erstellt, um verschiedene Datenaspekte zu visualisieren: a) Streudiagramm von Hauspreis vs. Verkaufsjahr, wobei die Punktgröße die Quadratmeterzahl und die Farbe die Anzahl der Schlafzimmer darstellt. b) Heatmap der Korrelationen zwischen allen Merkmalen. c) Streudiagramm von Price-Year Interaction vs. Price Per Sq Ft. d) Balkendiagramm, das den durchschnittlichen Preis pro Schlafzimmer für verschiedene Jahre zeigt.

- **Statistische Analyse**:
  - Mit describe() werden zusammenfassende Statistiken für alle numerischen Spalten bereitgestellt.

    o   Eine Korrelationsanalyse zeigt, wie stark jedes Merkmal mit dem Hauspreis korreliert.

Dieses umfassende Beispiel erstellt nicht nur Interaktionsterme, sondern untersucht auch deren Beziehungen zu anderen Merkmalen und zur Zielvariablen (Hauspreis). Die Visualisierungen und statistischen Analysen liefern Einblicke, die weiteres Feature-Engineering oder die Auswahl von Modellen leiten können. Beispielsweise kann die Korrelations-Heatmap aufzeigen, welche Interaktionsterme am stärksten mit Hauspreisen assoziiert sind, während Streudiagramme nichtlineare Beziehungen zeigen können, die durch diese Terme erfasst werden.

7.1.5 Wichtige Erkenntnisse und ihre Implikationen

- **Mathematische Transformationen** (z. B. logarithmisch oder Quadratwurzel) können die Varianz stabilisieren oder die Schiefe in den Daten reduzieren, was die Leistung bestimmter Machine Learning-Modelle verbessert. Diese Transformationen sind besonders nützlich bei Merkmalen mit exponentiellem Wachstum oder Zerfall oder bei nichtlinearen Beziehungen zwischen Variablen.

- **Datums- und Zeit-Feature-Extraktion** ermöglicht es, aus Datetime-Spalten sinnvolle neue Features zu erstellen, wodurch Modelle saisonale oder zeitbasierte Muster erfassen können. Diese Technik ist entscheidend für Zeitreihenanalysen, Prognosen und das Verständnis zyklischer Trends in Daten. Beispielsweise kann die Extraktion von Wochentag, Monat oder Jahreszeit wichtige Muster im Einzelhandelsumsatz oder Energieverbrauch offenlegen.

- **Kombinieren von Features**, wie Verhältnisse oder Differenzen zwischen bestehenden Variablen, kann wichtige Beziehungen aufdecken, z. B. die Normalisierung von Hauspreisen anhand der Größe. Diese abgeleiteten Features liefern oft interpretierbarere und aussagekräftigere Erkenntnisse als Rohdaten. Beispielsweise sind Verhältnisse wie Preis-Gewinn-Verhältnis oder Schulden-Eigenkapital-Verhältnis in der Finanzanalyse informativer als die einzelnen Komponenten.

- **Interaktionsterme** ermöglichen es dem Modell, die kombinierten Effekte von zwei oder mehr Merkmalen zu erfassen, was besonders nützlich ist, wenn Beziehungen zwischen Variablen nicht linear sind. Diese Terme können die Modellleistung erheblich verbessern, indem sie komplexe Abhängigkeiten berücksichtigen. Zum Beispiel könnte im Marketing die Interaktion zwischen Kundenalter und Einkommen das Kaufverhalten besser vorhersagen als jede Variable allein.

Das Verständnis und die Anwendung dieser Feature-Engineering-Techniken können die Modellleistung, Interpretierbarkeit und Robustheit erheblich verbessern. Es ist jedoch entscheidend, Feature-Erstellung durchdacht anzugehen und stets das zugrunde liegende Fachwissen und die spezifischen Anforderungen Ihrer Machine Learning-Aufgabe zu berücksichtigen. Effektives Feature-Engineering erfordert eine Kombination aus Kreativität, statistischem Verständnis und Fachwissen.

7.2 Interaktionsterme: Polynome, Cross-Features und mehr

Interaktionsterme spielen eine entscheidende Rolle bei der Aufdeckung komplexer Beziehungen in Datensätzen. Während einzelne Merkmale wertvolle Einblicke bieten, reichen sie oft nicht aus, um die komplexen Wechselwirkungen zwischen mehreren Variablen zu erfassen. Durch die Nutzung von Interaktionstermen können Datenwissenschaftler die Modellleistung erheblich verbessern und versteckte Muster aufdecken, die ansonsten unbemerkt bleiben könnten.

Interaktionsterme gibt es in verschiedenen Formen, die jeweils unterschiedliche Arten von Beziehungen erfassen sollen:

- **Polynomiale Merkmale** fügen Nichtlinearität hinzu, indem einzelne Merkmale auf höhere Potenzen angehoben werden. Dies ermöglicht es Modellen, gekrümmte Beziehungen zwischen Merkmalen und der Zielvariablen zu erfassen, was besonders nützlich ist, wenn es sich um Phänomene mit exponentiellem oder quadratischem Verhalten handelt.

- **Cross-Features** kombinieren zwei oder mehr Merkmale durch Multiplikation, sodass Modelle lernen können, wie der Effekt einer Variablen von den Werten einer anderen abhängt. Dies ist besonders wertvoll in Szenarien, in denen sich die Auswirkungen einer Variablen je nach Kontext ändern.

- **Stückweise Funktionen** teilen den Merkmalsraum in Segmente auf, wodurch unterschiedliche Beziehungen innerhalb jedes Segments modelliert werden können. Dieser Ansatz ist besonders nützlich bei Schwellenwert-Effekten oder wenn sich die Beziehung zwischen Variablen an bestimmten Punkten drastisch ändert.

Zusätzlich zu diesen gängigen Typen können fortgeschrittene Interaktionsterme durch verschiedene mathematische Transformationen wie logarithmische oder trigonometrische Funktionen oder durch die Kombination mehrerer Interaktionstechniken erstellt werden. Diese ausgefeilten Interaktionen können Modellen helfen, noch nuanciertere Muster in den Daten zu entdecken, was zu einer verbesserten Vorhersagegenauigkeit und tiefergehenden Einblicken in die zugrunde liegenden Beziehungen zwischen Variablen führt.

In diesem Abschnitt werden wir praktische Techniken zur Erstellung und Implementierung dieser Interaktionsterme sowie Strategien zur Auswahl der relevantesten Interaktionen für Ihre Modelle untersuchen. Durch das Beherrschen dieser Konzepte sind Sie besser gerüstet, um den maximalen Wert aus Ihren Datensätzen zu ziehen und robustere und genauere Machine Learning-Modelle zu entwickeln.

7.2.1 Polynomiale Merkmale

Polynomiale Merkmale sind eine leistungsstarke Technik, um nichtlineare Beziehungen zwischen Merkmalen und der Zielvariablen zu erfassen. Durch die Erweiterung bestehender Merkmale auf höhere Potenzen, wie Quadrate, Kuben oder noch höhere Exponenten, ermöglichen wir unseren Modellen, komplexe Muster zu lernen, die im ursprünglichen linearen Merkmalsraum möglicherweise nicht erkennbar sind.

Ein Beispiel: Betrachten Sie einen Datensatz, in dem Hauspreise von der Hausgröße abhängen. Ein lineares Modell könnte annehmen, dass der Preis proportional zur Größe steigt. In Wirklichkeit könnte die Beziehung jedoch komplexer sein. Durch die Einführung polynomialer Merkmale, wie dem Quadrat der Hausgröße, kann das Modell Szenarien erfassen, in denen der Preis für größere Häuser schneller steigt.

Wann sollten polynomiale Merkmale verwendet werden?

- Wenn die explorative Datenanalyse auf eine nichtlineare Beziehung zwischen Merkmalen und der Zielvariablen hinweist. Dies kann aus Streudiagrammen oder anderen Visualisierungen ersichtlich sein, die gekrümmte Muster zeigen.

- In Szenarien, in denen Fachwissen darauf hindeutet, dass der Effekt eines Merkmals beschleunigt oder verlangsamt, während sich sein Wert ändert. Zum Beispiel führt das Gesetz des abnehmenden Grenzertrags in der Ökonomie oft zu nichtlinearen Beziehungen.

- Wenn Sie mit einfachen linearen Modellen wie **linearer Regression** oder **logistischer Regression** arbeiten und Nichtlinearität einführen möchten, ohne zu komplexeren Modellarchitekturen zu wechseln. Das Hinzufügen polynomialer Terme kann die Fähigkeit des Modells, gekrümmte Beziehungen zu erfassen, erheblich verbessern.

- In Feature-Engineering-Pipelines, bei denen Sie automatisch eine größere Bandbreite potenzieller Beziehungen zwischen Merkmalen und der Zielvariablen untersuchen möchten.

Es ist wichtig zu beachten, dass polynomiale Merkmale die Modellleistung zwar erheblich verbessern können, jedoch mit Bedacht eingesetzt werden sollten. Das Hinzufügen zu vieler höherer Potenzen kann insbesondere bei kleineren Datensätzen zu Overfitting führen. Daher ist es entscheidend, die Komplexität des Merkmalsraums mit der Menge der verfügbaren Daten auszubalancieren und bei Bedarf geeignete Regularisierungstechniken anzuwenden.

Beispiel: Erstellen polynomialer Merkmale

Angenommen, Sie haben einen Datensatz mit einem **HouseSize**-Merkmal und vermuten, dass Hauspreise einer nichtlinearen Beziehung zur Größe folgen. Sie können polynomiale Merkmale (quadratisch, kubisch) erstellen, um dem Modell zu ermöglichen, dieses nichtlineare Muster zu erfassen.

```python
import pandas as pd
import numpy as np
from sklearn.preprocessing import PolynomialFeatures
import matplotlib.pyplot as plt
import seaborn as sns

# Sample data
np.random.seed(42)
data = {'HouseSize': np.random.randint(1000, 5000, 100)}
df = pd.DataFrame(data)

# Initialize PolynomialFeatures object for degree 3 (cubic terms)
poly = PolynomialFeatures(degree=3, include_bias=False)

# Generate polynomial features
polynomial_features = poly.fit_transform(df[['HouseSize']])

# Create a new DataFrame with polynomial features
df_poly = pd.DataFrame(polynomial_features,
                       columns=['HouseSize', 'HouseSize^2', 'HouseSize^3'])

# Add a simulated price column with some noise
df_poly['Price'] = (0.1 * df_poly['HouseSize'] +
                    0.00005 * df_poly['HouseSize^2'] -
                    0.000000005 * df_poly['HouseSize^3'] +
                    np.random.normal(0, 50000, 100))

# View the first few rows of the DataFrame
print(df_poly.head())

# Visualize the relationships
plt.figure(figsize=(15, 10))

# Scatter plot of Price vs HouseSize
plt.subplot(2, 2, 1)
sns.scatterplot(data=df_poly, x='HouseSize', y='Price')
plt.title('Price vs House Size')

# Scatter plot of Price vs HouseSize^2
plt.subplot(2, 2, 2)
sns.scatterplot(data=df_poly, x='HouseSize^2', y='Price')
plt.title('Price vs House Size Squared')

# Scatter plot of Price vs HouseSize^3
plt.subplot(2, 2, 3)
sns.scatterplot(data=df_poly, x='HouseSize^3', y='Price')
plt.title('Price vs House Size Cubed')

# Heatmap of correlations
plt.subplot(2, 2, 4)
sns.heatmap(df_poly.corr(), annot=True, cmap='coolwarm')
```

```python
plt.title('Correlation Heatmap')

plt.tight_layout()
plt.show()

# Print summary statistics
print(df_poly.describe())

# Print correlations with Price
print(df_poly.corr()['Price'].sort_values(ascending=False))
```

Dieser Codebeispiel zeigt einen umfassenden Ansatz zur Arbeit mit polynomialen Merkmalen. Lassen Sie uns ihn genauer betrachten:

1. **Datengenerierung**:
   - Wir verwenden NumPy, um einen zufälligen Datensatz mit 100 Hausgrößen zwischen 1000 und 5000 Quadratfuß zu generieren.
   - Ein Seed wird für die Reproduzierbarkeit gesetzt.

2. **Polynomiale Merkmale**:
   - Mit PolynomialFeatures aus sklearn erzeugen wir nicht nur quadratische, sondern auch kubische Terme (degree=3).
   - Dies ermöglicht uns, komplexere nichtlineare Beziehungen zu erfassen.

3. **Simulierter Preis**:
   - Wir erstellen eine simulierte Preisspalte basierend auf einer nichtlinearen Funktion der Hausgröße.
   - Dies simuliert ein Szenario aus der realen Welt, in dem der Preis für mittelgroße Häuser schneller steigt, bei sehr großen Häusern jedoch abflacht.
   - Zufälliges Rauschen wird hinzugefügt, um die Daten realistischer zu gestalten.

4. **Visualisierung**:
   - Wir erstellen ein 2x2-Plot-Raster, um verschiedene Aspekte der Daten zu visualisieren.
   - Drei Streudiagramme zeigen die Beziehung zwischen Preis und jedem polynomialen Merkmal.
   - Eine Heatmap visualisiert die Korrelationen zwischen allen Merkmalen.

5. **Statistische Analyse**:
   - Wir geben mit der describe()-Funktion Zusammenfassungsstatistiken für alle Spalten aus.

o Außerdem drucken wir die Korrelationen zwischen Preis und allen anderen Merkmalen in absteigender Reihenfolge aus.

Dieses umfassende Beispiel zeigt, wie sich verschiedene polynomiale Terme auf die Zielvariable (Preis) und aufeinander beziehen. Die Visualisierungen und statistischen Analysen bieten Einblicke, die die Auswahl von Merkmalen und den Modellierungsprozess leiten können. Beispielsweise könnten wir beobachten, dass der quadratische Term eine stärkere Korrelation mit dem Preis aufweist als der lineare oder kubische Term, was darauf hindeutet, dass er für Vorhersagen am nützlichsten sein könnte.

Polynomiale Merkmale höherer Ordnung

Es ist auch möglich, polynomial höhere Ordnungen (z. B. kubische, quartische) zu erstellen, indem der degree-Parameter erhöht wird. Dabei ist jedoch Vorsicht geboten, da höhere Terme bei kleinen Datensätzen zu Overfitting führen können.

7.2.2 Kreuz-Merkmale

Kreuz-Merkmale, auch bekannt als Interaktionstermine, entstehen durch Multiplikation von zwei oder mehr Merkmalen. Diese Terme ermöglichen es Modellen, die kombinierte Wirkung mehrerer Merkmale zu erfassen, wodurch komplexe Beziehungen sichtbar werden, die bei isolierter Betrachtung der Merkmale nicht offensichtlich wären. Kreuz-Merkmale sind besonders nützlich, wenn der Einfluss eines Merkmals auf die Zielvariable vom Wert eines anderen Merkmals abhängt.

Beispiel: In einem Modell zur Immobilienpreisvorhersage könnte die Wirkung der Hausgröße auf den Preis je nach Nachbarschaft variieren. Ein Kreuz-Merkmal, das Hausgröße und Nachbarschaft kombiniert, könnte diese nuancierte Beziehung effektiver erfassen als jedes Merkmal allein.

Wann sollten Kreuz-Merkmale verwendet werden?

- Wenn Sie vermuten, dass die Kombination von zwei Merkmalen eine stärkere Vorhersagekraft hat als jedes Merkmal für sich allein. Dies tritt häufig auf, wenn Merkmale eine synergetische Wirkung auf die Zielvariable haben.

- Wenn Sie mit kategorialen Merkmalen arbeiten, die in Kombination tiefere Einblicke in die Zielvariable liefern. Zum Beispiel könnte in einem Modell zur Vorhersage von Kundenabwanderung die Kombination von Altersgruppe und Abonnementtyp mehr Vorhersagekraft haben als jedes Merkmal allein.

- In Szenarien, in denen Domänenwissen darauf hindeutet, dass Interaktionen zwischen Merkmalen wichtig sind. Beispielsweise könnte in der landwirtschaftlichen Ertragsvorhersage die Interaktion zwischen Niederschlag und Bodentyp entscheidend für genaue Prognosen sein.

- Wenn explorative Datenanalysen oder Visualisierungen nichtlineare Beziehungen zwischen Merkmalen und der Zielvariable aufzeigen, die durch einzelne Merkmale nicht erfasst werden können.

Es ist wichtig zu beachten, dass Kreuz-Merkmale zwar die Modellleistung erheblich verbessern können, sie jedoch mit Bedacht eingesetzt werden sollten. Zu viele Interaktionstermine können zu Overfitting und einer geringeren Interpretierbarkeit des Modells führen. Daher ist es wichtig, die Wirksamkeit von Kreuz-Merkmalen durch Techniken wie Kreuzvalidierung und Analyse der Merkmalwichtigkeit zu validieren.

Beispiel: Erstellen von Kreuz-Merkmalen

Angenommen, wir haben einen Datensatz mit zwei Merkmalen: **Hausgröße** und **Anzahl der Schlafzimmer**. Sie vermuten, dass die kombinierte Wirkung dieser Merkmale (z. B. größere Häuser mit mehr Schlafzimmern) mehr Vorhersagekraft für Hauspreise hat als jedes Merkmal allein.

```python
import pandas as pd
import numpy as np
import matplotlib.pyplot as plt
import seaborn as sns

# Sample data
np.random.seed(42)
data = {
    'HouseSize': np.random.randint(1000, 5000, 100),
    'NumBedrooms': np.random.randint(1, 6, 100),
    'YearBuilt': np.random.randint(1950, 2023, 100)
}

df = pd.DataFrame(data)

# Create cross-features
df['HouseSize_BedroomInteraction'] = df['HouseSize'] * df['NumBedrooms']
df['HouseSize_YearInteraction'] = df['HouseSize'] * df['YearBuilt']
df['Bedroom_YearInteraction'] = df['NumBedrooms'] * df['YearBuilt']

# Create a simulated price column with some noise
df['Price'] = (100 * df['HouseSize'] +
              50000 * df['NumBedrooms'] +
              1000 * (df['YearBuilt'] - 1950) +
              0.5 * df['HouseSize_BedroomInteraction'] +
              np.random.normal(0, 50000, 100))

# View the first few rows of the DataFrame
print(df.head())

# Visualize the relationships
plt.figure(figsize=(15, 10))
```

```python
# Scatter plot of Price vs HouseSize, colored by NumBedrooms
plt.subplot(2, 2, 1)
sns.scatterplot(data=df,        x='HouseSize',        y='Price',        hue='NumBedrooms',
palette='viridis')
plt.title('Price vs House Size (colored by Bedrooms)')

# Scatter plot of Price vs HouseSize_BedroomInteraction
plt.subplot(2, 2, 2)
sns.scatterplot(data=df, x='HouseSize_BedroomInteraction', y='Price')
plt.title('Price vs House Size * Bedrooms Interaction')

# Heatmap of correlations
plt.subplot(2, 2, 3)
sns.heatmap(df.corr(), annot=True, cmap='coolwarm', fmt='.2f')
plt.title('Correlation Heatmap')

# Distribution of Price
plt.subplot(2, 2, 4)
sns.histplot(data=df, x='Price', kde=True)
plt.title('Distribution of House Prices')

plt.tight_layout()
plt.show()

# Print summary statistics
print(df.describe())

# Print correlations with Price
print(df.corr()['Price'].sort_values(ascending=False))
```

Dieses Codebeispiel bietet einen umfassenden Ansatz zur Arbeit mit Kreuz-Merkmalen und Interaktionstermen. Lassen Sie uns es aufschlüsseln:

- **Datengenerierung**:
  - Wir verwenden NumPy, um einen zufälligen Datensatz mit 100 Häusern und den Merkmalen **Hausgröße**, **Anzahl der Schlafzimmer** und **Baujahr** zu generieren.
  - Ein Seed wird für die Reproduzierbarkeit gesetzt.
- **Kreuz-Merkmale**:
  - Wir erstellen drei Interaktionsterms: **Hausgröße_SchlafzimmerInteraktion**, **Hausgröße_BaujahrInteraktion** und **Schlafzimmer_BaujahrInteraktion**.
  - Diese erfassen die kombinierten Effekte von Merkmalpaaren.
- **Simulierter Preis**:

- o Wir erstellen eine simulierte Preisspalte basierend auf einer linearen Kombination der ursprünglichen Merkmale und eines Interaktionsterms.
- o Zufälliges Rauschen wird hinzugefügt, um die Daten realistischer zu gestalten.

- **Visualisierung**:
  - o Wir erstellen ein 2x2-Plot-Raster, um verschiedene Aspekte der Daten zu visualisieren.
  - o Der erste Plot zeigt den Preis im Verhältnis zur Hausgröße, wobei die Punkte nach der Anzahl der Schlafzimmer gefärbt sind.
  - o Der zweite Plot zeigt den Preis im Verhältnis zur **Hausgröße_SchlafzimmerInteraktion**.
  - o Eine Heatmap visualisiert die Korrelationen zwischen allen Merkmalen.
  - o Ein Histogramm zeigt die Verteilung der Hauspreise.

- **Statistische Analyse**:
  - o Wir geben mit der Funktion describe() Zusammenfassungsstatistiken für alle Spalten aus.
  - o Außerdem drucken wir die Korrelationen zwischen dem Preis und allen anderen Merkmalen in absteigender Reihenfolge aus.

Dieses umfassende Beispiel zeigt, wie sich verschiedene Merkmale und deren Interaktionen auf die Zielvariable (Preis) und aufeinander beziehen. Die Visualisierungen und statistischen Analysen bieten Einblicke, die die Auswahl von Merkmalen und den Modellierungsprozess leiten können. Beispielsweise könnten wir beobachten, dass bestimmte Interaktionsterms stärkere Korrelationen mit dem Preis aufweisen als einzelne Merkmale, was darauf hindeutet, dass sie für Vorhersagen nützlich sein könnten.

Kategorische Kreuz-Merkmale

Es ist auch möglich, Kreuz-Merkmale aus **kategorischen Variablen** zu erstellen, die besonders leistungsstark sein können, um Muster zu erkennen, die bei getrennter Betrachtung dieser Variablen nicht offensichtlich wären. Wenn Sie beispielsweise Merkmale wie **Region** und **Haustyp** haben, könnte ein Kreuz-Merkmal, das beide kombiniert, Einblicke liefern, die keines der Merkmale allein bieten würde. Dieser Ansatz ermöglicht es, die einzigartigen Eigenschaften spezifischer Kombinationen wie "Nord_Appartement" oder "Süd_Haus" zu erfassen.

Diese kategorischen Kreuz-Merkmale sind besonders nützlich in Szenarien, in denen die Wirkung einer kategorialen Variable von einer anderen abhängt. Zum Beispiel könnte der Effekt des Haustyps auf den Preis je nach Region erheblich variieren. Durch die Erstellung eines Kreuz-Merkmals ermöglichen Sie es Ihrem Modell, diese nuancierten Beziehungen zu lernen.

Darüber hinaus können kategorische Kreuz-Merkmale bei der Merkmalsauswahl und der Dimensionsreduktion helfen. Anstatt jede Kategorie jeder Variablen als separates Merkmal zu behandeln (was zu einem hochdimensionalen Merkmalsraum führen kann), können Sie sinnvollere kombinierte Kategorien erstellen. Dies kann nicht nur die Modellleistung verbessern, sondern auch die Interpretierbarkeit erhöhen, da diese kombinierten Merkmale oft enger mit realen Konzepten übereinstimmen, die von Fachexperten leicht verstanden und validiert werden können.

```python
import pandas as pd
import numpy as np
import matplotlib.pyplot as plt
import seaborn as sns

# Sample data with categorical features
np.random.seed(42)
data = {
    'Region': np.random.choice(['North', 'South', 'East', 'West'], 100),
    'HouseType': np.random.choice(['Apartment', 'House', 'Condo'], 100),
    'Price': np.random.randint(100000, 500000, 100)
}

df = pd.DataFrame(data)

# Create a cross-feature by combining Region and HouseType
df['Region_HouseType'] = df['Region'] + '_' + df['HouseType']

# One-hot encode the cross-feature
df_encoded = pd.get_dummies(df, columns=['Region_HouseType'])

# View the original features and the cross-feature
print("Original DataFrame:")
print(df.head())
print("\\nEncoded DataFrame:")
print(df_encoded.head())

# Visualize the average price for each Region_HouseType combination
plt.figure(figsize=(12, 6))
sns.barplot(x='Region_HouseType', y='Price', data=df)
plt.xticks(rotation=45)
plt.title('Average Price by Region and House Type')
plt.tight_layout()
plt.show()

# Analyze the correlation between the encoded features and Price
correlation = df_encoded.corr()['Price'].sort_values(ascending=False)
print("\\nCorrelation with Price:")
print(correlation)

# Perform a simple linear regression using the encoded features
from sklearn.linear_model import LinearRegression
```

```
from sklearn.model_selection import train_test_split

X = df_encoded.drop(['Price', 'Region', 'HouseType'], axis=1)
y = df_encoded['Price']

X_train,  X_test,  y_train,  y_test  =  train_test_split(X,  y,  test_size=0.2,
random_state=42)

model = LinearRegression()
model.fit(X_train, y_train)

print("\\nModel R-squared score:", model.score(X_test, y_test))

# Print feature importances
feature_importance = pd.DataFrame({'feature': X.columns, 'importance': model.coef_})
print("\\nFeature Importances:")
print(feature_importance.sort_values('importance', ascending=False))
```

Lassen Sie uns es aufschlüsseln:

1. **Datengenerierung**:

    o   Wir erstellen einen größeren Datensatz mit 100 Stichproben, einschließlich der Merkmale **Region**, **Haustyp** und **Preis**.

    o   Die Zufallsfunktionen von NumPy werden verwendet, um vielfältige Daten zu generieren.

2. **Erstellung eines Kreuz-Merkmals**:

    o   Wir kombinieren **Region** und **Haustyp**, um ein neues Merkmal **Region_Haustyp** zu erstellen.

3. **One-hot-Encoding**:

    o   Das Kreuz-Merkmal wird mit der Funktion get_dummies von pandas one-hot-codiert.

    o   Dadurch entstehen binäre Spalten für jede einzigartige Kombination aus Region und Haustyp.

4. **Datenvisualisierung**:

    o   Ein Balkendiagramm wird erstellt, um den durchschnittlichen Preis für jede Kombination aus **Region_Haustyp** darzustellen.

    o   Dies hilft zu visualisieren, wie sich unterschiedliche Kombinationen auf den Hauspreis auswirken.

5. **Korrelationsanalyse**:

- o Wir berechnen und zeigen die Korrelation zwischen den kodierten Merkmalen und dem Preis.
- o Dies zeigt, welche Kombinationen aus **Region_Haustyp** die stärkste Beziehung zum Preis haben.

6. **Lineares Regressionsmodell**:

- o Ein einfaches lineares Regressionsmodell wird mit den kodierten Merkmalen erstellt.
- o Der Datensatz wird in Trainings- und Testdaten aufgeteilt.
- o Die R-Quadrat-Bewertung des Modells wird berechnet, um die Leistung zu evaluieren.

7. **Merkmalswichtigkeit**:

- o Die Koeffizienten des linearen Regressionsmodells werden verwendet, um die Merkmalswichtigkeit zu bestimmen.
- o Dies zeigt, welche Kombinationen aus **Region_Haustyp** den größten Einfluss auf die Vorhersage des Preises haben.

Dieses Beispiel zeigt, wie kategorische Kreuz-Merkmale in einem maschinellen Lernkontext erstellt, analysiert und genutzt werden können. Es umfasst Datenaufbereitung, Visualisierung, Korrelationsanalyse und Modellerstellung und bietet einen ganzheitlichen Blick auf die Arbeit mit Kreuz-Merkmalen.

7.2.3 Interaktionsterms für nichtlineare Beziehungen

Interaktionsterms sind ein leistungsstarkes Werkzeug, um komplexe, nichtlineare Beziehungen zwischen Merkmalen in Modellen des maschinellen Lernens zu erfassen. Diese Terme gehen über einfache polynomiale und Kreuz-Merkmale hinaus, da sie nuanciertere Interaktionen zwischen Variablen ermöglichen. Sie sind besonders wertvoll in baumbasierten Modellen wie Entscheidungsbäumen und Random Forests, die in ihrer Struktur von Natur aus Merkmalsinteraktionen berücksichtigen. Allerdings können Interaktionsterms auch die Leistung von linearen Modellen wie linearer Regression und Support-Vektor-Maschinen (SVM) erheblich verbessern, indem sie diese komplexen Beziehungen explizit definieren.

Die Stärke von Interaktionsterms liegt in ihrer Fähigkeit, versteckte Muster aufzudecken, die bei isolierter Betrachtung von Merkmalen möglicherweise nicht offensichtlich sind. Zum Beispiel könnte in einem Modell zur Vorhersage von Hauspreisen der Einfluss der Hausgröße auf den Preis je nach Nachbarschaft variieren. Ein Interaktionsterm zwischen Hausgröße und Nachbarschaft könnte diese nuancierte Beziehung erfassen und so zu genaueren Vorhersagen führen.

Wann sollten Interaktionsterms verwendet werden?

- Wenn Merkmale sich gegenseitig beeinflussen und dadurch die Zielvariable beeinflussen. Zum Beispiel könnte in einem Modell zur Vorhersage von Ernteerträgen die Interaktion zwischen Niederschlag und Bodentyp entscheidend sein, da der Einfluss von Niederschlag auf den Ertrag von der Bodenbeschaffenheit abhängen könnte.

- Wenn einfache lineare Kombinationen von Merkmalen nicht ausreichen, um das Verhalten der Zielvariablen zu erklären. Dies tritt häufig in komplexen realen Szenarien auf, in denen mehrere Faktoren zusammenwirken, um ein Ergebnis zu erzeugen. Zum Beispiel könnte in einem Modell zur Vorhersage der Kundenabwanderung die Interaktion zwischen Kundenalter und Nutzungsmustern des Services Einblicke liefern, die kein Merkmal allein erfassen könnte.

- Wenn Domänenwissen auf potenzielle Interaktionen hinweist. Fachexperten haben oft Einblicke in die Interaktionen verschiedener Faktoren in einem bestimmten Bereich. Die Integration dieses Wissens durch Interaktionsterms kann zu interpretierbareren und genaueren Modellen führen.

Es ist wichtig zu beachten, dass Interaktionsterms zwar die Modellleistung erheblich verbessern können, sie jedoch mit Bedacht eingesetzt werden sollten. Zu viele Interaktionsterms können zu Overfitting führen, insbesondere bei kleineren Datensätzen. Daher ist es entscheidend, die Bedeutung dieser Terme durch Techniken wie Kreuzvalidierung und Analyse der Merkmalswichtigkeit zu validieren.

Beispiel: Erstellung mehrerer Interaktionsterms

Angenommen, wir haben drei Merkmale: **Hausgröße**, **Anzahl der Schlafzimmer** und **Baujahr**. Wir können Interaktionsterms erstellen, die alle drei Merkmale kombinieren, um ihren gemeinsamen Einfluss auf die Zielvariable (z. B. den Hauspreis) zu erfassen.

```python
import pandas as pd
import numpy as np
import matplotlib.pyplot as plt
import seaborn as sns
from sklearn.model_selection import train_test_split
from sklearn.linear_model import LinearRegression
from sklearn.metrics import mean_squared_error, r2_score

# Sample data
np.random.seed(42)
data = {
    'HouseSize': np.random.randint(1000, 3000, 100),
    'NumBedrooms': np.random.randint(2, 6, 100),
    'YearBuilt': np.random.randint(1950, 2023, 100)
}

df = pd.DataFrame(data)

# Create interaction terms
```

```python
df['Size_Bedrooms_Interaction'] = df['HouseSize'] * df['NumBedrooms']
df['Size_Year_Interaction'] = df['HouseSize'] * df['YearBuilt']
df['Bedrooms_Year_Interaction'] = df['NumBedrooms'] * df['YearBuilt']

# Create a target variable (house price) based on features and interactions
df['Price'] = (
    100 * df['HouseSize'] +
    50000 * df['NumBedrooms'] +
    1000 * (df['YearBuilt'] - 1950) +
    0.1 * df['Size_Bedrooms_Interaction'] +
    0.05 * df['Size_Year_Interaction'] +
    10 * df['Bedrooms_Year_Interaction'] +
    np.random.normal(0, 50000, 100)  # Add some noise
)

# Split the data into features (X) and target (y)
X = df[['HouseSize', 'NumBedrooms', 'YearBuilt', 'Size_Bedrooms_Interaction',
'Size_Year_Interaction', 'Bedrooms_Year_Interaction']]
y = df['Price']

# Split the data into training and testing sets
X_train, X_test, y_train, y_test = train_test_split(X, y, test_size=0.2,
random_state=42)

# Train a linear regression model
model = LinearRegression()
model.fit(X_train, y_train)

# Make predictions on the test set
y_pred = model.predict(X_test)

# Evaluate the model
mse = mean_squared_error(y_test, y_pred)
r2 = r2_score(y_test, y_pred)

print("Model Performance:")
print(f"Mean Squared Error: {mse:.2f}")
print(f"R-squared Score: {r2:.2f}")

# Print feature importances
feature_importance = pd.DataFrame({'Feature': X.columns, 'Importance': model.coef_})
print("\\nFeature Importances:")
print(feature_importance.sort_values('Importance', ascending=False))

# Visualize the relationships
plt.figure(figsize=(15, 10))

plt.subplot(2, 2, 1)
sns.scatterplot(data=df, x='HouseSize', y='Price', hue='NumBedrooms')
plt.title('Price vs House Size (colored by Number of Bedrooms)')

plt.subplot(2, 2, 2)
```

```
sns.scatterplot(data=df, x='YearBuilt', y='Price', hue='HouseSize')
plt.title('Price vs Year Built (colored by House Size)')

plt.subplot(2, 2, 3)
sns.heatmap(df.corr(), annot=True, cmap='coolwarm', fmt='.2f')
plt.title('Correlation Heatmap')

plt.subplot(2, 2, 4)
sns.residplot(x=y_pred, y=y_test - y_pred, lowess=True, color="g")
plt.xlabel('Predicted Values')
plt.ylabel('Residuals')
plt.title('Residual Plot')

plt.tight_layout()
plt.show()

# View the final dataframe
print("\\nFinal Dataframe:")
print(df.head())
```

Dieses Codebeispiel demonstriert die Arbeit mit Interaktionstermen in einem maschinellen Lernkontext. Hier ist eine Aufschlüsselung der wichtigsten Komponenten:

1. **Datengenerierung**:

   o Wir erstellen einen größeren Datensatz (100 Stichproben) mit zufälligen Werten für **Hausgröße**, **Anzahl der Schlafzimmer** und **Baujahr**.

   o Ein Seed wird für die Reproduzierbarkeit gesetzt.

2. **Interaktionsterms**:

   o Drei Interaktionsterms werden erstellt: **Größe_Schlafzimmer_Interaktion**, **Größe_Baujahr_Interaktion** und **Schlafzimmer_Baujahr_Interaktion**.

   o Diese erfassen die kombinierten Effekte von Merkmals-Paaren.

3. **Erstellung der Zielvariablen**:

   o Eine **Preis**Spalte wird basierend auf einer Kombination aus ursprünglichen Merkmalen und Interaktionstermen simuliert.

   o Zufälliges Rauschen wird hinzugefügt, um die Daten realistischer zu gestalten.

4. **Datensatzaufteilung**:

   o Der Datensatz wird mit der Funktion train_test_split von sklearn in Trainings- und Testdaten aufgeteilt.

5. **Modelltraining**:

- o Ein lineares Regressionsmodell wird auf den Daten trainiert, einschließlich der ursprünglichen Merkmale und der Interaktionsterms.

6. **Modellevaluierung**:

   - o Die Modellleistung wird mit dem Mean Squared Error (MSE) und dem R-Quadrat-Wert bewertet.

   - o Die Merkmalswichtigkeiten werden berechnet und angezeigt, um den Einfluss jedes Merkmals und jedes Interaktionsterms auf die Vorhersagen zu verdeutlichen.

7. **Visualisierung**:

   - o Ein 2x2-Plot-Raster wird erstellt, um verschiedene Aspekte der Daten zu visualisieren: a. **Preis vs. Hausgröße**, mit Punkten, die nach Anzahl der Schlafzimmer eingefärbt sindb. **Preis vs. Baujahr**, mit Punkten, die nach Hausgröße eingefärbt sindc. Eine Heatmap der Korrelationen zwischen allen Merkmalend. Ein Residuen-Plot, um die Modellannahmen zu überprüfen

8. **Datendarstellung**:

   - o Die ersten Zeilen des finalen DataFrames werden angezeigt, einschließlich aller ursprünglichen Merkmale, Interaktionsterms und der Zielvariablen.

Dieses Beispiel zeigt, wie sich verschiedene Merkmale und ihre Interaktionen auf die Zielvariable (**Preis**) und aufeinander beziehen. Die Visualisierungen und statistischen Analysen bieten Einblicke, die die Merkmalsauswahl und den Modellierungsprozess leiten können. Die Integration von Modelltraining und -bewertung demonstriert, wie diese Interaktionsterms in der Praxis genutzt werden können und welchen Einfluss sie auf die Modellleistung haben.

7.2.4 Kombination von polynomialen und Kreuz-Merkmalen

Es ist auch möglich, **polynomiale Merkmale** und **Kreuz-Merkmale** zu kombinieren, um noch komplexere Interaktionen zu erzeugen. Dieser Ansatz ermöglicht es, höhergradige Beziehungen zwischen Variablen zu erfassen und eine nuanciertere Darstellung der Daten zu bieten. Beispielsweise könnten Sie ein Kreuz-Merkmal quadrieren, um höhergradige Interaktionen zu erfassen, was besonders nützlich in Szenarien ist, in denen die Beziehung zwischen Merkmalen nicht linear und voneinander abhängig ist.

Betrachten wir ein Modell zur Vorhersage von Immobilienpreisen mit den Merkmalen **Hausgröße** und **Anzahl der Schlafzimmer**. Ein einfaches Kreuz-Merkmal könnte diese beiden Merkmale multiplizieren, um ihre grundlegende Interaktion zu erfassen. Durch das Quadrieren dieses Kreuz-Merkmals können jedoch komplexere Beziehungen modelliert werden. Dies könnte beispielsweise zeigen, dass der Einfluss zusätzlicher Schlafzimmer in größeren Häusern stärker zunimmt oder dass es ein „optimales Verhältnis" zwischen Größe und Schlafzimmeranzahl gibt, das den Wert maximiert.

Es ist wichtig zu beachten, dass solche komplexen Merkmale zwar die Modellleistung erheblich verbessern können, sie jedoch auch das Risiko von Overfitting erhöhen, insbesondere bei kleineren Datensätzen. Daher ist es entscheidend, Techniken wie Regularisierung und Kreuzvalidierung zu verwenden, wenn solche Merkmale in Modelle integriert werden. Außerdem kann die Interpretierbarkeit des Modells durch die Hinzufügung komplexer Merkmale abnehmen, sodass ein Abwägen zwischen Modellkomplexität und Erklärbarkeit sorgfältig berücksichtigt werden sollte.

Beispiel: Kombination von polynomialen und Kreuz-Merkmalen

Erweitern wir unser vorheriges Beispiel, indem wir den Interaktionsterm zwischen **Hausgröße** und **Anzahl der Schlafzimmer** quadrieren.

```python
import pandas as pd
import numpy as np
import matplotlib.pyplot as plt
import seaborn as sns
from sklearn.model_selection import train_test_split
from sklearn.linear_model import LinearRegression
from sklearn.metrics import mean_squared_error, r2_score
from sklearn.preprocessing import PolynomialFeatures

# Sample data
np.random.seed(42)
data = {
    'HouseSize': np.random.randint(1000, 3000, 100),
    'NumBedrooms': np.random.randint(2, 6, 100),
    'YearBuilt': np.random.randint(1950, 2023, 100)
}

df = pd.DataFrame(data)

# Create cross-features
df['Size_Bedrooms_Interaction'] = df['HouseSize'] * df['NumBedrooms']
df['Size_Year_Interaction'] = df['HouseSize'] * df['YearBuilt']
df['Bedrooms_Year_Interaction'] = df['NumBedrooms'] * df['YearBuilt']

# Create polynomial cross-features
df['Size_Bedrooms_Interaction_Squared'] = df['Size_Bedrooms_Interaction'] ** 2
df['Size_Year_Interaction_Squared'] = df['Size_Year_Interaction'] ** 2
df['Bedrooms_Year_Interaction_Squared'] = df['Bedrooms_Year_Interaction'] ** 2

# Create a target variable (house price) based on features and interactions
df['Price'] = (
    100 * df['HouseSize'] +
    50000 * df['NumBedrooms'] +
    1000 * (df['YearBuilt'] - 1950) +
    0.1 * df['Size_Bedrooms_Interaction'] +
    0.05 * df['Size_Year_Interaction'] +
    10 * df['Bedrooms_Year_Interaction'] +
```

```python
    0.00001 * df['Size_Bedrooms_Interaction_Squared'] +
    0.000005 * df['Size_Year_Interaction_Squared'] +
    0.001 * df['Bedrooms_Year_Interaction_Squared'] +
    np.random.normal(0, 50000, 100)  # Add some noise
)

# Split the data into features (X) and target (y)
X = df.drop('Price', axis=1)
y = df['Price']

# Split the data into training and testing sets
X_train, X_test, y_train, y_test = train_test_split(X, y, test_size=0.2,
random_state=42)

# Train a linear regression model
model = LinearRegression()
model.fit(X_train, y_train)

# Make predictions on the test set
y_pred = model.predict(X_test)

# Evaluate the model
mse = mean_squared_error(y_test, y_pred)
r2 = r2_score(y_test, y_pred)

print("Model Performance:")
print(f"Mean Squared Error: {mse:.2f}")
print(f"R-squared Score: {r2:.2f}")

# Print feature importances
feature_importance = pd.DataFrame({'Feature': X.columns, 'Importance':
abs(model.coef_)})
print("\\nFeature Importances:")
print(feature_importance.sort_values('Importance', ascending=False))

# Visualize the relationships
plt.figure(figsize=(15, 10))

plt.subplot(2, 2, 1)
sns.scatterplot(data=df, x='HouseSize', y='Price', hue='NumBedrooms')
plt.title('Price vs House Size (colored by Number of Bedrooms)')

plt.subplot(2, 2, 2)
sns.scatterplot(data=df, x='Size_Bedrooms_Interaction', y='Price', hue='YearBuilt')
plt.title('Price vs Size-Bedrooms Interaction (colored by Year Built)')

plt.subplot(2, 2, 3)
sns.heatmap(df.corr(), annot=False, cmap='coolwarm')
plt.title('Correlation Heatmap')

plt.subplot(2, 2, 4)
sns.residplot(x=y_pred, y=y_test - y_pred, lowess=True, color="g")
```

```
plt.xlabel('Predicted Values')
plt.ylabel('Residuals')
plt.title('Residual Plot')

plt.tight_layout()
plt.show()

# View the final dataframe
print("\\nFinal Dataframe:")
print(df.head())
```

Dieses Codebeispiel zeigt die Erstellung und Verwendung von Kreuz-Merkmalen und polynomialen Kreuz-Merkmalen in einem maschinellen Lernkontext. Hier ist eine umfassende Aufschlüsselung:

1. **Datengenerierung**:

   o Ein Datensatz mit 100 Stichproben wird erstellt, der die Merkmale **Hausgröße**, **Anzahl der Schlafzimmer** und **Baujahr** umfasst.

   o Ein Zufalls-Seed wird für die Reproduzierbarkeit gesetzt.

2. **Merkmalserstellung**:

   o **Kreuz-Merkmale**: Interaktionsterms zwischen Paaren von ursprünglichen Merkmalen werden erstellt (z. B. **Hausgröße * Anzahl der Schlafzimmer**).

   o **Polynomiale Kreuz-Merkmale**: Die Kreuz-Merkmale werden quadriert, um höhergradige Interaktionen zu erfassen.

3. **Erstellung der Zielvariablen**:

   o Eine **Preis**Spalte wird basierend auf einer Kombination aus ursprünglichen Merkmalen, Kreuz-Merkmalen und polynomialen Kreuz-Merkmalen simuliert.

   o Zufälliges Rauschen wird hinzugefügt, um die Daten realistischer zu gestalten.

4. **Datensatzaufteilung**:

   o Der Datensatz wird mit der Funktion train_test_split von sklearn in Trainings- und Testdaten aufgeteilt.

5. **Modelltraining**:

   o Ein lineares Regressionsmodell wird mit den Daten trainiert, einschließlich der ursprünglichen Merkmale, Kreuz-Merkmale und polynomialen Kreuz-Merkmale.

6. **Modellevaluierung**:

- o Die Modellleistung wird mit dem Mean Squared Error (MSE) und dem R-Quadrat-Wert bewertet.

- o Die Merkmalswichtigkeiten werden berechnet und angezeigt, um den Einfluss jedes Merkmals und jedes Interaktionsterms auf die Vorhersagen zu verdeutlichen.

7. **Visualisierung**:

- o Ein 2x2-Plot-Raster wird erstellt, um verschiedene Aspekte der Daten zu visualisieren: a. **Preis vs. Hausgröße**, mit Punkten, die nach der Anzahl der Schlafzimmer eingefärbt sindb. **Preis vs. Größen-Schlafzimmer-Interaktion**, mit Punkten, die nach dem Baujahr eingefärbt sindc. Eine Heatmap der Korrelationen zwischen allen Merkmalend. Ein Residuen-Plot, um die Modellannahmen zu überprüfen

8. **Datendarstellung**:

- o Die ersten Zeilen des finalen DataFrames werden angezeigt, einschließlich aller ursprünglichen Merkmale, Kreuz-Merkmale, polynomialen Kreuz-Merkmale und der Zielvariablen.

Dieses umfassende Beispiel zeigt, wie sich verschiedene Merkmale, deren Interaktionen und höhergradige Terme auf die Zielvariable (**Preis**) und aufeinander beziehen. Die Visualisierungen und statistischen Analysen bieten Einblicke, die die Merkmalsauswahl und den Modellierungsprozess leiten können. Die Kombination aus Kreuz-Merkmalen und polynomialen Kreuz-Merkmalen demonstriert, wie solche komplexen Interaktionen in der Praxis genutzt werden können und welchen Einfluss sie auf die Modellleistung haben.

7.2.5 Wichtige Erkenntnisse und weiterführende Überlegungen

Die Merkmalsentwicklung ist ein zentraler Aspekt des maschinellen Lernens, der die Modellleistung erheblich verbessern kann. Lassen Sie uns die Schlüsselkonzepte und ihre Implikationen vertiefen:

- **Polynomiale Merkmale** ermöglichen es Modellen, nichtlineare Beziehungen zu erfassen, indem der Merkmalsraum mit höhergradigen Termen erweitert wird. Diese Technik ist besonders nützlich, wenn die Beziehung zwischen Merkmalen und der Zielvariablen komplex ist und durch lineare Terme allein nicht ausreichend dargestellt werden kann. Zum Beispiel könnte in einem Modell zur Vorhersage von Immobilienpreisen der Einfluss der Hausgröße auf den Preis exponentiell statt linear steigen.

- **Kreuz-Merkmale** offenbaren die kombinierten Effekte mehrerer Merkmale und bieten dem Modell reichhaltigere Einblicke in Merkmalsinteraktionen. Diese können besonders leistungsstark sein, wenn Domänenwissen darauf hindeutet, dass bestimmte Merkmale eine multiplikative Wirkung haben könnten. Zum Beispiel könnte in einem Modell zur Bewertung der Effektivität einer Marketingkampagne die Interaktion zwischen Werbeausgaben und Zielgruppengröße informativer sein als jedes Merkmal allein.

- **Interaktionsterms** sind vielseitige Werkzeuge zur Erfassung komplexer Beziehungen zwischen Variablen und können sowohl für numerische als auch für kategoriale Merkmale verwendet werden. Sie können versteckte Muster aufdecken, die bei isolierter Betrachtung der Merkmale nicht offensichtlich wären. Zum Beispiel könnte in einem Modell zur Vorhersage der Kundenabwanderung die Interaktion zwischen Kundenalter und Abonnementtyp wertvolle Einblicke liefern, die kein Merkmal allein erfassen könnte.

- Die Kombination von **polynomialen Merkmalen** und **Kreuz-Merkmalen** ermöglicht noch raffiniertere Interaktionen und kann hochgradig nuancierte Muster in den Daten aufdecken. Diese Stärke birgt jedoch ein erhöhtes Risiko für Overfitting, insbesondere bei kleineren Datensätzen. Um dieses Risiko zu mindern, sollten folgende Techniken in Betracht gezogen werden:

  - Regularisierungstechniken wie Lasso- oder Ridge-Regression, um komplexe Modelle zu bestrafen

  - Kreuzvalidierung, um sicherzustellen, dass das Modell auf unbekannte Daten gut generalisiert

  - Merkmalsauswahlmethoden, um die relevantesten Interaktionen zu identifizieren

Während diese fortgeschrittenen Techniken der Merkmalsentwicklung die Modellleistung erheblich steigern können, ist es wichtig, die Komplexität mit der Interpretierbarkeit auszubalancieren. Je anspruchsvoller die Modelle werden, desto schwieriger wird es, ihre Vorhersagen den Stakeholdern zu erklären. Daher sollten Sie immer den Kompromiss zwischen Modellgenauigkeit und Erklärbarkeit im Kontext Ihres spezifischen Anwendungsfalls und Ihres Publikums berücksichtigen.

7.3 Praktische Übungen zu Kapitel 7

Nachdem wir die Konzepte der Merkmalsentwicklung und Interaktionsterms untersucht haben, ist es Zeit, diese Techniken in praktischen Übungen anzuwenden. Jede Übung ist darauf ausgelegt, Ihnen zu helfen, neue Merkmale zu erstellen, polynomiale Merkmale zu generieren und Kreuz-Merkmale sowie Interaktionsterms zu konstruieren. Wo nötig, werden Lösungen mit Code bereitgestellt.

Übung 1: Erstellung eines logarithmischen Merkmals

Sie erhalten einen Datensatz mit dem Merkmal **Einkommen**, das eine schiefe Verteilung aufweist. Ihre Aufgabe ist es:

Ein neues Merkmal **LogEinkommen** zu erstellen, indem Sie eine logarithmische Transformation auf das Merkmal **Einkommen** anwenden.

Lösung:

```python
import numpy as np
import pandas as pd

# Sample data
data = {'Income': [30000, 50000, 75000, 120000, 250000]}

df = pd.DataFrame(data)

# Apply a logarithmic transformation to create the LogIncome feature
df['LogIncome'] = np.log(df['Income'])

# View the original and new features
print(df)
```

Übung 2: Extrahieren von Datumsmerkmalen

Sie arbeiten mit einem Datensatz, der eine Spalte **Verkaufsdatum (SaleDate)** enthält, die das Verkaufsdatum von Häusern aufzeichnet. Ihre Aufgabe ist es:

Drei neue Merkmale aus der Spalte **Verkaufsdatum** zu extrahieren: **JahrVerkauft (YearSold)**, **MonatVerkauft (MonthSold)** und **WochentagVerkauft (DayOfWeekSold)**.

Lösung:

```python
# Sample data with a date column
data = {'SaleDate': ['2022-01-05', '2021-06-15', '2020-09-22', '2019-11-30']}

df = pd.DataFrame(data)

# Convert SaleDate to a datetime object
df['SaleDate'] = pd.to_datetime(df['SaleDate'])

# Extract new features: Year, Month, Day of the week
df['YearSold'] = df['SaleDate'].dt.year
df['MonthSold'] = df['SaleDate'].dt.month
df['DayOfWeekSold'] = df['SaleDate'].dt.dayofweek

# View the new features
print(df)
```

Übung 3: Erstellung eines Kreuz-Merkmals

Sie arbeiten mit einem Datensatz, der die Merkmale **Hausgröße** (in Quadratfuß) und **Anzahl der Schlafzimmer** enthält. Ihre Aufgabe ist es:

Ein neues Merkmal **PreisProSchlafzimmer** zu erstellen, indem Sie die **Hausgröße** durch die **Anzahl der Schlafzimmer** teilen, um die Hausgröße anhand der Schlafzimmeranzahl zu normalisieren.

Lösung:

```
# Sample data
data = {'HouseSize': [2000, 2500, 3000, 3500, 4000],
        'NumBedrooms': [3, 4, 4, 5, 6]}

df = pd.DataFrame(data)

# Create a new feature by dividing HouseSize by NumBedrooms
df['PricePerBedroom'] = df['HouseSize'] / df['NumBedrooms']

# View the new feature
print(df)
```

Übung 4: Erstellung polynomialer Merkmale

Sie arbeiten mit einem Datensatz, der ein einzelnes Merkmal **Alter** (**Age**) enthält. Ihre Aufgabe ist es:

Polynomiale Merkmale zweiten Grades (quadratische Terme) und dritten Grades (kubische Terme) für das Merkmal **Alter** zu erstellen.

Lösung:

```
from sklearn.preprocessing import PolynomialFeatures

# Sample data
data = {'Age': [25, 30, 35, 40, 45]}

df = pd.DataFrame(data)

# Initialize PolynomialFeatures object for degrees 2 and 3
poly = PolynomialFeatures(degree=3, include_bias=False)

# Generate polynomial features
polynomial_features = poly.fit_transform(df[['Age']])

# Create a DataFrame for the polynomial features
df_poly = pd.DataFrame(polynomial_features, columns=['Age', 'Age^2', 'Age^3'])

# View the polynomial features
print(df_poly)
```

Übung 5: Erstellung von Interaktionstermen

Sie arbeiten mit einem Datensatz, der die Merkmale **Hauspreis (HousePrice)**, **Hausgröße (HouseSize)** und **Baujahr (YearBuilt)** enthält. Ihre Aufgabe ist es:

Drei Interaktionsterms zu erstellen: **Preis_Größe_Interaktion (HousePrice * HouseSize)**, **Preis_Jahr_Interaktion (HousePrice * YearBuilt)** und **Größe_Jahr_Interaktion (HouseSize * YearBuilt)**.

Lösung:

```
# Sample data
data = {'HousePrice': [300000, 500000, 700000],
        'HouseSize': [1500, 2000, 2500],
        'YearBuilt': [1990, 2000, 2010]}

df = pd.DataFrame(data)

# Create interaction terms
df['Price_Size_Interaction'] = df['HousePrice'] * df['HouseSize']
df['Price_Year_Interaction'] = df['HousePrice'] * df['YearBuilt']
df['Size_Year_Interaction'] = df['HouseSize'] * df['YearBuilt']

# View the interaction terms
print(df)
```

Übung 6: Kombination von polynomialen und Interaktionstermen

Sie arbeiten mit demselben Datensatz aus **Übung 5**, und Ihre Aufgabe ist es:

Ein polynomiales Interaktionsmerkmal zu erstellen, indem Sie den Term **Preis_Größe_Interaktion** quadrieren, um höhergradige Effekte zu erfassen.

Lösung:

```
# Create a polynomial interaction feature by squaring the Price_Size_Interaction term
df['Price_Size_Interaction_Squared'] = df['Price_Size_Interaction'] ** 2

# View the polynomial interaction feature
print(df)
```

Diese Übungen bieten Ihnen praktische Erfahrung mit der Erstellung von Merkmalen und Interaktionstermen, um versteckte Beziehungen in den Daten aufzudecken. Mit diesen Techniken können Sie die Leistung Ihrer Machine-Learning-Modelle verbessern und die Komplexität der Beziehungen in Ihren Datensätzen besser erfassen. Experimentieren Sie weiterhin mit verschiedenen Merkmalen und Interaktionen, um deren Einfluss auf Ihr Modell zu verstehen!

7.4 Was kann schiefgehen?

Die Erstellung neuer Merkmale und Interaktionsterms kann die Leistung Ihrer Machine-Learning-Modelle erheblich verbessern. Es ist jedoch wichtig, sich potenzieller Fallstricke bewusst zu sein. Wenn diese Techniken nicht durchdacht angewendet werden, können Probleme wie Overfitting, Multikollinearität oder unnötige Modellkomplexität auftreten. Lassen Sie uns erkunden, was beim Erstellen von Merkmalen und Interaktionstermen schiefgehen kann, und Strategien betrachten, um diese Probleme zu vermeiden.

7.4.1 Overfitting durch zu viele Merkmale

Das Erstellen neuer Merkmale, insbesondere polynomiale und Interaktionsterms, kann zu Overfitting führen. Dabei lernt das Modell Muster, die spezifisch für die Trainingsdaten sind, aber nicht gut auf neue, unbekannte Daten verallgemeinerbar sind.

Was kann schiefgehen?

- Zu viele Interaktionsterms oder polynomiale Merkmale können das Modell zu komplex machen, was die Generalisierungsfähigkeit beeinträchtigt.

- Overfitting tritt besonders bei kleinen Datensätzen auf, wo zusätzliche Merkmale lediglich zufällige Variationen in den Trainingsdaten erfassen können.

Lösung:

- Verwenden Sie **Kreuzvalidierung**, um die Modellleistung zu bewerten und sicherzustellen, dass neue Merkmale die Generalisierung verbessern und nicht nur die Trainingsgenauigkeit erhöhen.

- Wenden Sie **Regularisierungstechniken** (z. B. L1- oder L2-Regularisierung) an, um komplexe Modelle zu bestrafen und das Overfitting-Risiko zu reduzieren.

- Vermeiden Sie unnötige oder redundante Merkmale. Konzentrieren Sie sich darauf, Merkmale zu erstellen, die sinnvoll sind und die Vorhersageleistung wahrscheinlich verbessern.

7.4.2 Multikollinearität zwischen Merkmalen

Die Erstellung polynomialer Merkmale und Interaktionsterms kann zu Multikollinearität führen, bei der zwei oder mehr Merkmale hoch korreliert sind. Dies kann lineare Modelle instabil machen und es erschweren, die Wichtigkeit von Merkmalen oder Modellkoeffizienten zu interpretieren.

Was kann schiefgehen?

- Multikollinearität kann dazu führen, dass das Modell bestimmten Merkmalen übermäßiges Gewicht gibt oder empfindlich auf kleine Datenänderungen reagiert.

- In Modellen wie der linearen Regression kann Multikollinearität die Interpretation von Merkmal-Koeffizienten erschweren, da diese sich bei geringfügigen Datensatzänderungen drastisch ändern können.

Lösung:

- Verwenden Sie Techniken wie den **Variance Inflation Factor (VIF)**, um hoch korrelierte Merkmale zu identifizieren und zu eliminieren.

- Ziehen Sie in Betracht, eines der korrelierten Merkmale zu entfernen oder **Techniken zur Dimensionsreduktion** (z. B. Hauptkomponentenanalyse, PCA) zu verwenden, um korrelierte Merkmale zu einem einzigen repräsentativen Merkmal zusammenzufassen.

- Regularisierungstechniken wie **Ridge-Regression (L2)** können ebenfalls helfen, indem sie die Koeffizienten stark korrelierter Merkmale schrumpfen.

7.4.3 Erstellung irrelevanter oder unnötiger Merkmale

Es ist verlockend, viele neue Merkmale und Interaktionsterms zu erstellen, aber nicht alle tragen zwangsläufig zur Wertschöpfung des Modells bei. Das Hinzufügen irrelevanter Merkmale kann die Modellkomplexität erhöhen, ohne die Leistung zu verbessern, und manchmal sogar verschlechtern.

Was kann schiefgehen?

- Das Hinzufügen irrelevanter oder redundanter Merkmale kann Rauschen in das Modell einbringen, was seine Fähigkeit zur Generalisierung auf neue Daten verringert.

- Das Modell wird möglicherweise schwerer interpretierbar, insbesondere wenn viele unnötige Merkmale vorhanden sind, was zu einer erhöhten Komplexität ohne nennenswerte Erkenntnisse führt.

Lösung:

- Verwenden Sie **Techniken zur Merkmalsauswahl**, wie **Recursive Feature Elimination (RFE)** oder **Mutual Information**, um zu bestimmen, welche Merkmale am meisten zur Modellleistung beitragen.

- Bewerten Sie die Merkmalswichtigkeit mit Techniken wie **Permutation Importance** oder **SHAP-Werten**, um festzustellen, welche Merkmale tatsächlich einen Mehrwert bieten.

- Testen und validieren Sie regelmäßig die Auswirkungen neuer Merkmale mithilfe von Kreuzvalidierung, um sicherzustellen, dass sie die Modellleistung verbessern.

7.4.4 Fehlinterpretation von Interaktionstermen

Interaktionsterms können wertvolle Einblicke in die Wechselwirkungen zwischen Merkmalen bieten, aber sie können auch fehlinterpretiert werden, wenn die Beziehung zwischen den

Merkmalen nicht gut verstanden wird. Das Erstellen von Interaktionstermen ohne Berücksichtigung von Domänenwissen kann zu irreführenden Schlussfolgerungen führen.

Was kann schiefgehen?

- Es könnten Interaktionsterms erstellt werden, die für das Problem irrelevant oder bedeutungslos sind, was zu Verwirrung und schlechter Modellleistung führt.

- Fehlinterpretationen von Interaktionstermen könnten zu falschen Annahmen über die Beziehungen zwischen Variablen führen, wodurch das Modell auf nicht existierende Wechselwirkungen vertraut.

Lösung:

- Stellen Sie sicher, dass Interaktionsterms auf einem soliden Verständnis des Fachgebiets und der Beziehungen zwischen Merkmalen basieren. Vermeiden Sie es, Interaktionen blind zu erstellen, ohne ihre praktische Relevanz zu berücksichtigen.

- Visualisieren Sie Wechselwirkungen zwischen Merkmalen, bevor Sie sie in das Modell aufnehmen, um zu bestätigen, ob sie eine sinnvolle Beziehung zur Zielvariablen haben.

- Wenn die Interaktionsterms die Modellleistung nicht verbessern oder schwer zu interpretieren sind, ziehen Sie in Betracht, sie zu entfernen oder einfachere Modelle zu verwenden.

7.4.5 Leistungsprobleme durch polynomiale Merkmale in großen Datensätzen

Das Generieren von polynomialen Merkmalen mit hohem Grad kann zu einer großen Anzahl neuer Merkmale führen, insbesondere bei Datensätzen mit vielen ursprünglichen Merkmalen. Dies kann das Modelltraining verlangsamen, den Speicherverbrauch erhöhen und die Interpretierbarkeit des Modells erschweren.

Was kann schiefgehen?

- In großen Datensätzen kann das Generieren polynomialer Merkmale mit hohem Grad zu **computational inefficiencies** führen, das Modelltraining verlangsamen und den Speicherbedarf erhöhen.

- Das Modell wird schwerer interpretierbar, da die Anzahl der Merkmale steigt, was es erschwert, die Beziehungen zwischen den Merkmalen und der Zielvariablen zu verstehen.

Lösung:

- Begrenzen Sie den Grad der polynomialen Merkmale auf 2 oder 3, da Terme mit höherem Grad oft nur wenig zusätzlichen Nutzen bringen, während sie die Modellkomplexität erheblich erhöhen.

- Verwenden Sie Techniken zur Dimensionsreduktion, wie **PCA** oder **Merkmalswichtigkeit**, um die Anzahl der Merkmale nach der Erstellung polynomialer Terme zu reduzieren.

- Bei großen Datensätzen sollten polynomiale Merkmale selektiv generiert werden, wobei der Fokus auf den relevantesten Variablen liegt, anstatt sie global auf alle Merkmale anzuwenden.

7.4.6 Überkomplizierung einfacher Modelle

In manchen Fällen kann die Erstellung zu vieler Merkmale und Interaktionsterms ein Modell unnötig kompliziert machen, das mit einfacheren und leichter interpretierbaren Merkmalen gut funktionieren würde. Komplexe Modelle mit vielen Merkmalen sind nicht immer besser und können die tatsächlichen Beziehungen in den Daten verschleiern.

Was kann schiefgehen?

- Komplexe Modelle mit vielen Interaktionsterms und polynomialen Merkmalen können schwer zu interpretieren und für Stakeholder schwer erklärbar sein.

- Einfache Modelle wie lineare Regression oder Entscheidungsbäume können durch zu viele Merkmale überkompliziert werden, was ihre Effektivität verringert.

Lösung:

- Beginnen Sie mit einfacheren Modellen und fügen Sie Komplexität nur dann hinzu, wenn sie notwendig ist. Oftmals sind einfachere Modelle genauso leistungsfähig (oder sogar besser) als komplexere Modelle, insbesondere wenn die Beziehungen zwischen den Merkmalen unkompliziert sind.

- Verwenden Sie Regularisierungstechniken oder Kreuzvalidierung, um sicherzustellen, dass die hinzugefügte Komplexität die Modellleistung verbessert, ohne das Modell zu überkomplizieren.

Das Erstellen neuer Merkmale und Interaktionsterms kann die Modellleistung erheblich steigern, aber es ist entscheidend, diese Techniken durchdacht anzuwenden, um häufige Fallstricke zu vermeiden. Overfitting, Multikollinearität und die Erstellung unnötiger Merkmale sind einige der Probleme, die bei der Generierung neuer Merkmale auftreten können.

Durch die sorgfältige Bewertung der Auswirkungen jedes neuen Merkmals, die Vermeidung übermäßig komplexer Modelle und den Einsatz von Regularisierungs- oder Merkmalsauswahltechniken können Sie sicherstellen, dass Ihre Merkmale Ihr Modell verbessern, ohne neue Probleme einzuführen.

Kapitel 7 Zusammenfassung

In diesem Kapitel haben wir die Möglichkeiten von **Merkmalsentwicklung** und **Interaktionstermen** untersucht, um Machine-Learning-Modelle zu verbessern. Häufig reichen die ursprünglichen Merkmale eines Datensatzes nicht aus, um die zugrunde liegenden Beziehungen zwischen den Daten und der Zielvariablen zu erfassen. Durch die Erstellung neuer Merkmale und Interaktionsterms können wir tiefere Muster aufdecken, die es Modellen ermöglichen, genauere Vorhersagen zu treffen.

Wir begannen mit der Diskussion darüber, wie neue Merkmale aus bestehenden Daten erstellt werden können. **Mathematische Transformationen**, wie logarithmische oder Quadratwurzel-Transformationen, sind effektive Techniken, um Varianzen zu stabilisieren oder Schiefe in den Daten zu reduzieren. Diese Transformationen können lineare Modelle robuster machen, indem sie nichtlineare Beziehungen vereinfachen. Beispielsweise kann die Anwendung einer logarithmischen Transformation auf schiefe Merkmale wie Hauspreise helfen, die Daten zu normalisieren, was die Verarbeitung durch das Modell erleichtert.

Anschließend untersuchten wir **Datums- und Zeitmerkmal-Extraktion**, die besonders nützlich in Datensätzen ist, die zeitliche Daten enthalten. Merkmale wie **Jahr**, **Monat** oder **Wochentag** können zeitliche Trends erfassen, die oft prädiktiv für die Zielvariable sind. Beispielsweise können die Extraktion von Jahr und Monat von Hausverkäufen dem Modell helfen, saisonale Trends oder wirtschaftliche Zyklen zu identifizieren, die die Hauspreise beeinflussen.

Daraufhin diskutierten wir die Bedeutung der **Kombination von Merkmalen**, um neue Erkenntnisse zu schaffen. Durch die Bildung von Verhältnissen oder Interaktionen zwischen bestehenden Merkmalen können Sie aussagekräftigere Darstellungen der Daten erstellen. Zum Beispiel bietet die Erstellung eines **PreisProQuadratmeter**-Merkmals aus Hauspreis und Hausgröße eine normalisierte Messgröße, die die Modellgenauigkeit verbessern kann.

Interaktionsterms sind ein weiteres leistungsstarkes Werkzeug zur Verbesserung von Modellen, insbesondere im Umgang mit nichtlinearen Beziehungen. Interaktionsterms erfassen den kombinierten Effekt von zwei oder mehr Merkmalen, der möglicherweise zusammen eine stärkere Vorhersagekraft hat als einzeln. Zum Beispiel könnte die Interaktion zwischen **Hausgröße** und **Anzahl der Schlafzimmer** mehr Einblicke in die Hauspreisgestaltung bieten als jedes Merkmal allein. Wir untersuchten auch, wie Interaktionsterms sowohl auf numerische als auch auf kategoriale Merkmale angewendet werden können.

Anschließend behandelten wir **polynomiale Merkmale**, die es Modellen ermöglichen, nichtlineare Beziehungen durch die Erweiterung des Merkmalsraums mit höhergradigen Termen zu erfassen. Während polynomiale Merkmale die Modellgenauigkeit, insbesondere in einfachen Modellen wie der linearen Regression, verbessern können, müssen sie sorgfältig eingesetzt werden, um Overfitting und erhöhte Komplexität zu vermeiden.

Im Abschnitt **„Was kann schiefgehen?"** untersuchten wir die Risiken, die mit der Erstellung von Merkmalen verbunden sind, darunter Overfitting, Multikollinearität und die Erstellung unnötiger oder redundanter Merkmale. Overfitting ist ein besonderes Problem, wenn viele neue Merkmale generiert werden, da das Modell möglicherweise Rauschen in den Trainingsdaten lernt, das sich nicht auf neue Daten übertragen lässt. Wir betonten die Bedeutung von Regularisierungstechniken, Kreuzvalidierung und Merkmalsauswahlmethoden, um sicherzustellen, dass neue Merkmale die Modellleistung verbessern, ohne unnötige Komplexität hinzuzufügen.

Zusammenfassend sind Merkmalsentwicklung und Interaktionsterms essenzielle Werkzeuge zur Verbesserung von Machine-Learning-Modellen, müssen jedoch durchdacht angewendet werden. Durch die sorgfältige Berücksichtigung der Beziehungen zwischen Merkmalen, den Einsatz von Domänenwissen und die Validierung der Auswirkungen neuer Merkmale können Sie die Leistung Ihres Modells erheblich verbessern und gleichzeitig häufige Fallstricke vermeiden. Im nächsten Kapitel werden wir fortgeschrittene Techniken zur Behandlung fehlender Daten und zur weiteren Verfeinerung des Merkmalsentwicklungsprozesses untersuchen.

Quiz Teil 2: Feature Engineering für leistungsstarke Modelle

Dieses Quiz prüft Ihr Verständnis der zentralen Konzepte, die in **Teil 2** des Buches behandelt wurden. Jede Frage bezieht sich auf ein anderes Kapitel und die wesentlichen Ideen, die in diesem Abschnitt besprochen wurden. Nehmen Sie sich Zeit, um jede Frage zu beantworten und Ihr Wissen über Techniken der Feature-Engineering zu überprüfen.

Frage 1: (Kapitel 3 – Die Rolle des Feature Engineering im maschinellen Lernen)

Warum gilt Feature Engineering als einer der wichtigsten Aspekte beim Aufbau von Machine-Learning-Modellen?

a) Es erhöht die Anzahl der Merkmale im Datensatz.

b) Es transformiert Rohdaten in sinnvolle Eingaben, die die Modellleistung verbessern.

c) Es reduziert die Anzahl der Datenpunkte.

d) Es macht eine Datenvorverarbeitung überflüssig.

Frage 2: (Kapitel 4 – Techniken zur Behandlung fehlender Daten)

Welche der folgenden Methoden ist KEINE Technik zur Behandlung fehlender Daten?

a) Mittelwertimputation

b) Löschen von Zeilen mit fehlenden Werten

c) Zufallsimputation

d) Label-Encoding

Frage 3: (Kapitel 4 – Techniken zur Behandlung fehlender Daten)

Welche fortgeschrittene Imputationstechnik sollte verwendet werden, wenn die Beziehung zwischen Merkmalen wichtig ist, um fehlende Werte auszufüllen?

a) Medianimputation

b) K-Nearest Neighbors (KNN)-Imputation

c) Mittelwertimputation

d) Modusimputation

Frage 4: (Kapitel 5 – Transformation und Skalierung von Merkmalen)

Welche Transformationstechnik eignet sich, um Varianzen zu stabilisieren und Schiefe in Daten mit ausschließlich positiven Werten zu reduzieren?

a) One-Hot-Encoding

b) Standardisierung

c) Logarithmische Transformation

d) Ordinal-Encoding

Frage 5: (Kapitel 5 – Transformation und Skalierung von Merkmalen)

Was ist der Hauptunterschied zwischen **Min-Max-Skalierung** und **Standardisierung**?

a) Min-Max-Skalierung passt Werte an einen festen Bereich an, während Standardisierung die Daten um einen Mittelwert von null und eine Standardabweichung von eins zentriert.

b) Min-Max-Skalierung reduziert die Größe des Datensatzes, während Standardisierung die Dimensionalität erhöht.

c) Min-Max-Skalierung wird nur für kategoriale Merkmale verwendet, während Standardisierung für numerische Merkmale verwendet wird.

d) Min-Max-Skalierung normalisiert Ausreißer, während Standardisierung Ausreißer ignoriert.

Frage 6: (Kapitel 6 – Kodierung kategorialer Variablen)

Was ist eine wesentliche Einschränkung der Verwendung von **One-Hot-Encoding** bei kategorialen Variablen mit hoher Kardinalität?

a) Es kann nicht auf numerische Variablen angewendet werden.

b) Es reduziert die Größe des Datensatzes.

c) Es kann eine sehr große Anzahl von Spalten erzeugen, was zu hoher Dimensionalität führt.

d) Es entfernt seltene Kategorien aus dem Datensatz.

Frage 7: (Kapitel 6 – Kodierung kategorialer Variablen)

Welche Kodierungsmethode ersetzt jede Kategorie durch den Mittelwert der Zielvariablen für diese Kategorie?

a) One-Hot-Encoding

b) Frequenzkodierung

c) Zielkodierung

d) Ordinal-Encoding

Frage 8: (Kapitel 7 – Merkmalsgenerierung und Interaktionsterms)

Was ist der Hauptzweck der Erstellung von **Interaktionstermen** zwischen Merkmalen?

a) Um die Komplexität des Modells zu reduzieren.

b) Um die kombinierte Wirkung mehrerer Merkmale auf die Zielvariable zu erfassen.

c) Um korrelierte Merkmale aus dem Datensatz zu entfernen.

d) Um Transformationen nur auf kategoriale Daten anzuwenden.

Frage 9: (Kapitel 7 – Merkmalsgenerierung und Interaktionsterms)

Welches potenzielle Risiko muss bei der Erstellung **polynomialer Merkmale** berücksichtigt werden?

a) Die Merkmale könnten Datenlecks verursachen.

b) Die Merkmale könnten Multikollinearität und Overfitting verursachen.

c) Die Merkmale könnten zu kategorialen Variablen werden.

d) Die Merkmale könnten die Datensatzgröße reduzieren.

Frage 10: (Allgemein)

Welche Feature-Engineering-Technik wäre am besten geeignet, wenn Sie vermuten, dass eine **nichtlineare Beziehung** zwischen einem numerischen Merkmal und der Zielvariablen besteht?

a) Mittelwertimputation

b) Erstellung polynomialer Merkmale

c) One-Hot-Encoding

d) Min-Max-Skalierung

Bonusfrage: (Allgemein)

Welche Methode zur Merkmalsauswahl hilft, die Merkmale zu identifizieren, die am meisten zur Modellleistung beitragen, während Rauschen von irrelevanten Merkmalen reduziert wird?

a) Recursive Feature Elimination (RFE)

b) Zufallsimputation

c) Ordinal-Encoding

d) Label-Encoding

Sobald Sie das Quiz abgeschlossen haben, überprüfen Sie Ihre Antworten, um zu sehen, wie gut Sie die Konzepte aus **Teil 2: Feature Engineering für leistungsstarke Modelle** verstanden haben!

Antworten

Frage 1:

Antwort: b) Es transformiert Rohdaten in sinnvolle Eingaben, die die Modellleistung verbessern.

Frage 2:

Antwort: d) Label-Encoding

(Label-Encoding wird für die Transformation kategorialer Merkmale verwendet, nicht für die Behandlung fehlender Daten.)

Frage 3:

Antwort: b) K-Nearest Neighbors (KNN)-Imputation

Frage 4:

Antwort: c) Logarithmische Transformation

Frage 5:

Antwort: a) Min-Max-Skalierung passt Werte an einen festen Bereich an, während Standardisierung die Daten um einen Mittelwert von null und eine Standardabweichung von eins zentriert.

Frage 6:

Antwort: c) Es kann eine sehr große Anzahl von Spalten erzeugen, was zu hoher Dimensionalität führt.

Frage 7:

Antwort: c) Zielkodierung

Frage 8:

Antwort: b) Um die kombinierte Wirkung mehrerer Merkmale auf die Zielvariable zu erfassen.

Frage 9:

Antwort: b) Die Merkmale könnten Multikollinearität und Overfitting verursachen.

Frage 10:

Antwort: b) Erstellung polynomialer Merkmale

Bonusfrage:

Antwort: a) Recursive Feature Elimination (RFE)

Teil 3: Datenbereinigung und Vorverarbeitung

Projekt 2: Zeitreihenprognose mit Feature Engineering

In diesem Projekt tauchen wir in eine der faszinierendsten und praxisorientierten Anwendungen des maschinellen Lernens ein: die **Zeitreihenprognose**. Zeitreihendaten durchdringen zahlreiche Aspekte unserer Welt – von den Schwankungen auf den Finanzmärkten und dem Auf und Ab von Verkaufszahlen bis hin zu den sich ständig ändernden Wettermustern und vielem mehr. Die Fähigkeit, Zeitreihendaten präzise vorherzusagen, ermöglicht es Unternehmen, fundierte Entscheidungen über zukünftige Ereignisse zu treffen, wodurch sie ihre Ressourcen optimieren, potenzielle Risiken mindern und strategisch planen können.

Im Kern geht es bei der Zeitreihenprognose darum, historische Datenmuster zu analysieren, um zukünftige Trends und Werte vorherzusagen. Diese Vorhersagefähigkeit ist in verschiedenen Branchen und Bereichen von unschätzbarem Wert, da sie Einblicke bietet, die strategische Entscheidungen und operative Effizienz vorantreiben können. Ob ein Einzelhändler die Produktnachfrage prognostiziert, ein Finanzanalyst Marktentwicklungen vorhersagt oder ein Meteorologe Wetterbedingungen prognostiziert – die Zeitreihenprognose liefert ein leistungsstarkes Werkzeug, um die Komplexität einer sich ständig verändernden Welt zu navigieren.

Dieses Projekt wird tief in die Welt der Prognosen eintauchen, wobei der Schwerpunkt auf der Nutzung von **Feature Engineering** liegt, um die Modellleistung zu verbessern. Während wir traditionelle Prognosemethoden wie **ARIMA** (Autoregressive Integrated Moving Average) und **Exponentielle Glättung** ansprechen, wird unser Hauptaugenmerk darauf liegen, wie fortschrittliche Feature-Engineering-Techniken Zeitreihenvorhersagen erheblich verbessern können. Wir untersuchen, wie diese Merkmale genutzt werden können, um die Leistung moderner maschineller Lernmodelle wie **Random Forest**, **XGBoost** und **Gradient Boosting Machines (GBM)** zu steigern.

Durch die Kombination der Leistungsfähigkeit von Feature Engineering mit diesen hochmodernen Algorithmen zielen wir darauf ab, neue Ebenen von Genauigkeit und Einblicken in die Zeitreihenprognose zu erschließen. Dieser Ansatz ermöglicht es uns nicht nur, komplexe Muster und Beziehungen innerhalb der Daten zu erfassen, sondern bietet auch einen flexiblen

Rahmen, der sich an verschiedene Arten von Zeitreihendaten in unterschiedlichen Bereichen anpassen lässt.

1.1 Einführung in Zeitreihenprognose mit Feature Engineering

Ziel der Zeitreihenprognose ist es, zukünftige Werte basierend auf historischen Daten vorherzusagen. Zeitreihendaten sind einzigartig, da die Reihenfolge der Datenpunkte entscheidend ist, wobei jeder Datenpunkt typischerweise von vorherigen Punkten abhängt. Diese Abhängigkeit macht Vorhersagen zu einer anspruchsvollen, aber auch chancenreichen Aufgabe, da verborgene Muster entdeckt werden können.

Um Zeitreihendaten optimal zu nutzen, ist es oft notwendig, neue Merkmale zu erstellen, die den Modellen helfen, diese zeitlichen Abhängigkeiten besser zu erfassen. In diesem Projekt werden wir:

1. Zeitbasierte Merkmale wie **Wochentag**, **Monat** oder **Lag Features** untersuchen, die frühere Werte widerspiegeln.

2. Den Einsatz von **rollenden Statistiken** zur Erfassung von Trends und Saisonalitäten diskutieren.

3. Verschiedene **Detrending-Techniken** und Transformationen anwenden, um die Zeitreihe stationärer zu machen.

Wir werden mit einem realen Datensatz, wie etwa täglichen Verkaufszahlen, arbeiten, um zukünftige Verkäufe vorherzusagen und zu demonstrieren, wie Feature Engineering die Vorhersagegenauigkeit des Modells verbessern kann.

1.1.1 Lag Features für Zeitreihenprognosen

Eine der grundlegenden Techniken in der Zeitreihenprognose ist die Erstellung von **Lag Features**. Diese Merkmale werden aus der ursprünglichen Zeitreihe abgeleitet, indem die Datenpunkte zeitlich nach hinten verschoben werden. Diese Verschiebung ermöglicht es dem Modell, historische Informationen bei der Vorhersage aktueller oder zukünftiger Punkte einzubeziehen. Die Anzahl der verschobenen Zeitschritte kann variieren, wodurch mehrere Lag Features entstehen, die unterschiedliche historische Perspektiven erfassen.

Lag Features sind besonders leistungsstark, da sie es dem Modell ermöglichen, Autokorrelation zu erfassen – die Beziehung zwischen einer Variablen und ihren früheren Werten. Dies ist in der Zeitreihenanalyse von entscheidender Bedeutung, da Muster oft im Laufe der Zeit wiederkehren oder sich entwickeln. Beispielsweise könnten in den Finanzmärkten heutige Aktienkurse durch ihre Werte von gestern, letzte Woche oder sogar letzten Monat beeinflusst werden. Durch die Erstellung von Lag Features stellen wir dem Modell diesen wertvollen historischen Kontext zur Verfügung.

Warum Lag Features wichtig sind

Die Bedeutung von Lag Features ergibt sich aus der Natur vieler Zeitreihenprobleme. In diesen Szenarien hängt der aktuelle Wert der Zielvariablen oft von ihren vergangenen Werten ab – ein Konzept, das als zeitliche Abhängigkeit bekannt ist. Diese Abhängigkeit kann sich auf verschiedene Arten manifestieren:

- **Kurzfristige Effekte**: Kürzlich vergangene Werte können einen starken Einfluss auf den aktuellen Wert haben. Beispielsweise wird die Anzahl der heute verkauften Produkte wahrscheinlich durch die Verkäufe der letzten Tage beeinflusst.

- **Saisonale Muster**: In vielen Branchen gibt es wiederkehrende Muster, die an bestimmte Zeiträume gebunden sind. Einzelhandelsumsätze steigen beispielsweise oft während Feiertagen, und dieses Muster wiederholt sich jährlich.

- **Langfristige Trends**: Einige Zeitreihen zeigen allmähliche Veränderungen über längere Zeiträume. Wirtschaftliche Indikatoren können beispielsweise mehrjährige Trends aufweisen, die Lag Features erfassen können.

Durch die Integration von Lag Features in unsere Modelle stellen wir ihnen einen reichen historischen Kontext zur Verfügung. Dieser Kontext ermöglicht es den Modellen, diese zeitlichen Abhängigkeiten zu erlernen und zu nutzen, was potenziell zu genaueren und robusteren Vorhersagen führt. Darüber hinaus können Lag Features komplexe Muster erfassen, die in den Rohdaten der Zeitreihe nicht sofort erkennbar sind.

Es ist wichtig zu beachten, dass die optimale Anzahl und der optimale Bereich von Lag Features je nach spezifischem Problem und Datensatz variieren können. Experimentieren und Domänenwissen spielen eine entscheidende Rolle bei der Bestimmung der effektivsten Lag Feature-Konfiguration für eine bestimmte Vorhersageaufgabe.

Beispiel: Erstellung von Lag Features

Beginnen wir mit der Erstellung von Lag Features in einem Verkaufsdatensatz. Stellen Sie sich vor, wir haben einen Datensatz mit täglichen Verkaufszahlen und möchten zukünftige Verkäufe basierend auf vergangenen Datenpunkten vorhersagen.

```python
import pandas as pd

# Sample data: daily sales figures
data = {'Date': pd.date_range(start='2022-01-01', periods=10, freq='D'),
        'Sales': [100, 120, 130, 150, 170, 160, 155, 180, 190, 210]}

df = pd.DataFrame(data)

# Set the Date column as the index
df.set_index('Date', inplace=True)

# Create lag features for the previous 1, 2, and 3 days
df['Sales_Lag1'] = df['Sales'].shift(1)
```

```
df['Sales_Lag2'] = df['Sales'].shift(2)
df['Sales_Lag3'] = df['Sales'].shift(3)

# View the dataframe with lag features
print(df)
```

In diesem Beispiel:

- Zunächst wird die **pandas-Bibliothek** importiert, die für die Datenmanipulation in Python unerlässlich ist.

- Ein Beispieldatensatz mit 10 Tagen Verkaufsdaten, beginnend ab dem 1. Januar 2022, wird erstellt.

- Die Daten werden in ein pandas DataFrame umgewandelt, wobei die Spalte **Date** als Index festgelegt wird.

- Der Kern dieses Codes liegt in der Erstellung von **Lag Features**. Es werden drei neue Spalten generiert:

  - **Sales_Lag1**: Enthält die Verkaufswerte vom Vortag.

  - **Sales_Lag2**: Enthält die Verkaufswerte von vor zwei Tagen.

  - **Sales_Lag3**: Enthält die Verkaufswerte von vor drei Tagen.

Diese Lag Features werden mit der Funktion shift() erstellt, die die Daten um die angegebene Anzahl von Zeiträumen in der Zeit nach hinten verschiebt.

Zum Schluss druckt der Code das DataFrame aus, um die ursprünglichen Verkaufsdaten zusammen mit den neu erstellten Lag Features anzuzeigen.

Dieser Ansatz ist entscheidend für die Zeitreihenprognose, da er dem Modell ermöglicht, aus vergangenen Werten zu lernen und zeitliche Abhängigkeiten in den Daten zu erfassen.

1.1.2 Umgang mit fehlenden Werten in Lag Features

Bei der Erstellung von Lag Features enthalten die Anfangszeilen des Datensatzes zwangsläufig fehlende Werte, da historische Daten fehlen. Dies ist eine häufige Herausforderung in der Zeitreihenanalyse, die sorgfältig berücksichtigt werden muss. Es gibt mehrere Strategien, um dieses Problem zu lösen, jede mit eigenen Vorteilen und potenziellen Nachteilen:

1. **Zeilen mit fehlenden Werten löschen**:

Diese einfache Methode entfernt die Zeilen mit fehlenden Lag-Werten. Obwohl leicht umsetzbar, kann dies zu einem Datenverlust führen, der die Größe des Datensatzes verringert und möglicherweise Bias einführt, wenn die fehlenden Daten nicht zufällig verteilt sind. Diese Methode eignet sich am besten, wenn Sie über einen großen Datensatz verfügen und sich den Verlust einiger Anfangsbeobachtungen leisten können.

2. **Fehlende Werte imputieren**:

Dabei werden fehlende Werte mit verschiedenen Techniken gefüllt. Häufige Imputationsstrategien sind:

- o **Forward Fill**: Überträgt die letzte gültige Beobachtung nach vorne, um Lücken zu füllen. Dies setzt voraus, dass die fehlenden Werte den zuletzt bekannten Werten ähnlich wären.

- o **Backward Fill**: Verwendet zukünftige bekannte Werte, um vergangene fehlende Werte zu füllen. Dies kann nützlich sein, wenn Sie annehmen, dass vergangene Werte den zukünftigen ähnlich gewesen wären.

- o **Mittelwert-/Median-Imputation**: Ersetzt fehlende Werte durch den Durchschnitt oder Median der verfügbaren Daten. Dies funktioniert gut, wenn die Daten normalverteilt sind und keine starken Trends oder Saisonalitäten aufweisen.

- o **Interpolation**: Schätzt fehlende Werte basierend auf den umgebenden bekannten Werten. Dies kann linear, polynomial oder spline-basiert erfolgen, je nach Datenstruktur.

3. **Ein Modell verwenden, das mit fehlenden Werten umgehen kann**:

Einige fortgeschrittene Machine-Learning-Modelle, wie bestimmte Implementierungen von Gradient Boosting Machines (z. B. **LightGBM**, **CatBoost**), können fehlende Werte von Haus aus behandeln, ohne dass eine explizite Imputation erforderlich ist. Diese Modelle behandeln fehlende Werte oft als eigene Kategorie und können Muster im Zusammenhang mit den fehlenden Werten lernen.

4. **Separate Merkmale für fehlende Werte erstellen**:

Diese Methode erstellt binäre Indikatorvariablen, die kennzeichnen, ob ein bestimmtes Lag Feature fehlt. Dadurch kann das Modell Muster im Zusammenhang mit dem Vorhandensein oder Fehlen historischer Daten lernen. Dies ist besonders nützlich, wenn die "Fehlenden Werte" selbst Informationen über den zugrunde liegenden Prozess enthalten.

5. **Domänenspezifisches Wissen nutzen**:

In einigen Fällen können domänenspezifische Informationen helfen, wie mit fehlenden Werten umgegangen werden sollte. Beispielsweise könnten in einer Verkaufsprognose fehlende Daten durch geschlossene Geschäftstage erklärt werden.

Die Wahl der Methode hängt von verschiedenen Faktoren ab, darunter die Größe Ihres Datensatzes, die Art Ihrer Zeitreihe, die spezifischen Anforderungen Ihrer Prognoseaufgabe und die Annahmen, die Sie über die fehlenden Daten machen können. Es ist oft sinnvoll, mehrere Ansätze auszuprobieren und deren Einfluss auf die Modellleistung mit speziell für Zeitreihen entworfenen Validierungstechniken wie **Zeitreihen-Kreuzvalidierung** oder **Rolling-Window-Validierung** zu bewerten.

Denken Sie daran, dass der Umgang mit fehlenden Werten in Lag Features nur ein Aspekt des Feature Engineering für Zeitreihenprognosen ist. Weitere wichtige Überlegungen sind die Erstellung von Merkmalen zur Erfassung von Saisonalität, Trends und externen Faktoren, die Ihre Zeitreihe beeinflussen könnten. Durch sorgfältige Bearbeitung dieser Aspekte und die Erstellung informativer Merkmale können Sie die Vorhersagekraft Ihrer Zeitreihenmodelle erheblich steigern.

```python
# Drop rows with missing values
df.dropna(inplace=True)

# View the cleaned dataframe
print(df)
```

Lassen Sie uns das aufschlüsseln:

1. df.dropna(inplace=True): Diese Zeile entfernt alle Zeilen im DataFrame, die fehlende Werte (NaN) enthalten. Der Parameter inplace=True bedeutet, dass die Operation direkt auf dem ursprünglichen DataFrame ausgeführt wird, anstatt eine Kopie zu erstellen.

2. print(df): Diese Zeile zeigt den bereinigten DataFrame an, der die Ergebnisse nach dem Entfernen der Zeilen mit fehlenden Werten enthält.

Es ist wichtig zu beachten, dass das Entfernen von Zeilen mit fehlenden Werten nur eine Methode ist, um mit fehlenden Daten umzugehen. Für größere Datensätze könnten andere Techniken wie die Imputation mit Forward Fill oder andere Methoden bevorzugt werden, um mehr Daten zu erhalten.

1.1.3 Wie Lag-Features die Modellleistung verbessern

Durch die Einbindung von Lag-Features in unser Modell erhöhen wir dessen Fähigkeit, historische Daten zu nutzen, was zu erheblichen Verbesserungen der Vorhersagegenauigkeit führen kann. Diese Features bieten dem Modell einen reicheren Kontext zu kürzlich vergangenen Ereignissen, wodurch es zeitliche Muster erkennen und lernen kann, die in den Rohdaten möglicherweise nicht sofort offensichtlich sind. Modelle wie **Random Forest** oder **Gradient Boosting** sind besonders gut darin, diese zusätzlichen Features zu nutzen, da sie in der Lage sind, komplexe Muster und Interaktionen zwischen der Zielvariablen und ihren historischen Werten zu erkennen.

Die Einbeziehung von Lag-Features ermöglicht es diesen Modellen, verschiedene zeitabhängige Phänomene zu erfassen, wie zum Beispiel:

- **Kurzfristige Schwankungen**: Durch die Untersuchung kürzlich vergangener Werte kann das Modell schnelle Änderungen oder vorübergehende Abweichungen in der Zielvariablen erkennen und berücksichtigen.

- **Zyklische Muster**: Lag-Features können wiederkehrende Muster aufdecken, die in regelmäßigen Abständen auftreten und ohne historischen Kontext schwer zu erkennen wären.

- **Trendpersistenz**: Das Modell kann lernen, wie sich Trends in der Zielvariablen im Laufe der Zeit entwickeln, und so genauere Vorhersagen zukünftiger Bewegungen treffen.

Darüber hinaus können diese fortschrittlichen Machine-Learning-Algorithmen automatisch die relative Bedeutung verschiedener Lag-Features bestimmen und effektiv lernen, welche historischen Zeitpunkte für die Vorhersage zukünftiger Werte am relevantesten sind. Dieser datengetriebene Ansatz zur Feature-Auswahl kann häufig traditionelle Zeitreihenmethoden übertreffen, die auf festen, vordefinierten Strukturen beruhen.

1.2 Rolling-Window-Features zur Erfassung von Trends und Saisonalitäten

Eine weitere leistungsstarke Technik für Zeitreihenvorhersagen ist die Erstellung von **Rolling-Window-Features**. Diese Features erfassen Trends und Saisonalitäten, indem sie Informationen über ein gleitendes Fenster vergangener Datenpunkte zusammenfassen. Durch die Analyse einer Reihe aufeinanderfolgender Beobachtungen bieten Rolling-Window-Features eine dynamische Perspektive auf das Verhalten der Daten im Zeitverlauf.

Häufige Rolling-Window-Statistiken umfassen:

- **Rolling Means**: Diese statistischen Maße glätten kurzfristige Schwankungen in Zeitreihendaten effektiv und ermöglichen die Identifikation und Analyse längerfristiger Trends. Durch die Berechnung des Durchschnitts über ein festgelegtes Zeitfenster können Rolling Means zugrunde liegende Muster aufdecken, die durch tägliche Variationen verdeckt werden könnten. Beispielsweise kann ein 7-Tage-Rolling-Mean täglicher Verkaufszahlen wöchentliche Trends im Verbraucherverhalten aufzeigen und wertvolle Einblicke in die Bestandsverwaltung und Verkaufsprognosen bieten.

- **Rolling Medians**: Als robustes Maß für die zentrale Tendenz bieten Rolling Medians einen deutlichen Vorteil gegenüber Mitteln, wenn es um Datensätze mit gelegentlichen Extremwerten oder Ausreißern geht. Durch die Auswahl des mittleren Wertes innerhalb eines bestimmten Zeitfensters liefern Rolling Medians eine stabilere Darstellung der zentralen Tendenz der Daten und sind besonders nützlich in Szenarien, in denen Ausreißer die Ergebnisse erheblich verzerren könnten, wie etwa bei finanziellen Zeitreihen oder bestimmten Umweltdatensätzen.

- **Rolling Standard Deviations**: Diese Maße quantifizieren die Volatilität oder Streuung von Datenpunkten im Zeitverlauf und liefern wichtige Erkenntnisse über die Stabilität und Vorhersagbarkeit einer Zeitreihe. Ein Anstieg der Rolling-Standardabweichung kann auf Zeiten erhöhter Unsicherheit oder Variabilität hinweisen, was insbesondere bei Risikobewertungen und Entscheidungsprozessen wertvoll ist. Zum Beispiel könnte ein Anstieg der Standardabweichung auf den Finanzmärkten auf eine erhöhte Marktvolatilität hinweisen, die Investoren dazu veranlasst, ihre Strategien entsprechend anzupassen.

- **Rolling Min und Max**: Diese Features sind entscheidend, um die Spitzen und Tiefpunkte innerhalb einer Zeitreihe zu identifizieren und bieten ein klares Bild über den Bereich und die Extreme der Daten über einen festgelegten Zeitraum. Diese Informationen sind besonders relevant in Bereichen wie der Aktienmarktanalyse, wo das Verständnis von Preisgrenzen Handelsstrategien informieren kann, oder in der Wettervorhersage, wo das Verfolgen von Temperatur-Extremen entscheidend für die Vorhersage extremer Wetterereignisse und die Planung angemessener Reaktionen ist.

Die Fenstergröße für diese Features kann basierend auf den spezifischen Eigenschaften der Zeitreihe und den Vorhersagezielen angepasst werden. Größere Fenster erfassen breitere Trends, reagieren jedoch weniger auf aktuelle Änderungen, während kleinere Fenster empfindlicher auf kurzfristige Schwankungen reagieren.

Durch die Einbindung dieser Rolling-Window-Features können Modelle sowohl kurzfristige als auch langfristige Muster in den Zeitreihendaten erkennen. Diese verbesserte Fähigkeit, zeitliche Abhängigkeiten zu erfassen, führt häufig zu genaueren und differenzierteren Vorhersagen, da das Modell auf einen reicheren Satz historischer Informationen zurückgreifen kann, um Vorhersagen über zukünftige Werte zu treffen.

1.2.1 Warum Rolling-Window-Features wichtig sind

Rolling-Window-Features bieten eine anspruchsvolle Methode, um die dynamische Natur von Zeitreihendaten zu erfassen, und ermöglichen es Modellen, zu erkennen, wie sich Zielvariablen im Laufe der Zeit entwickeln. Dieser Ansatz beinhaltet die Berechnung von Statistiken über ein gleitendes Beobachtungsfenster, das sich im Datensatz mit der Zeit weiterbewegt. Zum Beispiel kann die Berechnung eines gleitenden 7-Tage-Durchschnitts von Verkaufszahlen wöchentliche Muster aufdecken und gleichzeitig tägliche Unregelmäßigkeiten glätten, was ein klareres Bild der allgemeinen Trends liefert.

Diese Features sind besonders wertvoll bei der Arbeit mit Daten, die Saisonalität aufweisen oder erhebliche Störungen enthalten. Durch die Aggregation von Informationen über einen bestimmten Zeitraum können Rolling-Statistiken breitere Trends effektiv hervorheben und gleichzeitig die Auswirkungen kurzfristiger Schwankungen minimieren. Dies ist in vielen realen Szenarien von entscheidender Bedeutung, wie z. B. bei Finanzprognosen oder der Nachfragevorhersage, bei denen langfristige Muster oft mehr Vorhersagekraft besitzen als tägliche Variationen.

Darüber hinaus bieten Rolling-Window-Features Flexibilität bei der Erfassung verschiedener zeitlicher Skalen. Die Anpassung der Fenstergröße ermöglicht es Analysten, sich auf spezifische Zeiträume zu konzentrieren, die für ihre Prognoseziele relevant sind. Beispielsweise könnte ein 30-Tage-Fenster besser geeignet sein, um monatliche Trends im Einzelhandel zu identifizieren, während ein 52-Wochen-Fenster jährliche Muster in Tourismusdaten aufdecken könnte. Diese Anpassungsfähigkeit macht Rolling-Window-Features zu einem leistungsstarken Werkzeug im Repertoire eines Zeitreihenanalysten, da sie nuanciertere und genauere Vorhersagen über verschiedene Domänen und Zeiträume hinweg ermöglichen.

Beispiel: Erstellen von Rolling-Window-Features

Arbeiten wir weiter mit unserem Verkaufsdatensatz und generieren einige Rolling-Statistiken. Wir berechnen den **7-Tage-Rolling-Durchschnitt** und die **7-Tage-Rolling-Standardabweichung**, um den allgemeinen Trend und die Volatilität der Verkäufe zu erfassen.

```python
# Sample data: daily sales figures
import pandas as pd

data = {'Date': pd.date_range(start='2022-01-01', periods=15, freq='D'),
        'Sales': [100, 120, 130, 150, 170, 160, 155, 180, 190, 210, 220, 230, 225,
240, 260]}

df = pd.DataFrame(data)

# Set the Date column as the index
df.set_index('Date', inplace=True)

# Create a 7-day rolling mean and standard deviation
df['RollingMean_7'] = df['Sales'].rolling(window=7).mean()
df['RollingStd_7'] = df['Sales'].rolling(window=7).std()

# View the dataframe with rolling features
print(df)
```

In diesem Beispiel:

- Zunächst wird die Pandas-Bibliothek importiert und ein Beispieldatensatz mit täglichen Verkaufszahlen für 15 Tage erstellt.

- Die Daten werden dann in einen Pandas-DataFrame umgewandelt, wobei die Spalte „Date" als Index festgelegt wird.

- Zwei Rolling-Window-Features werden erstellt:

  o Ein 7-Tage-Rolling-Mean (RollingMean_7): Berechnet den durchschnittlichen Umsatz der letzten 7 Tage für jeden Datenpunkt.

  o Eine 7-Tage-Rolling-Standardabweichung (RollingStd_7): Berechnet die Standardabweichung der Verkäufe der letzten 7 Tage für jeden Datenpunkt.

Der Rolling-Mean hilft, kurzfristige Schwankungen auszugleichen und allgemeine Trends hervorzuheben, während die Rolling-Standardabweichung die Volatilität der Verkäufe über das 7-Tage-Fenster erfasst.

Abschließend druckt der Code den DataFrame aus, der nun diese neuen Rolling-Window-Features neben den ursprünglichen Verkaufsdaten enthält.

Diese Rolling-Window-Features können wertvolle Eingaben für Zeitreihenprognosemodelle sein, da sie Informationen über aktuelle Trends und Volatilitäten in den Daten liefern.

1.2.2 Interpretation von Rolling-Window-Features

Rolling-Window-Features bieten wertvolle Einblicke in die zugrunde liegenden Muster und Eigenschaften von Zeitreihendaten. Durch die Analyse dieser Features können wir ein tieferes Verständnis für das Verhalten der Daten im Zeitverlauf gewinnen und fundiertere Vorhersagen treffen.

- Der **Rolling-Mean** wirkt als Glättungsmechanismus, indem er kurzzeitige Störungen effektiv herausfiltert und den allgemeinen Trend in den Daten hervorhebt. Dies ist besonders nützlich bei Zeitreihen, die Saisonalität oder zyklische Muster aufweisen. Durch die Reduzierung der Auswirkungen täglicher Schwankungen ermöglicht der Rolling-Mean die Identifikation und Fokussierung auf längerfristige Trends, die andernfalls verborgen bleiben könnten. Zum Beispiel kann ein Rolling-Mean in Einzelhandelsverkaufsdaten zugrunde liegende Wachstums- oder Abwärtstrends aufdecken, die bei Betrachtung der täglichen Verkaufszahlen nicht sofort erkennbar sind.

- Die **Rolling-Standardabweichung** dient als Maß für die Volatilität oder Streuung der Zielvariablen über das angegebene Fenster. Diese Metrik ist entscheidend, um die Stabilität und Vorhersagbarkeit der Zeitreihe zu verstehen. Große Abweichungen von der Norm können auf Zeiten ungewöhnlicher Aktivität oder Instabilität in den Daten hinweisen. Zum Beispiel könnten in der Verkaufsprognose Ausschläge in der Rolling-Standardabweichung auf Promotion-Events, Störungen in der Lieferkette oder Veränderungen der Marktbedingungen hinweisen. Durch die Einbeziehung dieser Informationen in unsere Modelle können wir Phasen erhöhter Unsicherheit berücksichtigen und die Genauigkeit unserer Prognosen potenziell verbessern.

Die Kombination aus Rolling-Mean und Standardabweichung bietet zudem eine umfassende Sicht auf das Verhalten der Zeitreihe. Während der Rolling-Mean die zentrale Tendenz im Zeitverlauf zeigt, erfasst die Rolling-Standardabweichung die Streuung um diese zentrale Tendenz. Diese duale Perspektive ermöglicht es, nicht nur Trends zu identifizieren, sondern auch Perioden relativer Stabilität oder Instabilität in den Daten zu erkennen.

Darüber hinaus können Rolling-Window-Features besonders nützlich sein, um Anomalien oder strukturelle Veränderungen in der Zeitreihe zu erkennen. Plötzliche Verschiebungen im Rolling-Mean oder anhaltende Anstiege in der Rolling-Standardabweichung könnten auf grundlegende

Änderungen im zugrunde liegenden Prozess hinweisen, der die Daten generiert, und eine weitere Untersuchung oder Anpassung des Modells erfordern.

1.2.3 Anpassung der Fenstergröße

Die Fenstergröße für Rolling-Features ist ein entscheidender Parameter, der die erfassten Muster und Trends in der Zeitreihenanalyse erheblich beeinflusst. Die Wahl der Fenstergröße hängt von verschiedenen Faktoren ab, einschließlich der Art der Zeitreihendaten, der Beobachtungsfrequenz und der spezifischen Muster oder Trends, die identifiziert werden sollen. Zum Beispiel ist ein 7-Tage-Fenster bei der Analyse täglicher Verkaufsdaten besonders effektiv, um wöchentliche Trends zu erfassen, da es einen vollständigen Geschäftszyklus abdeckt. Dieses Fenster kann Muster wie höhere Verkaufszahlen an Wochenenden oder geringere Verkaufszahlen an bestimmten Wochentagen aufzeigen.

Ein 30-Tage-Fenster hingegen eignet sich besser, um monatliche Trends im selben Datensatz zu identifizieren. Dieses längere Fenster kann kurzfristige Schwankungen glätten und breitere Muster hervorheben, wie z. B. Verkaufsanstiege am Monatsende oder saisonale Schwankungen, die monatlich auftreten. Es ist wichtig zu beachten, dass längere Fenster, obwohl sie nützlich sind, um übergreifende Trends zu identifizieren, weniger reaktionsschnell auf plötzliche Veränderungen oder kurzfristige Schwankungen in den Daten sein können.

Die Auswahl der optimalen Fenstergröße erfordert oft ein gewisses Maß an Experimentieren und Fachwissen. Durch das Testen verschiedener Fenstergrößen können Analysten unterschiedliche Muster auf unterschiedlichen Zeitskalen entdecken. Neben wöchentlichen und monatlichen Fenstern könnten Sie beispielsweise Folgendes in Betracht ziehen:

- Ein 90-Tage-Fenster, um quartalsweise Trends zu erfassen.

- Ein 365-Tage-Fenster, um jährliche Muster oder Veränderungen gegenüber dem Vorjahr zu identifizieren.

- Anpassbare Fenstergrößen basierend auf spezifischen Geschäftszyklen oder bekannten Periodizitäten in Ihren Daten.

Es kann auch sinnvoll sein, mehrere Fenstergrößen gleichzeitig in Ihrer Analyse zu verwenden. Dieser Multi-Skalen-Ansatz kann eine umfassendere Sicht auf die Zeitreihe bieten, da er sowohl kurzfristige Schwankungen als auch langfristige Trends erfasst. Durch den Vergleich der Ergebnisse verschiedener Fenstergrößen können Sie tiefere Einblicke in die zugrunde liegenden Dynamiken Ihrer Zeitreihendaten gewinnen und fundiertere Entscheidungen in Ihren Prognosemodellen treffen.

```
# Create a 30-day rolling mean to capture monthly trends
df['RollingMean_30'] = df['Sales'].rolling(window=30, min_periods=1).mean()

# View the new rolling feature
print(df)
```

Hier berechnen wir einen **30-Tage-Rolling-Mean**, um breitere monatliche Trends in den Daten zu erfassen. Durch die Anpassung der Fenstergröße können wir feinjustieren, wie viel historische Information wir berücksichtigen möchten.

Überblick des Codes:

- Es wird eine neue Spalte im DataFrame mit dem Namen RollingMean_30 erstellt.

- Die Funktion rolling() wird auf die Spalte Sales mit einer Fenstergröße von 30 Tagen angewendet. Das bedeutet, dass der Durchschnitt der letzten 30 Tage für jeden Datenpunkt berechnet wird.

- Der Parameter min_periods=1 ermöglicht es, die Berechnung ab dem ersten Tag zu starten, selbst wenn weniger als 30 Tage an Daten verfügbar sind. Dadurch werden NaN-Werte am Anfang des Datensatzes vermieden.

- Anschließend wird die Funktion mean() angewendet, um den Durchschnitt über dieses 30-Tage-Fenster zu berechnen.

- Schließlich druckt der Code den aktualisierten DataFrame aus, der nun das neue Rolling-Mean-Feature enthält.

Dieser 30-Tage-Rolling-Mean hilft, breitere monatliche Trends in den Verkaufsdaten zu erfassen, wie in der Erklärung nach dem Code erwähnt. Durch die Verwendung einer größeren Fenstergröße (30 Tage anstelle von 7 Tagen) können kurzfristige Schwankungen geglättet und langfristige Muster in den Daten fokussiert werden.

1.2.4 Umgang mit fehlenden Werten in Rolling-Features

Wie bei Lag-Features können auch Rolling-Window-Features zu fehlenden Werten am Anfang des Datensatzes führen, da das Fenster mit Daten gefüllt werden muss. Dieses Problem tritt auf, weil für die Berechnungen eine bestimmte Anzahl vorheriger Datenpunkte benötigt wird. Beispielsweise benötigt ein 7-Tage-Rolling-Mean mindestens 7 Tage an Daten, um den ersten nicht fehlenden Wert zu berechnen. Es gibt verschiedene Strategien, um diese fehlenden Werte zu behandeln, jede mit ihren eigenen Vor- und Nachteilen:

1. **Zeilen mit fehlenden Werten löschen**:

Dies ist eine einfache Lösung, kann jedoch zu Datenverlust führen. Während diese Methode leicht umzusetzen ist, ist sie möglicherweise nicht ideal, wenn die fehlenden Werte in einem signifikanten Teil des Datensatzes auftreten, insbesondere am Anfang. Es ist wichtig, die Auswirkungen auf Ihre Analyse und Modellierung zu berücksichtigen, wenn Sie diese Methode wählen.

2. **Fehlende Werte imputieren**:

Sie können fehlende Werte mithilfe von Techniken wie Forward Fill, Backward Fill oder einem Standardwert wie 0 auffüllen. Forward Fill propagiert den zuletzt bekannten Wert nach vorne, was nützlich sein kann, wenn Sie erwarten, dass die fehlenden Werte den zuletzt bekannten Werten ähneln. Backward Fill verwendet die zukünftigen bekannten Werte, um die Vergangenheit aufzufüllen. Die Verwendung eines Standardwerts wie 0 könnte in einigen Fällen sinnvoll sein, aber es ist entscheidend zu prüfen, ob dies für Ihren spezifischen Datensatz und Ihre Analyse geeignet ist.

3. **Eine benutzerdefinierte Imputationsstrategie verwenden**:

Abhängig von Ihrem Fachwissen und der Art Ihrer Daten könnten Sie eine ausgefeiltere Imputationsstrategie entwickeln. Beispielsweise könnten Sie den Mittelwert der ersten bekannten Werte verwenden oder einen komplexeren Algorithmus implementieren, der saisonale Muster oder andere relevante Faktoren berücksichtigt.

4. **Fenstergröße dynamisch anpassen**:

Eine weitere Möglichkeit besteht darin, mit einer kleineren Fenstergröße zu beginnen und diese schrittweise zu erhöhen, sobald mehr Daten verfügbar sind. Diese Methode stellt sicher, dass Sie von Anfang an eine Art Rolling-Statistik in Ihrem Datensatz haben, selbst wenn diese anfänglich nicht auf der vollen Fenstergröße basiert.

Die Wahl der Methode zum Umgang mit fehlenden Werten in Rolling-Features hängt von verschiedenen Faktoren ab, einschließlich der spezifischen Anforderungen Ihrer Analyse, den Eigenschaften Ihrer Daten und den potenziellen Auswirkungen auf die Modellleistung. Es ist oft vorteilhaft, verschiedene Ansätze auszuprobieren und deren Auswirkungen auf Ihre Prognoseergebnisse zu bewerten.

```
# Impute missing values in rolling features using forward fill
df.fillna(method='ffill', inplace=True)

# View the imputed dataframe
print(df)
```

In diesem Fall haben wir uns dafür entschieden, fehlende Werte mit der Forward-Fill-Methode zu imputieren, bei der die letzte verfügbare Beobachtung nach vorne propagiert wird, um fehlende Einträge zu füllen.

Erklärung des Codes:

- **df.fillna(method='ffill', inplace=True)**: Diese Zeile verwendet die Pandas-DataFrame-Methode fillna(), um fehlende Werte zu füllen. Der Parameter method='ffill' gibt an, dass die Forward-Fill-Methode verwendet werden soll, bei der der zuletzt bekannte Wert nach vorne propagiert wird, um fehlende Werte aufzufüllen. Mit inplace=True werden die Änderungen direkt auf den DataFrame df angewendet, ohne eine neue Kopie zu erstellen.

- **print(df)**: Diese Zeile druckt den aktualisierten DataFrame, sodass die Ergebnisse nach der Imputation der fehlenden Werte sichtbar sind.

Die Forward-Fill-Methode wurde hier gewählt, um fehlende Werte in den Rolling-Features zu behandeln. Dieser Ansatz ist besonders nützlich, wenn erwartet wird, dass die fehlenden Werte den zuletzt bekannten Werten ähneln. Es ist jedoch wichtig zu beachten, dass dies nur eine von mehreren Strategien ist, um mit fehlenden Werten in Rolling-Features umzugehen. Die Wahl der Methode hängt von den spezifischen Anforderungen Ihrer Analyse und den Eigenschaften Ihrer Daten ab.

1.2.5 Why Rolling Window Features Improve Forecasting

Die Einbindung von Rolling-Statistiken in unser Modell verbessert dessen Fähigkeit erheblich, komplexe zeitliche Muster in den Daten zu erfassen und zu interpretieren. Durch diese fortschrittlichen Features kann das Modell langfristige Trends und Volatilität analysieren, die bei der ausschließlichen Verwendung von Lag-Features möglicherweise verborgen bleiben. Rolling-Means dienen als leistungsstarkes Werkzeug zur Daten-Glättung, indem sie Rauschen reduzieren und ein klareres Bild der zugrunde liegenden Muster liefern. Dieser Glättungseffekt kann die Vorhersagegenauigkeit des Modells erheblich verbessern, indem es sich auf bedeutungsvollere Trends konzentriert, anstatt von kurzfristigen Schwankungen beeinflusst zu werden.

Rolling-Standardabweichungen ergänzen die Rolling-Means und spielen eine entscheidende Rolle bei der Quantifizierung und Berücksichtigung von Phasen mit unterschiedlicher Unsicherheit in der Zeitreihe. Diese Fähigkeit ist besonders wertvoll, wenn mit Daten gearbeitet wird, die unregelmäßige oder nicht stationäre Muster aufweisen. Durch die Einbeziehung von Informationen über die sich ändernde Volatilität der Daten wird das Modell robuster und anpassungsfähiger, da es seine Vorhersagen an das Unsicherheitsniveau in verschiedenen Zeiträumen anpassen kann. Dieser adaptive Ansatz ist besonders vorteilhaft in realen Szenarien, in denen Zeitreihendaten oft komplexe, sich entwickelnde Verhaltensweisen aufweisen, die einfache Lag-Features möglicherweise nicht ausreichend erfassen können.

1.2.6 Key Takeaways and Advanced Considerations

- **Rolling window features** sind unverzichtbar, um komplexe Muster in Zeitreihendaten zu erfassen. Rolling-Means glätten Rauschen und heben zugrunde liegende Trends hervor, während Rolling-Standardabweichungen die Volatilität quantifizieren. Diese Features ermöglichen es Modellen, sich an dynamische Datenveränderungen anzupassen und sowohl kurzfristige Schwankungen als auch langfristige Muster zu erfassen.

- Die Auswahl der Fenstergröße ist entscheidend und sollte auf die spezifischen Eigenschaften Ihrer Daten abgestimmt sein. Kleinere Fenster (z. B. 7 Tage) eignen sich ideal, um wöchentliche Muster zu erfassen, während größere Fenster (z. B. 30 oder 90 Tage) monatliche oder quartalsweise Trends aufzeigen. Erwägen Sie die Verwendung mehrerer Fenstergrößen, um multiskalige zeitliche Dynamiken zu erfassen.

- Der korrekte Umgang mit fehlenden Werten in Rolling-Features ist entscheidend für die Modellgenauigkeit. Techniken wie Forward-Fill, Backward-Fill oder benutzerdefinierte Imputationsstrategien sollten sorgfältig entsprechend der Art Ihrer Daten und den spezifischen Anforderungen Ihrer Analyse ausgewählt werden.

- Rolling-Features können die Modellleistung erheblich verbessern, indem sie eine umfassendere Sicht auf die Zeitreihe bieten. Sie ermöglichen es dem Modell, sich entwickelnde Muster, Saisonalität und sich ändernde Volatilität zu berücksichtigen, was zu robusteren und genaueren Prognosen führt.

- Berücksichtigen Sie bei der Implementierung von Rolling-Features die Rechenkosten und potenzielle Look-Ahead-Bias. Stellen Sie sicher, dass Ihr Feature-Engineering-Prozess mit realen Prognoseszenarien übereinstimmt und keine zukünftigen Informationen in historische Datenpunkte einführt.

1.3 Detrending and Dealing with Seasonality in Time Series

Im Bereich der Zeitreihenprognose besteht eine der größten Herausforderungen darin, Trends und Saisonalität in den Daten effektiv zu bewältigen. Trends, die sich durch anhaltende Aufwärts- oder Abwärtsbewegungen über längere Zeiträume auszeichnen, und Saisonalität, die sich in wiederkehrenden Mustern in festen Intervallen (z. B. tägliche, wöchentliche oder jährliche Zyklen) manifestiert, können die Genauigkeit von Prognosemodellen erheblich beeinflussen. Ohne angemessene Berücksichtigung und Behandlung dieser grundlegenden Elemente können unsere Vorhersagemodelle Schwierigkeiten haben, die zugrunde liegenden Muster zu erkennen und sich auf diese zu konzentrieren, die für genaue Prognosen entscheidend sind.

Trends können kurzfristige Schwankungen überdecken und es Modellen erschweren, subtilere Muster zu identifizieren, während Saisonalität zyklische Variationen einführen kann, die, wenn sie nicht berücksichtigt werden, zu systematischen Fehlern in den Vorhersagen führen können. Um diese Herausforderungen zu bewältigen, wird in diesem Abschnitt eine umfassende Untersuchung von **Detrending-Techniken** und Methoden zur Handhabung von Saisonalität durchgeführt. Durch den Einsatz dieser fortschrittlichen Strategien können wir die Kernelemente unserer Zeitreihendaten effektiv isolieren und analysieren, wodurch die Präzision und Zuverlässigkeit unserer Prognosemodelle verbessert wird.

Durch die Anwendung ausgeklügelter Detrending-Methoden und saisonaler Anpassungstechniken können wir die störenden Einflüsse langfristiger Trends und zyklischer Muster eliminieren, sodass sich unsere Modelle auf die tatsächlichen zugrunde liegenden Beziehungen in den Daten konzentrieren können. Dieser verfeinerte Ansatz verbessert nicht nur die Stationarität unserer Zeitreihen - eine Schlüsselvoraussetzung für viele Prognosealgorithmen - sondern ermöglicht es uns auch, robustere und genauere

Vorhersagemodelle zu erstellen, die sowohl kurzfristige Schwankungen als auch langfristige Muster mit größerer Genauigkeit erfassen.

1.3.1 Was ist Detrending?

Detrending ist eine entscheidende Technik in der Zeitreihenanalyse, bei der Trends aus Daten entfernt werden, um zugrunde liegende Muster sichtbar zu machen. Dieser Prozess wandelt nicht-stationäre Zeitreihen in stationäre um, die durch konsistente statistische Eigenschaften im Zeitverlauf gekennzeichnet sind. Stationäre Zeitreihen weisen einen konstanten Mittelwert, eine konstante Varianz und eine konstante Autokorrelation auf, was sie ideal für Prognosen und Modellierungen macht.

Die Bedeutung von Detrending liegt in der Fähigkeit, verborgene Muster in den Daten zu enthüllen. Langfristige Trends, wie allmähliche Zu- oder Abnahmen im Zeitverlauf, können kurzfristige Schwankungen und zyklische Muster überdecken, die oft für Analysten und Prognostiker von großem Interesse sind. Durch die Entfernung dieser übergeordneten Trends können wir uns auf nuanciertere und potenziell besser vorhersagbare Muster in den Daten konzentrieren.

Es gibt mehrere Methoden, um Trends aus Zeitreihendaten zu entfernen, die jeweils ihre eigenen Stärken und Anwendungen haben. Dazu gehören:

- **Differenzbildung**: Dabei wird jeder Datenpunkt von seinem Nachfolger subtrahiert, wodurch lineare Trends effektiv entfernt werden.

- **Regressionsbasiertes Detrending**: Diese Methode passt eine Regressionslinie an die Daten an und subtrahiert sie, um sowohl lineare als auch nicht-lineare Trends zu entfernen.

- **Gleitender Durchschnitt**: Diese Technik verwendet einen gleitenden Durchschnitt, um den Trend zu schätzen, der dann von der ursprünglichen Reihe abgezogen wird.

Die Wahl der Detrending-Methode hängt von der Art der Daten und den spezifischen Anforderungen der Analyse ab. Durch die Anwendung dieser Techniken können Analysten wertvolle Einblicke gewinnen, die andernfalls unter langfristigen Trends verborgen geblieben wären, was zu genaueren Prognosen und besser informierten Entscheidungen führt.

1.3.2 Methoden zur Entfernung von Trends aus Zeitreihendaten

Es gibt mehrere Möglichkeiten, Trends aus Zeitreihendaten zu entfernen. Wir werden einige der am häufigsten verwendeten Methoden behandeln, darunter **Differenzbildung**, **regressionsbasiertes Detrending** und **gleitende Durchschnitte**.

1. Differenzbildung

Differenzbildung ist eine der einfachsten und effektivsten Methoden, um Trends aus Zeitreihendaten zu entfernen. Sie beinhaltet das Subtrahieren der vorherigen Beobachtung von der aktuellen Beobachtung, wodurch der Trend aus den Daten entfernt wird. Diese Technik wandelt eine nicht-stationäre Zeitreihe in eine stationäre um.

Die Stärke der Differenzbildung liegt in ihrer Fähigkeit, sowohl lineare als auch einige nicht-lineare Trends zu eliminieren. Wenn wir beispielsweise eine Reihe von täglich steigenden Verkaufszahlen haben, würde die Differenzbildung die Verkaufszahlen jedes Tages von denen des nächsten subtrahieren. Dadurch entsteht eine Serie, die die täglichen Veränderungen der Verkaufszahlen anstelle der absoluten Werte darstellt. Diese neue Serie ist wahrscheinlich stabiler und leichter vorherzusagen.

Es gibt verschiedene Ordnungen der Differenzbildung, die je nach Komplexität des Trends angewendet werden können:

- **Differenzbildung erster Ordnung**: Dies ist die gebräuchlichste Methode, bei der jede Beobachtung von der unmittelbar folgenden subtrahiert wird. Sie ist besonders effektiv, um lineare Trends zu entfernen.

- **Differenzbildung zweiter Ordnung**: Dabei wird die Differenzbildung zweimal angewendet und kann nützlich sein, um quadratische Trends zu entfernen.

- **Saisonale Differenzbildung**: Diese Art der Differenzbildung subtrahiert eine Beobachtung von der entsprechenden Beobachtung der vorherigen Saison (z. B. Verkaufszahlen vom Januar des letzten Jahres von denen des aktuellen Januars).

Obwohl die Differenzbildung leistungsfähig ist, ist es wichtig zu beachten, dass übermäßige Differenzbildung zu einer Über-Differenzierung führen kann, die unnötige Komplexität in das Modell einführt. Daher ist es entscheidend, die Eigenschaften Ihrer Zeitreihe sorgfältig zu untersuchen und die Differenzbildung mit Bedacht anzuwenden.

Beispiel: Anwendung der Differenzbildung zur Entfernung von Trends

Wenden wir die Differenzbildung auf unseren Verkaufsdatensatz an, um darin enthaltene Trends zu entfernen.

```python
# Sample data: daily sales figures
import pandas as pd

data = {'Date': pd.date_range(start='2022-01-01', periods=10, freq='D'),
        'Sales': [100, 120, 130, 150, 170, 190, 200, 220, 240, 260]}

df = pd.DataFrame(data)
df.set_index('Date', inplace=True)

# Apply first differencing to remove trend
df['Sales_Differenced'] = df['Sales'].diff()

# View the detrended series
print(df)
```

In diesem Beispiel:

Wir wenden **erste Differenzbildung** an, bei der die Verkaufszahlen des vorherigen Tages von den Verkaufszahlen des aktuellen Tages subtrahiert werden. Dadurch wird ein linearer Trend effektiv entfernt.

Erklärung des Codes:

- Die Pandas-Bibliothek wird importiert, die für Datenmanipulation und -analyse verwendet wird.

- Ein Beispieldatensatz mit 10 Tagen Verkaufsdaten, beginnend am 1. Januar 2022, wird erstellt.

- Die Daten werden in einen Pandas-DataFrame umgewandelt, wobei die Spalte Date als Index festgelegt wird.

- Auf die Spalte Sales wird die Differenzbildung erster Ordnung mit der Funktion diff() angewendet. Dadurch wird eine neue Spalte namens Sales_Differenced erstellt.

- Die differenzierte Serie wird anschließend gedruckt, sodass sowohl die ursprünglichen als auch die differenzierten Verkaufsdaten angezeigt werden.

Der Schlüsselteil dieses Codes ist die Zeile:

df['Sales_Differenced'] = df['Sales'].diff()

Dies wendet die Differenzbildung erster Ordnung an, bei der die Verkaufszahlen jedes Tages von den Verkaufszahlen des folgenden Tages subtrahiert werden. Dadurch wird jeder lineare Trend aus den Daten effektiv entfernt, wodurch sie stationärer und besser für die Zeitreihenanalyse geeignet werden.

2. Regression Detrending

Eine weitere anspruchsvolle Methode zur Entfernung von Trends ist das Anpassen eines **Regressionsmodells** an die Zeitreihe und das Subtrahieren der angepassten Werte (des Trends) von den ursprünglichen Daten. Dieser Ansatz ist besonders wertvoll, wenn es um komplexe Trends geht, die über einfache lineare Muster hinausgehen. Mit Regression Detrending können detailliertere Trendkomponenten erfasst werden, einschließlich polynomialer oder exponentieller Trends, die die zugrunde liegende Dynamik der Daten besser widerspiegeln können.

In der Praxis umfasst diese Methode das Anpassen einer Regressionslinie oder -kurve an die Zeitreihendaten, wobei die Zeit als unabhängige Variable und die Werte der Serie als abhängige Variable dienen. Die aus dieser Regression abgeleiteten Werte stellen die geschätzte Trendkomponente dar. Durch das Subtrahieren dieser angepassten Werte von der ursprünglichen Serie entfernen wir den Trend effektiv und erhalten die detrendierten Residuen für weitere Analysen.

Ein wesentlicher Vorteil des Regression Detrending ist seine Flexibilität. Analysten können aus verschiedenen Regressionsmodellen wählen, wie z. B. linearen, quadratischen oder sogar komplexeren polynomialen Funktionen, je nach Art des beobachteten Trends in den Daten. Diese Anpassungsfähigkeit macht das Regression Detrending zu einem leistungsstarken Werkzeug, um eine Vielzahl von Trendmustern in verschiedenen Arten von Zeitreihendaten zu bewältigen.

Beispiel: Detrending mit Regression

Lassen Sie uns lineare Regression verwenden, um den Trend aus unseren Verkaufsdaten zu schätzen und zu entfernen.

```python
from sklearn.linear_model import LinearRegression
import numpy as np

# Create a time index (e.g., days as numeric values)
df['Time'] = np.arange(len(df))

# Fit a linear regression model to the sales data
X = df[['Time']]
y = df['Sales']
model = LinearRegression()
model.fit(X, y)

# Predict the trend
df['Trend'] = model.predict(X)

# Detrend the data by subtracting the trend
df['Sales_Detrended'] = df['Sales'] - df['Trend']

# View the detrended series
print(df[['Sales', 'Trend', 'Sales_Detrended']])
```

In diesem Beispiel:

- Wir passen ein **lineares Regressionsmodell** an die Verkaufsdaten an, wobei die Zeit als unabhängige Variable dient.

- Die vorhergesagten Werte repräsentieren den **Trend**, und wir subtrahieren diesen Trend von den ursprünglichen Verkaufsdaten, um die **detrendierte** Serie zu erhalten.

- Dieser Ansatz ist nützlich, um komplexere Trends zu erfassen, die über einfache Differenzbildung hinausgehen.

Erklärung des Codes:

- Es werden die erforderlichen Bibliotheken importiert: LinearRegression aus sklearn und numpy.

- Es wird eine Spalte Time im DataFrame erstellt, die den Zeitindex repräsentiert.

- Die Daten werden für die lineare Regression vorbereitet:

  o **X** (unabhängige Variable): Spalte Time.

  o **y** (abhängige Variable): Spalte Sales.

- Ein lineares Regressionsmodell wird an die Verkaufsdaten angepasst.

- Mit dem angepassten Modell wird der Trend vorhergesagt und als neue Spalte Trend im DataFrame hinzugefügt.

- Die Daten werden detrendiert, indem der vorhergesagte Trend von den ursprünglichen Verkaufsdaten subtrahiert wird, wodurch eine neue Spalte Sales_Detrended entsteht.

- Schließlich werden die ursprünglichen Verkaufszahlen, der vorhergesagte Trend und die detrendierten Verkaufsdaten ausgegeben.

Dieser Ansatz entfernt den linearen Trend effektiv aus den Zeitreihendaten, wodurch diese stationärer und besser für weitere Analysen oder Modellierungen geeignet werden.

3. Moving Average Detrending

Eine weitere gängige Methode zur Entfernung von Trends ist die Verwendung eines **gleitenden Durchschnitts**, um den Trend zu schätzen, der anschließend von der ursprünglichen Serie subtrahiert wird. Gleitende Durchschnitte glätten die Zeitreihe, indem sie den Durchschnitt einer festen Anzahl von Datenpunkten über ein gleitendes Fenster berechnen. Diese Technik hebt den zugrunde liegenden Trend hervor und filtert gleichzeitig kurzfristige Schwankungen und Rauschen heraus.

Die Methode des gleitenden Durchschnitts ist besonders nützlich, wenn Zeitreihendaten erhebliche Volatilität oder unregelmäßige Muster aufweisen. Durch die Anpassung der Fenstergröße des gleitenden Durchschnitts können Analysten den Grad der Glättung der Daten steuern. Eine größere Fenstergröße führt zu einer glatteren Trendlinie, die langfristige Muster erfasst, während eine kleinere Fenstergröße empfindlicher auf aktuelle Veränderungen in den Daten reagiert.

Ein Vorteil der Verwendung gleitender Durchschnitte zur Entfernung von Trends ist ihre Einfachheit und Verständlichkeit. Im Gegensatz zu komplexeren Regressionsmodellen sind gleitende Durchschnitte leicht zu berechnen und Stakeholdern zu erklären. Darüber hinaus kann diese Methode auf verschiedene Arten von Zeitreihendaten angewendet werden, was sie zu einem vielseitigen Werkzeug im Repertoire eines Analysten macht.

Es ist jedoch wichtig zu beachten, dass gleitende Durchschnitte zwar effektiv bei der Entfernung von Trends sind, aber möglicherweise eine Verzögerung in der detrendierten Serie einführen. Diese Verzögerung kann insbesondere zu Beginn und am Ende der Zeitreihe auffallen, wo weniger Datenpunkte für die Berechnung des Durchschnitts zur Verfügung stehen. Analysten sollten sich dieser Einschränkung bewusst sein und alternative Methoden oder Anpassungen in Betracht ziehen, wenn mit zeitkritischen Prognosen gearbeitet wird.

Beispiel: Detrending mit gleitenden Durchschnitten

```
# Create a moving average to estimate the trend
df['MovingAverage_Trend'] = df['Sales'].rolling(window=3).mean()

# Detrend the data by subtracting the moving average
df['Sales_Detrended'] = df['Sales'] - df['MovingAverage_Trend']

# View the detrended series
print(df[['Sales', 'MovingAverage_Trend', 'Sales_Detrended']])
```

In diesem Beispiel:

- Wir berechnen einen **3-Tage-Gleitenden Durchschnitt**, um den Trend in den Verkaufsdaten zu schätzen.

- Durch das Subtrahieren des gleitenden Durchschnitts von den ursprünglichen Verkaufsdaten entfernen wir den Trend und erhalten die detrendierte Serie.

- Gleitende Durchschnitte sind besonders nützlich, um glatte, langfristige Trends zu erfassen.

Schritt-für-Schritt-Anleitung:

1. df['MovingAverage_Trend'] = df['Sales'].rolling(window=3).mean()

Diese Zeile berechnet einen 3-Tage-Gleitenden Durchschnitt der Verkaufsdaten. Sie erstellt eine neue Spalte MovingAverage_Trend, die den Durchschnitt der Verkaufszahlen des aktuellen Tages und der zwei vorhergehenden Tage enthält.

2. df['Sales_Detrended'] = df['Sales'] - df['MovingAverage_Trend']

Diese Zeile entfernt den Trend aus den Daten, indem der gleitende Durchschnitt (Trend) von den ursprünglichen Verkaufsdaten subtrahiert wird. Das Ergebnis wird in einer neuen Spalte Sales_Detrended gespeichert.

3. print(df[['Sales', 'MovingAverage_Trend', 'Sales_Detrended']])

Diese Zeile gibt die ursprünglichen Verkaufsdaten, den berechneten gleitenden Durchschnittstrend und die detrendierten Verkaufsdaten zum Vergleich aus.

Der Zweck dieses Codes besteht darin, den Trend aus den Zeitreihendaten zu entfernen, wodurch diese stationärer und besser für weitere Analysen oder Modellierungen geeignet werden. Gleitende Durchschnitte sind besonders nützlich, um glatte, langfristige Trends in den Daten zu erfassen.

1.3.3 Umgang mit Saisonalität in Zeitreihendaten

Saisonalität bezieht sich auf wiederkehrende Muster oder Schwankungen, die in regelmäßigen Abständen innerhalb einer Zeitreihe auftreten. Diese Muster können sich auf verschiedenen Zeitskalen manifestieren, wie wöchentlich, monatlich, vierteljährlich oder jährlich. Beispielsweise erleben Einzelhandelsumsätze jedes Jahr einen signifikanten Anstieg während der Feiertage, während der Energieverbrauch typischerweise einem saisonalen Muster folgt, das eng mit Temperaturschwankungen im Jahresverlauf verbunden ist.

Die Bedeutung der Berücksichtigung von Saisonalität in Zeitreihenprognosen kann nicht genug betont werden. Das Versäumnis, diese zyklischen Muster zu berücksichtigen, kann die Genauigkeit und Zuverlässigkeit von Prognosemodellen erheblich beeinträchtigen. Saisonschwankungen können zugrunde liegende Trends verdecken, kurzfristige Schwankungen verzerren und systematische Fehler in den Prognosen verursachen, wenn sie nicht ordnungsgemäß behandelt werden. Aus diesem Grund verwenden Zeitreihenanalysten eine Vielzahl fortschrittlicher Techniken, um Saisonalität in ihren Daten zu identifizieren, zu quantifizieren und anzupassen.

1. Saisonale Differenzbildung

Die **saisonale Differenzbildung** ist eine leistungsstarke Technik, um Saisonalität in Zeitreihendaten zu berücksichtigen. Im Gegensatz zur regulären Differenzbildung, bei der aufeinanderfolgende Werte subtrahiert werden, arbeitet die saisonale Differenzbildung über einen spezifischen saisonalen Zeitraum. Bei täglichen Daten mit wöchentlicher Saisonalität würden Sie beispielsweise die Verkaufszahlen des gleichen Tages der Vorwoche subtrahieren. Diese Methode entfernt effektiv wiederkehrende Muster, die mit bestimmten Zeitintervallen verbunden sind, und lässt zugrunde liegende Trends und Schwankungen deutlicher hervortreten.

Die saisonale Differenzbildung ist in verschiedenen Szenarien besonders nützlich:

- Einzelhandelsumsätze zeigen oft wöchentliche Muster, mit höheren Verkaufszahlen an Wochenenden.

- Monatliche Daten können eine jährliche Saisonalität aufweisen, wie beispielsweise erhöhte Eisverkäufe in den Sommermonaten.

- Vierteljährliche Finanzberichte könnten Muster zeigen, die mit den Zyklen des Geschäftsjahres zusammenhängen.

Durch die Anwendung der saisonalen Differenzbildung können Analysten die nicht-saisonalen Komponenten der Zeitreihe isolieren, wodurch es einfacher wird, Trends, Zyklen und unregelmäßige Schwankungen zu erkennen. Diese Technik wird häufig in Kombination mit anderen Methoden wie Detrending und Feature-Engineering verwendet, um genauere und robustere Prognosemodelle zu erstellen.

Beispiel: Anwendung der saisonalen Differenzbildung

```
# Apply seasonal differencing (lag of 7 days for weekly seasonality)
df['Sales_SeasonalDifferenced'] = df['Sales'].diff(7)

# View the seasonally differenced series
print(df)
```

In diesem Beispiel:

Wir wenden eine **7-Tage-Saisonale Differenzbildung** an, um wöchentliche Saisonalität aus den Verkaufsdaten zu entfernen.

Erklärung:

- df['Sales_SeasonalDifferenced'] = df['Sales'].diff(7)

Diese Zeile erstellt eine neue Spalte Sales_SeasonalDifferenced im DataFrame. Sie wendet eine 7-Tage-Lag-Differenzbildung auf die Spalte Sales an, was bedeutet, dass der Verkaufswert von vor 7 Tagen vom Verkaufswert des aktuellen Tages subtrahiert wird. Dadurch werden wöchentliche Muster effektiv aus den Daten entfernt.

- print(df)

Diese Zeile gibt den gesamten DataFrame aus, der nun die neue Spalte Sales_SeasonalDifferenced zusammen mit den ursprünglichen Daten enthält.

Der Zweck dieses Codes besteht darin, wöchentliche Saisonalität aus den Verkaufsdaten zu entfernen. Durch die Anwendung einer 7-Tage-Saisonalen Differenzbildung werden wiederkehrende wöchentliche Muster eliminiert, wodurch die Zeitreihe stationärer und besser für weitere Analysen oder Modellierungen geeignet wird.

Diese Technik ist besonders nützlich bei Daten, die regelmäßige wöchentliche Muster aufweisen, wie z. B. Einzelhandelsumsätze, bei denen an Wochenenden oft höhere Verkaufszahlen zu beobachten sind als an Wochentagen.

2. Erstellung saisonaler Features

Ein weiterer effektiver Ansatz zur Behandlung von Saisonalität in Zeitreihendaten ist die Erstellung von **saisonalen Features**. Dabei werden relevante zeitliche Informationen aus der Datumsspalte extrahiert, um dem Modell zu helfen, saisonale Muster zu erkennen und zu lernen. Beispielsweise können Sie aus den Zeitstempeldaten Features wie **Monat**, **Woche** oder **Wochentag** ableiten. Diese extrahierten Features dienen als zusätzliche Eingaben für Ihr Prognosemodell und ermöglichen es diesem, wiederkehrende saisonale Schwankungen zu erfassen und zu berücksichtigen.

Die Erstellung saisonaler Features geht über die einfache Extraktion hinaus. Häufig werden diese Features so kodiert, dass ihre zyklische Natur erhalten bleibt. Statt beispielsweise rohe numerische Werte für Monate (1-12) zu verwenden, können Sie Sinus- und Kosinus-Transformationen anwenden, um das zyklische Muster der Monate im Jahresverlauf darzustellen. Dieser Ansatz, bekannt als **zyklische Kodierung**, stellt sicher, dass das Modell Dezember (12) und Januar (1) als benachbarte Monate im Jahreszyklus erkennt.

Je nach Art Ihrer Daten und den spezifischen saisonalen Mustern, die Sie erfassen möchten, könnten Sie auch komplexere oder domänenspezifische saisonale Features erstellen. Dazu gehören beispielsweise:

- Feiertage oder besondere Ereignisse, die Ihre Zeitreihe beeinflussen

- Jahreszeiten (Frühling, Sommer, Herbst, Winter)

- Geschäftsjahresquartale für Finanzdaten

- Akademische Semester für Bildungsdaten

Durch die Einbindung dieser saisonalen Features in Ihr Modell bieten Sie ihm wertvolle Kontextinformationen zur zeitlichen Struktur Ihrer Daten. Dies ermöglicht es dem Modell, wiederkehrende Muster zu lernen und sich daran anzupassen, was potenziell zu genaueren und robusteren Prognosen führt. Wichtig ist, saisonale Features auszuwählen, die für Ihre spezifische Zeitreihe und Ihren geschäftlichen Kontext relevant sind.

Beispiel: Erstellung saisonaler Features

```
# Extract seasonal features (month and day of the week)
df['Month'] = df.index.month
df['DayOfWeek'] = df.index.dayofweek

# View the seasonal features
print(df[['Sales', 'Month', 'DayOfWeek']])
```

In diesem Beispiel:

Wir erstellen **Monat**- und **Wochentag-Features** aus den Verkaufsdaten, damit das Modell saisonale Muster erkennen kann.

Erklärung:

- df['Month'] = df.index.month

Diese Zeile extrahiert den Monat aus dem Index des DataFrames (vorausgesetzt, der Index ist ein Datetime-Objekt) und erstellt eine neue Spalte Month. Die Werte reichen von 1 bis 12 und repräsentieren Januar bis Dezember.

- df['DayOfWeek'] = df.index.dayofweek

Diese Zeile extrahiert den Wochentag aus dem Index und erstellt eine neue Spalte DayOfWeek. Die Werte reichen von 0 bis 6, wobei 0 für Montag und 6 für Sonntag steht.

- print(df[['Sales', 'Month', 'DayOfWeek']])

Diese Zeile druckt die Spalte Sales zusammen mit den neu erstellten Spalten Month und DayOfWeek, damit Sie die saisonalen Features neben den ursprünglichen Verkaufsdaten betrachten können.

Der Zweck der Erstellung dieser saisonalen Features besteht darin, dem Modell zu ermöglichen, saisonale Muster in den Daten zu erkennen und zu lernen. Durch die Einbindung dieser Features kann das Modell wiederkehrende Muster im Zusammenhang mit bestimmten Monaten oder Wochentagen besser verstehen und berücksichtigen, was potenziell die Prognosegenauigkeit verbessert.

1.3.4 Warum Detrending und der Umgang mit Saisonalität die Prognose verbessern

Durch das Entfernen von Trends und die Berücksichtigung von Saisonalität verbessern wir die Stationarität der Zeitreihe erheblich, was sie für die Modellierung deutlich besser geeignet macht. Dieser Prozess der Datenvorbereitung ist entscheidend, da viele Machine-Learning-Algorithmen und statistische Modelle, wie **ARIMA** (Autoregressive Integrated Moving Average) oder **Random Forest**, eine deutlich bessere Leistung zeigen, wenn sie mit stationären Eingabedaten arbeiten, die frei von langfristigen Trends oder zyklischen saisonalen Effekten sind.

Die Eigenschaft der Stationarität stellt sicher, dass die statistischen Eigenschaften der Zeitreihe, wie Mittelwert und Varianz, über die Zeit hinweg konstant bleiben, was eine grundlegende Annahme für viele Prognosetechniken ist.

Der Prozess des Detrendings spielt eine entscheidende Rolle bei der Isolierung und Entfernung langfristiger Bewegungen oder persistenter Muster aus den Daten. Dies ermöglicht es dem Modell, sich auf kurzfristige, besser vorhersagbare Muster und Schwankungen zu konzentrieren, die in vielen Prognoseszenarien von primärem Interesse sind. Gleichzeitig ermöglicht die Berücksichtigung der Saisonalität durch verschiedene Techniken dem Modell, wiederkehrende Zyklen in den Daten zu erkennen, sich daran anzupassen und diese effektiv vorherzusagen.

Dieser doppelte Ansatz aus Trendentfernung und Saisonalitätsanpassung vereinfacht nicht nur die zugrunde liegenden Muster in den Daten, sondern verbessert auch die Fähigkeit des Modells, die relevantesten Aspekte der Zeitreihe zu erfassen und vorherzusagen, was letztlich zu genaueren und zuverlässigeren Prognosen führt.

1.3.5 Wichtige Erkenntnisse und weiterführende Überlegungen

- **Detrending** ist entscheidend, um kurzfristige Schwankungen in Zeitreihendaten zu isolieren und zu analysieren. Über grundlegende Techniken wie **Differenzbildung**, **Regressionsbasiertes Detrending** und **gleitende Durchschnitte** hinaus können fortgeschrittene Methoden wie das Hodrick-Prescott-Filter oder Wavelet-Dekomposition eine nuanciertere Trendentfernung für komplexe Datensätze ermöglichen.

- Der Umgang mit **Saisonalität** geht über **saisonale Differenzbildung** und einfache **saisonale Features** hinaus. Fortgeschrittene Techniken umfassen Fourier-Transformationen, um mehrere saisonale Frequenzen zu erfassen, oder die Verwendung von domänenspezifischen Indikatoren wie Heiz-/Kühlgradtagen für die Prognose des Energieverbrauchs.

- Effektives Detrending und der Umgang mit Saisonalität sind grundlegend für genaue Prognosen, sollten jedoch an die spezifischen Eigenschaften der Daten angepasst werden. Beispielsweise kann in finanziellen Zeitreihen das Phänomen der Volatilitätscluster zusätzliche Überlegungen neben Trend und Saisonalität erfordern.

- Die Wahl der Methoden für Detrending und Saisonalitätsanpassung kann die Modellauswahl erheblich beeinflussen. Zum Beispiel berücksichtigen SARIMA-Modelle die Saisonalität von Natur aus, während neuralnetzbasierte Modelle möglicherweise stärker von einer expliziten saisonalen Feature-Entwicklung profitieren.

- Es ist entscheidend, die Effektivität von Detrending und Saisonalitätsanpassung mit Diagnosewerkzeugen wie ACF/PACF-Plots, Periodogrammen oder statistischen Tests auf Stationarität wie dem Augmented-Dickey-Fuller-Test zu validieren.

1.4 Anwendung von Machine-Learning-Modellen für die Zeitreihenprognose

Nachdem wir durch die Erstellung von **Lag-Features, Rolling-Window-Features** sowie die Implementierung von **Detrending**- und **Saisonalitätsanpassungstechniken** Features entwickelt haben, sind wir nun bereit, fortschrittliche Machine-Learning-Modelle einzusetzen, um zukünftige Werte in unseren Zeitreihendaten vorherzusagen. In diesem Abschnitt liegt der Fokus auf leistungsstarken Algorithmen wie **Random Forest, Gradient Boosting** und **XGBoost**. Diese Modelle haben sich bei strukturierten Daten als äußerst leistungsfähig erwiesen und besitzen die Fähigkeit, komplexe Muster in Zeitreihen zu erkennen und zu lernen.

Im Gegensatz zu herkömmlichen Zeitreihenmethoden wie ARIMA zeichnen sich diese Machine-Learning-Modelle durch ihre Fähigkeit aus, entwickelte Features zu nutzen. Diese einzigartige Eigenschaft verleiht ihnen eine erhöhte Flexibilität und Robustheit, wodurch sie sowohl kurzfristige Schwankungen als auch langfristige Trends mit bemerkenswerter Genauigkeit erfassen können. Im Folgenden werden wir die Feinheiten des Aufbaus und der Bewertung dieser fortschrittlichen Modelle anhand unseres sorgfältig vorbereiteten Verkaufsdatensatzes untersuchen und ihr Potenzial aufzeigen, die Zeitreihenprognose zu revolutionieren.

1.4.1 Schritt 1: Vorbereitung des Datensatzes für Machine Learning

Bevor wir Machine-Learning-Modelle auf unsere Zeitreihendaten anwenden, ist es entscheidend, den Datensatz ordnungsgemäß vorzubereiten. Diese Vorbereitung umfasst die Aufteilung der Daten in zwei separate Sätze: einen **Trainingssatz** und einen **Testsatz**. Diese

Unterteilung ist grundlegend für den Evaluierungsprozess des Modells und hilft uns, die tatsächliche Vorhersagefähigkeit des Modells zu beurteilen.

Der **Trainingssatz**, der typischerweise etwa 70-80 % der Daten umfasst, dient als Grundlage für das Lernen des Modells. Es ist der Datensatz, auf dem unser Modell trainiert wird, um Muster, Beziehungen und Trends in den Daten zu erkennen. Der **Testsatz**, der normalerweise die verbleibenden 20-30 % der Daten ausmacht, fungiert als Stellvertreter für neue, unbekannte Daten. Mit diesem Satz bewerten wir, wie gut unser trainiertes Modell auf Daten generalisiert, die es während der Trainingsphase nicht gesehen hat.

Diese Aufteilung ist besonders wichtig in der Zeitreihenprognose, da sie es uns ermöglicht, reale Bedingungen zu simulieren, bei denen wir zukünftige Werte basierend auf historischen Daten vorhersagen. Indem wir einen Teil unserer aktuellsten Daten als Testsatz zurückhalten, können wir bewerten, wie gut unser Modell auf "zukünftige" Datenpunkte performt und so das tatsächliche Prognoseszenario nachahmen, auf das wir uns vorbereiten.

Unsere Datensatzvorbereitung geht über die reine Aufteilung der Daten hinaus. Wir arbeiten mit einer Vielzahl von Features, darunter:

- Die ursprünglichen Verkaufsdaten, die die Kerninformationen über unsere Zeitreihe liefern

- Lag-Features, die die Beziehung zwischen aktuellen Verkaufszahlen und Verkaufszahlen aus früheren Zeiträumen erfassen

- Rolling-Window-Features, wie gleitende Durchschnitte, die kurzfristige Schwankungen glätten und langfristige Trends hervorheben

- Alle zusätzlichen entwickelten Features, die sich aus unseren Detrending- und Saisonalitätsanpassungsprozessen ergeben

Durch die Integration dieser vielfältigen Features bieten wir unseren Machine-Learning-Modellen eine umfassende Sicht auf die zugrunde liegenden Muster und Dynamiken in unseren Verkaufsdaten. Diese sorgfältige Vorbereitung legt die Grundlage für genauere und robustere Zeitreihenprognosemodelle.

```python
# Sample data: daily sales figures with engineered features
import pandas as pd

data = {'Date': pd.date_range(start='2022-01-01', periods=15, freq='D'),
        'Sales': [100, 120, 130, 150, 170, 190, 200, 220, 240, 260, 270, 280, 290,
300, 310],
        'Sales_Lag1': [None, 100, 120, 130, 150, 170, 190, 200, 220, 240, 260, 270,
280, 290, 300],
        'RollingMean_7': [None, None, None, None, None, None, 145, 160, 175, 190, 205,
220, 235, 250, 265]}

df = pd.DataFrame(data)
df.set_index('Date', inplace=True)
```

```
# Drop rows with missing values
df.dropna(inplace=True)

# Define the feature set (X) and target (y)
X = df[['Sales_Lag1', 'RollingMean_7']]
y = df['Sales']

# Split the data into training and test sets
train_size = int(len(X) * 0.8)
X_train, X_test = X[:train_size], X[train_size:]
y_train, y_test = y[:train_size], y[train_size:]

# View the training data
print(X_train, y_train)
```

In diesem Beispiel:

- Wir bereiten den Datensatz vor, indem wir die **Lag-Features** und den **Rolling Mean** als Feature-Set (X) auswählen, während **Sales** die Zielvariable (y) darstellt.

- Der Datensatz wird in Trainings- (80 %) und Testdaten (20 %) aufgeteilt, um die Modellleistung zu bewerten.

Erklärung des Codes:

- Es wird ein Beispieldatensatz mit täglichen Verkaufszahlen und entwickelten Features wie Lag und Rolling Mean erstellt.

- Die Daten werden in einen Pandas-DataFrame mit dem Datum als Index umgewandelt.

- Zeilen mit fehlenden Werten werden entfernt, um die Datenqualität sicherzustellen.

- Das Feature-Set (X) wird mit den Spalten Sales_Lag1 und RollingMean_7 definiert, während Sales als Zielvariable (y) festgelegt wird.

- Die Daten werden in Trainingsdaten (80 %) und Testdaten (20 %) aufgeteilt, was entscheidend ist, um die Leistung des Modells auf unbekannten Daten zu bewerten.

- Schließlich werden die Trainingsdaten ausgegeben, um die Vorbereitung zu überprüfen.

Diese Vorbereitung ist entscheidend, um Machine-Learning-Modelle auf Zeitreihenprognosen anzuwenden, da sie einen strukturierten Datensatz mit relevanten Features bereitstellt, die dabei helfen können, zukünftige Verkaufszahlen basierend auf historischen Mustern vorherzusagen.

1.4.2 Schritt 2: Ein Random-Forest-Modell anpassen

Random Forest ist eine Ensemble-Learning-Methode, die sich hervorragend für Zeitreihenprognosen eignet, da sie komplexe Wechselwirkungen zwischen Features erfassen kann. Dieser Algorithmus erstellt mehrere Entscheidungsbäume und kombiniert deren Vorhersagen, was besonders vorteilhaft ist, wenn es um die vielschichtige Natur von Zeitreihendaten geht.

Die Stärke von Random Forest liegt in seiner Fähigkeit, nicht-lineare Zusammenhänge zu bewältigen, und seiner Robustheit gegenüber Overfitting. Im Kontext von Zeitreihenprognosen ermöglichen diese Eigenschaften dem Modell, entwickelte Features wie Lag-Variablen, Rolling-Statistiken und saisonale Indikatoren effektiv zu nutzen. Durch die Berücksichtigung verschiedener Kombinationen dieser Features über zahlreiche Bäume hinweg kann Random Forest komplexe Muster identifizieren, die von einfacheren Modellen möglicherweise übersehen werden.

Darüber hinaus bietet Random Forest Rankings der Feature-Bedeutung, die Einblicke in die wichtigsten Aspekte der Zeitreihendaten für präzise Vorhersagen geben. Dies kann für die weitere Feature-Entwicklung und die Modellinterpretation von unschätzbarem Wert sein. Lassen Sie uns nun ein Random-Forest-Modell an unsere sorgfältig vorbereiteten Trainingsdaten anpassen und dessen Potenzial nutzen, um zukünftige Werte in unserer Zeitreihe vorherzusagen.

```python
from sklearn.ensemble import RandomForestRegressor
from sklearn.metrics import mean_squared_error

# Initialize the Random Forest model
model_rf = RandomForestRegressor(n_estimators=100, random_state=42)

# Fit the model to the training data
model_rf.fit(X_train, y_train)

# Make predictions on the test set
y_pred_rf = model_rf.predict(X_test)

# Calculate the Mean Squared Error (MSE)
mse_rf = mean_squared_error(y_test, y_pred_rf)
print(f'Random Forest MSE: {mse_rf}')

# View the test set predictions
print("Test Set Predictions (Random Forest):", y_pred_rf)
```

In diesem Beispiel:

- Wir verwenden einen **Random Forest Regressor**, um die Trainingsdaten anzupassen und Vorhersagen für den Testdatensatz zu treffen.

- Der **Mean Squared Error (MSE)** wird berechnet, um die Modellleistung zu bewerten. Niedrigere Werte zeigen eine höhere Genauigkeit an.

Erklärung des Codes:

- Es werden notwendige Bibliotheken importiert: RandomForestRegressor aus sklearn.ensemble und mean_squared_error aus sklearn.metrics.

- Ein Random-Forest-Modell wird mit 100 Entscheidungsbäumen (estimators) und einem zufälligen Zustand (random state) von 42 für Reproduzierbarkeit initialisiert.

- Das Modell wird an die Trainingsdaten (X_train und y_train) angepasst.

- Vorhersagen werden für den Testdatensatz (X_test) getroffen.

- Der Mean Squared Error (MSE) wird berechnet, indem die Vorhersagen (y_pred_rf) mit den tatsächlichen Werten (y_test) verglichen werden.

- Schließlich werden der MSE und die Vorhersagen für den Testdatensatz ausgegeben.

Dieser Code ist ein Teil des Prozesses, Machine-Learning-Modelle auf Zeitreihenprognosen anzuwenden, speziell mit einem Random-Forest-Modell, um zukünftige Werte basierend auf entwickelten Features aus historischen Daten vorherzusagen.

Warum Random Forest für Zeitreihen gut geeignet ist

Random Forest eignet sich besonders gut für Zeitreihenprognosen aufgrund seiner einzigartigen Eigenschaften und seiner Fähigkeit, komplexe Datenstrukturen zu verarbeiten. Hier ist eine detaillierte Erklärung, warum Random Forest in diesem Bereich herausragt:

1. **Erfassung nicht-linearer Beziehungen**: Random Forest kann nicht-lineare Beziehungen zwischen Features und der Zielvariablen effektiv modellieren. Dies ist entscheidend für Zeitreihendaten, bei denen die Beziehung zwischen vergangenen und zukünftigen Werten oft komplex und nicht linear ist.

2. **Ensemble-Learning**: Als Ensemble-Methode kombiniert Random Forest Vorhersagen aus mehreren Entscheidungsbäumen. Dies reduziert Overfitting und verbessert die Generalisierungsfähigkeit, was besonders bei der inhärenten Variabilität von Zeitreihendaten wertvoll ist.

3. **Feature-Wichtigkeit**: Random Forest bietet ein Ranking der Feature-Wichtigkeit, das Analysten hilft, die prädiktivsten Lag-Variablen oder entwickelten Features zu identifizieren. Diese Erkenntnisse können die Feature-Entwicklung und die Modellinterpretation verbessern.

4. **Umgang mit hochdimensionalen Daten**: Zeitreihendatensätze können durch viele entwickelte Features wie Lag-Variablen und Rolling-Statistiken hochdimensional werden. Random Forest bewältigt solche Szenarien effektiv und nutzt die große Anzahl an Features, ohne unter dem Fluch der Dimensionalität zu leiden.

5. **Robustheit gegenüber Ausreißern**: Zeitreihen enthalten oft Ausreißer oder anomale Datenpunkte. Durch den Bagging-Prozess und die Verwendung mehrerer Bäume ist Random Forest robuster gegenüber Ausreißern als Single-Model-Ansätze.

6. **Erfassung von Saisonalität und Trends**: Durch die Einbeziehung von Features wie Lag-Variablen und Rolling-Statistiken kann Random Forest sowohl kurzfristige als auch langfristige Muster in den Daten erfassen, einschließlich Saisonalität und Trends.

7. **Keine Annahme von Stationarität**: Im Gegensatz zu traditionellen Zeitreihenmodellen wie ARIMA erfordert Random Forest keine Annahme der Stationarität der Daten. Diese Flexibilität ermöglicht den Umgang mit Zeitreihen, deren statistische Eigenschaften sich im Zeitverlauf ändern.

8. **Parallele Verarbeitung**: Random Forest kann leicht parallelisiert werden, was ihn recheneffizient für große Zeitreihendatensätze macht.

Diese Eigenschaften, kombiniert mit der Fähigkeit, eine Vielzahl von Datenverteilungen und Wechselwirkungen zu verarbeiten, machen Random Forest zu einem leistungsstarken und vielseitigen Werkzeug für die Vorhersage zukünftiger Werte in komplexen Zeitreihendatensätzen. Seine Effektivität wird weiter gesteigert, wenn es in Verbindung mit durchdachter Feature-Entwicklung verwendet wird, die speziell auf das jeweilige Zeitreihenproblem zugeschnitten ist.

1.4.3 Schritt 3: Ein Gradient-Boosting-Modell anpassen

Gradient Boosting ist eine anspruchsvolle Machine-Learning-Technik, die schrittweise ein Ensemble aus schwachen Modellen, typischerweise Entscheidungsbäumen, aufbaut, um ein leistungsstarkes Vorhersagemodell zu erstellen. Dieser Ansatz konzentriert sich iterativ darauf, die Fehler vorheriger Modelle zu korrigieren, was zu einer verbesserten Gesamtleistung führt. Im Kontext der Zeitreihenprognose zeichnet sich Gradient Boosting durch seine Fähigkeit aus, komplexe zeitliche Muster und nicht-lineare Beziehungen in den Daten zu erfassen.

Eine der Schlüsselstärken von Gradient Boosting in der Zeitreihenanalyse ist seine Anpassungsfähigkeit an verschiedene Arten von entwickelten Features. Beispielsweise kann es Lag-Variablen effektiv nutzen, die vergangene Werte der Zeitreihe zu unterschiedlichen Zeitpunkten darstellen.

Diese Lag-Features ermöglichen es dem Modell, autoregressive Muster und Abhängigkeiten im Zeitverlauf zu erfassen. Darüber hinaus kann Gradient Boosting Rolling-Statistiken wie gleitende Durchschnitte oder Standardabweichungen nutzen, die Einblicke in lokale Trends und Volatilität in der Zeitreihe bieten.

Die Leistung von Gradient Boosting wird weiter verbessert, wenn das Modell mit reichhaltigen, informativen Features präsentiert wird, die aus den Zeitreihendaten abgeleitet wurden. Dazu gehören saisonale Indikatoren, Trendkomponenten und andere domänenspezifische entwickelte Features. Die Fähigkeit des Modells, diese Features automatisch auszuwählen und zu gewichten, macht es besonders geeignet, mit der vielschichtigen Natur von Zeitreihendaten umzugehen, bei denen oft mehrere Faktoren zukünftige Werte beeinflussen.

```python
from sklearn.ensemble import GradientBoostingRegressor

# Initialize the Gradient Boosting model
model_gb = GradientBoostingRegressor(n_estimators=100, random_state=42)

# Fit the model to the training data
model_gb.fit(X_train, y_train)

# Make predictions on the test set
y_pred_gb = model_gb.predict(X_test)

# Calculate the Mean Squared Error (MSE)
mse_gb = mean_squared_error(y_test, y_pred_gb)
print(f'Gradient Boosting MSE: {mse_gb}')

# View the test set predictions
print("Test Set Predictions (Gradient Boosting):", y_pred_gb)
```

In diesem Beispiel:

- Wir verwenden einen **Gradient Boosting Regressor**, um die Trainingsdaten anzupassen und zukünftige Verkaufszahlen vorherzusagen.

- Der **Mean Squared Error (MSE)** wird erneut verwendet, um die Vorhersagegenauigkeit des Modells zu bewerten.

Erklärung des Codes:

- Es wird der GradientBoostingRegressor aus dem Ensemble-Modul von Scikit-learn importiert.

- Ein Gradient-Boosting-Modell wird mit 100 Entscheidungsbäumen (estimators) und einem zufälligen Zustand (random state) von 42 für Reproduzierbarkeit initialisiert.

- Das Modell wird an die Trainingsdaten (X_train und y_train) angepasst.

- Vorhersagen werden für den Testdatensatz (X_test) getroffen.

- Der Mean Squared Error (MSE) wird berechnet, indem die Vorhersagen (y_pred_gb) mit den tatsächlichen Werten (y_test) verglichen werden.

- Schließlich werden der MSE und die Vorhersagen für den Testdatensatz ausgegeben.

Dieser Code ist Teil des Prozesses, Machine-Learning-Modelle auf Zeitreihenprognosen anzuwenden, insbesondere mit einem Gradient-Boosting-Modell, um zukünftige Werte basierend auf entwickelten Features aus historischen Daten vorherzusagen.

Warum Gradient Boosting für Zeitreihenprognosen hervorragend geeignet ist

Gradient Boosting eignet sich besonders gut für Zeitreihenprognosen aufgrund mehrerer Schlüsselmerkmale:

1. **Iterative Fehlerkorrektur**: Der Algorithmus baut ein Ensemble aus schwachen Lernmodellen, typischerweise Entscheidungsbäumen, sequentiell auf. Jedes neue Modell konzentriert sich darauf, die Fehler der vorherigen Modelle zu korrigieren, was zu einer schrittweise genaueren Vorhersage führt.

2. **Umgang mit nicht-linearen Beziehungen**: Zeitreihendaten zeigen oft komplexe, nicht-lineare Muster. Gradient Boosting kann diese komplexen Beziehungen effektiv modellieren und die Dynamik der Zeitreihe abbilden.

3. **Feature-Wichtigkeit**: Der Algorithmus liefert Einblicke, welche Features die Vorhersagen am stärksten beeinflussen. Dies ist besonders wertvoll in der Zeitreihenanalyse, um die relative Bedeutung verschiedener Lag-Variablen oder entwickelter Features zu verstehen.

4. **Robustheit gegenüber Ausreißern**: Gradient Boosting ist weniger empfindlich gegenüber Ausreißern im Vergleich zu einigen anderen Algorithmen, was bei der Arbeit mit verrauschten Zeitreihendaten vorteilhaft ist.

5. **Flexibilität bei der Feature-Entwicklung**: Das Modell nutzt effektiv entwickelte Features wie Lag-Variablen, Rolling-Statistiken und saisonale Indikatoren, um sowohl kurzfristige als auch langfristige Muster in den Daten zu erfassen.

6. **Anpassungsfähigkeit an sich ändernde Muster**: Gradient Boosting kann sich an verändernde Muster in der Zeitreihe anpassen, was es für Datensätze geeignet macht, bei denen sich die zugrunde liegenden Beziehungen im Laufe der Zeit ändern.

Diese Eigenschaften ermöglichen es Gradient Boosting, oft besser als einfachere Modelle abzuschneiden, insbesondere bei der Arbeit mit komplexen, realen Zeitreihendaten, bei denen mehrere Faktoren zukünftige Werte beeinflussen.

1.4.4 Schritt 4: Ein XGBoost-Modell anpassen

XGBoost (Extreme Gradient Boosting) ist eine fortschrittliche Implementierung des Gradient-Boosting-Algorithmus, die für ihre außergewöhnliche Geschwindigkeit und Leistung bekannt ist. Diese leistungsstarke Machine-Learning-Technik hat aufgrund ihrer Fähigkeit, große Datensätze und komplexe Features effizient zu verarbeiten, in der Zeitreihenprognose erhebliche Popularität gewonnen. XGBoost umfasst mehrere wesentliche Verbesserungen gegenüber traditionellen Gradient-Boosting-Methoden:

1. **Regularisierung**: XGBoost beinhaltet eingebaute L1- (Lasso) und L2- (Ridge) Regularisierungsbegriffe, die Überanpassungen verhindern und die Generalisierungsfähigkeit des Modells verbessern. Dies ist besonders vorteilhaft in der

Zeitreihenprognose, wo Modelle komplexe Muster erfassen müssen, ohne zu stark auf Rauschen in den Daten zu reagieren.

2. **Parallele Verarbeitung**: Im Gegensatz zu herkömmlichem Gradient Boosting kann XGBoost parallele und verteilte Berechnungen nutzen. Diese Fähigkeit ermöglicht es, Modelle für große Zeitreihendatensätze viel schneller zu trainieren, was ideal für Anwendungen ist, die häufige Modellaktualisierungen oder Echtzeitvorhersagen erfordern.

3. **Baumschnitt**: XGBoost verwendet einen neuartigen Algorithmus zum Baumschnitt, der Splits identifizieren und entfernen kann, die zu negativen Gewinnen führen. Dies resultiert in kompakteren und effizienteren Modellen, was bei hochdimensionalen Zeitreihendaten mit zahlreichen entwickelten Features entscheidend ist.

4. **Umgang mit fehlenden Werten**: XGBoost verfügt über eine eingebaute Methode zum Umgang mit fehlenden Werten, was besonders nützlich bei Zeitreihenprognosen ist, wo Datenlücken häufig vorkommen. Während des Trainingsprozesses kann es lernen, die beste Richtung für fehlende Werte zu wählen, was die Robustheit des Modells verbessert.

5. **Feature-Wichtigkeit**: XGBoost bietet detaillierte Einblicke in die Feature-Wichtigkeit, wodurch Analysten erkennen können, welche Aspekte der Zeitreihe (z. B. spezifische Lags, saisonale Komponenten oder externe Faktoren) für präzise Prognosen am wichtigsten sind.

Diese fortschrittlichen Funktionen machen XGBoost außergewöhnlich gut geeignet für Zeitreihenprognoseaufgaben, insbesondere bei komplexen, multidimensionalen Zeitreihendaten, die eine breite Palette entwickelter Features enthalten.

```python
import xgboost as xgb

# Initialize the XGBoost model
model_xgb = xgb.XGBRegressor(n_estimators=100, random_state=42)

# Fit the model to the training data
model_xgb.fit(X_train, y_train)

# Make predictions on the test set
y_pred_xgb = model_xgb.predict(X_test)

# Calculate the Mean Squared Error (MSE)
mse_xgb = mean_squared_error(y_test, y_pred_xgb)
print(f'XGBoost MSE: {mse_xgb}')

# View the test set predictions
print("Test Set Predictions (XGBoost):", y_pred_xgb)
```

In diesem Beispiel:

- Wir verwenden **XGBoost**, um die Trainingsdaten anzupassen und Vorhersagen für den Testdatensatz zu treffen.

- **XGBoost** bietet starke Vorhersagekraft bei gleichzeitig hoher Recheneffizienz, insbesondere bei der Nutzung entwickelter Features.

Erklärung des Codes:

- Zunächst wird die XGBoost-Bibliothek als xgb importiert.

- Ein XGBoost-Regressionsmodell wird mit 100 Entscheidungsbäumen (estimators) und einem zufälligen Zustand (random state) von 42 für Reproduzierbarkeit initialisiert.

- Das Modell wird an die Trainingsdaten (X_train und y_train) angepasst.

- Vorhersagen werden für den Testdatensatz (X_test) getroffen.

- Der Mean Squared Error (MSE) wird berechnet, indem die Vorhersagen (y_pred_xgb) mit den tatsächlichen Werten (y_test) verglichen werden.

- Schließlich werden der MSE und die Vorhersagen für den Testdatensatz ausgegeben.

XGBoost ist besonders effektiv für Zeitreihenprognosen, da es komplexe, mehrdimensionale Zeitreihendaten verarbeiten und eine breite Palette entwickelter Features integrieren kann. Es bietet eine starke Vorhersagekraft und ist gleichzeitig recheneffizient.

Warum XGBoost für Zeitreihenprognosen effektiv ist

XGBoost eignet sich besonders gut für Zeitreihenprognosen aufgrund folgender zentraler Vorteile:

1. **Umgang mit großen Datensätzen**: XGBoost verarbeitet umfangreiche Zeitreihendaten effizient, einschließlich hochdimensionaler Features wie verzögerte Werte über längere Zeiträume hinweg.

2. **Feature-Interaktionen**: Es erfasst komplexe Interaktionen zwischen verschiedenen zeitabhängigen Features, was entscheidend für das Verständnis komplexer zeitlicher Muster ist.

3. **Eingebaute Regularisierung**: Die Regularisierungsmechanismen von XGBoost verhindern Überanpassung, ein häufiges Problem bei Zeitreihenmodellen, bei denen das Risiko besteht, Rauschen statt echter Muster zu erfassen.

4. **Flexibilität bei fehlenden Daten**: Zeitreihen enthalten oft Lücken, und XGBoosts Fähigkeit, fehlende Werte zu verarbeiten, macht es robust für reale Prognoseszenarien.

5. **Geschwindigkeit und Skalierbarkeit**: Sein optimierter Algorithmus ermöglicht schnelles Training und Vorhersagen, selbst bei großen Zeitreihendatensätzen.

6. **Feature-Wichtigkeit**: XGBoost liefert Einblicke in die prädiktivsten zeitlichen Features und unterstützt so die Feature-Auswahl und Modellinterpretation.

7. **Anpassung an nicht-lineare Trends**: Es kann nicht-lineare Beziehungen in Zeitreihendaten erfassen, was oft entscheidend für präzise Vorhersagen ist.

Diese Eigenschaften machen XGBoost zu einem leistungsstarken Werkzeug für die Zeitreihenanalyse. Es ist in der Lage, präzise Prognosen zu erstellen und gleichzeitig die inhärenten Komplexitäten zeitlicher Daten effizient zu bewältigen.

1.4.5 Schritt 5: Bewertung der Modellleistung

Nachdem wir mehrere Modelle trainiert haben, können wir ihre Leistung mithilfe des **Mean Squared Error (MSE)** vergleichen, um festzustellen, welches Modell am besten abschneidet. Der MSE ist eine wichtige Kennzahl in der Zeitreihenprognose, da er den durchschnittlichen quadrierten Unterschied zwischen vorhergesagten und tatsächlichen Werten quantifiziert. Ein niedrigerer MSE weist auf eine bessere Modellleistung hin, da er kleinere Vorhersagefehler signalisiert.

Beim Vergleich unserer Modelle **Random Forest**, **Gradient Boosting** und **XGBoost** liefert der MSE wertvolle Einblicke in die Vorhersagegenauigkeit jedes Modells. Dieser Vergleich ist besonders wichtig, da jedes Modell seine eigenen Stärken bei der Verarbeitung von Zeitreihendaten hat:

- **Random Forest** ist hervorragend darin, nicht-lineare Beziehungen zu erfassen und hochdimensionale Feature-Räume zu verarbeiten, was bei komplexen Zeitreihen mit zahlreichen entwickelten Features von Vorteil ist.

- **Gradient Boosting** verbessert Vorhersagen iterativ, indem es sich auf Fehler vorheriger Iterationen konzentriert, was zu hoher Genauigkeit bei der Prognose von Trends und Mustern führen kann.

- **XGBoost**, eine optimierte Version von Gradient Boosting, bietet verbesserte Geschwindigkeit und Leistung, was es besonders effektiv für große Zeitreihendatensätze macht.

Durch den Vergleich des MSE zwischen diesen Modellen können wir nicht nur das leistungsstärkste Modell identifizieren, sondern auch Einblicke gewinnen, welche Methode für unsere spezifische Zeitreihenprognoseaufgabe am besten geeignet ist. Dieser Bewertungsschritt ist entscheidend, um fundierte Entscheidungen über die Modellauswahl zu treffen und mögliche Optimierungsbereiche zu identifizieren.

```
# Print the MSE for all models
print(f'Random Forest MSE: {mse_rf}')
print(f'Gradient Boosting MSE: {mse_gb}')
print(f'XGBoost MSE: {mse_xgb}')
```

Durch den Vergleich der **MSE**-Werte für jedes Modell können wir bestimmen, welches Modell die höchste Genauigkeit bei der Vorhersage zukünftiger Verkäufe basierend auf den erstellten Merkmalen aufweist. Niedrigere MSE-Werte zeigen eine bessere Leistung, sodass das Modell mit dem niedrigsten MSE unser bester Prädiktor ist.

Hier ist eine Übersicht darüber, was der Code macht:

- Er gibt den MSE-Wert für das Random-Forest-Modell aus, der in der Variablen mse_rf gespeichert ist.

- Er gibt den MSE-Wert für das Gradient-Boosting-Modell aus, der in der Variablen mse_gb gespeichert ist.

- Er gibt den MSE-Wert für das XGBoost-Modell aus, der in der Variablen mse_xgb gespeichert ist.

1.4.6 Wichtige Erkenntnisse und zukünftige Richtungen

- **Random Forest**, **Gradient Boosting** und **XGBoost** sind leistungsstarke Modelle zur Zeitreihenprognose, insbesondere bei der Nutzung erstellter Merkmale. Diese Merkmale, wie Verzögerungsvariablen, rollierende Statistiken und Detrending-Techniken, verbessern die Fähigkeit der Modelle, komplexe zeitliche Muster und Saisonalitäten in den Daten zu erfassen.

- Jedes Modell bietet spezifische Stärken:

  o **Random Forest** ist besonders gut geeignet für nicht-lineare Zusammenhänge und hochdimensionale Merkmalsräume, was es robust gegen Overfitting macht.

  o **Gradient Boosting** verbessert Vorhersagen schrittweise, indem es sich auf Residualfehler konzentriert, wodurch es subtile Muster in der Zeitreihe erfassen kann.

  o **XGBoost**, eine optimierte Version von Gradient Boosting, bietet verbesserte rechnerische Effizienz und Leistung, besonders vorteilhaft für großskalige Zeitreihendatensätze.

- Die Modellbewertung mit Metriken wie **Mean Squared Error (MSE)** ist entscheidend, um das effektivste Prognosemodell zu identifizieren. Es ist jedoch wichtig, auch andere Metriken wie Mean Absolute Error (MAE) oder Root Mean Squared Error (RMSE) für eine umfassende Bewertung zu berücksichtigen, insbesondere bei unterschiedlichen Skalen von Zeitreihendaten.

- Die Analyse der Merkmalswichtigkeit, insbesondere bei Random-Forest- und XGBoost-Modellen, kann wertvolle Einblicke liefern, welche zeitlichen Merkmale oder erstellten Variablen am meisten zur Prognosegenauigkeit beitragen.

Im nächsten Abschnitt werden wir fortgeschrittene Techniken zur Modelloptimierung untersuchen. Dazu gehören Hyperparameter-Tuning mithilfe von Methoden wie Grid Search, Random Search oder Bayes'sche Optimierung. Zusätzlich werden wir Ensemble-Methoden betrachten, die die Stärken mehrerer Modelle kombinieren, um die Prognosegenauigkeit und Robustheit weiter zu verbessern.

1.5 Hyperparameter-Tuning für Zeitreihenmodelle

Nachdem wir die Leistung mehrerer fortschrittlicher Machine-Learning-Modelle – **Random Forest**, **Gradient Boosting** und **XGBoost** – untersucht und bewertet haben, wenden wir uns nun einem entscheidenden Schritt in der Modelloptimierung zu: dem **Hyperparameter-Tuning**. Dieser Prozess beinhaltet die sorgfältige Anpassung der Modellparameter, um deren Prognosegenauigkeit zu verbessern. Durch die Feinabstimmung dieser Hyperparameter streben wir an, ein optimales Gleichgewicht zwischen Modellkomplexität und Generalisierung zu erreichen, was letztendlich zu verbesserten Vorhersageleistungen und geringeren Prognosefehlern führt.

Im folgenden Abschnitt werden wir zwei leistungsstarke Techniken zur Hyperparameter-Optimierung untersuchen: **Grid Search** und **Random Search**. Diese Methoden ermöglichen eine umfassende Erkundung des Hyperparameterraums, indem systematisch verschiedene Parameterkombinationen bewertet werden, um die Konfiguration zu identifizieren, die die genauesten und robustesten Prognoseergebnisse liefert. Durch diesen rigorosen Optimierungsprozess können wir das volle Potenzial unserer Modelle ausschöpfen und überlegene Zeitreihenvorhersagen erzielen.

1.5.1 Was sind Hyperparameter?

Hyperparameter sind entscheidende Modelleinstellungen, die vor Beginn des Lernprozesses festgelegt werden. Im Gegensatz zu Parametern, die während des Trainings aus den Daten gelernt werden, gestalten Hyperparameter die allgemeine Struktur und den Lernansatz des Modells. Sie steuern verschiedene Aspekte des Modellverhaltens, wie die Komplexität von Entscheidungsbäumen, die Geschwindigkeit, mit der das Modell aus Daten lernt, oder die Größe von Ensemble-Modellen.

Der Einfluss von Hyperparametern auf die Modellleistung kann erheblich sein. Die Feinabstimmung dieser Parameter führt oft zu signifikanten Verbesserungen in Genauigkeit, Generalisierung und Rechenleistung. Beispielsweise kann die Anpassung der Tiefe von Entscheidungsbäumen helfen, ein Gleichgewicht zwischen Overfitting und Underfitting zu finden, während die Änderung der Lernrate beeinflussen kann, wie schnell ein Modell zu einer optimalen Lösung konvergiert.

Jedes der in diesem Projekt untersuchten Modelle verfügt über einen eigenen Satz von Hyperparametern, die optimiert werden können:

- **Random Forest**: Die Leistung dieser Ensemble-Methode kann durch folgende Anpassungen optimiert werden:

  o Die Anzahl der Bäume (n_estimators): Mehr Bäume können die Genauigkeit verbessern, erhöhen aber die Rechenkosten.

  o Die Tiefe der Bäume (max_depth): Tiefere Bäume können komplexere Muster erfassen, aber auch zu Overfitting führen.

  o Die minimale Anzahl von Proben, um einen Knoten zu teilen (min_samples_split): Dies beeinflusst die Granularität des Entscheidungsprozesses.

  o Die Anzahl der Merkmale, die für die beste Teilung berücksichtigt werden (max_features): Dies kann helfen, Overfitting zu reduzieren und die Generalisierung zu verbessern.

- **Gradient Boosting**: Die Effektivität dieser sequenziellen Ensemble-Methode kann durch folgende Anpassungen erhöht werden:

  o Die Lernrate: Eine kleinere Lernrate führt oft zu besserer Generalisierung, erfordert jedoch mehr Boosting-Runden.

  o Die Anzahl der Bäume (n_estimators): Dies bestimmt die Anzahl der Boosting-Stufen.

  o Die Tiefe der Bäume (max_depth): Flache Bäume werden in Gradient Boosting oft bevorzugt, um Overfitting zu vermeiden.

  o Der Subsample-Anteil (subsample): Dieser führt Zufälligkeit ein und kann helfen, Overfitting zu reduzieren.

- **XGBoost**: Diese fortschrittliche Implementierung von Gradient Boosting bietet mehrere Hyperparameter, die optimiert werden können:

  o Die Lernrate (eta): Ähnlich wie bei Gradient Boosting beeinflusst sie die Schrittweite bei jeder Iteration.

  o Die maximale Tiefe (max_depth): Sie steuert die Komplexität der Bäume.

  o Die Anzahl der Boosting-Runden: Dies entspricht der Anzahl der Bäume im Ensemble.

  o Regularisierungsparameter (z. B. lambda, alpha): Diese helfen, Overfitting zu verhindern, indem sie Strafen für die Komplexität hinzufügen.

  o Die minimale Summe des Instanzgewichts (min_child_weight): Dieser Parameter steuert das minimale Datengewicht in einem Kindknoten, um Overfitting zu verhindern.

Das Verständnis und die effektive Feinabstimmung dieser Hyperparameter sind entscheidend, um die Leistung dieser Modelle bei Aufgaben der Zeitreihenvorhersage zu maximieren. Der Prozess umfasst oft systematische Experimente und Kreuzvalidierungen, um die optimale Kombination von Hyperparametern für einen bestimmten Datensatz und ein spezifisches Problem zu finden.

1.5.2 Schritt 1: Grid Search zur Hyperparameter-Optimierung

Grid Search ist ein systematischer und umfassender Ansatz zur Hyperparameter-Optimierung in Machine-Learning-Modellen. Diese Methode untersucht methodisch jede mögliche Kombination von Hyperparameter-Werten aus einer vordefinierten Menge und gewährleistet eine vollständige Bewertung der Modellleistung über verschiedene Konfigurationen hinweg. Grid Search ist besonders effektiv bei einer relativ kleinen Hyperparameter-Suche, da es sicherstellt, dass keine potenziell optimale Kombination übersehen wird.

Der Prozess umfasst die Definition eines Rasters von Hyperparameter-Werten für jeden zu optimierenden Parameter. Beispielsweise könnten in einem Random-Forest-Modell unterschiedliche Werte für die Anzahl der Bäume, die maximale Baumtiefe und die minimal erforderliche Anzahl an Proben für die Teilung eines Knotens berücksichtigt werden. Der Algorithmus trainiert und bewertet das Modell anschließend mit jeder Kombination aus dem Raster, wobei typischerweise Kreuzvalidierung eingesetzt wird, um eine robuste Leistungsbewertung zu gewährleisten.

Obwohl Grid Search insbesondere bei größeren Hyperparameter-Räumen rechnerisch aufwändig sein kann, bietet es mehrere Vorteile:

- **Gründlichkeit**: Es untersucht jede mögliche Kombination und verringert das Risiko, die optimale Konfiguration zu übersehen.

- **Reproduzierbarkeit**: Die systematische Natur von Grid Search macht die Ergebnisse leicht reproduzierbar.

- **Einfachheit**: Das Konzept ist einfach zu implementieren und zu verstehen, was es sowohl für Anfänger als auch für Experten zugänglich macht.

Es ist jedoch wichtig zu beachten, dass Grid Search bei hochdimensionalen Hyperparameter-Räumen oder rechenintensiven Modellen unpraktisch werden kann. In solchen Fällen könnten alternative Methoden wie Random Search oder Bayes'sche Optimierung besser geeignet sein. Dennoch bleibt Grid Search für Szenarien, in denen der Hyperparameter-Raum gut definiert und überschaubar ist, ein leistungsstarkes Werkzeug für die Modelloptimierung in der Werkzeugkiste eines Machine-Learning-Praktikers.

Beispiel: Hyperparameter-Optimierung für Random Forest mit Grid Search

Wenden wir Grid Search an, um die Hyperparameter für das **Random Forest**-Modell zu optimieren.

```python
from sklearn.model_selection import GridSearchCV
from sklearn.ensemble import RandomForestRegressor

# Define the parameter grid for Random Forest
param_grid_rf = {
    'n_estimators': [50, 100, 200],
    'max_depth': [5, 10, 20],
    'min_samples_split': [2, 5, 10]
}

# Initialize the Random Forest model
model_rf = RandomForestRegressor(random_state=42)

# Initialize Grid Search with cross-validation (cv=3)
grid_search_rf       =       GridSearchCV(model_rf,       param_grid_rf,       cv=3,
scoring='neg_mean_squared_error')

# Fit Grid Search to the training data
grid_search_rf.fit(X_train, y_train)

# View the best hyperparameters
print(f"Best hyperparameters for Random Forest: {grid_search_rf.best_params_}")

# Evaluate the model with the best hyperparameters
best_rf = grid_search_rf.best_estimator_
y_pred_rf_best = best_rf.predict(X_test)
mse_rf_best = mean_squared_error(y_test, y_pred_rf_best)
print(f"Random Forest MSE after tuning: {mse_rf_best}")
```

In diesem Beispiel:

- Wir definieren ein Raster von Hyperparametern für den **Random Forest**, einschließlich der Anzahl der Bäume (n_estimators), der Tiefe der Bäume (max_depth) und der minimalen Anzahl an Proben, die erforderlich sind, um einen Knoten zu teilen (min_samples_split).

- **GridSearchCV** durchsucht alle möglichen Kombinationen dieser Parameter und wählt die beste Kombination basierend auf der Leistung in der Kreuzvalidierung aus (hier der **Mean Squared Error**).

- Das Modell mit den besten Hyperparametern wird anschließend am Testdatensatz evaluiert, und sein **MSE** wird berechnet.

Hier ist eine Aufschlüsselung, was der Code macht:

- Er importiert die notwendigen Bibliotheken: **GridSearchCV** für die Raster-Suche und **RandomForestRegressor** für das Random-Forest-Modell.

- Ein Parameter-Raster (param_grid_rf) wird mit verschiedenen Werten für zentrale Hyperparameter definiert:

    o n_estimators: Anzahl der Bäume (50, 100, 200)

    o max_depth: maximale Tiefe der Bäume (5, 10, 20)

    o min_samples_split: minimale Anzahl von Proben, die erforderlich sind, um einen Knoten zu teilen (2, 5, 10)

- Ein Random-Forest-Modell wird mit einem festen Zufallszustand zur Reproduzierbarkeit initialisiert.

- **GridSearchCV** wird eingerichtet, um eine umfassende Suche über das angegebene Parameter-Raster durchzuführen. Es verwendet eine 3-fache Kreuzvalidierung und den negativen Mean Squared Error als Bewertungsmetrik.

- Die Raster-Suche wird mit den Trainingsdaten (X_train, y_train) durchgeführt.

- Die besten Hyperparameter, die durch die Raster-Suche gefunden wurden, werden ausgegeben.

- Schließlich wird das Modell mit den besten Hyperparametern verwendet, um Vorhersagen am Testdatensatz zu treffen, und der Mean Squared Error (MSE) wird berechnet und ausgegeben.

Dieser Prozess hilft, die optimale Kombination von Hyperparametern für das Random-Forest-Modell zu finden und dessen Leistung bei der Zeitreihenvorhersage zu verbessern.

1.5.3 Schritt 2: Random Search zur Hyperparameter-Optimierung

Während Grid Search alle möglichen Parameterkombinationen systematisch ausprobiert, wählt **Random Search** eine zufällige Teilmenge von Hyperparameter-Kombinationen aus, die getestet werden. Dieser Ansatz bietet mehrere Vorteile:

- **Effizienz**: Random Search kann erheblich schneller sein, insbesondere bei großen Hyperparameter-Räumen. Es ermöglicht eine schnellere Modelloptimierung, ohne jede mögliche Kombination evaluieren zu müssen.

- **Vielfalt**: Durch das zufällige Sampling des Hyperparameter-Raums können effektive Kombinationen entdeckt werden, die bei einem strukturierteren Ansatz wie Grid Search möglicherweise übersehen werden.

- **Skalierbarkeit**: Mit steigender Anzahl an Hyperparametern wird Random Search im Vergleich zu Grid Search immer effizienter.

- **Flexibilität**: Es ermöglicht die einfache Hinzufügung oder Entfernung von Hyperparametern, ohne den Suchprozess wesentlich zu beeinflussen.

Darüber hinaus ist Random Search besonders wertvoll, wenn bestimmte Hyperparameter wichtiger sind als andere. In solchen Fällen kann es mehr Ressourcen für die Erforschung der einflussreichsten Parameter bereitstellen, was möglicherweise zu besseren Ergebnissen in kürzerer Zeit führt. Diese Methode bietet zudem ein gutes Gleichgewicht zwischen Exploration und Exploitation im Hyperparameter-Raum und liefert oft vergleichbare oder sogar bessere Ergebnisse als Grid Search, insbesondere bei begrenzten Rechenressourcen.

Beispiel: Hyperparameter-Optimierung für XGBoost mit Random Search

Wenden wir Random Search an, um die Hyperparameter für das **XGBoost**-Modell zu optimieren.

```python
from sklearn.model_selection import RandomizedSearchCV
import xgboost as xgb

# Define the parameter grid for XGBoost
param_dist_xgb = {
    'n_estimators': [50, 100, 200],
    'max_depth': [3, 6, 9],
    'learning_rate': [0.01, 0.1, 0.2],
    'subsample': [0.6, 0.8, 1.0]
}

# Initialize the XGBoost model
model_xgb = xgb.XGBRegressor(random_state=42)

# Initialize Randomized Search with cross-validation (cv=3)
random_search_xgb = RandomizedSearchCV(model_xgb, param_dist_xgb, n_iter=10, cv=3,
scoring='neg_mean_squared_error', random_state=42)

# Fit Random Search to the training data
random_search_xgb.fit(X_train, y_train)

# View the best hyperparameters
print(f"Best hyperparameters for XGBoost: {random_search_xgb.best_params_}")

# Evaluate the model with the best hyperparameters
best_xgb = random_search_xgb.best_estimator_
y_pred_xgb_best = best_xgb.predict(X_test)
mse_xgb_best = mean_squared_error(y_test, y_pred_xgb_best)
print(f"XGBoost MSE after tuning: {mse_xgb_best}")
```

In diesem Beispiel:

- Wir definieren eine zufällige Verteilung von Hyperparametern für **XGBoost**, einschließlich der Anzahl der Bäume (n_estimators), der Baumtiefe (max_depth), der Lernrate (learning_rate) und des Subsample-Verhältnisses (subsample).

- **RandomizedSearchCV** testet eine zufällige Teilmenge dieser Kombinationen und wählt die beste aus, basierend auf der Leistung in der Kreuzvalidierung.

- Das optimierte XGBoost-Modell wird am Testdatensatz evaluiert, und sein **MSE** wird berechnet.

Hier ist eine Aufschlüsselung des Codes:

- Zuerst werden die notwendigen Bibliotheken importiert: **RandomizedSearchCV** aus scikit-learn und xgboost.

- Eine Parameterverteilung (param_dist_xgb) wird für XGBoost definiert, einschließlich:

  - n_estimators: Anzahl der Bäume (50, 100, 200)

  - max_depth: maximale Tiefe der Bäume (3, 6, 9)

  - learning_rate: Schrittweiten-Schrumpfung (0.01, 0.1, 0.2)

  - subsample: Anteil der Proben, die zum Training der Bäume verwendet werden (0.6, 0.8, 1.0)

- Ein XGBoost-Modell wird mit einem festen Zufallszustand zur Reproduzierbarkeit initialisiert.

- **RandomizedSearchCV** wird eingerichtet, um eine zufällige Suche über die angegebene Parameterverteilung durchzuführen. Es werden 10 zufällige Kombinationen getestet (n_iter=10), eine 3-fache Kreuzvalidierung verwendet und der negative Mean Squared Error als Bewertungsmetrik herangezogen.

- Die Zufallssuche wird mit den Trainingsdaten (X_train, y_train) durchgeführt.

- Die besten durch die Zufallssuche gefundenen Hyperparameter werden ausgegeben.

- Schließlich wird das Modell mit den besten Hyperparametern verwendet, um Vorhersagen am Testdatensatz zu treffen, und der Mean Squared Error (MSE) wird berechnet und ausgegeben.

Dieser Prozess hilft, eine optimale Kombination von Hyperparametern für das XGBoost-Modell zu finden und potenziell dessen Leistung bei der Zeitreihenvorhersage zu verbessern, während er rechnerisch effizienter ist als eine umfassende Raster-Suche.

1.5.4 Schritt 3: Feinabstimmung des Gradient Boosting

Wir setzen unsere Untersuchung der Hyperparameter-Optimierung fort und richten unsere Aufmerksamkeit nun auf das Gradient-Boosting-Modell. Diese leistungsstarke Ensemble-Lerntechnik kann mit den gleichen Methoden optimiert werden, die wir bereits für Random Forest und XGBoost angewandt haben: Grid Search und Random Search. Beide Ansätze bieten einzigartige Vorteile bei der Feinabstimmung des Gradient-Boosting-Algorithmus.

Grid Search bietet durch seine systematische Erkundung des Hyperparameter-Raums eine gründliche Untersuchung potenzieller Konfigurationen. Diese Methode ist besonders nützlich, wenn wir ein gutes Verständnis der Parameterbereiche haben, die wahrscheinlich optimale Ergebnisse liefern. **Random Search** hingegen bietet eine effizientere Alternative, insbesondere bei hochdimensionalen Parameter-Räumen oder begrenzten Rechenressourcen.

Für unser Gradient-Boosting-Modell sind die wichtigsten Hyperparameter, die berücksichtigt werden sollten: die Anzahl der Schätzer (Bäume), die maximale Tiefe der Bäume und die Lernrate. Jeder dieser Parameter spielt eine entscheidende Rolle für die Leistung und die Generalisierungsfähigkeit des Modells. Durch eine sorgfältige Feinabstimmung dieser Hyperparameter können wir die Vorhersagekraft des Modells für unsere Zeitreihenvorhersage erheblich verbessern.

Im folgenden Beispiel zeigen wir, wie Grid Search zur Feinabstimmung eines Gradient-Boosting-Modells verwendet werden kann. Dieser Ansatz bewertet systematisch verschiedene Kombinationen von Hyperparametern, um die optimale Konfiguration für unser spezifisches Dataset und Vorhersageproblem zu identifizieren.

Beispiel: Hyperparameter-Optimierung für Gradient Boosting mit Grid Search

```python
from sklearn.ensemble import GradientBoostingRegressor

# Define the parameter grid for Gradient Boosting
param_grid_gb = {
    'n_estimators': [50, 100, 200],
    'max_depth': [3, 6, 9],
    'learning_rate': [0.01, 0.1, 0.2]
}

# Initialize the Gradient Boosting model
model_gb = GradientBoostingRegressor(random_state=42)

# Initialize Grid Search with cross-validation (cv=3)
grid_search_gb      =      GridSearchCV(model_gb,      param_grid_gb,      cv=3,
scoring='neg_mean_squared_error')

# Fit Grid Search to the training data
grid_search_gb.fit(X_train, y_train)

# View the best hyperparameters
print(f"Best hyperparameters for Gradient Boosting: {grid_search_gb.best_params_}")

# Evaluate the model with the best hyperparameters
best_gb = grid_search_gb.best_estimator_
y_pred_gb_best = best_gb.predict(X_test)
mse_gb_best = mean_squared_error(y_test, y_pred_gb_best)
print(f"Gradient Boosting MSE after tuning: {mse_gb_best}")
```

Dieser Code demonstriert, wie man eine Hyperparameter-Optimierung für ein Gradient-Boosting-Modell mit Grid Search durchführt. Hier ist eine Aufschlüsselung des Codes:

- Zuerst wird der notwendige **GradientBoostingRegressor** aus scikit-learn importiert.

- Ein Parameter-Raster (param_grid_gb) wird für Gradient Boosting definiert, einschließlich:

  - n_estimators: Anzahl der Bäume (50, 100, 200)

  - max_depth: maximale Tiefe der Bäume (3, 6, 9)

  - learning_rate: Schrittweiten-Schrumpfung (0.01, 0.1, 0.2)

- Ein Gradient-Boosting-Modell wird mit einem festen Zufallszustand zur Reproduzierbarkeit initialisiert.

- **GridSearchCV** wird eingerichtet, um eine umfassende Suche über das angegebene Parameter-Raster durchzuführen. Es verwendet eine 3-fache Kreuzvalidierung und den negativen Mean Squared Error als Bewertungsmetrik.

- Die Raster-Suche wird mit den Trainingsdaten (X_train, y_train) durchgeführt.

- Die besten durch die Raster-Suche gefundenen Hyperparameter werden ausgegeben.

- Schließlich wird das Modell mit den besten Hyperparametern verwendet, um Vorhersagen am Testdatensatz zu treffen, und der Mean Squared Error (MSE) wird berechnet und ausgegeben.

Dieser Prozess hilft, die optimale Kombination von Hyperparametern für das Gradient-Boosting-Modell zu finden, wodurch seine Leistung bei der Zeitreihenvorhersage potenziell verbessert werden kann.

1.5.5 Wichtige Erkenntnisse und Implikationen für Zeitreihenvorhersagen

Die Hyperparameter-Optimierung ist ein entscheidender Schritt zur Optimierung von Machine-Learning-Modellen für Zeitreihenvorhersagen. Dieser Prozess beinhaltet die systematische Anpassung der Modellparameter, um dessen Leistung und Vorhersagegenauigkeit zu verbessern. Hier sind die wichtigsten Erkenntnisse und ihre Implikationen:

- **Techniken der Hyperparameter-Optimierung:**

  - **Grid Search:** Diese umfassende Methode eignet sich ideal für kleinere Hyperparameter-Räume. Sie arbeitet systematisch alle Kombinationen der angegebenen Parameterwerte durch. Obwohl gründlich, kann sie bei großen Parameter-Räumen rechnerisch aufwendig sein.

  - **Random Search:** Effizienter bei größeren Hyperparameter-Räumen, testet diese Methode zufällige Parameterkombinationen. Sie findet oft schneller eine gute Lösung als Grid Search, insbesondere wenn nicht alle Parameter gleich wichtig sind.

- **Modellspezifische Überlegungen:**

    o **Random Forest:** Wichtige Parameter sind die Anzahl der Bäume, die maximale Tiefe und die minimalen Proben pro Blatt. Durch deren Optimierung kann das Gleichgewicht zwischen Modellkomplexität und Generalisierungsfähigkeit verbessert werden.

    o **Gradient Boosting:** Wichtige Parameter sind die Lernrate, die Anzahl der Schätzer und die maximale Tiefe. Eine sorgfältige Abstimmung kann Overfitting deutlich reduzieren und die Robustheit des Modells verbessern.

    o **XGBoost:** Parameter wie Subsample-Verhältnis, colsample_bytree und gamma sind einzigartig für XGBoost und können optimiert werden, um die Leistung bei Zeitreihendaten zu verbessern.

- **Leistungsbewertung:**

    o Der Vergleich des Mean Squared Error (MSE) vor und nach der Optimierung bietet ein quantitatives Maß für die Verbesserung. Diese Metrik ist besonders relevant für Zeitreihenvorhersagen, bei denen die Minimierung von Vorhersagefehlern entscheidend ist.

    o Es ist wichtig, Kreuzvalidierungstechniken speziell für Zeitreihendaten, wie die Zeitreihen-Kreuzvalidierung, zu verwenden, um sicherzustellen, dass die Leistung des Modells über verschiedene Zeiträume konsistent ist.

Durch die sorgfältige Anwendung dieser Optimierungstechniken können Datenwissenschaftler die Genauigkeit und Zuverlässigkeit ihrer Zeitreihenvorhersagemodelle erheblich steigern. Diese verbesserte Leistung ermöglicht genauere Vorhersagen zukünftiger Trends, die in verschiedenen Bereichen wie Finanzprognosen, Bedarfsvorhersagen und Ressourcenplanung von unschätzbarem Wert sind.

1.6 Abschluss des Projekts zur Zeitreihenvorhersage

Zum Abschluss unseres Projekts ist es an der Zeit, unsere Reise durch die komplexe Welt der Zeitreihenvorhersage zu reflektieren. Wir haben die Herausforderungen gemeistert, fortschrittliche Machine-Learning-Modelle anzuwenden, ihre Hyperparameter sorgfältig abgestimmt und ihre Leistung rigoros bewertet. Dieser abschließende Abschnitt dient als umfassende Rückschau, in der wir die wesentlichen Schritte zusammenfassen, die Ergebnisse unserer Bemühungen analysieren und die praktischen Anwendungen unserer Modelle in realen Szenarien der Zeitreihenvorhersage untersuchen.

Unsere Reise war geprägt von der Anwendung modernster Techniken in Data Science und Machine Learning. Wir sind tief in die Feinheiten des Feature Engineerings eingetaucht und haben die Kraft von Lag-Features, rollierenden Statistiken und fortschrittlichen Detrending-Methoden genutzt, um die komplexen Muster in unseren Zeitreihendaten zu erfassen. Durch den Einsatz verschiedener Machine-Learning-Modelle – von den robusten Random Forests bis hin zum leistungsstarken XGBoost – haben wir Erkenntnisse gewonnen, die die Grenzen der Vorhersagegenauigkeit erweitern.

Während wir unsere Ergebnisse zusammenfassen und in die Zukunft blicken, werden wir nicht nur die technischen Aspekte unseres Projekts zusammenfassen, sondern auch die weiterreichenden Implikationen unserer Arbeit diskutieren. Wie können diese fein abgestimmten Modelle in greifbare Vorteile in Branchen wie Finanzen oder Lieferkettenmanagement umgesetzt werden? Welche Herausforderungen könnten wir bei der Implementierung dieser Modelle bewältigen müssen, und wie können wir deren kontinuierliche Genauigkeit und Relevanz in dynamischen, realen Umgebungen sicherstellen? Begleiten Sie uns, während wir diese Fragen und mehr untersuchen und eine Roadmap erstellen, um unsere analytischen Errungenschaften in praktische, wirkungsvolle Lösungen im Bereich der Zeitreihenvorhersage umzuwandeln.

1.6.1 Projektübersicht: Wichtige Schritte und Techniken

Im Verlauf dieses Projekts haben wir uns darauf konzentriert, eine robuste Pipeline für die Zeitreihenvorhersage mithilfe von Machine-Learning-Modellen und Feature Engineering zu entwickeln. Lassen Sie uns die wichtigsten Schritte zusammenfassen:

1. **Verständnis von Zeitreihendaten**:

Wir begannen mit der Analyse der Struktur von Zeitreihendaten und betonten die Bedeutung der zeitlichen Reihenfolge und Abhängigkeiten. Diese Grundlage ist entscheidend für eine effektive Prognose, da Zeitreihenmodelle sowohl kurzfristige als auch langfristige Muster berücksichtigen müssen.

2. **Feature Engineering**:

Feature Engineering war ein zentraler Schwerpunkt des Projekts. Wir führten verschiedene Arten von Merkmalen ein und erstellten diese, um die Modelle zu verbessern:

- ○ **Lag-Merkmale**: Boten historischen Kontext, indem die ursprünglichen Daten um bestimmte Zeitschritte verschoben wurden.

- ○ **Rolling-Window-Merkmale**: Erfassten breitere Trends und Volatilitäten durch die Anwendung von rollierenden Statistiken (z. B. rollierende Mittelwerte und Standardabweichungen).

- ○ **Detrending**: Entfernte langfristige Trends aus den Daten, wodurch die Serie stationär und leichter vorhersagbar wurde.

    o **Saisonale Behandlung**: Erstellte Merkmale, um wiederkehrende Muster in den Daten zu berücksichtigen, wie Monate, Wochentage und saisonale Differenzierungen.

3. **Anwendung von Machine-Learning-Modellen**:

Wir wendeten mehrere Machine-Learning-Modelle auf den Datensatz an, darunter:

    o **Random Forest**: Eine leistungsstarke Ensemble-Methode, die komplexe Interaktionen zwischen Merkmalen erfassen kann.

    o **Gradient Boosting**: Eine Boosting-Methode, die iterativ die Leistung durch den Fokus auf Fehler früherer Modelle verbessert.

    o **XGBoost**: Eine effiziente und optimierte Version von Gradient Boosting, bekannt für Leistung und Skalierbarkeit.

4. **Hyperparameter-Optimierung**:

Um die Modellleistung zu optimieren, verwendeten wir **Grid Search** und **Random Search**, um die Hyperparameter jedes Modells fein abzustimmen. Durch die Auswahl der besten Hyperparameter-Kombination konnten wir die Genauigkeit der Modelle erheblich verbessern.

5. **Modellbewertung**:

Wir bewerteten die Modelle anhand der **Mean Squared Error (MSE)**-Metrik und verglichen die Ergebnisse vor und nach der Hyperparameter-Optimierung. Dadurch konnten wir bestimmen, welches Modell die beste Leistung zeigte und wie stark die Optimierung die Ergebnisse verbesserte.

1.6.2 Projektergebnisse: Vergleich der Modellleistung

Lassen Sie uns die endgültigen Ergebnisse überprüfen und die Leistung der Modelle nach der Hyperparameter-Optimierung vergleichen:

- **Random Forest**:
  - Anfangs-MSE: 1300
  - Nach Optimierung: 950

- **Gradient Boosting**:
  - Anfangs-MSE: 1150
  - Nach Optimierung: 880

- **XGBoost**:
  - Anfangs-MSE: 1100
  - Nach Optimierung: 820

Wie wir sehen können, verbesserte sich jedes Modell nach der Hyperparameter-Optimierung erheblich, wobei **XGBoost** die beste Leistung erzielte und den niedrigsten MSE erreichte. Auch die anderen Modelle—**Random Forest** und **Gradient Boosting**—zeigten nach der Optimierung starke Leistungen, jedoch machte die Kombination aus Geschwindigkeit und Genauigkeit XGBoost zum besten Modell für diesen Datensatz.

1.6.3 Einsatz von Zeitreihenmodellen in der Praxis

Der letzte Schritt eines jeden Machine-Learning-Projekts ist der Einsatz des Modells für Echtzeit- oder Batch-Vorhersagen. So können die von uns entwickelten Modelle eingesetzt werden:

1. **Batch-Vorhersagen**:

In den meisten geschäftlichen Anwendungen sind Batch-Vorhersagen üblich. Das trainierte Modell kann verwendet werden, um zukünftige Werte für die nächsten Tage, Wochen oder Monate basierend auf historischen Daten vorherzusagen. Dies ist besonders nützlich in Bereichen wie Verkaufsprognosen, Lieferkettenmanagement und Finanzmarktvorhersagen.

Die Prognoseaufgabe kann so geplant werden, dass sie täglich, wöchentlich oder monatlich ausgeführt wird, je nach Bedarf, und die Vorhersagen automatisch basierend auf neuen Daten aktualisiert werden.

2. **Echtzeit-Vorhersagen**:

In einigen Fällen sind Echtzeit-Vorhersagen erforderlich, insbesondere bei hochfrequenten Daten wie Aktienkursen oder IoT-Sensordaten. Das trainierte Modell kann in einem **Echtzeit-Vorhersagesystem** eingesetzt werden, in dem kontinuierlich neue Daten in das Modell eingespeist und Vorhersagen in Echtzeit erstellt werden.

3. **Modellpflege**:

Zeitreihenmodelle erfordern regelmäßige Aktualisierungen, wenn neue Daten verfügbar werden. Eine regelmäßige Neutrainierung des Modells stellt sicher, dass es auf dem neuesten Stand bleibt und Änderungen in Mustern, Trends oder Saisonalität berücksichtigt. **Automatisierte Neutrainierungs-Pipelines** können eingerichtet werden, um das Modell periodisch mit den neuesten Daten zu aktualisieren.

4. **Überwachung und Bewertung**:

Nach der Implementierung ist es wichtig, die Leistung des Modells kontinuierlich zu überwachen, um sicherzustellen, dass es genaue Vorhersagen liefert. Sollte die Leistung des Modells im Laufe der Zeit abnehmen (z. B. aufgrund von Änderungen in der Datenverteilung), kann eine erneute Neutrainierung oder Anpassung erforderlich sein.

1.6.4 Wichtige Erkenntnisse aus dem Projekt

- **Feature Engineering ist entscheidend für Zeitreihenvorhersagen**: Das Erstellen von Lag-Merkmalen, Rolling-Window-Merkmalen sowie die Behandlung von Trends und Saisonalität verbessern die Genauigkeit von Machine-Learning-Modellen für Zeitreihendaten erheblich.

- **Machine-Learning-Modelle wie Random Forest, Gradient Boosting und XGBoost zeigen starke Leistungen bei Zeitreihenvorhersagen**, wenn sie mit geeigneten Feature-Engineering-Techniken kombiniert werden.

- **Hyperparameter-Optimierung** ist ein wesentlicher Schritt zur Verbesserung der Modellleistung. Sowohl Grid Search als auch Random Search sind effektive Methoden, um die besten Hyperparameter zu finden.

- **Einsatz und Pflege** sind wichtig, um sicherzustellen, dass Zeitreihenmodelle langfristig genau bleiben. Neutrainierung und Überwachung sollten Teil der Einsatzstrategie sein.

1.6.5 Fazit

Dieses Projekt hat die bemerkenswerte Synergie zwischen fortschrittlichen Machine-Learning-Modellen und ausgefeilten Feature-Engineering-Techniken im Bereich der Zeitreihenvorhersage aufgezeigt. Durch die Implementierung einer Vielzahl von Methoden, einschließlich Lag-Merkmalen, Rolling-Statistiken und Detrending, haben wir die Fähigkeit der Modelle erheblich verbessert, komplexe Muster in den Daten zu erkennen und zu interpretieren. Diese Techniken ermöglichten es unseren Modellen, nicht nur übergeordnete Trends und saisonale Schwankungen, sondern auch komplexe kurzfristige Abhängigkeiten zu erfassen, die oft entscheidend in der Zeitreihenanalyse sind.

Der Prozess der Hyperparameter-Optimierung erwies sich als entscheidender Schritt auf unserem Weg zur optimalen Modellleistung. Durch sorgfältige Feinabstimmung konnten wir das maximale Potenzial jedes Modells ausschöpfen und die Grenzen der Vorhersagegenauigkeit erweitern. Unsere vergleichende Analyse verschiedener Modelle führte zu einer bedeutenden Erkenntnis: **XGBoost** stellte sich als das leistungsstärkste Modell für diesen speziellen Datensatz heraus und zeigte überlegene Vorhersagefähigkeiten sowie robuste Leistung über verschiedene Metriken hinweg.

Wenn Sie Ihre eigenen Zeitreihenvorhersageprojekte in Angriff nehmen, sollten Sie stets die fundamentale Bedeutung des Feature Engineerings im Hinterkopf behalten. Die Kunst, relevante und informative Merkmale zu erstellen, kann oft der entscheidende Faktor zwischen einem guten Modell und einem herausragenden Modell sein. Denken Sie daran, dass die ideale Kombination aus sorgfältig erstellten Merkmalen und präzise abgestimmten Modellparametern beispiellose Genauigkeitsniveaus freisetzen kann.

Dies gilt für ein breites Spektrum von Anwendungen, sei es die Vorhersage von Verkaufsentwicklungen, die Analyse von Finanzkennzahlen oder die Interpretation komplexer Sensordaten. Die in diesem Projekt untersuchten Techniken und Methoden dienen als leistungsstarke Werkzeuge, die es Ihnen ermöglichen, Zeitreihenmodelle zu erstellen, die nicht nur robust und zuverlässig sind, sondern auch in der Lage, Erkenntnisse mit bemerkenswerter Präzision und Konsistenz zu liefern.

Kapitel 8: Fortgeschrittene Techniken der Datenbereinigung

Im komplexen Prozess der Datenvorbereitung für Machine-Learning-Modelle sticht die Datenbereinigung als einer der entscheidendsten und anspruchsvollsten Schritte hervor. Die Qualität der Daten wirkt sich direkt auf die Leistung selbst der fortschrittlichsten Algorithmen aus, wodurch gut vorbereitete und bereinigte Daten unerlässlich sind, um optimale Modellgenauigkeit und Zuverlässigkeit zu erreichen. Dieses Kapitel befasst sich eingehend mit **fortgeschrittenen Techniken der Datenbereinigung**, die über grundlegende Vorverarbeitungsmethoden hinausgehen und Ihnen die Werkzeuge an die Hand geben, um einige der komplexeren und herausfordernden Datenprobleme zu lösen, die in realen Datensätzen häufig auftreten.

In diesem Kapitel erkunden wir eine umfassende Reihe von Techniken, die Ihre Fähigkeiten in der Datenbereinigung auf ein höheres Niveau heben sollen. Wir beginnen mit Methoden zur **Erkennung und Behandlung von Ausreißern**, einem entscheidenden Schritt, um sicherzustellen, dass Ihre Daten die zugrunde liegenden Muster genau widerspiegeln, ohne durch Extremwerte verzerrt zu werden. Anschließend widmen wir uns Strategien zur **Korrektur von Dateninkonsistenzen**, bei denen Probleme wie Formatierungsunterschiede, Einheitenkonflikte und widersprüchliche Informationen aus verschiedenen Datenquellen behoben werden.

Abschließend nehmen wir uns der oft komplexen Herausforderung an, **mit fehlenden Datenmustern umzugehen**, und untersuchen fortgeschrittene Imputationstechniken sowie Strategien zur Handhabung von Daten, die nicht zufällig fehlen. Durch die Beherrschung dieser Methoden können Sie effektiv Extremwerte, Unregelmäßigkeiten und Rauschen bewältigen, die sonst die wertvollen Erkenntnisse verzerren könnten, die Ihre Modelle aus den Daten extrahieren sollen.

8.1 Erkennung von Ausreißern und Umgang mit Extremwerten

Ausreißer sind Datenpunkte, die deutlich von den anderen Beobachtungen in einem Datensatz abweichen. Diese Extremwerte können die Leistung von Machine-Learning-Modellen erheblich beeinflussen, insbesondere von Algorithmen, die empfindlich auf Datenvariationen reagieren. Lineare Regression und neuronale Netzwerke können beispielsweise stark durch Ausreißer beeinflusst werden, was zu verzerrten Vorhersagen und potenziell falschen Schlussfolgerungen führt.

Das Vorhandensein von Ausreißern kann statistische Maße verzerren, die Annahmen vieler statistischer Tests beeinflussen und zu voreingenommenen oder irreführenden Ergebnissen führen. In der Regressionsanalyse können Ausreißer die Steigung und den Schnittpunkt der angepassten Linie drastisch verändern, während sie in Clustering-Algorithmen Clusterzentren und -grenzen verschieben und suboptimale Gruppierungen verursachen können.

In diesem Abschnitt befassen wir uns mit umfassenden Methoden zur Erkennung, Analyse und Behandlung von Ausreißern. Wir untersuchen verschiedene statistische Techniken zur Ausreißererkennung, einschließlich parametrischer Methoden wie der Z-Score-Methode und nicht-parametrischer Methoden wie des Interquartilsbereichs (IQR). Darüber hinaus betrachten wir grafische Methoden wie Boxplots und Streudiagramme, die visuelle Einblicke in die Verteilung der Daten und potenzielle Ausreißer bieten.

Darüber hinaus besprechen wir Strategien für den effektiven Umgang mit Ausreißern, sobald diese identifiziert wurden. Dazu gehören Techniken zur Anpassung von Ausreißerwerten durch Transformation oder Winsorisierung, Methoden zur Entfernung von Ausreißern, wenn dies angebracht ist, und Ansätze zur Imputation von Ausreißerwerten, um die Datenintegrität zu bewahren. Wir untersuchen auch die Auswirkungen jeder Methode und geben Hinweise zur Auswahl des am besten geeigneten Ansatzes, basierend auf den spezifischen Eigenschaften Ihres Datensatzes und den Anforderungen Ihrer Analyse- oder Modellierungsaufgabe.

Warum Ausreißer wichtig sind: Ihre tiefgreifende Wirkung aufdecken

Ausreißer sind keine bloßen statistischen Anomalien; sie sind kritische Datenpunkte, die das Ergebnis von Datenanalysen und Machine-Learning-Modellen erheblich beeinflussen können. Diese Extremwerte können aus verschiedenen Quellen stammen, darunter Dateneingabefehler, Messungenauigkeiten oder echte Abweichungen innerhalb des Datensatzes.

Das Verständnis der Natur und der Auswirkungen von Ausreißern ist aus mehreren Gründen von entscheidender Bedeutung:

1. Datenintegrität

Ausreißer können als wichtige Indikatoren für Probleme in der Datenqualität dienen und systemische Fehler in den Datenerhebungs- oder Verarbeitungsmethoden aufdecken. Solche Anomalien könnten auf Folgendes hinweisen:

- Fehlfunktionen oder Kalibrierungsfehler in Datenerfassungsgeräten

- Menschliche Fehler bei manuellen Dateneingabeprozessen

- Schwächen in automatisierten Datenerfassungssystemen

- Inkonsistenzen bei der Datenformatierung oder Einheitenumrechnung über verschiedene Quellen hinweg

Durch die Identifikation und Untersuchung von Ausreißern können Datenwissenschaftler zugrunde liegende Probleme in ihrer Datenpipeline aufdecken. Dies führt zu Verbesserungen der Datenerhebungsmethoden, zur Verfeinerung der Datenverarbeitungsalgorithmen und letztlich zu einer verbesserten Datenqualität. Ein proaktiver Ansatz zur Sicherstellung der Datenintegrität unterstützt nicht nur die aktuelle Analyse, sondern stärkt auch die Basis für zukünftige datengetriebene Projekte und Entscheidungsprozesse.

2. Statistische Verzerrung

Ausreißer können statistische Maße erheblich verzerren und zu Fehlinterpretationen der Datenmerkmale führen. Zum Beispiel:

- **Mittelwert**: Ausreißer können den Durchschnitt von der tatsächlichen Mitte der Datenverteilung wegziehen, insbesondere in kleineren Datensätzen.

- **Standardabweichung**: Extremwerte können die Standardabweichung überhöhen und die Variabilität der Daten überbewerten.

- **Korrelation**: Ausreißer können Korrelationen zwischen Variablen künstlich verstärken oder abschwächen.

- **Regressionsanalyse**: Sie können die Steigung und den Achsenabschnitt der Regressionslinie drastisch verändern, was zu ungenauen Vorhersagen führt.

Diese Verzerrungen können ernste Konsequenzen für die Datenanalyse haben, was potenziell zu fehlerhaften Schlussfolgerungen und suboptimalen Entscheidungen führt. Es ist entscheidend, Ausreißer zu identifizieren und angemessen zu behandeln, um eine genaue Darstellung der Datentrends und -beziehungen zu gewährleisten.

3. Modellleistung

Im Machine Learning können Ausreißer das Training eines Modells unverhältnismäßig stark beeinflussen, insbesondere bei Algorithmen, die empfindlich auf Extremwerte reagieren, wie lineare Regression oder neuronale Netzwerke. Diese Einflüsse können sich wie folgt äußern:

- **Verzerrte Parameterschätzungen**: Bei der linearen Regression können Ausreißer die Koeffizienten erheblich verändern, was zu einem Modell führt, das schlecht zur Mehrheit der Daten passt.

- **Overfitting**: Manche Modelle passen ihre Parameter an Ausreißer an, was zu einer schlechten Generalisierung auf neue Daten führt.

- **Verzerrte Merkmalswichtigkeit**: In baumbasierten Modellen können Ausreißer die Wichtigkeit bestimmter Merkmale künstlich erhöhen.

- **Verzerrte Entscheidungsgrenzen**: Bei Klassifizierungsaufgaben können Ausreißer die Entscheidungsgrenzen verschieben und dadurch eine signifikante Anzahl von Datenpunkten falsch klassifizieren.

Das Verständnis dieser Effekte ist entscheidend für die Entwicklung robuster Modelle. Techniken wie robuste Regression, Ensemble-Methoden oder sorgfältiges Feature Engineering können dazu beitragen, die Auswirkungen von Ausreißern auf die Modellleistung zu minimieren. Außerdem können Kreuzvalidierung und eine sorgfältige Analyse der Modellresiduen aufzeigen, wie stark Ausreißer die Vorhersagen und Generalisierungsfähigkeit eines Modells beeinflussen.

4. Entscheidungsfindung und strategische Einblicke

Im geschäftlichen Kontext stellen Ausreißer oft seltene, aber äußerst bedeutende Ereignisse dar, die besondere Aufmerksamkeit und strategische Überlegungen erfordern. Diese extremen Datenpunkte können wertvolle Einblicke in außergewöhnliche Umstände, aufkommende Trends oder potenzielle Risiken und Chancen bieten, die in der allgemeinen Datenverteilung nicht erkennbar sind.

Zum Beispiel:

- **Finanzanalyse**: Ausreißer könnten auf Betrug, Marktanomalien oder bahnbrechende Investitionsmöglichkeiten hinweisen.

- **Kundenverhalten**: Ausreißer könnten hoch wertvolle Kunden oder frühe Anwender neuer Trends darstellen.

- **Fertigung**: Ausreißer könnten auf Gerätefehler oder außergewöhnlich effiziente Produktionsläufe hinweisen.

Das Erkennen und die richtige Interpretation solcher Ausreißer kann zu entscheidenden Geschäftsentscheidungen führen, wie der Umverteilung von Ressourcen, Strategien zur Risikominderung oder der Entwicklung neuer Produkte oder Dienstleistungen. Daher ist es wichtig, sicherzustellen, dass Ausreißer statistische Analysen oder Machine-Learning-Modelle nicht unangemessen beeinflussen, aber gleichzeitig separat analysiert werden, um ihren potenziellen strategischen Wert zu bewerten.

Durch eine sorgfältige Analyse von Ausreißern können Unternehmen einen Wettbewerbsvorteil erlangen, indem sie einzigartige Chancen identifizieren oder potenzielle Probleme angehen, bevor diese weitreichend werden. Dieser differenzierte Ansatz zur Ausreißeranalyse unterstreicht die Bedeutung der Kombination von statistischer Strenge mit Fachwissen und Geschäftssinn bei datengetriebenen Entscheidungen.

Die Auswirkungen von Ausreißern in Machine-Learning-Modellen

Ausreißer können insbesondere bei Modellen, die empfindlich auf extreme Werte reagieren, eine unverhältnismäßig große Wirkung haben. Zum Beispiel:

- **Lineare Regression**: Ausreißer können die Steigung und den Achsenabschnitt stark beeinflussen, was zu ungenauen Vorhersagen führt.

- **Clustering-Algorithmen**: Ausreißer können die Clusterzentren verzerren, was zu weniger aussagekräftigen Clustern führt.

- **Distanzbasierte Algorithmen**: Bei Methoden wie k-nearest neighbors können Ausreißer die Distanzberechnungen beeinflussen, was zu ungenauen Vorhersagen führt.

- **Baumbasierte Modelle**: Ausreißer können unnötige Aufteilungen verursachen, was zu Overfitting und einer geringeren Generalisierung führt.

- **Neuronale Netzwerke**: Ausreißer können den Lernprozess erheblich beeinflussen, was dazu führen kann, dass das Modell zu suboptimalen Lösungen konvergiert oder gar nicht konvergiert.

Ein durchdachter Umgang mit Ausreißern ist unerlässlich, da deren bloße Entfernung ohne Analyse zum Verlust wertvoller Informationen führen kann. Es ist wichtig, die Natur der Ausreißer, ihre potenziellen Ursachen und die spezifischen Anforderungen Ihrer Analyse- oder Modellierungsaufgabe zu berücksichtigen. In einigen Fällen stellen Ausreißer wichtige seltene Ereignisse oder aufkommende Trends dar, die eine weitere Untersuchung rechtfertigen. Ein ausgewogener Ansatz, der statistische Strenge mit Fachwissen kombiniert, ist oft der effektivste Weg, um Ausreißer in Machine-Learning-Projekten zu behandeln.

Methoden zur Identifizierung von Ausreißern

Es gibt verschiedene Möglichkeiten, Ausreißer in einem Datensatz zu identifizieren, von statistischen Techniken bis hin zu visuellen Methoden. Lassen Sie uns einige gängige Ansätze untersuchen:

8.1.1 Z-Score-Methode

Die **Z-Score-Methode**, auch bekannt als **Standardwert**, ist eine statistische Technik zur Identifizierung von Ausreißern in einem Datensatz. Sie quantifiziert, wie viele Standardabweichungen ein Datenpunkt vom Mittelwert der Verteilung entfernt ist. Die Formel zur Berechnung des Z-Scores lautet:

```
Z = (X - μ) / σ

where:
X = the data point
μ = the mean of the distribution
σ = the standard deviation of the distribution
```

Typischerweise wird ein Z-Score von +3 oder -3 als Schwellenwert zur Identifizierung von Ausreißern verwendet. Das bedeutet, dass Datenpunkte, die mehr als drei

Standardabweichungen vom Mittelwert entfernt liegen, als potenzielle Ausreißer betrachtet werden. Dieser Schwellenwert ist jedoch nicht festgelegt und kann an die spezifischen Eigenschaften der Datenverteilung und die Anforderungen der Analyse angepasst werden.

Zum Beispiel fallen in einer normalverteilten Datenverteilung etwa 99,7 % der Daten innerhalb von drei Standardabweichungen vom Mittelwert. Daher würde die Verwendung eines Z-Scores von ±3 als Schwellenwert ungefähr 0,3 % der Daten als Ausreißer identifizieren. In einigen Fällen könnten Forscher einen strengeren Schwellenwert (z. B. ±2,5 oder sogar ±2) verwenden, um einen größeren Anteil extremer Werte für eine weitere Untersuchung zu kennzeichnen.

Es ist wichtig zu beachten, dass die Z-Score-Methode, obwohl sie weit verbreitet und leicht zu interpretieren ist, Einschränkungen hat. Sie geht davon aus, dass die Daten normalverteilt sind, und kann empfindlich auf extreme Ausreißer reagieren. Für schiefe oder nicht normalverteilte Daten könnten alternative Methoden wie der **Interquartilsbereich (IQR)** oder robuste statistische Techniken besser geeignet sein, um Ausreißer zu erkennen.

Beispiel: Ausreißererkennung mit der Z-Score-Methode

Angenommen, wir haben einen Datensatz mit Altersangaben und möchten extreme Alterswerte identifizieren.

```python
import pandas as pd
import numpy as np
import matplotlib.pyplot as plt
from scipy import stats

# Sample data
data = {'Age': [25, 28, 30, 22, 24, 26, 27, 105, 29, 23, 31, 200]}
df = pd.DataFrame(data)

# Calculate Z-scores
df['Z_Score'] = stats.zscore(df['Age'])

# Identify outliers (Z-score > 3 or < -3)
df['Outlier'] = df['Z_Score'].apply(lambda x: 'Yes' if abs(x) > 3 else 'No')

# Print the dataframe
print("Original DataFrame with Z-scores:")
print(df)

# Visualize the data
plt.figure(figsize=(10, 6))
plt.subplot(121)
plt.boxplot(df['Age'])
plt.title('Box Plot of Age')
plt.ylabel('Age')

plt.subplot(122)
plt.scatter(range(len(df)), df['Age'])
plt.title('Scatter Plot of Age')
```

```
plt.xlabel('Index')
plt.ylabel('Age')

plt.tight_layout()
plt.show()

# Remove outliers
df_clean = df[df['Outlier'] == 'No']

# Compare statistics
print("\\nOriginal Data Statistics:")
print(df['Age'].describe())
print("\\nCleaned Data Statistics:")
print(df_clean['Age'].describe())

# Demonstrate effect on mean and median
print(f"\\nOriginal Mean: {df['Age'].mean():.2f}, Median: {df['Age'].median():.2f}")
print(f"Cleaned          Mean:          {df_clean['Age'].mean():.2f},          Median:
{df_clean['Age'].median():.2f}")
```

Dieser Codeausschnitt zeigt eine umfassende Methode zur Erkennung und Analyse von Ausreißern mithilfe der Z-Score-Technik.

Hier ist eine Aufschlüsselung des Codes und seiner Funktionalität:

1. **Datenvorbereitung:**

   o Wir importieren die erforderlichen Bibliotheken: *pandas* für die Datenmanipulation, *numpy* für numerische Operationen, *matplotlib* für Visualisierungen und *scipy.stats* für statistische Funktionen.

   o Ein Beispieldatensatz mit Altersangaben wird erstellt und in ein *pandas* DataFrame umgewandelt.

2. **Z-Score-Berechnung:**

   o Wir verwenden die Funktion scipy.stats.zscore(), um Z-Scores für die Spalte „Age" zu berechnen. Diese Funktion standardisiert die Daten und erleichtert das Erkennen von Ausreißern.

   o Die berechneten Z-Scores werden dem DataFrame als neue Spalte hinzugefügt.

3. **Identifikation von Ausreißern:**

   o Ausreißer werden mit einem Schwellenwert von ±3 Standardabweichungen identifiziert (eine gängige Praxis).

   o Eine neue Spalte „Outlier" wird hinzugefügt, um Datenpunkte zu kennzeichnen, die diesen Schwellenwert überschreiten.

4. **Datenvisualisierung:**

   o Zwei Diagramme werden erstellt, um die Datenverteilung und Ausreißer zu visualisieren:a. Ein Boxplot, der Median, Quartile und potenzielle Ausreißer zeigt.b. Ein Streudiagramm, das die Verteilung der Altersdaten und extreme Werte verdeutlicht.

   o Diese Visualisierungen bieten eine schnelle und intuitive Möglichkeit, Ausreißer zu erkennen.

5. **Entfernung und Analyse von Ausreißern:**

   o Ein neues DataFrame (*df_clean*) wird erstellt, indem die identifizierten Ausreißer entfernt werden.

   o Statistiken (Anzahl, Mittelwert, Standardabweichung, Min, 25%, 50%, 75%, Max) werden zwischen den ursprünglichen und bereinigten Datensätzen verglichen.

   o Der Einfluss auf den Mittelwert und Median wird demonstriert, um zu zeigen, wie Ausreißer diese zentralen Tendenzmaße verzerren können.

Dieses umfassende Beispiel erkennt nicht nur Ausreißer, sondern zeigt auch deren Auswirkungen auf den Datensatz durch Visualisierungen und statistische Vergleiche. Es bietet einen praktischen Workflow, um Ausreißer in realen Szenarien zu identifizieren, zu visualisieren und zu behandeln.

8.1.2. Methode der Interquartilsdifferenz (IQR)

Die **Methode der Interquartilsdifferenz (IQR)** ist eine robuste statistische Technik zur Identifikation von Ausreißern und besonders effektiv bei schiefen oder nicht normalverteilten Daten. Diese Methode basiert auf Quartilen, die den Datensatz in vier gleiche Teile aufteilen. Der IQR wird als Differenz zwischen dem dritten Quartil (Q3, 75. Perzentil) und dem ersten Quartil (Q1, 25. Perzentil) berechnet.

So werden Ausreißer mit der IQR-Methode erkannt:

1. Berechnung von Q1 (25. Perzentil) und Q3 (75. Perzentil) des Datensatzes.

2. Berechnung des IQR, indem Q1 von Q3 subtrahiert wird.

3. Definition der „inneren Grenzen" für Nicht-Ausreißer-Daten:

   o Untere Grenze: Q1 - 1,5 * IQR

   o Obere Grenze: Q3 + 1,5 * IQR

4. Identifikation von Ausreißern als Datenpunkte, die unterhalb der unteren Grenze oder oberhalb der oberen Grenze liegen.

Der Faktor 1,5, der zur Berechnung der Grenzen verwendet wird, ist eine gängige Wahl, kann jedoch je nach Analyseanforderungen angepasst werden. Ein größerer Faktor (z. B. 3) führt zu einer konservativeren Ausreißererkennung, während ein kleinerer Faktor mehr Datenpunkte als potenzielle Ausreißer kennzeichnet.

Die IQR-Methode ist besonders wertvoll, da sie weniger empfindlich gegenüber extremen Werten ist als Methoden, die auf Mittelwert und Standardabweichung basieren, wie die Z-Score-Methode. Dies macht sie besonders nützlich für Datensätze mit stark ausgeprägten Rändern oder unbekannter Verteilung.

Beispiel: Erkennung von Ausreißern mit der IQR-Methode

Wenden wir die IQR-Methode auf denselben **Age**-Datensatz an.

```python
import pandas as pd
import numpy as np
import matplotlib.pyplot as plt

# Sample data
data = {'Age': [25, 28, 30, 22, 24, 26, 27, 105, 29, 23, 31, 200]}
df = pd.DataFrame(data)

# Calculate Q1, Q3, and IQR
Q1 = df['Age'].quantile(0.25)
Q3 = df['Age'].quantile(0.75)
IQR = Q3 - Q1

# Define bounds for outliers
lower_bound = Q1 - 1.5 * IQR
upper_bound = Q3 + 1.5 * IQR

# Identify outliers
df['Outlier_IQR'] = df['Age'].apply(lambda x: 'Yes' if x < lower_bound or x > upper_bound else 'No')

# Print the dataframe
print("DataFrame with outliers identified:")
print(df)

# Visualize the data
plt.figure(figsize=(10, 6))
plt.subplot(121)
plt.boxplot(df['Age'])
plt.title('Box Plot of Age')
plt.ylabel('Age')

plt.subplot(122)
plt.scatter(range(len(df)), df['Age'], c=df['Outlier_IQR'].map({'Yes': 'red', 'No': 'blue'}))
plt.title('Scatter Plot of Age')
plt.xlabel('Index')
```

```
plt.ylabel('Age')
plt.legend(['Normal', 'Outlier'])

plt.tight_layout()
plt.show()

# Remove outliers
df_clean = df[df['Outlier_IQR'] == 'No']

# Compare statistics
print("\\nOriginal Data Statistics:")
print(df['Age'].describe())
print("\\nCleaned Data Statistics:")
print(df_clean['Age'].describe())

# Demonstrate effect on mean and median
print(f"\\nOriginal Mean: {df['Age'].mean():.2f}, Median: {df['Age'].median():.2f}")
print(f"Cleaned      Mean:      {df_clean['Age'].mean():.2f},      Median:
{df_clean['Age'].median():.2f}")
```

Dieser Codeausschnitt bietet eine umfassende Demonstration der Ausreißererkennung mithilfe der Methode der Interquartilsdifferenz (IQR).

Hier ist eine Aufschlüsselung des Codes und seiner Funktionalität:

1. **Datenvorbereitung:**

   o Wir importieren die notwendigen Bibliotheken: *pandas* für die Datenmanipulation, *numpy* für numerische Operationen und *matplotlib* für Visualisierungen.

   o Ein Beispieldatensatz mit Altersangaben wird erstellt und in ein *pandas* DataFrame umgewandelt.

2. **IQR-Berechnung und Ausreißererkennung:**

   o Wir berechnen das erste Quartil (Q1), das dritte Quartil (Q3) und die Interquartilsdifferenz (IQR).

   o Untere und obere Grenzen für Ausreißer werden mit der Formel Q1 - 1,5 * IQR bzw. Q3 + 1,5 * IQR definiert.

   o Ausreißer werden identifiziert, indem geprüft wird, ob einzelne Datenpunkte außerhalb dieser Grenzen liegen.

3. **Datenvisualisierung:**

   o Zwei Diagramme werden erstellt, um die Datenverteilung und Ausreißer zu visualisieren:a. Ein Boxplot, der Median, Quartile und potenzielle Ausreißer zeigt.b. Ein Streudiagramm, das die Verteilung der Altersdaten darstellt und Ausreißer in Rot hervorhebt.

  o Diese Visualisierungen bieten eine intuitive Möglichkeit, Ausreißer im Datensatz zu erkennen.

4. **Entfernung und Analyse von Ausreißern:**

  o Ein neues DataFrame (*df_clean*) wird erstellt, indem die identifizierten Ausreißer entfernt werden.

  o Deskriptive Statistiken des ursprünglichen und bereinigten Datensatzes werden verglichen.

  o Der Einfluss auf Mittelwert und Median wird demonstriert, um zu zeigen, wie Ausreißer diese Maße der zentralen Tendenz verzerren können.

Dieses umfassende Beispiel erkennt nicht nur Ausreißer, sondern zeigt auch deren Auswirkungen auf den Datensatz durch Visualisierungen und statistische Vergleiche. Es bietet einen praktischen Workflow zur Identifikation, Visualisierung und Behandlung von Ausreißern in realen Szenarien mithilfe der IQR-Methode.

8.1.3. Visuelle Methoden: Boxplots und Streudiagramme

Die Visualisierung spielt eine entscheidende Rolle bei der Identifikation von Ausreißern und bietet intuitive sowie leicht interpretierbare Methoden zur Datenanalyse.

Boxplots

Boxplots, auch als Box-Whisker-Plots bekannt, bieten einen umfassenden Überblick über die Datenverteilung, einschließlich Median, Quartile und potenzieller Ausreißer. Die „Box" repräsentiert die Interquartilsdifferenz (IQR) mit der Medianlinie in der Mitte, während die „Whisker" den Rest der Verteilung zeigen. Datenpunkte, die über diese Whisker hinausgehen, werden typischerweise als Ausreißer betrachtet und sind sofort erkennbar.

Die Struktur eines Boxplots ist besonders informativ:

- Der untere Rand der Box repräsentiert das erste Quartil (Q1, 25. Perzentil).

- Der obere Rand der Box repräsentiert das dritte Quartil (Q3, 75. Perzentil).

- Die Linie innerhalb der Box zeigt den Median (Q2, 50. Perzentil).

- Die Whisker erstrecken sich typischerweise bis zu 1,5-mal der IQR über die Boxränder hinaus.

Boxplots sind besonders nützlich im Kontext der Ausreißererkennung und Datenbereinigung:

- Sie bieten eine schnelle visuelle Zusammenfassung der zentralen Tendenz, Streuung und Schiefe der Daten.

- Ausreißer sind leicht als einzelne Punkte außerhalb der Whisker erkennbar.

- Der Vergleich von Boxplots nebeneinander kann Unterschiede in Verteilungen zwischen mehreren Gruppen oder Variablen aufzeigen.

- Sie ergänzen statistische Methoden wie Z-Score und IQR für eine umfassendere Analyse von Ausreißern.

Beim Interpretieren von Boxplots zur Ausreißererkennung ist es wichtig, den Kontext der Daten zu berücksichtigen. In einigen Fällen kann ein scheinbarer Ausreißer ein wertvoller Extremfall statt ein Fehler sein. Diese visuelle Methode sollte in Kombination mit Fachwissen und anderen Analysetechniken verwendet werden, um fundierte Entscheidungen zur Datenbereinigung und -vorbereitung zu treffen.

Hier ein Beispiel, wie man mit Python und matplotlib einen Boxplot erstellt:

```python
import pandas as pd
import matplotlib.pyplot as plt

# Sample data
data = {'Age': [25, 28, 30, 22, 24, 26, 27, 105, 29, 23, 31, 200]}
df = pd.DataFrame(data)

# Create box plot
plt.figure(figsize=(10, 6))
plt.boxplot(df['Age'])
plt.title('Box Plot of Age')
plt.ylabel('Age')
plt.show()
```

Lassen Sie uns diesen Code aufschlüsseln:

1. **Erforderliche Bibliotheken importieren:**

   o *pandas* für die Datenmanipulation

   o *matplotlib.pyplot* zum Erstellen des Diagramms

2. **Einen Beispieldatensatz erstellen:**

   o Wir verwenden ein Dictionary mit einem Schlüssel „Age" und einer Liste von Alterswerten.

   o Dieses Dictionary wird in ein *pandas* DataFrame umgewandelt.

3. **Das Diagramm einrichten:**

- o plt.figure(figsize=(10, 6)) erstellt eine neue Abbildung mit den angegebenen Abmessungen.

4. **Boxplot erstellen:**

   - o plt.boxplot(df['Age']) generiert das Boxplot-Diagramm unter Verwendung der Spalte „Age" aus unserem DataFrame.

5. **Beschriftungen und Titel hinzufügen:**

   - o plt.title() setzt den Titel des Diagramms.

   - o plt.ylabel() beschriftet die y-Achse.

6. **Das Diagramm anzeigen:**

   - o plt.show() rendert das Diagramm.

Dieser Code erstellt ein Boxplot-Diagramm, das die Verteilung der Alterswerte im Datensatz visuell darstellt. Die Box zeigt die Interquartilsdifferenz (IQR) mit der Medianlinie in der Mitte. Die Whisker erstrecken sich, um den Rest der Verteilung anzuzeigen, und Punkte außerhalb der Whisker werden als einzelne Punkte dargestellt, die potenzielle Ausreißer repräsentieren.

Streudiagramme

Streudiagramme bieten ein leistungsstarkes visuelles Werkzeug zur Erkennung von Ausreißern, indem sie Datenpunkte in einem zweidimensionalen Raum darstellen. Diese Methode eignet sich hervorragend, um Beziehungen zwischen Variablen aufzuzeigen und Anomalien zu identifizieren, die in eindimensionalen Analysen übersehen werden könnten. Beim Betrachten von Daten über einen Zeitraum können Streudiagramme Trends, Zyklen oder plötzliche Änderungen aufdecken, die auf das Vorhandensein von Ausreißern hinweisen könnten.

In Streudiagrammen manifestieren sich Ausreißer als Punkte, die signifikant vom Hauptcluster oder Muster der Datenpunkte abweichen. Diese Abweichungen können in verschiedenen Formen auftreten:

- Isolierte Punkte, die weit vom Hauptcluster entfernt sind, was auf extreme Werte in einer oder beiden Dimensionen hinweist.

- Punkte, die ein ansonsten klares Muster oder einen Trend in den Daten durchbrechen.

- Cluster von Punkten, die getrennt vom Hauptdatensatz liegen, was auf das Vorhandensein von Untergruppen oder multimodalen Verteilungen hindeuten könnte.

Ein Hauptvorteil von Streudiagrammen bei der Erkennung von Ausreißern ist ihre Fähigkeit, komplexe Beziehungen und Interaktionen zwischen Variablen zu erkennen. Ein Datenpunkt mag nicht ungewöhnlich erscheinen, wenn man jede Variable einzeln betrachtet, aber seine Kombination von Werten könnte ihn im Kontext des gesamten Datensatzes zu einem Ausreißer machen. Diese Fähigkeit ist besonders wertvoll in multivariaten Analysen, bei denen traditionelle statistische Methoden solche subtilen Ausreißer möglicherweise nicht erfassen.

Darüber hinaus können Streudiagramme mit zusätzlichen visuellen Elementen verbessert werden, um die Erkennung von Ausreißern zu erleichtern:

- Farbmarkierungen der Punkte basierend auf einer dritten Variablen können eine weitere Dimension zur Analyse hinzufügen.

- Regressionslinien oder -kurven können helfen, Punkte zu identifizieren, die von erwarteten Beziehungen abweichen.

- Interaktive Funktionen wie Zoomen oder Brushing können eine detaillierte Untersuchung potenzieller Ausreißer ermöglichen.

In Kombination mit anderen Methoden zur Ausreißererkennung dienen Streudiagramme als unschätzbares Werkzeug im Datenbereinigungsprozess. Sie bieten intuitive visuelle Einblicke, die statistische Ansätze ergänzen und weitere Untersuchungen anomaler Datenpunkte leiten.

Beide Visualisierungstechniken ergänzen die zuvor diskutierten statistischen Methoden wie die Z-Score- und IQR-Methoden. Während statistische Ansätze quantitative Maße zur Identifikation von Ausreißern bieten, ermöglichen visuelle Methoden eine sofortige, qualitative Bewertung, die weitere Untersuchungen leiten kann. Sie sind besonders wertvoll in der Phase der explorativen Datenanalyse, da sie Datenwissenschaftlern und Analysten helfen, Einblicke in die Datenverteilung zu gewinnen, Muster zu erkennen und Anomalien zu identifizieren, die eine genauere Untersuchung oder spezielle Behandlung in den nachfolgenden Analysephasen erfordern könnten.

Hier ein Beispiel, wie man mit Python, matplotlib und seaborn ein Streudiagramm für verbesserte Visualisierungen erstellt:

```python
import pandas as pd
import matplotlib.pyplot as plt
import seaborn as sns

# Sample data
data = {
    'Age': [25, 28, 30, 22, 24, 26, 27, 105, 29, 23, 31, 200],
    'Income': [50000, 55000, 60000, 45000, 48000, 52000, 54000, 150000, 58000, 47000,
62000, 500000]
}
df = pd.DataFrame(data)

# Create scatter plot
plt.figure(figsize=(10, 6))
sns.scatterplot(x='Age', y='Income', data=df)
plt.title('Scatter Plot of Age vs Income')
plt.xlabel('Age')
plt.ylabel('Income')
```

```
# Add a regression line
sns.regplot(x='Age', y='Income', data=df, scatter=False, color='red')

plt.show()
```

Lassen Sie uns diesen Code aufschlüsseln:

1. **Erforderliche Bibliotheken importieren:**

   o *pandas* für die Datenmanipulation

   o *matplotlib.pyplot* zum Erstellen des Diagramms

   o *seaborn* für erweiterte statistische Datenvisualisierung

2. **Einen Beispieldatensatz erstellen:**

   o Wir verwenden ein Dictionary mit den Schlüsseln „Age" und „Income" sowie den entsprechenden Listen von Werten.

   o Dieses Dictionary wird in ein *pandas* DataFrame umgewandelt.

3. **Das Diagramm einrichten:**

   o plt.figure(figsize=(10, 6)) erstellt eine neue Abbildung mit den angegebenen Abmessungen.

4. **Streudiagramm erstellen:**

   o sns.scatterplot(x='Age', y='Income', data=df) generiert ein Streudiagramm mit „Age" auf der x-Achse und „Income" auf der y-Achse.

5. **Beschriftungen und Titel hinzufügen:**

   o plt.title() setzt den Titel des Diagramms.

   o plt.xlabel() und plt.ylabel() beschriften die x- und y-Achsen entsprechend.

6. **Eine Regressionslinie hinzufügen:**

   o sns.regplot() fügt dem Diagramm eine Regressionslinie hinzu, die hilft, den allgemeinen Trend zu visualisieren und potenzielle Ausreißer zu identifizieren.

7. **Das Diagramm anzeigen:**

   o plt.show() rendert das Diagramm.

Dieser Code erstellt ein Streudiagramm, das die Beziehung zwischen Alter und Einkommen im Datensatz visuell darstellt. Jeder Punkt im Diagramm repräsentiert einen individuellen Datenpunkt, dessen Position durch die Werte von Alter (x-Achse) und Einkommen (y-Achse) bestimmt wird. Die Regressionslinie hilft, den allgemeinen Trend in den Daten zu identifizieren, und erleichtert das Erkennen potenzieller Ausreißer, die signifikant von diesem Trend abweichen.

In diesem Beispiel könnten Punkte, die weit vom Hauptcluster oder erheblich von der Regressionslinie entfernt sind, als potenzielle Ausreißer betrachtet werden. Zum Beispiel würden die Datenpunkte mit Alterswerten von 105 und 200 sowie ihren entsprechenden hohen Einkommenswerten in dieser Visualisierung wahrscheinlich als Ausreißer auffallen.

8.1.4 Umgang mit Ausreißern

Nach der Identifikation gibt es mehrere Ansätze zum Umgang mit Ausreißern, die jeweils eigene Vorzüge und Überlegungen mit sich bringen. Die optimale Strategie hängt von verschiedenen Faktoren ab, einschließlich der Ursache der Ausreißer, der Art des Datensatzes und den spezifischen Anforderungen Ihrer Analyse oder Ihres Modells. Einige Ausreißer können echte Extremwerte sein, die wertvolle Einblicke bieten, während andere auf Messfehler oder Datenfehler zurückzuführen sein könnten. Das Verständnis des Kontexts und der Herkunft dieser Ausreißer ist entscheidend, um die am besten geeignete Methode zu bestimmen.

Gängige Ansätze umfassen das Entfernen, Transformieren, Winsorisieren und Imputieren. Das Entfernen ist einfach, birgt jedoch das Risiko, potenziell wichtige Informationen zu verlieren. Datenumwandlungen, wie die Anwendung logarithmischer oder Wurzelfunktionen, können helfen, den Einfluss extremer Werte zu reduzieren und gleichzeitig die allgemeine Datenstruktur beizubehalten.

Beim Winsorisieren werden extreme Werte auf einen bestimmten Perzentilwert begrenzt, wodurch ihr Einfluss reduziert wird, ohne sie vollständig zu entfernen. Imputationsmethoden ersetzen Ausreißer durch repräsentativere Werte, wie den Mittelwert oder Median des Datensatzes.

Die Wahl der Methode sollte von einem gründlichen Verständnis Ihrer Daten, den Zielen Ihrer Analyse und den potenziellen Auswirkungen auf nachfolgende Prozesse geleitet werden. Es ist oft vorteilhaft, mehrere Ansätze auszuprobieren und ihre Auswirkungen auf Ihre Ergebnisse zu vergleichen. Darüber hinaus ist es entscheidend, den Prozess des Umgangs mit Ausreißern zu dokumentieren, um Transparenz und Reproduzierbarkeit in Ihrem Datenanalyse-Workflow sicherzustellen.

1. **Ausreißer entfernen:**

Das Entfernen von Ausreißern kann eine effektive Methode sein, um mit Datenpunkten umzugehen, die offensichtlich fehlerhaft oder inkonsistent mit dem Rest des Datensatzes sind. Diese Methode ist besonders nützlich in Fällen, in denen Ausreißer durch Messfehler, Datenfehler oder andere Anomalien verursacht werden, die nicht die wahre Natur der Daten widerspiegeln. Durch die Eliminierung dieser problematischen Datenpunkte können Sie die Gesamtqualität und Zuverlässigkeit Ihres Datensatzes verbessern, was potenziell zu genaueren Analysen und Modellvorhersagen führt.

Es ist jedoch wichtig, Vorsicht walten zu lassen, wenn Sie das Entfernen von Ausreißern in Betracht ziehen. In vielen Fällen könnte ein scheinbarer Ausreißer tatsächlich ein wertvoller Extremwert sein, der wichtige Informationen über das untersuchte Phänomen enthält. Solche echten Extremwerte können Einblicke in seltene, aber bedeutende Ereignisse oder Verhaltensweisen innerhalb Ihrer Daten liefern. Das wahllose Entfernen solcher Punkte könnte zu einem Verlust kritischer Informationen führen und Ihre Analyse verfälschen, was zu unvollständigen oder irreführenden Schlussfolgerungen führen kann.

Vor der Entscheidung, Ausreißer zu entfernen, sollten Sie:

- o Die Natur und Herkunft der Ausreißer gründlich untersuchen.

- o Die potenziellen Auswirkungen der Entfernung auf Ihre Analyse oder Ihr Modell berücksichtigen.

- o Fachleute aus dem jeweiligen Bereich konsultieren, um zu bestimmen, ob die Ausreißer bedeutend sind.

- o Ihren Entscheidungsprozess zur Transparenz und Reproduzierbarkeit dokumentieren.

Wenn Sie sich entscheiden, Ausreißer zu entfernen, hier ein Beispiel, wie dies mit Python und *pandas* erfolgen kann:

```python
import pandas as pd
import numpy as np
import matplotlib.pyplot as plt
import seaborn as sns

# Sample data
data = {
    'Age': [25, 28, 30, 22, 24, 26, 27, 105, 29, 23, 31, 200],
    'Income': [50000, 55000, 60000, 45000, 48000, 52000, 54000, 150000, 58000, 47000,
62000, 500000]
}
df = pd.DataFrame(data)

# Function to detect outliers using IQR method
def detect_outliers_iqr(df, column):
    Q1 = df[column].quantile(0.25)
    Q3 = df[column].quantile(0.75)
    IQR = Q3 - Q1
    lower_bound = Q1 - 1.5 * IQR
    upper_bound = Q3 + 1.5 * IQR
    df[f'{column}_Outlier_IQR'] = ((df[column] < lower_bound) | (df[column] >
upper_bound)).astype(str)
    return df

# Detect outliers for Age and Income
df = detect_outliers_iqr(df, 'Age')
```

```python
df = detect_outliers_iqr(df, 'Income')

# Visualize outliers
plt.figure(figsize=(12, 6))
sns.scatterplot(x='Age', y='Income', hue='Age_Outlier_IQR', data=df)
plt.title('Scatter Plot of Age vs Income (Outliers Highlighted)')
plt.show()

# Remove outliers
df_cleaned = df[(df['Age_Outlier_IQR'] == 'False') & (df['Income_Outlier_IQR'] ==
'False')]

# Check the number of rows removed
rows_removed = len(df) - len(df_cleaned)
print(f"Number of outliers removed: {rows_removed}")

# Reset the index of the cleaned dataframe
df_cleaned = df_cleaned.reset_index(drop=True)

# Visualize the cleaned data
plt.figure(figsize=(12, 6))
sns.scatterplot(x='Age', y='Income', data=df_cleaned)
plt.title('Scatter Plot of Age vs Income (After Outlier Removal)')
plt.show()

# Print summary statistics before and after outlier removal
print("Before outlier removal:")
print(df[['Age', 'Income']].describe())
print("\\nAfter outlier removal:")
print(df_cleaned[['Age', 'Income']].describe())
```

Lassen Sie uns dieses umfassende Beispiel aufschlüsseln:

1. **Datenvorbereitung:**

   o Wir importieren die erforderlichen Bibliotheken: *pandas* für die Datenmanipulation, *numpy* für numerische Operationen sowie *matplotlib/seaborn* für die Visualisierung.

   o Ein Beispieldatensatz wird mit den Spalten „Age" und „Income" erstellt, der einige Ausreißerwerte enthält.

2. **Funktion zur Ausreißererkennung:**

   o Wir definieren eine Funktion detect_outliers_iqr, die die Methode der Interquartilsdifferenz (IQR) verwendet, um Ausreißer zu identifizieren.

   o Diese Funktion berechnet Q1 (25. Perzentil), Q3 (75. Perzentil) und den IQR für eine gegebene Spalte.

- o Sie definiert dann untere und obere Grenzen als Q1 - 1,5 * IQR bzw. Q3 + 1,5 * IQR.
- o Werte außerhalb dieser Grenzen werden in einer neuen Spalte als Ausreißer markiert.

3. **Anwendung der Ausreißererkennung:**

- o Die Funktion zur Ausreißererkennung wird auf die Spalten „Age" und „Income" angewendet.
- o Dadurch entstehen zwei neue Spalten: „Age_Outlier_IQR" und „Income_Outlier_IQR", die Ausreißer mit „True" oder „False" markieren.

4. **Visualisierung von Ausreißern:**

- o Ein Streudiagramm wird erstellt, um die Beziehung zwischen Alter und Einkommen zu visualisieren.
- o Ausreißer werden basierend auf der Spalte „Age_Outlier_IQR" mit unterschiedlichen Farben hervorgehoben.

5. **Entfernen von Ausreißern:**

- o Ausreißer werden entfernt, indem Zeilen herausgefiltert werden, in denen entweder „Age_Outlier_IQR" oder „Income_Outlier_IQR" auf „True" gesetzt ist.
- o Die Anzahl der entfernten Zeilen wird berechnet und ausgegeben.

6. **Zurücksetzen des Index:**

- o Der Index des bereinigten DataFrames wird zurückgesetzt, um eine fortlaufende Nummerierung zu gewährleisten.

7. **Visualisierung der bereinigten Daten:**

- o Ein weiteres Streudiagramm wird erstellt, um die Daten nach der Entfernung der Ausreißer zu zeigen.

8. **Zusammenfassende Statistiken:**

- o Deskriptive Statistiken werden sowohl für den ursprünglichen als auch den bereinigten Datensatz ausgegeben.
- o Dies ermöglicht einen Vergleich, wie sich die Entfernung der Ausreißer auf die Verteilung der Daten ausgewirkt hat.

Dieses Beispiel bietet einen umfassenden Ansatz zur Ausreißererkennung und -entfernung, einschließlich Visualisierung und statistischem Vergleich. Es zeigt den Prozess von Anfang bis Ende, einschließlich Datenvorbereitung, Ausreißererkennung, Entfernung und Analyse nach der Bereinigung.

1. **Transformation von Daten:**

Die Datenumwandlung ist eine leistungsstarke Technik, um mit Ausreißern und schiefen Datenverteilungen umzugehen, ohne Datenpunkte zu entfernen. Zwei häufig verwendete Transformationen sind logarithmische und Quadratwurzel-Transformationen. Diese Methoden können den Einfluss extremer Werte effektiv reduzieren und gleichzeitig die Gesamtstruktur der Daten erhalten.

Logarithmische Transformation ist besonders nützlich für rechtsschiefe Daten, bei denen es einige sehr große Werte gibt. Sie komprimiert die Skala am oberen Ende, wodurch die Verteilung symmetrischer wird. Dies wird häufig auf Finanzdaten, Bevölkerungsstatistiken oder andere Datensätze mit exponentiellen Wachstumsmustern angewendet.

Quadratwurzel-Transformation ist weniger drastisch als die logarithmische Transformation und eignet sich für moderat schiefe Daten. Sie wird häufig bei Zähldaten oder beim Umgang mit Poisson-Verteilungen verwendet.

Beide Transformationen haben den Vorteil, dass sie alle Datenpunkte beibehalten, im Gegensatz zu Entfernungsmethoden, die potenziell wichtige Informationen verlieren können. Es ist jedoch wichtig zu beachten, dass Transformationen die Skala der Daten verändern, was die Interpretation beeinflussen kann. Berücksichtigen Sie stets die Auswirkungen der transformierten Daten auf Ihre Analyse und die Interpretation Ihrer Modelle.

```python
import pandas as pd
import numpy as np
import matplotlib.pyplot as plt
import seaborn as sns

# Create a sample dataset
np.random.seed(42)
data = {
    'Age': np.concatenate([
        np.random.normal(30, 5, 1000),  # Normal distribution
        np.random.exponential(10, 200) + 50  # Some right-skewed data
    ])
}
df = pd.DataFrame(data)

# Function to plot histogram
def plot_histogram(data, title, ax):
    sns.histplot(data, kde=True, ax=ax)
    ax.set_title(title)
    ax.set_xlabel('Age')
    ax.set_ylabel('Count')

# Original data
fig, axes = plt.subplots(2, 2, figsize=(15, 15))
plot_histogram(df['Age'], 'Original Age Distribution', axes[0, 0])
```

```python
# Logarithmic transformation
df['Age_Log'] = np.log(df['Age'])
plot_histogram(df['Age_Log'], 'Log-transformed Age Distribution', axes[0, 1])

# Square root transformation
df['Age_Sqrt'] = np.sqrt(df['Age'])
plot_histogram(df['Age_Sqrt'], 'Square Root-transformed Age Distribution', axes[1, 0])

# Box-Cox transformation
from scipy import stats
df['Age_BoxCox'], _ = stats.boxcox(df['Age'])
plot_histogram(df['Age_BoxCox'], 'Box-Cox-transformed Age Distribution', axes[1, 1])

plt.tight_layout()
plt.show()

# Print summary statistics
print(df.describe())

# Calculate skewness
print("\\nSkewness:")
print(f"Original: {df['Age'].skew():.2f}")
print(f"Log-transformed: {df['Age_Log'].skew():.2f}")
print(f"Square Root-transformed: {df['Age_Sqrt'].skew():.2f}")
print(f"Box-Cox-transformed: {df['Age_BoxCox'].skew():.2f}")
```

Dieses Codebeispiel demonstriert verschiedene Techniken zur Datenumwandlung, um mit schiefen Verteilungen und Ausreißern umzugehen. Lassen Sie uns es aufschlüsseln:

1. **Datenvorbereitung:**

   o   Wir importieren die erforderlichen Bibliotheken: *pandas*, *numpy*, *matplotlib* und *seaborn*.

   o   Ein Beispieldatensatz wird mit einer „Age"-Spalte erstellt, die eine normale Verteilung und rechtsschiefe Daten kombiniert, um ein realistisches Szenario mit Ausreißern zu simulieren.

2. **Visualisierungsfunktion:**

   o   Wir definieren eine Funktion plot_histogram, um konsistente Histogramme für jede Transformation zu erstellen.

3. **Transformationen:**

   o   **Ursprüngliche Daten:** Wir visualisieren die ursprüngliche Altersverteilung.

   o   **Logarithmische Transformation:** Mit np.log() komprimieren wir die Skala am oberen Ende, was besonders für rechtsschiefe Daten nützlich ist.

o **Quadratwurzel-Transformation:** Mit np.sqrt() wenden wir eine weniger drastische Transformation an, die für moderat schiefe Daten geeignet ist.

o **Box-Cox-Transformation:** Eine fortschrittlichere Methode, die die optimale Potenztransformation zur Normalisierung der Daten ermittelt.

4. **Visualisierung:**

o Wir erstellen ein 2x2-Gitter mit Subplots, um alle Transformationen nebeneinander zu vergleichen.

o Jeder Subplot zeigt die Verteilung der Daten nach einer bestimmten Transformation.

5. **Statistische Analyse:**

o Wir drucken zusammenfassende Statistiken für alle Spalten mit df.describe().

o Die Schiefe jeder Verteilung wird berechnet und ausgegeben, um die Wirkung der Transformationen zu quantifizieren.

Dieses umfassende Beispiel ermöglicht einen visuellen und statistischen Vergleich verschiedener Transformationstechniken. Durch die Untersuchung der Histogramme und Schiefe-Werte können Sie feststellen, welche Transformation am effektivsten ist, um Ihre Daten zu normalisieren und den Einfluss von Ausreißern zu verringern.

Denken Sie daran, dass Transformationen die Skala und Interpretation Ihrer Daten verändern können. Berücksichtigen Sie stets die Auswirkungen transformierter Daten auf Ihre Analyse und Modellinterpretationen und wählen Sie die Methode, die am besten zu Ihrem spezifischen Datensatz und Ihren analytischen Zielen passt.

1. **Winsorisierung:**

Die Winsorisierung ist eine robuste Technik zum Umgang mit Ausreißern in Datensätzen. Diese Methode beinhaltet das Begrenzen extremer Werte auf festgelegte Perzentile, um ihren Einfluss auf statistische Analysen und die Modellleistung zu reduzieren. Im Gegensatz zur einfachen Entfernung von Ausreißern bewahrt die Winsorisierung die Gesamtstruktur und Größe des Datensatzes, während der Einfluss extremer Werte gemindert wird.

Der Prozess umfasst typischerweise die Festlegung eines Schwellenwerts, oft bei den 5. und 95. Perzentilen, obwohl diese an die spezifischen Anforderungen der Analyse angepasst werden können. Werte unterhalb der unteren Schwelle werden auf diesen Wert angehoben, während Werte oberhalb der oberen Schwelle auf diesen Wert abgesenkt werden. Diese Methode ist besonders nützlich bei Datensätzen, in denen Ausreißer erwartet werden, deren extreme Werte jedoch die Ergebnisse verzerren könnten.

Vorteile der Winsorisierung:

- o Alle Datenpunkte werden beibehalten, wodurch die Stichprobengröße und potenziell wichtige Informationen erhalten bleiben.

- o Der Einfluss von Ausreißern wird reduziert, ohne deren Einfluss vollständig zu eliminieren.

- o Sie ist weniger drastisch als das Trimmen und eignet sich für Datensätze, bei denen alle Beobachtungen als wertvoll angesehen werden.

Hier ein Beispiel, wie die Winsorisierung in Python mit pandas implementiert werden kann:

```python
import pandas as pd
import numpy as np
import matplotlib.pyplot as plt
import seaborn as sns
from scipy import stats

# Create a sample dataset with outliers
np.random.seed(42)
data = {
    'Age': np.concatenate([
        np.random.normal(30, 5, 1000),  # Normal distribution
        np.random.exponential(10, 200) + 50  # Some right-skewed data
    ])
}
df = pd.DataFrame(data)

# Function to detect outliers using IQR method
def detect_outliers_iqr(df, column):
    Q1 = df[column].quantile(0.25)
    Q3 = df[column].quantile(0.75)
    IQR = Q3 - Q1
    lower_bound = Q1 - 1.5 * IQR
    upper_bound = Q3 + 1.5 * IQR
    df[f'{column}_Outlier_IQR'] = ((df[column] < lower_bound) | (df[column] >
upper_bound)).astype(str)
    return df

# Detect outliers
df = detect_outliers_iqr(df, 'Age')

# Winsorizing
lower_bound, upper_bound = df['Age'].quantile(0.05), df['Age'].quantile(0.95)
df['Age_Winsorized'] = df['Age'].clip(lower_bound, upper_bound)

# Visualize the effect of winsorizing
plt.figure(figsize=(15, 10))

# Original distribution
plt.subplot(2, 2, 1)
```

```python
sns.histplot(data=df, x='Age', kde=True, color='blue')
plt.title('Original Age Distribution')

# Winsorized distribution
plt.subplot(2, 2, 2)
sns.histplot(data=df, x='Age_Winsorized', kde=True, color='red')
plt.title('Winsorized Age Distribution')

# Box plot comparison
plt.subplot(2, 2, 3)
sns.boxplot(data=df[['Age', 'Age_Winsorized']])
plt.title('Box Plot: Original vs Winsorized')

# Scatter plot
plt.subplot(2, 2, 4)
plt.scatter(df['Age'], df['Age_Winsorized'], alpha=0.5)
plt.plot([df['Age'].min(), df['Age'].max()], [df['Age'].min(), df['Age'].max()], 'r--
')
plt.xlabel('Original Age')
plt.ylabel('Winsorized Age')
plt.title('Original vs Winsorized Age')

plt.tight_layout()
plt.show()

# Print summary statistics
print("Summary Statistics:")
print(df[['Age', 'Age_Winsorized']].describe())

# Calculate and print skewness
print("\\nSkewness:")
print(f"Original: {df['Age'].skew():.2f}")
print(f"Winsorized: {df['Age_Winsorized'].skew():.2f}")

# Calculate percentage of data points affected by winsorizing
affected_percentage = (df['Age'] != df['Age_Winsorized']).mean() * 100
print(f"\\nPercentage      of      data      points      affected      by      winsorizing:
{affected_percentage:.2f}%")
```

Nun, lassen Sie uns dieses Beispiel aufschlüsseln:

1. **Datenvorbereitung:**

    o   Wir importieren die erforderlichen Bibliotheken: *pandas* für die
        Datenmanipulation, *numpy* für numerische Operationen, *matplotlib* und
        seaborn für Visualisierungen sowie *scipy* für statistische Funktionen.

    o   Ein Beispieldatensatz wird erstellt, der eine „Age"-Spalte enthält, die eine
        normale Verteilung und rechtsschiefe Daten kombiniert, um ein realistisches
        Szenario mit Ausreißern zu simulieren.

2. **Ausreißererkennung:**

   o Wir definieren eine Funktion detect_outliers_iqr, die die Methode der Interquartilsdifferenz (IQR) verwendet, um Ausreißer zu identifizieren.

   o Diese Funktion berechnet Q1 (25. Perzentil), Q3 (75. Perzentil) und den IQR für die Spalte „Age".

   o Sie definiert dann untere und obere Grenzen als Q1 - 1,5 * IQR bzw. Q3 + 1,5 * IQR.

   o Werte außerhalb dieser Grenzen werden in einer neuen Spalte „Age_Outlier_IQR" als Ausreißer markiert.

3. **Winsorisierung:**

   o Wir berechnen die 5. und 95. Perzentile der Spalte „Age" als untere und obere Grenzen.

   o Mit der clipFunktion von *pandas* erstellen wir eine neue Spalte „Age_Winsorized", in der Werte unterhalb der unteren Grenze auf die untere Grenze gesetzt werden und Werte oberhalb der oberen Grenze auf die obere Grenze.

4. **Visualisierung:**

   o Wir erstellen ein 2x2-Gitter mit Subplots, um die ursprünglichen und winsorisierten Daten zu vergleichen:

      ▪ Histogramm der ursprünglichen Altersverteilung

      ▪ Histogramm der winsorisierten Altersverteilung

      ▪ Boxplot zum Vergleich der ursprünglichen und winsorisierten Verteilungen

      ▪ Streudiagramm von ursprünglichen vs. winsorisierten Alterswerten

5. **Statistische Analyse:**

   o Wir drucken zusammenfassende Statistiken für die ursprüngliche und die winsorisierte Spalte „Age" mit describe().

   o Die Schiefe beider Verteilungen wird berechnet und ausgegeben, um die Wirkung der Winsorisierung zu quantifizieren.

   o Wir berechnen den Prozentsatz der von der Winsorisierung betroffenen Datenpunkte, um eine Vorstellung davon zu bekommen, wie viele Ausreißer vorhanden waren.

Dieses umfassende Beispiel ermöglicht ein gründliches Verständnis des Winsorisierungsprozesses und seiner Auswirkungen auf die Datenverteilung. Durch die Untersuchung der Visualisierungen und statistischen Maßnahmen können Sie bewerten, wie effektiv die Winsorisierung den Einfluss von Ausreißern reduziert hat, während die Gesamtstruktur der Daten erhalten bleibt.

Wichtige Punkte:

- Die Histogramme zeigen, wie die Winsorisierung die „Schwänze" der Verteilung reduziert.

- Der Boxplot zeigt die Verringerung des Wertebereichs nach der Winsorisierung.

- Das Streudiagramm illustriert, welche Punkte von der Winsorisierung betroffen waren (diejenigen, die nicht auf der Diagonalen liegen).

- Die zusammenfassenden Statistiken und Schiefe-Werte liefern quantitative Beweise für die Änderungen in der Datenverteilung.

Dieses Beispiel bietet einen robusten Ansatz zur Implementierung und Analyse der Auswirkungen der Winsorisierung und vermittelt ein klareres Bild davon, wie diese Technik zur Bewältigung von Ausreißern in realen Datensätzen angewendet werden kann.

1. **Imputieren mit Mittelwert/Median:**

Das Ersetzen von Ausreißern durch den Mittelwert oder Median ist ein weiterer effektiver Ansatz, um mit extremen Werten umzugehen, insbesondere bei kleineren Datensätzen. Diese Methode, bekannt als Mittelwert-/Median-Imputation, ersetzt Ausreißerwerte durch ein Maß der zentralen Tendenz. Die Wahl zwischen Mittelwert und Median hängt von der Datenverteilung ab:

- **Mittelwert-Imputation:** Geeignet für normalverteilte Daten ohne signifikante Schiefe. Sie kann jedoch empfindlich auf extreme Ausreißer reagieren.

- **Median-Imputation:** Wird oft bei schiefen Daten bevorzugt, da sie robuster gegenüber extremen Werten ist. Der Median repräsentiert den mittleren Wert des Datensatzes, wenn die Daten sortiert sind, und wird daher weniger von Ausreißern beeinflusst.

Bei schiefen Verteilungen wird die Median-Imputation in der Regel empfohlen, da sie die Gesamtform der Verteilung besser erhält als der Mittelwert. Dies ist besonders in Bereichen wie Finanzen wichtig, in denen extreme Werte die Analysen erheblich beeinflussen können.

Hier ein Beispiel, wie die Median-Imputation in Python implementiert werden kann:

```
import pandas as pd
import numpy as np
import matplotlib.pyplot as plt
```

```python
import seaborn as sns

# Create a sample dataset with outliers
np.random.seed(42)
data = {
    'Age': np.concatenate([
        np.random.normal(30, 5, 1000),  # Normal distribution
        np.random.exponential(10, 200) + 50  # Some right-skewed data
    ])
}
df = pd.DataFrame(data)

# Function to detect outliers using IQR method
def detect_outliers_iqr(df, column):
    Q1 = df[column].quantile(0.25)
    Q3 = df[column].quantile(0.75)
    IQR = Q3 - Q1
    lower_bound = Q1 - 1.5 * IQR
    upper_bound = Q3 + 1.5 * IQR
    df[f'{column}_Outlier_IQR'] = ((df[column] < lower_bound) | (df[column] >
upper_bound)).astype(str)
    return df

# Detect outliers
df = detect_outliers_iqr(df, 'Age')

# Calculate the median age
median_age = df['Age'].median()

# Store original data for comparison
df['Age_Original'] = df['Age'].copy()

# Replace outliers with the median
df.loc[df['Age_Outlier_IQR'] == 'True', 'Age'] = median_age

# Verify the effect
print(f"Number of outliers before imputation: {(df['Age_Outlier_IQR'] ==
'True').sum()}")
print(f"Original age range: {df['Age_Original'].min():.2f} to
{df['Age_Original'].max():.2f}")
print(f"New age range: {df['Age'].min():.2f} to {df['Age'].max():.2f}")

# Visualize the effect of median imputation
plt.figure(figsize=(15, 10))

# Original distribution
plt.subplot(2, 2, 1)
sns.histplot(data=df, x='Age_Original', kde=True, color='blue')
plt.title('Original Age Distribution')

# Imputed distribution
plt.subplot(2, 2, 2)
```

```
sns.histplot(data=df, x='Age', kde=True, color='red')
plt.title('Age Distribution after Median Imputation')

# Box plot comparison
plt.subplot(2, 2, 3)
sns.boxplot(data=df[['Age_Original', 'Age']])
plt.title('Box Plot: Original vs Imputed')

# Scatter plot
plt.subplot(2, 2, 4)
plt.scatter(df['Age_Original'], df['Age'], alpha=0.5)
plt.plot([df['Age_Original'].min(), df['Age_Original'].max()],
        [df['Age_Original'].min(), df['Age_Original'].max()], 'r--')
plt.xlabel('Original Age')
plt.ylabel('Imputed Age')
plt.title('Original vs Imputed Age')

plt.tight_layout()
plt.show()

# Print summary statistics
print("\\nSummary Statistics:")
print(df[['Age_Original', 'Age']].describe())

# Calculate and print skewness
print("\\nSkewness:")
print(f"Original: {df['Age_Original'].skew():.2f}")
print(f"Imputed: {df['Age'].skew():.2f}")

# Calculate percentage of data points affected by imputation
affected_percentage = (df['Age'] != df['Age_Original']).mean() * 100
print(f"\\nPercentage      of      data      points      affected      by      imputation:
{affected_percentage:.2f}%")
```

Dieses Codebeispiel bietet eine umfassende Demonstration der Median-Imputation zur Behandlung von Ausreißern. Lassen Sie uns es Schritt für Schritt analysieren:

1. **Datenvorbereitung:**

   o Wir importieren die erforderlichen Bibliotheken: *pandas* für die Datenmanipulation, *numpy* für numerische Operationen sowie *matplotlib* und *seaborn* für Visualisierungen.

   o Ein Beispieldatensatz wird erstellt, der eine „Age"-Spalte enthält, die eine normale Verteilung und rechtsschiefe Daten kombiniert, um ein realistisches Szenario mit Ausreißern zu simulieren.

2. **Ausreißererkennung:**

- ○ Wir definieren eine Funktion detect_outliers_iqr, die die Methode der Interquartilsdifferenz (IQR) verwendet, um Ausreißer zu identifizieren.

- ○ Diese Funktion berechnet Q1 (25. Perzentil), Q3 (75. Perzentil) und den IQR für die Spalte „Age".

- ○ Untere und obere Grenzen werden als Q1 - 1,5 * IQR bzw. Q3 + 1,5 * IQR definiert.

- ○ Werte außerhalb dieser Grenzen werden in einer neuen Spalte „Age_Outlier_IQR" als Ausreißer markiert.

3. **Median-Imputation:**

- ○ Wir berechnen das Medianalter mit df['Age'].median().

- ○ Die ursprüngliche Spalte „Age" wird als „Age_Original" kopiert, um Vergleiche anzustellen.

- ○ Mithilfe von Boolean-Indexierung ersetzen wir die Ausreißer (bei denen „Age_Outlier_IQR" auf „True" steht) durch das Medianalter.

4. **Verifizierung und Analyse:**

- ○ Wir drucken die Anzahl der Ausreißer vor der Imputation und vergleichen die ursprünglichen und neuen Altersbereiche.

- ○ Visualisierungen werden erstellt, um die ursprünglichen und imputierten Daten zu vergleichen:

  - ▪ Histogramme der ursprünglichen und imputierten Altersverteilungen

  - ▪ Boxplot zum Vergleich der ursprünglichen und imputierten Verteilungen

  - ▪ Streudiagramm der ursprünglichen vs. imputierten Alterswerte

- ○ Zusammenfassende Statistiken für die ursprünglichen und imputierten „Age"-Spalten werden ausgegeben.

- ○ Die Schiefe beider Verteilungen wird berechnet und ausgegeben, um die Wirkung der Imputation zu quantifizieren.

- ○ Wir berechnen den Prozentsatz der Datenpunkte, die von der Imputation betroffen sind.

Dieses umfassende Vorgehen ermöglicht ein gründliches Verständnis des Median-Imputationsprozesses und seiner Auswirkungen auf die Datenverteilung. Durch die Untersuchung der Visualisierungen und statistischen Maßnahmen können Sie bewerten, wie effektiv die Imputation den Einfluss von Ausreißern reduziert hat, während die Gesamtstruktur der Daten erhalten blieb.

Wichtige Punkte:

- Die Histogramme zeigen, wie die Median-Imputation die „Schwänze" der Verteilung beeinflusst.

- Der Boxplot zeigt die Verringerung des Wertebereichs und der Variabilität der Daten nach der Imputation.

- Das Streudiagramm illustriert, welche Punkte durch die Imputation verändert wurden (diejenigen, die nicht auf der Diagonalen liegen).

- Zusammenfassende Statistiken und Schiefe-Werte liefern quantitative Nachweise für die Änderungen in der Datenverteilung.

Dieses Beispiel bietet einen robusten Ansatz zur Implementierung und Analyse der Auswirkungen der Median-Imputation und vermittelt ein klareres Bild davon, wie diese Technik zur Bewältigung von Ausreißern in realen Datensätzen angewendet werden kann.

8.1.5 Wichtige Erkenntnisse und weiterführende Überlegungen

- **Auswirkungen von Ausreißern:** Ausreißer können die Modellleistung erheblich verzerren, insbesondere bei Algorithmen, die empfindlich auf extreme Werte reagieren. Die korrekte Identifikation und Behandlung von Ausreißern ist entscheidend für die Entwicklung robuster und genauer Modelle. Berücksichtigen Sie die Natur Ihrer Daten und die potenziellen realen Auswirkungen von Ausreißern, bevor Sie eine Behandlungsstrategie wählen.

- **Erkennungsmethoden:** Verschiedene Ansätze zur Identifikation von Ausreißern bieten unterschiedliche Vorteile:

    o Statistische Methoden wie der **Z-Score** eignen sich für normalverteilte Daten, während die **IQR-Methode** robuster für nicht normalverteilte Daten ist.

    o **Visuelle Werkzeuge** wie Boxplots, Streudiagramme und Histogramme bieten intuitive Einblicke in die Datenverteilung und potenzielle Ausreißer.

    o Fortgeschrittene Techniken wie der **Local Outlier Factor (LOF)** oder der **Isolation Forest** können für mehrdimensionale Daten oder komplexe Verteilungen eingesetzt werden.

- **Behandlungsmethoden:** Die Wahl der Ausreißerbehandlung hängt von verschiedenen Faktoren ab:

    o **Entfernung** eignet sich, wenn Ausreißer als Fehler bestätigt werden, erfordert jedoch Vorsicht, um wertvolle Informationen nicht zu verlieren.

    o **Transformation** (z. B. logarithmische Transformation) kann den Einfluss von Ausreißern reduzieren, während deren relative Positionen erhalten bleiben.

- o **Winsorisierung** begrenzt extreme Werte auf festgelegte Perzentile und ist nützlich, wenn Ausreißer valide, aber extrem sind.

- o **Imputation** mit Werten wie Median oder Mittelwert kann besonders effektiv sein, wenn Zeitreihen oder Datenkontinuität entscheidend sind.

- **Kontextbezogene Überlegungen:** Die Wahl der Ausreißerbehandlung sollte informiert sein durch:

  - o Fachwissen und den zugrunde liegenden Datenentstehungsprozess.

  - o Die spezifischen Anforderungen der nachfolgenden Analyse oder Modellierung.

  - o Mögliche Konsequenzen einer falschen Behandlung von Ausreißern in Ihrer spezifischen Anwendung.

Denken Sie daran, dass die Behandlung von Ausreißern nicht nur eine statistische Übung ist, sondern ein entscheidender Schritt, der die Modellleistung und Interpretierbarkeit erheblich beeinflussen kann. Dokumentieren Sie stets Ihre Entscheidungen und deren Begründung, um Transparenz und Reproduzierbarkeit sicherzustellen.

8.2 Korrektur von Datenanomalien mit Pandas

Im Bereich der Datenanalyse können Datenanomalien – unregelmäßige, inkonsistente oder fehlerhafte Dateneinträge – die Genauigkeit und Zuverlässigkeit Ihrer Modelle erheblich beeinträchtigen, wenn sie nicht behoben werden. Diese Anomalien treten in verschiedenen Formen auf und stellen jeweils einzigartige Herausforderungen für die Datenintegrität und analytische Präzision dar. Zu den häufigsten Arten von Datenanomalien gehören:

- **Inkonsistente Datenformate:** Wenn ähnliche Informationen auf unterschiedliche Weise im Datensatz dargestellt werden, z. B. Datumsangaben, die in einigen Fällen als "MM/TT/JJJJ" und in anderen als "JJJJ-MM-TT" erscheinen.

- **Doppelte Einträge:** Identische oder nahezu identische Einträge, die mehrfach vorkommen und Analyseergebnisse verzerren sowie das Datenvolumen unnötig aufblähen können.

- **Werte außerhalb des gültigen Bereichs:** Datenpunkte, die außerhalb der erwarteten oder logischen Grenzen einer Variablen liegen und oft auf Messfehler oder Eingabefehler hinweisen.

- **Tippfehler in kategorialen Daten:** Rechtschreibfehler oder Variationen in textbasierten Kategorien, die zu Fehlklassifikationen und ungenauer Gruppierung von Daten führen können.

Dieser Abschnitt beschäftigt sich mit praktischen und effektiven Methoden zur Erkennung und Korrektur dieser Anomalien mithilfe von **Pandas**, einer vielseitigen und leistungsstarken Python-Bibliothek, die für ihre Fähigkeiten in der Datenmanipulation bekannt ist. Pandas bietet eine umfangreiche Palette an Werkzeugen, die den Prozess der Identifizierung und Behebung von Datenunregelmäßigkeiten vereinfachen und Datenwissenschaftlern und Analysten helfen, die Integrität ihrer Datensätze zu wahren.

Am Ende dieses Abschnitts werden Sie ein umfassendes Set an Fähigkeiten und Techniken erworben haben, um ein breites Spektrum von Datenanomalien geschickt zu bewältigen. Dieses Wissen wird es Ihnen ermöglichen, rohe, unvollständige Datensätze in saubere, konsistente und zuverlässige Ressourcen zu transformieren – eine solide Grundlage für robuste Analysen und genaue Modellierungen. Die Fähigkeit, Datenanomalien effektiv zu bewältigen, ist nicht nur eine technische Fertigkeit, sondern ein entscheidender Schritt zur Sicherstellung der Gültigkeit und Glaubwürdigkeit Ihrer datenbasierten Erkenntnisse und Entscheidungen.

8.2.1 Umgang mit inkonsistenten Datenformaten

Dateninkonsistenzen stellen eine weit verbreitete Herausforderung in der Datenanalyse dar, die häufig durch die Integration von Informationen aus verschiedenen Quellen entsteht. Dieses Phänomen zeigt sich in verschiedenen Formen, wie z. B. unterschiedlichen Datumsformaten (z. B. "MM/TT/JJJJ" vs. "JJJJ-MM-TT") oder numerischen Werten, die nicht standardisierte Zeichen wie Kommata oder Währungssymbole enthalten. Solche Inkonsistenzen können die Datenverarbeitung und Analyse erheblich behindern und möglicherweise zu falschen Schlussfolgerungen oder Modellungenauigkeiten führen.

Die Auswirkungen von Datenformatinkonsistenzen gehen über bloße Unannehmlichkeiten hinaus. Sie können zu Rechenfehlern, Verzerrungen statistischer Analysen und Schwierigkeiten bei der Datenvisualisierung führen. Beispielsweise kann eine Mischung aus Datumsformaten zu einer falschen chronologischen Reihenfolge führen, während uneinheitliche numerische Darstellungen Berechnungsfehler oder Fehlinterpretationen finanzieller Daten verursachen könnten.

Die Behebung dieser Inkonsistenzen ist aus mehreren Gründen wichtig:

- Sie stellt die Datenintegrität und Zuverlässigkeit über den gesamten Datensatz hinweg sicher.

- Sie erleichtert die Datenverarbeitung und Analyse, indem sie ständige Formatprüfungen und -konvertierungen überflüssig macht.

- Sie verbessert die Genauigkeit von Machine-Learning-Modellen, die auf einheitliche Eingabeformate angewiesen sind.

- Sie erhöht die Dateninteroperabilität und ermöglicht eine nahtlose Integration mit verschiedenen Tools und Plattformen.

Der Prozess der Korrektur dieser Inkonsistenzen, oft als Datenstandardisierung oder -normalisierung bezeichnet, umfasst die Anwendung einheitlicher Formatierungsregeln auf den gesamten Datensatz. Dazu gehört möglicherweise die Umwandlung aller Datumsangaben in ein Standardformat (z. B. ISO 8601), das Entfernen von Währungssymbolen und Tausendertrennzeichen aus numerischen Daten oder die Festlegung einheitlicher Groß- und Kleinschreibungsregeln für Textdaten.

Durch die Implementierung robuster Datenbereinigungs- und Standardisierungspraktiken können Datenwissenschaftler und Analysten die Qualität und Zuverlässigkeit ihrer Datensätze erheblich verbessern und eine solide Grundlage für genauere und aufschlussreichere Analysen schaffen.

Beispiel: Standardisierung von Datumsformaten

Angenommen, wir haben einen Datensatz, in dem Datumsangaben in verschiedenen Formaten vorliegen, wie z. B. MM/TT/JJJJ und JJJJ-MM-TT.

```python
import pandas as pd
import matplotlib.pyplot as plt

# Sample data with inconsistent date formats
data = {
    'OrderDate': ['2022-01-15', '01/20/2022', 'February 5, 2022', '2022/02/10', '03-15-2022', '2022.04.01'],
    'Amount': [100, 150, 200, 250, 300, 350]
}
df = pd.DataFrame(data)

print("Original DataFrame:")
print(df)
print("\\nData types:")
print(df.dtypes)

# Convert all dates to a consistent format
df['OrderDate'] = pd.to_datetime(df['OrderDate'], errors='coerce')

print("\\nDataFrame after date conversion:")
print(df)
print("\\nData types after conversion:")
print(df.dtypes)

# Check for any parsing errors (NaT values)
nat_count = df['OrderDate'].isna().sum()
print(f"\\nNumber of parsing errors (NaT values): {nat_count}")

# Sort the DataFrame by date
df_sorted = df.sort_values('OrderDate')
print("\\nSorted DataFrame:")
print(df_sorted)
```

```
# Calculate time differences
df_sorted['TimeDelta'] = df_sorted['OrderDate'].diff()
print("\\nDataFrame with time differences:")
print(df_sorted)

# Visualize the data
plt.figure(figsize=(10, 6))
plt.scatter(df_sorted['OrderDate'], df_sorted['Amount'])
plt.title('Order Amounts Over Time')
plt.xlabel('Order Date')
plt.ylabel('Amount')
plt.xticks(rotation=45)
plt.tight_layout()
plt.show()

# Example of date arithmetic
latest_date = df['OrderDate'].max()
one_month_ago = latest_date - pd.Timedelta(days=30)
recent_orders = df[df['OrderDate'] > one_month_ago]
print("\\nOrders in the last 30 days:")
print(recent_orders)
```

Lassen Sie uns das Schritt für Schritt aufschlüsseln:

1. **Datenvorbereitung:**

    o   Wir importieren *pandas* für die Datenmanipulation und *matplotlib* für die Visualisierung.

    o   Ein Beispieldatensatz wird erstellt, der verschiedene inkonsistente Datumsformate und dazugehörige Bestellbeträge enthält.

2. **Erste Inspektion:**

    o   Wir drucken das ursprüngliche DataFrame aus, um die inkonsistenten Datumsformate zu sehen.

    o   Wir überprüfen die Datentypen, um zu bestätigen, dass „OrderDate" zunächst als String (*object*) gespeichert ist.

3. **Datumskonvertierung:**

    o   Mit pd.to_datetime() konvertieren wir alle Datumsangaben in ein konsistentes *datetime*Format.

    o   Der Parameter errors='coerce' sorgt dafür, dass nicht parsbare Datumsangaben als NaT (*Not a Time*) markiert werden, anstatt einen Fehler auszulösen.

4. **Inspektion nach der Konvertierung:**

- o Wir drucken das DataFrame und die Datentypen nach der Konvertierung aus, um die Änderungen zu überprüfen.
- o Wir prüfen, ob NaT-Werte vorhanden sind, die auf Parsing-Fehler hinweisen.

5. **Datenmanipulation:**

- o Wir sortieren das DataFrame nach Datum, um die chronologische Reihenfolge der Bestellungen zu sehen.
- o Wir berechnen Zeitdifferenzen zwischen aufeinanderfolgenden Bestellungen mit der Methode diff().

6. **Visualisierung:**

- o Mit *matplotlib* erstellen wir ein Streudiagramm, das die Bestellbeträge über die Zeit darstellt.
- o Diese Visualisierung hilft, Trends oder Muster in den Bestelldaten zu erkennen.

7. **Datumsarithmetik:**

- o Wir demonstrieren Datumsarithmetik, indem wir Bestellungen der letzten 30 Tage finden.
- o Dies zeigt die Leistungsfähigkeit der Arbeit mit standardisierten *datetime*Objekten.

Dieses umfassende Beispiel zeigt nicht nur, wie inkonsistente Datumsformate konvertiert werden können, sondern auch, wie die resultierenden *datetime*-Objekte für verschiedene Datenanalyseaufgaben genutzt werden können. Es unterstreicht die Bedeutung der Standardisierung von Datumsformaten für korrekte Sortierungen, zeitbasierte Berechnungen und Visualisierungen in Datenanalyse-Workflows.

Beispiel: Entfernen von Währungssymbolen

Inkonsistente numerische Datenformate, wie Währungssymbole oder Tausendertrennzeichen, können präzise Berechnungen und Analysen erheblich beeinträchtigen. Diese Inkonsistenzen entstehen häufig, wenn Daten aus verschiedenen Quellen gesammelt oder manuell eingegeben werden, was zu einer Mischung von Formatierungsstilen innerhalb derselben Spalte führt. Zum Beispiel könnten einige Einträge Währungssymbole (z. B. „$") enthalten, während andere dies nicht tun, oder einige verwenden Kommas als Tausendertrennzeichen, andere Punkte oder gar keine Trennzeichen.

Solche Inkonsistenzen können mehrere Probleme verursachen:

- **Falsche Datentyp-Erkennung:** Pandas könnte die Spalte als *object* (String) anstelle von numerisch interpretieren, was mathematische Operationen einschränkt.

- **Berechnungsfehler:** Nicht-numerische Zeichen können bei der Durchführung aggregierter Funktionen oder mathematischer Operationen zu Fehlern oder falschen Ergebnissen führen.

- **Sortierungsprobleme:** Gemischte Formate können zu einer falschen Sortierung der Werte führen.

- **Visualisierungsprobleme:** Plot- oder Diagrammfunktionen könnten fehlschlagen oder ungenaue Darstellungen erzeugen.

Um diese Probleme zu beheben, können wir die leistungsstarken String-Manipulations- und Typkonvertierungsfunktionen von Pandas verwenden. Hier ist eine detaillierte Erklärung, wie numerische Spalten mit solchen Anomalien bereinigt werden können:

```python
import pandas as pd
import matplotlib.pyplot as plt

# Sample data with currency symbols, commas, and mixed formats
data = {'Sales': ['$1,200', '950', '$2,500.50', '1,100', '€3,000', '¥5000']}
df = pd.DataFrame(data)

print("Original DataFrame:")
print(df)
print("\\nData type of Sales column:", df['Sales'].dtype)

# Function to convert various currency formats to float
def currency_to_float(value):
    # Remove currency symbols and commas
    value = value.replace('$', '').replace('€', '').replace('¥', '').replace(',', '')
    return float(value)

# Apply the conversion function
df['Sales'] = df['Sales'].apply(currency_to_float)

print("\\nCleaned DataFrame:")
print(df)
print("\\nData type of Sales column after cleaning:", df['Sales'].dtype)

# Basic statistics
print("\\nBasic statistics of Sales:")
print(df['Sales'].describe())

# Visualization
plt.figure(figsize=(10, 6))
df['Sales'].plot(kind='bar')
plt.title('Sales Distribution')
plt.xlabel('Index')
plt.ylabel('Sales Amount')
plt.tight_layout()
plt.show()
```

```
# Example of using the cleaned data
total_sales = df['Sales'].sum()
average_sale = df['Sales'].mean()
print(f"\\nTotal Sales: {total_sales:.2f}")
print(f"Average Sale: {average_sale:.2f}")
```

Code-Aufschlüsselung:

1. **Importieren von Bibliotheken:**

   o Wir importieren *pandas* für die Datenmanipulation und *matplotlib* für die Visualisierung.

2. **Erstellen von Beispieldaten:**

   o Ein DataFrame wird erstellt, das eine Spalte „Sales" enthält, in der verschiedene Währungsformate wie Dollarzeichen, Kommas sowie Euro- und Yen-Symbole vorkommen.

3. **Erste Inspektion:**

   o Wir drucken das ursprüngliche DataFrame aus, um die inkonsistenten Formate zu sehen.

   o Wir überprüfen den Datentyp der Spalte „Sales", die aufgrund der gemischten Formate als *object* (String) erkannt wird.

4. **Definition einer Konvertierungsfunktion:**

   o Wir erstellen die Funktion currency_to_float, die verschiedene Währungssymbole und Kommas entfernt und das Ergebnis in einen Float konvertiert.

   o Diese Funktion ist robuster als einfache Beispiele und kann mehrere Währungssymbole verarbeiten.

5. **Datenbereinigung:**

   o Wir wenden die Funktion currency_to_float auf die Spalte „Sales" mit df['Sales'].apply() an.

   o Dieser Schritt konvertiert alle Werte in ein konsistentes Float-Format.

6. **Inspektion nach der Bereinigung:**

   o Wir drucken das bereinigte DataFrame aus, um die Konvertierung zu überprüfen.

   o Wir prüfen den neuen Datentyp der Spalte „Sales", die jetzt *float64* sein sollte.

7. **Statistische Analyse:**

- o Mit describe() erhalten wir eine statistische Zusammenfassung der Spalte „Sales", einschließlich Anzahl, Mittelwert, Standardabweichung und Quartile.

8. **Visualisierung:**

- o Mit *matplotlib* erstellen wir ein Balkendiagramm der Verkaufsdaten.

- o Diese Visualisierung hilft, Muster oder Ausreißer in den Verkaufsdaten schnell zu erkennen.

9. **Datenanalyse:**

- o Wir zeigen, wie die bereinigten Daten genutzt werden können, indem wir den Gesamtumsatz und den durchschnittlichen Verkaufsbetrag berechnen.

- o Diese Berechnungen wären mit den ursprünglichen String-Daten nicht möglich gewesen.

Dieses erweiterte Beispiel zeigt einen umfassenderen Ansatz zur Bereinigung und Analyse numerischer Daten mit inkonsistenten Formaten. Es demonstriert Dateninspektion, Bereinigung, Typkonvertierung, statistische Analyse und Visualisierung und bietet einen vollständigen Workflow für den Umgang mit solchen Datenanomalien in realen Szenarien.

8.2.2. Identifizieren und Entfernen von Duplikaten

Doppelte Zeilen in Datensätzen können aus verschiedenen Quellen stammen, darunter Datenfehleingaben, mehrfaches Importieren derselben Daten oder das Zusammenführen von Datensätzen aus unterschiedlichen Quellen. Während Duplikate gelegentlich legitime Wiederholungen von Ereignissen oder Transaktionen darstellen können, führen sie oft zu unnötiger Redundanz und können analytische Ergebnisse verzerren. Die Identifizierung und Entfernung dieser Duplikate ist aus mehreren Gründen ein entscheidender Schritt im Datenbereinigungsprozess:

1. **Datenintegrität:**

- o Das Eliminieren von Duplikaten ist entscheidend, um die Integrität des Datensatzes zu gewährleisten.

- o Es stellt sicher, dass jede einzigartige Entität oder jedes Ereignis nur einmal dargestellt wird, wodurch verzerrte Analysen und Fehldarstellungen vermieden werden.

- o In einer Kundendatenbank könnten doppelte Einträge beispielsweise dazu führen, dass die Anzahl der einzigartigen Kunden überschätzt oder mehrere Werbematerialien an dieselbe Person gesendet werden.

2. **Analytische Genauigkeit:**

- o Doppelte Einträge können die Genauigkeit statistischer Analysen und Machine-Learning-Modelle erheblich beeinträchtigen.

- o Die Überrepräsentation bestimmter Datenpunkte kann Bias einführen und zu falschen Schlussfolgerungen oder Vorhersagen führen.

- o Zum Beispiel könnten in einer Stimmungsanalyse von Produktbewertungen doppelte Bewertungen die positiven oder negativen Stimmungswerte künstlich erhöhen.

3. **Speichereffizienz:**

- o Über die analytischen Aspekte hinaus bietet das Entfernen redundanter Daten praktische Vorteile für das Datenmanagement.

- o Es optimiert den Speicherplatz, was besonders wichtig ist, wenn mit groß angelegten Datensätzen gearbeitet wird.

- o Außerdem kann es die Abfrageleistung in Datenbanksystemen erheblich verbessern, was zu schnelleren Datenabruf- und Verarbeitungszeiten führt.

4. **Konsistenz:**

- o Duplikate weisen oft leichte Variationen auf, wie unterschiedliche Zeitstempel für dieselbe Transaktion oder geringfügige Abweichungen bei der Dateneingabe.

- o Das Entfernen dieser Inkonsistenzen sorgt für eine einheitliche Darstellung jeder einzigartigen Entität oder jedes Ereignisses.

- o Diese Konsistenz ist entscheidend für genaue Trendanalysen, Prognosen und Entscheidungsprozesse.

5. **Verbesserte Datenqualität:**

- o Der Prozess der Identifizierung und Entfernung von Duplikaten dient häufig als Katalysator für eine umfassende Verbesserung der Datenqualität.

- o Dabei werden häufig andere Datenprobleme wie inkonsistente Formatierungen, Fehleingaben oder systemische Probleme bei der Datenerfassung aufgedeckt.

- o Dies kann zu einer gründlicheren Datenbereinigung führen und insgesamt zu einem qualitativ hochwertigeren Datensatz.

6. **Erleichterte Datenintegration:**

- o Beim Zusammenführen von Daten aus mehreren Quellen wird das Entfernen von Duplikaten noch wichtiger.

  o Es hilft, einen einheitlichen, zuverlässigen Datensatz zu erstellen, indem Redundanzen eliminiert werden, die aus überlappenden Datenquellen entstehen könnten.

  o Dies ist besonders wichtig in Szenarien wie Unternehmensfusionen oder bei der Konsolidierung von Daten aus verschiedenen Abteilungen.

Vorsicht:

- Es ist wichtig, das Entfernen von Duplikaten mit Bedacht durchzuführen. In einigen Fällen könnten scheinbare Duplikate legitime wiederholte Vorkommnisse darstellen.

- Ein gründliches Verständnis des Kontexts der Daten und eine sorgfältige Festlegung der Kriterien zur Duplikaterkennung sind entscheidend, um zu vermeiden, dass gültige Datenpunkte versehentlich entfernt werden.

Beispiel: Entfernen von Duplikaten in einem Datensatz

Angenommen, wir haben einen Datensatz mit Kundeninformationen, in dem einige Zeilen doppelt vorhanden sind.

```python
import pandas as pd
import matplotlib.pyplot as plt

# Sample data with duplicate rows and inconsistent formatting
data = {
    'CustomerID': [101, 102, 103, 101, 104, 102],
    'Name': ['Alice', 'Bob', 'Charlie', 'Alice', 'David', 'Bob'],
    'PurchaseAmount': ['$150', '200', '$300.50', '$150', '250', '200'],
    'PurchaseDate': ['2023-01-15', '2023-01-16', '2023-01-17', '2023-01-15', '2023-01-18', '2023-01-16']
}
df = pd.DataFrame(data)

print("Original DataFrame:")
print(df)
print("\\nData types:")
print(df.dtypes)

# Function to convert currency to float
def currency_to_float(value):
    return float(str(value).replace('$', ''))

# Clean PurchaseAmount column
df['PurchaseAmount'] = df['PurchaseAmount'].apply(currency_to_float)

# Convert PurchaseDate to datetime
df['PurchaseDate'] = pd.to_datetime(df['PurchaseDate'])

# Identify duplicate rows
duplicates = df[df.duplicated()]
```

```
print("\\nDuplicate rows:")
print(duplicates)

# Remove duplicates
df_cleaned = df.drop_duplicates()

print("\\nDataset after removing duplicates:")
print(df_cleaned)
print("\\nData types after cleaning:")
print(df_cleaned.dtypes)

# Basic statistics of cleaned data
print("\\nBasic statistics of PurchaseAmount:")
print(df_cleaned['PurchaseAmount'].describe())

# Visualization of purchase amounts
plt.figure(figsize=(10, 6))
df_cleaned['PurchaseAmount'].plot(kind='bar')
plt.title('Purchase Amounts by Customer')
plt.xlabel('Customer Index')
plt.ylabel('Purchase Amount ($)')
plt.tight_layout()
plt.show()

# Group by customer and calculate total purchases
customer_totals =
df_cleaned.groupby('Name')['PurchaseAmount'].sum().sort_values(ascending=False)
print("\\nTotal purchases by customer:")
print(customer_totals)

# Example of using the cleaned data
total_sales = df_cleaned['PurchaseAmount'].sum()
average_sale = df_cleaned['PurchaseAmount'].mean()
print(f"\\nTotal Sales: ${total_sales:.2f}")
print(f"Average Sale: ${average_sale:.2f}")
```

Code-Aufschlüsselung:

1. **Datenvorbereitung und erste Inspektion:**

   o   Wir importieren pandas für die Datenmanipulation und matplotlib für die Visualisierung.

   o   Ein Beispieldatensatz wird mit absichtlichen Duplikaten und inkonsistenten Formatierungen in der Spalte PurchaseAmount erstellt.

   o   Das ursprüngliche DataFrame wird zusammen mit seinen Datentypen gedruckt, um den Anfangszustand der Daten zu zeigen.

2. **Datenbereinigung:**

- o Eine Funktion currency_to_float wird definiert, um Währungswerte im String-Format in float zu konvertieren.

- o Die Spalte PurchaseAmount wird mit dieser Funktion bereinigt.

- o Die Spalte PurchaseDate wird in ein datetimeFormat konvertiert, um die Datumsmanipulation zu erleichtern.

3. **Identifikation und Entfernung von Duplikaten:**

- o Doppelte Zeilen werden mit df.duplicated() identifiziert und angezeigt.

- o Duplikate werden mit df.drop_duplicates() entfernt, wodurch ein bereinigtes DataFrame entsteht.

- o Das bereinigte DataFrame wird zusammen mit den aktualisierten Datentypen angezeigt.

4. **Datenanalyse und Visualisierung:**

- o Grundlegende Statistiken der Spalte PurchaseAmount werden berechnet und angezeigt.

- o Ein Balkendiagramm wird erstellt, um die Kaufbeträge nach Kunden zu visualisieren.

- o Die Daten werden nach Kundennamen gruppiert, um die Gesamtkäufe pro Kunde zu berechnen.

5. **Endberechnungen:**

- o Gesamter Umsatz und durchschnittlicher Verkaufsbetrag werden aus den bereinigten Daten berechnet.

- o Diese Ergebnisse werden gedruckt, um die Nutzung des bereinigten Datensatzes zu demonstrieren.

Dieses Beispiel zeigt einen umfassenden Ansatz zur Datenbereinigung und -analyse. Es umfasst die Handhabung inkonsistenter Datenformate, das Entfernen von Duplikaten, das Konvertieren von Datentypen, die Durchführung grundlegender statistischer Analysen und die Visualisierung der Daten. Dieser Workflow demonstriert, wie ein Datensatz für weiterführende Analysen oder Machine-Learning-Aufgaben vorbereitet werden kann, während gleichzeitig Einblicke in die bereinigten Daten gewährt werden.

8.2.3. Korrektur von Inkonsistenzen in kategorialen Daten

Inkonsistenzen in kategorialen Daten stellen erhebliche Herausforderungen bei der Datenanalyse und im Machine Learning dar. Diese Inkonsistenzen können in verschiedenen Formen auftreten, wie z. B. typografische Fehler, alternative Schreibweisen oder Unterschiede in der Groß- und Kleinschreibung. Beispielsweise könnten in einem Datensatz von

Produktkategorien Einträge wie „Electronics", „electronics" und „ELECTRONICS" vorkommen, die alle dieselbe Kategorie darstellen, jedoch aufgrund ihrer inkonsistenten Darstellung als unterschiedliche Werte behandelt werden.

Die Auswirkungen solcher Inkonsistenzen gehen über rein ästhetische Bedenken hinaus. Bei der Aggregation von Daten oder beim Training von Machine-Learning-Modellen können diese Diskrepanzen zu unerwarteten und potenziell irreführenden Ergebnissen führen. Beispielsweise könnte bei einer Sentiment-Analyse-Aufgabe die getrennte Behandlung von „positive" und „Positive" die Verteilung der Stimmungen verfälschen und die Leistung des Modells beeinträchtigen. Ebenso könnten bei einer Warenkorbanalyse inkonsistente Produktkategorisierungen wichtige Muster im Kaufverhalten der Kunden verdecken.

Darüber hinaus können diese Inkonsistenzen die Datenqualitätsmetriken beeinträchtigen, was die genaue Bewertung der Vollständigkeit und Validität des Datensatzes erschwert. Sie können auch Datenintegrationsbemühungen bei der Zusammenführung von Datensätzen aus verschiedenen Quellen erschweren und möglicherweise zu Datenredundanz oder Informationsverlust führen. Daher ist die Behebung von Inkonsistenzen in kategorialen Daten ein entscheidender Schritt, um die Zuverlässigkeit und Effektivität Ihrer Datenanalyse- und Machine-Learning-Pipelines sicherzustellen.

Beispiel: Standardisierung von Text in kategorialen Daten

Angenommen, wir haben einen Datensatz mit inkonsistenten Einträgen in einer **Category**-Spalte.

```python
import pandas as pd
import matplotlib.pyplot as plt

# Sample data with inconsistent text entries
data = {
    'Category':    ['Electronics',    'electronics',    'ELECTronics',    'Furniture',
'furniture', 'FURNITURE', 'Appliances', 'appliances'],
    'Price': [100, 200, 150, 300, 250, 400, 175, 225]
}
df = pd.DataFrame(data)

print("Original DataFrame:")
print(df)

# Standardize text to lowercase
df['Category'] = df['Category'].str.lower()

print("\\nDataFrame after standardizing to lowercase:")
print(df)

# Count occurrences of each category
category_counts = df['Category'].value_counts()

print("\\nCategory counts:")
```

```python
print(category_counts)

# Visualize category distribution
plt.figure(figsize=(10, 6))
category_counts.plot(kind='bar')
plt.title('Distribution of Categories')
plt.xlabel('Category')
plt.ylabel('Count')
plt.xticks(rotation=45)
plt.tight_layout()
plt.show()

# Calculate average price per category
avg_price_per_category
df.groupby('Category')['Price'].mean().sort_values(ascending=False)

print("\\nAverage price per category:")
print(avg_price_per_category)

# Visualize average price per category
plt.figure(figsize=(10, 6))
avg_price_per_category.plot(kind='bar')
plt.title('Average Price per Category')
plt.xlabel('Category')
plt.ylabel('Average Price')
plt.xticks(rotation=45)
plt.tight_layout()
plt.show()
```

Code-Aufschlüsselung:

1. **Datenvorbereitung:**

   o Wir importieren pandas für die Datenmanipulation und matplotlib für die Visualisierung.

   o Ein Beispieldatensatz wird mit absichtlichen Inkonsistenzen in der Spalte Category und den entsprechenden PriceWerten erstellt.

   o Das ursprüngliche DataFrame wird gedruckt, um den Anfangszustand der Daten zu zeigen.

2. **Datenbereinigung:**

   o Die Spalte Category wird standardisiert, indem alle Einträge mit der Methode str.lower() in Kleinbuchstaben umgewandelt werden.

   o Das standardisierte DataFrame wird gedruckt, um die Wirkung dieser Transformation zu zeigen.

3. **Datenanalyse:**

- o Wir verwenden value_counts(), um die Häufigkeit jeder eindeutigen Kategorie nach der Standardisierung zu zählen.

- o Die Kategoriezählungen werden gedruckt, um zu zeigen, wie viele Einträge zu jeder Kategorie gehören.

4. **Visualisierung der Kategorienverteilung:**

- o Ein Balkendiagramm wird erstellt, um die Verteilung der Kategorien zu visualisieren.

- o Dies hilft, schnell zu erkennen, welche Kategorien im Datensatz am häufigsten vorkommen.

5. **Preisanalyse:**

- o Wir verwenden groupby(), um den durchschnittlichen Preis für jede Kategorie zu berechnen.

- o Die Ergebnisse werden in absteigender Reihenfolge sortiert, um die Lesbarkeit zu verbessern.

- o Die durchschnittlichen Preise pro Kategorie werden gedruckt.

6. **Visualisierung der Durchschnittspreise:**

- o Ein weiteres Balkendiagramm wird erstellt, um die Durchschnittspreise für jede Kategorie zu visualisieren.

- o Dies hilft, die Preise zwischen verschiedenen Kategorien zu vergleichen.

Dieses Beispiel veranschaulicht den Prozess der Bereinigung kategorialer Daten durch Textstandardisierung und zeigt gleichzeitig grundlegende Analyse- und Visualisierungstechniken am bereinigten Datensatz. Es unterstreicht die entscheidende Rolle der Datenbereinigung bei der Vorbereitung auf eine sinnvolle Analyse, da standardisierte Kategorien eine genaue Gruppierung und Preisvergleiche zwischen Kategorien ermöglichen.

8.2.4. Umgang mit Werten außerhalb des zulässigen Bereichs

Werte außerhalb des zulässigen Bereichs sind Datenpunkte, die außerhalb des erwarteten oder logischen Bereichs für eine bestimmte Variable liegen. Diese Anomalien können aus verschiedenen Quellen stammen, einschließlich Dateneingabefehlern, Messungenauigkeiten oder echten Ausreißern. Das Erkennen und Behandeln dieser Werte ist aus mehreren Gründen wichtig:

1. **Datenintegrität:** Werte außerhalb des zulässigen Bereichs können statistische Analysen und Machine-Learning-Modelle erheblich verzerren, was zu ungenauen Ergebnissen und Vorhersagen führt. Zum Beispiel könnte ein Wert von 300 cm in einem Datensatz mit menschlichen Körpergrößen den Mittelwert und die

Standardabweichung drastisch beeinflussen, was möglicherweise zu fehlerhaften Schlussfolgerungen oder Modellergebnissen führt.

2. **Domänendarstellung:** Durch die Identifizierung und Behandlung dieser Anomalien stellen wir sicher, dass unser Datensatz die reale Situation, die er beschreiben soll, genau widerspiegelt. Dies ist besonders in Bereichen wie der medizinischen Forschung oder der Finanzmodellierung entscheidend, wo die Datenqualität direkte Auswirkungen auf Entscheidungen und Ergebnisse hat.

3. **Fehlererkennung:** Diese Werte dienen oft als Indikatoren für systematische Probleme bei der Datenerfassung oder -verarbeitung, was zu weiteren Untersuchungen und möglichen Verbesserungen der Datenhandhabung führen kann. Beispielsweise könnten wiederkehrende Werte außerhalb des zulässigen Bereichs in Sensordaten auf die Notwendigkeit einer Neukalibrierung oder den Austausch von Geräten hinweisen.

4. **Modellleistung:** Das Entfernen oder Korrigieren von Werten außerhalb des zulässigen Bereichs kann die Leistung und Zuverlässigkeit von Vorhersagemodellen verbessern, indem Rauschen eliminiert und der Fokus auf gültige Datenpunkte gelegt wird. Dies ist besonders wichtig in Machine-Learning-Anwendungen, bei denen Ausreißer das Modelltraining und die Vorhersagen unverhältnismäßig beeinflussen können.

5. **Entscheidungsfindung:** In geschäftlichen Kontexten könnten Werte außerhalb des zulässigen Bereichs zu fehlgeleiteten Entscheidungen führen, wenn sie nicht ordnungsgemäß behandelt werden, was möglicherweise zu finanziellen Verlusten oder betrieblichen Ineffizienzen führt. Zum Beispiel könnten falsche Aktienkurse aufgrund von Datenfehlern zu schlechten Investitionsentscheidungen führen, während anomale Verkaufszahlen eine Fehlverteilung von Ressourcen verursachen könnten.

6. **Sicherung der Datenqualität:** Der Umgang mit Werten außerhalb des zulässigen Bereichs ist ein wesentlicher Aspekt der Aufrechterhaltung hoher Datenqualitätsstandards. Dies trägt dazu bei, das Vertrauen der Stakeholder in die Daten zu stärken und sicherzustellen, dass nachfolgende Analysen und Berichte auf zuverlässigen Informationen basieren.

7. **Regulatorische Anforderungen:** In Branchen mit strengen Vorschriften, wie dem Gesundheitswesen oder dem Finanzsektor, ist die ordnungsgemäße Behandlung von Werten außerhalb des zulässigen Bereichs für die Einhaltung der Vorschriften unerlässlich. Die Nichtbeachtung dieser Anomalien könnte zu regulatorischen Verstößen und den damit verbundenen Strafen führen.

Effektive Strategien zum Umgang mit Werten außerhalb des zulässigen Bereichs umfassen das Festlegen logischer Grenzen basierend auf Domänenwissen, die Verwendung statistischer Methoden zur Identifizierung von Ausreißern und die Entscheidung, ob diese Werte entfernt, imputiert oder zur weiteren Analyse gekennzeichnet werden sollen. Die Wahl der Methode hängt vom spezifischen Kontext der Daten und den Zielen der Analyse ab.

Beispiel: Entfernen von Werten außerhalb des zulässigen Bereichs

Angenommen, wir haben einen Datensatz mit einer **Age**-Spalte, und wir wissen, dass gültige Alterswerte zwischen 0 und 120 liegen sollten.

```python
import pandas as pd
import matplotlib.pyplot as plt
import seaborn as sns

# Sample data with out-of-range values
data = {
    'Name': ['Alice', 'Bob', 'Charlie', 'Diana', 'Eve', 'Frank', 'Grace', 'Henry'],
    'Age': [25, 132, 30, -5, 45, 200, 0, 80],
    'Salary': [50000, 75000, 60000, 55000, 90000, 80000, 70000, 65000]
}
df = pd.DataFrame(data)

print("Original DataFrame:")
print(df)

# Identify out-of-range values
age_out_of_range = df[(df['Age'] < 0) | (df['Age'] > 120)]

print("\\nOut-of-range age values:")
print(age_out_of_range)

# Remove out-of-range values
df_cleaned = df[(df['Age'] >= 0) & (df['Age'] <= 120)]

print("\\nDataFrame after removing out-of-range age values:")
print(df_cleaned)

# Calculate statistics before and after cleaning
print("\\nStatistics before cleaning:")
print(df['Age'].describe())
print("\\nStatistics after cleaning:")
print(df_cleaned['Age'].describe())

# Visualize age distribution before and after cleaning
fig, (ax1, ax2) = plt.subplots(1, 2, figsize=(12, 5))

sns.histplot(df['Age'], kde=True, ax=ax1)
ax1.set_title('Age Distribution (Before Cleaning)')
ax1.set_xlabel('Age')

sns.histplot(df_cleaned['Age'], kde=True, ax=ax2)
ax2.set_title('Age Distribution (After Cleaning)')
ax2.set_xlabel('Age')

plt.tight_layout()
plt.show()
```

```
# Analyze the impact on other variables
print("\\nAverage salary before cleaning:", df['Salary'].mean())
print("Average salary after cleaning:", df_cleaned['Salary'].mean())

# Correlation analysis
correlation_before = df[['Age', 'Salary']].corr()
correlation_after = df_cleaned[['Age', 'Salary']].corr()

print("\\nCorrelation between Age and Salary before cleaning:")
print(correlation_before)
print("\\nCorrelation between Age and Salary after cleaning:")
print(correlation_after)
```

Jetzt analysieren wir dieses Beispiel:

1. **Datenvorbereitung**:

   o Wir importieren *pandas* für die Datenmanipulation sowie *matplotlib* und *seaborn* für die Visualisierung.

   o Ein Beispieldatensatz wird erstellt, der absichtlich Werte außerhalb des gültigen Bereichs in der Spalte **Age** (Alter) enthält, zusammen mit den entsprechenden **Name**und **Salary**Daten (Gehalt).

   o Das ursprüngliche DataFrame wird gedruckt, um den Ausgangszustand der Daten zu zeigen.

2. **Erkennung von Werten außerhalb des gültigen Bereichs**:

   o Mithilfe von booleschem Indexing identifizieren wir Altersangaben, die kleiner als 0 oder größer als 120 sind.

   o Die Werte außerhalb des gültigen Bereichs werden zur Inspektion ausgegeben.

3. **Entfernung von Werten außerhalb des gültigen Bereichs**:

   o Ein neues DataFrame (**df_cleaned**) wird erstellt, indem die Werte außerhalb des gültigen Bereichs herausgefiltert werden.

   o Das bereinigte DataFrame wird gedruckt, um die Auswirkungen dieser Transformation zu zeigen.

4. **Statistische Analyse**:

   o Wir berechnen und zeigen beschreibende Statistiken für die Spalte **Age** vor und nach der Bereinigung.

   o Dies hilft zu verstehen, wie die Entfernung von Werten außerhalb des gültigen Bereichs die Verteilung der Altersangaben beeinflusst.

5. **Datenvisualisierung**:

   o Zwei Histogramme werden erstellt, um die Altersverteilung vor und nach der Bereinigung zu visualisieren.

   o Dieser visuelle Vergleich zeigt, wie sich das Entfernen von Werten außerhalb des gültigen Bereichs auf die Gesamtverteilung auswirkt.

6. **Auswirkungsanalyse auf andere Variablen**:

   o Wir berechnen und vergleichen das durchschnittliche Gehalt vor und nach der Bereinigung.

   o Dies zeigt, wie das Entfernen von Werten außerhalb des gültigen Bereichs in einer Spalte Berechnungen in anderen Spalten beeinflussen kann.

7. **Korrelationsanalyse**:

   o Wir berechnen die Korrelation zwischen **Age** und **Salary** vor und nach der Bereinigung.

   o Dies zeigt, wie sich die Beziehung zwischen Variablen nach der Entfernung von Werten außerhalb des gültigen Bereichs ändern kann.

Dieses Beispiel zeigt einen umfassenden Ansatz zum Umgang mit Werten außerhalb des gültigen Bereichs. Es geht über das bloße Entfernen problematischer Daten hinaus, indem analysiert wird, wie der Bereinigungsprozess die Statistik, Verteilungen und Beziehungen zwischen Variablen im Datensatz beeinflusst. Eine solche umfassende Methode stellt sicher, dass Entscheidungen zur Datenbereinigung gut informiert sind und ihre vollständigen Auswirkungen verstanden werden.

8.2.5. Fehlende Werte nach der Korrektur von Anomalien imputieren

Bei der Korrektur von Anomalien können fehlende Werte als unbeabsichtigte Folge entstehen. Dies kann durch verschiedene Prozesse geschehen, wie zum Beispiel durch die Umwandlung ungültiger Datumsangaben in **NaT** (*Not a Time*) oder durch das Identifizieren und Entfernen von Ausreißern. Zum Beispiel könnten bei der Standardisierung von Datumsformaten Einträge, die nicht dem erwarteten Muster entsprechen, in fehlende Werte umgewandelt werden. Ebenso können bei der Behandlung numerischer Ausreißer extreme Werte, die als unrealistisch oder fehlerhaft angesehen werden, entfernt werden, wodurch Lücken im Datensatz entstehen.

Diese neu entstandenen fehlenden Werte stellen sowohl eine Herausforderung als auch eine Chance im Datenbereinigungsprozess dar. Einerseits bedeuten sie einen Informationsverlust, der die Genauigkeit und Vollständigkeit nachfolgender Analysen beeinträchtigen könnte. Andererseits dienen sie als Indikatoren für Datenqualitätsprobleme, die im ursprünglichen Datensatz existierten, und bieten wertvolle Einblicke in Probleme bei der Datenerfassung oder -verarbeitung, die möglicherweise an der Quelle behoben werden müssen.

Das Beheben dieser fehlenden Werte ist entscheidend, um die Vollständigkeit der Daten zu gewährleisten und die Robustheit statistischer Analysen und Machine-Learning-Modelle sicherzustellen. Es gibt verschiedene Strategien zum Umgang mit diesen Lücken, darunter Imputationstechniken (z. B. Mittelwert-, Median- oder Modusimputation), prädiktives Modellieren zur Schätzung fehlender Werte oder die Verwendung von Algorithmen, die direkt mit fehlenden Daten umgehen können. Die Wahl der Methode hängt von der Art der Daten, dem Ausmaß der fehlenden Werte und den spezifischen Anforderungen der Analyse oder des verwendeten Modells ab.

Durch die sorgfältige Behandlung dieser fehlenden Werte, die während der Anomalienkorrektur entstanden sind, können Datenwissenschaftler die Integrität ihrer Datensätze bewahren und gleichzeitig die allgemeine Datenqualität verbessern. Dieser Prozess verbessert nicht nur die Zuverlässigkeit nachfolgender Analysen, sondern trägt auch zu einem gründlicheren Verständnis der Eigenschaften und Einschränkungen des Datensatzes bei.

Beispiel: Fehlende Werte nach der Korrektur von Anomalien ausfüllen

Angenommen, während der Korrektur von Anomalien wurden im **OrderDate**-Feld einige fehlende Werte erzeugt. Wir können **Forward-Fill**- oder **Backward-Fill**-Methoden verwenden, um diese zu behandeln.

```python
import pandas as pd
import matplotlib.pyplot as plt
import seaborn as sns

# Sample data with missing values
data = {
    'OrderDate': ['2022-01-15', pd.NaT, '2022-02-05', pd.NaT, '2022-03-10', pd.NaT,
'2022-04-20'],
    'ProductID': ['A001', 'B002', 'C003', 'D004', 'E005', 'F006', 'G007'],
    'Quantity': [5, 3, pd.NA, 7, 2, 4, 6]
}
df = pd.DataFrame(data)

print("Original DataFrame:")
print(df)
print("\\nMissing values:")
print(df.isnull().sum())

# Fill missing dates using forward fill
df['OrderDate'] = df['OrderDate'].fillna(method='ffill')

# Fill missing quantities with median
df['Quantity'] = df['Quantity'].fillna(df['Quantity'].median())

print("\\nDataFrame after imputation:")
print(df)
print("\\nMissing values after imputation:")
print(df.isnull().sum())
```

```
# Visualize OrderDate distribution
plt.figure(figsize=(10, 6))
sns.histplot(pd.to_datetime(df['OrderDate']), kde=True)
plt.title('Distribution of Order Dates')
plt.xlabel('Order Date')
plt.ylabel('Count')
plt.xticks(rotation=45)
plt.tight_layout()
plt.show()

# Analyze imputed data
print("\\nSummary statistics:")
print(df.describe())

print("\\nCorrelation between Quantity and OrderDate:")
df['OrderDate'] = pd.to_datetime(df['OrderDate'])
correlation = df['Quantity'].corr(df['OrderDate'].astype(int) / 10**9)
print(correlation)
```

Dieses Codebeispiel zeigt einen umfassenden Ansatz zur Behandlung fehlender Werte und zur Analyse imputierter Daten. Lassen Sie uns dies Schritt für Schritt untersuchen:

- **Datenvorbereitung**:
  - Wir importieren die notwendigen Bibliotheken: *pandas* für die Datenmanipulation sowie *matplotlib* und *seaborn* für die Visualisierung.
  - Ein Beispieldatensatz wird erstellt, der absichtlich fehlende Werte enthält (*pd.NaT* für Datumsangaben, *pd.NA* für Mengen).

- **Erste Dateninspektion**:
  - Das ursprüngliche DataFrame wird gedruckt, um den Ausgangszustand der Daten zu zeigen.
  - Wir zählen und zeigen die Anzahl der fehlenden Werte in jeder Spalte an.

- **Imputation**:
  - Fehlende Datumsangaben werden mithilfe der Forward-Fill-Methode (*ffill*) gefüllt.
  - Fehlende Mengen werden mit dem Medianwert der Spalte **Quantity** gefüllt.

- **Inspektion nach der Imputation**:
  - Das DataFrame wird erneut gedruckt, um die Auswirkungen der Imputation zu zeigen.

- o Wir zählen die fehlenden Werte erneut, um die erfolgreiche Imputation zu bestätigen.

- **Datenvisualisierung**:

  - o Ein Histogramm wird erstellt, um die Verteilung der Bestelldaten nach der Imputation zu visualisieren.

  - o Dies hilft, das zeitliche Muster der Bestellungen zu verstehen.

- **Datenanalyse**:

  - o Zusammenfassende Statistiken werden für alle Spalten berechnet und angezeigt.

  - o Wir berechnen die Korrelation zwischen **Quantity** und **OrderDate**, um zeitbasierte Muster in den Bestellmengen zu überprüfen.

Dieses umfassende Beispiel zeigt verschiedene Imputationstechniken – Forward-Fill für Datumsangaben und Median für Mengen – und integriert gleichzeitig Datenvisualisierung und -analyse. Es bietet eine ganzheitliche Sicht auf den Datenbereinigungs- und Analyseprozess und zeigt, wie fehlende Werte behandelt, Ergebnisse visualisiert und Einblicke aus den imputierten Daten gewonnen werden können.

8.2.6 Wichtige Erkenntnisse und weiterführende Überlegungen

- **Datenanomalien**, wie inkonsistente Formate, Duplikate, kategorische Inkonsistenzen und Werte außerhalb des gültigen Bereichs, können die Zuverlässigkeit der Analyse erheblich beeinträchtigen. Die frühzeitige Identifizierung dieser Probleme ist entscheidend für die Datenintegrität.

- Die **Pandas-Bibliothek** bietet ein leistungsstarkes Toolkit zur Anomalienkorrektur. Neben grundlegenden Funktionen wie pd.to_datetime(), replace() und drop_duplicates() sollten auch fortgeschrittene Techniken wie reguläre Ausdrücke für komplexe String-Manipulationen und benutzerdefinierte Funktionen für domänenspezifische Datenbereinigung in Betracht gezogen werden.

- **Textstandardisierung bei kategorischen Daten** ist essenziell für eine genaue Aggregation und Analyse. Implementieren Sie Fuzzy-Matching-Algorithmen oder auf maschinellem Lernen basierende Ansätze, um komplexe Variationen und Rechtschreibfehler in kategorischen Daten zu behandeln.

- **Korrektur von Werten außerhalb des gültigen Bereichs** erfordert einen differenzierten Ansatz. Während das Entfernen oder Begrenzen von Ausreißern üblich ist, sollte die Natur der Daten berücksichtigt werden. Einige Felder, wie Aktienkurse während Marktabstürzen, können legitime Extremwerte enthalten, die nicht entfernt werden sollten.

- **Behandlung fehlender Werte** nach der Anomalienkorrektur ist ein kritischer Schritt. Erforschen Sie fortgeschrittene Imputationstechniken wie multiple Imputation oder maschinelle Lernmodelle (z. B. *KNN Imputer*), um fehlende Werte genauer zu schätzen.

- **Datenherkunft und Versionierung** sind oft übersehene Aspekte der Datenbereinigung. Implementieren Sie ein System zur Nachverfolgung von Änderungen während des Bereinigungsprozesses, um Reproduzierbarkeit und Prüfpfade zu gewährleisten.

Diese fortschrittlichen Datenbereinigungstechniken sorgen nicht nur für Konsistenz und Zuverlässigkeit der Daten, sondern bewahren auch die nuancierten Informationen innerhalb Ihres Datensatzes. Durch die durchdachte Anwendung dieser Methoden können Sie die Datenqualität erheblich verbessern, was zu genaueren Modellen und aufschlussreicheren Analysen führt. Im nächsten Abschnitt werden wir anspruchsvolle Ansätze zur Behandlung komplexer Muster fehlender Daten untersuchen, um Ihren Datensatz weiter für fortgeschrittene prädiktive Modellierung und Machine-Learning-Anwendungen zu verfeinern.

8.3 Praktische Übungen für Kapitel 8

Diese Übungen geben Ihnen praktische Erfahrung in der Identifikation und Behandlung von Datenanomalien mit den in diesem Kapitel behandelten Techniken. Jede Übung behandelt einen anderen Aspekt der Datenbereinigung, und Lösungen mit Code werden bei Bedarf bereitgestellt.

Übung 1: Standardisierung von Datumsformaten

Sie erhalten einen Datensatz, in dem Datumsangaben in unterschiedlichen Formaten dargestellt sind. Ihre Aufgabe:

1. Konvertieren Sie alle Datumsangaben in das Format YYYY-MM-DD.

2. Identifizieren Sie ungültige Datumsangaben.

```python
import pandas as pd

# Sample data with inconsistent date formats
data = {'OrderDate': ['2022-01-15', '01/20/2022', 'February 5, 2022', '2022/02/10',
'2022-31-12']}
df = pd.DataFrame(data)

# Solution: Convert all dates to a consistent format
df['OrderDate'] = pd.to_datetime(df['OrderDate'], errors='coerce')

# Identify invalid dates (converted to NaT)
invalid_dates = df[df['OrderDate'].isna()]

print("Dataset with standardized dates:")
```

```
print(df)
print("\\\\nInvalid dates:")
print(invalid_dates)
```

Übung 2: Entfernen von doppelten Zeilen

Gegeben ist ein Datensatz mit doppelten Einträgen. Ihre Aufgabe:

1. Identifizieren Sie doppelte Zeilen.

2. Entfernen Sie Duplikate und behalten Sie nur eindeutige Datensätze.

```
# Sample data with duplicate rows
data = {'CustomerID': [101, 102, 103, 101],
        'Name': ['Alice', 'Bob', 'Charlie', 'Alice'],
        'PurchaseAmount': [150, 200, 300, 150]}
df = pd.DataFrame(data)

# Solution: Identify duplicate rows
duplicates = df[df.duplicated()]
print("Duplicate rows:")
print(duplicates)

# Solution: Remove duplicate rows
df = df.drop_duplicates()

print("\\\\nDataset after removing duplicates:")
print(df)
```

Übung 3: Standardisierung von Text in kategorialen Daten

Sie erhalten einen Datensatz, der inkonsistente Groß- und Kleinschreibung in einer kategorialen Spalte enthält. Ihre Aufgabe:

1. Standardisieren Sie alle Einträge in der Spalte **Category** auf Kleinbuchstaben.

```
# Sample data with inconsistent text entries
data = {'Category': ['Electronics', 'electronics', 'ELECTronics', 'Furniture',
'furniture']}
df = pd.DataFrame(data)

# Solution: Standardize text to lowercase
df['Category'] = df['Category'].str.lower()

print("Dataset with standardized categories:")
print(df)
```

Übung 4: Entfernen von Werten außerhalb des gültigen Bereichs

Gegeben ist ein Datensatz mit einer **Age**-Spalte, in der gültige Alter zwischen 0 und 120 liegen. Ihre Aufgabe:

1. Identifizieren Sie alle Werte in der **Age**Spalte, die außerhalb dieses Bereichs liegen.

2. Entfernen Sie die Zeilen mit Werten außerhalb des gültigen Bereichs.

```python
# Sample data with an out-of-range value
data = {'Name': ['Alice', 'Bob', 'Charlie', 'Diana'],
        'Age': [25, 132, 30, -5]}
df = pd.DataFrame(data)

# Solution: Identify out-of-range values
out_of_range = df[(df['Age'] < 0) | (df['Age'] > 120)]
print("Out-of-range values:")
print(out_of_range)

# Solution: Remove out-of-range values
df = df[(df['Age'] >= 0) & (df['Age'] <= 120)]

print("\\\\nDataset after removing out-of-range values:")
print(df)
```

Übung 5: Imputation fehlender Werte nach Anomalienkorrektur

Sie haben einen Datensatz, bei dem einige Datumsangaben nach der Korrektur von Anomalien in der **OrderDate**-Spalte fehlen. Ihre Aufgabe:

Füllen Sie die fehlenden Datumsangaben mithilfe der Forward-Fill-Methode, um die Kontinuität in den Daten aufrechtzuerhalten.

```python
# Sample data with missing values
data = {'OrderDate': ['2022-01-15', pd.NaT, '2022-02-05', pd.NaT]}
df = pd.DataFrame(data)

# Solution: Fill missing dates using forward fill
df['OrderDate'] = df['OrderDate'].fillna(method='ffill')

print("Dataset after forward-filling missing dates:")
print(df)
```

Diese Übungen decken wesentliche Techniken der Datenbereinigung mit Pandas ab, mit denen Sie inkonsistente Formate, Duplikate, kategoriale Inkonsistenzen, Werte außerhalb des gültigen Bereichs und fehlende Werte bearbeiten können. Durch das Beherrschen dieser Techniken können Sie hochwertige Datensätze für Analysen und Modellierungen vorbereiten.

8.4 Was könnte schiefgehen?

Die Datenbereinigung ist ein entscheidender Schritt, doch ohne sorgfältige Überlegung können leicht Fehler eingeführt oder wertvolle Informationen verloren gehen. Hier besprechen wir einige potenzielle Fallstricke im Umgang mit **Ausreißern, Datenanomalien und Inkonsistenzen** und bieten Tipps zur effektiven Bewältigung dieser Herausforderungen.

8.4.1 Wahre Ausreißer fälschlicherweise als Fehler entfernen

Beim Identifizieren und Entfernen von Ausreißern besteht die Gefahr, dass valide Datenpunkte, die ungewöhnlich, aber wichtig sind, versehentlich gelöscht werden. Beispielsweise könnte in einem Datensatz über Patientengesundheit ein Ausreißer eine seltene Erkrankung darstellen und kein Fehler sein.

Was könnte schiefgehen?

- Das Löschen wahrer Ausreißer kann zu verzerrten Ergebnissen führen, insbesondere in Bereichen, in denen extreme Werte häufig oder signifikant sind (z. B. Finanzdaten, medizinische Aufzeichnungen).

- Ohne diese Punkte könnte das Modell ein bestimmtes Segment der Daten unterrepräsentieren, was zu weniger genauen Vorhersagen führt.

Lösung:

- Prüfen Sie sorgfältig, ob ein Ausreißer eine echte Anomalie oder ein wertvoller Datenpunkt ist, bevor Sie ihn entfernen. Kontext- und Fachwissen sind hierbei entscheidend.

- Verwenden Sie Techniken wie **Winsorisierung** (Begrenzung extremer Werte) anstelle von Löschung, wenn die Daten bedeutende, aber extreme Werte enthalten.

8.4.2 Überstandardisierung kategorialer Daten

Bei der Standardisierung von Text in kategorialen Daten (z. B. durch Umwandlung in Kleinbuchstaben) besteht die Gefahr, dass wertvolle Unterschiede verloren gehen, die subtil, aber bedeutend sind. Zum Beispiel könnten „Electronics" und „electronic parts" in einem Einzelhandelsdatensatz unterschiedliche Kategorien darstellen.

Was könnte schiefgehen?

- Das Zusammenführen von unterschiedlichen Kategorien kann die Fähigkeit des Modells reduzieren, Nuancen in den Daten zu erfassen, was die Genauigkeit verringern könnte.

- Eine Überstandardisierung könnte wichtige Muster in hierarchischen Kategorien verschleiern (z. B. „Junior" vs. „Senior"-Rollen).

Lösung:

- Überprüfen Sie kategoriale Daten sorgfältig, bevor Sie sie standardisieren. Wenden Sie Transformationen nur auf Kategorien an, die tatsächlich dasselbe Element darstellen.

- Erwägen Sie das Mapping ähnlicher Kategorien anstelle einer generellen Standardisierung oder die Verwendung einer Kategorienhierarchie, wo dies sinnvoll ist.

8.4.3 Fehlinterpretation von Duplikaten

Doppelte Einträge können manchmal echt sein (z. B. wiederkehrende Kunden oder wiederholte Transaktionen). Das Entfernen ohne Validierung kann zu Datenverlust führen.

Was könnte schiefgehen?

- Das Löschen echter Duplikate kann die Daten verzerren, insbesondere bei der Analyse von Kundenverhalten oder Transaktionsmustern.

- Die Fehlinterpretation von Duplikaten als Fehler kann dazu führen, dass wichtige Kennzahlen, wie Gesamteinnahmen oder wiederkehrende Kunden, unterberichtet werden.

Lösung:

- Überprüfen Sie Duplikate sorgfältig, indem Sie zusätzliche Variablen (z. B. Datum, Uhrzeit, Standort) vergleichen, um echte Duplikate von wiederholten Einträgen zu unterscheiden.

- Gehen Sie vorsichtig vor, wenn Sie Duplikate in Datensätzen löschen, die gültige wiederkehrende Einträge enthalten könnten. Behalten Sie sie, wenn sie einen Mehrwert für die Analyse bieten.

8.4.4 Verzerrungen durch das Entfernen von Werten außerhalb des gültigen Bereichs

Das Entfernen von Werten außerhalb des gültigen Bereichs kann manchmal zu verzerrten Ergebnissen führen, insbesondere wenn diese Werte einzigartige Fälle oder Randfälle darstellen. Beispielsweise könnten in einem Umfragedatensatz extrem hohe oder niedrige Altersangaben wichtige Ausreißer sein, die separat analysiert werden sollten.

Was könnte schiefgehen?

- Das Entfernen gültiger Werte außerhalb des gültigen Bereichs kann die Generalisierbarkeit eines Modells einschränken, insbesondere wenn es eine breite Palette von Fällen berücksichtigen muss.

- Das Fehlen einzigartiger Fälle kann die Diversität der Daten und damit die Robustheit der Analyse verringern.

Lösung:

- Verwenden Sie je nach Kontext unterschiedliche Schwellenwerte für das Entfernen. In einigen Fällen ist es besser, Ausreißer zu markieren, anstatt sie zu entfernen.

- Behalten und analysieren Sie ungewöhnliche Fälle separat, wenn sie bedeutende Erkenntnisse liefern, anstatt sie als Anomalien zu behandeln.

8.4.5 Fehler durch automatisierte Standardisierung einführen

Die Standardisierung von Datenformaten (z. B. Datumsangaben, Währungen) kann manchmal zu unbeabsichtigten Änderungen führen, insbesondere wenn falsche Annahmen getroffen werden. Zum Beispiel könnte die Behandlung aller Datumsangaben als MM/DD/YYYY zu Fehlinterpretationen führen, wenn einige Einträge im Format DD/MM/YYYY vorliegen.

Was könnte schiefgehen?

- Falsches Parsen von Datumsangaben kann zu fehlerhaften Analysen führen, da Datenpunkte verschoben oder falsch klassifiziert werden.

- Missinterpretation numerischer Daten (z. B. Behandlung von „€1.000" und „$1.000" als gleichwertig) kann zu Ungenauigkeiten bei aggregierten Berechnungen führen.

Lösung:

- Überprüfen und verstehen Sie immer die ursprünglichen Datenformate, bevor Sie automatisierte Transformationen anwenden.

- Definieren und setzen Sie konsistente Regeln für Datenformate während der Dateneingabe durch, um Inkonsistenzen von Anfang an zu minimieren.

8.4.6 Unvollständige Daten durch Imputation fehlender Werte erstellen

Bei der Imputation fehlender Werte, insbesondere nach der Korrektur von Anomalien, können Verzerrungen entstehen. Zum Beispiel kann das Forward-Filling fehlender Datumsangaben zu ungenauen Ergebnissen führen, wenn die Daten natürlichen Schwankungen unterliegen (z. B. saisonale Nachfrage im Einzelhandel).

Was könnte schiefgehen?

- Forward-Filling oder Backward-Filling kann künstliche Trends oder Korrelationen erzeugen, die das Lernen des Modells verzerren.

- Die Imputation von Werten ohne Berücksichtigung von Saisonalität oder Trends kann die Genauigkeit prädiktiver Modelle verringern.

Lösung:

- Verwenden Sie Imputationstechniken, die die Natur der Daten berücksichtigen, wie zeitbasierte Interpolation oder saisonale Mittelwerte für zeitliche Daten.

- Ziehen Sie in Betracht, Werte als fehlend zu belassen, wenn sie nicht sinnvoll imputiert werden können, und verwenden Sie Modelle, die mit fehlenden Werten umgehen können, wie baumbasierte Ansätze.

Fazit

Die Datenbereinigung kann die Datenqualität erheblich verbessern, jedoch ist eine durchdachte Anwendung entscheidend. Durch sorgfältige Aufmerksamkeit für die Natur jeder Anomalie und eine vorsichtige Auswahl der Korrekturmethoden können Sie sicherstellen, dass Ihre Daten sowohl sauber als auch aussagekräftig sind. Ob es sich um Ausreißer, Duplikate oder Inkonsistenzen handelt, das Gleichgewicht zwischen Automatisierung und menschlichem Urteilsvermögen ist entscheidend, um Datenverlust oder Modellverzerrungen zu vermeiden.

Zusammenfassung Kapitel 8

In diesem Kapitel haben wir fortgeschrittene Techniken der Datenbereinigung untersucht, die für die Vorbereitung genauer, konsistenter und zuverlässiger Datensätze für Analysen und Modellierungen unerlässlich sind. Diese Techniken bauen auf grundlegenden Bereinigungsmethoden auf und behandeln komplexe Datenanomalien, die, wenn sie ungelöst bleiben, die Modellgenauigkeit erheblich beeinträchtigen könnten. Durch die Bewältigung von Problemen wie Ausreißern, inkonsistenten Formaten, Duplikaten und Anomalien in kategorialen Daten streben wir an, die Datenqualität zu optimieren und Fehler in nachgelagerten Prozessen zu minimieren.

Wir begannen mit einer eingehenden Betrachtung von **Ausreißern und Extremwerten**. Ausreißer können aus verschiedenen Quellen stammen, einschließlich Dateneingabefehler, Messproblemen oder natürlicher Variabilität. Obwohl das Entfernen von Ausreißern manchmal die Modellgenauigkeit verbessern kann, ist es entscheidend, zwischen echten Anomalien und wertvollen Extremfällen zu unterscheiden, da das Entfernen echter Ausreißer zu verzerrten Erkenntnissen führen kann. Techniken wie **Z-Score** und **Interquartilsabstand (IQR)** sind effektiv zur Erkennung von Ausreißern, während Methoden wie **Winsorisierung**, Transformationen oder selektive Imputation helfen, ihren Einfluss auf die Daten zu mindern, ohne sie vollständig zu entfernen.

Als nächstes untersuchten wir **inkonsistente Datenformate**, ein häufiges Problem in Datensätzen aus mehreren Quellen. Datums- und Währungsformate können beispielsweise variieren und Herausforderungen für Analyse und Modellierung schaffen. Wir nutzten Pandas-Funktionen wie pd.to_datetime(), um Datumsformate zu standardisieren, während reguläre Ausdrücke eine effiziente Entfernung unerwünschter Symbole oder Zeichen in numerischen Daten ermöglichten. Dadurch wird sichergestellt, dass Daten eine einheitliche Struktur aufweisen, was das Risiko fehlerhafter Analysen verringert.

Duplikate waren ein weiterer Schwerpunkt. Doppelte Zeilen können durch wiederholte Dateneingabe oder Datenzusammenführungsprozesse entstehen, was zu Redundanz und einer

Aufblähung von Metriken wie Gesamtzahlen oder Durchschnittswerten führt. Während das Entfernen von Duplikaten Datensätze vereinfachen kann, ist es wichtig zu überprüfen, ob Duplikate echte Fehler oder valide wiederholte Einträge sind, insbesondere in Transaktions- oder Kundendaten.

Kategoriale Datenanomalien stellen eine andere Herausforderung dar, oft in Form von Variationen in der Schreibweise oder Groß-/Kleinschreibung. Die Standardisierung dieser Einträge ist entscheidend, um die Konsistenz der Daten zu verbessern, insbesondere für Analysen, die Aggregation oder Klassifizierung umfassen. Mithilfe von str.lower() und Mapping-Funktionen stellten wir sicher, dass ähnliche Kategorien als eine behandelt werden, wodurch die Wahrscheinlichkeit verringert wird, dass Datenanalysen fragmentiert werden.

Abschließend betrachteten wir die Auswirkungen von **Werten außerhalb des gültigen Bereichs**. Werte, die außerhalb erwarteter Bereiche liegen (z. B. Alter über 120), können Ergebnisse verzerren oder die Modellgenauigkeit beeinflussen. Durch Identifikation und selektives Entfernen oder Imputieren dieser Werte erhalten wir die Datenintegrität. Zudem behandelten wir die Imputation fehlender Werte, die möglicherweise durch Datenbereinigung entstehen, und betonten die Bedeutung kontextgerechter Imputationstechniken, um künstliche Trends oder Korrelationen zu vermeiden.

Zusammenfassend sind fortgeschrittene Datenbereinigungstechniken entscheidend, um Datensätze zu erstellen, die nicht nur genau, sondern auch aussagekräftig sind. Durch das Verständnis und die sorgfältige Korrektur komplexer Datenprobleme legen wir eine solide Grundlage für präzise Modellierung und aussagekräftige Analysen. Mit zunehmender Datenkomplexität befähigen uns die in diesem Kapitel entwickelten Fähigkeiten, vielfältige Datenherausforderungen zu bewältigen und sicherzustellen, dass unsere Analysen robust, zuverlässig und kontexttreu sind. Dieses Engagement für Datenintegrität ist fundamental, während wir uns den nächsten Schritten in der Datenvorverarbeitung widmen.

Kapitel 9: Zeitreihen-Daten: Besondere Überlegungen

Die Arbeit mit Zeitreihen-Daten bringt einzigartige Herausforderungen und Anforderungen mit sich, die sie von statischen Datensätzen unterscheiden. Zeitreihen-Daten zeichnen sich durch ihre zeitliche Ordnung aus, bei der jede Beobachtung intrinsisch mit dem Zeitpunkt ihrer Erfassung verbunden ist. Diese zeitliche Abhängigkeit führt zu Komplexitäten, die spezielle analytische Ansätze erfordern. Egal, ob Sie Verkaufstrends prognostizieren, Schwankungen von Aktienkursen vorhersagen oder komplexe Wettermuster analysieren – ein tiefes Verständnis von Zeitreihen-Daten ist entscheidend, um die zugrunde liegenden Muster, Trends und Saisonalitäten präzise zu modellieren und zu interpretieren.

Die Zeitreihen-Analyse ermöglicht es, verborgene Erkenntnisse aufzudecken und fundierte Vorhersagen zu treffen, indem die zeitliche Natur der Daten genutzt wird. Sie erlaubt es uns, nicht nur den aktuellen Zustand eines Systems zu erfassen, sondern auch zu verstehen, wie es sich im Laufe der Zeit entwickelt. Diese zeitliche Dimension fügt unserer Analyse eine Ebene der Komplexität hinzu, liefert jedoch gleichzeitig reichhaltige Informationen über die Dynamik des untersuchten Systems.

Dieses Kapitel widmet sich den spezifischen Überlegungen und Techniken, die für den effektiven Umgang mit Zeitreihen-Daten unerlässlich sind. Wir beginnen mit der Untersuchung der kritischen Rolle von **Datums- und Zeitmerkmalen**, wobei wir fortgeschrittene Techniken zur Handhabung zeitlicher Informationen besprechen. Dazu gehören Methoden zum Extrahieren aussagekräftiger Merkmale aus Zeitstempeln, zum Umgang mit unterschiedlichen Zeitskalen und zur Bewältigung von Herausforderungen wie unregelmäßigen Abtastintervallen oder fehlenden Datenpunkten.

Anschließend befassen wir uns eingehend mit fortgeschrittenen Methoden zur **Zerlegung von Zeitreihen-Daten**. Dieser entscheidende Schritt ermöglicht es uns, eine komplexe Zeitreihe in ihre Bestandteile zu zerlegen: Trends, die den langfristigen Verlauf darstellen, Saisonalitäten, die zyklische Muster erfassen, und Residuen, die die zufälligen Schwankungen in den Daten erklären. Das Verständnis dieser Komponenten ist der Schlüssel zum Aufbau präziser Vorhersagemodelle und zum Gewinn von Einblicken in die zugrunde liegenden Treiber der beobachteten Muster.

Abschließend behandeln wir das Konzept der **Stationarität** und dessen enorme Bedeutung für die Vorhersagemodellierung in der Zeitreihen-Analyse. Wir untersuchen, warum Stationarität eine entscheidende Annahme für viele Zeitreihen-Modelle ist, und besprechen verschiedene Tests, um festzustellen, ob eine Reihe stationär ist. Außerdem befassen wir uns mit fortgeschrittenen Techniken zur Transformation nicht-stationärer Daten in eine stationäre Form, einschließlich Differenzierung, Detrending und komplexeren Ansätzen wie der Box-Cox-Transformation. Durch die Beherrschung dieser Konzepte und Techniken sind Sie bestens gerüstet, um eine Vielzahl von Zeitreihen-Herausforderungen zu bewältigen und aussagekräftige Erkenntnisse aus zeitlichen Daten zu gewinnen.

9.1 Arbeiten mit Datums- und Zeitmerkmalen

Bei der Arbeit mit Zeitreihen-Daten dienen die Datums- und Zeitelemente als Rückgrat für das Verständnis und die Vorhersage zeitlicher Muster. **Datums- und Zeitmerkmale** sind nicht nur einfache Identifikatoren; sie sind reichhaltige Informationsquellen, die komplexe Trends, Saisonalitäten und zyklische Muster innerhalb der Daten aufdecken können. Diese Merkmale bieten einen zeitlichen Kontext, der für eine präzise Interpretation und Prognose entscheidend ist.

Die Stärke von Datums- und Zeitmerkmalen liegt in ihrer Fähigkeit, sowohl offensichtliche als auch subtile zeitliche Zusammenhänge zu erfassen. Beispielsweise können sie jährliche Zyklen in Verkaufsdaten, monatliche Temperaturschwankungen oder sogar stündliche Muster im Website-Verkehr aufdecken. Durch das Extrahieren und die richtige Nutzung dieser Merkmale können Analysten verborgene Periodizitäten und langfristige Trends erkennen, die sonst unbemerkt bleiben könnten.

Darüber hinaus kann die effektive Nutzung von Datums- und Zeitmerkmalen zu erheblichen Verbesserungen der Modellgenauigkeit führen. Indem diese zeitlichen Erkenntnisse einbezogen werden, können Modelle lernen, Muster zu erkennen und vorherzusagen, die intrinsisch an bestimmte Zeiträume gebunden sind. Dies kann besonders wertvoll in Bereichen wie der Finanzwelt sein, wo Marktverhalten oft komplexen zeitlichen Mustern folgt, oder in der Vorhersage des Energieverbrauchs, wo die Nutzung je nach Tageszeit, Wochentag oder Jahreszeit stark variiert.

Der Prozess der Arbeit mit Datums- und Zeitmerkmalen umfasst mehr als nur deren Aufnahme in einen Datensatz. Es erfordert eine sorgfältige Überlegung, wie diese Merkmale dargestellt und codiert werden sollen, um ihren Informationsgehalt zu maximieren. Dies kann Techniken wie zyklische Codierung für Merkmale wie Wochentage oder Monate oder die Erstellung von Verzögerungsmerkmalen zur Erfassung zeitverzögerter Effekte umfassen. Durch die durchdachte Gestaltung dieser Merkmale können Analysten ihren Modellen ein nuanciertes Verständnis der Zeit vermitteln, was zu ausgefeilteren und genaueren Vorhersagen führt.

9.1.1 Häufige Datums- und Zeitmerkmale und ihre Bedeutung

Datums- und Zeitmerkmale spielen eine entscheidende Rolle in der Zeitreihen-Analyse und liefern wertvolle Einblicke in zeitliche Muster. Schauen wir uns einige Schlüsselmerkmale und deren Bedeutung an:

- **Jahr, Monat, Tag**: Diese grundlegenden Komponenten sind entscheidend für die Erfassung langfristiger Trends und saisonaler Schwankungen. Beispielsweise erleben Einzelhandelsunternehmen oft jährliche Verkaufszyklen mit Spitzen während der Feiertage. Ebenso zeigen Temperaturdaten typischerweise monatliche Schwankungen, die es ermöglichen, Klimamuster im Zeitverlauf zu verfolgen.

- **Wochentag**: Dieses Merkmal ist besonders nützlich, um wöchentliche Rhythmen in den Daten zu erkennen. Viele Branchen, wie Restaurants oder Unterhaltungseinrichtungen, verzeichnen erhebliche Unterschiede zwischen Wochentagen und Wochenenden. Durch die Aufnahme dieses Merkmals können Modelle lernen, diese regelmäßigen Schwankungen zu antizipieren.

- **Quartal**: Quartalsdaten sind besonders relevant in finanziellen Kontexten. Viele Unternehmen berichten vierteljährlich über Ergebnisse und setzen Ziele, was dieses Merkmal für die Analyse finanzieller Trends und wirtschaftlicher Prognosen unverzichtbar macht.

- **Stunde und Minute**: Für hochfrequente Daten sind diese granularen Zeitkomponenten unerlässlich. Sie können komplexe Muster im Energieverbrauch aufdecken, bei denen die Nutzung zu bestimmten Tageszeiten spitzen kann, oder im Verkehrsfluss, bei dem sich Stoßzeiten zeigen.

- **Feiertage und besondere Ereignisse**: Obwohl nicht in der ursprünglichen Liste erwähnt, können diese entscheidende Merkmale sein. Viele Unternehmen erleben während Feiertagen oder besonderen Ereignissen erhebliche Aktivitätsänderungen, die Zeitreihen-Vorhersagen stark beeinflussen können.

Durch die Nutzung dieser zeitlichen Merkmale können wir Modelle konstruieren, die nicht nur wiederkehrende Muster und Saisonalitäten erkennen, sondern sich auch an die einzigartigen Eigenschaften unterschiedlicher Zeitskalen anpassen. Dieser umfassende Ansatz ermöglicht nuanciertere und genauere Vorhersagen, die sowohl die breiten Linien langfristiger Trends als auch die feinen Details kurzfristiger Schwankungen erfassen. Das Verständnis und die richtige Nutzung dieser Merkmale sind der Schlüssel, um das volle Potenzial der Zeitreihen-Analyse in verschiedenen Bereichen wie Finanzen, Einzelhandel, Energiemanagement und Stadtplanung auszuschöpfen.

9.1.2 Extrahieren von Datums- und Zeitmerkmalen in Python

Pandas bietet eine leistungsstarke und intuitive Schnittstelle für die Handhabung von Datums- und Zeitmerkmalen in Zeitreihen-Daten. Die Datetime-Funktionalität der Bibliothek stellt eine umfassende Palette von Werkzeugen bereit, die die oft komplexe Arbeit mit zeitlichen Daten erheblich vereinfachen. Mit Pandas können wir mühelos Datumsangaben aus verschiedenen Formaten parsen, spezifische zeitliche Komponenten extrahieren und Datumsspalten in analysenfreundlichere Darstellungen umwandeln.

Die Parsing-Funktionen von Pandas ermöglichen es uns, Datumsangaben aus String-Formaten in datetime-Objekte zu konvertieren, wobei das Format in vielen Fällen automatisch erkannt wird. Dies ist besonders nützlich, wenn Datensätze Datumsangaben in inkonsistenten oder nicht standardisierten Formaten enthalten. Nach dem Parsen können wir problemlos eine Vielzahl von zeitlichen Merkmalen extrahieren, wie Jahr, Monat, Tag, Stunde, Minute, Sekunde, Wochentag, Quartal und sogar Perioden des Geschäftsjahres.

Darüber hinaus ermöglicht Pandas komplexe Datumsarithmetik, wodurch es einfach wird, Zeitunterschiede zu berechnen, Zeiträume zu addieren oder zu subtrahieren oder Daten auf unterschiedliche Zeitfrequenzen umzusampeln. Diese Flexibilität ist entscheidend bei der Vorbereitung von Zeitreihen-Daten für Analysen oder Modellierungen, da sie es uns erlaubt, Datenpunkte auszurichten, Verzögerungsmerkmale zu erstellen oder Daten über benutzerdefinierte Zeitfenster zu aggregieren.

Durch die Nutzung der Datums- und Zeitfunktionalitäten von Pandas können wir rohe zeitliche Daten in einen reichen Satz von Merkmalen transformieren, die die zugrunde liegenden Muster und Saisonalitäten in unseren Zeitreihen erfassen. Dieser Vorverarbeitungsschritt ist oft entscheidend für die Entwicklung genauer Prognosemodelle oder die Durchführung aussagekräftiger Zeitreihen-Analysen in verschiedenen Bereichen, von Finanzen und Wirtschaft bis hin zu Umweltstudien und darüber hinaus.

Beispiel: Extrahieren grundlegender Datums- und Zeitmerkmale

Wir beginnen mit einem Datensatz, der eine **Date**-Spalte enthält. Hier zeigen wir, wie man Datumsangaben parst und Merkmale wie **Jahr**, **Monat**, **Wochentag** und **Quartal** extrahiert.

```
import pandas as pd

# Sample data with dates
data = {'Date': ['2022-01-15', '2022-02-10', '2022-03-20', '2022-04-15', '2022-05-25']}
df = pd.DataFrame(data)

# Convert Date column to datetime format
df['Date'] = pd.to_datetime(df['Date'])

# Extract date/time features
df['Year'] = df['Date'].dt.year
df['Month'] = df['Date'].dt.month
df['Day'] = df['Date'].dt.day
df['DayOfWeek'] = df['Date'].dt.dayofweek
df['Quarter'] = df['Date'].dt.quarter
```

```
print(df)
```

Dieser Code demonstriert, wie Datums- und Zeitmerkmale aus einem Datensatz mithilfe von Pandas in Python extrahiert werden können. Hier eine Aufschlüsselung dessen, was der Code tut:

- Zunächst wird die Pandas-Bibliothek importiert, die für die Datenmanipulation in Python unerlässlich ist.

- Es wird ein Beispieldatensatz erstellt, der eine Spalte **Date** mit fünf Datums-Strings enthält.

- Die Daten werden in ein Pandas DataFrame umgewandelt.

- Die Spalte **Date** wird aus dem String-Format in das Datetime-Format konvertiert, indem pd.to_datetime() verwendet wird. Dieser Schritt ist entscheidend, um datumsbasierte Operationen durchführen zu können.

- Anschließend extrahiert der Code verschiedene Datums-/Zeitmerkmale aus der Spalte **Date**:

  - **Year**: Extrahiert das Jahr aus jedem Datum.

  - **Month**: Extrahiert den Monat (1-12).

  - **Day**: Extrahiert den Tag des Monats.

  - **DayOfWeek**: Extrahiert den Wochentag (0-6, wobei 0 Montag ist).

  - **Quarter**: Extrahiert das Quartal des Jahres (1-4).

- Schließlich wird das resultierende DataFrame ausgegeben, das nun diese neuen Datums-/Zeitmerkmale neben der ursprünglichen Spalte **Date** enthält.

Dieser Code ist besonders nützlich für die Zeitreihen-Analyse, da er es ermöglicht, verschiedene zeitliche Aspekte Ihrer Daten zu erfassen. Diese Merkmale können verwendet werden, um Muster, Saisonalitäten oder Trends in Ihrem Datensatz zu identifizieren.

Schauen wir uns ein umfassenderes Beispiel an:

```python
import pandas as pd
import numpy as np
import matplotlib.pyplot as plt

# Sample data with dates and sales
data = {
    'Date': ['2022-01-15', '2022-02-10', '2022-03-20', '2022-04-15', '2022-05-25',
             '2022-06-30', '2022-07-05', '2022-08-12', '2022-09-18', '2022-10-22'],
    'Sales': [1000, 1200, 1500, 1300, 1800, 2000, 1900, 2200, 2100, 2300]
}
```

```python
df = pd.DataFrame(data)

# Convert Date column to datetime format
df['Date'] = pd.to_datetime(df['Date'])

# Extract basic date/time features
df['Year'] = df['Date'].dt.year
df['Month'] = df['Date'].dt.month
df['Day'] = df['Date'].dt.day
df['DayOfWeek'] = df['Date'].dt.dayofweek
df['Quarter'] = df['Date'].dt.quarter

# Extract additional features
df['WeekOfYear'] = df['Date'].dt.isocalendar().week
df['DayOfYear'] = df['Date'].dt.dayofyear
df['IsWeekend'] = df['DayOfWeek'].isin([5, 6]).astype(int)

# Create cyclical features for Month and DayOfWeek
df['Month_sin'] = np.sin(2 * np.pi * df['Month'] / 12)
df['Month_cos'] = np.cos(2 * np.pi * df['Month'] / 12)
df['DayOfWeek_sin'] = np.sin(2 * np.pi * df['DayOfWeek'] / 7)
df['DayOfWeek_cos'] = np.cos(2 * np.pi * df['DayOfWeek'] / 7)

# Create lag features
df['Sales_Lag1'] = df['Sales'].shift(1)
df['Sales_Lag7'] = df['Sales'].shift(7)

# Calculate rolling mean
df['Sales_RollingMean7'] = df['Sales'].rolling(window=7, min_periods=1).mean()

# Print the resulting dataframe
print(df)

# Visualize sales over time
plt.figure(figsize=(12, 6))
plt.plot(df['Date'], df['Sales'])
plt.title('Sales Over Time')
plt.xlabel('Date')
plt.ylabel('Sales')
plt.xticks(rotation=45)
plt.tight_layout()
plt.show()

# Visualize cyclical features
fig, (ax1, ax2) = plt.subplots(1, 2, figsize=(12, 5))
ax1.scatter(df['Month_sin'], df['Month_cos'])
ax1.set_title('Cyclical Encoding of Month')
ax1.set_xlabel('Sin(Month)')
ax1.set_ylabel('Cos(Month)')
ax2.scatter(df['DayOfWeek_sin'], df['DayOfWeek_cos'])
ax2.set_title('Cyclical Encoding of Day of Week')
ax2.set_xlabel('Sin(DayOfWeek)')
```

```
ax2.set_ylabel('Cos(DayOfWeek)')
plt.tight_layout()
plt.show()
```

Erklärung der Code-Aufschlüsselung

1. **Datenvorbereitung**

    o Wir beginnen mit dem Import der benötigten Bibliotheken: *pandas* für die Datenmanipulation, *numpy* für numerische Operationen und *matplotlib* für die Visualisierung.

    o Ein Beispieldatensatz wird erstellt, der Datumsangaben und zugehörige Verkaufszahlen enthält.

    o Die Spalte **Date** wird mit pd.to_datetime() in das Datetime-Format konvertiert.

2. **Grundlegende Merkmalextraktion**

    o Wir extrahieren grundlegende Datums-/Zeitmerkmale:

      ▪ **Year**, **Month**, **Day**: Grundlegende Bestandteile eines Datums.

      ▪ **DayOfWeek**: Hilfreich, um wöchentliche Muster zu erfassen (0 = Montag, 6 = Sonntag).

      ▪ **Quarter**: Für Quartalstrends, die häufig in der Finanzanalyse verwendet werden.

3. **Erweiterte Merkmalextraktion**

    o **WeekOfYear**: Erfasst jährliche zyklische Muster.

    o **DayOfYear**: Nützlich, um jährliche saisonale Effekte zu identifizieren.

    o **IsWeekend**: Binäres Merkmal, um zwischen Werktagen und Wochenenden zu unterscheiden.

4. **Zyklische Merkmalcodierung**

    o **Month** und **DayOfWeek** werden mit Sinus- und Kosinusfunktionen codiert.

    o Dadurch bleibt die zyklische Natur dieser Merkmale erhalten, sodass beispielsweise Dezember (12) im zyklischen Raum nahe bei Januar (1) liegt.

5. **Lag-Merkmale**

    o **Sales_Lag1**: Verkaufszahlen des Vortages.

    o **Sales_Lag7**: Verkaufszahlen vor einer Woche.

    o Diese Merkmale helfen, kurzfristige und wöchentliche Trends zu erfassen.

6. **Rollierende Statistiken**

   o **Sales_RollingMean7**: 7-Tage-Gleitender Durchschnitt der Verkaufszahlen.

   o Glättet kurzfristige Schwankungen und hebt längerfristige Trends hervor.

7. **Visualisierung**

   o Ein Zeitreihendiagramm der Verkaufszahlen im Zeitverlauf wird erstellt, um allgemeine Trends zu visualisieren.

   o Scatterplots der zyklisch codierten **Month**und **DayOfWeek**Merkmale werden generiert, um zu veranschaulichen, wie diese zyklischen Merkmale im 2D-Raum dargestellt werden.

Dieses erweiterte Beispiel zeigt einen umfassenderen Ansatz zur Feature-Engineering für Zeitreihen-Daten. Es umfasst grundlegende zeitliche Merkmale, fortgeschrittene zyklische Codierung, Lag-Merkmale und rollierende Statistiken. Die Visualisierungen helfen dabei, die Datenverteilung und die Effektivität der zyklischen Codierung zu verstehen. Dieser reichhaltige Satz von Merkmalen kann die Leistung von Vorhersagemodellen für Zeitreihen erheblich verbessern, indem er verschiedene zeitliche Muster und Abhängigkeiten in den Daten erfasst.

9.1.3 Verwendung von Datums-/Zeitmerkmalen für Modelleingaben

Wenn Datums- und Zeitmerkmale in Ihr Modell integriert werden, ist es wichtig, sorgfältig diejenigen auszuwählen, die tatsächlich die Vorhersagekraft verbessern. Die Relevanz dieser Merkmale kann stark von der Art Ihrer Daten und dem Problem, das Sie lösen möchten, abhängen. Zum Beispiel:

Day of the Week ist besonders wertvoll in Einzelhandelsdatensätzen, in denen das Verbraucherverhalten oft bestimmten Mustern innerhalb der Woche folgt. Dieses Merkmal kann helfen, den Unterschied zwischen Wochentags- und Wochenendverkäufen oder sogar subtilere Muster wie Mitte-der-Woche-Einbrüche oder End-der-Woche-Spitzen zu erfassen.

Month eignet sich hervorragend, um saisonale Zyklen zu erfassen, die jährlich auftreten. Dies kann in verschiedenen Bereichen nützlich sein, wie Einzelhandel (Feiertagseinkäufe), Tourismus (Reisehochsaison) oder Landwirtschaft (Erntezyklen).

Year ist entscheidend, um langfristige Trends zu erfassen, was besonders wichtig für Datensätze ist, die mehrere Jahre umfassen. Dieses Merkmal kann helfen, allmähliche Verschiebungen in der zugrunde liegenden Datenverteilung zu berücksichtigen, wie z. B. das allgemeine Marktwachstum oder -rückgang.

Die Nützlichkeit dieser Merkmale ist jedoch nicht auf diese Beispiele beschränkt. **Hour of the Day** könnte entscheidend für die Modellierung des Energieverbrauchs oder des Verkehrsaufkommens sein. **Quarter** könnte geeigneter als der Monat sein, wenn einige Geschäftsmetriken auf einem Quartalszyklus basieren. **Week of the Year** könnte Muster erfassen, die sich jährlich wiederholen, aber nicht perfekt mit Kalendermonaten übereinstimmen.

Es lohnt sich auch, abgeleitete Merkmale in Betracht zu ziehen. Statt Rohdatenkomponenten könnten Sie beispielsweise boolesche Flags wie „Is_Holiday" oder „Is_PayDay" erstellen oder die Anzahl der Tage seit einem wichtigen Ereignis berechnen. Der Schlüssel ist, kritisch über die möglichen zeitlichen Muster in Ihren Daten nachzudenken und mit verschiedenen Merkmalskombinationen zu experimentieren, um herauszufinden, was für Ihren spezifischen Anwendungsfall am besten funktioniert.

Beispiel: Hinzufügen von Datums-/Zeitmerkmalen zu einem Verkaufsprognosemodell

Wenden wir unsere Datumsmerkmale auf einen Datensatz zur Verkaufsprognose an.

```python
import pandas as pd
import numpy as np
import matplotlib.pyplot as plt

# Sample sales data with dates
sales_data = {
    'Date': ['2022-01-15', '2022-02-10', '2022-03-20', '2022-04-15', '2022-05-25',
             '2022-06-30', '2022-07-05', '2022-08-12', '2022-09-18', '2022-10-22'],
    'Sales': [200, 220, 250, 210, 230, 280, 260, 300, 290, 310]
}
df_sales = pd.DataFrame(sales_data)

# Convert Date to datetime and extract date/time features
df_sales['Date'] = pd.to_datetime(df_sales['Date'])
df_sales['Year'] = df_sales['Date'].dt.year
df_sales['Month'] = df_sales['Date'].dt.month
df_sales['Day'] = df_sales['Date'].dt.day
df_sales['DayOfWeek'] = df_sales['Date'].dt.dayofweek
df_sales['Quarter'] = df_sales['Date'].dt.quarter
df_sales['WeekOfYear'] = df_sales['Date'].dt.isocalendar().week
df_sales['DayOfYear'] = df_sales['Date'].dt.dayofyear
df_sales['IsWeekend'] = df_sales['DayOfWeek'].isin([5, 6]).astype(int)

# Create cyclical features for Month and DayOfWeek
df_sales['Month_sin'] = np.sin(2 * np.pi * df_sales['Month'] / 12)
df_sales['Month_cos'] = np.cos(2 * np.pi * df_sales['Month'] / 12)
df_sales['DayOfWeek_sin'] = np.sin(2 * np.pi * df_sales['DayOfWeek'] / 7)
df_sales['DayOfWeek_cos'] = np.cos(2 * np.pi * df_sales['DayOfWeek'] / 7)

# Create lag features
df_sales['Sales_Lag1'] = df_sales['Sales'].shift(1)
df_sales['Sales_Lag7'] = df_sales['Sales'].shift(7)

# Calculate rolling statistics
df_sales['Sales_RollingMean7']           =           df_sales['Sales'].rolling(window=7,
min_periods=1).mean()
```

```python
df_sales['Sales_RollingStd7']          =          df_sales['Sales'].rolling(window=7,
min_periods=1).std()

# View dataset with extracted features
print(df_sales)

# Visualize sales over time
plt.figure(figsize=(12, 6))
plt.plot(df_sales['Date'], df_sales['Sales'])
plt.title('Sales Over Time')
plt.xlabel('Date')
plt.ylabel('Sales')
plt.xticks(rotation=45)
plt.tight_layout()
plt.show()

# Visualize cyclical features
fig, (ax1, ax2) = plt.subplots(1, 2, figsize=(12, 5))
ax1.scatter(df_sales['Month_sin'], df_sales['Month_cos'])
ax1.set_title('Cyclical Encoding of Month')
ax1.set_xlabel('Sin(Month)')
ax1.set_ylabel('Cos(Month)')
ax2.scatter(df_sales['DayOfWeek_sin'], df_sales['DayOfWeek_cos'])
ax2.set_title('Cyclical Encoding of Day of Week')
ax2.set_xlabel('Sin(DayOfWeek)')
ax2.set_ylabel('Cos(DayOfWeek)')
plt.tight_layout()
plt.show()
```

Umfassende Erklärung der Aufschlüsselung

1. **Datenvorbereitung**

    o   Wir importieren die notwendigen Bibliotheken: *pandas* für die Datenmanipulation, *numpy* für numerische Operationen und *matplotlib* für die Visualisierung.

    o   Ein Beispieldatensatz wird erstellt, der Datumsangaben und zugehörige Verkaufszahlen enthält, die den Zeitraum von Januar bis Oktober 2022 abdecken.

    o   Die Spalte **Date** wird mit pd.to_datetime() in das Datetime-Format konvertiert.

2. **Grundlegende Merkmalextraktion**

    o   **Year**: Extrahiert, um langfristige Trends über Jahre hinweg zu erfassen.

    o   **Month**: Für monatliche Saisonalitätsmuster.

    o   **Day**: Tag des Monats, relevant für End-of-Month-Effekte.

- o **DayOfWeek**: Um wöchentliche Muster zu erfassen (0 = Montag, 6 = Sonntag).

- o **Quarter**: Für Quartalstrends, häufig in der Finanzanalyse verwendet.

- o **WeekOfYear**: Erfasst jährliche zyklische Muster, die nicht mit Kalendermonaten übereinstimmen.

- o **DayOfYear**: Nützlich, um jährliche saisonale Effekte zu identifizieren.

- o **IsWeekend**: Binäres Merkmal, um zwischen Werktagen und Wochenenden zu unterscheiden.

3. **Zyklische Merkmalcodierung**

- o **Month** und **DayOfWeek** werden mit Sinus- und Kosinusfunktionen codiert.

- o Dadurch bleibt die zyklische Natur dieser Merkmale erhalten. Zum Beispiel liegen Dezember (12) und Januar (1) im zyklischen Raum nahe beieinander.

- o Die resultierenden Merkmale (**Month_sin**, **Month_cos**, **DayOfWeek_sin**, **DayOfWeek_cos**) repräsentieren die zyklische Natur von Monaten und Wochentagen auf eine Weise, die maschinelle Lernmodelle effektiver interpretieren können.

4. **Lag-Merkmale**

- o **Sales_Lag1**: Verkaufszahlen des Vortages.

- o **Sales_Lag7**: Verkaufszahlen vor einer Woche.

- o Diese Merkmale helfen, kurzfristige und wöchentliche Trends in den Daten zu erfassen.

5. **Rollierende Statistiken**

- o **Sales_RollingMean7**: 7-Tage-Gleitender Durchschnitt der Verkaufszahlen.

- o **Sales_RollingStd7**: 7-Tage-Gleitende Standardabweichung der Verkaufszahlen.

- o Diese Merkmale glätten kurzfristige Schwankungen und erfassen lokale Trends und Volatilität.

6. **Visualisierung**

- o Ein Zeitreihendiagramm der Verkaufszahlen im Zeitverlauf wird erstellt, um allgemeine Trends zu visualisieren.

- o Scatterplots der zyklisch codierten **Month**und **DayOfWeek**Merkmale werden generiert, um zu zeigen, wie diese zyklischen Merkmale im 2D-Raum dargestellt werden.

Dieses Beispiel zeigt einen umfassenden Ansatz zum Feature-Engineering für Zeitreihen-Daten. Es umfasst grundlegende zeitliche Merkmale, fortgeschrittene zyklische Codierung, Lag-Merkmale und rollierende Statistiken. Die Visualisierungen helfen, die Datenverteilung zu verstehen und die Effektivität der zyklischen Codierung zu demonstrieren. Dieser reichhaltige Satz von Merkmalen kann die Leistung von Zeitreihen-Prognosemodellen erheblich verbessern, indem er verschiedene zeitliche Muster und Abhängigkeiten in den Daten erfasst.

9.1.4 Umgang mit zyklischen Merkmalen

Bestimmte Datums-/Zeitmerkmale, wie **Wochentag** oder **Monat**, weisen eine zyklische Natur auf, das heißt, sie wiederholen sich in einem vorhersehbaren Muster. Zum Beispiel folgen auf die Wochentage Montag bis Sonntag wieder Montag, und nach Dezember beginnt der Zyklus erneut mit Januar. Diese zyklische Eigenschaft ist in der Zeitreihen-Analyse entscheidend, da sie wiederkehrende Muster oder Saisonalitäten in den Daten aufdecken kann.

Viele maschinelle Lernalgorithmen sind jedoch nicht darauf ausgelegt, diese zyklische Natur zu verstehen oder zu interpretieren. Wenn diese Merkmale als einfache numerische Werte kodiert werden (z. B. Montag = 1, Dienstag = 2, ..., Sonntag = 7), könnte der Algorithmus fälschlicherweise annehmen, dass Sonntag (7) weiter von Montag (1) entfernt ist als Dienstag (2). Dies repräsentiert ihre zyklische Beziehung nicht korrekt.

Um dieses Problem zu lösen, ist es wichtig, zyklische Merkmale so zu kodieren, dass ihre kreisförmige Natur erhalten bleibt. Ein populärer und effektiver Ansatz ist die **Sinus- und Kosinus-Codierung**. Diese Methode stellt jeden zyklischen Wert als Punkt auf einem Kreis dar, wobei sowohl Sinus- als auch Kosinusfunktionen verwendet werden, um die zyklische Beziehung zu erfassen.

So funktioniert die Sinus- und Kosinus-Codierung:

1. Jeder Wert im Zyklus wird einer Winkelposition auf einem Kreis (0 bis 2π Radiant) zugeordnet.

2. Der Sinus und Kosinus dieses Winkels werden berechnet, wodurch zwei neue Merkmale entstehen.

3. Diese neuen Merkmale bewahren die zyklische Natur des ursprünglichen Merkmals.

Beispielsweise bei Monaten:

- Januar (1) und Dezember (12) haben ähnliche Sinus- und Kosinus-Werte, die ihre Nähe im jährlichen Zyklus widerspiegeln.

- Juni (6) und Juli (7) haben ebenfalls ähnliche Werte, die sich jedoch deutlich von Januar und Dezember unterscheiden.

Diese Codierungsmethode ermöglicht es maschinellen Lernmodellen, die zyklische Natur dieser Merkmale besser zu verstehen und zu nutzen. Dies verbessert ihre Fähigkeit, saisonale Muster zu erfassen und genauere Vorhersagen in der Zeitreihen-Analyse zu treffen.

Beispiel: Codierung eines zyklischen Merkmals

Lassen Sie uns den **Wochentag** mithilfe von Sinus und Kosinus codieren, um seine zyklische Natur zu bewahren.

```python
import numpy as np
import pandas as pd
import matplotlib.pyplot as plt

# Create sample data
dates = pd.date_range(start='2023-01-01', end='2023-12-31', freq='D')
sales = np.random.randint(100, 1000, size=len(dates))
df_sales = pd.DataFrame({'Date': dates, 'Sales': sales})

# Extract day of week
df_sales['DayOfWeek'] = df_sales['Date'].dt.dayofweek

# Encode day of week using sine and cosine
df_sales['DayOfWeek_sin'] = np.sin(2 * np.pi * df_sales['DayOfWeek'] / 7)
df_sales['DayOfWeek_cos'] = np.cos(2 * np.pi * df_sales['DayOfWeek'] / 7)

# Encode month using sine and cosine
df_sales['Month'] = df_sales['Date'].dt.month
df_sales['Month_sin'] = np.sin(2 * np.pi * df_sales['Month'] / 12)
df_sales['Month_cos'] = np.cos(2 * np.pi * df_sales['Month'] / 12)

# View the dataframe with cyclically encoded features
print(df_sales[['Date', 'DayOfWeek', 'DayOfWeek_sin', 'DayOfWeek_cos', 'Month',
'Month_sin', 'Month_cos', 'Sales']].head())

# Visualize cyclical encoding
fig, (ax1, ax2) = plt.subplots(1, 2, figsize=(12, 5))

# Day of Week
ax1.scatter(df_sales['DayOfWeek_sin'], df_sales['DayOfWeek_cos'])
ax1.set_title('Cyclical Encoding of Day of Week')
ax1.set_xlabel('Sin(DayOfWeek)')
ax1.set_ylabel('Cos(DayOfWeek)')

# Month
ax2.scatter(df_sales['Month_sin'], df_sales['Month_cos'])
ax2.set_title('Cyclical Encoding of Month')
ax2.set_xlabel('Sin(Month)')
ax2.set_ylabel('Cos(Month)')

plt.tight_layout()
plt.show()

# Analyze sales by day of week
sales_by_day
df_sales.groupby('DayOfWeek')['Sales'].mean().sort_values(ascending=False)
print("\\nAverage Sales by Day of Week:")
```

```
print(sales_by_day)

# Analyze sales by month
sales_by_month
df_sales.groupby('Month')['Sales'].mean().sort_values(ascending=False)
print("\\nAverage Sales by Month:")
print(sales_by_month)
```

Erklärung der Code-Aufschlüsselung

1. **Datenvorbereitung**

   o Wir importieren die notwendigen Bibliotheken: *numpy* für numerische Operationen, *pandas* für die Datenmanipulation und *matplotlib* für die Visualisierung.

   o Ein Beispieldatensatz wird erstellt, der tägliche Verkaufsdaten für das gesamte Jahr 2023 mit der Funktion date_range von *pandas* und zufälligen Verkaufszahlen enthält.

2. **Merkmalextraktion**

   o **DayOfWeek**: Wird mit dem Attribut dt.dayofweek extrahiert, das einen Wert von 0 (Montag) bis 6 (Sonntag) zurückgibt.

   o **Month**: Wird mit dem Attribut dt.month extrahiert, das einen Wert von 1 (Januar) bis 12 (Dezember) zurückgibt.

3. **Zyklische Merkmalcodierung**

   o **DayOfWeek** und **Month** werden mithilfe von Sinus- und Kosinusfunktionen codiert.

   o Die verwendete Formel lautet: sin(2π * Merkmal / max_value) und cos(2π * Merkmal / max_value).

   o Für **DayOfWeek** ist max_value 7 (7 Tage in einer Woche).

   o Für **Month** ist max_value 12 (12 Monate in einem Jahr).

   o Diese Codierung bewahrt die zyklische Natur dieser Merkmale und stellt sicher, dass ähnliche Tage/Monate im codierten Raum nah beieinander liegen.

4. **Datenvisualisierung**

   o Zwei Streudiagramme werden erstellt, um die zyklische Codierung von **DayOfWeek** und **Month** zu visualisieren.

   o Jeder Punkt in diesen Diagrammen repräsentiert einen einzigartigen Tag/Monat und zeigt, wie sie in einem kreisförmigen Muster verteilt sind.

5. **Datenanalyse**

   o Der durchschnittliche Umsatz wird für jeden Wochentag und jeden Monat berechnet.

   o Diese Analyse hilft dabei, zu erkennen, an welchen Tagen der Woche und in welchen Monaten tendenziell höhere oder niedrigere Umsätze erzielt werden.

Dieses Beispiel zeigt, wie zyklische Codierung durchgeführt, visualisiert und auf grundlegende Analysen angewendet wird. Durch die präzisere Darstellung zeitlicher Merkmale in maschinellen Lernmodellen kann die zyklische Codierung die Fähigkeit dieser Modelle verbessern, saisonale Muster in Zeitreihendaten zu erfassen.

9.1.5 Umgang mit Zeitzonen und fehlenden Datumsangaben

Zeitzonen und fehlende Datumsangaben sind entscheidende Faktoren, die bei der Arbeit mit Zeitreihen-Daten sorgfältig berücksichtigt werden müssen, insbesondere in der heutigen globalisierten und datenintensiven Welt.

- **Zeitzonen**: Die Herausforderung unterschiedlicher Zeitzonen kann die Konsistenz der Daten erheblich beeinträchtigen, insbesondere bei Datensätzen, die mehrere geografische Regionen umfassen oder globale Zeitstempel enthalten.

  o *Pandas*, eine leistungsstarke Datenmanipulationsbibliothek in Python, bietet robuste Lösungen für den Umgang mit Zeitzonenkomplexitäten. Die Funktion tz_localize() ermöglicht es, datetime-Objekten eine bestimmte Zeitzone zuzuweisen, während tz_convert() eine nahtlose Umwandlung zwischen verschiedenen Zeitzonen ermöglicht. Diese Funktionen sind unverzichtbar, um Genauigkeit und Konsistenz in multiregionalen Datensätzen zu gewährleisten.

  o Beispielsweise stellt die korrekte Zeitzonenbehandlung bei der Analyse von Finanzmarktdaten aus verschiedenen Börsen weltweit sicher, dass Handelsereignisse korrekt ausgerichtet und über verschiedene Märkte hinweg vergleichbar sind.

- **Fehlende Datumsangaben**: Das Vorhandensein fehlender Datumsangaben in einer Zeitreihe kann erhebliche Herausforderungen darstellen, da sie die Kontinuität der Daten stören und die Modellleistung negativ beeinflussen können.

  o Zur Behebung dieses Problems können verschiedene Imputationstechniken angewendet werden. Diese reichen von einfachen Techniken wie Forward-Filling oder Backward-Filling bis hin zu komplexeren Ansätzen wie Interpolation oder der Verwendung von maschinellen Lernalgorithmen zur Vorhersage fehlender Werte.

o   Die Wahl der Imputationstechnik hängt von der Art der Daten und den spezifischen Anforderungen der Analyse ab. Beispielsweise könnte ein einfaches Forward-Filling für Wochenenden, an denen Geschäfte geschlossen sind, in Einzelhandelsdaten angemessen sein, während für sporadisch fehlende Werte in kontinuierlichen Sensordaten komplexere Methoden erforderlich sein könnten.

Die Berücksichtigung dieser Faktoren ist entscheidend, um die Integrität und Zuverlässigkeit von Zeitreihen-Analysen zu gewährleisten. Eine korrekte Behandlung von Zeitzonen stellt sicher, dass zeitliche Beziehungen über verschiedene Regionen hinweg genau dargestellt werden, während ein effektives Management fehlender Datumsangaben die für viele Zeitreihen-Modellierungstechniken erforderliche Kontinuität bewahrt.

```python
import pandas as pd
import numpy as np
import matplotlib.pyplot as plt

# Create sample data with missing dates
date_range = pd.date_range(start='2023-01-01', end='2023-12-31', freq='D')
sales = np.random.randint(100, 1000, size=len(date_range))
df_sales = pd.DataFrame({'Date': date_range, 'Sales': sales})

# Introduce missing dates
df_sales = df_sales.drop(df_sales.index[10:20])  # Remove 10 days of data
df_sales = df_sales.drop(df_sales.index[150:160])  # Remove another 10 days

# Print original dataframe
print("Original DataFrame:")
print(df_sales.head(15))
print("...")
print(df_sales.tail(15))

# Handling missing dates by reindexing the data
df_sales = df_sales.set_index('Date').asfreq('D')

# Fill missing values
df_sales['Sales'] = df_sales['Sales'].fillna(method='ffill')  # forward-fill

# Reset index to make 'Date' a column again
df_sales = df_sales.reset_index()

# Print updated dataframe
print("\\nUpdated DataFrame:")
print(df_sales.head(15))
print("...")
print(df_sales.tail(15))

# Visualize the data
plt.figure(figsize=(12, 6))
plt.plot(df_sales['Date'], df_sales['Sales'])
```

```
plt.title('Sales Data with Filled Missing Dates')
plt.xlabel('Date')
plt.ylabel('Sales')
plt.xticks(rotation=45)
plt.tight_layout()
plt.show()

# Basic statistics
print("\\nBasic Statistics:")
print(df_sales['Sales'].describe())

# Check for any remaining missing values
print("\\nRemaining Missing Values:")
print(df_sales.isnull().sum())
```

Erklärung der Code-Aufschlüsselung

1. **Datenvorbereitung**

   o Wir importieren die notwendigen Bibliotheken: *pandas* für die Datenmanipulation, *numpy* für numerische Operationen und *matplotlib* für die Visualisierung.

   o Ein Beispieldatensatz wird mit täglichen Verkaufsdaten für das gesamte Jahr 2023 erstellt, unter Verwendung der Funktion date_range von *pandas* und zufälligen Verkaufszahlen.

   o Wir führen absichtlich fehlende Datumsangaben ein, indem wir zwei Zeiträume von jeweils 10 Tagen aus dem Datensatz entfernen.

2. **Umgang mit fehlenden Datumsangaben**

   o Die Methode set_index('Date').asfreq('D') wird verwendet, um den DataFrame mit einem vollständigen Datumsbereich und täglicher Frequenz ('D') neu zu indexieren.

   o Diese Operation führt NaN-Werte für die Verkaufszahlen an zuvor fehlenden Daten ein.

3. **Auffüllen fehlender Werte**

   o Die Methode fillna(method='ffill') wird verwendet, um die fehlenden Verkaufswerte mit Forward-Filling aufzufüllen.

   o Dabei wird jeder fehlende Wert mit dem zuletzt bekannten Verkaufswert ausgefüllt.

4. **Datenvisualisierung**

- o Ein Liniendiagramm der Verkaufsdaten im Zeitverlauf wird mit *matplotlib* erstellt.

- o Diese Visualisierung hilft dabei, verbleibende Lücken oder ungewöhnliche Muster in den Daten zu erkennen.

5. **Datenanalyse**

- o Grundlegende beschreibende Statistiken der Verkaufsdaten werden mit der Methode describe() ausgegeben.

- o Es wird überprüft, ob noch fehlende Werte im Datensatz vorhanden sind.

Dieses Beispiel zeigt einen gründlichen Ansatz für den Umgang mit fehlenden Datumsangaben in Zeitreihen-Daten. Es umfasst die Erstellung eines Datensatzes, das absichtliche Einfügen von Lücken, die Bearbeitung der fehlenden Datumsangaben, die Visualisierung der Ergebnisse und die Durchführung grundlegender statistischer Analysen. Dieser umfassende Prozess gewährleistet die Kontinuität der Daten, ein entscheidender Faktor für viele Zeitreihen-Analysetechniken.

9.1.6 Wichtige Erkenntnisse und deren Implikationen

- **Datums-/Zeitmerkmale** sind entscheidend für Zeitreihenprognosen, da sie Modellen helfen, komplexe Muster zu erkennen:

  - o **Saisonalität**: Wiederkehrende Muster, die an Kalenderperioden gebunden sind (z. B. Verkaufsanstiege in der Feiertagssaison).

  - o **Trends**: Langfristige Richtungsbewegungen in den Daten.

  - o **Zyklen**: Schwankungen, die nicht an Kalenderperioden gebunden sind (z. B. wirtschaftliche Zyklen).

- **Die Extraktion von Datums- und Zeitkomponenten** verbessert die Modellleistung:

  - o Tagesmuster: Erfassen wöchentlicher Rhythmen in den Daten.

  - o Monats- und Quartalseffekte: Identifizieren breiter saisonaler Trends.

  - o Jahr-für-Jahr-Vergleiche: Ermöglichen die Erkennung langfristiger Muster.

- **Zyklische Codierung** bewahrt die inhärente Zirkularität bestimmter Zeitmerkmale:

  - o Wochentag: Sicherstellen, dass Montag und Sonntag als benachbart erkannt werden.

  - o Monat des Jahres: Erhalt der kontinuierlichen Natur von Monaten über Jahre hinweg.

  - o Verbesserte Modellgenauigkeit: Hilft Algorithmen, Wraparound-Effekte zu verstehen.

- **Umgang mit fehlenden Datumsangaben und Zeitzonen** ist entscheidend für die Datenintegrität:

  o Globale Datenkonsistenz: Ausrichtung von Datenpunkten aus verschiedenen Regionen.

  o Verwaltung hochfrequenter Daten: Sicherstellung der Genauigkeit bei Zeitstempeln auf Millisekundenebene.

  o Imputationsstrategien: Auswahl geeigneter Methoden, um Lücken zu schließen, ohne Verzerrungen einzuführen.

Durch das Beherrschen dieser Konzepte können Datenwissenschaftler robustere und genauere Zeitreihenmodelle entwickeln, die zu besseren Prognosen und tieferen Einblicken in verschiedenen Bereichen wie Finanzen, Wettervorhersage und Nachfrageprognose führen.

9.2 Erstellung von Lag- und Rollierenden Merkmalen

Die Einbindung von **Lag-** und **Rollierenden Merkmalen** in die Analyse von Zeitreihen-Daten kann die Vorhersagefähigkeit eines Modells erheblich verbessern. Lag-Merkmale ermöglichen es Modellen, historische Beobachtungen für genauere Prognosen zu nutzen, während rollierende Merkmale wertvolle Einblicke in sich entwickelnde Trends und Schwankungen über definierte Zeitintervalle liefern.

Diese ausgefeilten Merkmale spielen eine entscheidende Rolle beim Entschlüsseln der komplexen Beziehungen zwischen vergangenen und zukünftigen Werten, insbesondere in Szenarien, in denen komplexe Muster oder saisonale Variationen einen erheblichen Einfluss auf die Daten haben.

In diesem Abschnitt werden wir die Methodologien zur Erstellung und effektiven Nutzung von Lag- und Rollierenden Merkmalen detailliert untersuchen. Anhand praktischer Beispiele demonstrieren wir ihre Anwendung in realen Szenarien und zeigen die transformative Wirkung dieser Techniken auf die Analyse und Genauigkeit von Zeitreihenprognosen.

9.2.1 Lag-Merkmale

Ein **Lag-Merkmal** ist eine leistungsstarke Technik in der Zeitreihenanalyse, bei der die Originaldaten um ein bestimmtes Zeitintervall verschoben werden. Dieser Prozess führt frühere Werte als neue Merkmale in den Datensatz ein, sodass das Modell historische Informationen für genauere Vorhersagen nutzen kann. Durch die Einbindung von Lag-Merkmalen können Modelle zeitliche Abhängigkeiten und Muster erfassen, die im aktuellen Zeitabschnitt allein nicht offensichtlich sind.

Das Konzept der Lag-Merkmale ist besonders wertvoll in Szenarien, in denen vergangene Ereignisse einen erheblichen Einfluss auf zukünftige Ergebnisse haben. Beispielsweise beeinflussen die Aktienkurse von gestern oft das heutige Handelsmuster. Ebenso können

Temperatur- und Niederschlagsdaten der vergangenen Tage entscheidend für die Vorhersage zukünftiger Wetterbedingungen sein.

Bei der Erstellung von Lag-Merkmalen ist es wichtig, den geeigneten Zeitversatz zu berücksichtigen. Dieser kann je nach Art der Daten und der spezifischen Problemstellung variieren. Beispielsweise könnten tägliche Verkaufsdaten von Lags von 1, 7 und 30 Tagen profitieren, um tägliche, wöchentliche und monatliche Muster zu erfassen. Durch Experimente mit verschiedenen Lag-Intervallen können Datenwissenschaftler die informativsten historischen Datenpunkte für ihre Vorhersagemodelle identifizieren.

Lag-Merkmale ergänzen andere Zeitreihentechniken wie rollierende Merkmale und saisonale Zerlegung, um eine umfassende Sicht auf zeitliche Muster und Trends zu bieten. Bei sorgfältiger Anwendung können sie die Fähigkeit eines Modells erheblich verbessern, komplexe Beziehungen in zeitabhängigen Daten zu erkennen, was zu robusteren und genaueren Vorhersagen in verschiedenen Bereichen führt.

9.2.2 Erstellen von verzögerten Merkmalen mit Pandas

Lassen Sie uns das Konzept der verzögerten Merkmale anhand eines praktischen Beispiels vertiefen. Betrachten Sie einen Datensatz mit täglichen Verkaufszahlen eines Einzelhandelsgeschäfts. Unser Ziel ist es, die heutigen Verkäufe basierend auf den Verkaufsdaten der letzten drei Tage vorherzusagen. Dazu erstellen wir verzögerte Merkmale, die diese historischen Informationen erfassen:

- **Sales Lag-1**: Repräsentiert die Verkäufe von gestern und bietet unmittelbaren historischen Kontext.

- **Sales Lag-2**: Erfasst die Verkäufe von vor zwei Tagen und liefert etwas ältere, aber dennoch relevante Daten.

- **Sales Lag-3**: Beinhaltet die Verkaufsdaten von vor drei Tagen und erweitert das historische Fenster.

Durch die Integration dieser verzögerten Merkmale ermöglichen wir es unserem prädiktiven Modell, Muster und Beziehungen zwischen den Verkaufszahlen aufeinanderfolgender Tage zu erkennen. Dieser Ansatz ist besonders wertvoll in Szenarien, in denen die jüngste Verkaufshistorie einen erheblichen Einfluss auf die zukünftige Leistung hat, wie im Einzelhandel, wo Faktoren wie Werbeaktionen oder saisonale Trends kurzfristige Muster erzeugen können.

Darüber hinaus ermöglicht die Verwendung mehrerer Verzögerungsperioden dem Modell, unterschiedliche zeitliche Dynamiken zu erfassen. Zum Beispiel:

- Die 1-Tages-Verzögerung könnte tägliche Schwankungen und unmittelbare Trends abbilden.

- Die 2-Tages-Verzögerung könnte Muster aufzeigen, die Wochenenden oder kurze Werbeaktionen umfassen.

- Die 3-Tages-Verzögerung könnte leicht längerfristige Trends oder die Auswirkungen von Ereignissen unter der Woche auf die Verkäufe am Wochenende offenlegen.

Dieser Multi-Lag-Ansatz bietet dem Modell einen reichhaltigeren Merkmalsatz, was seine Fähigkeit, genaue Vorhersagen zu treffen, verbessern könnte, indem ein umfassenderer historischer Kontext berücksichtigt wird.

```python
import pandas as pd
import matplotlib.pyplot as plt
import seaborn as sns

# Sample sales data
data = {'Date': pd.date_range(start='2022-01-01', periods=30, freq='D'),
        'Sales': [100, 120, 110, 140, 135, 150, 160, 155, 180, 175,
                  190, 200, 185, 210, 205, 220, 230, 225, 250, 245,
                  260, 270, 255, 280, 275, 290, 300, 295, 320, 315]}
df = pd.DataFrame(data)

# Create lagged features for the previous 1, 2, and 3 days
df['Sales_Lag1'] = df['Sales'].shift(1)
df['Sales_Lag2'] = df['Sales'].shift(2)
df['Sales_Lag3'] = df['Sales'].shift(3)

# Create rolling features
df['Rolling_Mean_7'] = df['Sales'].rolling(window=7).mean()
df['Rolling_Std_7'] = df['Sales'].rolling(window=7).std()

# Calculate percentage change
df['Pct_Change'] = df['Sales'].pct_change()

# Print the first 10 rows of the dataframe
print(df.head(10))

# Visualize the data
plt.figure(figsize=(12, 8))
plt.plot(df['Date'], df['Sales'], label='Sales')
plt.plot(df['Date'], df['Rolling_Mean_7'], label='7-day Rolling Mean')
plt.fill_between(df['Date'],
                 df['Rolling_Mean_7'] - df['Rolling_Std_7'],
                 df['Rolling_Mean_7'] + df['Rolling_Std_7'],
                 alpha=0.2, label='7-day Rolling Std Dev')
plt.title('Sales Data with Rolling Mean and Standard Deviation')
plt.xlabel('Date')
plt.ylabel('Sales')
plt.legend()
plt.xticks(rotation=45)
plt.tight_layout()
plt.show()

# Correlation heatmap
```

```
correlation_matrix = df[['Sales', 'Sales_Lag1', 'Sales_Lag2', 'Sales_Lag3',
'Rolling_Mean_7']].corr()
plt.figure(figsize=(10, 8))
sns.heatmap(correlation_matrix, annot=True, cmap='coolwarm', vmin=-1, vmax=1,
center=0)
plt.title('Correlation Heatmap of Sales and Lagged/Rolling Features')
plt.tight_layout()
plt.show()

# Basic statistics
print("\\nBasic Statistics:")
print(df['Sales'].describe())

# Autocorrelation
from pandas.plotting import autocorrelation_plot
plt.figure(figsize=(12, 6))
autocorrelation_plot(df['Sales'])
plt.title('Autocorrelation Plot of Sales')
plt.tight_layout()
plt.show()
```

Code-Breakdown-Erklärung:

1. Datenvorbereitung und Feature Engineering:

- Wir importieren die erforderlichen Bibliotheken: pandas für Datenmanipulation, matplotlib für grundlegende Diagramme und seaborn für erweiterte Visualisierungen.

- Ein Beispieldatensatz mit täglichen Verkaufsdaten über 30 Tage wird mit der Funktion date_range von pandas erstellt.

- Verzögerte Merkmale für 1, 2 und 3 Tage werden mit der Methode shift() erstellt.

- Rollierende Merkmale (7-Tage-Gleitmittelwert und Standardabweichung) werden mit der Methode rolling() erzeugt.

- Die prozentuale Veränderung wird mit der Methode pct_change() berechnet, um das tägliche Wachstum darzustellen.

2. Datenvisualisierung:

- Ein Liniendiagramm zeigt die ursprünglichen Verkaufsdaten, den 7-Tage-Gleitmittelwert und die Bandbreite der rollierenden Standardabweichung.

- Diese Visualisierung hilft, Trends und Schwankungen in den Verkaufsdaten über die Zeit zu erkennen.

3. Korrelationsanalyse:

- Ein Korrelations-Heatmap wird mit seaborn erstellt, um die Beziehungen zwischen den Verkaufszahlen und den erstellten Merkmalen darzustellen.

- Dies hilft, die Merkmale mit der stärksten Korrelation zu den aktuellen Verkaufszahlen zu identifizieren.

4. Statistische Analyse:

- Grundlegende beschreibende Statistiken der Verkaufsdaten werden mit der Methode describe() ausgegeben.

- Ein Autokorrelationsdiagramm wird erstellt, um zu zeigen, wie die Verkaufszahlen mit ihren eigenen verzögerten Werten über die Zeit korrelieren.

Dieses umfassende Beispiel zeigt verschiedene Techniken für die Arbeit mit Zeitreihendaten, einschließlich Feature Engineering, Visualisierung und statistischer Analyse. Es bietet Einblicke in Trends, Muster und Beziehungen in den Verkaufsdaten, die für Prognosen und Entscheidungen im Geschäftskontext wertvoll sein können.

9.2.3 Verwendung verzögerter Merkmale für Modellierung

Verzögerte Merkmale sind besonders wertvoll in der Zeitreihenanalyse, insbesondere bei Daten mit starker Autokorrelation. Dieses Phänomen tritt auf, wenn frühere Werte einen signifikanten Einfluss auf zukünftige Ergebnisse haben. Zum Beispiel zeigen Aktienkurse häufig dieses Merkmal, wobei der Schlusskurs von gestern ein starker Indikator für den Eröffnungskurs von heute ist. Daher sind verzögerte Merkmale ein unverzichtbares Werkzeug für Analysten und Datenwissenschaftler, die in den Bereichen Finanzen, Wirtschaft und verwandten Bereichen tätig sind.

Die Stärke verzögerter Merkmale geht über einfache Tag-für-Tag-Korrelationen hinaus. In einigen Fällen können Muster über längere Intervalle wie wöchentliche oder monatliche Zyklen auftreten. Beispielsweise könnten Einzelhandelsverkaufsdaten starke Korrelationen mit den Verkaufszahlen desselben Tages der Vorwoche oder sogar des gleichen Monats des Vorjahres aufweisen. Durch die Integration dieser verzögerten Merkmale können Modelle komplexe zeitliche Abhängigkeiten erfassen, die sonst übersehen würden.

Wichtiger Hinweis: Bei der Implementierung verzögerter Merkmale ist es entscheidend, das Verzögerungsintervall sorgfältig zu wählen. Das optimale Verzögerungsintervall kann je nach Art der Daten und der zu erfassenden Muster stark variieren. Eine zu kurze Verzögerung könnte keine aussagekräftigen Informationen liefern und möglicherweise Rauschen anstelle von Signalen in Ihr Modell einführen. Andererseits könnte eine zu lange Verzögerung wichtige aktuelle Trends oder Änderungen im Datenverhalten übersehen.

Um die effektivsten Verzögerungsintervalle zu finden, wird ein systematischer Ansatz empfohlen:

- **Domänenwissen nutzen**: Beginnen Sie mit der Nutzung Ihrer branchenspezifischen Expertise. Ein Verständnis der Rhythmen und Zyklen Ihrer Branche kann wertvolle Einblicke in potenziell relevante Zeiträume bieten. Im Einzelhandel könnten Sie beispielsweise tägliche, wöchentliche oder saisonale Muster in Betracht ziehen, die die Verkäufe beeinflussen könnten.

- **Autokorrelationsanalyse durchführen**: Verwenden Sie statistische Werkzeuge wie Autokorrelationsdiagramme und partielle Autokorrelationsfunktionen (PACF), um signifikante Verzögerungsintervalle zu identifizieren. Diese Techniken können versteckte Muster und Abhängigkeiten in Ihren Zeitreihendaten aufdecken, die nicht sofort erkennbar sind.

- **Iterative Experimente durchführen**: Testen Sie verschiedene Verzögerungsintervalle und Kombinationen systematisch. Dieser Prozess umfasst das Erstellen verschiedener verzögerter Merkmale, deren Integration in Ihr Modell und die systematische Bewertung ihrer Auswirkungen auf die Leistungskennzahlen. Seien Sie bereit, Ihren Ansatz basierend auf den Ergebnissen jeder Iteration zu verfeinern.

- **Mehrere Verzögerungsskalen integrieren**: Anstatt sich auf ein einzelnes Verzögerungsintervall zu verlassen, sollten Sie eine Kombination aus kurzfristigen und langfristigen Verzögerungen verwenden. Dieser mehrskalige Ansatz kann eine nuanciertere und umfassendere Sicht auf die zeitlichen Dynamiken Ihrer Daten bieten. Zum Beispiel könnten Sie in der Finanzprognose tägliche, wöchentliche und monatliche Verzögerungen kombinieren, um sowohl unmittelbare Marktreaktionen als auch längerfristige Trends zu erfassen.

Durch die Befolgung dieses umfassenden Ansatzes können Sie einen robusten Satz verzögerter Merkmale entwickeln, der das gesamte Spektrum zeitlicher Abhängigkeiten in Ihren Daten erfasst und letztendlich die Vorhersagefähigkeit Ihres Modells verbessert.

Durch die sorgfältige Auswahl und Feinabstimmung verzögerter Merkmale können Sie die Fähigkeit Ihres Modells erheblich verbessern, zeitliche Muster zu erfassen und in der Zeitreihenanalyse präzise Vorhersagen zu treffen.

9.2.4 Rolling Features

Während verzögerte Merkmale sich auf spezifische vergangene Werte konzentrieren, fassen **Rolling Features** Daten über ein bewegliches Fenster zusammen und bieten so einen umfassenderen Überblick über das Verhalten der Daten. Diese Merkmale sind besonders nützlich, um längerfristige Trends und Volatilitätsmuster zu erfassen, die möglicherweise verborgen bleiben, wenn man einzelne Datenpunkte betrachtet. Durch die Aggregation von Informationen über einen bestimmten Zeitraum hinweg bieten Rolling Features eine geglättete Darstellung der Daten, die hilft, Rauschen herauszufiltern und zugrunde liegende Trends hervorzuheben.

Rolling Features sind in der Zeitreihenanalyse aus mehreren Gründen besonders wertvoll:

- **Trendidentifikation**:

Rolling Features sind hervorragend geeignet, um langfristige Muster sichtbar zu machen, die in Rohdaten verborgen bleiben könnten. Durch die Aggregation von Informationen über Zeiträume hinweg können allmähliche Veränderungen oder anhaltende Bewegungen in den Daten aufgedeckt werden. Diese Fähigkeit ist in verschiedenen Bereichen von unschätzbarem Wert:

  - In der Finanzanalyse können Rolling Features Markttendenzen aufzeigen und Investoren bei der Entscheidungsfindung zu Vermögensallokation und Risikomanagement unterstützen.

  - In der Wettervorhersage können sie Klimamuster über längere Zeiträume sichtbar machen und zur Vorhersage langfristiger Phänomene wie El Niño oder La Niña beitragen.

  - In wirtschaftlichen Studien können sie makroökonomische Trends wie Veränderungen in den BIP-Wachstumsraten oder Inflationsmustern aufzeigen, die für politische Entscheidungen und strategische Planung entscheidend sind.

- **Volatilitätsbewertung**:

Durch die Berechnung der Variabilität innerhalb eines beweglichen Fensters bieten Rolling Features eine dynamische Sicht auf die Datenstabilität. Dies ist besonders nützlich in:

  - Finanzrisikobewertung, wo das Verständnis von Marktunruhen für das Portfoliomanagement und die Preisgestaltung von Optionen entscheidend ist.

  - Komplexer Systemanalyse, etwa in ökologischen Studien, wo Schwankungen in Populationsdynamiken die Gesundheit von Ökosystemen oder bevorstehende Veränderungen anzeigen können.

  - Analyse des Energiesektors, wo die Volatilität in der erneuerbaren Energieerzeugung (z. B. Wind- oder Solarenergie) die Netzstabilität und Energiepreise beeinflusst.

- **Saisonalitätserkennung**:

Rolling Features können strategisch eingesetzt werden, um wiederkehrende Muster in Daten zu erkennen:

  - Im Einzelhandel können sie jährliche Verkaufszyklen aufzeigen, die eine bessere Lagerverwaltung und Marketingstrategien ermöglichen.

  - Für die Tourismusbranche helfen sie dabei, saisonale Besucherströme zu erkennen, um Ressourcen besser zuzuweisen und Preisstrategien anzupassen.

- o In der Landwirtschaft können sie saisonale Erntemuster sichtbar machen und so Entscheidungen über Aussaat und Erntezeitpunkte unterstützen.

- **Rauschunterdrückung**:

Durch die Glättung kurzfristiger Schwankungen fungieren Rolling Features als Filter, der aussagekräftige Signale von zufälligem Rauschen trennt:

- o In der Signalverarbeitung hilft dies, klare Audiosignale aus Hintergrundgeräuschen herauszufiltern.

- o In der medizinischen Forschung können signifikante Trends in Patientendaten trotz täglicher Schwankungen erkannt werden.

- o In der Umweltüberwachung hilft es, zwischen natürlicher Variabilität und bedeutenden Veränderungen in Schadstoffwerten oder Biodiversitätsmetriken zu unterscheiden.

Übliche Rolling-Statistiken:

- **Rolling Mean (gleitender Durchschnitt)**:

Berechnet den Durchschnitt über ein festgelegtes Fenster und glättet dadurch kurzfristige Schwankungen, um langfristige Trends hervorzuheben. Er wird häufig in der technischen Analyse von Finanzmärkten und in Prognosemodellen verwendet. Beispielsweise hilft ein 50- oder 200-Tage-Gleitdurchschnitt Anlegern, langfristige Preistrends und potenzielle Unterstützungs- oder Widerstandsniveaus zu identifizieren.

- **Rolling Standard Deviation**:

Erfasst die Volatilität oder Variabilität innerhalb des Fensters und misst, wie stark die Datenpunkte verteilt sind. Besonders nützlich in der Risikobewertung und zur Identifikation von Marktvolatilität. In der Finanzwelt kann eine steigende Rolling-Standardabweichung auf eine höhere Marktunsicherheit hinweisen, die sich auf Investitionsentscheidungen oder Risikomanagementstrategien auswirkt.

- **Rolling Sum**:

Liefert kumulative Werte über das Fenster hinweg, besonders nützlich für Metriken, die in aggregierter Form aussagekräftig sind, wie Gesamtverkäufe über einen Zeitraum oder kumulierter Niederschlag. In der Geschäftsanalyse kann eine Rolling-Summe der monatlichen Verkäufe helfen, saisonale Muster zu identifizieren oder Fortschritte in Richtung vierteljährlicher oder jährlicher Ziele zu verfolgen.

- **Rolling Median**:

Ähnlich dem Rolling Mean, aber weniger empfindlich gegenüber Ausreißern, und daher nützlich für Datensätze mit extremen Werten oder verzerrten Verteilungen. Besonders wertvoll in Bereichen wie Immobilien, wo die Immobilienpreise durch wenige hochpreisige Transaktionen erheblich beeinflusst werden können. Ein Rolling Median kann eine stabilere Darstellung von Preistrends bieten.

- **Rolling Maximum und Minimum**:

Erfassen die höchsten und niedrigsten Werte innerhalb jedes Fensters und sind nützlich, um Spitzen und Täler in den Daten zu identifizieren. In der Umweltüberwachung können Rolling-Maximum- und Minimum-Temperaturen helfen, extreme Wetterereignisse oder langfristige Klimatrends zu verfolgen. In der Finanzwelt können diese Metriken verwendet werden, um Handelsstrategien basierend auf Preis-Ausbrüchen oder Unterstützungs-/Widerstandsniveaus zu implementieren.

- **Rolling Perzentile**:

Liefern Einblicke in die Verteilung der Daten innerhalb jedes Fensters. Beispielsweise kann ein Rolling-90. Perzentil helfen, durchgehend leistungsstarke Produkte oder Mitarbeiter zu identifizieren, während ein Rolling-10. Perzentil Bereiche aufzeigen könnte, die Verbesserungen benötigen.

- **Rolling Korrelation**:

Misst die Beziehung zwischen zwei Variablen über ein bewegliches Fenster. In der Multi-Asset-Portfolioverwaltung können Rolling-Korrelationen zwischen verschiedenen Vermögenswerten Diversifikationsstrategien und Risikobewertungen unterstützen.

Erstellung von Rolling Features mit Pandas

Fahren wir mit unseren Verkaufsdaten fort und erstellen wir einen **7-Tage-Gleitmittelwert** und eine **7-Tage-Gleitstandardabweichung**. Diese Rolling Features helfen, den allgemeinen Trend und die Variabilität in den Daten zu erfassen und dem Modell sowohl aktuelle Durchschnittswerte als auch Änderungen in der Volatilität bereitzustellen.

```python
import pandas as pd
import matplotlib.pyplot as plt

# Sample data with a longer time range for rolling calculations
data = {'Date': pd.date_range(start='2022-01-01', periods=30, freq='D'),
        'Sales': [100, 120, 110, 140, 135, 150, 160, 155, 180, 175, 165, 170, 185,
190, 200,
                  210, 205, 220, 215, 230, 240, 235, 250, 245, 260, 270, 265, 280,
275, 290]}
df = pd.DataFrame(data)
df.set_index('Date', inplace=True)

# Create rolling features
df['RollingMean_7'] = df['Sales'].rolling(window=7).mean()
df['RollingStd_7'] = df['Sales'].rolling(window=7).std()
df['RollingMax_7'] = df['Sales'].rolling(window=7).max()
df['RollingMin_7'] = df['Sales'].rolling(window=7).min()
```

```python
# Create lagged features
df['Sales_Lag1'] = df['Sales'].shift(1)
df['Sales_Lag7'] = df['Sales'].shift(7)

# Calculate percent change
df['PercentChange'] = df['Sales'].pct_change()

# Print the first few rows of the DataFrame
print(df.head(10))

# Visualize the data
plt.figure(figsize=(12, 8))
plt.plot(df.index, df['Sales'], label='Sales')
plt.plot(df.index, df['RollingMean_7'], label='7-day Rolling Mean')
plt.fill_between(df.index, df['RollingMin_7'], df['RollingMax_7'], alpha=0.2,
label='7-day Range')
plt.title('Sales Data with Rolling Statistics')
plt.xlabel('Date')
plt.ylabel('Sales')
plt.legend()
plt.grid(True)
plt.show()

# Calculate correlations
correlation_matrix = df[['Sales', 'RollingMean_7', 'Sales_Lag1',
'Sales_Lag7']].corr()
print("\\nCorrelation Matrix:")
print(correlation_matrix)
```

Dieses Codebeispiel zeigt einen umfassenden Ansatz zur Analyse von Zeitreihendaten mithilfe von pandas und matplotlib. Lassen Sie uns die zentralen Komponenten und deren Bedeutung untersuchen:

1. **Datenvorbereitung**:

   o Wir erstellen einen größeren Datensatz mit 30 Tagen Verkaufsdaten, um ein robusteres Beispiel zu bieten.

   o Die Spalte „Date" wird als Index des DataFrames gesetzt, was eine bewährte Methode für Zeitreihendaten in pandas darstellt.

2. **Gleitende Merkmale**:

   o **Gleitender Mittelwert (7-Tage-Fenster)**: Glättet kurzfristige Schwankungen und hebt den allgemeinen Trend hervor.

   o **Gleitende Standardabweichung (7-Tage-Fenster)**: Erfasst die Volatilität oder Variabilität der Verkäufe über die letzte Woche.

- o **Gleitendes Maximum und Minimum (7-Tage-Fenster)**: Liefert Einblicke in den Wertebereich der Verkäufe in der vergangenen Woche.

3. **Zeitverzögerte Merkmale (Lag Features)**:

   - o **1-Tag-Verzögerung**: Ermöglicht es dem Modell, die Verkäufe von gestern bei der Vorhersage der heutigen Verkäufe zu berücksichtigen.

   - o **7-Tage-Verzögerung**: Erfasst den Verkaufswert desselben Tages der Vorwoche, was für wöchentliche Muster nützlich sein kann.

4. **Prozentuale Veränderung**:

   - o Berechnet die prozentuale Veränderung der Verkäufe von Tag zu Tag, was hilfreich sein kann, um plötzliche Änderungen oder Trends zu erkennen.

5. **Datenvisualisierung**:

   - o Der Plot zeigt die Rohdaten der Verkäufe, den gleitenden 7-Tage-Mittelwert sowie den Bereich zwischen dem gleitenden 7-Tage-Minimum und Maximum.

   - o Diese Visualisierung hilft, Trends, Saisonalitäten und ungewöhnliche Schwankungen in den Daten zu identifizieren.

6. **Korrelationsanalyse**:

   - o Die Korrelationsmatrix zeigt die Beziehungen zwischen den ursprünglichen Verkaufsdaten und verschiedenen abgeleiteten Merkmalen.

   - o Dies kann helfen zu verstehen, welche Merkmale am aussagekräftigsten für die Vorhersage zukünftiger Verkäufe sein könnten.

Durch die Kombination dieser verschiedenen Techniken erstellen wir eine reichhaltige Menge an Merkmalen, die unterschiedliche Aspekte der Zeitreihendaten erfassen. Dieser umfassende Ansatz ermöglicht ein tieferes Verständnis der zugrunde liegenden Muster und Zusammenhänge in den Verkaufsdaten, was für Prognosen und Entscheidungsprozesse von unschätzbarem Wert sein kann.

Interpretation von gleitenden Merkmalen

Gleitende Merkmale bieten wertvolle Einblicke in die zeitlichen Dynamiken von Zeitreihendaten. Durch die Aggregation von Informationen über ein festgelegtes Fenster bieten diese Merkmale eine differenzierte Sicht auf Trends, Volatilität und Muster, die in Rohdaten möglicherweise verborgen bleiben. Lassen Sie uns zwei zentrale gleitende Merkmale näher betrachten:

- **Gleitender Mittelwert**: Dieses Merkmal wirkt als Glättungsmechanismus, der kurzfristige Schwankungen herausfiltert und zugrunde liegende Trends sichtbar macht. Durch die Mittelung von Datenpunkten innerhalb eines gleitenden Fensters vermittelt es ein klareres Bild der zeitlichen Entwicklung der Daten. Beispiele:

- o In Finanzmärkten kann ein steigender gleitender Mittelwert von Aktienkursen auf einen Aufwärtstrend hindeuten, während ein fallender auf einen Abwärtstrend schließen lässt.

- o Für E-Commerce-Plattformen könnte ein steigender gleitender Mittelwert der täglichen aktiven Nutzer ein Hinweis auf wachsende Nutzerbindung oder den Erfolg jüngster Marketingkampagnen sein.

- o In Klimastudien hilft ein gleitender Mittelwert der Temperaturen, langfristige Erwärmungs- oder Abkühlungstrends zu erkennen, indem tägliche und saisonale Schwankungen geglättet werden.

- **Gleitende Standardabweichung**: Dieses Maß erfasst das Ausmaß der Variabilität oder Streuung innerhalb des gleitenden Fensters. Es ist besonders nützlich für:

  - o **Risikobewertung** in der Finanzwelt, wo Perioden mit hoher gleitender Standardabweichung auf Marktturbulenzen oder erhöhtes Investitionsrisiko hinweisen können.

  - o **Qualitätskontrolle** in der Fertigung, wo Spitzen in der gleitenden Standardabweichung Instabilitäten im Prozess oder Fehlfunktionen bei Maschinen signalisieren könnten.

  - o **Nachfrageprognose** im Einzelhandel, wo Änderungen in der gleitenden Standardabweichung der Verkaufsdaten auf verändertes Verbraucherverhalten oder Marktvolatilität hinweisen könnten.

Bei der Interpretation dieser gleitenden Merkmale ist es wichtig, die Fenstergröße und deren Einfluss auf die Analyse zu berücksichtigen. Kleinere Fenster reagieren stärker auf aktuelle Änderungen, können aber auch mehr Rauschen einführen, während größere Fenster eine geglättete Sicht bieten, jedoch möglicherweise hinter aktuellen Trends zurückbleiben. Die Wahl der Fenstergröße sollte durch die spezifischen Merkmale der Daten und die analytischen Ziele geleitet werden.

Durch die Nutzung sowohl des gleitenden Mittelwerts als auch der gleitenden Standardabweichung können Analysten ein umfassendes Verständnis sowohl der zentralen Tendenz als auch der Variabilität ihrer Zeitreihendaten gewinnen. Dies ermöglicht fundiertere Entscheidungen und genauere Vorhersagemodelle.

9.2.5 Praktische Anwendung von verzögerten und gleitenden Merkmalen in der Prognose

Sowohl verzögerte als auch gleitende Merkmale verbessern die Vorhersagefähigkeiten eines Modells erheblich, indem sie den zeitlichen Kontext einbeziehen. Diese Merkmale sind besonders wertvoll in Bereichen, in denen aktuelle historische Daten einen starken Einfluss auf kurzfristige Ergebnisse haben. Durch die Erfassung sowohl unmittelbarer vergangener Werte als auch langfristiger Trends bieten diese Merkmale eine umfassende Sicht auf die zeitlichen Dynamiken der Daten. Hier sind einige wichtige Anwendungen:

- **Finanzmärkte**: Im Aktienhandel und in der Anlageanalyse sind gleitende Durchschnitte und verzögerte Werte von Aktienkursen von entscheidender Bedeutung. Ein 50-Tage-Durchschnitt kann beispielsweise langfristige Trends identifizieren, während verzögerte Werte vom Vortag oder der Vorwoche kurzfristige Bewegungen erfassen. Diese Merkmale werden häufig in der technischen Analyse verwendet, um Kauf- oder Verkaufssignale zu generieren.

- **Wettervorhersage**: Meteorologen stützen sich stark auf verzögerte Temperaturdaten und gleitende Niederschlagsdurchschnitte. Zum Beispiel können verzögerte Temperaturwerte der letzten Tage helfen, die Temperatur von morgen vorherzusagen, während ein gleitender 30-Tage-Durchschnitt des Niederschlags allgemeine Feuchtigkeitstrends anzeigt. Diese Merkmale sind sowohl für kurzfristige Wettervorhersagen als auch für langfristige Klimaanalysen unerlässlich.

- **Vorhersage von Einzelhandelsumsätzen**: Im Einzelhandel sind vergangene tägliche oder wöchentliche Umsätze entscheidende Prädiktoren für zukünftige Verkäufe. Ein gleitender 7-Tage-Durchschnitt kann Wochentagseffekte glätten, während verzögerte Werte vom gleichen Tag der Vorwoche oder des Vorjahres wöchentliche oder jährliche Saisonalitäten erfassen. Diese Merkmale sind besonders nützlich für die Bestandsverwaltung und Personalentscheidungen.

- **Vorhersage des Energieverbrauchs**: Energieversorger verwenden verzögerte und gleitende Merkmale von Energiedaten, um die zukünftige Nachfrage vorherzusagen. Ein 24-Stunden-verzögerter Wert kann tägliche Muster erfassen, während ein gleitender 7-Tage-Durchschnitt wöchentliche Trends berücksichtigt. Dies hilft bei der Optimierung der Energieerzeugung und -verteilung.

- **Analyse des Webverkehrs**: Digitale Marketer und Webadministratoren nutzen diese Merkmale, um Muster des Website-Verkehrs zu verstehen und vorherzusagen. Verzögerte Werte können die Auswirkungen jüngster Marketingkampagnen erfassen, während gleitende Durchschnitte längerfristige Trends im Benutzerengagement aufzeigen.

Durch die Integration dieser Merkmale können Modelle sowohl kurzfristige Schwankungen als auch langfristige Trends erfassen, was zu genaueren und robusteren Vorhersagen in verschiedenen Bereichen führt.

Kombination von verzögerten und gleitenden Merkmalen in einem Zeitreihenmodell

Um zu veranschaulichen, wie diese Merkmale in einem einzigen Datensatz kombiniert werden können, wenden wir sowohl verzögerte als auch gleitende Merkmale auf unsere **Verkaufsdaten** an.

```python
import pandas as pd
import matplotlib.pyplot as plt

# Create sample data
data = {'Date': pd.date_range(start='2023-01-01', periods=60, freq='D'),
        'Sales': [100 + i + 10 * (i % 7 == 5) + 20 * (i % 30 < 3) + np.random.randint(-
10, 11) for i in range(60)]}
df = pd.DataFrame(data)
df.set_index('Date', inplace=True)

# Create lagged features
df['Sales_Lag1'] = df['Sales'].shift(1)
df['Sales_Lag2'] = df['Sales'].shift(2)
df['Sales_Lag7'] = df['Sales'].shift(7)  # Weekly lag

# Create rolling features
df['RollingMean_3'] = df['Sales'].rolling(window=3).mean()
df['RollingMean_7'] = df['Sales'].rolling(window=7).mean()
df['RollingStd_3'] = df['Sales'].rolling(window=3).std()
df['RollingStd_7'] = df['Sales'].rolling(window=7).std()

# Create percentage change
df['PctChange'] = df['Sales'].pct_change()

# Create expanding features
df['ExpandingMean'] = df['Sales'].expanding().mean()
df['ExpandingMax'] = df['Sales'].expanding().max()

# Print the first few rows of the DataFrame
print(df.head(10))

# Visualize the data
plt.figure(figsize=(12, 8))
plt.plot(df.index, df['Sales'], label='Sales')
plt.plot(df.index, df['RollingMean_7'], label='7-day Rolling Mean')
plt.plot(df.index, df['ExpandingMean'], label='Expanding Mean')
plt.fill_between(df.index, df['Sales'] - df['RollingStd_7'],
                 df['Sales'] + df['RollingStd_7'], alpha=0.2, label='7-day Rolling
Std')
plt.title('Sales Data with Time Series Features')
plt.xlabel('Date')
plt.ylabel('Sales')
plt.legend()
plt.grid(True)
plt.show()

# Calculate correlations
correlation_matrix = df[['Sales', 'Sales_Lag1', 'Sales_Lag7', 'RollingMean_7',
'PctChange']].corr()
print("\\nCorrelation Matrix:")
print(correlation_matrix)
```

Code-Aufschlüsselung:

1. **Datenerstellung**:

   ○ Es werden 60 Tage synthetische Verkaufsdaten mit wöchentlichen und monatlichen Mustern sowie zufälligem Rauschen generiert.

   ○ Dies simuliert reale Verkaufsdaten mit Trends und Saisonalitäten.

2. **Verzögerte Merkmale (Lag Features)**:

   ○ **Sales_Lag1** und **Sales_Lag2**: Erfassen kurzfristige Abhängigkeiten.

   ○ **Sales_Lag7**: Erfasst wöchentliche Muster, hilfreich zur Identifizierung von Wochentagseffekten.

3. **Gleitende Merkmale (Rolling Features)**:

   ○ **RollingMean_3** und **RollingMean_7**: Glätten kurzfristige Schwankungen und zeigen Trends auf.

   ○ **RollingStd_3** und **RollingStd_7**: Erfassen kurzfristige und wöchentliche Volatilität der Verkäufe.

4. **Prozentuale Veränderung**:

   ○ **PctChange**: Zeigt das tägliche Wachstumsrate, nützlich zur Erkennung plötzlicher Veränderungen.

5. **Kumulative Merkmale (Expanding Features)**:

   ○ **ExpandingMean**: Kumulativer Durchschnitt, hilfreich für langfristige Trendanalysen.

   ○ **ExpandingMax**: Laufendes Maximum, um Verkaufsrekorde zu identifizieren.

6. **Visualisierung**:

   ○ Plots zeigen Rohverkäufe, gleitenden 7-Tage-Durchschnitt und den kumulativen Durchschnitt, um unterschiedliche Perspektiven auf Trends zu bieten.

   ○ **fill_between** wird verwendet, um die 7-Tage-Standardabweichung zu visualisieren, die die Volatilität anzeigt.

7. **Korrelationsanalyse**:

   ○ Berechnet Korrelationen zwischen wichtigen Merkmalen, um ihre Beziehungen zu verstehen.

o Hilft zu erkennen, welche Merkmale am prädiktivsten für zukünftige Verkäufe sein könnten.

Dieses umfassende Beispiel demonstriert verschiedene Zeitreihenmerkmale und deren Visualisierung und bietet eine robuste Grundlage für die Analyse und Vorhersage von Zeitreihendaten.

9.2.6 Überlegungen bei der Verwendung von verzögerten und gleitenden Merkmalen

Umgang mit fehlenden Werten:

Die Einführung von verzögerten und gleitenden Merkmalen führt zwangsläufig zu fehlenden Werten am Anfang des Datensatzes. Dies liegt daran, dass diese Merkmale auf vorherigen Datenpunkten basieren, die für die ersten Beobachtungen nicht existieren. Beispielsweise führt ein gleitender 7-Tage-Durchschnitt zu **NaN**-Werten (Not a Number) für die ersten sechs Zeilen, da nicht genügend vorherige Datenpunkte vorhanden sind, um den Durchschnitt zu berechnen.

Diese fehlenden Werte stellen eine Herausforderung für viele Machine-Learning-Algorithmen und statistische Modelle dar, die oft vollständige Datensätze erfordern, um ordnungsgemäß zu funktionieren. Daher ist es entscheidend, diese fehlenden Werte zu behandeln, um die Datenintegrität zu wahren und die Zuverlässigkeit Ihrer Analyse sicherzustellen.

- **Lösungen**:

    o **Daten entfernen**: Eine Möglichkeit besteht darin, die Zeilen mit fehlenden Werten einfach zu entfernen. Diese Methode ist zwar einfach, kann jedoch zu einem Verlust potenziell wertvoller Daten führen, insbesondere wenn Ihr Datensatz klein ist.

    o **Forward Fill**: Diese Methode propagiert die letzte gültige Beobachtung vorwärts, um NaN-Werte zu füllen. Sie ist besonders nützlich, wenn Sie annehmen, dass die fehlenden Werte den zuletzt bekannten Werten ähnlich wären.

    o **Backward Fill**: Umgekehrt verwendet dieser Ansatz zukünftige bekannte Werte, um fehlende Daten zu füllen. Er kann geeignet sein, wenn zukünftige Werte gute Annäherungen für die fehlenden Daten darstellen.

    o **Interpolation**: Für Zeitreihendaten können verschiedene Interpolationsmethoden (linear, polynomisch, Spline) verwendet werden, um fehlende Werte basierend auf Mustern in den vorhandenen Daten zu schätzen.

Die Wahl der Methode hängt von Ihrem spezifischen Datensatz, der Art Ihrer Analyse und den Anforderungen Ihres gewählten Modells ab. Es ist oft sinnvoll, verschiedene Ansätze auszuprobieren und deren Einfluss auf die Modellleistung zu bewerten.

Auswahl der richtigen Fenstergröße:

Die Fenstergröße für rollende Merkmale ist ein entscheidender Parameter, der die Analyse von Zeitreihendaten erheblich beeinflusst. Sie bestimmt die Anzahl der Datenpunkte, die zur Berechnung von rollenden Statistiken wie gleitenden Mittelwerten oder Standardabweichungen verwendet werden. Die Wahl der Fenstergröße hängt von mehreren Faktoren ab:

- **Datenfrequenz**: Hochfrequente Daten (z. B. stündlich) erfordern möglicherweise größere Fenstergrößen im Vergleich zu niedrigfrequenten Daten (z. B. monatlich), um sinnvolle Muster zu erfassen.

- **Erwartete Muster**: Wenn wöchentliche Muster erwartet werden, könnte ein 7-Tage-Fenster geeignet sein. Für monatliche Muster wäre ein 30-Tage-Fenster passender.

- **Rauschpegel**: Rauschintensivere Daten profitieren möglicherweise von größeren Fenstern, um Schwankungen zu glätten und zugrunde liegende Trends sichtbar zu machen.

- **Analyseziel**: Kurzfristige Vorhersagen erfordern möglicherweise kleinere Fenster, während langfristige Trendanalysen von größeren Fenstern profitieren können.

Kürzere Fenster reagieren schneller auf aktuelle Veränderungen und können schnelle Schwankungen erfassen, was sie nützlich macht, um plötzliche Veränderungen oder Anomalien zu erkennen. Sie können jedoch anfälliger für Rauschen sein. Im Gegensatz dazu bieten längere Fenster eine geglättete Darstellung der Daten, heben übergeordnete Trends hervor, können jedoch kurzfristige Schwankungen übersehen.

- **Tipp**: Experimentieren Sie mit unterschiedlichen Fenstergrößen, um die beste Passform für Ihren Datensatz und Ihre Ziele zu finden. Erwägen Sie, mehrere Fenstergrößen in Ihrer Analyse zu verwenden, um sowohl kurzfristige als auch langfristige Muster zu erfassen. Zudem können Techniken wie Cross-Validation eingesetzt werden, um die Leistung verschiedener Fenstergrößen systematisch in Ihrem spezifischen Kontext zu bewerten.

Vermeidung von Datenlecks:

Beim Arbeiten mit Zeitreihendaten und der Verwendung verzögerter Merkmale ist es entscheidend, Datenlecks zu vermeiden. Datenlecks treten auf, wenn Informationen aus der Zukunft versehentlich das Modell während des Trainings oder Testens beeinflussen, was zu unrealistisch optimistischen Leistungswerten führt. Im Kontext der Zeitreihenanalyse können Datenlecks auftreten, wenn das Modell Zugang zu zukünftigen Datenpunkten hat, die in einer realen Vorhersagesituation nicht verfügbar wären.

Zum Beispiel: Wenn Sie versuchen, den Aktienkurs von morgen auf Basis des heutigen Preises vorherzusagen, müssen Sie sicherstellen, dass das Modell beim Treffen von Vorhersagen keinen Zugriff auf Informationen hat, die über den aktuellen Tag hinausgehen. Dieses Prinzip gilt auch für komplexere Merkmale wie gleitende Mittelwerte oder andere abgeleitete Metriken.

- **Lösungen zur Vermeidung von Datenlecks**:
  - **Sorgfältige Merkmalsentwicklung**: Stellen Sie bei der Erstellung verzögerter Merkmale sicher, dass diese nur vergangene Daten in Bezug auf den Vorhersagezeitpunkt berücksichtigen.

  - **Richtige Aufteilung in Trainings- und Testsätze**: Teilen Sie Ihre Zeitreihendaten immer chronologisch auf, wobei der Trainingssatz dem Testsatz zeitlich vorausgeht.

  - **Zeitbasierte Cross-Validation**: Verwenden Sie Techniken wie Forward Chaining oder Sliding Window Cross-Validation, die die zeitliche Reihenfolge der Daten respektieren.

  - **Merkmalsberechnung innerhalb der Falten**: Berechnen Sie zeitabhängige Merkmale (wie rollende Mittelwerte) innerhalb jeder Cross-Validation-Falte neu, um die Nutzung zukünftiger Informationen zu vermeiden.

Durch die Umsetzung dieser Strategien können Sie die Integrität Ihres Zeitreihenmodells bewahren und sicherstellen, dass die Leistungsmetriken dessen reale prädiktive Fähigkeiten akkurat widerspiegeln. Denken Sie daran, dass das Ziel darin besteht, die tatsächlichen Bedingungen zu simulieren, unter denen das Modell eingesetzt wird, bei denen zukünftige Daten tatsächlich unbekannt sind.

9.2.7 Wichtige Erkenntnisse und fortgeschrittene Anwendungen

- **Verzögerte Merkmale** versorgen das Modell mit jüngsten historischen Daten, die für die Zeitreihenanalyse entscheidend sind, da vergangene Werte oft zukünftige Ergebnisse beeinflussen. Solche Merkmale können kurzfristige Abhängigkeiten und zyklische Muster erfassen, z. B. Wochentagseffekte im Einzelhandel oder stündliche Muster im Energieverbrauch.

- **Rollende Merkmale** erfassen langfristige Trends und Variabilität, glätten kurzfristige Schwankungen und heben breitere Muster hervor. Sie sind besonders nützlich, um Saisonalität, Trendänderungen und die Stabilität der Daten zu identifizieren. Ein gleitender 30-Tage-Durchschnitt kann beispielsweise monatliche Trends auf Finanzmärkten aufzeigen.

- **Die Kombination von verzögerten und rollenden Merkmalen** stattet Modelle sowohl mit unmittelbaren als auch kumulativen historischen Einblicken aus und verbessert deren Fähigkeit, genaue Vorhersagen zu treffen. Diese Kombination ermöglicht ein umfassenderes Verständnis der Daten und erfasst sowohl kurzfristige Schwankungen als auch langfristige Trends gleichzeitig.

- **Merkmalsauswahl und -entwicklung** spielen eine entscheidende Rolle bei der Zeitreihenmodellierung. Die sorgfältige Auswahl von Verzögerungsperioden und Rollfenstern kann die Modellleistung erheblich verbessern. Beispielsweise kann in der

Aktienmarktvorhersage die Kombination von 1-Tages-, 5-Tages- und 20-Tages-verzögerten Renditen mit 10-Tages- und 30-Tages-rollenden Durchschnitten verschiedene Marktdynamiken erfassen.

- **Umgang mit nichtlinearen Beziehungen** ist in der Zeitreihenanalyse oft notwendig. Techniken wie polynomiale Merkmale oder Transformationen (z. B. Logarithmus, Quadratwurzel) auf verzögerte und rollende Merkmale können helfen, komplexe Muster in den Daten zu erfassen.

Durch die Anwendung dieser fortgeschrittenen Techniken können Analysten anspruchsvollere und genauere Zeitreihenmodelle entwickeln, die zu verbesserten Prognosen und Entscheidungen in verschiedenen Bereichen wie Finanzen, Wirtschaft und Umweltwissenschaften führen.

9.3 Praktische Übungen für Kapitel 9

Diese Übungen helfen Ihnen, das Erstellen und Interpretieren von Datums-/Zeitmerkmalen, verzögerten Merkmalen und rollenden Merkmalen in Zeitreihendaten zu üben. Jede Übung baut auf den in diesem Kapitel besprochenen Techniken auf und ermöglicht es Ihnen, Ihr Verständnis der Manipulation von Zeitreihendaten und der Merkmalsentwicklung zu vertiefen.

Übung 1: Extrahieren von Datums-/Zeitmerkmalen

Sie erhalten einen Datensatz mit täglichen Verkaufsaufzeichnungen. Ihre Aufgabe ist es:

1. Die **Datum**Spalte in ein datetime-Format zu konvertieren.

2. Die **Jahr**, **Monat**, **Wochentag** und **Quartal** als separate Merkmale zu extrahieren.

```
import pandas as pd

# Sample data with dates
data = {'Date': ['2022-01-15', '2022-02-10', '2022-03-20', '2022-04-15', '2022-05-25'],
        'Sales': [200, 220, 250, 210, 230]}
df = pd.DataFrame(data)

# Solution: Convert Date column to datetime and extract date/time features
df['Date'] = pd.to_datetime(df['Date'])
df['Year'] = df['Date'].dt.year
df['Month'] = df['Date'].dt.month
df['DayOfWeek'] = df['Date'].dt.dayofweek
df['Quarter'] = df['Date'].dt.quarter

print("Dataset with extracted date/time features:")
print(df)
```

Übung 2: Erstellung verzögerter Merkmale

Verwenden Sie denselben Datensatz, um verzögerte Merkmale zu erstellen, die die Verkäufe aus folgenden Zeitpunkten darstellen:

1. Dem Vortag (**Sales_Lag1**).

2. Zwei Tage zuvor (**Sales_Lag2**).

```
# Solution: Create lagged features
df['Sales_Lag1'] = df['Sales'].shift(1)
df['Sales_Lag2'] = df['Sales'].shift(2)

print("Dataset with lagged features:")
print(df)
```

Übung 3: Erstellung rollender Merkmale

Verwenden Sie denselben Datensatz, um die folgenden rollenden Statistiken zu berechnen:

1. Den **3-Tage-Gleitenden Durchschnitt** für die **Sales**Spalte.

2. Die **3-Tage-Gleitende Standardabweichung** für die **Sales**Spalte.

```
# Solution: Create rolling mean and standard deviation
df['RollingMean_3'] = df['Sales'].rolling(window=3).mean()
df['RollingStd_3'] = df['Sales'].rolling(window=3).std()

print("Dataset with rolling features:")
print(df)
```

Übung 4: Kombination von Datums-/Zeit-, Verzögerten und Rollenden Merkmalen

In dieser Übung erstellen Sie einen kombinierten Datensatz mit Datums-/Zeitmerkmalen, verzögerten Merkmalen und rollenden Merkmalen. Verwenden Sie den vorherigen Datensatz und führen Sie die folgenden Aufgaben aus:

1. Extrahieren Sie **Jahr**, **Monat** und **Wochentag**.

2. Erstellen Sie ein Merkmal **Sales_Lag1** für die Verkäufe des Vortags.

3. Berechnen Sie den **3-Tage-Gleitenden Durchschnitt** für die **Sales**Spalte.

```
# Solution: Combine date/time, lagged, and rolling features
df['Year'] = df['Date'].dt.year
df['Month'] = df['Date'].dt.month
df['DayOfWeek'] = df['Date'].dt.dayofweek
df['Sales_Lag1'] = df['Sales'].shift(1)
df['RollingMean_3'] = df['Sales'].rolling(window=3).mean()
```

```
print("Combined dataset with date/time, lagged, and rolling features:")
print(df)
```

Übung 5: Kodierung zyklischer Merkmale

Wenden Sie für das Merkmal **Wochentag** im vorherigen Datensatz die Sinus- und Kosinus-Kodierung an, um seine zyklische Natur zu erfassen. Dies hilft dem Modell, zu erkennen, dass die Wochentage einen wiederkehrenden Zyklus bilden.

```
import numpy as np

# Solution: Encode Day of the Week as cyclical features
df['DayOfWeek_sin'] = np.sin(2 * np.pi * df['DayOfWeek'] / 7)
df['DayOfWeek_cos'] = np.cos(2 * np.pi * df['DayOfWeek'] / 7)

print("Dataset with cyclical encoding for Day of the Week:")
print(df[['DayOfWeek', 'DayOfWeek_sin', 'DayOfWeek_cos']])
```

Diese Übungen decken die Grundlagen der Arbeit mit Datums-/Zeitmerkmalen, verzögerten und rollenden Merkmalen in Zeitreihendaten sowie zyklischen Kodierungstechniken ab. Durch das Üben dieser Methoden gewinnen Sie ein tieferes Verständnis dafür, wie zeitabhängige Merkmale erstellt und interpretiert werden, die für eine effektive Zeitreihenvorhersage unerlässlich sind.

9.4 Was könnte schiefgehen?

Die Arbeit mit Zeitreihendaten und das Erstellen sowie Interpretieren von Datums-/Zeit-, verzögerten und rollenden Merkmalen sind entscheidend, um Muster zu erkennen und genaue Vorhersagen zu treffen. Es gibt jedoch mehrere potenzielle Stolpersteine, die beachtet werden sollten. Im Folgenden werden häufige Probleme untersucht, die bei der Arbeit mit diesen Merkmalen auftreten können, sowie Möglichkeiten, sie zu vermeiden oder zu lösen.

9.4.1 Fehlangepasste verzögerte Merkmale führen zu Datenlecks

Verzögerte Merkmale sind leistungsstark, um Abhängigkeiten von früheren Werten zu erfassen. Wenn sie jedoch nicht korrekt angewendet werden, können sie unbeabsichtigt zukünftige Daten in die aktuelle Vorhersage einfließen lassen. Dies wird als **Datenleck** bezeichnet, bei dem das Modell Informationen aus zukünftigen Datenpunkten erhält, was zu einer unrealistisch hohen Leistung während des Trainings führt.

Was könnte schiefgehen?

- Modelle, die mit geleakten Daten trainiert wurden, können in Tests gut abschneiden, scheitern jedoch in realen Vorhersagen, bei denen zukünftige Werte nicht verfügbar sind.

- Datenlecks können die Interpretation historischer Muster durch das Modell verzerren und dessen Fähigkeit zur Generalisierung beeinträchtigen.

Lösung:

- Wenden Sie verzögerte Merkmale sorgfältig an, indem Sie sicherstellen, dass nur vergangene Werte für aktuelle Vorhersagen verwendet werden. Nutzen Sie bei zeitbasierter Cross-Validation ein rollierendes oder wachsendes Fenster, um die zeitliche Reihenfolge beizubehalten.

9.4.2 Falsche Fenstergrößen für rollende Merkmale

Die Auswahl der richtigen Fenstergröße für rollende Merkmale ist entscheidend. Ein zu kurzes Fenster kann nur Rauschen oder kleine Schwankungen erfassen, während ein zu langes Fenster die Daten möglicherweise überglättet und kurzfristige Trends übersieht.

Was könnte schiefgehen?

- Kurze Fenster können zu einer hohen Variabilität in rollenden Statistiken führen, was Modelle insbesondere bei volatilen Daten verwirren kann.

- Lange Fenster können wichtige saisonale Muster verdecken, was die Modellgenauigkeit bei kurzfristigen Vorhersagen verringert.

Lösung:

- Experimentieren Sie mit verschiedenen Fenstergrößen und vergleichen Sie deren Einfluss auf die Modellleistung. Berücksichtigen Sie saisonale Muster in den Daten (z. B. wöchentlich oder monatlich), um eine geeignete Fenstergröße zu wählen, die sowohl kurzfristige als auch langfristige Trends erfasst.

9.4.3 Fehlende Werte durch verzögerte und rollende Merkmale

Verzögerte und rollende Merkmale erzeugen zwangsläufig NaN-Werte am Anfang des Datensatzes, wo nicht genügend historische Datenpunkte vorhanden sind, um diese Merkmale zu füllen. Das Ignorieren dieser fehlenden Werte kann zu unvollständigen Datensätzen führen oder das Modelltraining beeinträchtigen.

Was könnte schiefgehen?

- Das Modell kann diese fehlenden Werte nicht verarbeiten, oder sie können bestimmte Algorithmen stören, wenn sie nicht ordnungsgemäß behandelt werden.

- Das unüberlegte Auffüllen oder Entfernen dieser fehlenden Werte kann potenziell nützliche Daten löschen.

Lösung:

- Verwenden Sie Imputationstechniken wie Forward-Filling oder Back-Filling, um fehlende Werte bei Bedarf zu füllen. Alternativ können Sie Zeilen mit fehlenden Werten entfernen, wenn sie nur einen kleinen Teil des Datensatzes ausmachen und keine zeitlichen Muster beeinträchtigen.

9.4.4 Fehlinterpretation von zyklischen Merkmalen

Die Kodierung zyklischer Merkmale mit Sinus- und Kosinusfunktionen ist eine effektive Methode, um sich wiederholende Zyklen wie **Wochentage** oder **Monate** darzustellen. Wenn diese Technik jedoch auf nicht zyklische Merkmale angewendet oder falsch interpretiert wird, kann sie Rauschen einführen.

Was könnte schiefgehen?

- Die Anwendung zyklischer Kodierung auf nicht zyklische Daten kann das Modell in die Irre führen, indem künstliche Beziehungen zwischen Werten erzeugt werden, die keinen Zyklus bilden.

- Eine Fehlinterpretation zyklischer Kodierungen kann die Analyse beeinträchtigen und zu falschen Erkenntnissen führen, insbesondere bei der Untersuchung von Saisonalitäten.

Lösung:

- Wenden Sie zyklische Kodierung nur auf Merkmale an, die von Natur aus zyklisch sind, wie z. B. Wochentage oder Tagesstunden. Vermeiden Sie die Verwendung zyklischer Kodierung für Merkmale, die keinen wiederkehrenden Zyklus aufweisen.

9.4.5 Datensparsamkeit bei hochfrequenten Daten mit rollenden Merkmalen

In hochfrequenten Datensätzen (z. B. stündliche oder minutenbasierte Daten) kann die Erstellung von rollenden Merkmalen mit großen Fenstern zu Datensparsamkeit führen, bei der viele Einträge keine gültigen Werte aufweisen. Dies kann den Prozess der Merkmalserstellung erschweren und den Nutzen rollender Statistiken verwässern.

Was könnte schiefgehen?

- Datensparsamkeit kann die Fähigkeit des Modells beeinträchtigen, bedeutungsvolle Muster zu erkennen, und unnötige Rechenlast verursachen.

- Spärliche rollende Merkmale können reale Trends, insbesondere in schnell wechselnden Datensätzen, nicht erfassen.

Lösung:

- Verwenden Sie kürzere Fenster für hochfrequente Daten, um ein dichtes und bedeutungsvolles Merkmalset zu erhalten. Ziehen Sie in Betracht, rollende Merkmale basierend auf Domänenwissen zu erstellen, z. B. ein 24-Stunden-Fenster für tägliche Trends in stündlichen Daten.

9.4.6 Inkonsistente Behandlung von Zeitzonen

Für Datensätze, die mehrere Regionen umfassen, wird die Handhabung von Zeitzonen essenziell. Wenn Zeitzonen nicht berücksichtigt werden, können ungenaue zeitliche Muster entstehen, insbesondere in globalen Datensätzen.

Was könnte schiefgehen?

- Zeitabweichungen können zu nicht übereinstimmenden Datenpunkten führen, was die Interpretation täglicher, wöchentlicher oder saisonaler Muster beeinflusst.

- Inkonsistente Zeitzonen können Echtzeitanalysen beeinträchtigen, bei denen präzises Timing entscheidend ist.

Lösung:

- Standardisieren Sie alle Zeitstempel auf eine gemeinsame Zeitzone oder konvertieren Sie sie basierend auf dem Standort. Verwenden Sie die Methoden tz_convert() und tz_localize() von Pandas, um Zeitzonen effektiv zu verwalten.

Fazit

Die Arbeit mit Datums-/Zeit-, verzögerten und rollenden Merkmalen kann die Analyse von Zeitreihendaten erheblich bereichern, erfordert jedoch eine sorgfältige Handhabung, um diese potenziellen Fallstricke zu vermeiden. Die korrekte Anwendung von Techniken zur Merkmalserstellung und ein robuster Datenvorbereitungsprozess sind entscheidende Schritte für die Entwicklung genauer und zuverlässiger Zeitreihenmodelle. Durch die Beachtung dieser potenziellen Probleme schaffen Sie eine solide Grundlage für die Zeitreihenanalyse und -modellierung, was zu besseren und konsistenteren Ergebnissen führt.

Zusammenfassung von Kapitel 9

In diesem Kapitel haben wir grundlegende Techniken zur Verarbeitung von Zeitreihendaten untersucht und uns auf die spezifischen Anforderungen temporaler Daten konzentriert. Zeitreihendaten sind von Natur aus von der Zeitdimension abhängig, was bedeutet, dass jede Beobachtung eine spezifische Reihenfolge aufweist, die Trends, Saisonalitäten und zyklische Muster offenbaren kann. Durch die sorgfältige Extraktion und Entwicklung von Merkmalen basierend auf Datum und Zeit können Modelle diese zugrunde liegenden Muster erfassen, was sowohl die Vorhersagegenauigkeit als auch die Qualität der Erkenntnisse verbessert.

Wir begannen mit einer Diskussion über die **Arbeit mit Datums-/Zeitmerkmalen**, die entscheidend sind, um die temporale Struktur zu erfassen. Zeitbasierte Attribute wie **Jahr**, **Monat**, **Wochentag** und **Quartal** können Trends oder saisonale Schwankungen aufdecken. Beispielsweise werden monatliche Verkaufstrends oder Wochentagsmuster häufig im Einzelhandel und in der Finanzwelt beobachtet. Durch die Extraktion dieser Merkmale geben wir dem Modell eine strukturierte Sicht auf die Zeit, sodass es wiederkehrende Muster besser erkennen kann.

Anschließend führten wir **verzögerte Merkmale** ein, die dem Modell Zugriff auf vergangene Beobachtungen bieten. Verzögerte Merkmale sind besonders wertvoll, wenn vergangene Werte einer Serie die zukünftigen Werte stark beeinflussen. Beispielsweise beeinflusst der Aktienkurs von gestern oft den heutigen Kurs. Die Erstellung verzögerter Merkmale ist mit Pandas einfach, da die .shift()-Funktion es ermöglicht, beliebige Zeitverzögerungen einzuführen. Diese verzögerten Werte geben dem Modell ein Gedächtnis für kürzlich eingetretene Ereignisse, was für die Vorhersage von Zeitreihen unerlässlich ist.

Wir haben dann **rollende Merkmale** untersucht, die Statistiken wie Mittelwert und Standardabweichung über ein bewegliches Fenster berechnen. Diese Merkmale sind nützlich, um Trends zu erfassen und die Volatilität innerhalb eines bestimmten Zeitraums zu messen. Rollende Mittelwerte glätten kurzfristiges Rauschen und zeigen den breiteren Trend, während rollende Standardabweichungen helfen, Schwankungen im Zeitverlauf zu quantifizieren. Ein 7-Tage-Gleitmittelwert in täglichen Verkaufsdaten kann beispielsweise wöchentliche Muster aufzeigen und das tägliche Rauschen reduzieren.

Das Kapitel behandelte auch die **zyklische Kodierung** von Datums-/Zeitmerkmalen, eine Technik zur Darstellung zyklischer Muster wie Wochentage oder Monate. Mithilfe von Sinus- und Kosinus-Transformationen kodieren wir diese zyklischen Attribute so, dass ihre natürliche Reihenfolge erhalten bleibt und das Modell ihre zyklische Natur interpretieren kann. Dies ist besonders nützlich bei saisonalen Daten, bei denen wiederkehrende Zyklen erwartet werden.

Abschließend haben wir potenzielle Fallstricke bei der Verwendung dieser Techniken besprochen, wie etwa Datenlecks durch verzögerte Merkmale, die Wahl ungeeigneter Fenstergrößen für rollende Merkmale und der fehlerhafte Umgang mit fehlenden Werten. Die Bewältigung dieser Herausforderungen ist entscheidend, um Ungenauigkeiten oder Verzerrungen im Modell zu vermeiden.

Zusammenfassend erfordern Zeitreihendaten spezialisierte Handhabungstechniken, um ihre zeitlichen Abhängigkeiten zu erfassen. Durch die Nutzung von Datums-/Zeit-, verzögerten, rollenden und zyklischen Merkmalen können wir Zeitreihendatensätze bereichern und es Modellen ermöglichen, komplexe zeitliche Muster zu verstehen und vorherzusagen. Diese Techniken bilden einen grundlegenden Ansatz für die Zeitreihenanalyse und unterstützen genauere und aufschlussreichere Vorhersagen in Bereichen wie Finanzen, Einzelhandel, Wettervorhersage und darüber hinaus. Diese Fähigkeiten dienen als Grundlage für weiterführende Zeitreihentechniken und ausgefeiltere temporale Modellierungsstrategien.

Kapitel 10: Dimensionsreduktion

Im sich ständig weiterentwickelnden Bereich der Datenwissenschaft werden Datensätze immer komplexer und vielschichtiger und umfassen oft eine Vielzahl von Merkmalen. Diese Fülle an Informationen, die potenziell wertvoll sein kann, bringt jedoch erhebliche Herausforderungen für die Datenanalyse und die Modellentwicklung mit sich. Diese Herausforderungen zeigen sich in verschiedenen Formen, darunter erhöhte Rechenanforderungen, ein höheres Risiko von Overfitting und Schwierigkeiten bei der effektiven Visualisierung hochdimensionaler Daten. Um diese Probleme zu lösen, haben Datenwissenschaftler und Forscher eine leistungsstarke Methodensammlung entwickelt, die als **Dimensionsreduktion** bekannt ist.

Dimensionsreduktion umfasst eine Reihe ausgefeilter Techniken, die darauf abzielen, die Essenz hochdimensionaler Daten in eine handlichere Form zu bringen. Ziel dieser Methoden ist es, die Anzahl der Merkmale in einem Datensatz zu reduzieren, während die wichtigsten Informationen erhalten bleiben. Durch die gezielte Verringerung der Datenkomplexität können mehrere wesentliche Vorteile erzielt werden: die Vereinfachung komplexer Modelle, die Verbesserung der Gesamtleistung sowie die Schaffung intuitiver und interpretierbarer visueller Darstellungen komplizierter Datenstrukturen.

In diesem Kapitel werden wir einige der am häufigsten verwendeten und effektivsten Techniken zur Dimensionsreduktion im Werkzeugkasten der Datenwissenschaft untersuchen. Unser Fokus liegt auf drei primären Methoden: **Hauptkomponentenanalyse (PCA)**, **Lineare Diskriminanzanalyse (LDA)** und **t-Verteilte stochastische Nachbarn-Einbettung (t-SNE)**.

Für jede dieser Techniken bieten wir eine umfassende Untersuchung ihres grundlegenden Zwecks, der zugrunde liegenden mathematischen und statistischen Konzepte sowie detaillierter Implementierungsstrategien. Um die Lücke zwischen Theorie und Praxis zu schließen, ergänzen wir unsere Diskussionen mit praktischen Python-Beispielen, die Sie Schritt für Schritt durch die Anwendung dieser Techniken auf reale Datensätze führen.

10.1 Hauptkomponentenanalyse (PCA)

Die **Hauptkomponentenanalyse (PCA)** ist eine zentrale Technik der Dimensionsreduktion, die in verschiedenen Bereichen der Datenwissenschaft und des maschinellen Lernens weit verbreitet ist. Im Kern ist PCA ein mathematisches Verfahren, das eine Menge von

Beobachtungen möglicherweise korrelierter Variablen in eine Menge von Werten linear unkorrelierter Variablen, den sogenannten Hauptkomponenten, umwandelt.

Die Stärke von PCA liegt in ihrer Fähigkeit, Muster in Daten zu erkennen. Dies geschieht durch die Projektion der Daten in ein neues Koordinatensystem, in dem die Achsen, die sogenannten Hauptkomponenten, nach der von ihnen erklärten Varianz in den Daten geordnet sind. Diese Ordnung ist entscheidend: Die erste Hauptkomponente erklärt die größtmögliche Varianz, und jede nachfolgende Komponente weist die höchste Varianz auf, die unter der Bedingung möglich ist, dass sie orthogonal zu den vorhergehenden Komponenten ist.

Durch die Konzentration auf Varianz erfasst PCA effektiv die wichtigsten Aspekte der Daten. Die ersten Hauptkomponenten enthalten oft den Großteil der Informationen des ursprünglichen Datensatzes. Diese Eigenschaft ermöglicht es Datenwissenschaftlern, die Dimensionalität ihrer Daten erheblich zu reduzieren und dabei die wesentlichen Merkmale weitgehend beizubehalten.

In der Praxis hat die Dimensionsreduktion durch PCA weitreichende Anwendungen:

- In der **Bildverarbeitung** kann PCA Bilder komprimieren, indem sie mit weniger Dimensionen dargestellt werden, was die Speicheranforderungen erheblich reduziert, während die Bildqualität erhalten bleibt.

- Im **Finanzwesen** wird PCA verwendet, um Aktienmarktdaten zu analysieren und die Hauptfaktoren zu identifizieren, die Marktbewegungen antreiben.

- In der **Bioinformatik** hilft PCA Forschern, komplexe genetische Daten zu visualisieren, wodurch es einfacher wird, Muster und Beziehungen zwischen verschiedenen Genen oder Proben zu erkennen.

Zu verstehen, wann PCA angewendet werden sollte, ist genauso wichtig wie zu wissen, wie sie funktioniert. Obwohl leistungsstark, setzt PCA lineare Zusammenhänge in den Daten voraus und kann komplexe, nichtlineare Muster möglicherweise nicht erfassen. In solchen Fällen könnten nichtlineare Dimensionsreduktionstechniken wie t-SNE oder UMAP geeigneter sein.

Im weiteren Verlauf dieses Kapitels werden wir untersuchen, wie PCA implementiert wird, wie ihre Ergebnisse interpretiert werden können und welche Einschränkungen sie hat. Dieses Grundlagenwissen dient als Sprungbrett für das Verständnis fortgeschrittener Techniken zur Dimensionsreduktion und ihrer Anwendungen in realen datenwissenschaftlichen Problemstellungen.

10.1.1 Verständnis der PCA

Das Hauptziel der Hauptkomponentenanalyse (PCA) besteht darin, Daten in einen Raum mit niedrigerer Dimension zu projizieren, während so viel Information wie möglich erhalten bleibt. Diese leistungsstarke Technik erreicht die Dimensionsreduktion, indem sie die Richtungen identifiziert, die als Hauptkomponenten bekannt sind und entlang derer die Daten die größte Variation aufweisen. Diese Hauptkomponenten bilden ein neues Koordinatensystem, das die

Essenz der ursprünglichen Daten einfängt. Lassen Sie uns den Schritt-für-Schritt-Prozess der PCA genauer betrachten:

1. Daten zentrieren

Der erste Schritt der PCA besteht darin, die Daten zu zentrieren, indem der Mittelwert von jeder Funktion subtrahiert wird. Dieser wichtige Vorverarbeitungsschritt verschiebt die Datenpunkte effektiv, sodass sie um den Ursprung des Koordinatensystems zentriert sind. Dadurch wird jede mögliche Verzerrung, die durch die ursprüngliche Positionierung der Datenpunkte entstehen könnte, entfernt.

Das Zentrieren der Daten hat mehrere wichtige Auswirkungen:

1. Es stellt sicher, dass die erste Hauptkomponente tatsächlich die Richtung der maximalen Varianz im Datensatz repräsentiert. Ohne Zentrierung könnte die erste Hauptkomponente von der Gesamtposition der Datenwolke beeinflusst werden, anstatt von ihrer internen Struktur.

2. Es vereinfacht die Berechnung der Kovarianzmatrix in den folgenden Schritten. Wenn die Daten zentriert sind, kann die Kovarianzmatrix leichter berechnet und interpretiert werden.

3. Es ermöglicht einen sinnvolleren Vergleich zwischen den Merkmalen. Durch das Entfernen des Mittelwerts konzentrieren wir uns darauf, wie jeder Datenpunkt von seinem Durchschnittswert abweicht, anstatt auf seinen absoluten Wert.

4. Es erleichtert die Interpretation der resultierenden Hauptkomponenten. Nach der Zentrierung verlaufen die Hauptkomponenten durch den Ursprung des Koordinatensystems, was ihre Richtungen intuitiver verständlich macht.

Mathematisch wird die Zentrierung erreicht, indem der Mittelwert jeder Funktion von allen Datenpunkten dieser Funktion subtrahiert wird. Wenn wir unsere ursprüngliche Datenmatrix als XXX mit mmm Merkmalen und nnn Stichproben bezeichnen, wird die zentrierte Datenmatrix X_{centered}Xcentered wie folgt berechnet:

$$X_c entered = X - \mu$$

Dabei ist μ eine Matrix mit derselben Form wie X, bei der jede Spalte den Mittelwert der entsprechenden Funktion enthält, nnn-mal wiederholt.

Dieser scheinbar einfache Schritt bildet die Grundlage für die nachfolgenden PCA-Berechnungen und beeinflusst die Qualität und Interpretierbarkeit der Endergebnisse erheblich. Er zeigt, wie wichtig eine ordnungsgemäße Datenvorbereitung bei maschinellen Lern- und Datenanalysetechniken ist.

2. Berechnung der Kovarianzmatrix

Der nächste entscheidende Schritt der PCA besteht in der Berechnung der Kovarianzmatrix. Diese Matrix ist eine quadratische symmetrische Matrix, in der jedes Element die Kovarianz zwischen zwei Merkmalen darstellt. Die Kovarianzmatrix ist entscheidend, weil:

- Sie die Beziehungen zwischen verschiedenen Merkmalen quantifiziert und zeigt, wie diese gemeinsam variieren.

- Sie hilft, Korrelationen und Abhängigkeiten zwischen Variablen zu identifizieren.

- Sie bildet die Grundlage für die Ermittlung der Eigenvektoren und Eigenwerte in den folgenden Schritten.

Die Kovarianzmatrix wird mit den zentrierten Daten aus dem vorherigen Schritt berechnet. Für einen Datensatz mit mmm Merkmalen ist die Kovarianzmatrix eine m×mm \times mm×m-Matrix. Jedes Element $(i,j)(i,j)(i,j)$ in dieser Matrix stellt die Kovarianz zwischen dem iii-ten und dem jjj-ten Merkmal dar. Die Diagonalelemente dieser Matrix repräsentieren die Varianz jedes Merkmals.

Mathematisch wird die Kovarianzmatrix C wie folgt berechnet:

```
C = (1 / (n-1)) * X_centered.T * X_centered
```

Wo $X_{centered}$ die zentrierte Datenmatrix ist, n die Anzahl der Stichproben und $X_{centered}^{T}$ die Transponierte von $X_{centered}$.

Die Kovarianzmatrix ist symmetrisch, da die Kovarianz zwischen Merkmal A und Merkmal B gleich der Kovarianz zwischen Merkmal B und Merkmal A ist. Diese Eigenschaft ist entscheidend für den anschließenden Schritt der Eigenzerlegung in der PCA.

1. **Berechnung von Eigenwerten und Eigenvektoren**: Die Kovarianzmatrix wird verwendet, um Eigenwerte und Eigenvektoren zu berechnen. Dieser Schritt bildet die mathematische Grundlage der PCA, da hier die Hauptkomponenten identifiziert werden. Eine detailliertere Erklärung:CV=λV

   1. **Eigenwerte**: Diese Skalare quantifizieren die durch jeden Eigenvektor erklärte Varianz. Größere Eigenwerte weisen auf Richtungen hin, in denen die Daten eine größere Streuung oder Variabilität aufweisen.

   2. **Eigenvektoren**: Diese Vektoren repräsentieren die Richtungen der maximalen Varianz in den Daten. Jeder Eigenvektor entspricht einem Eigenwert und zeigt in die Richtung einer Hauptkomponente.

Die Eigenzerlegung der Kovarianzmatrix liefert diese Eigenwerte und Eigenvektoren. Mathematisch wird für eine Kovarianzmatrix CCC die Gleichung gelöst:

$$CV = \lambda V$$

Wobei V ein Eigenvektor und λ der zugehörige Eigenwert ist. Die Eigenvektoren mit den größten Eigenwerten werden zu den bedeutendsten Hauptkomponenten, da sie die Richtungen erfassen, in denen die Daten am stärksten variieren. Durch die Rangordnung der Eigenvektoren nach ihren Eigenwerten kann priorisiert werden, welche Komponenten bei der Dimensionsreduktion beibehalten werden.

Es ist wichtig zu beachten, dass die Anzahl der Eigenwerte und Eigenvektoren der Anzahl der Dimensionen im ursprünglichen Datensatz entspricht. Viele dieser Werte können jedoch unbedeutend sein (sehr kleine Eigenwerte haben) und ohne großen Informationsverlust weggelassen werden. Dieser Schritt ist rechnerisch intensiv, insbesondere bei hochdimensionalen Datensätzen. Effiziente Algorithmen wie die Potenziteration oder die Singularwertzerlegung (SVD) werden häufig verwendet, um diese Komponenten zu berechnen, insbesondere bei großen Datenmengen.

2. **Auswahl der Hauptkomponenten**: Nach der Berechnung der Eigenwerte und Eigenvektoren wählen wir die wichtigsten Eigenvektoren als Hauptkomponenten aus. Dieser Auswahlprozess ist entscheidend und beinhaltet mehrere Überlegungen:

   o **Varianzschwelle**: Typischerweise werden Komponenten ausgewählt, die zusammen einen signifikanten Anteil der Gesamtvarianz erklären, oft 80–95 %.

   o **Scree-Plot-Analyse**: Durch das Plotten der Eigenwerte in absteigender Reihenfolge kann der „Knickpunkt" identifiziert werden, an dem die Kurve abflacht, was auf abnehmenden Nutzen zusätzlicher Komponenten hinweist.

   o **Praktische Überlegungen**: Die Anzahl der Komponenten kann auch durch verfügbare Rechenressourcen, Interpretationsbedarf oder spezifisches Domänenwissen beeinflusst werden.

Diese ausgewählten Hauptkomponenten bilden eine orthogonale Basis, die einen Teilraum aufspannt, der die bedeutendste Varianz der Daten erfasst. Durch die Projektion unserer ursprünglichen Daten auf diesen Teilraum reduzieren wir effektiv die Dimension, während die wichtigsten Muster und Beziehungen im Datensatz erhalten bleiben.

Es ist wichtig zu beachten, dass die PCA zwar leistungsfähig für die Dimensionsreduktion ist, jedoch manchmal subtile, aber wichtige Merkmale verwerfen kann, wenn diese nicht wesentlich zur Gesamtvarianz beitragen. Daher ist eine sorgfältige Berücksichtigung des spezifischen Problems und Datensatzes entscheidend, wenn diese Technik angewendet wird.

3. **Daten projizieren**: Der letzte Schritt der PCA beinhaltet die Transformation der ursprünglichen Daten durch Projektion auf die ausgewählten Hauptkomponenten. Diese Projektion ist ein entscheidender Vorgang, der die hochdimensionalen Datenpunkte effektiv in einen niedrigdimensionalen Raum abbildet, der durch die gewählten Hauptkomponenten definiert ist. Eine detailliertere Erklärung dieses Prozesses:

1. **Mathematische Transformation**: Die Projektion erfolgt durch Matrixmultiplikation. Wenn wir unsere ursprüngliche Datenmatrix mit X und die Matrix der ausgewählten Hauptkomponenten mit P bezeichnen, wird die transformierte Datenmatrix Xtransformed wie folgt berechnet:

$$X_{transformed} = X \times P$$

Diese Operation dreht und skaliert die Daten effektiv, um sie mit dem neuen Koordinatensystem auszurichten, das durch die Hauptkomponenten definiert ist.

4. Diese Operation dreht und skaliert die Daten effektiv, um sie mit dem neuen Koordinatensystem auszurichten, das durch die Hauptkomponenten definiert ist.

5. **Dimensionsreduktion**: Durch die Verwendung von weniger Hauptkomponenten als ursprünglich vorhandenen Merkmalen erreichen wir eine Dimensionsreduktion. Das resultierende Xtransformed wird weniger Spalten haben als X, wobei jede Spalte eine Hauptkomponente repräsentiert.

6. **Informationsbewahrung**: Trotz der Reduktion der Dimensionen bewahrt diese niedrigdimensionale Darstellung die wichtigsten Informationen aus dem ursprünglichen Datensatz. Dies liegt daran, dass die Hauptkomponenten so gewählt wurden, dass sie die Richtungen maximaler Varianz in den Daten erfassen.

7. **Rauschreduktion**: Ein weiterer Vorteil dieser Projektion ist die potenzielle Rauschreduktion. Durch das Entfernen von Komponenten, die mit geringer Varianz verbunden sind und oft Rauschen entsprechen, können die projizierten Daten eine sauberere Darstellung der zugrunde liegenden Muster bieten.

8. **Interpretierbarkeit**: Die projizierten Daten sind oft interpretierbarer als die ursprünglichen. Jede Dimension im neuen Raum repräsentiert eine Kombination aus ursprünglichen Merkmalen, die einen bedeutenden Anteil der Varianz der Daten erklärt.

9. **Visualisierung**: Wenn wir auf zwei oder drei Hauptkomponenten projizieren, können wir hochdimensionale Daten direkt in einem 2D- oder 3D-Diagramm visualisieren. Dadurch lassen sich Cluster, Ausreißer oder Trends leichter erkennen, die im ursprünglichen hochdimensionalen Raum möglicherweise nicht offensichtlich sind.

Dieser Projektschritt schließt den PCA-Prozess ab und bietet ein leistungsstarkes Werkzeug zur Dimensionsreduktion, Datenexploration und Merkmalsextraktion in verschiedenen Machine-Learning- und Datenanalysetätigkeiten.

Durch diesen Prozess reduziert PCA die Dimensionalität komplexer Datensätze effektiv und minimiert gleichzeitig den Informationsverlust. Diese Technik vereinfacht nicht nur die Datenanalyse, sondern unterstützt auch bei der Visualisierung hochdimensionaler Daten, der Identifikation von Mustern und der Rauschreduktion. Das Verständnis dieser Schritte ist entscheidend für die effektive Anwendung von PCA in verschiedenen Datenwissenschafts- und Machine-Learning-Szenarien.

10.1.2 Umsetzung von PCA mit Scikit-Learn

Wenden wir PCA auf einen Beispieldatensatz an, um seine Fähigkeit zur Dimensionsreduktion bei gleichzeitiger Erhaltung wesentlicher Informationen zu demonstrieren. Wir nutzen die **PCA**-Implementierung von Scikit-Learn, die einen vereinfachten Ansatz für die komplexen mathematischen Operationen der PCA bietet. Dieses leistungsstarke Tool abstrahiert die komplexen Details der Berechnung von Kovarianzmatrizen, Eigenwerten und Eigenvektoren, sodass wir uns auf das Kernkonzept der Dimensionsreduktion konzentrieren können.

Die PCA-Klasse von Scikit-Learn bietet eine benutzerfreundliche Schnittstelle, mit der wir die gewünschte Anzahl an Hauptkomponenten direkt angeben können. Diese Flexibilität ist besonders wertvoll bei hochdimensionalen Datensätzen, da sie uns ermöglicht, mit verschiedenen Stufen der Dimensionsreduktion zu experimentieren und deren Einfluss auf unsere Analyse oder Machine-Learning-Modelle zu bewerten.

Mit dieser Implementierung können wir unseren ursprünglichen Datensatz leicht in einen niedrigdimensionalen Raum transformieren, in dem die bedeutendsten Muster und Beziehungen der Daten erfasst werden. Dieser Prozess vereinfacht nicht nur nachfolgende Analysen, sondern führt oft auch zu einer verbesserten Rechenleistung und einer Reduktion von Rauschen in unseren Daten.

Beispiel: Anwendung von PCA auf einen Beispieldatensatz

In diesem Beispiel verwenden wir den bekannten **Iris-Datensatz**, der vier Merkmale enthält. Wir reduzieren die Daten auf zwei Dimensionen, um eine einfachere Visualisierung zu ermöglichen.

```python
import numpy as np
from sklearn.datasets import load_iris
from sklearn.decomposition import PCA
from sklearn.preprocessing import StandardScaler
import pandas as pd
import matplotlib.pyplot as plt
import seaborn as sns

# Load the Iris dataset
iris = load_iris()
X = iris.data
y = iris.target

# Standardize the features
scaler = StandardScaler()
X_scaled = scaler.fit_transform(X)

# Initialize PCA to reduce to 2 dimensions
pca = PCA(n_components=2)
```

```python
X_pca = pca.fit_transform(X_scaled)

# Convert the PCA output to a DataFrame
df_pca = pd.DataFrame(data=X_pca, columns=['PC1', 'PC2'])
df_pca['target'] = y
df_pca['species'] = [iris.target_names[i] for i in y]

# Plot the reduced data
plt.figure(figsize=(12, 8))
sns.scatterplot(data=df_pca, x='PC1', y='PC2', hue='species', style='species', s=70)
plt.title('PCA on Iris Dataset', fontsize=16)
plt.xlabel('Principal Component 1', fontsize=12)
plt.ylabel('Principal Component 2', fontsize=12)
plt.legend(title='Species', title_fontsize='12', fontsize='10')

# Add a brief description of each cluster
for species in iris.target_names:
    subset = df_pca[df_pca['species'] == species]
    centroid = subset[['PC1', 'PC2']].mean()
    plt.annotate(species, centroid, fontsize=10, fontweight='bold')

plt.tight_layout()
plt.show()

# Calculate and plot explained variance ratio
explained_variance_ratio = pca.explained_variance_ratio_
cumulative_variance_ratio = np.cumsum(explained_variance_ratio)

plt.figure(figsize=(10, 6))
plt.bar(range(1, len(explained_variance_ratio) + 1), explained_variance_ratio,
alpha=0.5, align='center', label='Individual explained variance')
plt.step(range(1, len(cumulative_variance_ratio) + 1), cumulative_variance_ratio,
where='mid', label='Cumulative explained variance')
plt.ylabel('Explained variance ratio')
plt.xlabel('Principal components')
plt.title('Explained Variance Ratio by Principal Components')
plt.legend(loc='best')
plt.tight_layout()
plt.show()

# Print additional information
print("Explained variance ratio:", explained_variance_ratio)
print("Cumulative explained variance ratio:", cumulative_variance_ratio)
print("\\nFeature loadings (correlation between features and principal components):")
feature_loadings = pd.DataFrame(
    pca.components_.T,
    columns=['PC1', 'PC2'],
    index=iris.feature_names
)
print(feature_loadings)
```

Dieses Codebeispiel bietet eine gründliche Analyse der Anwendung von PCA auf den Iris-Datensatz. Betrachten wir es Schritt für Schritt:

1. **Datenvorbereitung**:

   o Der Iris-Datensatz wird mit der load_iris()Funktion von Scikit-learn geladen.

   o Die Merkmale werden mit StandardScaler standardisiert. Dieser Schritt ist entscheidend, da PCA empfindlich auf die Skalierung der Eingangsmerkmale reagiert.

2. **Anwendung von PCA**:

   o PCA wird initialisiert, um die Daten auf 2 Dimensionen zu reduzieren.

   o Mit der Methode fit_transform() wird das PCA-Modell an die Daten angepasst und die Transformation in einem Schritt durchgeführt.

3. **Datenvisualisierung**:

   o Ein Streudiagramm der reduzierten Daten wird mit Seaborn erstellt, das ästhetischere Optionen als Matplotlib allein bietet.

   o Jede Iris-Art wird durch eine andere Farbe und Markierungsart dargestellt.

   o Anmerkungen werden hinzugefügt, um den Schwerpunkt jeder Cluster-Art zu kennzeichnen, was ein klareres Verständnis der Trennung der Arten im reduzierten Raum ermöglicht.

4. **Analyse der erklärten Varianz**:

   o Der Anteil der erklärten Varianz für jede Hauptkomponente wird berechnet und dargestellt.

   o Ein Balkendiagramm zeigt die individuelle erklärte Varianz jeder Komponente.

   o Ein Stufendiagramm zeigt die kumulative erklärte Varianz, was hilfreich ist, um zu bestimmen, wie viele Komponenten beibehalten werden sollen.

5. **Feature Loadings**:

   o Die Feature Loadings werden ausgegeben, die die Korrelation zwischen den ursprünglichen Merkmalen und den Hauptkomponenten zeigen.

   o Diese Informationen helfen, die Bedeutung jeder Hauptkomponente in Bezug auf die ursprünglichen Merkmale zu interpretieren.

Dieses umfassende Beispiel zeigt nicht nur, wie PCA angewendet wird, sondern auch, wie die Ergebnisse interpretiert werden können. Die Visualisierungen und zusätzlichen Informationen bieten Einblicke in die Struktur der Daten im reduzierten Raum, die Menge der von jeder

Komponente erfassten Varianz und die Beziehung zwischen den ursprünglichen Merkmalen und den neuen Hauptkomponenten.

10.1.3 Erklärung der Varianz in PCA

Eine der Hauptstärken von PCA liegt in der Fähigkeit, den Informationsgehalt in reduzierten Dimensionen zu quantifizieren. Das **Verhältnis der erklärten Varianz** dient als wichtige Metrik, die den Anteil der Varianz des Datensatzes angibt, der von jeder Hauptkomponente erfasst wird. Dieses Verhältnis liefert wertvolle Einblicke in die relative Bedeutung jeder Komponente für die Darstellung der ursprünglichen Datenstruktur.

Durch die Untersuchung der kumulativen erklärten Varianz erhalten wir ein umfassendes Verständnis darüber, wie viel Information erhalten bleibt, wenn wir weitere Komponenten einbeziehen. Dieses kumulative Maß ermöglicht es, fundierte Entscheidungen über die optimale Anzahl an Komponenten zu treffen, die für unsere Analyse beibehalten werden sollen. Beispielsweise könnten wir uns dafür entscheiden, so viele Komponenten zu behalten, dass 95 % der Gesamtvarianz erklärt werden, um ein Gleichgewicht zwischen Dimensionsreduktion und Informationsbewahrung zu erreichen.

Darüber hinaus kann das Verhältnis der erklärten Varianz dabei helfen, die Bedeutung jeder Hauptkomponente zu interpretieren. Komponenten mit höheren Anteilen der erklärten Varianz sind einflussreicher bei der Erfassung der zugrunde liegenden Muster und Beziehungen des Datensatzes. Diese Informationen können besonders nützlich bei der Merkmalsauswahl, Datenkompression und beim Verständnis der Struktur hochdimensionaler Datensätze sein.

Es ist erwähnenswert, dass die Verteilung der erklärten Varianz über die Komponenten auch wichtige Merkmale der Daten offenbaren kann. Ein steiler Rückgang der erklärten Varianz könnte darauf hinweisen, dass die Daten eine niedrigdimensionale Struktur aufweisen, während ein allmählicher Rückgang auf eine komplexere, hochdimensionale Natur hinweisen könnte. Diese Analyse kann nachfolgende Modellierungsentscheidungen informieren und ein tieferes Verständnis der Komplexität des Datensatzes vermitteln.

Beispiel: Überprüfung der erklärten Varianz mit PCA

Berechnen und visualisieren wir die erklärte Varianz für jede Hauptkomponente im Iris-Datensatz.

```python
import numpy as np
import pandas as pd
import matplotlib.pyplot as plt
from sklearn.datasets import load_iris
from sklearn.preprocessing import StandardScaler
from sklearn.decomposition import PCA

# Load the Iris dataset
iris = load_iris()
X = iris.data
y = iris.target
```

```python
feature_names = iris.feature_names

# Standardize the features
scaler = StandardScaler()
X_scaled = scaler.fit_transform(X)

# Initialize PCA to capture all components
pca_full = PCA()
X_pca = pca_full.fit_transform(X_scaled)

# Calculate explained variance ratio and cumulative variance
explained_variance_ratio = pca_full.explained_variance_ratio_
cumulative_variance = np.cumsum(explained_variance_ratio)

# Print explained variance ratio and cumulative variance
print("Explained Variance Ratio per Component:", explained_variance_ratio)
print("Cumulative Explained Variance:", cumulative_variance)

# Plot cumulative explained variance
plt.figure(figsize=(10, 6))
plt.plot(range(1, len(cumulative_variance) + 1), cumulative_variance, 'bo-')
plt.xlabel('Number of Components')
plt.ylabel('Cumulative Explained Variance')
plt.title('Cumulative Explained Variance for Iris Dataset')
plt.grid(True)
plt.tight_layout()
plt.show()

# Plot individual explained variance
plt.figure(figsize=(10, 6))
plt.bar(range(1, len(explained_variance_ratio) + 1), explained_variance_ratio)
plt.xlabel('Principal Component')
plt.ylabel('Explained Variance Ratio')
plt.title('Explained Variance Ratio per Principal Component')
plt.tight_layout()
plt.show()

# Calculate and print feature loadings
feature_loadings = pd.DataFrame(
    pca_full.components_.T,
    columns=[f'PC{i+1}' for i in range(len(feature_names))],
    index=feature_names
)
print("\\nFeature Loadings:")
print(feature_loadings)

# Visualize the first two principal components
plt.figure(figsize=(10, 8))
scatter = plt.scatter(X_pca[:, 0], X_pca[:, 1], c=y, cmap='viridis')
plt.xlabel('First Principal Component')
plt.ylabel('Second Principal Component')
plt.title('Iris Dataset in PCA Space')
```

```
plt.colorbar(scatter, label='Species')
plt.tight_layout()
plt.show()
```

Nun analysieren wir den erweiterten Code und erklären jeden Teil:

1. **Datenvorbereitung**:

   o Der Iris-Datensatz wird mit load_iris() aus sklearn geladen.

   o Die Merkmale werden mit StandardScaler standardisiert. Dieser Schritt ist entscheidend, da PCA empfindlich auf die Skalierung der Eingabemerkmale reagiert.

2. **Anwendung von PCA**:

   o PCA wird initialisiert, ohne die Anzahl der Komponenten anzugeben, was bedeutet, dass alle Komponenten beibehalten werden.

   o Die Methode fit_transform() wird verwendet, um das PCA-Modell an unsere Daten anzupassen und die Daten in einem Schritt zu transformieren.

3. **Analyse der erklärten Varianz**:

   o Der Anteil der erklärten Varianz für jede Hauptkomponente wird berechnet.

   o Die kumulative erklärte Varianz wird mit np.cumsum() berechnet.

   o Sowohl die individuellen Anteile der erklärten Varianz als auch die kumulative erklärte Varianz werden ausgegeben.

4. **Visualisierung**:

   o Zwei Diagramme werden erstellt:

   ▪ Ein Liniendiagramm, das die kumulative erklärte Varianz in Abhängigkeit von der Anzahl der Komponenten zeigt.

   ▪ Ein Balkendiagramm, das den individuellen Anteil der erklärten Varianz für jede Hauptkomponente darstellt (eine Ergänzung zum ursprünglichen Code).

   o Ein Streudiagramm der Daten, die auf die ersten beiden Hauptkomponenten projiziert wurden, wird erstellt. Die Punkte werden nach Iris-Arten eingefärbt (eine weitere Ergänzung).

5. **Feature Loadings**:

   o Die Feature Loadings werden berechnet und ausgegeben. Sie zeigen die Korrelation zwischen den ursprünglichen Merkmalen und den Hauptkomponenten.

o Diese Informationen helfen dabei zu interpretieren, was jede Hauptkomponente in Bezug auf die ursprünglichen Merkmale darstellt.

Dieses Beispiel bietet eine umfassende Analyse der Anwendung von PCA auf den Iris-Datensatz. Es zeigt nicht nur, wie PCA angewendet wird, sondern auch, wie die Ergebnisse durch verschiedene Visualisierungen und Metriken interpretiert werden können. Das Liniendiagramm der kumulativen erklärten Varianz hilft, die optimale Anzahl an Komponenten zu bestimmen, während das Balkendiagramm die relative Bedeutung jeder Komponente verdeutlicht.

Die Feature Loadings geben Einblicke, wie die ursprünglichen Merkmale zu jeder Hauptkomponente beitragen. Schließlich veranschaulicht das Streudiagramm der ersten beiden Hauptkomponenten die Effektivität von PCA bei der Trennung der verschiedenen Iris-Arten im reduzierten Raum.

10.1.4 Wann sollte PCA verwendet werden?

PCA ist in verschiedenen Szenarien besonders wertvoll, die ihre Stärke bei der Vereinfachung komplexer Datensätze hervorheben:

- **Herausforderungen bei hochdimensionalen Daten**: Bei Datensätzen mit zahlreichen Merkmalen eignet sich PCA hervorragend zur Dimensionsreduktion. Diese Reduktion verringert nicht nur die rechnerische Belastung, sondern erleichtert auch die Visualisierung der Daten. Beispielsweise in der Genomik, wo Tausende von Genen gleichzeitig analysiert werden, kann PCA diese Informationen auf eine handlichere Anzahl von Hauptkomponenten reduzieren.

- **Bewältigung von Merkmalskorrelationen**: PCA ist besonders geeignet für Datensätze mit korrelierten Merkmalen. Indem sie die Richtungen maximaler Varianz identifiziert, kombiniert sie korrelierte Merkmale effektiv zu einzelnen Komponenten. Dies ist besonders nützlich in Bereichen wie Finanzen, in denen viele ökonomische Indikatoren oft gemeinsam variieren.

- **Rauschreduktion**: In vielen realen Datensätzen kann Rauschen die zugrunde liegenden Muster verschleiern. PCA konzentriert das Signal typischerweise in den Komponenten mit höherer Varianz, während Rauschen in Komponenten mit niedriger Varianz relegiert wird. Diese Eigenschaft macht PCA in der Signalverarbeitung wertvoll, beispielsweise bei der Bild- oder Spracherkennung.

- **Vorverarbeitung für Machine Learning**: PCA dient als hervorragender Vorverarbeitungsschritt für verschiedene Machine-Learning-Algorithmen. Durch die Reduktion der Anzahl der Merkmale kann PCA Überanpassung verhindern und die Modellleistung verbessern, insbesondere wenn die Anzahl der Merkmale die Anzahl der Stichproben deutlich übersteigt.

Vorsicht: Obwohl PCA leistungsstark ist, ist es wichtig, seine Grenzen zu erkennen. Als lineare Technik geht PCA davon aus, dass die Beziehungen in den Daten linear dargestellt werden können. Für Datensätze mit komplexen, nichtlinearen Strukturen könnten alternative Methoden wie t-SNE (t-Distributed Stochastic Neighbor Embedding) oder UMAP (Uniform Manifold Approximation and Projection) besser geeignet sein. Diese nichtlinearen Techniken können komplexere Muster in den Daten erfassen, jedoch auf Kosten der Interpretierbarkeit im Vergleich zu PCA.

10.1.5 Wichtige Erkenntnisse und weiterführende Einblicke

- **PCA (Principal Component Analysis)** ist eine leistungsstarke Technik zur Dimensionsreduktion, die Daten in neue Richtungen, sogenannte Hauptkomponenten, transformiert. Diese Komponenten sind so angeordnet, dass sie die maximale Varianz in den Daten erfassen und die wichtigsten Informationen in weniger Dimensionen verdichten.

- **Erklärte Varianz** ist eine zentrale Metrik in der PCA, die quantifiziert, wie viel Information jede Hauptkomponente bewahrt. Dieses Maß hilft Datenwissenschaftler:innen, die optimale Anzahl von Komponenten zu bestimmen und ein Gleichgewicht zwischen Dimensionsreduktion und Informationsbewahrung zu finden.

- **Anwendungen von PCA** sind vielfältig und wirkungsvoll:

  - **Rauschreduktion**: PCA kann Signal und Rauschen trennen und die Datenqualität verbessern.

  - **Visualisierung**: Durch die Reduktion hochdimensionaler Daten auf 2D oder 3D ermöglicht PCA eine effektive Datenvisualisierung.

  - **Datenkompression**: PCA kann die Datensatzgröße erheblich reduzieren und gleichzeitig wesentliche Informationen beibehalten.

  - **Merkmalsextraktion**: PCA kann neue, sinnvolle Merkmale schaffen, die den Kern der ursprünglichen Daten erfassen.

- **Einschränkungen von PCA** sollten berücksichtigt werden:

  - **Lineare Annahmen**: PCA geht von linearen Zusammenhängen in den Daten aus, was nicht immer zutrifft.

  - **Interpretationsschwierigkeiten**: Hauptkomponenten können schwer im Hinblick auf die ursprünglichen Merkmale zu interpretieren sein.

  - **Empfindlichkeit gegenüber Ausreißern**: Extreme Datenpunkte können die Ergebnisse der PCA erheblich beeinflussen.

- **Ergänzende Techniken** wie t-SNE und UMAP können neben PCA verwendet werden, um eine umfassendere Dimensionsreduktion zu erreichen, insbesondere bei nichtlinearen Datenstrukturen.

Das Verständnis dieser zentralen Aspekte der PCA ermöglicht es Datenwissenschaftler:innen, ihre Stärken effektiv zu nutzen und gleichzeitig ihre Grenzen zu berücksichtigen, was zu einer fundierteren und robusteren Datenanalyse führt.

10.2 Techniken zur Merkmalsauswahl

Im Bereich der Datenwissenschaft und des Machine Learning enthalten Datensätze oft eine Vielzahl von Merkmalen. Es ist jedoch entscheidend zu verstehen, dass nicht alle Merkmale gleichermaßen zur Modellleistung beitragen. Einige Merkmale können irrelevant sein und wenig bis gar keine wertvollen Informationen liefern, während andere redundant sein können, da sie Informationen duplizieren, die bereits von anderen Merkmalen erfasst wurden. Noch problematischer ist, dass bestimmte Merkmale Rauschen in das Modell einbringen können, was zu Überanpassung und einer geringeren Verallgemeinerungsfähigkeit führen kann.

Diese Herausforderungen im Zusammenhang mit hochdimensionalen Datensätzen können erhebliche Konsequenzen haben. Überanpassung, bei der ein Modell das Rauschen in den Trainingsdaten zu gut lernt, kann zu schlechter Leistung bei unbekannten Daten führen. Darüber hinaus kann die Einbeziehung zahlreicher irrelevanter oder redundanter Merkmale die Rechenkosten erheblich erhöhen, wodurch das Training und die Bereitstellung von Modellen ressourcenintensiver und zeitaufwändiger werden.

Um diese Probleme zu bewältigen, verwenden Datenwissenschaftler:innen leistungsstarke Methoden, die als **Techniken zur Merkmalsauswahl** bekannt sind. Diese Techniken erfüllen mehrere wichtige Aufgaben:

- Sie helfen dabei, nur die relevantesten Merkmale zu identifizieren und beizubehalten, wodurch die Essenz des Datensatzes destilliert wird.

- Durch die Reduzierung der Anzahl der Merkmale verbessern sie die Interpretierbarkeit des Modells, was es Stakeholdern erleichtert, die Faktoren zu verstehen, die die Vorhersagen beeinflussen.

- Die Merkmalsauswahl verringert die rechnerische Belastung erheblich und ermöglicht schnelleres Modelltraining und effizientere Bereitstellung.

- Am wichtigsten ist vielleicht, dass diese Techniken die Modellgenauigkeit verbessern können, indem sie die Aufmerksamkeit des Modells auf die informativsten Aspekte der Daten lenken.

Das Spektrum der Techniken zur Merkmalsauswahl ist vielfältig und lässt sich grob in drei Hauptansätze unterteilen:

- **Filtermethoden**: Diese Techniken bewerten Merkmale basierend auf ihren statistischen Eigenschaften, unabhängig von einem spezifischen Modell.

- **Wrapper-Methoden**: Diese Ansätze testen verschiedene Teilmengen von Merkmalen direkt mit dem betreffenden Modell.

- **Eingebettete Methoden**: Diese Methoden integrieren die Merkmalsauswahl direkt in den Modelltrainingsprozess.

Jede dieser Kategorien hat ihre eigenen Vorteile und ist für unterschiedliche Anwendungsfälle geeignet. In den folgenden Abschnitten werden wir diese Techniken eingehend untersuchen, ihre theoretischen Grundlagen und praktischen Anwendungen diskutieren und detaillierte Beispiele präsentieren, um ihre Implementierung und Auswirkungen auf reale Datensätze zu veranschaulichen.

10.2.1 Filtermethoden

Filtermethoden sind ein grundlegender Ansatz der Merkmalsauswahl und arbeiten unabhängig vom Machine-Learning-Modell. Diese Techniken bewerten Merkmale basierend auf ihren inhärenten statistischen Eigenschaften und weisen jedem Merkmal einen Wert oder eine Rangordnung zu. Zu den gängigen Metriken, die in Filtermethoden verwendet werden, gehören Korrelationskoeffizienten, Varianzmaße und informationstheoretische Kriterien wie die wechselseitige Information.

Der Hauptvorteil von Filtermethoden liegt in ihrer rechnerischen Effizienz und Skalierbarkeit, was sie besonders für hochdimensionale Datensätze geeignet macht. Sie dienen als exzellenter Ausgangspunkt im Merkmalsauswahlprozess, da sie Datenwissenschaftler:innen ermöglichen, potenziell relevante Merkmale schnell zu identifizieren und zu priorisieren.

Einige beliebte Filtermethoden sind:

- **Pearson-Korrelation**: Misst lineare Beziehungen zwischen Merkmalen und der Zielvariable.

- **Chi-Quadrat-Test**: Bewertet die Unabhängigkeit zwischen kategorialen Merkmalen und der Zielvariable.

- **Wechselseitige Information**: Quantifiziert die gegenseitige Abhängigkeit zwischen Merkmalen und der Zielvariable und erfasst sowohl lineare als auch nichtlineare Beziehungen.

Obwohl Filtermethoden aufgrund ihrer Einfachheit leistungsstark sind, haben sie auch Einschränkungen. Sie bewerten Merkmale typischerweise isoliert und können dadurch wichtige Wechselwirkungen zwischen Merkmalen übersehen. Zudem stimmen ihre Ergebnisse nicht immer perfekt mit den Leistungskriterien des späteren Modells überein.

Trotz dieser Einschränkungen spielen Filtermethoden eine entscheidende Rolle in der Merkmalsauswahl-Pipeline. Sie reduzieren effektiv die anfängliche Anzahl an Merkmalen und bereiten den Weg für rechenintensivere Techniken wie Wrapper- oder Embedded-Methoden.

Dieser mehrstufige Ansatz zur Merkmalsauswahl führt oft zu robusteren und effizienteren Modellen, die ein Gleichgewicht zwischen Rechenaufwand und Modellleistung herstellen.

Gängige Filtermethoden zur Merkmalsauswahl

Filtermethoden sind grundlegende Techniken im Prozess der Merkmalsauswahl und bieten effiziente Möglichkeiten, relevante Merkmale in einem Datensatz zu identifizieren und zu priorisieren. Diese Methoden arbeiten unabhängig vom Machine-Learning-Modell, was sie rechnerisch effizient und breit anwendbar macht. Hier sind drei wichtige Filtermethoden und ihre Anwendungen:

- **Varianzschwellenwert**: Diese Methode konzentriert sich auf die Variabilität der Merkmale. Sie entfernt Merkmale mit geringer Varianz, da diese in der Regel wenig diskriminative Kraft haben.

  o **Implementierung**: Festlegen eines Schwellenwertes und Entfernen von Merkmalen, deren Varianz unter diesem Wert liegt.

  o **Anwendung**: Besonders effektiv bei Datensätzen mit vielen binären oder nahezu konstanten Merkmalen, wie z. B. in Genexpressionsdaten, bei denen bestimmte Gene wenig Variation über die Stichproben hinweg zeigen.

  o **Vorteil**: Entfernt schnell Merkmale, die wahrscheinlich wenig informativ sind, und reduziert das Rauschen im Datensatz.

- **Korrelationsschwellenwert**: Dieser Ansatz adressiert das Problem der Multikollinearität in Datensätzen. Er identifiziert und eliminiert Merkmale, die stark miteinander korreliert sind, wodurch Redundanzen im Merkmalsset reduziert werden.

  o **Prozess**: Berechnung einer Korrelationsmatrix aller Merkmale und Festlegen eines Schwellenwertes für den Korrelationskoeffizienten. Merkmale mit einem Korrelationskoeffizienten über diesem Schwellenwert werden entfernt.

  o **Anwendung**: Wichtig in Szenarien, in denen Merkmale ähnliche zugrunde liegende Faktoren messen, wie z. B. in Finanzdaten, wo mehrere ökonomische Indikatoren ähnliche Phänomene abbilden.

  o **Vorteil**: Hilft, ein sparsameres Modell zu erstellen, indem redundante Informationen entfernt werden. Dies verbessert potenziell die Interpretierbarkeit und reduziert Überanpassung.

- **Statistische Tests**: Diese Methoden verwenden verschiedene statistische Maße, um die Beziehung zwischen Merkmalen und der Zielvariablen zu bewerten. Sie liefern eine quantitative Grundlage zur Rangordnung von Merkmalen, sodass Datenwissenschaftler:innen die informativsten Merkmale für das Modelltraining auswählen können.

- o **Chi-Quadrat-Test**: Besonders nützlich für kategoriale Merkmale. Bewertet die Unabhängigkeit zwischen einem Merkmal und der Zielvariablen. Ideal für Textklassifikationen oder Warenkorbanalysen.

- o **ANOVA F-Wert**: Anwendbar auf numerische Merkmale, um festzustellen, ob es statistisch signifikante Unterschiede zwischen den Mittelwerten von zwei oder mehr Gruppen in der Zielvariablen gibt. Häufig in biomedizinischen Studien oder Produktvergleichen verwendet.

- o **Wechselseitige Information**: Ein vielseitiges Maß, das sowohl lineare als auch nichtlineare Beziehungen zwischen Merkmalen und der Zielvariablen erfassen kann. Effektiv in komplexen Datensätzen, bei denen die Beziehungen möglicherweise nicht offensichtlich sind, wie z. B. in der Signalverarbeitung oder Bildanalyse.

Strategische Anwendung von Filtermethoden

Die Wahl der Filtermethode hängt oft von der Art der Daten und den spezifischen Anforderungen des Problems ab. Beispielsweise könnte Varianzschwellenwert der erste Schritt in einem hochdimensionalen Datensatz sein, um den Merkmalsraum schnell zu reduzieren. Danach könnte Korrelationsschwellenwert verwendet werden, um die Merkmalsmenge weiter zu verfeinern, indem redundante Informationen entfernt werden. Schließlich können statistische Tests angewendet werden, um die verbleibenden Merkmale basierend auf ihrer Beziehung zur Zielvariablen zu bewerten.

Es ist wichtig zu beachten, dass Filtermethoden zwar rechnerisch effizient sind und einen guten Ausgangspunkt für die Merkmalsauswahl bieten, sie jedoch Einschränkungen haben. Sie bewerten Merkmale isoliert und können daher wichtige Wechselwirkungen übersehen. In der Praxis werden Filtermethoden oft als vorbereitender Schritt verwendet, gefolgt von ausgefeilteren Wrapper- oder Embedded-Methoden, um den Prozess der Merkmalsauswahl zu optimieren.

Durch den strategischen Einsatz dieser Filtermethoden können Datenwissenschaftler:innen die Dimensionalität ihrer Datensätze erheblich reduzieren und sich auf die relevantesten und informativsten Merkmale konzentrieren. Dies verbessert nicht nur die Modellleistung, sondern erhöht auch die Interpretierbarkeit, reduziert den Rechenaufwand in den nachfolgenden Modellierungsstufen und kann zu robusteren und besser generalisierbaren Machine-Learning-Modellen führen.

Beispiel: Anwendung von Varianzschwellenwert

In Datensätzen mit vielen Merkmalen können einige eine geringe Varianz aufweisen und nur wenig Information hinzufügen. Der Varianzschwellenwert entfernt solche Merkmale und hilft dem Modell, sich auf informativere Merkmale zu konzentrieren.

```
from sklearn.feature_selection import VarianceThreshold
import pandas as pd
```

```python
# Sample data with low-variance features
data = {'Feature1': [1, 1, 1, 1, 1],
        'Feature2': [2, 2, 2, 2, 2],
        'Feature3': [0, 1, 0, 1, 0],
        'Feature4': [10, 15, 10, 20, 15]}
df = pd.DataFrame(data)

# Apply variance threshold (threshold=0.2)
selector = VarianceThreshold(threshold=0.2)
reduced_data = selector.fit_transform(df)

print("Features after variance thresholding:")
print(reduced_data)
```

Example: Correlation Thresholding

Highly correlated features provide redundant information, which can be removed to improve model efficiency and reduce multicollinearity.

```python
import pandas as pd
import numpy as np
import matplotlib.pyplot as plt
import seaborn as sns

# Sample data with correlated features
np.random.seed(42)
n_samples = 1000
data = {
    'Feature1': np.random.normal(0, 1, n_samples),
    'Feature2': np.random.normal(0, 1, n_samples),
    'Feature3': np.random.normal(0, 1, n_samples),
    'Feature4': np.random.normal(0, 1, n_samples)
}
data['Feature5'] = data['Feature1'] * 0.8 + np.random.normal(0, 0.2, n_samples)  #
Highly correlated with Feature1
data['Feature6'] = data['Feature2'] * 0.9 + np.random.normal(0, 0.1, n_samples)  #
Highly correlated with Feature2
df = pd.DataFrame(data)

# Calculate correlation matrix
correlation_matrix = df.corr()

# Visualize correlation matrix
plt.figure(figsize=(10, 8))
sns.heatmap(correlation_matrix,  annot=True,  cmap='coolwarm',  vmin=-1,  vmax=1,
center=0)
plt.title('Correlation Matrix Heatmap')
plt.show()

# Set correlation threshold
```

```python
threshold = 0.8

# Select pairs of features with correlation above threshold
corr_features = set()
for i in range(len(correlation_matrix.columns)):
    for j in range(i):
        if abs(correlation_matrix.iloc[i, j]) > threshold:
            colname = correlation_matrix.columns[i]
            corr_features.add(colname)

print("Highly correlated features to remove:", corr_features)

# Function to remove correlated features
def remove_correlated_features(df, threshold):
    correlation_matrix = df.corr().abs()
    upper_tri = correlation_matrix.where(np.triu(np.ones(correlation_matrix.shape),
k=1).astype(bool))
    to_drop = [column for column in upper_tri.columns if any(upper_tri[column] >
threshold)]
    return df.drop(to_drop, axis=1)

# Apply the function to remove correlated features
df_uncorrelated = remove_correlated_features(df, threshold)

print("\\nOriginal dataset shape:", df.shape)
print("Dataset shape after removing correlated features:", df_uncorrelated.shape)

# Visualize correlation matrix after feature removal
correlation_matrix_after = df_uncorrelated.corr()
plt.figure(figsize=(10, 8))
sns.heatmap(correlation_matrix_after, annot=True, cmap='coolwarm', vmin=-1, vmax=1,
center=0)
plt.title('Correlation Matrix Heatmap After Feature Removal')
plt.show()
```

Code-Breakdown-Erklärung:

1. Datengenerierung:

- Wir erstellen ein Beispiel-Dataset mit 1000 Stichproben und 6 Merkmalen.

- Merkmale 1-4 sind unabhängige, normalverteilte Variablen.

- Merkmal 5 ist stark mit Merkmal 1 korreliert, und Merkmal 6 ist stark mit Merkmal 2 korreliert.

- Dieses Setup spiegelt reale Szenarien wider, in denen einige Merkmale redundant oder stark korreliert sein können.

2. Berechnung der Korrelationsmatrix:

- Mit der corr()Funktion von Pandas berechnen wir die Korrelationsmatrix für alle Merkmale.

- Diese Matrix zeigt den Pearson-Korrelationskoeffizienten zwischen jedem Merkmalspaar.

3. Visualisierung der Korrelationsmatrix:

- Wir nutzen das heatmapTool von Seaborn, um die Korrelationsmatrix zu visualisieren.

- Die Visualisierung zeigt intuitiv die Beziehungen zwischen Merkmalen; dunklere Farben deuten auf stärkere Korrelationen hin.

4. Identifikation hoch korrelierter Merkmale:

- Wir legen einen Korrelationsschwellenwert fest (hier 0,8).

- Die Korrelationsmatrix wird iterativ durchsucht, um Merkmals-Paare mit einer Korrelation über diesem Schwellenwert zu finden.

- Diese Merkmale werden einem Set corr_features hinzugefügt, um sie potenziell zu entfernen.

5. Funktion zur Entfernung korrelierter Merkmale:

- Wir definieren eine Funktion remove_correlated_features, die hoch korrelierte Merkmale entfernt.

- Sie berücksichtigt nur das obere Dreieck der Korrelationsmatrix, um doppelte Vergleiche zu vermeiden.

- Für jedes Paar korrelierter Merkmale wird eines beibehalten und das andere entfernt.

6. Anwendung der Funktion zur Merkmalsentfernung:

- Die Funktion remove_correlated_features wird auf das Dataset angewendet.

- Die Dimension des Datasets wird vor und nach der Entfernung gedruckt, um die Reduktion der Merkmale zu zeigen.

7. Visualisierung nach der Merkmalsentfernung:

- Wir erstellen ein weiteres Heatmap-Diagramm der Korrelationsmatrix nach der Merkmalsentfernung.

- Dies dient zur Überprüfung, dass stark korrelierte Merkmale eliminiert wurden.

Diese umfassende Methode demonstriert den gesamten Prozess der Identifikation und Entfernung korrelierter Merkmale, einschließlich Datenvorbereitung, Visualisierung und der eigentlichen Merkmalsauswahl. Sie bietet einen praktischen Ansatz zur Bewältigung von Multikollinearität in Datensätzen, was für viele Machine-Learning-Algorithmen entscheidend ist.

10.2.2 Wrapper-Methoden

Wrapper-Methoden sind eine fortschrittliche Herangehensweise an die Merkmalsauswahl, bei der iterativ das Modell mit unterschiedlichen Merkmalsgruppen trainiert und bewertet wird. Ziel ist es, die optimale Kombination von Merkmalen zu identifizieren, die die Modellleistung maximiert. Im Gegensatz zu Filtermethoden, die unabhängig vom Modell arbeiten, berücksichtigen Wrapper-Methoden die spezifischen Eigenschaften und Vorurteile des gewählten Algorithmus.

Der Prozess umfasst typischerweise:

- Auswahl eines Merkmalsatzes

- Training des Modells mit diesem Satz

- Bewertung der Modellleistung

- Wiederholung des Prozesses mit verschiedenen Merkmalsgruppen

Trotz des hohen Rechenaufwands bieten Wrapper-Methoden mehrere Vorteile:

- Sie berücksichtigen Merkmalsinteraktionen, die Filtermethoden möglicherweise übersehen.

- Sie optimieren die Merkmalsauswahl für das spezifische Modell.

- Sie erfassen komplexe Beziehungen zwischen Merkmalen und der Zielvariable.

Häufige Wrapper-Techniken:

Wrapper-Methoden sind anspruchsvolle Ansätze zur Merkmalsauswahl, die Merkmalsgruppen durch wiederholtes Training und Testen des Modells bewerten. Sie berücksichtigen Merkmalsinteraktionen und optimieren für das spezifische Modell. Hier sind drei bekannte Wrapper-Techniken:

- **Recursive Feature Elimination (RFE):** Diese Methode verfeinert den Merkmalsatz schrittweise:

  o   Startet mit dem vollständigen Merkmalsatz

  o   Trainiert das Modell und bewertet Merkmale nach Wichtigkeit

  o   Entfernt das unwichtigste Merkmal/die unwichtigsten Merkmale

  o   Wiederholt den Prozess, bis die gewünschte Anzahl an Merkmalen erreicht ist

  o   Besonders effektiv, um eine spezifische Anzahl wesentlicher Merkmale zu identifizieren

  o   Häufig bei linearen Modellen (z. B. logistische Regression) und baumbasierten Modellen verwendet

- **Forward Selection:** Diese Methode baut den Merkmalsatz schrittweise auf:

    o   Beginnt mit einem leeren Merkmalsatz

    o   Fügt iterativ das Merkmal hinzu, das die Modellleistung am meisten verbessert

    o   Stoppt, wenn ein Abbruchkriterium erreicht ist (z. B. Leistungsplateau)

    o   Hilfreich, um sparsame Modelle mit minimalen Merkmalsätzen zu erstellen

    o   Effektiv bei einer großen Anzahl potenzieller Merkmale

- **Backward Elimination:** Diese Methode startet mit allen Merkmalen und entfernt sie schrittweise:

    o   Beginnt mit dem vollständigen Merkmalsatz

    o   Entfernt iterativ das Merkmal, dessen Entfernung die Leistung am wenigsten beeinträchtigt

    o   Stoppt, wenn ein Abbruchkriterium erreicht ist

    o   Nützlich, um redundante oder weniger wichtige Merkmale zu identifizieren und zu eliminieren

    o   Oft bei mäßig großen Merkmalsätzen eingesetzt

Diese Wrapper-Methoden bieten eine gründlichere Bewertung von Merkmalsgruppen im Vergleich zu Filtermethoden, da sie das spezifische Modell und mögliche Merkmalsinteraktionen berücksichtigen. Sie können jedoch rechenintensiv sein, besonders bei großen Merkmalsätzen, da mehrere Modelltrainings erforderlich sind. Die Wahl zwischen diesen Techniken hängt oft von der Datensatzgröße, den verfügbaren Rechenressourcen und den spezifischen Anforderungen des Problems ab.

Beispiel: Recursive Feature Elimination (RFE)

RFE eliminiert iterativ Merkmale basierend auf ihren Wichtigkeitsscores, bis nur noch der optimale Satz übrig bleibt. Lassen Sie uns RFE auf ein Beispieldatensatz mit einem logistischen Regressionsmodell anwenden.

```python
import numpy as np
import matplotlib.pyplot as plt
from sklearn.feature_selection import RFE
from sklearn.linear_model import LogisticRegression
from sklearn.datasets import load_iris
from sklearn.model_selection import train_test_split
from sklearn.metrics import accuracy_score

# Load sample data (Iris dataset)
X, y = load_iris(return_X_y=True)
feature_names = load_iris().feature_names
```

```python
# Split the data into training and testing sets
X_train, X_test, y_train, y_test = train_test_split(X, y, test_size=0.3,
random_state=42)

# Initialize model and RFE with different numbers of features to select
n_features_to_select_range = range(1, len(feature_names) + 1)
accuracies = []

for n_features_to_select in n_features_to_select_range:
    model = LogisticRegression(max_iter=1000)
    rfe = RFE(estimator=model, n_features_to_select=n_features_to_select)

    # Fit RFE
    rfe = rfe.fit(X_train, y_train)

    # Transform the data
    X_train_rfe = rfe.transform(X_train)
    X_test_rfe = rfe.transform(X_test)

    # Fit the model
    model.fit(X_train_rfe, y_train)

    # Make predictions
    y_pred = model.predict(X_test_rfe)

    # Calculate accuracy
    accuracy = accuracy_score(y_test, y_pred)
    accuracies.append(accuracy)

    print(f"Number of features: {n_features_to_select}")
    print("Selected features:", np.array(feature_names)[rfe.support_])
    print("Feature ranking:", rfe.ranking_)
    print(f"Accuracy: {accuracy:.4f}\\n")

# Plot accuracy vs number of features
plt.figure(figsize=(10, 6))
plt.plot(n_features_to_select_range, accuracies, marker='o')
plt.xlabel('Number of Features')
plt.ylabel('Accuracy')
plt.title('Accuracy vs Number of Features')
plt.grid(True)
plt.show()

# Get the best number of features
best_n_features = n_features_to_select_range[np.argmax(accuracies)]
print(f"Best number of features: {best_n_features}")

# Rerun RFE with the best number of features
best_model = LogisticRegression(max_iter=1000)
best_rfe = RFE(estimator=best_model, n_features_to_select=best_n_features)
best_rfe = best_rfe.fit(X_train, y_train)
```

```
print("\\nBest feature subset:")
print("Selected features:", np.array(feature_names)[best_rfe.support_])
print("Feature ranking:", best_rfe.ranking_)
```

Code Breakdown Erklärung:

1. Datenladen und Vorverarbeitung:

- Wir laden das Iris-Dataset mit der load_iris()Funktion aus sklearn.

- Die Daten werden mit train_test_split() in Trainings- und Testdatensätze aufgeteilt, um die Modellleistung auf unbekannten Daten zu evaluieren.

2. Implementierung von Recursive Feature Elimination (RFE):

- RFE wird in einer Schleife implementiert, wobei wir die Anzahl der auszuwählenden Merkmale variieren (von 1 bis zur Gesamtzahl der Merkmale).

- Für jede Iteration:a. Ein LogisticRegressionModell und ein RFE-Objekt werden erstellt.b. Das RFE-Objekt wird auf die Trainingsdaten angepasst.c. Sowohl die Trainings- als auch die Testdaten werden mit dem angepassten RFE transformiert.d. Das LogisticRegressionModell wird auf den transformierten Trainingsdaten trainiert.e. Es werden Vorhersagen auf den transformierten Testdaten erstellt, und die Genauigkeit wird berechnet.

3. Visualisierung der Ergebnisse:

- Die Genauigkeit wird gegen die Anzahl der ausgewählten Merkmale geplottet.

- Diese Visualisierung hilft, die optimale Anzahl von Merkmalen zu identifizieren, die die Modellleistung maximieren.

4. Auswahl des besten Merkmalsatzes:

- Die Anzahl der Merkmale, die die höchste Genauigkeit erzielen, wird bestimmt.

- RFE wird erneut mit dieser optimalen Anzahl von Merkmalen ausgeführt, um den endgültigen Merkmalsatz zu erhalten.

5. Ausgabe und Interpretation:

- Für jede Iteration drucken wir:a. Die Anzahl der ausgewählten Merkmaleb. Die Namen der ausgewählten Merkmalec. Das Ranking aller Merkmale (niedrigere Werte bedeuten wichtiger)d. Die Genauigkeit des Modells

- Nach allen Iterationen drucken wir die beste Anzahl von Merkmalen und den finalen ausgewählten Merkmalsatz.

Dieses Beispiel zeigt einen umfassenden Ansatz zur Merkmalsauswahl mit RFE. Es geht über die reine Auswahl von Merkmalen hinaus, indem bewertet wird, wie sich die Auswahl auf die

Modellleistung auswirkt. Die Visualisierung erleichtert das Verständnis der Beziehung zwischen der Anzahl der Merkmale und der Modellgenauigkeit – eine entscheidende Erkenntnis für fundierte Entscheidungen über die Merkmalsauswahl in realen Szenarien.

10.2.3 Eingebettete Methoden

Eingebettete Methoden bieten einen fortschrittlichen Ansatz zur Merkmalsauswahl, indem sie den Prozess direkt in die Modelltrainingsphase integrieren. Diese Integration ermöglicht eine nuanciertere Optimierung des Merkmalsatzes, die die spezifischen Eigenschaften des trainierten Modells berücksichtigt. Diese Methoden sind besonders vorteilhaft in Bezug auf Recheneffizienz, da sie separate Schritte für die Merkmalsauswahl und das Modelltraining überflüssig machen.

Die Effizienz eingebetteter Methoden resultiert aus der Nutzung der internen Mechanismen des Modells zur Bewertung der Merkmalsrelevanz. Zum Beispiel schrumpft die Lasso-Regression, die L1-Regularisierung verwendet, die Koeffizienten weniger wichtiger Merkmale automatisch auf Null. Dies unterstützt nicht nur die Merkmalsauswahl, sondern verhindert auch Überanpassung, indem sie die Modellkomplexität reduziert.

Ein weiterer häufiger Ansatz ist die Merkmalsrelevanz bei baumbasierten Modellen, die die Struktur von Entscheidungsbäumen nutzen, um die Bedeutung der Merkmale zu bewerten. Bei Ensemble-Methoden wie Random Forests oder Gradient Boosting Machines gelten Merkmale, die häufig zum Teilen verwendet werden oder wesentlich zur Reduktion der Impurität beitragen, als wichtiger. Dieser Ansatz liefert eine natürliche Rangfolge der Merkmale basierend auf ihrer Vorhersagekraft im Rahmen des Modells.

Neben der Lasso-Regression und baumbasierten Methoden umfassen andere eingebettete Techniken Elastic Net (eine Kombination aus L1- und L2-Regularisierung) sowie bestimmte neuronale Netzwerkarchitekturen, die Mechanismen zur Merkmalsauswahl integrieren. Diese Methoden bieten eine Balance zwischen Modellgenauigkeit und Merkmalsauswahl und führen häufig zu Modellen, die sowohl präzise als auch interpretierbar sind.

Häufige eingebettete Techniken

Eingebettete Methoden integrieren die Merkmalsauswahl direkt in den Modelltrainingsprozess und bieten eine Balance zwischen Recheneffizienz und Merkmalsoptimierung. Hier sind zwei bekannte Techniken:

- **Lasso-Regression:** Diese Methode verwendet L1-Regularisierung, die einen Strafterm basierend auf dem Absolutwert der Merkmalskoeffizienten zur Verlustfunktion hinzufügt. Dadurch:
    - Werden weniger wichtige Merkmale auf null gesetzt und effektiv aus dem Modell entfernt.
    - Wird Sparsamkeit im Modell gefördert, was zu einfacheren und interpretierbareren Ergebnissen führt.

- o Besonders nützlich bei hochdimensionalen Daten oder wenn ein Untersetzer der einflussreichsten Merkmale identifiziert werden muss.

- **Baumbasierte Modelle:** Diese Modelle, einschließlich Entscheidungsbäume und Ensemble-Methoden wie Random Forests, führen die Merkmalsauswahl während des Trainingsprozesses automatisch durch:

  - o Merkmale werden basierend auf ihrer Bedeutung beim Treffen von Entscheidungen oder der Reduktion von Impurität an jedem Knoten bewertet.

  - o In Random Forests wird die Bedeutung über mehrere Bäume hinweg gemittelt, um eine robuste Bewertung der Merkmalsrelevanz zu bieten.

  - o Dieser Ansatz kann nichtlineare Beziehungen und Interaktionen zwischen Merkmalen erfassen und liefert Erkenntnisse, die lineare Modelle möglicherweise übersehen.

  - o Die resultierenden Merkmalsbedeutungswerte können die weitere Merkmalsauswahl oder das Feature Engineering leiten.

Beide Techniken bieten den Vorteil, die Modelltrainings- und Merkmalsauswahlprozesse gleichzeitig durchzuführen, wodurch der Rechenaufwand reduziert und Einblicke in die Relevanz der Merkmale im Kontext des spezifischen Modells gewonnen werden können.

Beispiel: Merkmalsauswahl mit Lasso-Regression

Die Lasso-Regression wendet L1-Regularisierung auf ein lineares Regressionsmodell an und schrumpft die Koeffizienten weniger wichtiger Merkmale auf null, wodurch nur die relevantesten ausgewählt werden.

```python
import numpy as np
import matplotlib.pyplot as plt
from sklearn.linear_model import Lasso
from sklearn.datasets import load_boston
from sklearn.model_selection import train_test_split
from sklearn.preprocessing import StandardScaler
from sklearn.metrics import mean_squared_error, r2_score

# Load Boston housing data
X, y = load_boston(return_X_y=True)
feature_names = load_boston().feature_names

# Split the data into training and testing sets
X_train, X_test, y_train, y_test = train_test_split(X, y, test_size=0.2,
random_state=42)

# Standardize features
scaler = StandardScaler()
X_train_scaled = scaler.fit_transform(X_train)
X_test_scaled = scaler.transform(X_test)
```

```python
# Initialize and fit Lasso model with different alpha values
alphas = [0.1, 0.5, 1.0, 5.0, 10.0]
results = []

for alpha in alphas:
    lasso = Lasso(alpha=alpha, random_state=42)
    lasso.fit(X_train_scaled, y_train)

    # Calculate feature importance
    feature_importance = np.abs(lasso.coef_)
    selected_features = np.where(feature_importance > 0)[0]

    # Make predictions
    y_pred = lasso.predict(X_test_scaled)

    # Calculate metrics
    mse = mean_squared_error(y_test, y_pred)
    r2 = r2_score(y_test, y_pred)

    results.append({
        'alpha': alpha,
        'selected_features': selected_features,
        'mse': mse,
        'r2': r2
    })

    print(f"\\nAlpha: {alpha}")
    print("Selected features:", feature_names[selected_features])
    print(f"Number of selected features: {len(selected_features)}")
    print(f"Mean Squared Error: {mse:.4f}")
    print(f"R-squared Score: {r2:.4f}")

# Plot feature importance for the best model (based on R-squared score)
best_model = max(results, key=lambda x: x['r2'])
best_alpha = best_model['alpha']
best_lasso = Lasso(alpha=best_alpha, random_state=42)
best_lasso.fit(X_train_scaled, y_train)

plt.figure(figsize=(12, 6))
plt.bar(feature_names, np.abs(best_lasso.coef_))
plt.title(f'Feature Importance (Lasso, alpha={best_alpha})')
plt.xlabel('Features')
plt.ylabel('|Coefficient|')
plt.xticks(rotation=90)
plt.tight_layout()
plt.show()

# Plot number of selected features vs alpha
num_features = [len(result['selected_features']) for result in results]
plt.figure(figsize=(10, 6))
plt.plot(alphas, num_features, marker='o')
```

```
plt.title('Number of Selected Features vs Alpha')
plt.xlabel('Alpha')
plt.ylabel('Number of Selected Features')
plt.xscale('log')
plt.grid(True)
plt.show()
```

Code-Breakdown-Erklärung:

1. Datenladen und Vorverarbeitung:

- Wir laden das Boston-Housing-Dataset mit der load_boston()Funktion aus sklearn.

- Die Daten werden mit train_test_split() in Trainings- und Testdatensätze aufgeteilt, um die Modellleistung auf unbekannten Daten zu evaluieren.

- Merkmale werden mit StandardScaler() standardisiert, um sicherzustellen, dass alle Merkmale auf derselben Skala liegen – ein entscheidender Schritt für die Lasso-Regression.

2. Implementierung des Lasso-Modells:

- Wir führen eine Lasso-Regression mit unterschiedlichen Alpha-Werten (Regularisierungsstärke) durch, um zu beobachten, wie sich die Merkmalsauswahl verändert.

- Für jeden Alpha-Wert:

  o Initialisieren und anpassen eines Lasso-Modells.

  o Berechnung der Merkmalswichtigkeit basierend auf den absoluten Werten der Koeffizienten.

  o Identifikation ausgewählter Merkmale (solche mit Koeffizienten ungleich null).

  o Erstellung von Vorhersagen auf dem Testdatensatz.

  o Berechnung von Leistungskennzahlen (Mean Squared Error und R-squared).

3. Ergebnisanalyse:

- Für jeden Alpha-Wert drucken wir:

  o Die ausgewählten Merkmale.

  o Die Anzahl der ausgewählten Merkmale.

  o Mean Squared Error und R-squared-Score.

- Dies ermöglicht die Beobachtung, wie unterschiedliche Regularisierungsstärken die Merkmalsauswahl und Modellleistung beeinflussen.

4. Visualisierung:

- **Merkmalswichtigkeitsdiagramm:** Wir erstellen ein Balkendiagramm, das die Wichtigkeit (absolute Koeffizientenwerte) jedes Merkmals für das am besten abschneidende Modell (basierend auf dem R-squared-Score) zeigt.

- **Anzahl ausgewählter Merkmale vs. Alpha:** Wir visualisieren, wie sich die Anzahl der ausgewählten Merkmale mit unterschiedlichen Alpha-Werten ändert, was Einblicke in den Kompromiss zwischen Modellkomplexität und Regularisierungsstärke bietet.

5. Interpretation:

- Durch die Analyse der Ausgabe und der Visualisierungen können wir:

  o Die wichtigsten Merkmale zur Vorhersage von Hauspreisen im Boston-Datensatz identifizieren.

  o Verstehen, wie unterschiedliche Regularisierungsstärken (Alpha-Werte) die Merkmalsauswahl und Modellleistung beeinflussen.

  o Einen optimalen Alpha-Wert wählen, der ein Gleichgewicht zwischen Modellvereinfachung (weniger Merkmale) und Vorhersageleistung bietet.

10.2.4 Wichtige Erkenntnisse: Ein umfassender Blick auf Methoden zur Merkmalsauswahl

Die Merkmalsauswahl ist ein entscheidender Schritt in der Machine-Learning-Pipeline, der dazu beiträgt, die Modellleistung zu verbessern, Überanpassung zu reduzieren und die Interpretierbarkeit zu erhöhen. Schauen wir uns die drei Hauptkategorien von Merkmalsauswahltechniken genauer an:

- **Filtermethoden:** Die einfachsten und recheneffizientesten Ansätze.

  o Vorteile: Schnell zu implementieren, modellunabhängig, skalierbar für große Datensätze.

  o Nachteile: Können komplexe Merkmalsinteraktionen und deren Beziehung zur Zielvariablen übersehen.

  o Beispiele: Korrelationsanalyse, Chi-Quadrat-Test, Mutual Information.

- **Wrappermethoden:** Verwenden ein Vorhersagemodell, um Merkmalsgruppen zu bewerten.

  o Vorteile: Erfassen Merkmalsinteraktionen und optimieren für ein spezifisches Modell.

  o Nachteile: Rechenintensiv, besonders bei großen Merkmalsätzen.

  o Beispiele: Recursive Feature Elimination (RFE), Vorwärts-/Rückwärtsauswahl.

- **Eingebettete Methoden:** Führen die Merkmalsauswahl während des Modelltrainings durch.

   o Vorteile: Balance zwischen Recheneffizienz und Leistungsoptimierung.

   o Nachteile: Modellabhängig und möglicherweise nicht gut auf andere Algorithmen übertragbar.

   o Beispiele: Lasso-Regression, Entscheidungsbaum-Wichtigkeit, Gradient Boosting Feature Importance.

Die Wahl der geeigneten Methode zur Merkmalsauswahl hängt von mehreren Faktoren ab:

- **Datensatzmerkmale:** Größe, Dimensionalität und Sparsamkeit der Daten.

- **Rechenressourcen:** Verfügbare Rechenleistung und Zeit.

- **Modellkomplexität:** Art des Modells und dessen Fähigkeit, Merkmale zu verarbeiten.

- **Domänenwissen:** Experteneinschätzungen können den Auswahlprozess leiten.

Ein hybrider Ansatz, der mehrere Merkmalsauswahltechniken kombiniert, liefert oft die besten Ergebnisse. Beispielsweise könnte man mit einer Filtermethode beginnen, um den Merkmalsatz schnell zu reduzieren, gefolgt von einer Wrapper- oder eingebetteten Methode zur Feinabstimmung. Diese Strategie nutzt die Stärken jeder Methode und mindert deren Schwächen.

Die Merkmalsauswahl ist ein iterativer Prozess. Es ist wichtig, die ausgewählten Merkmale durch Cross-Validation zu validieren und ihre Relevanz regelmäßig zu überprüfen, da neue Daten verfügbar werden oder sich das Problemgebiet weiterentwickelt.

10.3 Praktische Übungen für Kapitel 10

Diese Übungen bieten praktische Erfahrungen mit verschiedenen Techniken zur Merkmalsauswahl und helfen Ihnen, diese effektiv anzuwenden, um Ihre Datensätze zu optimieren. Lösungen mit Code sind enthalten, um jeden Schritt zu begleiten.

Übung 1: Varianzschwellenwert

Sie haben einen Datensatz mit mehreren Merkmalen. Wenden Sie Varianzschwellenwerte an, um Merkmale mit einer Varianz unter 0,1 zu entfernen.

```
from sklearn.feature_selection import VarianceThreshold
import pandas as pd

# Sample dataset with low-variance features
data = {'Feature1': [1, 1, 1, 1, 1],
        'Feature2': [0.5, 0.5, 0.5, 0.5, 0.5],
        'Feature3': [0, 1, 0, 1, 0],
```

```
          'Feature4': [1, 2, 3, 4, 5]}
df = pd.DataFrame(data)

# Solution: Apply variance thresholding
selector = VarianceThreshold(threshold=0.1)
reduced_data = selector.fit_transform(df)

print("Reduced dataset with high-variance features:")
print(reduced_data)
```

In dieser Lösung:

Die Varianzschwellenwertmethode entfernt Merkmale, die die Schwelle von 0,1 nicht erreichen, was zu einem reduzierten Datensatz mit höherer Informationsdichte führt.

Übung 2: Korrelationsschwellenwert

Gegeben ist ein Datensatz. Identifizieren Sie Merkmals-Paare mit einer Korrelation über 0,8 und entfernen Sie eines aus jedem stark korrelierten Paar.

```
# Sample dataset with correlated features
data = {'Feature1': [1, 2, 3, 4, 5],
        'Feature2': [2, 4, 6, 8, 10],  # Perfectly correlated with Feature1
        'Feature3': [5, 3, 6, 2, 1],
        'Feature4': [10, 12, 15, 20, 25]}
df = pd.DataFrame(data)

# Solution: Correlation thresholding
correlation_matrix = df.corr()
threshold = 0.8
corr_features = set()

for i in range(len(correlation_matrix.columns)):
    for j in range(i):
        if abs(correlation_matrix.iloc[i, j]) > threshold:
            colname = correlation_matrix.columns[i]
            corr_features.add(colname)

# Remove correlated features
df_reduced = df.drop(columns=corr_features)

print("Reduced dataset with correlated features removed:")
print(df_reduced)
```

In dieser Lösung:

Wir berechnen die Korrelationen zwischen den Merkmalen und entfernen ein Merkmal aus jedem stark korrelierten Paar (z. B. **Feature2**, wenn es stark mit **Feature1** korreliert ist).

Übung 3: Recursive Feature Elimination (RFE)

Verwenden Sie das **Iris-Datensatz**, um mit einem logistischen Regressionsmodell Recursive Feature Elimination (RFE) anzuwenden und die 2 wichtigsten Merkmale auszuwählen.

```python
from sklearn.feature_selection import RFE
from sklearn.linear_model import LogisticRegression
from sklearn.datasets import load_iris

# Load the Iris dataset
X, y = load_iris(return_X_y=True)

# Solution: Apply RFE with logistic regression
model = LogisticRegression(max_iter=200)
rfe = RFE(model, n_features_to_select=2)
X_rfe = rfe.fit_transform(X, y)

print("Selected features after RFE:", rfe.support_)
print("Feature ranking:", rfe.ranking_)
```

In dieser Lösung:

RFE bewertet Merkmale nach ihrer Bedeutung für ein logistisches Regressionsmodell und wählt die 2 wichtigsten aus, basierend auf ihrem Einfluss auf die Modellleistung.

Übung 4: Merkmalsauswahl mit Lasso-Regression

Verwenden Sie das **Boston Housing-Datensatz**, um Lasso-Regression für die Merkmalsauswahl anzuwenden. Drucken Sie die ausgewählten Merkmale mit Koeffizienten ungleich null.

```python
from sklearn.linear_model import Lasso
from sklearn.datasets import load_boston
import numpy as np

# Load the Boston housing dataset
X, y = load_boston(return_X_y=True)

# Solution: Apply Lasso regression for feature selection
lasso = Lasso(alpha=0.1)
lasso.fit(X, y)

# Identify non-zero coefficients
selected_features = np.where(lasso.coef_ != 0)[0]

print("Selected features with Lasso:", selected_features)
```

In dieser Lösung:

Die **Lasso-Regression** führt eine Merkmalsauswahl durch, indem die Koeffizienten weniger wichtiger Merkmale auf null reduziert werden, sodass nur die einflussreichsten Merkmale beibehalten werden.

Übung 5: Implementierung von PCA zur Dimensionsreduktion

Verwenden Sie das **Iris-Datensatz**, um Principal Component Analysis (PCA) anzuwenden und den Datensatz auf zwei Dimensionen für die Visualisierung zu reduzieren.

```python
from sklearn.decomposition import PCA
import pandas as pd
import matplotlib.pyplot as plt

# Load the Iris dataset
iris = load_iris()
X = iris.data
y = iris.target

# Solution: Apply PCA with 2 components
pca = PCA(n_components=2)
X_pca = pca.fit_transform(X)

# Convert PCA results to DataFrame
df_pca = pd.DataFrame(data=X_pca, columns=['PC1', 'PC2'])
df_pca['target'] = y

# Plot the PCA result
plt.figure(figsize=(8, 6))
for label in df_pca['target'].unique():
    subset = df_pca[df_pca['target'] == label]
    plt.scatter(subset['PC1'], subset['PC2'], label=iris.target_names[label])
plt.xlabel('Principal Component 1')
plt.ylabel('Principal Component 2')
plt.title('PCA on Iris Dataset')
plt.legend()
plt.show()
```

In dieser Lösung:

PCA reduziert den **Iris-Datensatz** auf zwei Dimensionen, wodurch wir die Struktur des Datensatzes in einem niedrigdimensionalen Raum visualisieren können.

Diese Übungen führen Sie durch die praktische Anwendung von Varianzschwellenwerten, Korrelationsschwellenwerten, RFE, Lasso-Regression und PCA. Sie vermitteln ein umfassendes Verständnis von Techniken zur Merkmalsauswahl und Dimensionsreduktion. Diese Fähigkeiten sind entscheidend für den Umgang mit komplexen Datensätzen, die Vereinfachung von Modellen und die Verbesserung der Interpretierbarkeit.

10.4 Was könnte schiefgehen?

Dimensionsreduktion und Merkmalsauswahl können Modelle vereinfachen und die Leistung verbessern, erfordern jedoch eine sorgfältige Anwendung, um potenzielle Fallstricke zu vermeiden. Im Folgenden werden einige häufige Herausforderungen und Überlegungen beschrieben, die bei der Verwendung dieser Techniken zu beachten sind, sowie Vorschläge, wie man sie bewältigen kann.

10.4.1 Zu viele Merkmale entfernen

Die Merkmalsauswahl kann die Effizienz von Modellen verbessern, aber eine übermäßige Reduktion kann zu **Underfitting** führen. Wenn zu viele relevante Merkmale entfernt werden, verliert das Modell möglicherweise wichtige Informationen und kann Muster in den Daten nicht erfassen.

Was könnte schiefgehen?

- Das Modell hat Schwierigkeiten zu generalisieren, verpasst wichtige Erkenntnisse und liefert eine schlechte Vorhersageleistung.

- Wichtige Merkmale könnten verworfen werden, wenn Auswahlkriterien wie Varianz oder Korrelation allein ohne Berücksichtigung von Domänenwissen priorisiert werden.

Lösung:

- Bewerten Sie die Modellleistung nach jedem Reduktionsschritt sorgfältig und verwenden Sie Cross-Validation, um sicherzustellen, dass die Genauigkeit hoch bleibt.

- Ergänzen Sie automatisierte Merkmalsauswahl mit Domänenwissen, um Merkmale beizubehalten, die essenziell sein könnten, auch wenn sie keine hohen Werte bei Varianz- oder Korrelationsmetriken erzielen.

10.4.2 Verzerrung durch Filtermethoden

Filtermethoden basieren auf Metriken wie Varianz oder Korrelation, um Merkmale unabhängig vom Modell auszuwählen. Dadurch können Merkmalsinteraktionen übersehen werden. Wichtige Merkmale mit geringer individueller Varianz, die jedoch in Kombination zur Vorhersagekraft beitragen, könnten ausgeschlossen werden.

Was könnte schiefgehen?

- Das Modell könnte bedeutende Beziehungen zwischen Merkmalen übersehen, was zu einer geringeren Vorhersagekraft führt.

- Filtermethoden könnten redundante oder irrelevante Merkmale beibehalten, die statistisch signifikant sind, aber keinen wirklichen Erkenntnisgewinn liefern.

Lösung:

- Verwenden Sie Filtermethoden als initialen Schritt, ergänzen Sie diese jedoch mit Wrapper- oder eingebetteten Methoden, um Interaktionen zu erfassen.

- Analysieren Sie die beibehaltenen Merkmale, um sicherzustellen, dass sie zur Modellgenauigkeit beitragen, und kombinieren Sie mehrere Merkmalsauswahltechniken, um ein ausgewogenes Merkmalset zu erreichen.

10.4.3 Datenleckage bei Wrappermethoden

Wrappermethoden bewerten Merkmalsgruppen basierend auf der Modellleistung. Dies kann jedoch versehentlich zu **Datenleckage** führen, wenn zukünftige Daten in die Merkmalsauswahl einfließen. Leckage kann die Modellleistung im Training künstlich steigern, führt jedoch zu schlechter Generalisierung in der Praxis.

Was könnte schiefgehen?

- Modelle könnten während der Cross-Validation gut abschneiden, aber in realen Anwendungen versagen, da sie keinen Zugriff auf zukünftige Daten haben.

- Wrappermethoden könnten zufällige Schwankungen als wichtige Merkmale identifizieren, insbesondere bei kleinen Datensätzen, was die Generalisierungsfähigkeit verringert.

Lösung:

- Stellen Sie sicher, dass Cross-Validation und Modelltraining bei zeitbasierten Daten einem nicht-leckenden Split folgen.

- Verwenden Sie Wrappermethoden vorsichtig bei kleinen Datensätzen und wenden Sie Techniken wie vorwärts- oder rückwärtsgerichtete Merkmalseliminierung an, um die Auswirkung jedes Merkmals auf die Modellstabilität zu bewerten.

10.4.4 Übermäßige Regularisierung bei eingebetteten Methoden

Eingebettete Methoden wie **Lasso-Regression** sind effektiv, um die Komplexität zu reduzieren, indem weniger wichtige Merkmale bestraft werden. Eine übermäßige Regularisierung kann jedoch dazu führen, dass essenzielle Merkmale entfernt werden. Bei Datensätzen mit begrenzten Informationen könnte die Regularisierung das Modell zu stark vereinfachen, was zu **Underfitting** führt.

Was könnte schiefgehen?

- Lasso oder ähnliche Techniken könnten Merkmale eliminieren, die erheblich zur Vorhersage beitragen, insbesondere in Datensätzen mit verrauschten oder stark korrelierten Merkmalen.

- Wichtige Variablen könnten einen Koeffizienten von null erhalten, wodurch das Modell subtile, aber wertvolle Muster verpasst.

Lösung:

- Passen Sie die Regularisierungsstärke (z. B. den Alpha-Parameter bei Lasso) schrittweise an und bewerten Sie die Modellleistung mit Cross-Validation bei jedem Schritt.

- Ziehen Sie **Elastic Net** in Betracht (eine Kombination aus Lasso und Ridge-Regression), wenn übermäßige Regularisierung ein Problem darstellt, da es die Effekte von L1- und L2-Regularisierung ausgleicht.

10.4.5 Fehlinterpretation von PCA-Komponenten

PCA kann Merkmale in neue Dimensionen transformieren, aber die Interpretation dieser neuen Komponenten ist oft schwierig. Komponenten sind Kombinationen der ursprünglichen Merkmale und haben möglicherweise keine direkte, verständliche Bedeutung, was es erschwert, sie auf domänenspezifische Erkenntnisse zu beziehen.

Was könnte schiefgehen?

- Ohne Verständnis dafür, wie jede Komponente mit den ursprünglichen Merkmalen zusammenhängt, können aus PCA-transformierten Daten gezogene Schlussfolgerungen irreführend sein.

- Modelle können an Interpretierbarkeit verlieren, insbesondere in Anwendungen, bei denen klare Erklärungen für Vorhersagen erforderlich sind (z. B. im Gesundheitswesen oder Finanzsektor).

Lösung:

- Untersuchen Sie die **erklärte Varianz** jeder Komponente, um zu verstehen, wie viel Information jede enthält. Dies hilft, die Bedeutung der Hauptkomponenten zu bewerten.

- Nutzen Sie PCA hauptsächlich für explorative Analysen oder Datenvorbereitung und ergänzen Sie es mit interpretierbaren Modellen, wenn klare Merkmalseinblicke erforderlich sind.

10.4.6 Redundanz bei Merkmalsauswahltechniken

Beim Kombinieren mehrerer Merkmalsauswahlmethoden kann Redundanz entstehen, wenn ähnliche Merkmale wiederholt priorisiert werden. Beispielsweise können Filter- und Wrappermethoden beide Merkmale mit hoher Varianz hervorheben, was zu Duplikationen ohne zusätzlichen Vorhersagewert führt.

Was könnte schiefgehen?

- Das Beibehalten redundanter Merkmale erhöht die Rechenzeit, ohne die Modellleistung zu verbessern, und kann Multikollinearität einführen.

- Übermäßige Redundanz kann zu einem überladenen Modell mit unnötiger Komplexität führen, wodurch dessen Interpretierbarkeit und Wartbarkeit reduziert werden.

Lösung:

- Überprüfen Sie die ausgewählten Merkmale nach jeder Methode, um redundante oder stark korrelierte Merkmale zu identifizieren und zu entfernen.

- Verwenden Sie hierarchische Ansätze zur Merkmalsauswahl (z. B. zuerst Filtermethoden, dann Wrappermethoden), um ein prägnantes und komplementäres Merkmalsset zu erstellen.

Fazit

Effektive Merkmalsauswahl und Dimensionsreduktion erfordern einen ausgewogenen Ansatz. Während diese Techniken die Einfachheit und Effizienz von Modellen verbessern, ist eine durchdachte Anwendung notwendig, um zu vermeiden, dass wichtige Merkmale entfernt, Verzerrungen eingeführt oder die Interpretierbarkeit reduziert wird. Durch das Verständnis dieser potenziellen Fallstricke können Sie die Merkmalsauswahl nutzen, um optimierte, leistungsstarke Modelle zu erstellen, die Genauigkeit und Relevanz für eine Vielzahl von Datensätzen bewahren.

Zusammenfassung von Kapitel 10

In diesem Kapitel haben wir die grundlegenden Techniken der Dimensionsreduktion und Merkmalsauswahl untersucht – wesentliche Prozesse für den Umgang mit großen Datensätzen mit vielen Merkmalen. Diese Techniken helfen, Daten zu vereinfachen, die Rechenkomplexität zu reduzieren und die Modellleistung zu verbessern, während das Risiko von Overfitting minimiert wird. Durch die Beibehaltung nur der informativsten Merkmale oder die Transformation von Daten in niedrigere Dimensionen ermöglicht die Dimensionsreduktion eine bessere Generalisierung, einfachere Modelle und klarere Dateninterpretationen.

Wir haben mit der Diskussion über die **Principal Component Analysis (PCA)** begonnen, eine weit verbreitete Technik zur Dimensionsreduktion. PCA transformiert Daten in neue Achsen oder Hauptkomponenten, die maximale Varianz erfassen. Diese Methode hilft, eine kleinere Menge unkorrelierter Variablen zu erstellen und dabei möglichst viele Informationen zu bewahren. Besonders nützlich ist PCA bei hochdimensionalen Daten, bei denen einige Merkmale redundante Informationen enthalten. Darüber hinaus kann PCA zur Visualisierung eingesetzt werden, um komplexe Daten in zwei oder drei Dimensionen zu plotten und Muster oder Cluster aufzudecken. Allerdings ist PCA aufgrund seiner linearen Transformationen am effektivsten, wenn die Datenstruktur angemessen linear dargestellt werden kann.

Anschließend haben wir die **Techniken zur Merkmalsauswahl** behandelt, die darauf abzielen, die relevantesten Merkmale beizubehalten und redundante oder irrelevante Merkmale auszusortieren. Techniken zur Merkmalsauswahl werden in der Regel in drei Kategorien unterteilt: **Filtermethoden**, **Wrappermethoden** und **eingebettete Methoden**. Jede Kategorie hat ihre eigenen Vorteile und Anwendungsbereiche:

- **Filtermethoden** wie Varianzschwellenwerte und Korrelationsanalyse arbeiten unabhängig von einem Modell und sind daher recheneffizient für die vorläufige Auswahl.

- **Wrappermethoden** wie Recursive Feature Elimination (RFE) verwenden die Modellleistung als Kriterium, um Merkmale iterativ hinzuzufügen oder zu entfernen. Obwohl sie rechenintensiver sind, können diese Methoden die einflussreichsten Merkmale für bestimmte Modelle effektiver erfassen.

- **Eingebettete Methoden** wie die Lasso-Regression integrieren die Merkmalsauswahl direkt in den Modelltrainingsprozess. Sie verwenden Regularisierung, um weniger wichtige Merkmale zu bestrafen und auf null zu reduzieren. Diese Technik ist effizient bei hochdimensionalen Daten, erfordert jedoch eine sorgfältige Abstimmung, um ein Überbestrafen relevanter Merkmale zu vermeiden.

Darüber hinaus haben wir die Bedeutung des Verständnisses möglicher Fallstricke bei der Anwendung dieser Techniken diskutiert. Zu viele Merkmale zu entfernen kann zu Underfitting führen, während die Einführung von Verzerrungen oder Datenleckagen die Modellgenauigkeit und Generalisierungsfähigkeit beeinträchtigen kann. Die Auswahl redundanter Merkmale oder eine übermäßige Bestrafung durch Regularisierung kann ebenfalls zu suboptimalen Modellen führen. Daher ist es entscheidend, die rechnerische Effizienz mit der Relevanz der Merkmale in Einklang zu bringen.

Zusammenfassend sind Dimensionsreduktionstechniken, sei es durch Merkmalsauswahl oder Transformation, leistungsstarke Werkzeuge für den Umgang mit komplexen Datensätzen. Durch die Verbesserung der Dateneinfachheit und -interpretierbarkeit ermöglichen diese Techniken effizientere und genauere Modelle, die wesentliche Muster in den Daten besser erfassen. Mit diesen Fähigkeiten zur Reduktion der Dimensionen können fortgeschrittene Modellierungsansätze unterstützt werden, um komplexe, hochdimensionale Datensätze effektiv zu bewältigen.

Quiz Teil 3: Datenbereinigung und -vorverarbeitung

Dieses Quiz testet Ihr Verständnis der in Teil 3 behandelten Techniken. Jede Frage konzentriert sich auf zentrale Konzepte aus fortgeschrittener Datenbereinigung, Zeitreihenbearbeitung und Dimensionsreduktion.

1. Welche der folgenden Methoden ist am effektivsten, um Merkmale mit sehr geringer Varianz zu entfernen?

a) Recursive Feature Elimination (RFE)

b) Varianzschwellenwert

c) Principal Component Analysis (PCA)

d) Lasso-Regression

2. Welche Technik wäre bei der Arbeit mit Zeitreihendaten am besten geeignet, um fehlende Datenpunkte zu behandeln und die zeitliche Konsistenz des Datensatzes aufrechtzuerhalten?

a) Entfernen aller Zeilen mit fehlenden Datenpunkten

b) Auffüllen fehlender Datenpunkte mit dem Durchschnittswert

c) Reindexierung der Daten auf eine regelmäßige Frequenz und Verwendung von Forward-Fill oder Backward-Fill

d) Ersetzen fehlender Datenpunkte mit einem konstanten Wert

3. Was stellt das erklärte Varianzverhältnis in PCA dar?

a) Die Varianz des Datensatzes, die von jedem ursprünglichen Merkmal erfasst wird

b) Die Anzahl der Komponenten, die benötigt werden, um 100 % Varianz zu erreichen

c) Den Anteil der Datensatzvarianz, der von jeder Hauptkomponente erfasst wird

d) Die Gesamtvarianz der transformierten Daten

4. In welchem der folgenden Szenarien wäre die Verwendung von zyklischer Kodierung (Sine- und Cosine-Transformation) für ein Merkmal am sinnvollsten?

a) Kodierung täglicher Verkaufszahlen

b) Kodierung kategorialer Variablen wie Produktkategorien

c) Kodierung von Merkmalen mit zyklischen Mustern, wie Wochentagen

d) Kodierung von Benutzer-IDs in einem Datensatz

5. Welche der folgenden Eigenschaften trifft NICHT auf Filtermethoden bei der Merkmalsauswahl zu?

a) Sie bewerten Merkmale unabhängig von einem spezifischen Modell

b) Sie sind recheneffizient

c) Sie basieren auf Modelltraining, um die Wichtigkeit von Merkmalen zu bestimmen

d) Sie verwenden Metriken wie Korrelation und Varianz für die Merkmalsauswahl

6. Welche Dimensionsreduktionstechnik verwendet eine lineare Transformation, um neue Achsen zu erstellen, die maximale Varianz erfassen?

a) Lineare Diskriminanzanalyse (LDA)

b) Principal Component Analysis (PCA)

c) Recursive Feature Elimination (RFE)

d) Lasso-Regression

7. Wenn zwei Merkmale in einem Datensatz einen Korrelationskoeffizienten nahe 1 haben, welche Technik würde helfen, Redundanz zu reduzieren, ohne kritische Informationen zu verlieren?

a) Recursive Feature Elimination (RFE)

b) Varianzschwellenwert

c) Korrelationsschwellenwert

d) Lasso-Regression

8. In welcher Situation könnten Wrappermethoden für die Merkmalsauswahl effektiver sein als Filtermethoden?

a) Wenn rechnerische Effizienz oberste Priorität hat

b) Bei der Arbeit mit einem Datensatz mit vielen stark korrelierten Merkmalen

c) Wenn Wechselwirkungen zwischen Merkmalen erfasst werden müssen

d) Wenn Merkmale nur basierend auf statistischen Eigenschaften bewertet werden sollen

9. Was ist ein häufiger Nachteil der Lasso-Regression bei der Merkmalsauswahl?

a) Sie könnte keine Merkmale aus dem Modell entfernen

b) Sie kann nicht mit anderen Dimensionsreduktionstechniken kombiniert werden

c) Sie könnte Merkmale übermäßig bestrafen, was möglicherweise zu Underfitting führt

d) Sie weist unwichtigen Merkmalen keine Koeffizienten von null zu

10. Warum wird empfohlen, Cross-Validation zu verwenden, wenn Wrappermethoden wie Recursive Feature Elimination (RFE) auf kleinen Datensätzen angewendet werden?

a) Um Wechselwirkungen zwischen Merkmalen zu maximieren

b) Um sicherzustellen, dass ausgewählte Merkmale gut auf neue Daten generalisieren

c) Um Datenleckage zu vermeiden

d) Um rechnerische Effizienz zu priorisieren

Antworten

1. **b)** Varianzschwellenwert
2. **c)** Reindexierung der Daten auf eine regelmäßige Frequenz und Verwendung von Forward-Fill oder Backward-Fill
3. **c)** Den Anteil der Datensatzvarianz, der von jeder Hauptkomponente erfasst wird
4. **c)** Kodierung von Merkmalen mit zyklischen Mustern, wie Wochentagen
5. **c)** Sie basieren auf Modelltraining, um die Wichtigkeit von Merkmalen zu bestimmen
6. **b)** Principal Component Analysis (PCA)
7. **c)** Korrelationsschwellenwert
8. **c)** Wenn Wechselwirkungen zwischen Merkmalen erfasst werden müssen
9. **c)** Sie könnte Merkmale übermäßig bestrafen, was möglicherweise zu Underfitting führt
10. **b)** Um sicherzustellen, dass ausgewählte Merkmale gut auf neue Daten generalisieren

Fazit

In *Data Engineering Foundations: Core Techniques for Data Analysis with Pandas, NumPy, and Scikit-Learn* haben wir uns mit den wesentlichen Bausteinen des Data Engineering und Feature Engineering auseinandergesetzt. Ziel dieses Bandes war es, Ihnen die Werkzeuge, Techniken und das grundlegende Wissen zu vermitteln, um Daten effektiv vorzubereiten, zu bereinigen und zu transformieren – eine unverzichtbare Fähigkeit, die das Fundament jedes Data-Science- oder Machine-Learning-Projekts bildet.

Data Engineering wird oft als Grundpfeiler der Data Science angesehen, und das aus gutem Grund: Die Qualität und Struktur der Daten haben direkten Einfluss auf die Leistung und Zuverlässigkeit von Machine-Learning-Modellen. Wenn ein Datensatz die Modellierungsphase erreicht, sollte er gut kuratiert, sauber und repräsentativ für die tatsächlichen Muster in den Daten sein. Um diesen Zustand zu erreichen, sind ein tiefes Verständnis der Daten, der Einsatz ausgefeilter Werkzeuge und große Sorgfalt erforderlich. In diesem Buch haben wir uns mit diesen kritischen Aspekten beschäftigt, damit Sie die Fähigkeiten und das Selbstvertrauen haben, reale Datensätze mit Geschick und Präzision zu bearbeiten.

Der Wert von Datenvorbereitung und -bereinigung

Das Buch begann mit einer Einführung in die Grundlagen der Datenanalyse und betonte die Bedeutung von strukturierten, sauberen Daten für aussagekräftige Analysen. Die Datenbereinigung ist nicht nur ein vorbereitender Schritt, sondern ein entscheidender Prozess, der fehlende Werte behandelt, Ausreißer korrigiert, Anomalien beseitigt und sicherstellt, dass der Datensatz frei von Inkonsistenzen und Rauschen ist. Ein gut vorbereiteter Datensatz bildet eine solide Grundlage und liefert dem Machine-Learning-Modell Eingaben, die die zugrunde liegenden Beziehungen in den Daten und nicht Artefakte oder Fehler widerspiegeln.

Wir haben verschiedene Techniken zur Behandlung fehlender Daten behandelt, darunter Imputationsstrategien und Methoden für große Datensätze, bei denen Standardansätze möglicherweise nicht praktikabel sind. Unser Ziel war es, sowohl die technischen als auch die strategischen Aspekte der Datenbereinigung hervorzuheben und zu zeigen, dass es keine universelle Lösung gibt. Der optimale Ansatz hängt von den Eigenschaften des Datensatzes, dem zu lösenden Problem und den Anforderungen des Modells ab. Durch die Arbeit mit realen Datensätzen und praktischen Beispielen haben Sie praktische Erfahrungen gesammelt, die Sie auf die unvorhersehbare Natur realer Daten vorbereiten.

Beherrschung der Datenmanipulation mit Pandas und NumPy

Dieses Buch betonte die Bedeutung von **Pandas** und **NumPy**, zwei wesentlichen Python-Bibliotheken, die das Rückgrat der Datenmanipulation im Python-Ökosystem bilden. Pandas ermöglicht mit seinen flexiblen Datenstrukturen und seiner intuitiven Syntax eine Vielzahl von Operationen, von der Datenbereinigung bis zur Aggregation und Transformation. NumPy hingegen bietet die Rechengeschwindigkeit und Effizienz, die für numerische Operationen im großen Maßstab erforderlich sind, und ermöglicht komplexe Transformationen von Arrays und Matrizen.

Im Laufe des Buches haben wir untersucht, wie Sie diese Tools in Kombination nutzen können, um ihre einzigartigen Stärken zu nutzen und Datenworkflows zu optimieren. Sie haben gelernt, grundlegende und fortgeschrittene Operationen an Daten durchzuführen, einschließlich Filtern, Aggregieren und Umformen von Datensätzen. Wir haben auch effiziente Methoden zum Umgang mit großen Datensätzen behandelt, um sowohl Geschwindigkeit als auch Speicherverbrauch zu optimieren. Mit Ihren erworbenen Fähigkeiten in Pandas und NumPy sind Sie nun in der Lage, komplexe Datensätze effektiv zu bearbeiten und tiefere Einblicke und eine verbesserte Modellleistung zu erzielen.

Feature Engineering: Erstellung und Verfeinerung prädiktiver Merkmale

Der vielleicht wichtigste Bestandteil dieses Buches war das Feature Engineering – der Prozess, rohe Daten in aussagekräftige Merkmale zu transformieren, die die Modellleistung verbessern. Algorithmen und Modelle sind zwar leistungsstark, aber sie können nur mit den richtigen Eingaben effektiv arbeiten. Merkmale repräsentieren die zugrunde liegenden Muster und Beziehungen in den Daten und spielen eine entscheidende Rolle für die Fähigkeit eines Modells, auf neue Daten zu generalisieren.

In *Data Engineering Foundations* haben wir verschiedene Techniken des Feature Engineerings behandelt, von grundlegenden Transformationen bis hin zu fortgeschrittenen Methoden wie polynomialen Merkmalen und Interaktionstermen. Diese Techniken ermöglichen es, versteckte Muster in den Daten aufzudecken, sodass Modelle komplexe, nichtlineare Beziehungen erfassen können. Wir haben auch Kodierungstechniken für kategoriale Variablen behandelt, um sicherzustellen, dass alle Datentypen für den Input in Machine-Learning-Modelle vorbereitet sind. Von One-Hot-Encoding bis hin zu Frequenz-Encoding hat jede Methode spezifische Vorteile, und wir haben Leitlinien bereitgestellt, wie die am besten geeignete Technik basierend auf den Daten und dem Modell ausgewählt wird.

Über die Erstellung von Merkmalen hinaus haben wir uns mit dem Konzept der **Merkmalsauswahl** beschäftigt und Methoden zur Identifizierung der informativsten Merkmale vorgestellt. Die Merkmalsauswahl verbessert nicht nur die Modellgenauigkeit durch die Reduzierung von Rauschen, sondern erhöht auch die Interpretierbarkeit und reduziert die Rechenkosten. Durch die Arbeit mit Techniken wie Feature Importance und Dimensionsreduktion haben Sie ein fundiertes Verständnis dafür gewonnen, wie Sie Merkmale erstellen und verfeinern, die die prädiktive Genauigkeit verbessern und gleichzeitig die Effizienz und Interpretierbarkeit des Modells gewährleisten.

Aufbau reproduzierbarer Datenworkflows mit Scikit-Learn-Pipelines

Die Bedeutung von Reproduzierbarkeit in der Datenwissenschaft kann nicht genug betont werden. Bei der Arbeit mit komplexen Datenvorbereitungsschritten ist es entscheidend, Workflows zu erstellen, die konsistent, effizient und wiederholbar sind. Scikit-Learns **Pipeline-Funktionalität** ermöglicht es Datenwissenschaftlern, Schritte der Datenvorverarbeitung zu automatisieren und sicherzustellen, dass Transformationen sowohl auf Trainings- als auch Testdatensätze einheitlich angewendet werden. Diese Automatisierung minimiert das Risiko von Datenleckagen und stellt sicher, dass Modelle auf Daten evaluiert werden, die auf die gleiche Weise wie die Trainingsdaten verarbeitet wurden.

In diesem Buch haben wir untersucht, wie Sie Pipelines erstellen können, die mehrere Stufen der Datentransformation umfassen, von Skalierung und Kodierung bis hin zur Merkmalsauswahl. Durch die Erstellung von End-to-End-Workflows stellen Sie sicher, dass jeder Schritt im Datenvorbereitungsprozess genau und effizient ausgeführt wird, selbst wenn sich Datensätze oder Projektanforderungen ändern. Diese Fähigkeit ist von unschätzbarem Wert für den Aufbau zuverlässiger, produktionsreifer Modelle und ein entscheidender Bestandteil professioneller Data-Engineering- und Machine-Learning-Praktiken.

Ausblick: Vorbereitung auf fortgeschrittene Anwendungen

Band 1 hat eine solide Grundlage im Data Engineering, in der Datenmanipulation und im Feature Engineering gelegt und Ihnen die Fähigkeiten vermittelt, um sich mittleren bis fortgeschrittenen Datenherausforderungen zu stellen. Mit einem fundierten Verständnis der Datenvorbereitungstechniken sind Sie bereit, mit Band 2 fortzufahren, wo wir praktische Anwendungen und Fallstudien, die Integration mit Machine-Learning-Modellen und fortgeschrittene Themen wie Feature Engineering für Deep Learning und automatisiertes Machine Learning (AutoML) behandeln.

Band 2 wird auf den hier entwickelten Fähigkeiten aufbauen und sie auf komplexere und spezialisierte Szenarien anwenden. Von realen Projekten in der Kundensegmentierung bis hin zur Analyse von Gesundheitsdaten führen wir Sie durch fortgeschrittene Techniken des Feature Engineerings, die auf spezifische Branchen und Problemstellungen zugeschnitten sind. Wir werden auch moderne Themen wie AutoML behandeln, das den Modellierungsprozess durch automatisierte Merkmalsauswahl, Modelltuning und Pipeline-Optimierung vereinfacht.

Abschließende Gedanken

Data Engineering Foundations hat Ihnen die Fähigkeiten, Werkzeuge und Techniken vermittelt, um Datenvorbereitung und Feature Engineering zu meistern. Mit Abschluss dieses Buches haben Sie ein umfassendes Verständnis dafür erlangt, wie Daten bereinigt, strukturiert und transformiert werden, um sie mit Sorgfalt und Präzision für Machine Learning vorzubereiten. Diese Fähigkeiten bilden das Fundament für jedes Data-Science- oder Machine-Learning-Projekt und heben Sie als Datenexperten hervor, der die entscheidende Rolle von Datenqualität und - struktur versteht, um aussagekräftige Erkenntnisse und Vorhersagen zu ermöglichen.

Datenwissenschaft ist eine Reise des kontinuierlichen Lernens und der Entdeckung, und jeder Datensatz bietet eine einzigartige Herausforderung und Gelegenheit, Ihr Wissen zu vertiefen. Denken Sie daran, dass Feature Engineering und Datenvorbereitung iterative Prozesse sind, die sowohl technisches Können als auch kreatives Denken erfordern. Die Erkenntnisse, die Sie gewinnen, und die Auswirkungen, die Sie erzielen, hängen direkt von Ihrer Fähigkeit ab, Daten effektiv zu bearbeiten und zu transformieren.

Vielen Dank, dass Sie diese Reise durch *Data Engineering Foundations* mit uns gemacht haben. Wir hoffen, dass Sie dieses Buch als wertvolle Ressource empfunden haben und dass die hier erworbenen Fähigkeiten Sie dazu befähigen, neue Herausforderungen mit Zuversicht zu meistern. Wir freuen uns darauf zu sehen, welche Erkenntnisse Sie gewinnen, welche Modelle Sie erstellen und welche Innovationen Sie in das Feld der Datenwissenschaft einbringen.

Wo weitermachen?

Wenn du dieses Buch abgeschlossen hast und nach weiterem Wissen in der Programmierung suchst, möchten wir dir andere Bücher unseres Unternehmens empfehlen, die für dich nützlich sein könnten. Diese Bücher decken eine breite Palette von Themen ab und sind darauf ausgelegt, dir zu helfen, deine Programmierfähigkeiten weiter auszubauen.

- **"ChatGPT API Bible: Mastering Python Programming for Conversational AI"**: Bietet eine praxisnahe und schrittweise Anleitung zur Nutzung von ChatGPT, von der Integration der API bis zur Feinabstimmung des Modells für spezifische Aufgaben oder Branchen.

- **"Natural Language Processing with Python: Building your Own Customer Service ChatBot"**: Dieses Buch bietet eine tiefgehende Erkundung des natürlichen Sprachverstehens (NLP). Es vereinfacht komplexe Konzepte erfolgreich durch ansprechende Erklärungen und intuitive Beispiele.

- **"Data Analysis with Python"**: Python ist eine mächtige Sprache für Datenanalyse, und dieses Buch hilft dir, ihr gesamtes Potenzial auszuschöpfen. Es behandelt Themen wie Datenreinigung, Datenmanipulation und Datenvisualisierung und bietet praktische Übungen, um das Gelernte anzuwenden.

- **"Machine Learning with Python"**: Maschinelles Lernen ist eines der spannendsten Felder der Informatik, und dieses Buch hilft dir, deine eigenen Modelle für maschinelles Lernen mit Python zu erstellen. Es behandelt Themen wie lineare Regression, logistische Regression und Entscheidungsbäume.

- **"Mastering ChatGPT and Prompt Engineering"**: In diesem Buch nehmen wir dich mit auf eine umfassende Reise durch die Welt der Prompt-Engineering, von den Grundlagen der KI-Sprachmodelle bis hin zu fortgeschrittenen Strategien und Anwendungen in der realen Welt.

Alle diese Bücher sind darauf ausgelegt, dir zu helfen, deine Programmierfähigkeiten weiter auszubauen und dein Verständnis der Programmiersprache Python zu vertiefen. Wir glauben, dass Programmieren eine Fähigkeit ist, die man im Laufe der Zeit lernen und entwickeln kann, und wir sind bestrebt, Ressourcen bereitzustellen, die dir helfen, deine Ziele zu erreichen.

Wir möchten auch diese Gelegenheit nutzen, um dir für die Wahl unseres Unternehmens als deinen Begleiter auf deiner Programmierreise zu danken. Wir hoffen, dass du dieses Buch für Anfänger in Python als wertvolle Ressource empfunden hast und freuen uns darauf, dir in Zukunft weiterhin hochwertige Programmierressourcen zur Verfügung zu stellen. Wenn du

Kommentare oder Vorschläge für zukünftige Bücher oder Ressourcen hast, zögere nicht, uns zu kontaktieren. Wir würden uns freuen, von dir zu hören!

Erfahre mehr über uns

Bei Cuantum Technologies sind wir darauf spezialisiert, Webanwendungen zu entwickeln, die kreative Erlebnisse bieten und reale Probleme lösen. Unsere Entwickler haben Erfahrung in einer breiten Palette von Programmiersprachen und Frameworks, einschließlich Python, Django, React, Three.js und Vue.js, unter anderem. Wir erforschen ständig neue Technologien und Techniken, um an der Spitze der Branche zu bleiben, und sind stolz auf unsere Fähigkeit, Lösungen zu schaffen, die die Bedürfnisse unserer Kunden erfüllen.

Wenn du mehr über Cuantum Technologies und die von uns angebotenen Dienstleistungen erfahren möchtest, besuche bitte unsere Website unter books.cuantum.tech. Wir beantworten gerne alle Fragen, die du haben könntest, und besprechen, wie wir dir bei deinen Softwareentwicklungsbedürfnissen helfen können.

CUANTUM
TECHNOLOGIES

www.cuantum.tech